Otto Weininger
Geschlecht und Charakter

I0212933

SEVERUS

Weininger, Otto: Geschlecht und Charakter
Hamburg, SEVERUS Verlag 2014

ISBN: 9-783-86347-745-5
Druck: SEVERUS Verlag, Hamburg, 2014
Nachdruck der Originalausgabe von 1903

Der SEVERUS Verlag ist ein Imprint der Diplomica Verlag GmbH.

Bibliografische Information der Deutschen Nationalbibliothek:
Die Deutsche Nationalbibliothek verzeichnet diese Publikation in der
Deutschen Nationalbibliografie; detaillierte bibliografische Daten sind im
Internet über http://dnb.d-nb.de abrufbar.

Otto Weininger

Geschlecht und Charakter

Eine prinzipielle Untersuchung

SEVERUS

Vorwort

Otto Weininger wird am 3. April 1880 als Sohn eines berühmten jüdischen Goldschmieds in Wien geboren. Nach dem Besuch der Volksschule und des Gymnasiums legt er im Juli 1898 die Reifeprüfung ab und schreibt sich an der Universität Wien ein. Schnell wird klar: Der junge Otto Weininger ist anders, anders als die üblichen Studenten, als seine Gleichaltrigen, als andere Menschen.

Dabei ist er auf den ersten Blick eine unauffällige Erscheinung. Nicht nach der zeitgemäßen Mode gekleidet wirkt er meist linkisch und unbeholfen, redet nicht viel. Ein Außenseiter. Er studiert Philosophie und Psychologie, besucht aber auch naturwissenschaftliche und medizinische Vorlesungen. Mit achtzehn Jahren beherrscht er Griechisch, Latein, Englisch und Französisch, später kommen noch Spanisch und Italienisch hinzu. Ihn beschäftigen vor allem die Ideen und Werk Immanuel Kants und des radikalen Antisemiten Houston Stewart Chamberlain, ein Schwiegersohn von Richard Wagner.

Weininger schwört dem Judentum ab und konvertiert zum Protestantismus. Voll von kruden Gedanken drängt er darauf, seine umstrittene Dissertation verlegen zu lassen. Er stößt damit allerdings auf Widerstand. Sein Freund Artur Gerber sowie sein Doktorvater Friedrich Jodl legen ihm nahe, bestimmte Thesen und sprachliche Exzesse in seiner Arbeit zu mäßigen. Doch der junge Nonkonformist Weininger ist zu stolz, zu ungeduldig, vielleicht zu arrogant.

Auch bei Sigmund Freud, dem er sein Manuskript vorlegt, stößt er auf Kritik. Anscheinend unfähig zur Selbstreflektion verfällt Otto Weininger in tiefe Depressionen, für ihn „das Ensemble aller böser Eigenschaften des Ich", die zum ersten Mal den Gedanken an Selbstmord in ihm reifen lassen. Seine bis dahin undifferenzierte Abneigung gegenüber Frauen und dem Judentum kanalisiert sich und drängt nach vorn. Der seit Jugendjahren streng enthaltsame und körperfeindliche Weininger sieht durch diese beiden „lüsternen und geistlosen" Gruppen die Sittlichkeit bedroht. In diesem Werk versucht er anhand von selbst erstellten mathematischen Formeln seine

Theorien wissenschaftlich zu untermauern (S. 46). Demnach haben auch Männer weibliche Anteile, wobei aber der männliche Anteil überwiegt. Seine Thesen: „Je höher der Anteil weiblicher Sexualität, desto unsittlicher der Mensch" und „der Jude ist Weib".

Zerfressen von Hass und Selbstzweifel verfasst er in Monaten konzentrierter Arbeit den hier vorliegenden Versuch, einen gesellschaftlichen Umbruch herbeizuführen. Seinerzeit nicht ablehnend aufgenommen, bleibt dennoch die erhoffte Sensation aus; Weininger muss sich darüber hinaus Plagiatsvorwürfen stellen. Den eigenen Ansprüchen nicht gewachsen, nimmt er sich am 4. Oktober 1903 im Sterbehaus Ludwig van Beethovens, mit einem Schuss ins Herz das Leben. Er wird nur 23 Jahre alt.

Befasst man sich mit dem Werk Otto Weiningers, so wird man unweigerlich mit seinen verstörenden Ansichten gegenüber Frauen und Juden konfrontiert. Dringt man indes tiefer in seinen Geist ein und blickt hinter die Mauer aus Misogynie und Antisemitismus, stößt man auf ein zerbrechliches, unsicheres Wesen.

Das Verlangen, dem Drängen der eigenen radikalen Gedanken Herr zu werden, liegt wie ein dunkler Schatten auf seinem kurzen Leben. Stefan Zweig, der Weininger selbst kennenlernte, sieht in diesem Prozess den „Kampf mit dem Dämon", das qualvolle Ringen des Menschen mit seiner Geisteskraft.

Weininger, schon von Kindheit an ein kreativer Denker, lebte zu sehr in seiner eigenen Welt ohne Grenzen, seiner eigenen pathologischen Genialität, sodass er sich selbst nicht mehr ertragen konnte.

Er hat den Kampf verloren.

„Der anständige Mensch geht selbst in den Tod, wenn er fühlt, dass er endgültig böse wird…"
(Otto Weininger, 1903)

Tim Feind
SEVERUS Verlag

Erster (vorbereitender) Teil.

Die sexuelle Mannigfaltigkeit.

Einleitung

Über Begriffsentwicklung im allgemeinen und im besonderen. Mann und Weib. Widersprüche. Fließende Übergänge. Anatomie und Begabung. Keine Sicherheit im Morphologischen?

Alles Denken beginnt mit Begriffen von mittlerer Allgemeinheit und entwickelt sich von ihnen aus nach zwei Richtungen hin: nach Begriffen von immer höherer Abstraktheit, welche ein immer mehr Dingen Gemeinsames erfassen und hiedurch ein immer weiteres Gebiet der Wirklichkeit umspannen; und nach dem Kreuzungspunkte aller Begriffslinien hin, dem konkreten Einzelkomplex, dem Individuum, welchem wir denkend immer nur durch unendlich viele einschränkende Bestimmungen beizukommen vermögen, das wir definieren durch Hinzufügung unendlich vieler spezifischer differenzierter Momente zu einem höchsten Allgemeinbegriff »Ding« oder »etwas«. Daß es eine Tierklasse der Fische gibt, die von den Säugetieren, den Vögeln, den Würmern unterschieden ist, war lange bekannt, bevor man einerseits unter den Fischen selbst wieder Knorpel- und Knochenfische schied, anderseits sie mit den Vögeln und Säugetieren durch den Begriff des Wirbeltieres zusammenzufassen sich veranlaßt sah, und die Würmer dem hiedurch geeinten größeren Komplexe gegenüberstellte.

Mit dem Kampf ums Dasein der Wesen untereinander hat man diese Selbstbehauptung des Geistes gegenüber einer durch zahllose Ähnlichkeiten und Unterschiede verwirrenden Wirklichkeit verglichen.[1] Wir erwehren uns der Welt durch unsere Begriffe.[2] Nur langsam bringen wir sie in deren Fassung, allmählich, wie man einen Tobsüchtigen zuerst über den gan-

---

1 Auch das Spencersche Weltschema: Differentiation und Integration, läßt sich hier leicht anwenden.

2 Dies gilt von den Begriffen aber nur als von Objekten einer psychologischen, nicht einer logischen Betrachtungsweise. Diese sind trotz allem modernen Psychologismus (Brentano, Meinong, Höfler) nicht ohne beiderseitigen Schaden zusammenzuwerfen.

zen Körper fesselt, notdürftig, um ihn wenigstens nur auf beschränkterem Orte gefährlich sein zu lassen; erst dann, wenn wir in der Hauptsache gesichert sind, kommen die einzelnen Gliedmaßen an die Reihe und wir ergänzen die Fesselung.

Es gibt zwei Begriffe, sie gehören zu den ältesten der Menschheit, mit denen diese ihr geistiges Leben seit Anbeginn zur Not gefristet hat. Freilich hat man oft und oft kleine Korrekturen angebracht, sie wieder und wieder in die Reparaturwerkstätte geschickt, notdürftig geflickt, wo die Reform an Haupt und Gliedern nottat; weggenommen und angestückelt, Einschränkungen in besonderen Fällen gemacht und dann wieder Erweiterungen getroffen, wie wenn jüngere Bedürfnisse sich nur nach und nach gegen ein altes, enges Wahlgesetz durchsetzen, indem dieses einen Riemen nach dem anderen aufschnallen muß: aber im ganzen und großen glauben wir doch noch mit ihnen in der alten Weise auszukommen, mit diesen Begriffen, die ich hier meine, den Begriffen Mann und Weib.

Zwar sprechen wir von mageren, schmalen, flachen, muskelkräftigen, energischen, genialen »Weibern«, von »Weibern« mit kurzem Haar und tiefer Stimme, von bartlosen, geschwätzigen »Männern«. Wir erkennen sogar an, daß es »unweibliche Weiber«, »Mannweiber« gibt und »unmännliche«, »weibliche« »Männer«. Bloß auf eine Eigenschaft achtend, nach welcher bei der Geburt die Geschlechtszugehörigkeit jedes Menschen bestimmt wird, wagen wir es also sogar, Begriffen Bestimmungen beizufügen, durch welche sie verneint werden. Ein solcher Zustand ist logisch unhaltbar.

Wer hat nicht im Freundeskreise oder im Salon, in wissenschaftlicher oder in öffentlicher Versammlung die heftigsten Diskussionen über »Männer und Frauen«, über die »Befreiung des Weibes« angehört und mitgemacht? Gespräche und Debatten, in denen mit trostloser Regelmäßigkeit »die Männer« und »die Weiber« einander gegenübergestellt wurden wie weiße und rote Kugeln, von denen die gleichfarbigen keine Unterschiede mehr untereinander aufweisen! Nie wurde eine individuelle Behandlung der Streitpunkte versucht; und da jeder nur individuelle Erfahrungen hatte, war naturgemäß eine Einigung ausgeschlossen; wie überall dort, wo verschiedene Dinge mit dem gleichen Worte bezeichnet werden, Sprache und Begriffe sich nicht decken. Sollten wirklich alle »Weiber« und alle »Männer« streng voneinander geschieden sein und doch auf jeder Seite alle untereinander, Weiber einerseits, Männer andersseits sich in einer Reihe von Punkten vollständig gleichen? Wie ja bei allen Verhandlungen über Geschlechtsunterschiede, meist natürlich unbewußt, vorausgesetzt wird. Nirgends in der Natur ist sonst eine so klaffende Unstetigkeit; wir finden stetige Übergänge von Metallen zu Nichtmetallen, von chemischen Verbindungen zu Mischungen; zwischen Tieren und Pflanzen, zwischen Phanerogamen und Kryptogamen, zwischen Säugetieren und Vögeln gibt es Vermittlungen. Zunächst nur aus allgemeinstem praktischen Bedürfnis nach Übersicht teilen wir ab, halten gewaltsam Grenzen fest, hören Arien heraus aus der unendlichen Melodie alles Natürlichen. Aber »Vernunft wird Unsinn, Wohltat Plage« gilt von den alten Begriffen des Denkens wie von den ererbten Gesetzen des Verkehrs. Wir werden es nach den angeführten Analogien auch hier von vornherein für unwahrscheinlich halten dürfen, daß in der Natur ein Schnitt geführt sei zwischen allen Masculinis einerseits und allen Femininis andersseits, und ein lebendes Wesen in dieser Hinsicht einfach so beschreibbar, daß es diesseits oder jenseits einer solchen Kluft sich aufhalte. Nicht einmal die Grammatik ist so streng.

Man hat in dem Streite um die Frauenfrage vielfach den Anatomen als Schiedsrichter angerufen, um durch ihn die kontroverse Abgrenzung der unabänderlichen, weil angebornen, gegen die erworbenen Eigenschaften der männlichen und weiblichen Sinnesart vornehmen zu lassen. (Sonderbar genug war es, von seinen Befunden die Entscheidung abhängig zu machen in der Frage der natürlichen Begabung von Mann und Weib: als ob, wenn wirklich alle andere Erfahrung hier keinerlei Unterschied hätte feststellen können, zwölf Deka Hirn plus auf der einen Seite ein solches Resultat zu widerlegen vermöchten.) Aber die besonnenen Anatomen geben, um ausnahmslose Kriterien gefragt, in jedem Falle, handle es sich nun um das Gehirn oder sonst um irgend ein Organ des Körpers, zur Antwort:

durchgehende sexuelle Unterschiede zwischen allen Männern einerseits und allen Frauen anderseits sind nicht nachweisbar. Wohl sei auch das Handskelett der Mehrzahl der Männer ein anderes als das der Mehrzahl der Frauen, doch sei mit Sicherheit weder aus den skelettierten noch aus den mit Muskeln, Bändern, Sehnen, Haut, Blut und Nerven aufbewahrten (isolierten) Bestandteilen das Geschlecht mit Sicherheit bestimmbar. Ganz das Gleiche gelte vom Thorax, vom Kreuzbein, vom Schädel. Und wie steht es mit dem Skeletteil, bei dem, wenn überhaupt irgendwo, strenge geschlechtliche Unterschiede hervortreten müßten, was ist's mit dem Becken? Das Becken ist doch der allgemeinen Überzeugung nach im einen Fall dem Geburtsakt angepaßt, im anderen nicht. Aber nicht einmal beim Becken ist mit Sicherheit ein Maßstab anzulegen. Es gibt, wie jeder von der Straße her weiß – und die Anatomen wissen da auch nicht mehr –, genug »Weiber« mit männlichem schmalen und genug »Männer« mit weiblichem breiten Becken. Also ist es nichts mit den Geschlechtsunterschieden? Da wäre es ja fast geraten, Männer und Weiber überhaupt nicht mehr zu unterscheiden?!

Wie helfen wir uns aus der Frage? Das Alte ist ungenügend, und wir können es doch gewiß nicht entbehren. Reichen die überkommenen Begriffe nicht aus, so werden wir sie nur aufgeben, um zu versuchen, uns neu und besser zu orientieren.

I. Kapitel. »Männer« und »Weiber«

Embryonale Undifferenziertheit. Rudimente beim Erwachsenen. Grade des »Gonochorismus«. Prinzip der Zwischenformen. M und W. Belege. Notwendigkeit der Typisierung. Resumé. Älteste Ahnungen.

Mit der allgemeinsten Klassifikation der meisten Lebewesen, ihrer Kennzeichnung schlechtweg als Männchen oder Weibchen, Mann oder Weib, kommen wir den Tatsachen gegenüber nicht länger aus. Die Mangelhaftigkeit dieser Begriffe wird von vielen mehr oder weniger klar gefühlt. Hier ins Reine zu kommen, ist zunächst das Ziel dieser Arbeit.

Ich schließe mich anderen Autoren, welche in jüngster Zeit über zu diesem Thema gehörige Erscheinungen geschrieben haben, an, wenn ich zum Ausgangspunkt der Betrachtung die von der Entwicklungsgeschichte (Embryologie) festgestellte Tatsache der geschlechtlichen Undifferenziertheit der ersten embryonalen Anlage des Menschen, der Pflanzen und der Tiere wähle.

Einem menschlichen Embryo beispielsweise kann man, wenn er jünger als fünf Wochen ist, das Geschlecht nicht ankennen, zu dem er sich später entwickeln wird. Erst in der fünften Fötalwoche beginnen hier jene Prozesse, welche gegen Ende des dritten Monates der Schwangerschaft zur Entwicklung einer ursprünglich beiden Geschlechtern gemeinsamen Genitalanlage nach einer Seite hin und weiter zur Gestaltung des ganzen Individuums als eines sexuell genau definierten führen.[3] Die Einzelheiten dieser Vorgänge sollen hier nicht näher beschrieben werden.

Zu jener bisexuellen Anlage eines jeden, auch des höchsten

---

3 Natürlich – zu dieser Anschauung werden wir durch unser Bedürfnis nach Kontinuität genötigt – irgendwie müssen die sexuellen Unterschiede, wenn auch anatomisch, morphologisch unsichtbar und selbst durch die stärksten Vergrößerungen des Mikroskops dem Auge nicht zu erschließen, schon vor der Zeit der ersten Differenzierung formiert, »präformiert« sein. Aber wie, das ist ja die große Crux aller Entwicklungsgeschichte.

Organismus, läßt sich sehr gut das ausnahmslose Beharren, der Mangel eines völligen Verschwindens der Charaktere des anderen Geschlechtes beim noch so eingeschlechtlich entwickelten pflanzlichen, tierischen und menschlichen Individuum in Beziehung bringen. Die geschlechtliche Differenzierung ist nämlich nie eine vollständige. Alle Eigentümlichkeiten des männlichen Geschlechtes sind irgendwie, wenn auch noch so schwach entwickelt, auch beim weiblichen Geschlechte nachzuweisen; und ebenso die Geschlechtscharaktere des Weibes auch beim Manne sämtlich irgendwie vorhanden, wenn auch noch so zurückgeblieben in ihrer Ausbildung. Man sagt, sie seien »rudimentär« vorhanden. So, um gleich den Menschen, der uns weiterhin fast ausschließlich interessieren wird, als Beispiel anzuführen, hat auch die weiblichste Frau einen feinen Flaum von unpigmentierten Wollhaaren, »Lanugo« genannt, an den Stellen des männlichen Bartes, auch der männlichste Mann in der Entwicklung stehen gebliebene Drüsenkomplexe unter einer Brustwarze. Im einzelnen nachgegangen ist man diesen Dingen vor allem in der Gegend der Geschlechtsorgane und ihrer Ausführwege, im eigentlichen »Tractus urogenitalis«, und hat bei jedem Geschlechte alle Anlagen des anderen im rudimentären Zustande in lückenlosem Parallelismus nachweisen können.

Diese Feststellungen der Embryologen können, mit anderen zusammengehalten, in einen systematischen Zusammenhang gebracht werden. Bezeichnet man nach Häckel die Trennung der Geschlechter als » Gonochorismus«, so wird man zunächst bei verschiedenen Klassen und Arten verschiedene Grade dieses Gonochorismus zu unterscheiden haben. Nicht nur die verschiedenen Arten der Pflanzen, sondern auch die Tierspezies werden sich durch die größere oder geringere Latenz der Charaktere des zweiten Geschlechtes voneinander abheben. Der extremste Fall der Geschlechtsdifferenzierung, also stärkster Gonochorismus, liegt für dieses erweiterte Blickfeld im Geschlechtsdimorphismus vor, jener Eigentümlichkeit z. B. mancher Assel-Arten, daß Männchen und Weibchen innerhalb der nämlichen Spezies sich äußerlich voneinander nicht weniger, ja oft mehr unterscheiden, als selbst Mitglieder zweier differenter

10

Familien und Gattungen. Bei Wirbeltieren kommt danach nie so ausgeprägter Gonochorismus vor, als ihn z. B. Krustazeen oder Insekten aufweisen können. Es gibt unter ihnen nirgends eine so vollständige Scheidung von Männchen und Weibchen, wie sie im sexuellen Dimorphismus vollzogen ist, vielmehr überall unzählige Mischformen der Geschlechter, selbst sogenannten »abnormen Hermaphroditismus«, ja bei den Fischen sogar Familien mit ausschließlichem Zwittertum, mit »normalem Hermaphroditismus«.

Es ist nun von vornherein anzunehmen, daß es nicht nur extreme Männchen mit geringsten Resten der Weiblichkeit und auf der anderen Seite extreme Weibchen mit ganz reduzierter Männlichkeit und in der Mitte zwischen beiden gedrängt jene Zwitterformen, zwischen jenen drei Punkten aber nur leere Strecken geben werde. Uns beschäftigt speziell der Mensch. Doch ist fast alles, was hier über ihn zu sagen ist, mit größeren oder geringeren Modifikationen auch auf die meisten anderen Lebewesen mit geschlechtlicher Fortpflanzung anwendbar. Vom Menschen aber gilt ohne jeden Zweifel folgendes: Es gibt unzählige Abstufungen zwischen Mann und Weib, »sexuelle Zwischenformen«. Wie die Physik von idealen Gasen spricht, d. h. solchen, die genau dem Boyle-Gay-Lussacschen Gesetze folgen (in Wirklichkeit gehorcht ihm kein einziges), und von diesem Gesetze ausgeht, um im konkreten Falle die Abweichungen von ihm zu konstatieren: so können wir einen idealen Mann M und ein ideales Weib W, die es in der Wirklichkeit nicht gibt, aufstellen als sexuelle Typen. Diese Typen können nicht nur, sie müssen konstruiert werden. Nicht allein das »Objekt der Kunst«, auch das Objekt der Wissenschaft ist der Typus, die platonische Idee. Die wissenschaftliche Physik erforscht das Verhalten des voll kommen starren und des vollkommen elastischen Körpers, wohl bewußt, daß die Wirklichkeit weder den einen noch den anderen ihr je zur Bestätigung darbieten wird; die empirisch gegebenen Vermittlungen zwischen beiden dienen ihr nur als Ausgangspunkt für diese Aufsuchung der typischen Verhaltungsweisen und werden bei der Rückkehr aus der Theorie zur Praxis als Mischfälle behandelt und erschöpfend dargestellt.

Und ebenso gibt es nur alle möglichen vermittelnden Stufen zwischen dem vollkommenen Manne und dem vollkommenen Weibe, Annäherungen an beide, die selbst nie von der Anschauung erreicht werden.

Man achte wohl: hier ist nicht bloß von bisexueller Anlage die Rede, sondern von dauernder Doppelgeschlechtlichkeit. Und auch nicht bloß von den sexuellen Mittelstufen, (körperlichen oder psychischen) Zwittern, auf die bis heute aus naheliegenden Gründen alle ähnlichen Betrachtungen beschränkt sind. In dieser Form ist also der Gedanke durchaus neu. Bis heute bezeichnet man als »sexuelle Zwischenstufen« nur die sexuellen Mittelstufen: als ob dort, mathematisch gesprochen, eine Häufungsstelle wäre, mehr wäre als eine kleine Strecke auf der überall gleich dicht besetzten Verbindungslinie zweier Extreme!

Also Mann und Weib sind wie zwei Substanzen, die in verschiedenem Mischungsverhältnis, ohne daß je der Koeffizient der einen Substanz Null wird, auf die lebenden Individuen verteilt sind. Es gibt in der Erfahrung nicht Mann noch Weib, könnte man sagen, sondern nur männlich und weiblich. Ein Individuum A oder ein Individuum B darf man darum nicht mehr schlechthin als »Mann« oder »Weib« bezeichnen, sondern ein jedes ist nach den Bruchteilen zu beschreiben, die es von beiden hat, etwa:

$$A \begin{cases} \alpha & M \\ \alpha' & W \end{cases} \qquad B \begin{cases} \beta & W \\ \beta' & M \end{cases}$$

wobei stets

$$0 < \alpha < 1, \quad 0 < \beta < 1,$$
$$0 < \alpha' < 1, \quad 0 < \beta' < 1.$$

Die genaueren Belege für diese Auffassung – einiges Allgemeinste wurde vorbereitend in der Einleitung angedeutet – sind zahllos. Es sei erinnert an alle »Männer« mit weiblichem Becken und weiblichen Brüsten, fehlendem oder spärlichem Bartwuchs, mit ausgesprochener Taille, überlangem Kopfhaar, an alle »Weiber« mit schmalen Hüften[4] und flachen Brüsten, mageren Nates und Femurfettpolstern, tiefer, rauher Stimme und einem Schnurrbart (zu dem die Anlage viel öfter ausgiebig vorhanden ist, als man sie gemeiniglich bemerkt, weil er natürlich nie belassen wird; vom Barte, der so vielen Frauen nach dem Klimakterium wächst, ist hier nicht die Rede) etc. etc. Alle diese Dinge, die sich bezeichnenderweise fast immer am gleichen Menschen beisammen finden, sind jedem Kliniker und praktischen Anatomen aus eigener Anschauung bekannt, nur noch nirgends zusammengefaßt.

Den umfassendsten Beweis für die hier verfochtene Anschauung liefert aber die große Schwankungsbreite der Zahlen für geschlechtliche Unterschiede, die innerhalb der einzelnen Arbeiten wie zwischen den verschiedenen anthropologischen und anatomischen Unternehmungen zur Messung derselben ohne Ausnahme anzutreffen ist, die Tatsache, daß die Zahlen für das weibliche Geschlecht nie dort anfangen, wo jene für das männliche aufhören, sondern stets in der Mitte ein Gebiet liegt, in welchem Männer und Frauen vertreten sind. So sehr diese Unsicherheit der Theorie von den sexuellen Zwischenformen zugute kommt, so aufrichtig muß man sie im Interesse wahrer Wissenschaft beklagen. Die Anatomen und Anthropologen von Fach haben eben eine wissenschaftliche Darstellung des sexuellen Typus noch gar nicht angestrebt, sondern wollten immer nur allgemein in gleichem Ausmaße gültige Merkmale haben, und hieran wurden sie durch die Überzahl der Ausnahmen immer verhindert. So erklärt sich die Unbestimmtheit und Weite aller hiehergehörigen Resultate der Messung.

Gar sehr hat der Zug zur Statistik, der unser industrielles Zeitalter vor allen früheren auszeichnet, in dem es – offenbar der schüchternen Verwandtschaft mit der Mathematik wegen – seine Wissenschaftlichkeit besonders betont glaubt, auch hier den Fortschritt der Erkenntnis gehemmt. Den Durchschnitt wollte <u>man gewinnen</u>, nicht den Typus. Man begriff gar nicht, daß es

---

4 Nicht die absolute Breite des Beckens als in Zentimetern angegebene Distanz der Knorren der Oberschenkel oder der Hüftbeindorne, sondern die relative Breite der Hüften im Verhältnis zur Schulterbreite ist ein ziemlich sicheres und recht allgemein verwendbares körperliches Kriterium für den Gehalt an W.

im Systeme reiner (nicht angewandter) Wissenschaft nur auf diesen ankommt. Darum lassen denjenigen, welchem es um die Typen zu tun ist, die bestehende Morphologie und Physiologie mit ihren Angaben gänzlich im Stich. Es wären da alle Messungen wie auch alle übrigen Detailforschungen erst auszuführen. Was existiert, ist für eine Wissenschaft auch in laxerem (nicht erst in Kantischem) Sinne völlig unverwendbar.

Alles kommt auf die Kenntnis von M und W, auf die richtige Feststellung des idealen Mannes und des idealen Weibes an (ideal im Sinne von typisch, ohne jede Bewertung).

Wird es gelungen sein, diese Typen zu erkennen und zu konstruieren, so wird die Anwendung auf den einzelnen Fall, seine Darstellung durch ein quantitatives Mischungsverhältnis, ebenso unschwer wie fruchtbar sein.

Ich resümiere den Inhalt dieses Kapitels: es gibt keine kurzweg als ein- und bestimmt-geschlechtlich zu bezeichnenden Lebewesen. Vielmehr zeigt die Wirklichkeit ein Schwanken zwischen zwei Punkten, auf denen selbst kein empirisches Individuum mehr anzutreffen ist, zwischen denen irgendwo jedes Individuum sich aufhält. Aufgabe der Wissenschaft ist es, die Stellung jedes Einzelwesens zwischen jenen zwei Bauplänen festzustellen: diesen Bauplänen ist keineswegs eine metaphysische Existenz neben oder über der Erfahrungswelt zuzuschreiben, sondern ihre Konstruktion ist notwendig aus dem heuristischen Motive einer möglichst vollkommenen Abbildung der Wirklichkeit. – –

Die Ahnung dieser Bisexualität alles Lebenden (durch die nie ganz vollständige sexuelle Differenzierung) ist uralt. Vielleicht ist sie chinesischen Mythen nicht fremd gewesen; jedenfalls war sie im Griechentum äußerst lebendig. Hiefür zeugen die Personifikation des Hermaphroditos als einer mythischen Gestalt; die Erzählung des Aristophanes im platonischen Gastmahl; ja noch in später Zeit galt der gnostischen Sekte der Ophiten der Urmensch als mannweiblich, ἀρσενόθηλυς.

II. Kapitel. Arrhenoplasma und Thelyplasma

Sitz des Geschlechtes. Steenstrups Ansicht befürwortet. Sexualcharaktere. Innere Sekretion. Idioplasma – Arrhenoplasma – Thelyplasma. Schwankungen. Beweise aus erfolgloser Kastration. Transplantation und Transfusion. Organotherapie. Individuelle Unterschiede zwischen den einzelnen Zellen. Ursache der sexuellen Zwischenformen. Gehirn. Knabenüberschuß der Geburten. Geschlechtsbestimmung. Vergleichende Pathologie.

Die nächste Erwartung, welche eine Arbeit zu befriedigen hätte, in deren Plan eine universelle Revision aller einschlägigen Tatsachen gelegen wäre, würde sich auf eine neue und vollständige Darstellung der anatomischen und physiologischen Eigenschaften der sexuellen Typen richten. Da ich aber selbständige Untersuchungen zum Zwecke einer Lösung dieser umfassenden Aufgabe nicht angestellt habe, und eine Beantwortung jener Fragen für die letzten Ziele dieses Buches mir nicht notwendig erscheint, so muß ich auf dieses Unternehmen von vornherein Verzicht leisten – ganz abgesehen davon, ob es die Kräfte eines einzelnen nicht bei weitem übersteigt. Eine Kompilation der in der Literatur niedergelegten Ergebnisse wäre überflüssig, denn eine solche ist in vorzüglicher Weise von Havelock Ellis besorgt worden. Aus den von ihm gesammelten Resultaten die sexuellen Typen auf dem Wege wahrscheinlicher Schlußfolgerungen zu gewinnen, bliebe hypothetisch und würde der Wissenschaft nicht eine einzige Neuarbeit zu ersparen vermögen. Die Erörterungen dieses Kapitels sind darum mehr formaler und allgemeiner Natur, sie gehen auf die biologischen Prinzipien, zum Teil wollen sie auch jener notwendigen Arbeit der Zukunft die Berücksichtigung bestimmter einzelner Punkte ans Herz legen und so derselben förderlich zu werden versuchen. Der biologische Laie kann diesen Abschnitt überschlagen, ohne das Verständnis der übrigen hiedurch sehr zu beeinträchtigen.

Es wurde die Lehre von den verschiedenen Graden der Männlichkeit und Weiblichkeit vorderhand rein anatomisch entwickelt. Die Anatomie wird aber nicht nur nach den Formen fragen, in denen, sondern auch nach den Orten, an denen sich Männlichkeit und Weiblichkeit ausprägt. Daß die Sexualität nicht bloß auf die Begattungswerkzeuge und die Keimdrüsen beschränkt ist, geht schon aus den früher als Beispielen sexueller Unterschiedenheit erwähnten Körperteilen hervor. Aber wo ist hier die Grenze zu ziehen? Ist das Geschlecht bloß auf die »primären« und »sekundären« Sexualcharaktere beschränkt? Oder reicht sein Umfang nicht viel weiter? Mit anderen Worten, wo steckt das Geschlecht und wo steckt es nicht?

Es scheint nun eine große Anzahl in den letzten Jahrzehnten aufgefundener Tatsachen zur Wiederaufnahme einer Lehre zu zwingen, welche in den vierziger Jahren des XIX. Jahrhunderts aufgestellt wurde, aber wenig Anhänger fand, da ihre Konsequenzen dem Begründer der Theorie selbst, ebenso wie ihren Bestreitern einer Reihe von Forschungsergebnissen zu widersprechen schienen, die zwar nicht jenem, aber diesen als unumstößlich galten. Ich meine unter dieser Anschauung, welche, mit einer Modifikation, die Erfahrung uns gebieterisch abermals aufnötigt, die Lehre des Kopenhagener Zoologen Joh. Japetus Sm. Steenstrup, der behauptet hatte, das Geschlecht stecke überall im Körper.

Ellis hat zahlreiche Untersuchungen über fast alle Gewebe des Organismus exzerpiert, die überall Unterschiede der Sexualität nachweisen konnten. Ich will erwähnen, daß der typisch männliche und der typisch weibliche »Teint« sehr voneinander verschieden sind; dies berechtigt zur Annahme sexueller Differenzen in den Zellen der Kutis und der Blutgefäße. Aber auch in der Menge des Blutfarbstoffes, in der Zahl der roten Blutkörperchen im Kubikzentimeter der Flüssigkeit sind solche gesichert. Bischoff und Rüdinger haben im Gehirne Abweichungen der Geschlechter voneinander festgestellt, und Justus und Alice Gaule in der jüngsten Zeit solche auch in vegetativen Organen (Leber, Lunge, Milz) aufgefunden. Tatsächlich wirkt auch alles am Weibe, wenn auch gewisse Zonen stärker und andere schwächer, » erogen« auf den Mann, und ebenso alles am Manne sexuell anziehend und erregend auf das Weib.

Wir können so zu der vom formal-logischen Standpunkt hypothetischen, aber durch die Summe der Tatsachen fast zur Gewißheit erhobenen Anschauung fortschreiten: jede Zelle des Organismus ist (wie wir vorläufig sagen wollen) geschlechtlich charakterisiert, oder hat eine bestimmte sexuelle Betonung. Unserem Prinzipe der Allgemeinheit der sexuellen Zwischenformen gemäß werden wir gleich hinzufügen, daß diese sexuelle Charakteristik verschieden hohe Grade haben kann. Diese sofort zu machende Annahme einer verschieden starken Ausprägung der sexuellen Charakteristik ließe uns auch den Pseudo- und sogar den echten Hermaphroditismus (dessen Vorkommen für viele Tiere, wenn auch nicht mit Sicherheit für den Menschen, seit Steenstrups Zeit über allen Zweifel erhoben worden ist) unserem Systeme leicht eingliedern. Steenstrup sagte: »Wenn das Geschlecht eines Tieres wirklich seinen Sitz allein in den Geschlechtswerkzeugen hätte, so könnte man sich noch zwei Geschlechter in einem Tiere gesammelt, zwei solche Geschlechtswerkzeuge an die Seite voneinander gestellt denken. Aber das Geschlecht ist nicht etwas, welches seinen Sitz in einer gegebenen Stelle hat, oder welches sich nur durch ein angegebenes Werkzeug äußert; es wirkt durch das ganze Wesen, und hat sich in jedem Punkte davon entwickelt. In einem männlichen Geschöpfe ist jeder, auch der kleinste Teil männlich, mag er dem entsprechenden Teile von einem weiblichen Geschöpfe noch so ähnlich sein, und in diesem ist ebenso der allerkleinste Teil nur weiblich. Eine Vereinigung von beiden Geschlechtswerkzeugen in einem Geschöpfe würde deshalb dieses erst zweigeschlechtlich machen, wenn die Naturen beider Geschlechter durch den ganzen Körper herrschen und sich auf jeden einzelnen Punkt davon geltend machen könnten – etwas, das sich infolge des Gegensatzes beider Geschlechter nur als eine gegenseitige Aufhebung voneinander, als ein Verschwinden alles Geschlechtes in einem solchen Geschöpfe äußern könnte.« Wenn jedoch, und hiezu scheinen alle empirischen Tatsachen zu zwingen, das Prinzip der unzähligen sexuellen Übergangsstufen zwischen M und W auf alle Zellen des Organismus ausgedehnt wird, so entfällt die Schwierigkeit, an der Steenstrup Anstoß nahm, und das Zwittertum ist keine Naturwidrigkeit mehr. Von der völligen Männlichkeit an durch alle Vermittlungen bis zu deren gänzlichem Fehlen, welches mit dem Vorhandensein der absoluten Weiblichkeit zusammenfiele, sind danach unzählige verschiedene sexuelle Charakteristiken jeder einzelnen Zelle denkbar. Ob diese Graduierung in einer Skala von Differenzialien wirklich unter dem Bilde zweier realer, jeweils in anderem Verhältnis zusammentretender Substanzen zu denken ist, oder ein einheitliches Protoplasma in unendlich vielen Modifikationen (etwa räumlich verschiedenen Anordnungen der Atome in großen Molekülen) anzunehmen ist, darüber tut man gut, sich jeder Vermutung zu enthalten. Die erste Annahme wird physiologisch nicht gut verwendbar sein – man denke an eine männliche oder weibliche Körperbewegung und die dann notwendige Duplizität in den bestimmenden Verhältnissen ihrer realen, physiologisch doch immer einheitlichen Erscheinungsform; die zweite erinnert zu sehr an wenig geglückte Spekulationen über die Vererbung. Vielleicht sind beide gleich weit von der Wahrheit entfernt.

Worin die Männlichkeit (Maskulität) oder Weiblichkeit (Muliebrität) einer Zelle eigentlich bestehen mag, welche histologischen, molekular-physikalischen oder gar chemischen Unterschiede jede Zelle von W trennen mögen von jeder Zelle von M, darüber ist eine Aussage auch auf dem Wege der Wahrscheinlichkeit heute empirisch nicht zu begründen. Ohne also irgend einer späteren Untersuchung vorzugreifen (die wohl die Unableitbarkeit des spezifisch Biologischen aus Physik und Chemie zur Genüge eingesehen haben wird), läßt sich die Annahme verschieden starker sexueller Betonungen auch für alle Einzelzellen, nicht bloß für den ganzen Organismus als ihre Summe, mit guten Gründen verteidigen. Weibliche Männer haben meist auch eine insgesamt weiblichere Haut, die Zellen der männlichen Organe haben bei ihnen schwächere Tendenzen zur Teilung, worauf das geringere Wachstum makroskopischer Sexualcharaktere unbedingt zurückweist, usw.

Nach dem verschiedenen Grade der makroskopischen Ausprägung der sexuellen Charakteristik ist auch die Einteilung der Sexualcharaktere zu treffen; ihre Anordnung fällt im großen zusammen mit der Stärke ihrer erogenen Wirkung auf das andere Geschlecht (wenigstens im Tierreiche). Um nicht von der allgemein angenommenen John Hunterschen Nomenklatur abzuweichen und jede Verwirrung zu meiden, nenne ich primordiale Sexualcharaktere die männliche und die weibliche Keimdrüse (Testis, Epididymis, Ovarium, Epoophoron); primäre die inneren Adnexe der Keimdrüsen (Samenstränge, Samenbläschen, Tuba, Uterus, die ihrer sexuellen Charakteristik nach erfahrungsgemäß von jener der Keimdrüsen zuweilen weit differieren) und die »äußeren Geschlechtsteile«, nach welchen allein die Geschlechtsbestimmung des Menschen bei der Geburt vollzogen und damit in gewisser Weise über sein Lebensschicksal (wie sich zeigen wird, nicht selten unrichtig) entschieden wird. Alle Geschlechtscharaktere nach den primären haben das Gemeinsame, daß sie für die Zwecke der Begattung nicht unmittelbar mehr erforderlich sind. Als sekundäre Geschlechtscharaktere sind zunächst am besten scharf zu umgrenzen diejenigen, welche erst zur Zeit der Geschlechtsreife äußerlich sichtbar auftreten und nach einer fast zur Gewißheit erhobenen Anschauung ohne eine »innere Sekretion« bestimmter Stoffe aus den Keimdrüsen in das Blut sich nicht entwickeln können (Wuchs des männlichen Bartes und des weiblichen Kopfhaares, Brüsteentwicklung, Stimmwechsel usw.).

Praktische Gründe mehr als theoretische empfehlen die weitere Bezeichnung erst auf Grund von Äußerungen oder Handlungen zu erschließender angeborener Eigenschaften, wie Muskelkraft, Eigenwilligkeit beim Manne, als tertiärer Sexualcharaktere. Durch relativ zufällige Sitte, Gewöhnung, Beschäftigung hinzugekommen sind endlich die akzessorischen oder quartären Sexualcharaktere, wie Rauchen und Trinken des Mannes, Handarbeit des Weibes; auch diese ermangeln nicht, gelegentlich ihre erogene Wirkung auszuüben, und schon dies deutet darauf hin, daß sie viel öfter, als man vielleicht glaubt, auf die tertiären zurückzuführen sind und möglicherweise bisweilen tief noch mit den primordialen zusammenhängen. Mit dieser Klassifikation der Sexualcharaktere soll nichts für eine wesentliche Reihenfolge präjudiziert und gar nichts darüber entschieden sein, ob die geistigen Eigenschaften im Vergleiche zu den körperlichen primär oder von ihnen bedingt und erst im Laufe einer langen Kausalkette aus ihnen abzuleiten sind; sondern nur die Stärke der anziehenden Wirkung auf das andere Geschlecht[5], die zeitliche Reihenfolge, in welcher sie diesem auffallen, und die Rangordnung der Sicherheit, mit der sie von ihm erschlossen werden, dürfte hiemit für die meisten Fälle getroffen sein.

Die »sekundären Geschlechtscharaktere« führten zur Erwähnung der inneren Sekretion von Keimstoffen in den Kreislauf. Die Wirkungen dieses Einflusses wie seines durch Kastration künstlich erzeugten Mangels hat man nämlich vor allem an der Entwicklung oder dem Ausbleiben der sekundären Geschlechtscharaktere studiert. Die »innere Sekretion« übt aber zweifellos einen Einfluß auf alle Zellen des Körpers. Dies beweisen die Veränderungen, welche zur Zeit der Pubertät im ganzen Organismus und nicht bloß an den durch sekundäre Geschlechtscharaktere ausgezeichneten Partien erfolgen. Auch kann man von vornherein die innere Sekretion aller Drüsen nicht gut anders auffassen, als auf alle Gewebe gleichmäßig sich erstreckend.

Die innere Sekretion der Keimdrüsen komplettiert also erst die Geschlechtlichkeit des Individuums. Es ist demgemäß in jeder Zelle eine originäre sexuelle Charakteristik anzunehmen, zu der jedoch die innere Sekretion der Keimdrüsen in einem gewissen Ausmaße als ergänzende Komplementärbedingung hinzukommen muß, um ein bestimmt qualifiziertes, fertiges Maskulinum oder Femininum hervorzubringen.

Die Keimdrüse ist das Organ, in welchem die sexuelle Charakteristik des Individuums am sichtbarsten hervortritt, und in dessen morphologischen Elementareinheiten sie am leichtesten nachweisbar ist. Ebenso muß man aber annehmen, daß die Gattungs-, Art-, Familieneigenschaften eines Organismus in den Keimdrüsen am vollzähligsten vertreten sind. Gleichwie anderseits Steenstrup mit Recht gelehrt hat, daß das Geschlecht

---

5 Von den verschiedenen »Fetischismen« ist hiebei natürlich abzusehen; ebensowenig kommen für erogene Wirkung die primordialen Charaktere in Betracht.

überall im Körper verbreitet und nicht bloß in spezifischen »Geschlechtsteilen« lokalisiert sei, so haben Naegeli, de Vries, Oskar Hertwig u. a. die ungemein aufklärende Theorie entwickelt und mit wichtigen Argumenten sehr sicher begründet, daß jede Zelle eines vielzelligen Organismus Träger der gesamten Arteigenschaften ist, und diese in den Keimzellen nur in einer besonderen ausgezeichneten Weise zusammengefaßt erscheinen – was vielleicht einmal allen Forschern selbstverständlich vorkommen wird angesichts der Tatsache, daß jedes Lebewesen durch Furchung und Teilung aus einer einzigen Zelle entsteht.

Wie nun die genannten Forscher auf Grund vieler Phänomene, die seitdem durch zahlreiche Erfahrungen über Regeneration aus beliebigen Teilen und Feststellungen chemischer Differenzen in den homologen Geweben verschiedener Spezies vermehrt worden sind, die Existenz des Idioplasma als der Gesamtheit der spezifischen Arteigenschaften auch in allen jenen Zellen eines Metazoons anzunehmen berechtigt waren, die nicht mehr unmittelbar für die Fortpflanzung verwertet werden – so können und müssen auch hier die Begriffe eines Arrhenoplasma und eines Thelyplasma geschaffen werden, als der zwei Modifikationen, in denen jedes Idioplasma bei geschlechtlich differenzierten Wesen auftreten kann, und zwar nach den hier grundsätzlich vertretenen Ansichten wieder nur als Idealfälle, als Grenzen, zwischen denen die empirische Realität liegt. Es geht demnach das wirklich existierende Protoplasma, vom idealen Arrhenoplasma sich immer mehr entfernend, durch einen (realen oder gedachten) Indifferenzpunkt (= Hermaphroditismus verus) in ein Protoplasma über, das bereits dem Thelyplasma näher liegt, um sich diesem bis auf ein Differentiale zu nähern. Dies ist aus der Summe des Vorausgeschickten nur die konsequente Folgerung, und ich bitte die neuen Namen zu entschuldigen; sie sind nicht dazu erfunden, um die Neuheit der Sache zu steigern.

Der Nachweis, daß jedes einzelne Organ und weiter jede einzelne Zelle eine Sexualität besitzt, die auf irgend einem Punkte zwischen Arrhenoplasma und Thelyplasma anzutreffen sein wird, daß also jeder Elementarteil ursprünglich in bestimmter

Weise und bestimmtem Ausmaß sexuell charakterisiert ist, dieser Nachweis läßt sich auch durch die Tatsache leicht führen, daß selbst im gleichen Organismus die verschiedenen Zellen nicht immer die gleiche und sehr oft nicht eine gleich starke sexuelle Charakteristik besitzen. Es liegt nämlich durchaus nicht in allen Zellen eines Körpers der gleiche Gehalt an M oder W, die gleiche Annäherung an Arrhenoplasma oder Thelyplasma, ja es können Zellen des gleichen Körpers auf verschiedenen Seiten des Indifferenzpunktes zwischen diesen Polen sich befinden. Wenn wir, statt Maskulität und Muliebrität immer auszuschreiben, verschiedene Vorzeichen für beide wählen und, noch ohne tückische tiefere Hintergedanken, dem Männlichen ein positives, dem Weiblichen ein negatives Vorzeichen geben, so heißt jener Satz in anderer Ausdrucksform: in den Zellen des nämlichen Organismus kann die Sexualität der verschiedenen Zellen nicht nur eine verschiedene absolute Größe, sondern auch ein verschiedenes Vorzeichen haben. Es gibt sonst ziemlich wohlcharakterisierte Maskulina mit nur ganz schwachem Bart und ganz schwacher Muskulatur; oder fast typische Feminina mit schwachen Brüsten. Und anderseits recht weibische Männer mit starkem Bartwuchs, Weiber, die bei abnorm kurzem Haar und deutlich sichtbarem Bartwuchs gut entwickelte Brüste und ein geräumiges Becken aufweisen. Mir sind ferner Menschen bekannt mit weiblichem Ober- und männlichem Unterschenkel, mit rechter weiblicher und linker männlicher Hüfte. Überhaupt werden von der lokalen Verschiedenheit der sexuellen Charakteristik am häufigsten die beiden, auch sonst nur im idealen Falle symmetrischen Körperhälften rechts und links von der Medianebene betroffen; hier findet man in dem Grade der Ausprägung der Sexualcharaktere, z. B. des Bartwuchses, eine Unzahl von Asymmetrien. Auf eine ungleichmäßige innere Sekretion läßt sich aber dieser Mangel an Konformität (und eine absolute Konformität gibt es in der sexuellen Charakteristik nie), wie schon gesagt, kaum schieben; das Blut muß zwar nicht in gleicher Menge, aber doch in gleicher Mischung zu allen Organen gelangen, in nichtpathologischen Fällen stets in einer den Bedingungen der Erhaltung angemessenen Qualität und Quantität.

Wäre also nicht eine ursprüngliche, vom Anfang der embryonalen Entwicklung an feststehende, in jeder einzelnen Zelle im allgemeinen verschiedene sexuelle Charakteristik als die Ursache dieser Variationen anzunehmen, so müßte ein Individuum einfach durch eine Angabe darüber, wie gut beispielsweise seine Keimdrüsen dem Typus des Geschlechtes sich annähern, vollauf sexuell beschrieben werden können, und die Sache läge viel einfacher, als sie in Wirklichkeit ist. Die Sexualität ist aber nicht in einem fiktiven Normalmaß gleichsam ausgegossen über das ganze Individuum, so daß mit der sexuellen Bestimmung einer Zelle auch alle anderen erledigt wären. Wenn auch weite Abstände in der sexuellen Charakteristik zwischen verschiedenen Zellen oder Organen desselben Lebewesens eine Seltenheit bilden werden: als den allgemeinen Fall muß man die Spezifizität derselben für jede einzelne Zelle ansehen; man wird aber hiebei immerhin daran festhalten können, daß sich viel häufiger Annäherungen an eine vollkommene Einförmigkeit der sexuellen Charakteristik (durch den ganzen Körper hindurch) finden, als ein Auseinandertreten zu beträchtlichen graduellen Differenzen zwischen den einzelnen Organen, geschweige denn zwischen den einzelnen Zellen vorzukommen scheint. Das Maximum der hier möglichen Schwankungsbreiten müßte erst durch eine Untersuchung im einzelnen festgestellt werden.

Träte, wie dies die populäre, auf Aristoteles zurückgehende Ansicht und auch die Anschauung vieler Mediziner und Zoologen ist, mit der Kastration eines Tieres regelmäßig ein Umschlag nach dem entgegengesetzten Geschlechte hin ein, wäre z. B. mit der Entmannung eines Tieres auch schon eo ipso als Folge seine völlige Verweiblichung gesetzt, so wäre das Bestehen eines von den Keimdrüsen unabhängigen primordialen Sexualcharakters jeder Zelle wieder in Frage gestellt. Aber die jüngsten experimentellen Untersuchungen von Sellheim und Foges haben gezeigt, daß es einen vom weiblichen durchaus verschiedenen Typus des Kastraten gibt, daß Entmannung nicht ohne weiteres identisch ist mit Verweiblichung. Freilich wird man gut tun, auch in dieser Richtung zu weitgehende, radikale Folgerungen zu vermeiden; man darf keinesfalls die Möglichkeit ausschließen, daß eine zweite, latent gebliebene Keimdrüse des anderen Geschlechtes nach Beseitigung oder Atrophie einer ersten Keimdrüse sozusagen die Herrschaft über einen in seiner sexuellen Charakteristik in gewissem Maße schwankenden Organismus gewinne. Die häufigen, freilich wohl allgemein etwa zu kühn (als durchgängige Annahme männlicher Charaktere) interpretierten Fälle, in denen, nach der Involution der weiblichen Geschlechtsorgane im Klimakterium, an einem weiblichen Organismus äußere sekundäre Sexualcharaktere des Maskulinums sichtbar werden, wären das bekannteste Beispiel hiefür: der »Bart« der menschlichen »Großmütter«, alte Ricken, die bisweilen einen kurzen Stirnzapfen erhalten, die »Hahnenfedrigkeit« alter Hennen usw. Aber selbst ganz ohne senile Rückbildungen oder operative äußere Eingriffe scheinen derartige Verwandlungen vorzukommen. Sichergestellt als die normale Entwicklung sind sie für einige Vertreter der Gattungen Cymothoa, Anilocra, Nerocila aus den zur Gruppe der Cymothoideen gehörigen, auf Fischen schmarotzenden Asseln. Diese Tiere sind Hermaphroditen eigentümlicher Art: an ihnen sind männliche und weibliche Keimdrüse dauernd gleichzeitig vorhanden, aber nicht gleichzeitig funktionsfähig. Es besteht eine Art »Protandrie«: jedes Individuum fungiert zuerst als Männchen, später als Weibchen. Zur Zeit ihrer Funktionstüchtigkeit als Männchen besitzen sie durchweg männliche Begattungsorgane, die nachher abgeworfen werden, wenn die weiblichen Ausfuhrwege und Brutlamellen sich entwickelt und geöffnet haben. Daß es aber auch beim Menschen solche Dinge gibt, scheinen jene äußerst merkwürdigen Fälle von »Eviratio« und »Effeminatio« zu beweisen, von welchen die sexuelle Psychopathologie aus dem erwachsenen Alter reifer Männer erzählt. Man wird also um so weniger das tatsächliche Vorkommen der Verweiblichung in gänzliche Abrede stellen dürfen, wenn für diese eine so günstige Bedingung wie die Exstirpation der männlichen Keimdrüse geschaffen wird.[6] Daß aber der Zusammenhang kein allgemeiner und notwendiger ist, daß Kastration ein Individuum durchaus nicht mit Sicherheit zum Angehörigen des anderen Geschlech-

6 Ebensowenig wie im umgekehrten Falle der Kastration eines weiblichen Tieres die Maskularisierung schroff   geleugnet werden kann.

24

tes macht – dies ist wieder ein Beweis, wie notwendig die allgemeine Annahme ursprünglich arrhenoplasmatischer und thelyplasmatischer Zellen für den ganzen Körper ist.

Das Bestehen der originären sexuellen Charakteristik jeder Zelle und die Ohnmacht der auf sich allein angewiesenen Keimdrüsensekrete wird weiter erwiesen durch die gänzliche Erfolglosigkeit von Transplantationen männlicher Keimdrüsen auf weibliche Tiere. Zur strikten Beweiskraft dieser letzteren Versuche wäre es freilich vonnöten, daß die exstirpierten Testikel einem möglichst nahe verwandten weiblichen Tiere, womöglich einer Schwester des kastrierten Männchens, eingepflanzt würden: das Idioplasma dürfte nicht auch noch ein zu verschiedenes sein. Es würde nämlich hier wie sonst viel darauf ankommen, die Bedingungen des Erfolges in möglichst reiner Isolation wirken zu lassen, um ein möglichst eindeutiges Resultat zu erhalten. Versuche auf der Chrobakschen Klinik in Wien haben gezeigt, daß zwischen zwei (wahllos ausgemusterten) weiblichen Tieren beliebig vertauschte Ovarien in der Mehrzahl der Fälle atrophieren und nie die Verkümmerung der sekundären Charaktere (z. B. der Milchdrüsen) aufzuhalten vermögen: während bei Entfernung der eigenen Keimdrüse von ihrem natürlichen Lager und ihrer Implantation an einem davon verschiedenen Ort im selben Tiere (das somit sein eigenes Gewebe behält) im Idealfalle die völlige Entwicklung der sekundären Geschlechtscharaktere ebenso möglich ist, wie wenn gar kein Eingriff erfolgt. Das Mißlingen der Transplantation auf kastrierte Geschlechtsgenossen ist vielleicht hauptsächlich in der mangelnden Familienverwandtschaft begründet: das idioplasmatische Moment müßte in erster Linie berücksichtigt werden.

Diese Dinge erinnern sehr an die Erfahrungen bei der Transfusion heterologen Blutes. Es ist eine praktische Regel der Chirurgen, daß man verlornes Blut (bei Gefahr schwerer Störungen) nicht nur durch das Blut der gleichen Spezies und einer verwandten Familie, sondern auch durch das Blut eines gleichgeschlechtlichen Wesens ersetzen muß. Die Parallele mit den Transplantationsversuchen springt in die Augen. Sollten aber die hier vertretenen Ansichten sich behaupten, so werden die

Chirurgen, soweit sie überhaupt transfundieren und nicht Kochsalzinfusionen bevorzugen, vielleicht nicht bloß darauf achten müssen, ob das Ersatzblut einem möglichst stammverwandten Tiere entnommen ist. Es fragt sich, ob dann die Forderung zu weit ginge, daß nur das Blut eines Wesens von möglichst gleichem Grade der Maskulität oder Muliebrität Verwendung finden dürfe.

Wie diese Verhältnisse bei der Transfusion ein Beweis für die eigene sexuelle Charakteristik der Blutkörperchen, so liefert, wie erwähnt, der gänzliche Mißerfolg aller Überpflanzungen männlicher Keimdrüsen auf Weibchen oder weiblicher Keimdrüsen auf Männchen noch einen Beweis dafür, daß die innere Sekretion nur auf ein ihr adäquates Arrhenoplasma oder Thelyplasma wirksam ist.

In Anknüpfung hieran soll schließlich noch des organotherapeutischen Heilverfahrens mit einem Worte gedacht werden. Es ist nach dem Obigen klar, daß und warum, wenn die Transplantation möglichst geschonter ganzer Keimdrüsen auf andersgeschlechtliche Individuen keinen Erfolg hatte, auch ebenso z. B. die Injektion von Ovarialsubstanz in das Blut eines Maskulinums höchstens Schaden anrichten konnte. Aber anderseits erledigen sich ebenso eine Menge von Einwürfen gegen das Prinzip der Organotherapie damit, daß Organpräparate von Nicht-Artgenossen naturgemäß nicht immer eine volle Wirkung ausüben können. Durch die Nichtbeachtung eines biologischen Prinzips von solcher Wichtigkeit wie die Idioplasmalehre haben sich die ärztlichen Vertreter der Organotherapie vielleicht manchen Heilerfolg verscherzt.

Die Idioplasmalehre, die auch jenen Geweben und Zellen den spezifischen Artcharakter zuschreibt, welche die reproduktive Fähigkeit verloren haben, ist allerdings noch nicht allgemein anerkannt. Aber daß zumindest in den Keimdrüsen die Arteigenschaften versammelt sind, wird jedermann einsehen müssen, und damit auch zugeben, daß gerade bei Präparaten aus den Keimdrüsen die möglichst geringe verwandtschaftliche Entfernung erstes Postulat ist, sofern diese Methode mehr erstrebt, als ein gutes Tonikum zu liefern. Parallelversuche zwischen

Transplantation von Keimdrüsen und Injektionen ihrer Extrakte, etwa ein Vergleich zwischen dem Einfluß des ihm selbst oder einem nahe verwandten Individuum entnommenen und auf einen Hahn irgendwo, z. B. in seinen Peritonealraum transplantierten Hodens mit dem Einfluß intravenöser Injektionen von Testikularextrakt in einen anderen kastrierten Hahn, wobei dieser Extrakt ebenfalls aus den Hoden verwandter Individuen gewonnen sein müßte – solche Parallelversuche wären hier vielleicht mit Nutzen auszuführen. Sie könnten möglicherweise auch noch lehrreiche Aufschlüsse bringen über die passendste Darstellung und Menge der Organpräparate und der einzelnen Injektionen. Es wäre auch theoretisch eine Feststellung darüber erwünscht, ob die inneren Keimdrüsensekrete mit Stoffen in der Zelle eine chemische Verbindung eingehen, oder ob ihre Wirkung bloß eine katalytische, von der Menge eigentlich doch unabhängige ist. Die letztere Annahme kann nach den bisher vorliegenden Untersuchungen noch nicht ausgeschlossen werden.

Die Grenzen des Einflusses der inneren Sekretion auf die Gestaltung des definitiven geschlechtlichen Charakters waren zu ziehen, um die gemachte Annahme einer originären, im allgemeinen für jede Zelle graduell verschiedenen, von Anfang an bestimmten sexuellen Charakteristik gegen Einwände zu sichern.[7] Wenn diese Charakteristiken auch in der überwiegenden Mehrzahl der Fälle für die verschiedenen Zellen und Gewebe desselben Individuums nicht sonderlich dem Grade nach verschieden sein dürften, so gibt es doch eklatante Ausnahmen, die uns die Möglichkeit großer Amplitüden vor Augen rücken. Auch die einzelnen Eizellen und die einzelnen Spermatozoiden, nicht nur verschiedener Organismen, auch in den Follikeln und in der Spermamasse eines Individuums, zur selben Zeit und mehr noch zu verschiedenen Zeiten, werden Unterschiede in dem Grade ihrer Muliebrität und Maskulität zeigen, z. B. die Samenfäden verschieden schlank, verschieden schnell sein.

---

7 Daß solche Grenzen existieren, ergibt ja auch die Existenz sexueller Unterschiede vor der Pubertät.

Freilich sind wir über diese Unterschiede bis jetzt sehr wenig unterrichtet, aber wohl nur, weil niemand bisher diese Dinge in gleicher Absicht untersucht hat.

Doch hat man – und dies ist eben das Interessante – in den Hoden von Amphibien neben den normalen Entwicklungsstufen der Spermatogenese regelrechte und wohlentwickelte Eier, nicht ein einziger einmal, sondern verschiedene Beobachter zu öfteren Malen, gefunden. Diese Deutung der Befunde wurde zwar bestritten und von einer Seite nur die Existenz abnorm großer Zellen in den Samenkanälchen als feststehend zugegeben, aber der Sachverhalt wurde später unzweifelhaft festgestellt. Allerdings sind Zwitterbildungen gerade bei den betreffenden Amphibien ungemein häufig; dennoch ist diese eine Tatsache genug Beweis für die Notwendigkeit, mit der Annahme annähernder Konformität des Arrhenoplasmas oder Thelyplasmas in einem Körper vorsichtig zu sein. Es scheint entlegen und gehört doch ganz in die gleiche Kategorie von Übereilung, wenn ein menschliches Individuum, bloß weil es bei der Geburt ein wenn auch noch so kurzes, etwa gar epi- oder hypospadisches männliches Glied zeigt, ja selbst noch bei doppelseitigem Kryptorchismus als »Knabe« bezeichnet und ohne weiteres als solcher angesehen wird, obwohl es in den übrigen Körperpartien, z. B. zerebral, weit näher dem Thelyplasma als dem Arrhenoplasma steht. Man wird es da wohl noch einmal zu lernen trachten müssen, selbst feinere Abstufungen der Geschlechtlichkeit schon bei der Geburt zu diagnostizieren.

Als Resultat dieser längeren Induktionen und Deduktionen können wir nun wohl die Sicherung der originären sexuellen Charakteristik, die a priori nicht für alle Zellen auch desselben Körpers gleich oder auch nur ungefähr gleich gesetzt werden darf, betrachten. Jede Zelle, jeder Zellkomplex, jedes Organ hat einen bestimmten Index, der seine Stellung zwischen Arrhenoplasma und Thelyplasma anzeigt. Im großen und ganzen freilich wird ein Index für den ganzen Körper geringen Ansprüchen an Exaktheit genügen. Wir würden indes verhängnisvolle Irrtümer im Theoretischen, schwere Sünden im Praktischen auf uns laden, wenn wir hier mit solcher inkorrekter Beschreibung auch im Einzelfalle ernstlich alles getan zu haben glaubten.

Die verschiedenen Grade der ursprünglichen sexuellen Charakteristik zusammen mit der (bei den einzelnen Individuen wahrscheinlich qualitativ und quantitativ) variierenden inneren Sekretion bedingen das Auftreten der sexuellen Zwischenformen.

Arrhenoplasma und Thelyplasma, in ihren unzähligen Abstufungen, sind die mikroskopischen Agenzien, die im Vereine mit der »inneren Sekretion« jene makroskopischen Differenzen schaffen, von denen das vorige Kapitel ausschließlich handelte.

Unter Voraussetzung der Richtigkeit der bisherigen Darlegungen ergibt sich die Notwendigkeit einer ganzen Reihe von anatomischen, physiologischen, histologischen und histochemischen Untersuchungen über die Unterschiede zwischen den Typen M und W in Bau und Funktion aller einzelnen Organe, über die Art, wie Arrhenoplasma und Thelyplasma sich in den verschiedenen Geweben und Organen besonders differenzieren. Die Durchschnittskenntnisse, die wir bis jetzt über all das haben, genügen selbst dem modernen Statistiker kaum mehr. Wissenschaftlich ist ihr Wert ganz gering. Daß z. B. alle Untersuchungen über sexuelle Unterschiede im Gehirne so wenig Wertvolles zutage fördern konnten, dafür ist auch dies ein Grund, daß man nicht den typischen Verhältnissen nachgegangen ist, sondern sich mit dem, was der Taufschein oder der oberflächlichste Aspekt der Leiche über das Geschlecht sagte, zufrieden gab und so jeden Hans und jede Grete als vollwertige Repräsentanten der Männlichkeit oder Weiblichkeit gelten ließ. Man hätte, wenn man schon psychologischer Daten nicht zu bedürfen glaubte, doch wenigstens, da Harmonie in der sexuellen Charakteristik der verschiedenen Körperteile häufiger ist als große Sprünge derselben zwischen den einzelnen Organen, sich einiger Tatsachen bezüglich der übrigen Körperbeschaffenheit versichern sollen, die für Männlichkeit und Weiblichkeit in Betracht kommen, wie die Distanz der großen Trochanteren, der Spinae iliacae ant. sup. etc. etc.

Dieselbe Fehlerquelle – das unbedenkliche Passierenlassen sexueller Zwischenstufen als maßgebender Individuen – ist übrigens auch bei anderen Untersuchungen nicht verstopft worden; und diese Sorglosigkeit kann das Gewinnen haltbarer und beweisbarer Resultate auf lange Zeit hintanhalten. Schon wer z. B. den Ursachen des Knabenüberschusses bei den Geburten nachspekuliert, dürfte diese Verhältnisse nicht ganz außer acht lassen. Namentlich wird sich aber ihre Nichtberücksichtigung an jedermann rächen, der das Problem der geschlechtsbestimmenden Ursachen lösen zu wollen sich unterfängt. Bevor er nicht jedes auf die Welt gekommene Lebewesen, das ihm zum Objekt der Untersuchung wird, auch auf seine Stellung zwischen M und W geprüft hat, wird man seinen Hypothesen oder gar seinen Beeinflussungsmethoden zu trauen sich hüten dürfen. Wenn er nämlich die sexuellen Zwischenstufen einerseits bloß in der bisherigen äußerlichen Weise unter die männlichen oder unter die weiblichen Geburten einreiht, so wird er Fälle für sich in Anspruch nehmen, die bei tieferer Betrachtung gegen ihn zeugen würden, und andere Fälle als Gegeninstanzen betrachten, die es tatsächlich nicht sind: ohne den idealen Mann und das ideale Weib entbehrt er eben eines festen Maßstabes, den er an die Wirklichkeit anlegen könnte, und tappt im ungewissen, oberflächlichen Schein. Maupas z. B., dem die experimentelle Geschlechtsbestimmung bei Hydatina senta, einem Rädertierchen, gelungen ist, hat noch immer 3-5 % an abweichenden Resultaten erzielt. Bei niedrigerer Temperatur wurde die Geburt von Weibchen erwartet, und doch ergab sich dieser Satz von Männchen; entsprechend kamen bei hoher Temperatur gegen die Regel etwa ebensoviel Weibchen heraus. Es ist anzunehmen, daß dies sexuelle Zwischenstufen waren, sehr arrhenoide Weibchen bei hoher, sehr thelyide Männchen bei tiefer Temperatur. Wo das Problem viel komplizierter liegt, z. B. beim Rinde, um vom Menschen zu schweigen, wird der Prozentsatz der übereinstimmenden Resultate kaum je so groß sein wie hier, und deshalb die richtige Deutung durch von den sexuellen Zwischenstufen herrührende Störungen viel schwerer beeinträchtigt werden.

Wie Morphologie, Physiologie und Entwicklungsmechanik, so ist auch eine vergleichende Pathologie der sexuellen Typen vorderhand ein Desiderat. Freilich wird man hier wie dort aus der

Statistik gewisse Schlüsse ziehen dürfen. Wenn diese erweist, daß eine Krankheit beim »weiblichen Geschlechte« sehr erheblich häufiger sich findet als beim »männlichen«, so wird man hienach im allgemeinen die Annahme wagen dürfen, sie sei eine dem Thelyplasma eigentümliche, »idiopathische« Affektion. So dürfte z. B. Myxödem eine Krankheit von W sein; Hydrokele ist naturgemäß eine Krankheit von M.

Doch können selbst die am lautesten sprechenden Zahlen der Statistik hier so lange vor theoretischen Irrtümern nicht mit Sicherheit bewahren, als nicht von dem Charakter irgend eines Leidens gezeigt ist, daß es in unauflöslicher, funktioneller Beziehung an die Männlichkeit oder an die Weiblichkeit geknüpft ist. Die Theorie der betreffenden Krankheiten wird auch darüber Rechenschaft zu geben haben, warum sie »fast ausschließlich bei einem Geschlechte auftreten«, d. h. (in der hier begründeten Fassung) warum sie entweder M oder W zugehören.

III. Kapitel. Gesetze der sexuellen Anziehung

Sexueller »Geschmack«. Wahrscheinlichkeit eines Gesetzmäßigen. Erste Formel. Erste Deutung. Beweise. Heterostylie. Interpretation derselben. Tierreich. Weitere Gesetze.
Zweite Formel. Chemotaxis? Analogien und Differenzen.
»Wahlverwandtschaften.« Ehebruch und Ehe. Folgen für
die Nachkommenschaft.

Carmen:

»L'amour est un oiseau rebelle,
Que nul ne peut apprivoiser:
Et c'est bien en vain qu'on l'appelle.
S'il lui convient de refuser.
Rien n'y fait; menace ou prière:
L'un parle, l'autre se tait;
Et c'est l'autre que je préfère;
Il n'a rien dit, mais il me plaît.

L'amour est enfant de Bohême
Il n'a jamais connu de loi.«?

In den alten Begriffen ausgedrückt, besteht bei sämtlichen geschlechtlich differenzierten Lebewesen eine auf Begattung gerichtete Anziehung zwischen Männchen und Weibchen, Mann
und Weib. Da Mann und Weib aber nur Typen sind, die in der
Realität nirgends rein sich vertreten finden, so werden wir hievon nicht mehr so sprechen können, daß die geschlechtliche
Anziehung ein Maskulinum schlechtweg und ein Femininum
schlechtweg einander zu nähern suche. Über die Tatsachen der
sexuellen Wirkungen muß aber auch die hier vertretene Theo-

33

rie, wenn sie vollständig sein soll, Rechenschaft geben können, ja es muß auch ihr Erscheinungsgebiet sich mit den neuen Mitteln besser darstellen lassen als mit den bisherigen, wenn jene vor diesen ihren Vorzug behaupten sollen. Wirklich hat mich die Erkenntnis, daß M und W in allen verschiedenen Verhältnissen sich auf die Lebewesen verteilen, zur Entdeckung eines ungekannten, bloß von einem Philosophen einmal geahnten Naturgesetzes geführt, eines Gesetzes der sexuellen Anziehung. Beobachtungen des Menschen ließen es mich gewinnen, und ich will daher von diesem hier ausgehen.

Jeder Mensch hat, was das andere Geschlecht anlangt, einen bestimmten, nur ihm eigentümlichen »Geschmack«. Wenn wir etwa die Bildnisse der Frauen vergleichen, die irgend ein berühmter Mann der Geschichte nachweislich geliebt hat, so finden wir fast immer, daß alle eine beinahe durchgängige Übereinstimmung aufweisen, die äußerlich am ehesten hervortreten wird in ihrer Gestalt (im engeren Sinne des Wuchses) oder in ihrem Gesichte, aber sich bei näherem Zusehen bis in die kleinsten Züge – ad unguem, bis auf die Nägel der Finger – erstrecken wird. Ganz ebenso verhält es sich aber auch sonst. Daher die Erscheinung, daß jedes Mädchen, von welchem eine starke Anziehung auf den Mann ausgeht, auch sofort die Erinnerung an jene Mädchen wachruft, die schon früher ähnlich auf ihn gewirkt haben. Jeder hat ferner zahlreiche Bekannte, deren Geschmack, das andere Geschlecht betreffend, ihm schon den Ausruf abgenötigt hat: »Wie einem die gefallen kann, verstehe ich nicht!« Eine Menge Tatsachen, welche den bestimmten besonderen Geschmack jedes Einzelwesens auch für die Tiere außer allen Zweifel setzen, hat Darwin gesammelt (in seiner »Abstammung des Menschen«). Daß Analoga zu dieser Tatsache des bestimmten Geschmackes aber selbst bei den Pflanzen sich deutlich ausgeprägt finden, wird bald besprochen werden.

Die sexuelle Anziehung ist fast ausnahmslos nicht anders als bei der Gravitation eine gegenseitige; wo diese Regel Ausnahmen zu erleiden scheint, lassen sich beinahe immer differenziertere Momente nachweisen, welche es zu verhindern wissen, daß dem unmittelbaren Geschmacke, der fast stets ein wechselseitiger ist, Folge gegeben werde; oder ein Begehren erzeugen, wenn dieser unmittelbare erste Eindruck nicht dagewesen ist.

Auch der Sprachgebrauch redet vom »Kommen des Richtigen«, vom »Nichtzueinanderpassen« zweier Leute. Er beweist so eine gewisse dunkle Ahnung der Tatsache, daß in jedem Menschen gewisse Eigenschaften liegen, die es nicht ganz gleichgültig erscheinen lassen, welches Individuum des anderen Geschlechtes mit ihm eine sexuelle Vereinigung einzugehen geeignet ist; daß nicht jeder »Mann« für jeden anderen »Mann«, nicht jedes »Weib« für jedes andere »Weib«, ohne daß es einen Unterschied macht, eintreten kann.

Jedermann weiß ferner aus eigener Erfahrung, daß gewisse Personen des anderen Geschlechtes auf ihn sogar eine direkt abstoßende Wirkung ausüben können, andere ihn kalt lassen, noch andere ihn reizen, bis endlich (vielleicht nicht immer) ein Individuum erscheint, mit dem vereinigt zu sein in dem Maße sein Verlangen wird, daß die ganze Welt daneben für ihn eventuell wertlos wird und verschwindet. Welches Individuum ist das? Welche Eigenschaften muß es besitzen? Hat wirklich – und es ist so – jeder Typus unter den Männern einen ihm entsprechenden Typus unter den Weibern zum Korrelat, der auf ihn sexuell wirkt, und umgekehrt, so scheint zumindest hier ein gewisses Gesetz zu walten. Was ist das für ein Gesetz? Wie lautet es? »Gegensätze ziehen sich an«, so hörte ich es formulieren, als ich, bereits im Besitze der eigenen Antwort auf meine Frage, bei verschiedenen Menschen hartnäckig auf das Aussprechen eines solchen drang und ihrer Abstraktionskraft durch Beispiele zu Hilfe kam. Auch dies ist in gewissem Sinne und für einen kleineren Teil der Fälle zuzugeben. Aber es ist doch zu allgemein, zerfließt unter den Händen, die Anschauliches erfassen wollen, und läßt keinerlei mathematische Formulierung zu.

Diese Schrift nun vermißt sich nicht, sämtliche Gesetze der sexuellen Anziehung – es gibt ihrer nämlich mehrere – aufdecken zu wollen, und erhebt somit keineswegs den Anspruch, jedem Individuum bereits sichere Auskunft über dasjenige Individuum des anderen Geschlechtes geben zu können, das seinem Geschmack am besten entsprechen werde, wie dies eine vollständige Kenntnis der in Betracht kommenden Gesetze allerdings ermöglichen würde. Nur ein einziges von diesen Gesetzen soll in diesem Kapitel besprochen werden, da es in organischem Zusammenhange mit den übrigen Erörterungen des Buches steht. Einer Anzahl weiterer Gesetze bin ich auf der Spur, doch war dieses das erste, auf das ich aufmerksam wurde, und das, was ich darüber zu sagen habe, ist relativ am fertigsten. Die Unvollkommenheiten im Beweismaterial möge man in Erwägung der Neuheit und Schwierigkeit der Sache mit Nachsicht beurteilen.

Die Tatsachen, aus denen ich dieses Gesetz der sexuellen Affinität ursprünglich gewonnen, und die große Anzahl jener, die es mir bestätigt haben, hier anzuführen, ist jedoch glücklicherweise in gewissem Sinne überflüssig. Ein jeder ist gebeten, es zunächst an sich selbst zu prüfen, und dann Umschau zu halten im Kreise seiner Bekannten; besonders empfehle ich eben jene Fälle der Erinnerung und Beachtung, wo er ihren Geschmack nicht verstanden oder ihnen gar einmal allen »Geschmack« abgesprochen hat, oder wo ihm dasselbe von ihrer Seite widerfahren ist. Jenes Mindestmaß von Kenntnis der äußeren Formen des menschlichen Körpers, welches zu dieser Kontrolle nötig ist, besitzt jeder Mensch.

Auch ich bin zu dem Gesetze, das ich nun formulieren will, auf eben dem Wege gelangt, auf welchen ich hier zunächst habe verweisen müssen.

Das Gesetz lautet: » Zur sexuellen Vereinigung trachten immer ein ganzer Mann (M) und ein ganzes Weib (W) zusammen zu kommen, wenn auch auf die zwei verschiedenen Individuen in jedem einzelnen Falle in verschiedenem Verhältnisse verteilt

Anders ausgedrückt: Wenn $m\mu$ das Männliche, $w\mu$ das Weibliche ist in irgend einem von der gewöhnlichen Auffassung einfach als »Mann« bezeichneten Individuum μ und $w\grave{u}$ das Weibliche, $m\grave{u}$ das Männliche dem Grade nach ausdrückt in irgend einer sonst oberflächlich schlechtweg als »Weib« gekennzeichneten Person ?, so ist bei jeder vollkommenen Affinität, d. h. im

36

Falle der stärksten sexuellen Attraktion:
(Ia) mμ + mù = C(onstans)1 = M = dem idealen Manne
und darum natürlich gleichzeitig auch
(Ib) wμ + wù = C2 = W = dem idealen Weibe.

Man mißverstehe diese Formulierung nicht. Es ist ein Fall, eine einzige sexuelle Relation, für die beide Formeln Geltung haben, von denen aber die zweite aus der ersten unmittelbar folgt und nichts Neues zu ihr hinzufügt; denn wir operieren ja unter der Voraussetzung, daß jedes Individuum so viel Weibliches hat, als ihm Männliches gebricht. Ist es ganz männlich, so wird es ein ganz weibliches Gegenglied verlangen; ist es ganz weiblich, ein ganz männliches. Ist in ihm aber ein bestimmter größerer Bruchteil vom Manne und ein keineswegs zu vernachlässigender anderer Bruchteil vom Weibe, so wird es zur Ergänzung ein Individuum fordern, das seinen Bruchteil an Männlichkeit zum Ganzen, zur Einheit komplettiert; damit wird aber zugleich auch sein weiblicher Anteil in ebensolcher Weise vervollständigt. Es habe z. B. ein Individuum

$$\text{also } \begin{cases} \tfrac{3}{4}\,M, \\ \tfrac{1}{4}\,W \end{cases}$$

Dann wird sein bestes sexuelles Komplement nach diesem Gesetze jenes Individuum ω sein, welches sexuell folgendermaßen zu definieren ist:

$$\text{also } \begin{cases} \tfrac{1}{4}\,M, \\ \tfrac{3}{4}\,W \end{cases}$$

Man erkennt bereits in dieser Fassung den Wert größerer Allgemeinheit vor der gewöhnlichen Anschauung. Daß Mann und Weib, als sexuelle Typen, einander anziehen, ist hierin eben nur als Spezialfall enthalten, als jener Fall, in welchem ein imaginäres Individuum sein Komplement in einem ebenso imaginären findet.

Niemand wird zögern, die Tatsache des bestimmten sexuellen Geschmackes zuzugeben; damit ist aber auch die Berechtigung der Frage nach den Gesetzen dieses Geschmackes anerkannt, nach dem Funktionalzusammenhang, in welchem die sexuelle Vorliebe mit den übrigen körperlichen und psychischen Qualitäten eines Wesens steht. Das Gesetz, welches hier aufgestellt wurde, hat von vornherein nicht das geringste Unwahrscheinliche an sich: es steht ihm weder in der gewöhnlichen noch in der wissenschaftlich geeichten Erfahrung das geringste entgegen. Aber es ist an und für sich auch gewiß nicht »selbstverständlich«. Es könnte ja – denkbar wäre es, da das Gesetz selbst bis jetzt nicht weiter ableitbar ist – auch lauten: mì - mù = Const., d. h. die Differenz im Gehalte an M eine konstante Größe sein, nicht die Summe, also der männlichste Mann von seinem Komplemente, welches dann gerade in der Mitte zwischen M und W läge, ebenso weit entfernt stehen wie der weiblichste Mann von dem seinen, das wir in diesem Falle in der extremen Weiblichkeit zu erblicken hätten. Denkbar wäre das, wie gesagt, doch ist es darum nicht in der Realität verwirklicht. Folgen wir also, in der Erkenntnis, daß wir ein empirisches Gesetz vor uns haben, dem wissenschaftlichen Gebote der Bescheidung, so werden wir vorderhand nicht von einer »Kraft« sprechen, welche die zwei Individuen wie zwei Hampelmännchen gegeneinander laufen läßt, sondern in dem Gesetze nur den Ausdruck eines Verhältnisses erblicken, das in jeder stärksten sexuellen Anziehung in ganz gleicher Weise zu konstatieren ist; es kann nur eine »Invariante« (Ostwald), eine »Multiponible« (Avenarius) aufzeigen, und das ist in diesem Falle die stets gleich bleibende Summe des Männlichen wie die des Weiblichen in den beiden einander mit größter Stärke anziehenden Lebewesen.

Vom »ästhetischen«, vom »Schönheits«-Moment muß hier ganz abgesehen werden. Denn wie oft kommt es vor, daß der eine von einer bestimmten Frau ganz entzückt ist, ganz außer sich über deren »außerordentliche«, »berückende« Schönheit, und der andere »gern wissen möchte«, was an der Betreffenden »denn nur gefunden werden könne«, da sie eben nicht auch sein sexuelles Komplement ist. Ohne hier den Standpunkt irgend einer normativen Ästhetik einnehmen oder für einen Relativismus der Wertungen Beispiele sammeln zu wollen, kann man es aussprechen, daß sicherlich nicht nur vom rein ästhetischen Standpunkte Indifferentes, sondern selbst Unschönes vom verliebten Menschen schön gefunden wird, wobei unter »rein-ästhetisch« nicht ein Absolut-Schönes, sondern nur das Schöne, d. h. das nach Abzug aller »sexuellen Apperzeptionen« ästhetisch Gefallende verstanden werden soll.

Das Gesetz selbst habe ich in mehreren hundert Fällen (um die niederste Zahl zu nennen) bestätigt gefunden, und alle Ausnahmen erwiesen sich als scheinbare. Fast ein jedes Liebespaar, dem man auf der Straße begegnet, liefert eine neue Bestätigung. Die Ausnahmen waren insofern lehrreich, als sie die Spur der anderen Gesetze der Sexualität verstärkten und zu deren Erforschung aufforderten. Übrigens habe ich auch selbst eine Anzahl von Versuchen in folgender Weise angestellt, daß ich mit einer Kollektion von Photographien rein-ästhetisch untadeliger Frauen, deren jede einem bestimmten Gehalte an W entsprach, eine Enquete veranstaltete, indem ich sie einer Reihe von Bekannten, »zur Auswahl der Schönsten«, wie ich hinterlistig sagte, vorlegte. Die Antwort, die ich bekam, war regelmäßig dieselbe, die ich im voraus erwartete. Von anderen, die bereits wußten, worum es sich handelte, habe ich mich in der Weise prüfen lassen, daß sie mir Bilder vorlegten, und ich aus diesen die für sie Schönste herausfinden mußte. Dies ist mir immer gelungen. Anderen habe ich, ohne daß sie mir vorher unfreiwillige Stichproben davon geliefert hatten, ihr Ideal vom anderen Geschlechte zuweilen mit annähernder Vollständigkeit beschreiben können, jedenfalls oft viel genauer, als sie selbst es anzugeben vermochten; manchmal wurden sie jedoch auch auf das, was ihnen mißfiel – was die Menschen im allgemeinen viel eher kennen als das, was sie anzieht –, erst aufmerksam, als ich es ihnen sagte.

Ich glaube, daß der Leser bei einiger Übung es bald zu der gleichen Fertigkeit wird bringen können, die einige Bekannte aus einem engeren wissenschaftlichen Freundeskreis, von den hier vertretenen Ideen angeregt, bereits erlangt haben. Freilich wäre hiezu eine Erkenntnis der anderen Gesetze der sexuellen

Anziehung sehr erwünscht. Als Proben auf das Verhältnis wirklicher komplementärer Ergänzung ließen sich eine Menge spezieller Konstanten namhaft machen. Man könnte z. B. das Naturgesetz boshaft so formulieren, die Summe der Haarlängen zweier Verliebten müsse immer genau gleich groß sein. Doch wird dies schon aus den im zweiten Kapitel erörterten Gründen nicht immer zutreffen, indem nicht alle Organe eines und desselben Wesens gleich männlich oder gleich weiblich sind. Überdem würden solche heuristische Regeln bald sich vermehren und dann schnell zu der Kategorie der schlechten Witze herabsinken, weshalb ich hier von ihrer Anführung lieber absehen mag.

Ich verhehle mir nicht, daß die Art, wie dieses Gesetz hier eingeführt wurde, etwas Dogmatisches hat, das ihm bei dem Mangel einer exakten Begründung um so schlechter ansteht. Mir konnte aber auch hier weniger daran liegen, mit fertigen Ergebnissen hervorzutreten, als zur Gewinnung solcher anzuregen, nachdem die Mittel, die mir zur genauen Überprüfung jener Sätze nach naturwissenschaftlicher Methode zur Verfügung standen, äußerst beschränkt waren. Wenn also auch im einzelnen vieles hypothetisch bleibt, so hoffe ich doch im folgenden mit Hinweisen auf merkwürdige Analogien, die bisher keine Beachtung gefunden haben, die einzelnen Balken des Gebäudes noch durcheinander stützen zu können: einer »rückwirkenden Verfestigung« vermögen vielleicht selbst die Prinzipien der analytischen Mechanik nicht zu entbehren.

Eine höchst auffällige Bestätigung erfährt das aufgestellte Gesetz zunächst durch eine Gruppe von Tatsachen aus dem Pflanzenreiche, die man bisher in völliger Isolation betrachtet hat, und welchen demgemäß der Charakter der Seltsamkeit in hohem Grade anzuhaften schien. Wie jeder Botaniker sofort erraten haben wird, meine ich die von Persoon entdeckte, von Darwin zuerst beschriebene, von Hildebrand benannte Erscheinung der Ungleichgriffeligkeit oder Heterostylie. Sie besteht in folgendem: Viele dikotyle (und eine einzige monokotyle) Pflanzenspezies, z. B. Primulazeen und Geraniazeen, besonders aber viele Rubiazeen, lauter Pflanzen, auf deren Blüte sowohl Pollen als Narbe funktionsfähig sind, aber nur für Produkte fremder Blüten, die also in morphologischer Beziehung androgyn, in physiologischer Hinsicht jedoch diözisch erscheinen – diese alle haben die Eigentümlichkeit, ihre Narben und Staubbeutel auf verschiedenen Individuen zu verschiedener Höhe zu entwickeln. Das eine Exemplar bildet ausschließlich Blüten mit langem Griffel, daher hochstehender Narbe und niedrigen Antheren (Staubbeuteln): es ist nach meiner Auffassung das weiblichere. Das andere Exemplar hingegen bringt nur Blüten hervor mit tiefstehender Narbe und hochstehenden Antheren (weil langen Staubfäden): das männlichere. Neben diesen »dimorphen« Arten gibt es aber auch »trimorphe«, wie Lythrum salicaria, mit dreierlei Längenverhältnissen der Geschlechtsorgane: außer der Blütenform mit langgriffeligen und der mit kurzgriffeligen findet sich hier noch eine mit »mesostylen« Blüten, d. i. mittellangen Griffeln. Obwohl nur dimorphe und trimorphe Heterostylie den Weg in die Kompendien gefunden haben, ist auch damit die Mannigfaltigkeit nicht erschöpft. Darwin deutet an, daß, »wenn kleinere Verschiedenheiten berücksichtigt werden, fünf verschiedene Sitze von männlichen Organen zu unterscheiden seien«. Es besteht also auch die hier unleugbar vorkommende Diskontinuität, die Trennung der verschiedenen Grade von Maskulität und Muliebrität in verschiedene Stockwerke nicht allgemein zu Recht, auch in diesem Falle haben wir hie und da kontinuierlichere sexuelle Zwischenformen vor uns. Anderseits ist auch dieses diskrete Fächerwerk nicht ohne frappante Analogien im Tierreiche, wo die betreffenden Erscheinungen als ebenso vereinzelt und wunderbar angesehen wurden, weil man sich der Heterostylie gar nicht entsann. Bei mehreren Insektengattungen, nämlich bei Forfikuliden (Ohrwürmern) und Lamellikornien (und zwar bei Lucanus cervus, dem Hirschkäfer, bei Dynastes hercules und Xylotrupes gideon), gibt es einerseits viele Männchen, welche den sekundären Geschlechtscharakter, der sie von den Weibchen am sichtbarsten scheidet, die Fühlhörner, zu sehr großer Länge entwickeln; die andere Hauptgruppe der Männchen hat nur relativ wenig entwickelte Hörner. Bateson, von dem die ausführlichere Beschreibung dieser

Verhältnisse herrührt, unterscheidet darum unter ihnen »high males« und »low males«. Zwar sind diese beiden Typen durch kontinuierliche Übergänge miteinander verbunden, aber die zwischen ihnen vermittelnden Stufen sind selten, die meisten Exemplare stehen an der einen oder der anderen Grenze. Leider ist es Bateson nicht darum zu tun gewesen, die sexuellen Beziehungen dieser beiden Gruppen zu den Weibchen zu erforschen, da er die Fälle nur als Beispiele diskontinuierlicher Variation anführt; und so ist nicht bekannt, ob es zwei Gruppen auch unter den Weibchen der betreffenden Arten gibt, die eine verschiedene sexuelle Affinität zu den verschiedenen Formen der Männchen besitzen. Darum lassen sich auch diese Beobachtungen nur als eine morphologische Parallele zur Heterostylie, nicht als physiologische Instanzen für das Gesetz der sexuellen Anziehung verwenden, für das die Heterostylie in der Tat sich verwerten läßt.

Denn in den heterostylen Pflanzen liegt vielleicht eine völlige Bestätigung der Ansicht von der universellen Gültigkeit jener Formel innerhalb aller Lebewesen vor. Es ist von Darwin nachgewiesen und seither von vielen Beobachtern in gleicher Weise konstatiert worden, daß bei den heterostylen Pflanzen Befruchtung fast nur dann Aussicht auf guten Erfolg hat, ja oft nur in dem Falle möglich ist, wenn der Pollen der makrostylen Blüte, d. i. derjenige von den niedrigeren Antheren, auf die mikrostyle Narbe eines anderen Individuums, welches sodann lange Staubfäden hat, übertragen wird, oder der aus hochstehenden Staubbeuteln stammende Pollen einer mikrostylen Blüte auf die makrostyle Narbe einer anderen Pflanze (mit kurzen Filamenten). So lang also in der einen Blüte der Griffel, d. h. so gut weiblich in ihr das weibliche Organ entwickelt ist, so lang muß in der anderen, von der sie mit Erfolg empfangen soll, das männliche, der Staubfaden, sein, und um so kürzer in der letzteren der Griffel, dessen Länge den Grad der Weiblichkeit mißt. Wo dreierlei Griffellängen vorhanden sind, da fällt die Befruchtung nach derselben erweiterten Regel am besten aus, wenn der Pollen auf diejenige Narbe übertragen wird, die auf einer anderen Blüte in derselben Höhe steht wie der Staubbeutel, aus welchem der Pollen stammt. Wird dies nicht eingehalten, sondern etwa künstliche Befruchtung mit nichtadäquatem Pollen herbeigeführt, so entstehen, wenn diese Prozedur überhaupt von Erfolg begleitet ist, fast immer nur kränkliche und kümmerliche, zwerghafte und durchaus unfruchtbare Sprößlinge, die den Hybriden aus verschiedenen Spezies äußerst ähneln.

Den Autoren, welche die Heterostylie besprochen haben, merkt man es insgesamt an, daß sie mit der gewöhnlichen Erklärung dieses verschiedenartigen Verhaltens bei der Befruchtung nicht zufrieden sind. Diese besagt nämlich, daß die Insekten beim Blütenbesuch gleich hoch gestellte Sexualorgane mit der gleichen Körperstelle berühren und so den merkwürdigen Effekt herbeiführen. Darwin gesteht jedoch selbst, daß die Bienen alle Arten von Pollen an jeder Körperstelle mit sich tragen; es bleibt also das elektive Verfahren der weiblichen Organe bei Bestäubung mit doppelt und dreifach verschiedenen Pollen nach wie vor aufzuhellen. Auch scheint jene Begründung, so ansprechend und zauberkräftig sie sich ausnimmt, doch etwas oberflächlich, wenn eben mit ihr verständlich gemacht werden soll, warum künstlicher Bestäubung mit inadäquatem Pollen, sogenannter » illegitimer Befruchtung«, so schlechter Erfolg beschieden ist. Jene ausschließliche Berührung mit »legitimem« Pollen müßte dann die Narben durch Gewöhnung nur für den Blütenstaub dieser einen Provenienz aufnahmsfähig haben werden lassen; aber es konnte soeben Darwin selbst als Zeuge dafür einvernommen werden, daß diese Unberührtheit durch anderen Pollen vollkommen illusorisch ist, indem die Insekten, welche als Ehevermittler hiebei in Anspruch genommen werden, tatsächlich viel eher eine unterschiedslose Kreuzung begünstigen.

Es scheint also die Hypothese viel plausibler, daß der Grund dieses eigentümlich auswählenden Verhaltens ein anderer, tieferer, in den Blüten selbst ursprünglich gelegener ist. Es dürfte sich hier wie beim Menschen darum handeln, daß die sexuelle Anziehung zwischen jenen Individuen am größten ist, deren eines ebensoviel von M besitzt wie das andere von W, was ja wieder nur ein anderer Ausdruck der obigen Formel ist. Die Wahrscheinlichkeit dieser Deutung wird ungemein erhöht dadurch, daß in der männlicheren, kurzgriffeligen Blüte die Pollenkörner in den hier höher stehenden Staubbeuteln auch stets größer, die Narbenpapillen kleiner sind als die homologen Teile in der langgriffeligen weiblicheren. Man sieht hieraus, daß es sich kaum um etwas anderes handeln kann, als um verschiedene Grade der Männlichkeit und Weiblichkeit. Und unter dieser Voraussetzung erfährt hier das aufgestellte Gesetz der sexuellen Affinität eine glänzende Verifikation, indem eben im Tier- und im Pflanzenreiche – an späterem Orte wird hierauf zurückzukommen sein – Befruchtung stets dort den besten Erfolg aufweist, wo die Eltern die größte sexuelle Affinität zueinander gehabt haben.[8]

Daß im Tierreich das Gesetz in voller Geltung besteht, wird erst bei der Besprechung des »konträren Sexualtriebes« zu großer Wahrscheinlichkeit erhoben werden können. Einstweilen möchte ich hier nur darauf aufmerksam machen, wie interessant Untersuchungen darüber wären, ob nicht auch die größeren, schwerer beweglichen Eizellen auf die flinkeren und schlankeren unter den Spermatozoiden eine stärker anziehende Wirkung ausüben als auf die kleineren, dotterreicheren und zugleich weniger trägen Eier, und diese nicht gerade die langsameren, voluminöseren unter den Zoospermien an sich locken. Vielleicht ergibt sich hier wirklich, wie L. Weill in einer kleinen Spekulation über die geschlechtbestimmenden Faktoren vermutet hat, eine Korrelation zwischen den Bewegungsgrößen oder den kinetischen Energien der beiden Konjugationszellen. Es ist ja noch nicht einmal festgestellt – freilich auch sehr schwierig festzustellen –, ob die beiden Generationszellen, nach Abzug der Reibung und Strömung im flüssigen Medium, eine Beschleunigung gegeneinander aufweisen oder sich mit gleichförmiger Geschwindigkeit bewegen würden. So viel und noch einiges mehr könnte man da fragen.

Wie schon mehrfach hervorgehoben wurde, ist das bisher besprochene Gesetz der sexuellen Anziehung beim Menschen (und wohl auch bei den Tieren) nicht das einzige. Wäre es das,

8 Für spezielle Zwecke der Züchter, deren Absichten meist auf Tendenzen gehen, muß hievon freilich oft abgegangen werden.

so müßte es ganz unbegreiflich scheinen, daß es nicht schon längst gefunden wurde. Gerade weil sehr viele Faktoren mitspielen, weil noch eine, vielleicht beträchtliche, Anzahl anderer Gesetze erfüllt sein muß[9], darum sind Fälle von unaufhaltsamer sexueller Anziehung so selten. Da die bezüglichen Forschungen noch nicht abgeschlossen sind, will ich von jenen Gesetzen hier nicht sprechen und bloß der Illustration halber noch auf einen weiteren, mathematisch wohl nicht leicht faßbaren der in Betracht kommenden Faktoren hinweisen.

Die Erscheinungen, auf die ich anspiele, sind im einzelnen ziemlich allgemein bekannt. Ganz jung, noch nicht 20 Jahre alt, wird man meist durch ältere Frauen (von über 35 Jahren) angezogen, während man mit zunehmendem Alter immer jüngere liebt; ebenso ziehen aber auch (Gegenseitigkeit!) die ganz jungen Mädchen, die »Backfische«, ältere Männer oft jüngeren vor, um später wieder mit ganz jungen Bürschlein nicht selten die Ehe zu brechen. Das ganze Phänomen dürfte viel tiefer wurzeln, als es nach der anekdotenhaften Art aussehen möchte, in der man meist von ihm Notiz nimmt.

Trotz der notwendigen Beschränkung dieser Arbeit auf das eine Gesetz wird es im Interesse der Korrektheit liegen, wenn nun eine bessere mathematische Formulierung, die keine unwahre Einfachheit vortäuscht, versucht wird. Auch ohne alle mitspielenden Faktoren und in Frage kommenden anderen Gesetze als selbständige Größen einzuführen, erreichen wir diese äußerliche Genauigkeit durch Hinzufügung eines Proportionalitätsfaktors.

Die erste Formel war nur eine »ökonomische« Zusammenfassung des Gleichförmigen aller Fälle sexueller Anziehung von idealer Stärke, soweit das geschlechtliche Verhältnis durch das Gesetz überhaupt bestimmt wird. Nun wollen wir einen Ausdruck herschreiben für die Stärke der sexuellen Affinität in

9 Gewöhnlich denkt man, wenn von einer Konstanz im sexuellen Geschmacke des Mannes oder der Frau gesprochen wird, zunächst an die Bevorzugung einer Lieblingsfarbe des Kopfhaares beim anderen Geschlechte. Es scheint auch wirklich, wo überhaupt einer bestimmten Farbe der Haare der Preis gegeben wird (dies ist nicht bei allen Menschen der Fall), die Vorliebe für diese ziemlich tief zu liegen.

jedem denkbaren Falle, einen Ausdruck übrigens, der, seiner unbestimmten Form wegen, zugleich die allgemeinste Beschreibung des Verhältnisses zweier Lebewesen überhaupt, selbst von verschiedener Art und von gleichem Geschlechte, abgeben könnte.

Wenn

X { α M   und   Y { β W
    α' W β' M

wobei wieder

$$0 < \genfrac{}{}{0pt}{}{\genfrac{}{}{0pt}{}{\alpha}{\beta}}{\genfrac{}{}{0pt}{}{\alpha'}{\beta'}} < 1$$

Formel irgend zwei beliebige Lebewesen sexuell definieren, so ist die Stärke der Anziehung zwischen beiden

$$A = \frac{k}{\alpha - \beta} \cdot f(t) \quad . \quad . \quad . \quad . \quad . \quad . \quad (II)$$

worin f(t) irgend eine empirische oder analytische Funktion der Zeit bedeutet, während welcher es den Individuen möglich ist, aufeinander zu wirken, der » Reaktionszeit«, wie wir

46

sie nennen könnten; indes k jener Proportionalitätsfaktor ist, in den wir alle bekannten und unbekannten Gesetze der sexuellen Affinität hineinstecken, und der außerdem noch von dem Grade der Art-, Rassen- und Familienverwandtschaft, sowie von Gesundheit und dem Mangel an Deformationen in beiden Individuen abhängt, schließlich mit ihrer größeren räumlichen Entfernung voneinander kleiner wird, der also noch in jedem Falle besonders festzustellen ist.

Wird in dieser Formel $\alpha = \beta$, so wird A $= \infty$ das ist der extremste Fall: es ist die sexuelle Anziehung als Elementargewalt, wie sie mit unheimlicher Meisterschaft in der Novelle »Im Postwagen« von Lynkeus geschildert ist. Die sexuelle Anziehung ist etwas genau so Naturgesetzliches wie das Wachstum der Wurzel gegen den Erdmittelpunkt, die Wanderung der Bakterien zum Sauerstoff am Rande des Objektträgers; man wird sich an eine solche Auffassung der Sache freilich erst gewöhnen müssen. Ich komme übrigens gleich auf diesen Punkt zurück.

Erreicht $\alpha - \beta$ seinen Maximalwert

$$\lim (\alpha - \beta) = \text{Max.} = 1,$$

so wird $\lim A = k.f(t)$. Es ergeben sich also hier als ein bestimmter Grenzfall alle sympathischen und antipathischen Beziehungen zwischen Menschen überhaupt (die aber mit den sozialen Beziehungen im engsten Sinne, als konstituierend für gesellschaftliche Rechtsordnung, nichts zu tun haben), soweit sie nicht durch unser Gesetz der sexuellen Affinität geregelt sind. Indem k mit der Stärke der verwandtschaftlichen Beziehungen im allgemeinen wächst, hat A unter Volksgenossen z. B. einen größeren Wert als unter Fremdnationalen. Wie f(t) hier seinen guten Sinn behält, kann man am Verhältnis zweier zusammenlebender Haustiere von ungleicher Spezies sehr wohl beobachten: die erste Regung ist oft erbitterte Feindschaft, oft Furcht vor einander (A bekommt ein negatives Vorzeichen), später tritt oft ein freundschaftliches Verhältnis an die Stelle, sie suchen einander auf.

Setze ich ferner in

$$A = \frac{k \cdot f(t)}{\alpha - \beta} \quad \ldots \ldots \quad k = o,$$

so wird A = o, d. h. zwischen zwei lebenden Individuen von allzu verschiedener Abstammung findet auch keinerlei merkliche Anziehung mehr statt.

Da der Sodomieparagraph in den Strafgesetzbüchern nicht für nichts und wieder nichts enthalten sein dürfte, da sexuelle Akte sogar zwischen Mensch und Henne schon zur Beobachtung gelangt sind, sieht man, daß k innerhalb sehr weiter Grenzen größer als Null bleibt. Wir dürfen also die beiden fraglichen Individuen nicht auf dieselbe Art, ja nicht einmal auf die gleiche Klasse beschränken.

Daß alles Zusammentreffen männlicher und weiblicher Organismen nicht Zufallsache ist, sondern unter der Herrschaft bestimmter Gesetze steht, ist eine neue Anschauung, und das Befremdliche in ihr – es wurde vorhin daran gerührt – zwingt zu einer Erörterung der tiefen Frage nach der geheimnisvollen Natur dieser sexuellen Anziehung.

Bekannte Versuche von Wilhelm Pfeffer haben gezeigt, daß die Spermatozoiden verschiedener Kryptogamen nicht bloß durch die weiblichen Archegonien in natura, sondern ebenso durch Stoffe angezogen werden, die entweder von diesen auch unter gewöhnlichen Verhältnissen wirklich ausgeschieden werden, oder künstlich hergestellt sind, und oft sogar durch solche Stoffe, die mit den Samenfäden sonst nie in Berührung zu treten Gelegenheit hätten, wenn nicht die eigentümliche Versuchsanlage dies vermittelte, weil sie in der Natur gar nicht vorkommen. So werden die Spermatozoiden der Farne durch die aus den Archegonien ausgeschiedene Apfelsäure, aber auch durch synthetisch dargestellte Apfelsäure, ja sogar durch Maleinsäure, die der Laubmoose durch Rohrzucker angezogen. Das Sper-

48

matozoon, das, wir wissen nicht wie, durch Unterschiede in der Konzentration der Lösung beeinflußt wird, bewegt sich nach der Richtung der stärkeren Konzentration hin. Pfeffer hat diese Bewegungen chemotaktische genannt und für jene ganzen Erscheinungen wie für andere Fälle asexueller Reizbewegungen den Begriff des Chemotropismus geschaffen. Vieles spräche nun dafür, daß die Anziehung, welche das Weibchen, beim Tiere vom Männchen durch die Sinnesorgane aus der Ferne perzipiert, auf das Männchen ausübt (und vice versa), als eine der chemotaktischen in gewissen Punkten analoge zu betrachten sei.

Sehr wahrscheinlich ist ein Chemotropismus die Ursache jener energischen und hartnäckigen Bewegung, welche die Samenfäden auch der Säugetiere, entgegen der Richtung der von innen nach außen, vom Körper gegen den Hals der Gebärmutter zu flimmernden Wimpern der Uterusschleimhaut, ganze Tage hindurch ohne jede äußere Unterstützung selbständig verfolgen. Mit unglaublicher, fast rätselhafter Sicherheit weiß allen mechanischen und sonstigen Hindernissen zum Trotz das Spermatozoon die Eizelle aufzufinden. Am eigentümlichsten berühren in dieser Hinsicht die ungeheuren Wanderungen so mancher Fische; die Lachse wandern viele Monate lang, ohne Nahrung zu sich zu nehmen, aus dem Meere gegen die Wogen des Rheines stromaufwärts, um nahe seinem Ursprung an sicherer, nahrungsreicher Stätte zu laichen.

Anderseits sei an die hübsche Schilderung erinnert, die P. Falkenberg von dem Befruchtungsvorgang bei einigen niederen Algen des Mittelländischen Meeres entwirft. Wenn wir von den Linien der Kraft sprechen, die zwei ungleichnamige Magnetpole gegeneinander bewegt, so haben wir es hier nicht minder mit einer solchen Naturkraft zu tun, die mit unwiderstehlicher Gewalt das Spermatozoon gegen das Ei treibt. Der Unterschied wird hauptsächlich darin liegen, daß die Bewegungen der leblosen Materie Verschiebungen in den Spannungszuständen umgebender Medien voraussetzen, während die Kräfte der lebenden Materie in den Organismen selbst, als wahren Kraftzentren, lokalisiert sind. Nach Falkenbergs Beobachtungen überwanden die Spermatozoiden bei ihrer Bewegung nach der Eizelle hin selbst die Kraft, die sie sonst dem einfallenden Lichte entgegen geführt hätte. Stärker als die photo taktische wäre also die chemo taktische Wirkung, Geschlechtstrieb genannt.

Wenn zwei nach unseren Formeln schlecht zusammenpassende Individuen eine Verbindung eingehen und später das wirkliche Komplement des einen erscheint, so stellt sich die Neigung, den früheren notdürftigen Behelf zu verlassen, auf der Stelle mit naturgesetzlicher Notwendigkeit ein. Der Ehebruch ist da: als Elementarereignis, als Naturphänomen, wie wenn $FeSO_4$ mit 2 KOH zusammengebracht wird und die SO_4-Ionen nun sofort die Fe-Ionen verlassen und zu den K-Ionen übergehen. Wer moralisch billigen oder verwerfen wollte, wenn in der Natur ein Ausgleich von Potentialdifferenzen zu erfolgen droht, würde vielen eine lächerliche Figur zu spielen scheinen.

Dies ist ja auch der Grundgedanke der Goetheschen »Wahlverwandtschaften«, wie er dort als tändelndes Präludium, voll ungeahnter Zukunftsbedeutung, im vierten Kapitel des ersten Teiles von denen entwickelt wird, die seine tiefe, schicksalsschwere Wahrheit nachher an sich selbst erfahren sollen; und diese Darlegung ist nicht wenig stolz darauf, die erste zu sein, welche jenen Gedanken wieder aufnimmt. Dennoch will sie, so wenig es Goethe wollte, den Ehebruch verteidigen, ihn vielmehr nur begreiflich machen. Es gibt im Menschen Motive, die dem Ehebruch erfolgreich entgegenwirken und ihn verhindern können. Hierüber wird im zweiten Teile noch zu handeln sein. Daß auch die niedere Sexualsphäre beim Menschen nicht so streng in den Kreis der Naturgesetzlichkeit gebannt ist wie die der übrigen Organismen, dafür ist immerhin schon dies ein Anzeichen, daß der Mensch in allen Jahreszeiten sexuell ist und bei ihm die Reste einer besonderen Brunstzeit im Frühjahr viel schwächer sind als selbst bei den Haustieren.

Das Gesetz der sexuellen Affinität zeigt weiter, freilich neben radikalen Unterschieden, noch andere Analogien zu einem bekannten Gesetze der theoretischen Chemie. Zu den vom »Massenwirkungsgesetz« geregelten Vorgängen ist nämlich unsere Regel insofern analog, als z. B. eine stärkere Säure sich vornehmlich mit der stärkeren Base ebenso verbindet wie das männlichere mit dem weiblicheren Lebewesen. Doch besteht hier mehr als ein Novum gegenüber dem toten Chemismus. Der lebendige Organismus ist vor allem keine homogene und isotrope, in beliebig viele, qualitativ gleiche Teile spaltbare Substanz: das »principium individuationis«, die Tatsache, daß alles, was lebt, als Individuum lebt, ist identisch mit der Tatsache der Struktur. Es kann also hier nicht wie dort ein größerer Teil die eine, ein kleinerer die andere Verbindung eingehen und ein Nebenprodukt liefern. Der Chemo tropismus kann ferner auch ein negativer sein. Von einer gewissen Größe der Differenz a – â an in der Formel II erhalten wir eine negative, d. h. entgegengesetzt gerichtete Anziehung, das Vorzeichen hat zu wechseln: sexuelle Abstoßung liegt vor. Zwar kann auch beim toten Chemismus dieselbe Reaktion mit verschiedener Geschwindigkeit erfolgen. Nie aber kann, nach den neuesten Anschauungen wenigstens, etwa durch einen Katalysator statt des absoluten Fehlens (in unserem Falle sozusagen des Gegenteiles) einer Reaktion diese selbe Reaktion in längerer oder kürzerer Zeit dennoch herbeigeführt werden; sehr wohl dagegen eine Verbindung, die sich von einer gewissen Temperatur an bildet, bei einer höheren sich wieder zersetzen kann, und umgekehrt. Ist hier die Richtung der Reaktion eine Funktion der Temperatur, so dort oft eine solche der Zeit.

In der Bedeutung des Faktors t, der »Reaktionszeit«, liegt nun aber wohl die letzte Analogie der sexuellen Anziehung zum Chemismus, wenn man solche Vergleiche zu ziehen nicht von vornherein allzu schroff ablehnt. Man könnte auch hier an eine Formel für die Reaktionsgeschwindigkeit, die verschiedenen Grade der Schnelligkeit, mit denen die sexuelle Reaktion zwischen zwei Individuen sich entwickelt, denken und etwa gar A nach t zu differenzieren versuchen. Doch soll die Eitelkeit auf das »mathematische Gepränge« (Kant) niemand verleiten, an so komplizierte und schwierige Verhältnisse, an Funktionen, deren Stetigkeit eben sehr fraglich ist, schon mit einem Differentialquotienten heranzurücken. Was gemeint ist, leuchtet wohl auch so ein: sinnliches Verlangen kann zwischen zwei Individuen, die längere Zeit beisammen, besser noch: miteinander eingesperrt sind, sich auch entwickeln, wo vorher keines oder gar Abstoßung vorlag, ähnlich einem chemischen Prozesse, der sehr viel Zeit in Anspruch nimmt, ehe merklich wird, daß er vor sich geht. Zum Teil hierauf beruht ja wohl auch der Trost, den man ohne Liebe Heiratenden mitzugeben pflegt: Das stelle sich »schon später« ein; es komme » mit der Zeit«.

Man sieht: viel Wert ist auf die Analogie mit der Affinität im toten Chemismus nicht zu legen. Es schien mir aber aufklärend, derartige Betrachtungen anzustellen. Selbst ob die sexuelle Anziehung unter die Tropismen zu subsumieren ist, bleibt noch unentschieden, und keineswegs ist, auch wenn es für die Sexualität feststände, damit auch schon implizite etwas über die Erotik ausgemacht. Das Phänomen der Liebe bedarf noch einer anderen Behandlung, die ihm der zweite Teil zu geben versuchen soll. Dennoch bestehen zwischen den Formen, in denen leidenschaftlichste Anziehung selbst unter Menschen auftritt, und jenen Chemotropismen noch unleugbare Analogien; ich verweise auf die Schilderung des Verhältnisses zwischen Eduard und Ottilie eben in den »Wahlverwandtschaften«.

Mit der Nennung dieses Romanes war bereits einmal ein kurzes Eingehen auf das Problem der Ehe gegeben, und einige Nutzanwendungen, welche aus dem Theoretischen dieses Kapitels für die Praxis folgen, sollen ebenfalls zunächst an das Problem der Ehe geknüpft werden. Das für die sexuelle Anziehung aufgestellte eine Gesetz, dem die anderen sehr ähnlich gebaut zu sein scheinen, lehrt nämlich, daß, weil unzählige sexuelle Zwischenstufen existieren, es auch immer zwei Wesen geben wird, die am besten zueinander passen. Insofern ist also die Ehe gerechtfertigt und »freie Liebe« von diesem biologischen Standpunkte aus zu verwerfen. Freilich wird die Frage der Monogamie durch andere Verhältnisse, z. B. durch später zu erwähnende Periodizitäten, wie auch durch die besprochene Veränderung des Geschmackes mit zunehmendem Alter, wieder bedeutend kompliziert und die Leichtigkeit einer Lösung vermindert.

Eine zweite Folgerung ergibt sich, wenn wir uns der Heterostylie erinnern, insbesondere der Tatsache, daß aus der »illegitimen Befruchtung« fast lauter entwicklungsunfähige Keime hervorgehen. Dies legt bereits den Gedanken nahe, daß auch bei den anderen Lebewesen die stärkste und gesündeste Nachkommenschaft aus Verbindungen hervorgehen werde, in denen wechselseitige geschlechtliche Anziehung in hohem Ausmaße besteht. So spricht auch das Volk längst von den »Kindern der Liebe« in ganz besonderer Weise, und glaubt, daß diese schönere, bessere, prächtigere Menschen werden. Aus diesem Grunde wird, selbst wer keinen speziellen Beruf zum Menschenzüchter in sich fühlt, schon um der Hygiene willen die bloße Geldheirat, die sich von Verstandesehe noch erheblich unterscheiden kann, mißbilligen.

Ferner dürfte auf die Tierzucht, wie ich nebenbei bemerken will, die Beachtung der Gesetze sexueller Anziehung vielleicht einen ziemlichen Einfluß gewinnen. Man wird zunächst den sekundären Geschlechtscharakteren und dem Grade ihrer Ausbildung in den beiden zu kopulierenden Individuen mehr Aufmerksamkeit als bisher schenken. Die künstlichen Prozeduren, die man vornimmt, um Weibchen durch männliche Zuchttiere auch dann beschälen zu lassen, wenn diese an jenen wenig Gefallen gefunden haben, verfehlen gewiß im einzelnen ihren Zweck keineswegs, sie sind aber im allgemeinen stets von irgend welchen üblen Folgen begleitet; die ungeheure Nervosität beispielsweise der durch Unterschiebung falscher Stuten gezeugten Hengste, die man, trotz jedem modernen jungen Mann, mit Brom und anderen Medikamenten füttern muß, geht sicherlich in letzter Linie hierauf zurück; ähnlich wie an der körperlichen Degeneration des modernen Judentums nicht zum wenigsten der Umstand beteiligt sein mag, daß bei den Juden viel häufiger als irgend sonstwo auf der Welt die Ehen der Heiratsvermittler und nicht die Liebe zustande bringt.

Darwin hat in seinen auch hiefür grundlegenden Arbeiten durch sehr ausgedehnte Experimente und Beobachtungen festgestellt, was seither allgemein bestätigt worden ist: daß sowohl, ganz nahe verwandte Individuen als auch andersseits solche von allzu ungleichem Artcharakter einander sexuell weniger anziehen als gewisse »unbedeutend verschiedene«, und daß, wenn es trotzdem dort zur Befruchtung kommt, der Keim entweder in den Vorstadien der Entwicklung abstirbt oder ein schwächliches, selbst meist nicht mehr reproduktionsfähiges Produkt entsteht; wie eben auch bei den heterostylen Pflanzen » legitime Befruchtung« mehr und besseren Samen liefert als alle anderen Kombinationen.

Es gedeihen also stets am besten diejenigen Keime, deren Eltern die größte sexuelle Affinität gezeigt haben.

Aus dieser Regel, die wohl als allgemein gültig zu betrachten ist, folgt die Richtigkeit des bereits aus dem Früheren gezogenen Schlusses: Wenn schon geheiratet wird und Kinder gezeugt werden, dann sollen diese wenigstens nicht aus der Überwindung einer sexuellen Abstoßung hervorgegangen sein, die nicht ohne eine Versündigung an der körperlichen und geistigen Konstitution des Kindes geschehen könnte. Sicherlich bilden einen großen Teil der unfruchtbaren Ehen die Ehen ohne Liebe. Die alte Erfahrung, nach der beiderseitige sexuelle Erregung beim Geschlechtsakte die Aussichten der Konzeption erhöhen soll, gehört wohl auch teilweise in diese Sphäre und wird aus der von Anfang an größeren Intensität des Sexualtriebes zwischen zwei einander wohl ergänzenden Individuen leichter verständlich.

IV. Kapitel. Homosexualität und Päderastie

Homosexuelle als sexuelle Zwischenformen. Angeboren oder erworben, gesund oder krankhaft? Spezialfall des Gesetzes. Alle Menschen mit der Anlage zur Homosexualität. Freundschaft und Sexualität. Tiere. Vorschlag einer Therapie. Homosexualität, Strafgesetz und Ethik. Distinktion zwischen Homosexualität und Päderastie.

In dem besprochenen Gesetze der sexuellen Anziehung ist zugleich die – langgesuchte – Theorie der konträren Sexualempfindung, d. i. der sexuellen Hinneigung zum eigenen (nicht oder nicht nur zum anderen) Geschlechte enthalten. Von einer Distinktion abgesehen, die später zu treffen sein wird, läßt sich kühnlich behaupten, daß jeder Konträrsexuelle auch anatomische Charaktere des anderen Geschlechtes aufweist. Einen rein »psychosexuellen Hermaphroditismus« gibt es nicht; Männer, die sich sexuell von Männern angezogen fühlen, sind auch ihrem äußeren Habitus nach weibliche Männer, und ebenso zeigen jene Frauen körperlich männliche Charaktere, die andere Frauen sinnlich begehren. Diese Anschauung ist vom Standpunkte eines strengen Parallelismus zwischen Physischem und Psychischem selbstverständlich; ihre Durchführung fordert jedoch Beachtung der im zweiten Kapitel erwähnten Tatsache, daß nicht alle Teile desselben Organismus die gleiche Stellung zwischen M und W einnehmen, sondern verschiedene Organe verschieden männlich oder verschieden stark weiblich sein können. Es fehlt also beim sexuell Invertierten nie eine anatomische Annäherung an das andere Geschlecht.

Schon dies würde genügen, um die Meinung derer zu widerlegen, welche den konträren Sexualtrieb als eine Eigenschaft betrachten, die von den betreffenden Individuen im Laufe des Lebens erworben wird und das normale Geschlechtsgefühl überdeckt. An eine solche Erwerbung durch äußere Anstöße im

Laufe des individuellen Lebens glauben angesehene Forscher, Schrenck-Notzing, Kräpelin, Féré; als solche Anlässe betrachten sie Abstinenz vom »normalen« Verkehr und besonders »Verführung«. Was ist es aber dann mit dem ersten Verführer? Wurde dieser vom Gotte Hermaphroditos unterwiesen? Mir ist diese ganze Meinung nie anders vorgekommen, als wenn jemand die »normale« sexuelle Hinneigung des typischen Mannes zur typischen Frau als künstlich erworben ansehen wollte, und sich zur Behauptung verstiege, diese gehe stets auf Belehrung älterer Genossen zurück, die zufällig einmal die Annehmlichkeit des Geschlechtsverkehres entdeckt hätten. So wie der »Normale« ganz von selbst darauf kommt, »was ein Weib ist«, so stellt sich wohl auch beim »Konträren« die sexuelle Anziehung, welche Personen des eigenen Geschlechtes auf ihn ausüben, im Laufe seiner individuellen Entwicklung durch Vermittlung jener ontogenetischen Prozesse, die über die Geburt hinaus das ganze Leben hindurch fortdauern, von selbst ein. Selbstverständlich wird eine Gelegenheit hinzukommen müssen, welche die Begierde nach der Ausübung homosexueller Akte hervortreten läßt, aber diese kann nur aktuell machen, was in den Individuen in größerem oder geringerem Grade bereits längst vorhanden ist und nur der Auslösung harrt. Daß bei sexueller Abstinenz (um den zweiten angeblichen Grund konträrer Sexualempfindung nicht zu übergehen) eben noch zu etwas anderem gegriffen werden kann als zur Masturbation, das ist es, was die Erwerbungstheoretiker erklären müßten; aber daß homosexuelle Akte angestrebt und ausgeführt werden, muß in der Naturanlage bereits begründet sein. Auch die heterosexuelle Anziehung könnte man ja »erworben« nennen, wenn man es einer ausdrücklichen Konstatierung bedürftig fände, daß z. B. der heterosexuelle Mann irgend einmal ein Weib oder zumindest ein weibliches Bildnis gesehen haben muß, um sich zu verlieben. Aber wer das konträre Geschlechtsgefühl akquiriert sein läßt, gleicht gar einem Manne, der hierauf ausschließlich reflektierte und die ganze Anlage des Individuums, in bezug auf die allein doch ein bestimmter Anlaß seine bestimmte Wirkung entfalten kann, ausschaltete, um ein an sich nebensächliches Ereignis des äußeren Lebens, eine letzte »Komplementärbedingung« oder »Teilursache« zum alleinigen Faktor des ganzen Resultates zu machen.

Ebensowenig als die konträre Sexualempfindung erworben ist, ebensowenig ist sie von den Eltern oder Großeltern ererbt. Dies hat man wohl auch kaum behauptet – denn dem widerspräche alle Erfahrung auf den ersten Blick –, sondern nur eine durchaus neuropathische Konstitution als ihre Bedingung hinstellen wollen, eine allgemeine hereditäre Belastung, die sich im Nachkommen eben auch durch Verkehrung der geschlechtlichen Instinkte äußere. Man rechnete die ganze Erscheinung zum Gebiete der Psychopathologie, betrachtete sie als ein Symptom der Degeneration, die von ihr Betroffenen als Kranke. Obwohl diese Auffassung nun viel weniger Anhänger zählt als noch vor etlichen Jahren, seitdem ihr früherer Hauptvertreter v. Krafft-Ebing in den späteren Auflagen seiner »Psychopathia sexualis« sie selbst stillschweigend hat fallen lassen, so ist doch noch immer die Bemerkung nicht unangebracht, daß die Menschen mit sexueller Inversion in allem übrigen ganz gesund sein können und sich, akzessorische soziale Momente abgerechnet, nicht weniger wohl fühlen wie alle anderen gesunden Menschen. Fragt man sie, ob sie sich überhaupt wünschen, in dieser Beziehung anders zu sein, als sie sind, so erhält man gar oft eine verneinende Antwort.

Daß man die Homosexualität gänzlich isolierte und nicht in Verbindung mit anderen Tatsachen zu bringen suchte, ist schuld an all diesen verfehlten Erklärungsversuchen. Wer die »sexuellen Inversionen« als etwas Pathologisches oder als eine scheußlich-monströse geistige Bildungsanomalie betrachtet (das letztere ist die vom Philister sanktionierte Anschauungsweise) oder sie gar als ein angewöhntes Laster, als das Resultat einer fluchwürdigen Verführung auffaßt, der bedenke doch, daß unendlich viele Übergänge führen vom männlichsten Maskulinum über den weiblichen Mann und schließlich über den Konträrsexuellen hinweg zum Hermaphroditismus spurius und genuinus und von da über die Tribade, weiter über die Virago hinweg zur weiblichen Virgo. Die Konträrsexuellen (»beiderlei

Geschlechtes«) sind im Sinne der hier vertretenen Anschauung als Individuen zu definieren, bei denen der Bruch α um 0,5 herum schwankt, also sich von α (vgl. S. 10) nicht weit unterscheidet, die also ungefähr ebensoviel vom Manne als vom Weibe haben, ja öfter mehr vom Weibe, obwohl sie als Männer, und vielleicht auch mehr vom Manne, obwohl sie als Weiber gelten. Entsprechend der nicht immer gleichmäßigen Verteilung der sexuellen Charakteristik über den ganzen Körper ist es nämlich sicher, daß häufig genug Individuen bloß auf Grund eines primären männlichen Geschlechtscharakters, auch wenn der Descensus testiculorum erst später erfolgt, oder Epi- oder Hypospadie da ist, oder später Azoospermie sich einstellt, oder auch wenn (beim weiblichen Geschlechte) Atresia vaginae bemerkt wird, unbedenklich in das eine Geschlecht eingereiht werden, welches jener Charakter angibt, also eine männliche Erziehung genießen, zum Militärdienst usw. herangezogen werden, obwohl bei ihnen α < 0,5, α' > 0,5 ist. Das sexuelle Komplement solcher Individuen wird demgemäß scheinbar auf der diesseitigen Hälfte sich befinden, auf der nämlichen, auf der sie selbst sich jedoch nur aufzuhalten scheinen, indes sie tatsächlich bereits auf der jenseitigen stehen.

Übrigens – dies kommt meiner Auffassung zu Hilfe und wird anderseits erst durch sie erklärt – es gibt keinen Invertierten, der bloß konträrsexuell wäre. Alle sind von Anfang an nur bisexuell, d. h. es ist ihnen sowohl der Geschlechtsverkehr mit Männern als mit Frauen möglich. Es kann aber sein, daß sie selbst später aktiv ihre einseitige Ausbildung zu einem Geschlechte begünstigen, einen Einfluß auf sich in der Richtung der Unisexualität nehmen, und so schließlich die Hetero- oder die Homosexualität in sich zum Überwiegen bringen oder durch äußere Einwirkungen in einem solchen Sinne sich beeinflussen lassen; obwohl die Bisexualität hiedurch nie erlischt, vielmehr immer wieder ihr nur zeitweilig zurückgedrängtes Dasein zu erkennen gibt.

Daß ein Zusammenhang der homosexuellen Erscheinungen mit der bisexuellen Anlage jedes tierischen und pflanzlichen Embryos besteht, hat man mehrfach und in jüngster Zeit mit steigender Häufigkeit eingesehen. Das Neue in dieser Darstellung ist, daß für sie die Homosexualität nicht einen Rückschlag oder eine unvollendete Entwicklung, eine mangelhafte Differenzierung des Geschlechtes bedeutet wie für jene Untersuchungen, daß ihr die Homosexualität überhaupt keine Anomalie mehr ist, die nur vereinzelt dastünde und als Rest einer früheren Undifferenziertheit in die sonst völlig vollzogene Sonderung der Geschlechter hereinragte. Sie reiht vielmehr die Homosexualität als die Geschlechtlichkeit der sexuellen Mittelstufen ein in den kontinuierlichen Zusammenhang der sexuellen Zwischenformen, die ihr als einzig real gelten, indes die Extreme ihr nur Idealfälle sind. Ebenso wie nach ihr alle Wesen auch heterosexuell sind, so sind ihr darum alle auch homosexuell.

Daß in jedem menschlichen Wesen, entsprechend dem mehr oder minder rudimentär gewordenen anderen Geschlecht, auch die Anlage zur Homosexualität, wenn auch noch schwach, vorhanden ist, wird besonders klar erwiesen durch die Tatsache, daß im Alter vor der Pubertät, wo noch eine verhältnismäßige Undifferenziertheit herrscht, wo noch nicht die innere Sekretion der Keimdrüsen vollends über den Grad der einseitigen sexuellen Ausprägung entschieden hat, jene schwärmerischen »Jugendfreundschaften« die Regel sind, die nie eines sinnlichen Charakters ganz entbehren, und zwar sowohl beim männlichen wie beim weiblichen Geschlecht.

Wer freilich über jenes Alter hinaus noch sehr von »Freundschaft« mit dem eigenen Geschlecht übermäßig schwärmt, hat schon einen starken Einschlag vom anderen in sich; eine noch weit vorgerücktere Zwischenstufe markieren aber jene, die von Kollegialität zwischen den »beiden Geschlechtern« begeistert sind, mit dem anderen Geschlecht, das ja doch nur das ihrige ist, ohne über die eigenen Gefühle wachen zu müssen, kameradschaftlich verkehren können, von ihm zu Vertrauten gemacht werden, und ein derartiges »ideales«, »reines« Verhältnis auch anderen aufdrängen wollen, die es weniger leicht haben, rein zu bleiben.

Es gibt auch keine Freundschaft zwischen Männern, die ganz eines Elementes von Sexualität entbehrte, so wenig damit das

Wesen der Freundschaft bezeichnet, so peinlich das Sexuelle vielmehr gerade dem Gedanken an die Freundschaft, so entgegengesetzt es der Idee der Freundschaft ist. Schon daß keine Freundschaft zwischen Männern werden kann, wenn die äußere Erscheinung gar keine Sympathie zwischen beiden geweckt hat, weil sie dann eben einander nie näher treten werden, ist Beweis genug für die Richtigkeit des Gesagten. Sehr viel »Beliebtheit«, Protektion, Nepotismus zwischen Männern geht auf solche oft unbewußt geschlechtliche Verhältnisse zurück.

Der sexuellen Jugendfreundschaft entspricht vielleicht ein analoges Phänomen bei älteren Männern: dann nämlich, wenn mit einer greisenhaften Rückbildung der im Mannesalter einseitig entwickelten Geschlechtscharaktere die latente Amphisexualität wieder zutage tritt. Daß so viele Männer von 50 Jahren aufwärts wegen Verübung von »Unsittlichkeitsdelikten« gerichtlich belangt werden, hat möglicherweise dies zur Ursache.

Endlich sind homosexuelle Akte in nicht geringer Zahl auch bei Tieren beobachtet worden. Die Fälle (nicht alle) hat aus der Literatur in verdienstvoller Weise F. Karsch zusammengestellt. Leider geben die Beobachter kaum je etwas über die Grade der »Maskulität« und »Muliebrität« bei diesen Tieren an. Dennoch kann kein Zweifel sein, daß wir es hier mit einem Beweise der Gültigkeit unseres Gesetzes auch für die Tierwelt zu tun haben. Wenn man Stiere längere Zeit in einem Raume eingesperrt hält, ohne sie zu einer Kuh zuzulassen, so kann man mit der Zeit konträrsexuelle Akte zwischen ihnen wahrnehmen; die einen, die weiblicheren, verfallen früher, die anderen später darauf, manche vielleicht auch nie. (Gerade beim Rinde ist die große Zahl sexueller Zwischenformen bereits festgestellt.) Dies beweist, daß eben die Anlage in ihnen vorhanden ist, sie nur vorher ihr Bedürfnis besser befriedigen konnten. Die gefangengehaltenen Stiere benehmen sich eben nicht anders, als es so oft in den Gefängnissen der Menschen, in Internaten und Konvikten, hergeht. Daß die Tiere ebenfalls nicht nur die Onanie (die bei ihnen so wie beim Menschen vorkommt), sondern auch die Homosexualität kennen, darin erblicke ich, nachdem es auch unter ihnen sexuelle Zwischenformen gibt, eine der stärksten Bestätigungen des aufgestellten Gesetzes der sexuellen Anziehung.

Das konträre Geschlechtsgefühl wird so für diese Theorie keine Ausnahme von dem Naturgesetze, sondern nur ein Spezialfall desselben. Ein Individuum, das ungefähr zur Hälfte Mann, zur Hälfte Weib ist, verlangt eben nach dem Gesetze zu seiner Ergänzung ein anderes, das ebenfalls von beiden Geschlechtern etwa gleiche Anteile hat. Dies ist der Grund der ja ebenfalls eine Erklärung verlangenden Erscheinung, daß die »Konträren« fast immer nur untereinander ihre Art von Sexualität ausüben, und nur höchst selten jemand in ihren Kreis gerät, der nicht die gleiche Form der Befriedigung sucht wie sie – die sexuelle Anziehung ist wechselseitig – und sie ist der mächtige Faktor, der es bewirkt, daß die Homosexuellen einander immer sofort erkennen. So kommt es aber auch, daß die »Normalen« im allgemeinen von der ungeheuren Verbreitung der Homosexualität keine Ahnung haben, und, wenn er plötzlich von einem solchen Akte hört, der ärgste »normalgeschlechtliche« Wüstling zur Verurteilung »solcher Ungeheuerlichkeiten« ein volles Recht zu besitzen glaubt. Ein Professor der Psychiatrie an einer deutschen Universität hat noch im Jahre 1900 ernstlich vorgeschlagen, man möge die Homosexuellen einfach kastrieren.

Das therapeutische Verfahren, mit welchem man heute die sexuelle Inversion zu bekämpfen sucht (wo man überhaupt einen solchen Versuch unternimmt), ist zwar minder radikal als jener Rat, aber es offenbart auf dem Wege der Praxis die völlige Unzulänglichkeit so mancher theoretischer Vorstellungen über die Natur der Homosexualität. Heute behandelt man nämlich – wie begreiflich, geschieht dies hauptsächlich von Seiten der Erwerbungstheoretiker – die betreffenden Menschen hypnotisch: man sucht ihnen die Vorstellung des Weibes und des »normalen« aktiven Koitus mit demselben auf suggestivem Wege beizubringen und sie daran zu gewöhnen. Der Erfolg ist eingestandenermaßen ein minimaler.

Das ist von unserem Standpunkt aus auch selbstverständlich. Der Hypnotiseur entwirft dem zu Behandelnden das typische (!) Bild des Weibes, das diesem seiner ganzen, angeborenen, gerade seiner unbewußten, durch Suggestion schwer angreifbaren Natur nach ein Greuel ist. Denn nicht W ist sein Komplement, und nicht zum ersten besten Freimädchen, das ihm nur um Geld zu Gefallen ist, darf ihn der Arzt schicken, um so diese Kur, welche den Abscheu vor dem »normalen« Koitus im Behandelten im allgemeinen noch vermehrt haben wird, angemessen zu krönen. Fragen wir unsere Formel nach dem Komplemente des Konträrsexuellen, so erhalten wir vielmehr gerade das allermännlichste Weib, die Lesbierin, die Tribade. Tatsächlich ist diese auch nahezu das einzige Weib, welches den Konträrsexuellen anzieht, das einzige, dem er gefällt. Wenn also eine »Therapie« der konträren Sexualempfindung unbedingt sein muß und auf ihre Ausarbeitung nicht verzichtet werden kann, so ergibt diese Theorie den Vorschlag, den Konträren an die Konträre, den Homosexuellen an die Tribade zu weisen. Der Sinn dieser Empfehlung kann aber nur der sein, beiden die Befolgung der (in England, Deutschland, Österreich) noch in Kraft stehenden Gesetze gegen homosexuelle Akte, die eine Lächerlichkeit sind und zu deren Abschaffung diese Zeilen ebenfalls beitragen wollen, möglichst leicht zu machen. Der zweite Teil dieser Arbeit wird es verständlich werden lassen, warum die aktive Prostituierung eines Mannes durch einen mit ihm vollzogenen Sexualakt wie die passive Selbsthingabe des anderen Mannes zu einem solchen so viel intensiver als eine Schmach empfunden wird, als der sexuelle Verkehr des Mannes mit der Frau beide zu entwürdigen scheint. An und für sich besteht aber ethisch gar keine Differenz zwischen beiden. Trotz all dem heute beliebten Geschwätze von dem verschiedenen Rechte für verschiedene Persönlichkeiten gibt es nur eine, für alles, was Menschenantlitz trägt, gleiche allgemeine Ethik, so wie es nur eine Logik und nicht mehrere Logiken gibt. Ganz verwerflich hingegen und auch mit den Prinzipien des Strafrechtes, das nur das Verbrechen, nicht die Sünde ahndet, völlig unvereinbar ist es, dem Homosexuellen seine Art des Geschlechtsverkehres zu verbieten und dem Heterosexuellen die seine zu gestatten, wenn beide mit der gleichen Vermeidung des »öffentlichen Ärgernisses« sich abspielen. Logisch wäre einzig und allein (vom Standpunkte einer reinen Humanität und eines Strafrechtes als nicht bloß »abschreckenden« sozialpädagogischen Zwecksystems sehe ich in dieser Betrachtung überhaupt ab), die »Konträren« Befriedigung dort finden zu lassen, wo sie sie suchen: untereinander.

Diese ganze Theorie scheint durchaus widerspruchslos und in sich geschlossen zu sein und eine völlig befriedigende Erklärung aller Phänomene zu ermöglichen. Nun muß aber die Darstellung mit Tatsachen herausrücken, die jener sicher werden entgegengehalten werden, und auch wirklich die ganze Subsumtion dieser sexuellen »Perversion« unter die sexuellen Zwischenformen und das Gesetz ihres Geschlechtsverkehres umzustoßen scheinen. Es gibt nämlich wirklich und ohne allen Zweifel, während für die invertierten Frauen die obige Darlegung vielleicht ausreicht, Männer, die sehr wenig weiblich sind und auf die doch Personen des eigenen Geschlechtes eine sehr starke Wirkung ausüben, eine stärkere als auf andere Männer, die vielleicht viel weiblicher sind als sie, eine Wirkung ferner, die auch vom männlichen Manne auf sie ausgehen kann, eine Wirkung endlich, die oft stärker sein kann als der Eindruck, den irgend eine Frau auf jene Männer auszuüben imstande ist. Albert Moll sagt mit Recht: »Es gibt psychosexuelle Hermaphroditen, die sich zu beiden Geschlechtern hingezogen fühlen, die aber bei jedem Geschlechte nur die typischen Eigenschaften dieses Geschlechtes lieben, und anderseits gibt es psychosexuelle [?] Hermaphroditen, die nicht beim einzelnen Geschlechte die typischen Eigenschaften dieses Geschlechtes lieben, sondern denen diese Eigenschaften gleichgültig, zum Teil sogar abstoßend sind.« Auf diesen Unterschied bezieht sich nun die in der Überschrift dieses Kapitels getroffene Distinktion zwischen Homosexualität und Päderastie. Die Trennung beider läßt sich wohl begründen; als homosexuell ist derjenige Typus von »Perversen« bezeichnet, welcher sehr thelyide Männer und sehr arrhenoide Weiber bevorzugt, nach dem besprochenen Gesetze; der Päderast hingegen kann sehr männliche Männer, aber ebensowohl sehr weibliche Frauen lieben, das letztere, soweit er nicht Päderast ist. Dennoch wird die Neigung zum männlichen Geschlechte bei ihm stärker sein und tiefer gehen als die zum weiblichen. Die Frage nach dem Grunde der Päderastie bildet ein Problem für sich und bleibt für diese Untersuchung gänzlich unerledigt.

V. Kapitel. Charakterologie und Morphologie

Das Prinzip der sexuellen Zwischenformen als ein kardinaler Grundsatz der Individualpsychologie. Simultaneität oder Periodizität? Methode der psychologischen Untersuchung. Beispiele. Individualisierende Erziehung. Gleichmacherei. Morphologisch-charakterologischer Parallelismus. Die Physiognomik und das Prinzip der Psychophysik. Methodik der Varietätenlehre. Eine neue Fragestellung. Deduktive Morphologie. Korrelation und Funktionsbegriff. Aussichten.

Vermöge der Tatsache, daß zwischen Physischem und Psychischem eine wie immer geartete Korrespondenz besteht, ist von vornherein zu erwarten, daß dem weiten Umfange, in welchem unter morphologischen und physiologischen Verhältnissen das Prinzip der sexuellen Zwischenstufen sich nachweisen ließ, psychologisch eine mindestens ebenso reiche Ausbeute entsprechen werde. Sicherlich gibt es auch einen psychischen Typus des Weibes und des Mannes (wenigstens stellen die bisherigen Ergebnisse die Aufsuchung solcher Typen zur Aufgabe), Typen, die von der Wirklichkeit nie erreicht werden, da diese von der reichen Folge der sexuellen Zwischenformen im Geistigen ebenso erfüllt ist wie im Körperlichen. Das Prinzip hat also die größte Aussicht, sich den geistigen Eigenschaften gegenüber zu bewähren und das verworrene Dunkel etwas zu lichten, in welches die psychologischen Unterschiede zwischen den einzelnen Menschen für die Wissenschaft noch immer gehüllt sind. Denn es ist hiemit ein Schritt vorwärts gemacht im Sinne einer differenzierten Auffassung auch des geistigen Habitus jedes Menschen; man wird auch von dem Charakter einer Person wissenschaftlich nicht mehr sagen, er sei männlich oder er sei weiblich schlechthin, sondern darauf achten und danach fragen: wieviel Mann, wieviel Weib ist in einem Menschen? Hat er oder hat sie in dem betreffenden Individuum dies oder jenes getan, gesagt, gedacht? Eine individualisierende Beschreibung aller Menschen und alles Menschlichen ist hiedurch erleichtert, und so liegt die neue Methode in der eingangs dargelegten Entwicklungsrichtung aller Forschung: alle Erkenntnis hat seit jeher, von Begriffen mittlerer Allgemeinheit ausgehend, nach zwei divergierenden Richtungen auseinandergestrebt, dem allem Einzelnen gemeinschaftlichen Allgemeinsten nicht allein entgegen, sondern ebenso der allereinzelnsten, individuellsten Erscheinung zu. Darum ist die Hoffnung wohl begründet, welche von dem Prinzipe der sexuellen Zwischenformen die stärkste Förderung für die noch ungelöste wissenschaftliche Aufgabe einer Charakterologie erwartet, und der Versuch berechtigt, es methodisch zu dem Range eines heuristischen Grundsatzes in der »Psychologie der individuellen Differenzen« oder »differentiellen Psychologie« zu erheben. Und seine Anwendung auf das Unternehmen einer Charakterologie, dieses bisher fast ausschließlich von Literaten bepflügten, wissenschaftlich noch recht verwahrlosten Feldes, ist vielleicht um so freudiger zu begrüßen, als es unmittelbar aller quantitativen Abstufungen fähig ist, indem man sozusagen den Prozentgehalt an M und W, den ein Individuum besitzt, auch im Psychischen aufzusuchen sich nicht wird scheuen dürfen. Daß diese Aufgabe mit einer anatomischen Beantwortung der Frage nach der sexuellen Stellung eines Organismus zwischen Mann und Weib noch nicht gelöst ist, sondern im allgemeinen noch eine besondere Behandlung erfordert, selbst wenn im speziellen hier viel öfter Kongruenz als Inkongruenz sich nachweisen ließe, ist bereits mit den Ausführungen des zweiten Kapitels über die Ungleichmäßigkeiten gegeben, welche selbst zwischen den einzelnen körperlichen Teilen und Qualitäten des nämlichen Individuums untereinander betreffs des Grades ihrer Männlichkeit oder Weiblichkeit bestehen.

Das Nebeneinander von Männlichem und Weiblichem im gleichen Menschen ist hiebei nicht als völlige oder annähernde Simultaneität zu verstehen. Die wichtige neue Hinzufügung, welche an dieser Stelle notwendig wird, ist nicht nur eine erläuternde Anweisung zur richtigen psychologischen Verwertung des Prinzips, sondern auch eine bedeutungsvolle Ergänzung der früheren Ausführungen. Es schwankt oder oszilliert nämlich jeder Mensch, zwischen dem Manne und dem Weibe in ihm hin und her; wenn auch diese Oszillationen bei dem einen abnorm groß, bei dem anderen klein bis zur Unmerklichkeit sein können, sie sind immer da und offenbaren sich, wenn sie von einiger Erheblichkeit sind, auch durch ein wechselndes körperliches Aussehen der von ihnen Betroffenen. Diese Schwankungen der sexuellen Charakteristik zerfallen, den Schwankungen des Erdmagnetismus vergleichbar, in regelmäßige und unregelmäßige. Die regelmäßigen sind entweder kleine Oszillationen: z. B. fühlen manche Menschen am Abend männlicher als am Morgen; oder sie gehören in das Reich der größeren und großen Perioden des organischen Lebens, auf die man kaum erst aufmerksam zu werden begonnen hat, und deren Erforschung Licht auf eine noch gar nicht absehbare Menge von Phänomenen werfen zu sollen scheint. Die unregelmäßigen Schwankungen werden wahrscheinlich durch äußere Anlässe, vor allem durch den sexuellen Charakter des Nebenmenschen, hervorgerufen. Sie bedingen gewiß zum Teil jene merkwürdigen Phänomene der Einstellung, welche in der Psychologie einer Menge die größte Rolle spielen, wenn sie auch bis jetzt kaum die gebührende Beachtung gefunden haben. Kurz, die Bisexualität wird sich nicht in einem einzigen Augenblicke, sondern kann sich psychologisch nur im Nacheinander offenbaren, ob nun diese zeitliche Differenz der sexuellen Charakteristik in der Zeit dem Gesetze einer Periodizität gehorche oder nicht, ob die Schwingung nach der Seite des einen Geschlechtes hin eine andere Amplitude habe als die Schwingung nach dem anderen Geschlechte hin, oder ob der Schwingungsbauch der männlichen Phase dem Schwingungsbauche der weiblichen Phase gleich sei (was durchaus nicht der Fall zu sein braucht, im Gegenteile nur ein Fall unter unzähligen gleich möglichen ist).

Man dürfte also wohl bereits prinzipiell, noch vor der Erprobung durch den ausgeführten Versuch, zuzugeben geneigt sein, daß das Prinzip der sexuellen Zwischenformen eine bes-

sere charakterologische Beschreibung der Individuen ermöglicht, indem es das Mischungsverhältnis zu suchen auffordert,
in dem Männliches und Weibliches in jedem einzelnen Wesen
zusammentreten, und die Elongation der Oszillationen zu bestimmen gebietet, deren ein Individuum nach beiden Seiten
hin fähig ist. Wir geraten aber nun vor eine Frage, bezüglich
welcher die Darstellung sich hier entscheiden muß, indem von
ihrer Beantwortung der Gang der weiteren Untersuchung fast
ausschließlich abhängt. Es handelt sich darum, ob diese zuerst
das unendlich reiche Gebiet der sexuellen Zwischenstufen, die
sexuelle Mannigfaltigkeit im Geistigen, durchmessen und an besonders geeigneten Punkten zu möglichst getreuen Aufnahmen
der Verhältnisse zu gelangen suchen soll, oder ob sie damit zu
beginnen hat, die sexuellen Typen festzulegen, die psychologische Konstruktion des »idealen Mannes« und des »idealen Weibes« vorzunehmen und zu vollenden, bevor sie die verschiedenen Möglichkeiten ihrer empirischen Vereinigung in concreto
untersucht, und prüft, wie weit die auf deduktivem Wege gewonnenen Bilder sich mit der Wirklichkeit decken. Der erste
Weg entspricht der Entwicklung, welche die Gedanken nach
der allgemeinen Anschauung psychologisch immer nehmen, indem die Ideen aus der Wirklichkeit, die sexuellen Typen nur aus
der allein realen sexuellen Mannigfaltigkeit geschöpft werden
können: er wäre induktiv und analytisch. Der zweite würde vor
dem ersten den Vorzug der formal logischen Strenge haben: er
wäre deduktiv-synthetisch.

Diesen anderen Weg habe ich aus dem Grunde nicht einschla-
gen wollen, weil jedermann die Anwendung zweier bereits wohl
definierter Typen auf die konkrete Wirklichkeit leicht in voller
Selbständigkeit vollziehen kann, indem sie nur die (für jeden
Fall ohnedies stets neu und besonders zu gewinnende) Kenntnis des Mischungsverhältnisses beider voraussetzt, um schon
die Möglichkeit zu gestatten, Theorie und Praxis zur Deckung
zu bringen; sodann weil (gesetzt auch, es würde die außerhalb der Kompetenz des Verfassers liegende Form historisch-
biographischer Untersuchung gewählt) Gesagtes immerfort zu
wiederholen wäre, und dem Interesse an den Einzelpersonen

aller, der Theorie kein Gewinn mehr aus dieser Verzweigung ins Detail erwüchse. Der erste, der induktive Weg ist darum nicht gangbar, weil in diesem Falle die Menge der Wiederholungen auf den Teil entfiele, welcher die Tafel der Gegensätze der sexuellen Typen entrollen würde, und zudem das vorhergehende Studium der sexuellen Zwischenstufen und die es begleitende Präparation der Typen langwierig, zeitraubend und ohne Nutzen für den Leser wäre.

Eine andere Erwägung mußte also die Einteilung bestimmen.

Da die morphologische und physiologische Erforschung der sexuellen Extreme nicht meine Sache war, wurde nur das Prinzip der Zwischenformen, dieses aber nach allen Seiten hin, denen es Aufklärung bringen zu können schien, also auch vom biologischen Standpunkte aus behandelt. So bekam das Ganze der vorliegenden Arbeit seine Gestalt. Die eben erwähnte Betrachtung der Zwischenstufen bildet ihren ersten Teil, während der zweite die rein psychologische Analyse von M und W in Angriff nehmen und so weit und tief als möglich fortzuführen trachten wird. Die konkreten Fälle wird sich, in Anwendung der eventuell daselbst zu gewinnenden Erkenntnisse, ein jeder selbsttätig immer zusammensetzen und sie mit den dort zu gewinnenden Anschauungen und Begriffen leicht abbilden können.

Dieser zweite Teil wird sich auf die bekannten und gangbaren Meinungen über die geistigen Unterschiede zwischen den Geschlechtern nur sehr wenig stützen können. Hier jedoch will ich, bloß der Vollständigkeit halber und ohne der Sache eine besondere Wichtigkeit beizumessen, die sexuellen Zwischenstufen des psychischen Lebens in aller Kürze an einigen Punkten auftreten lassen, Punkten, die nur ein paar insgemein bekannte Eigentümlichkeiten, welche hier noch keiner näheren Analyse unterzogen werden sollen, in einigen Modifikationen sichtbar werden lassen.

Weibliche Männer haben oft ein ungemein starkes Bedürfnis zu heiraten, mögen sie (was ich erwähne, um Mißverständnissen vorzubeugen) materiell noch so glänzend gestellt sein. Sie sind es auch, die, wenn sie können, fast immer sehr jung in die Ehe treten. Es wird ihnen oft besonders schmeicheln, eine berühmte Frau, eine Dichterin oder Malerin, die aber auch eine Sängerin oder Schauspielerin sein kann, zur Gattin zu haben.

Weibliche Männer sind ihrer Weiblichkeit gemäß auch körperlich eitler als die anderen unter den Männern. Es gibt auch »Männer«, die auf die Promenade gehen, um ihr Gesicht, welches, als Weibergesicht, die Absicht seines Trägers meist zu verraten hinreicht, bewundert zu fühlen und dann befriedigt nach Hause zu gehen. Das Urbild des Narziß ist ein solcher »Mann« gewesen. Dieselben Personen sind natürlich auch, was Frisur, Kleidung, Schuhwerk, Wäsche anlangt, ungemein sorgfältig, ihrer momentanen Körperhaltung und ihres Aussehens an jedem bestimmten Tage, der kleinsten Einzelheiten ihrer Toilette, des vorübergehendsten Blickes, der von anderer Menschen Augen auf sie fällt, sich fast ebenso bewußt, wie W es stets ist, ja in Gang und Gebärde oft geradezu kokett. Bei den Viragines hingegen nimmt man oft grobe Vernachlässigung der Toilette und Mangel an Körperpflege wahr; sie sind mit dem Ankleiden oft viel schneller fertig als mancher weibliche Mann. Das ganze »Gecken«- oder »Gigerl«tum geht, ebenso wie zum Teil die Frauenemanzipation, auf die jetzige Vermehrung dieser Zwittergeschöpfe zurück; das alles ist mehr als »bloße Mode«. Es fragt sich eben immer, warum etwas zur Mode werden kann, und es gibt wohl überhaupt weniger »bloße Mode«, als der oberflächlich kritisierende Zuschauer wähnt.

Je mehr von W eine Frau hat, desto weniger wird sie den Mann verstehen, um so stärker jedoch wird er in seiner geschlechtlichen Eigentümlichkeit auf sie wirken, um so mehr Eindruck als Mann auf sie machen. Dies ist nicht nur aus dem bereits erläuterten Gesetze der sexuellen Anziehung zu verstehen, sondern geht darauf zurück, daß eine Frau um so eher ihr Gegenteil aufzufassen in der Lage sein wird, je reiner weiblich sie ist. Umgekehrt wird einer, je mehr von M er hat, desto weniger W zu verstehen in der Lage sein, desto eindringlicher jedoch werden die Frauen ihrem ganzen äußeren Wesen nach, in ihrer

Weiblichkeit, sich ihm darstellen. Die sogenannten »Frauenkenner«, d. h. solche, die nichts mehr sind als nur »Frauenkenner«, sind darum alle zum guten Teil selbst Weiber. Die weiblicheren Männer wissen denn auch oft die Frauen viel besser zu behandeln als Vollmänner, die das erst nach langen Erfahrungen und, von ganz bestimmten Ausnahmen abgesehen, wohl überhaupt nie völlig erlernen.

An diese paar Illustrationen, welche die Verwendbarkeit des Prinzips in der Charakterologie an Beispielen veranschaulichen sollen, die absichtlich der trivialsten Sphäre der tertiären Geschlechtscharaktere entnommen wurden, möchte ich die naheliegenden Anwendungen schließen, die sich mir aus ihm für die Pädagogik zu ergeben scheinen. Eine Wirkung nämlich erhoffe ich vor allem von einer allgemeinen Anerkennung des Gemeinschaftlichen, das diesen und den früheren Tatsachen wie so vielen anderen noch zugrunde liegt: eine mehr individualisierende Erziehung. Jeder Schuster, der den Füßen das Maß nimmt, muß das Individualisieren besser verstehen als die heutigen Erzieher in Schule und Haus, die nicht zum lebendigen Bewußtsein einer solchen moralischen Verpflichtung zu bringen sind! Denn bis jetzt erzieht man die sexuellen Zwischenformen (insbesondere unter den Frauen) im Sinne einer möglichst extremen Annäherung an ein Mannes- oder Frauenideal von konventioneller Geltung, man übt eine geistige Orthopädie in der vollsten Bedeutung einer Tortur. Dadurch schafft man nicht nur sehr viel Abwechslung aus der Welt, sondern unterdrückt vieles, was keimhaft da ist und Wurzel fassen könnte, verrenkt anderes zu unnatürlicher Lage, züchtet Künstlichkeit und Verstellung.

Die längste Zeit hat unsere Erziehung uniformierend gewirkt auf alles, was mit einer männlichen, und auf alles, was mit einer weiblichen Geschlechtsregion zur Welt kommt. Gar bald werden »Knaben« und »Mädchen« in verschiedene Gewänder gesteckt, lernen verschiedene Spiele spielen, schon der Elementarunterricht ist gänzlich getrennt, die »Mädchen« lernen unterschiedslos Handarbeiten etc. etc. Die Zwischenstufen kommen da alle zu kurz. Wie mächtig aber die Instinkte, die »Determinanten« ihrer Naturanlage, in derartig mißhandelten

Menschen sein können, das zeigt sich oft schon vor der Pubertät: Buben, die am liebsten mit Puppen spielen, sich von ihrem Schwesterlein häkeln und stricken lehren lassen, mit Vorliebe Mädchenkleidung anlegen und sich sehr gern mit weiblichem Vornamen rufen hören; Mädchen, die sich unter die Knaben mischen, an deren wilderen Spielen teilnehmen wollen und oft auch von diesen ganz als ihresgleichen, »kollegial« behandelt werden. Immer aber kommt eine durch Erziehung von außen unterdrückte Natur nach der Pubertät zum Vorschein: männliche Weiber scheren sich die Haare kurz, bevorzugen frackartige Gewänder, studieren, trinken, rauchen, klettern auf die Berge, werden passionierte Jägerinnen; weibliche Männer lassen das Haupthaar lang wachsen, sie tragen Mieder, zeigen viel Verständnis für die Toilettesorgen der Weiber, mit denen sie vom gleichen Interesse getragene kameradschaftliche Gespräche zu führen imstande sind; ja sie schwärmen denn auch oft aufrichtig von freundschaftlichem Verkehr zwischen den beiden Geschlechtern, weibische Studenten z. B. von »kollegialem Verhältnis« zu den Studentinnen usw.

Unter der schraubstockartigen Pressung in eine gleichmachende Erziehung haben Mädchen und Knaben gleich viel, die letzteren später mehr unter ihrer Subsumtion unter das gleiche Gesetz, die ersteren mehr unter der Schablonisierung durch die gleiche Sitte zu leiden. Die hier erhobene Forderung wird darum, fürchte ich, was die Mädchen betrifft, mehr passivem Widerstand in den Köpfen begegnen als für die Knaben. Hier gilt es vor allem, sich von der gänzlichen Unwahrheit der weit verbreiteten, von Autoritäten des Tages weitergegebenen und immer wiederholten Meinung von der Gleichheit aller »Weiber« (»es gibt keine Unterschiede, keine Individuen unter den Weibern; wer eine kennt, kennt alle«) gründlich zu überzeugen. Es gibt unter denjenigen Individuen, die W näher stehen als M (den »Frauen«), zwar bei weitem nicht so viele Unterschiede und Möglichkeiten wie unter den übrigen – die größere Variabilität der »Männchen« ist nicht nur für den Menschen, sondern im Bereiche der ganzen Zoologie eine allgemeine Tatsache, die insbesondere von Darwin eingehend gewürdigt worden ist – aber noch immer Differenzen genug. Die psychologische Genese jener so weit verbreiteten irrigen Meinung ist zum großen Teil die, daß (vgl. Kapitel III) jeder Mann in seinem Leben nur eine ganz bestimmte Gruppe von Frauen intimer kennenlernt, die naturgesetzlich alle untereinander viel Gemeinsames haben. Man hört ja auch von Weibern öfter, aus der gleichen Ursache und mit noch weniger Grund: »die Männer sind einer wie der andere«. So erklären sich auch manche, gelinde gesagt, gewagte Behauptungen vieler Frauenrechtlerinnen über den Mann und die angeblich unwahre Überlegenheit desselben: daraus nämlich, was für Männer gerade sie in der Regel näher kennenlernen.

In dem verschieden-abgestuften Beisammensein von M und W, in dem wir ein Hauptprinzip aller wissenschaftlichen Charakterologie erkannt haben, sehen wir somit auch eine von der speziellen Pädagogik zu beherzigende Tatsache vor uns.

Die Charakterologie verhält sich zu jener Psychologie, welche eine »Aktualitätstheorie« des Psychischen eigentlich allein gelten lassen dürfte, wie Anatomie zur Physiologie. Da sie stets ein theoretisches und praktisches Bedürfnis bleiben wird, ist es notwendig, unabhängig von ihrer erkenntnistheoretischen Grundlegung und Abgrenzung gegenüber dem Gegenstande der allgemeinen Psychologie, Psychologie der individuellen Differenzen treiben zu dürfen. Wer der Theorie vom psychophysischen Parallelismus huldigt, wird mit den prinzipiellen Gesichtspunkten der bisherigen Behandlung insofern einverstanden sein, als für ihn, ebenso wie ihm Psychologie im engeren Sinne und Physiologie (des Zentralnervensystems) Parallelwissenschaften sind, Charakterologie zur Schwester die Morphologie haben muß. In der Tat, von der Verbindung von Anatomie und Charakterologie und der wechselseitigen Anregung, die sie voneinander empfangen können, ist für die Zukunft noch Großes zu hoffen. Zugleich würde durch ein solches Bündnis der psychologischen Diagnostik, welche Voraussetzung jeder individualisierenden Pädagogik ist, ein unschätzbares Hilfsmittel an die Hand gegeben. Das Prinzip der sexuellen Zwischenformen, und mehr noch die Methode des morphologisch-charakterologischen Parallelismus in ihrer weiteren Anwendung gewähren uns nämlich den Ausblick auf eine Zeit, wo jene Aufgabe, welche die hervorragendsten Geister stets so mächtig angezogen und immer wieder zurückgeworfen hat, wo die Physiognomik zu den Ehren einer wissenschaftlichen Disziplin endlich gelangen könne.

Das Problem der Physiognomik ist das Problem einer konstanten Zuordnung des ruhenden Psychischen zum ruhenden Körperlichen, wie das Problem der physiologischen Psychologie das einer gesetzmäßigen Zuordnung des bewegten Psychischen zum bewegten Körperlichen (womit keiner speziellen Mechanik der Nervenprozesse das Wort geredet ist). Das eine ist gewissermaßen statisch, das andere eher rein dynamisch; prinzipielle Berechtigung aber hat das eine Unternehmen ebensoviel oder ebensowenig wie das andere. Es ist also methodisch wie sachlich ein großes Unrecht, die Beschäftigung mit der Physiognomik, ihrer enormen Schwierigkeiten halber, für etwas so Unsolides zu halten, wie das heute, mehr unbewußt als bewußt, in den wissenschaftlichen Kreisen der Fall ist und gelegentlich, z. B. gegenüber den von Moebius erneuerten Versuchen Galls, die Physiognomie des gebornen Mathematikers aufzufinden, zutage tritt. Wenn es möglich ist, nach dem Äußeren eines Menschen, den man nie gekannt hat, sehr viel Richtiges über seinen Charakter aus einer unmittelbaren Empfindung heraus, nicht auf Grund eines Schatzes bewußter oder unbewußter Erfahrungen, zu sagen – und es gibt Menschen, welche diese Fähigkeit in hohem Maße besitzen –, so kann es auch kein Ding der Unmöglichkeit sein, zu einem wissenschaftlichen System dieser Dinge zu gelangen. Es handelt sich nur um die begriffliche Klärung gewisser starker Gefühle, um die Legung des Kabels nach dem Sprachzentrum (um mich sehr grob auszudrücken): eine Aufgabe, die allerdings oft ungemein schwierig ist.

Im übrigen: es wird noch lange dauern, bis die offizielle Wissenschaft die Beschäftigung mit der Physiognomik nicht mehr als etwas höchst Unmoralisches betrachten wird. Man wird auf den psychophysischen Parallelismus genau so eingeschworen bleiben wie bisher und doch zu gleicher Zeit die Physiognomiker als Verlorene betrachten, als Scharlatane, wie bis vor kurzem die Forscher auf hypnotischem Gebiete; trotzdem es keinen Menschen gibt, der nicht unbewußt, keinen hervorragenden Menschen, der nicht bewußt Physiognomiker wäre. Der Redensart: »Das sieht man ihm an der Nase an« bedienen sich auch Leute, die von der Physiognomik als einer Wissenschaft nichts halten, und das Bild eines bedeutenden Menschen wie das eines Raubmörders interessiert gar sehr auch alle jene, die gar nie das Wort »Physiognomik« gehört haben.

In dieser Zeit der hochflutenden Literatur über das Verhältnis des Physischen zum Psychischen, da der Ruf: »Hie Wechselwirkung!« von einer kleinen, aber mutigen und sich mehrenden Schar dem anderen Ruf einer kompakten Majorität: »Hie psychologischer Parallelismus!« entgegengesetzt wird, wäre es von Nutzen gewesen, auf diese Verhältnisse zu reflektieren. Man hätte sich dann freilich die Frage vorlegen müssen, ob nicht die Setzung einer wie immer gearteten Korrespondenz zwischen Physischem und Psychischem eine bisher übersehene, apriorische, synthetische Funktion unseres Denkens ist – was mir wenigstens dadurch sicher verbürgt scheint, daß eben jeder Mensch die Physiognomik anerkennt, insofern jeder, unabhängig von der Erfahrung, Physiognomik treibt. So wenig Kant diese Tatsache bemerkt hat, so gibt sie doch seiner Auffassung recht, daß über das Verhältnis des Körperlichen zum Geistigen sich weiter wissenschaftlich nichts beweisen noch ausmachen läßt. Das Prinzip einer gesetzmäßigen Relation zwischen Psychischem und Materiellem muß daher als Forschungsgrundsatz heuristisch akzeptiert werden, und es bleibt der Metaphysik und Religion vorbehalten, über die Art dieses Zusammenhanges, dessen Tatsächlichkeit a priori für jeden Menschen feststeht, noch nähere Bestimmungen zu treffen.

Ob nun Charakterologie in einer Verbindung mit Morphologie gehalten werde oder nicht, für sie allein wie für das Resultat des koordinierten Betriebes beider, für die Physiognomik, dürfte es Geltung haben, daß die beinahe gänzliche Erfolglosigkeit der bisherigen Versuche zur Begründung solcher Wissenschaften zwar auch sonst tief genug in der Natur des schwierigen Unternehmens wurzelt, daß aber immerhin dem Mangel an einer adäquaten Methode nicht zum geringsten Teil dieses Mißlingen zugeschrieben werden muß. Dem Vorschlag, den ich im folgenden an Stelle einer solchen entwickle, verdanke ich die sichere Leitung durch manches Labyrinth; ich glaube daher nicht zögern zu sollen, ihn einer allgemeinen Beurteilung zu unterbreiten.

Die einen unter den Menschen haben die Hunde gern und können die Katzen nicht ausstehen, die anderen sehen nur gern dem Spiel der Kätzchen zu, und der Hund ist ihnen ein widerliches Tier. Man ist in solchen Fällen, und mit vielem Rechte, immer sehr stolz darauf gewesen, zu fragen: Warum zieht der eine die Katze vor, der andere den Hund? Warum? Warum?

Diese Fragestellung scheint jedoch gerade hier nicht sehr fruchtbar. Ich glaube nicht, daß Hume und besonders Mach recht haben, wenn sie keinen besonderen Unterschied zwischen simultaner und sukzedaner Kausalität machen. Gewisse zweifellose formale Analogien werden da recht gewaltsam übertrieben, um den schwanken Bau des Systems zu stützen. Das Verhältnis zweier Erscheinungen, die in der Zeit regelmäßig aufeinander folgen, mit einer regelmäßigen Funktionalbeziehung verschiedener gleichzeitiger Elemente zu identifizieren, geht nicht an: Nichts berechtigt in Wirklichkeit, von Zeit empfindungen zu sprechen, und gar nichts, einen den anderen Sinnen koordinierten Zeitsinn anzunehmen; und wer wirklich das Zeitproblem erledigt glaubt, wenn er die Zeit und den Stundenwinkel der Erde nur eine und dieselbe Tatsache sein läßt, der übersieht zum wenigsten dies, daß, sogar im Falle als die Erde plötzlich mit ungleichförmiger Geschwindigkeit um ihre Achse sich zu drehen anfinge, wir doch nach wie vor die eben apriorische Voraussetzung eines gleichförmigen Zeitablaufes machen würden. Die Unterscheidung der Zeit von den materialen Erlebnissen, auf welcher die Trennung der sukzedanen von der simultanen Abhängigkeit beruht, und damit die Frage nach der Ursache von Veränderungen, die Frage nach dem Warum sind wohlberechtigt und fruchtbringend, wo Bedingendes und Bedingtes in zeitlicher Abfolge nacheinander auftreten. In dem oben als Beispiel individualpsychologischer Fragestellung angeführten Falle jedoch sollte man in der empirischen Wissenschaft, welche als solche das regelmäßige Zusammensein einzelner Züge in einem Komplexe keineswegs durch die metaphysische Annahme einer Substanz erklärt, nicht sowohl nach dem Warum forschen, sondern zunächst untersuchen: Wodurch unterscheiden sich Katzen- und Hundeliebhaber noch?

Die Gewöhnung, stets diese Frage nach den korrespondierenden anderen Unterschieden zu stellen, wo zwischen Ruhendem ein Unterschied bemerkt worden ist, wird nicht nur der Charakterologie, wie ich glaube, von großem Nutzen sein, sondern auch der reinen Morphologie dienen können und somit naturgemäß die Methode ihrer Verbindung, der Physiognomik, werden. Aristoteles ist es bereits aufgefallen, daß viele Merkmale bei den Tieren nie unabhängig voneinander variieren. Später haben, zuerst bekanntlich Cuvier, sodann Geoffroy-St-Hilaire und Darwin diese Erscheinungen der »Korrelation« zum Gegenstande eingehenden Studiums gemacht. Das Bestehen konstanter Beziehungen kann hie und da leicht aus einem einheitlichen Zwecke verstanden werden: so wird man es teleologisch geradezu erwarten, daß, wo der Verdauungskanal für Fleischnahrung adaptiert ist, auch Kauapparate und Organe für das Ergreifen von Beute vorhanden sein müssen. Warum aber alle Wiederkäuer auch Zweihufer und im männlichen Geschlechte Hörnerträger sind, warum Immunität gegen gewisse Gifte bei manchen Tieren stets mit einer bestimmten Haarfarbe einhergeht, warum unter den Tauben die Spielarten mit kurzem Schnabel kleine, die mit langem Schnabel große Füße haben, oder gar warum weiße Katzen mit blauen Augen beinahe ausnahmslos taub sind, solche Regelmäßigkeiten des Nebeneinander sind weder aus einem einzigen offenbaren Grunde noch auch unter dem Gesichtspunkte eines einheitlichen Zweckes zu begreifen. Damit ist natürlich nicht gesagt, daß die Forschung nun prinzipiell in alle Ewigkeit mit der bloßen Konstatierung eines steten Beisammenseins sich zu begnügen habe. Das wäre ja so, als würde jemand zum ersten Male wissenschaftlich vorzugehen behaupten, indem er sich darauf beschränke, vorzufinden: »Wenn ich in einen Automaten ein Geldstück werfe, so kommt eine Schachtel

Zündhölzer heraus«; was darüber gehe, sei Metaphysik und von Übel, das Kriterium des echten Forschers sei Resignation. Probleme der Art, woher es komme, daß langes Kopfhaar und zwei normale Ovarien sich fast ausnahmslos in denselben Menschen vereinigt finden, sind von der größten Bedeutung; aber sie fallen eben nicht in den Bereich der Morphologie, sondern in den der Physiologie. Vielleicht ist ein Ziel einer idealen Morphologie mit der Anschauung gut bezeichnet, daß diese in einem deduktiv-synthetischen Teile nicht jeder einzeln existierenden Art und Spielart nachkriechen solle in Erdlöcher und nachtauchen auf den Meeresgrund – das ist die Wissenschaftlichkeit des Briefmarkensammlers –, sondern aus einer vorgegebenen Anzahl qualitativ und quantitativ genau bestimmter Stücke in der Lage sein werde, den ganzen Organismus zu konstruieren, nicht auf Grund einer Intuition, wie dies ein Cuvier vermochte, sondern in strengem Beweisverfahren. Ein Organismus nämlich, von dem man ihr irgend eine Eigenschaft genau bekanntgegeben hätte, müßte für diese Wissenschaft der Zukunft bereits noch durch eine andere, nun nicht mehr willkürliche, sondern damit in ebensolcher Genauigkeit bereits bestimmbare Eigenschaft beschränkt sein. In der Sprache der Thermodynamik unserer Tage ließe sich das ebensogut durch die Forderung ausdrücken, daß für eine solche deduktive Morphologie der Organismus nur eine endliche Zahl von »Freiheitsgraden« besitzen dürfte. Oder man könnte, eine lehrreiche Ausführung Machs benützend, verlangen, daß auch die organische Welt, sofern sie wissenschaftlich begreifbar und darstellbar, eine solche sei, in der zwischen n Variablen eine Zahl von Gleichungen bestehe, die kleiner sei als n (und zwar gleich n–1, wenn sie durch ein wissenschaftliches System eindeutig bestimmbar sein soll: die Gleichungen würden bei geringerer Zahl zu unbestimmten Gleichungen werden, und bei einer größeren Zahl könnte der durch die eine Gleichung ausgesagten Abhängigkeit von einer zweiten ohne weiteres widersprochen werden).

Dies ist die logische Bedeutung des Korrelationsprinzips in der Biologie: es enthüllt sich als die Anwendung des Funktionsbegriffes auf das Lebendige, und darum liegt in der Möglichkeit seiner Ausbreitung und Vertiefung die Hoffnung auf eine theoretische Morphologie hauptsächlich begründet. Die kausale Forschung ist damit nicht ausgeschlossen, sondern erst auf ihr eigenstes Gebiet verwiesen. Im Idioplasma wird sie wohl die Gründe jener Tatsachen aufzufinden trachten müssen, die dem Korrelationsprinzipe zugrunde liegen.

Die Möglichkeit einer psychologischen Anwendung des Prinzips der korrelativen Abänderung liegt nun in der »differentiellen Psychologie«, in der psychologischen Varietätenlehre, vor. Und die eindeutige Zuordnung von anatomischem Habitus und geistigem Charakter wird zur Aufgabe der statischen Psychophysik oder Physiognomik. Die Forschungsregel aller drei Disziplinen wird aber die Frage zu sein haben, worin sich zwei Lebewesen, die in einer Beziehung ein differentes Verhalten gezeigt haben, noch unterscheiden. Die hier geforderte Art der Fragestellung scheint mir der einzig denkbare »Methodus inveniendi«, gleichsam die »Ars magna« jener Wissenschaften, und geeignet, die ganze Technik des Betriebes derselben zu durchdringen. Man wird nun, um einen charakterologischen Typus zu ergründen, nicht mehr bloß durch die nur bohrende Frage nach dem Warum, unter möglichst hermetischer Absperrung, in einem Loche hartes Erdreich aufzugraben sich mühen, nicht wie jene stereotropischen Würmer Jacques Loebs an einem Dreikant immer von neuem sich verbluten, nicht durch Scheuklappen die Aussicht auf das erreichbare Daneben sich versperren, um geradeaus in der Tiefendimension dem aller nur empirischen Wissenschaft unerforschlichen Grunde nachzuschnaufen. Wenn jedesmal, ohne irgend welche Nachlässigkeit oder Rücksicht auf Bequemlichkeit, beim Sichtbarwerden einer Differenz der Vorsatz gefaßt wird, auf die anderen Differenzen zu achten, die nach dem Prinzipe unausweichlich noch da sein müssen; wenn jedesmal den unbekannten Eigenschaften, welche mit der zur Abhebung gelangten in Funktionalzusammenhang stehen, »ein Aufpasser im Intellekte bestellt« wird, dann ist die Aussicht, die neuen Korrelationen zu entdecken, bedeutend vermehrt: ist nur die Frage gestellt, so wird sich die Antwort, je nach der Ausdauer und Wachsamkeit des Beobachters und der Gunst des ihm zur Prüfung beschiedenen Materials, früher oder später einstellen.

Jedenfalls wird man, im bewußten Gebrauche dieses Prinzips, nicht mehr lediglich darauf angewiesen sein, zu warten, bis endlich einem Menschen durch die glückliche Laune einer gedanklichen Konstellation das konstante Beisammensein zweier Dinge im selben Individuum auffällt, sondern man wird lernen, immer sofort nach dem ebenfalls vorhandenen zweiten Ding zu fragen. Denn wie sehr ist nicht bisher alle Entdeckung auf den Zufall einer günstigen Konjunktur der Vorstellungen in dem Geiste eines Menschen beschränkt gewesen! Welch große Rolle spielt hier nicht die Willkür der Umstände, die zwei heterogene Gedankengruppen im geeigneten Moment zu jener gegenseitigen Kreuzung zu führen vermögen, aus der das Kind, die neue Einsicht und Anschauung, einzig geboren werden kann! Diese Rolle zu vermindern, scheint die neue Fragestellung und der Wille, sie in jedem Einzelfalle zu befolgen, außerordentlich befähigt. Bei der Sukzession der Wirkung auf die Ursache ist die psychologische Veranlassung zur Frage aus dem Grunde eher da, weil jede Verletzung der Stabilität und Kontinuität in einem, vorhandenen psychischen Bestande unmittelbar beunruhigend wirkt, eine »Vitaldifferenz setzt« (Avenarius). Wo gleichzeitige Abhängigkeit besteht, fällt aber diese Triebkraft weg. Darum könnte diese Methode dem Forscher selbst inmitten seiner Tätigkeit die größten Dienste leisten, ja den Fortschritt der Wissenschaft insgesamt beschleunigen; die Erkenntnis von der heuristischen Anwendbarkeit des Korrelationsprinzips wäre eine Einsicht, die fortzeugend immer neue Einsicht könnte gebären helfen.

VI. Kapitel. Die emanzipierten Frauen

Frauenfrage. Emanzipationsbedürfnis und Männlichkeit.
Emanzipation und Homosexualität. Sexueller Geschmack
der emanzipierten Frauen. Physiognomisches über sie.
Die übrigbleibenden Berühmtheiten. W und die Emanzipation. Praktische Regel. Männlichkeit alles Genies. Die
Frauenbewegung in der Geschichte. Periodizität. Biologie
und Geschichtsauffassung. Aussichten der Frauenbewegung. Ihr Grundirrtum.

Im unmittelbaren Anschluß an die differentiell-psychologische
Verwertung des Prinzips der sexuellen Zwischenformen muß
zum ersten Male auf jene Frage eingegangen werden, deren
theoretischer und praktischer Lösung dieses Buch recht eigentlich gewidmet ist, soweit sie nicht theoretisch eine Frage der
Ethnologie und Nationalökonomie, also der Sozialwissenschaft
im weitesten Sinne, praktisch eine Frage der Rechts- und Wirt-
schaftsordnung, der sozialen Politik ist: auf die Frauenfrage. Die
Antwort, welche dieses Kapitel auf die Frauenfrage geben soll,
ist indes nicht eine, mit der für das Ganze der Untersuchung das
Problem erledigt wäre. Sie ist vielmehr bloß eine vorläufige, da
sie nicht mehr geben kann, als aus den bisherigen Prinzipien
ableitbar ist. Sie bewegt sich gänzlich in den Niederungen der
Einzelerfahrung, von der sie nicht zu allgemeinen Grundsätzen
von tieferer Bedeutung sich zu erheben trachtet; die praktischen Anweisungen, die sie gibt, sind keine Maximen eines sittlichen Verhaltens, das künftige Erfahrung regulieren sollte oder
könnte, sondern nur aus vergangener Erfahrung abstrahier-
te technische Regeln zu einem sozialdiätetischen Gebrauche.
Der Grund ist, daß hier, noch keineswegs an die Erfassung des
männlichen und weiblichen Typus geschritten wird, die Sache
des zweiten Teiles verbleibt. Diese provisorische Betrachtung

soll nur diejenigen charakterologischen Ergebnisse des Prinzips der Zwischenformen bringen, welche für die Frauenfrage von Bedeutung sind.

Wie diese Anwendung ausfallen wird, liegt nach dem Bisherigen ziemlich offen zutage. Sie gipfelt darin, daß Emanzipationsbedürfnis und Emanzipationsfähigkeit einer Frau nur in dem Anteile an M begründet liegt, den sie hat. Der Begriff der Emanzipation ist aber ein vieldeutiger, und seine Unklarheit zu steigern lag im Interesse aller jener mit dem Worte oft verfolgten praktischen Absichten, die theoretische Einsichten zu vertragen nicht vermochten. Unter der Emanzipiertheit einer Frau verstehe ich weder die Tatsache, daß in ihrem Hause sie das Regiment führt und der Gatte keinen Widerspruch mehr wagt, noch den Mut, ohne schützenden Begleiter zur Nachtzeit unsichere Gegenden zu passieren; weder ein Hinwegsetzen über konventionelle gesellschaftliche Formen, welche der Frau das Alleinleben fast verbieten, es nicht dulden, daß sie einem Manne einen Besuch abstatte, und die Berührung sexueller Themen durch sie selbst oder durch andere in ihrer Gegenwart verpönen; noch schließlich die Suche nach einem selbständigen Erwerb, sei als Mittel zu diesem nun die Handelsschule oder das Universitätsstudium, das Konservatorium oder die Lehrerinnenbildungsanstalt gewählt. Vielleicht gibt es noch weitere Dinge, die samt und sonders unter dem großen Schilde der Emanzipationsbewegung sich bergen, doch soll auf diese vorderhand nicht eingegangen werden. Die Emanzipation, die ich im Sinne habe, ist auch nicht der Wunsch nach der äußerlichen Gleichstellung mit dem Manne, sondern problematisch ist dem hier vorliegenden Versuche, zur Klarheit in der Frauenfrage zu gelangen, der Wille eines Weibes, dem Manne innerlich gleich zu werden, zu seiner geistigen und moralischen Freiheit, zu seinen Interessen und seiner Schaffenskraft zu gelangen. Und was nun behauptet wird, ist dies, daß W gar kein Bedürfnis und dementsprechend auch keine Fähigkeit zu dieser Emanzipation hat. Alle wirklich nach Emanzipation strebenden, alle mit einem gewissen Recht berühmten und geistig irgendwie hervorragenden Frauen weisen stets zahlreiche männliche Züge auf, und es sind an ihnen dem schärferen Blicke auch immer anatomisch-männliche Charaktere, ein körperlich dem Manne angenähertes Aussehen, erkennbar. Nur den vorgerückteren sexuellen Zwischenformen, man könnte beinahe schon sagen jenen sexuellen Mittelstufen, die gerade noch den »Weibern« beigezählt werden, entstammen jene Frauen der Vergangenheit wie der Gegenwart, die von männlichen und weiblichen Vorkämpfern der Emanzipationsbestrebungen zum Beweise für die großen Leistungen von Frauen immer mit Namen angeführt werden. Gleich die erste der geschichtlichen Abfolge nach, gleich Sappho ist konträrsexuell, ja von ihr schreibt sich die Bezeichnung eines geschlechtlichen Verhältnisses zwischen Frauen untereinander mit dem Namen der sapphischen oder lesbischen Liebe her. Hier sehen wir, wie uns die Erörterungen des dritten und vierten Kapitels zugute kommen für eine Entscheidung in der Frauenfrage. Das charakterologische Material, welches uns über die sogenannten »bedeutenden Frauen«, also über die de facto Emanzipierten, zu Gebote steht, ist zu dürftig, seine Interpretation zu vielem Widerspruche ausgesetzt, als daß wir uns seiner mit der Hoffnung bedienen könnten, eine zufriedenstellende Lösung zu geben. Wir entbehrten eines Prinzips, welches die Stellung eines Menschen zwischen M und W unzweideutig festzustellen gestattete. Ein solches Prinzip wurde gefunden in dem Gesetze der sexuellen Anziehung zwischen Mann und Weib. Seine Anwendung auf das Problem der Homosexualität ergab, daß die zur Frau sexuell hingezogene Frau eben ein halber Mann ist. Damit ist aber für den historischen Einzelnachweis der These, daß der Grad der Emanzipiertheit einer Frau mit dem Grade ihrer Männlichkeit identisch ist, so ziemlich alles gewonnen, dessen wir bedürfen. Denn Sappho leitet die Reihe jener Frauen, die auf der Liste weiblicher Berühmtheiten stehen und die zugleich homo- oder mindestens bisexuell empfanden, nur ein. Man hat Sappho von philologischer Seite sehr eifrig von dem Verdachte zu reinigen gesucht, daß sie wirkliche, das bloß Freundschaftliche übersteigende Liebesverhältnisse mit Frauen unterhalten habe, als ob dieser Vorwurf, wenn er gerechtfertigt wäre, eine

Frau sittlich sehr stark herabwürdigen müßte. Daß dem keineswegs so ist, daß eine homosexuelle Liebe gerade das Weib mehr ehrt als das heterosexuelle Verhältnis, das wird aus dem zweiten Teile noch klar hervorgehen. Hier genüge die Bemerkung, daß die Neigung zu lesbischer Liebe in einer Frau eben Ausfluß ihrer Männlichkeit, diese aber Bedingung ihres Höherstehens ist. Katharina II. von Rußland und die Königin Christine von Schweden, nach einer Angabe die hochbegabte taubstummblinde Laura Bridgman, sowie sicherlich die George Sand sind zum Teil bisexuell, zum Teil ausschließlich homosexuell, ebenso wie alle Frauen und Mädchen von auch nur einigermaßen in Betracht kommender Begabung, die ich selbst kennenzulernen Gelegenheit hatte.

Was nun aber jene große Zahl emanzipierter Weiber betrifft, über die keine Zeugnisse lesbischen Empfindens vorliegen, so verfügen wir hier fast immer über andere Indizien, welche beweisen, daß es keine willkürliche Behauptung und auch kein engherziger, für das männliche Geschlecht eben alles zu reklamieren gieriger, habsüchtiger Egoismus ist, wenn ich von der Männlichkeit aller Frauen spreche, die man sonst mit einigem Rechte für die höhere Befähigung des Weibes anführt. Denn wie die bisexuellen Frauen entweder mit männlichen Weibern oder mit weiblichen Männern in geschlechtlichem Verkehre stehen, so werden auch die heterosexuellen Frauen ihren Gehalt an Männlichkeit noch immer dadurch offenbaren, daß ihr sexuelles Komplement auf seiten der Männer nie ein echter Mann sein wird. Die berühmtesten unter den vielen »Verhältnissen« der George Sand sind das mit Musset, dem weibischesten Lyriker, den die Geschichte kennt, und mit Chopin, den man sogar als den einzigen weiblichen Musiker bezeichnen könnte – so weibisch ist er.[10] Vittoria Colonna ist weniger berühmt durch ihre eigene dichterische Produktion geworden als durch die Verehrung, die Michel Angelo für sie gehegt hat, der sonst nur zu Männern in erotischem Verhältnis gestanden ist. Die Schriftstellerin Dani-

---

10 Dies zeigt auch klar sein Bildnis. Mérimée nennt George Sand »maigre comme un clou«. Bei der ersten Begegnung beider ist »sie« offenbar Männchen und »er« ganz Weibchen gewesen: er errötet, als sie ihn fixiert und mit tiefer Stimme ihm Komplimente zu machen beginnt.

el Stern war die Geliebte desselben Franz Liszt, dessen Leben und Lebenswerk durchaus immer etwas Weibliches an sich hat, dessen Freundschaft für den auch nicht vollkommen männlichen und jedenfalls etwas päderastisch veranlagten Wagner fast ebensoviel Homosexualität in sich schloß wie die schwärmerische Verehrung, die dem letzteren von König Ludwig II. von Bayern entgegengebracht wurde. Von Mme. de Stael, deren Schrift über Deutschland vielleicht als das bedeutendste Buch von Frauenhand angesehen werden muß, ist es wahrscheinlich, daß sie in sexuellen Beziehungen zu dem homosexuellen Hauslehrer ihrer Kinder, zu August Wilhelm Schlegel, gestanden ist. Klara Schumanns Gatten würde man bloß dem Gesichte nach zu gewissen Zeiten seines Lebens eher für ein Weib halten, denn für einen Mann, und auch in seiner Musik ist viel, wenn auch nicht immer gleich viel, Weiblichkeit.

Wo alle Angaben über die Menschen fehlen, zu welchen eine sexuelle Beziehung bestand, oder solche Personen überhaupt nicht genannt werden, da ist oft reichlich Ersatz in kleinen Mitteilungen, die über das Äußere berühmter Frauen auf uns gelangt sind: sie zeigen, wie die Männlichkeit jener Frauen auch physiognomisch in Antlitz und Gestalt zum Ausdruck kommt, und bestätigen auf diese Weise, ebenso wie die von jenen Frauen erhaltenen Porträte, die Richtigkeit der hier vertretenen Anschauung. Es ist die Rede von George Eliots breiter, mächtiger Stirn: »ihre Bewegungen wie ihr Mienenspiel waren scharf und bestimmt, es fehlte ihnen aber die anmutige weibliche Weichheit«; von dem » scharfen, geistvollen Gesicht Lavinia Fontanas, das uns seltsam anmutet«. Die Züge der Rachel Ruysch »tragen einen Charakter von fast männlicher Bestimmtheit an sich«. Der Biograph der originellsten Dichterin, der Annette von Droste-Hülshoff, berichtet von ihrer »elfenhaft schlanken, zarten Gestalt«; und das Gesicht dieser Künstlerin ist von einem Ausdruck strenger Männlichkeit, der ganz entfernt an Dantes Züge erinnert. Die Schriftstellerin und Mathematikerin Sonja Kowalewska hatte, ebenso wie schon Sappho, einen abnorm geringen Haarwuchs des Kopfes, einen geringeren noch, als die Dichterinnen und Studentinnen von heutzutage ihn gewöhnlich haben, die sich regelmäßig, wenn die Frage nach den geistigen Leistungen des Weibes aufgeworfen wird, zuerst auf sie berufen. Und wer im Gesichte der hervorragendsten Malerin, der Rosa Bonheur, auch nur einen weiblichen Zug wahrzunehmen behauptete, der wäre durch den Klang des Namens in die Irre geführt. Sehr männlich von Ansehen ist auch die berühmte Helene Petrowna Blavatsky. Von den noch lebenden produktiven und emanzipierten Frauen habe ich mit Absicht keine erwähnt, sondern geschwiegen, obwohl sie mir, wie den Anreiz zu manchen der ausgesprochenen Gedanken, so auch die allgemeinste Bestätigung meiner Ansicht geliefert haben, daß das echte Weib, daß W mit der »Emanzipation des Weibes« nichts zu schaffen hat. Die historische Nachforschung muß dem Volksmund recht geben, der ihr Resultat längst vorweggenommen hat: »Je länger das Haar, desto kürzer der Verstand.« Dieses Wort trifft zu mit der im zweiten Kapitel gemachten Einschränkung.

Und was die emanzipierten Frauen anlangt: Nur der Mann in ihnen ist es, der sich emanzipieren will.

Es hat einen tieferen Grund, als man glaubt, warum die schriftstellernden Frauen so oft einen Männernamen annehmen; sie fühlen sich eben beinahe als Mann, und bei Personen wie George Sand entspricht dies völlig ihrer Neigung zu männlicher Kleidung und männlicher Beschäftigung. Das Motiv zur Wahl eines männlichen Pseudonyms muß in dem Gefühle liegen, daß nur ein solches der eigenen Natur korrespondiert; es kann nicht in dem Wunsche nach größerer Beachtung und Anerkennung von Seiten der Öffentlichkeit wurzeln. Denn was Frauen produzieren, hat seit jeher, infolge der damit verbundenen geschlechtlichen Pikanterie, mehr Aufmerksamkeit erregt als, ceteris paribus, die Schöpfungen von Männern, und ist, wegen der von Anfang an immer tiefer gestimmten Ansprüche, stets nachsichtiger behandelt, wenn es gut war, stets unvergleichlich höher gepriesen worden, als was Männer gleich Gutes geleistet hatten. So ist das besonders heutzutage, und es gelangen noch fortwährend Frauen durch Produkte zu großem Ansehen, von denen man kaum Notiz nehmen würde, wenn sie männlichen Ursprunges wären. Es ist Zeit, hier zu sondern und auszuscheiden. Man nehme nur zum Vergleiche die männlichen Schöpfungen, welche die Literatur-, Philosophie-, Wissenschafts- und Kunstgeschichte gelten läßt, und gebrauche diese als Maßstab: und man wird die immerhin nicht unbeträchtliche Zahl jener Frauen, die als bedeutende Geister immer wieder angeführt werden, gleich auf den ersten Schlag kläglich zusammenschrumpfen sehen. In der Tat gehört sehr viel Milde und Laxheit dazu, um Frauen wie Angelika Kaufmann oder Mme. Lebrun, Fernan Caballero oder Hroswitha von Gandersheim, Mary Somerville oder George Egerton, Elisabeth Barrett-Browning oder Sophie Germain, Anna Maria Schurmann oder Sibylla Merian auch nur ein Titelchen von Bedeutung beizulegen. Ich will davon nicht reden, wie sehr auch die früheren, als Beispiele der Viraginität genannten Frauen (z. B. die Droste-Hülshoff)im einzelnen immer überschätzt werden; ich will auch das Maß des Ruhmes nicht kritisieren, den die lebenden weiblichen Künstlerinnen geerntet haben. Es genüge die allgemeine Feststellung, daß keine einzige unter allen (selbst den männlichsten) Frauen der Geistesgeschichte auch nur mit männlichen Genien fünften und sechsten Ranges, wie ihn, um Beispiele anzuführen, etwa Rückert unter den Dichtern, van Dyck unter den Malern, Schleiermacher unter den Philosophen einnehmen, in concreto wahrhaft verglichen werden kann.

Scheiden wir die hysterischen Visionärinnen, wie die Sibyllen, die Pythien von Delphi, die Bourignon und die Klettenberg, Jeanne de la Mothe-Guyon, Johanna Southcott, Beate Sturmin, oder die heilige Therese vorderhand aus,[11] so bleiben nun noch Fälle wie die der Marie Bashkirtseff. Diese ist (soweit ich es nach der Erinnerung an ihr Bild zu sagen vermag) allerdings von ausgesprochen weiblichem Körperbau gewesen, bis auf die Stirn, die mir einen etwas männlichen Eindruck gemacht hat. Aber wer in der Salle des Etrangers im Pariser Luxembourg ihre Bilder neben denen des von ihr geliebten Bastien-Lepage hat hängen sehen, der weiß, daß sie den Stil desselben nicht anders und nicht minder vollkommen angenommen hat als Ottilie die Handschrift Eduards in Goethes »Wahlverwandtschaften«.

11 Hysterie ist eine Hauptursache der höheren Bestrebungen sehr...über soll der zweite Teil zu handeln versuchen (Kapitel 12).“

Den langen Rest bilden jene zahlreichen Fälle, wo ein allen Mitgliedern einer Familie eigentümliches Talent zufällig in einem weiblichen Mitgliede am stärksten hervortritt, ohne daß dieses im geringsten genial zu sein braucht. Denn nur das Talent wird vererbt, nicht das Genie. Margaretha van Eyck und Sabine von Steinbach geben hier nur das Paradigma ab für eine lange Reihe jener Künstlerinnen, von denen nach Ernst Guhl, einem den kunstübenden Frauen außerordentlich gewogenen Autor, »uns ausdrücklich überliefert wird, daß sie durch Vater, Mutter oder Bruder zur Kunst angeleitet worden sind, oder daß sie, mit anderen Worten, den Anlaß zum Künstlerberuf in der eigenen Familie gefunden haben. Es sind deren zweihundert bis dreihundert, und wie viele Hunderte mögen noch außerdem durch ganz ähnliche Einflüsse zu Künstlerinnen geworden sein, ohne daß die Geschichte deren Erwähnung tun konnte!« Um die Bedeutung dieser Zahlenangaben zu würdigen, muß man in Betracht ziehen, daß Guhl kurz vorher »von den beiläufig tausend Namen, die uns von weiblichen Künstlern bekannt sind«, spricht.

Hiemit sei die historische Revue über die emanzipierten Frauen zum Abschluß gebracht. Sie hat der Behauptung, daß echtes Emanzipationsbedürfnis und wahres Emanzipationsvermögen in der Frau Männlichkeit voraussetzt, recht gegeben. Denn die ungeheure Überzahl jener Frauen, die sicherlich nicht im geringsten der Kunst oder dem Wissen gelebt haben, bei denen diese Beschäftigung vielmehr an die Stelle der üblichen »Handarbeit« tritt und in dem ungestörten Idyll ihres Lebens nur einen Zeitvertreib bedeutet – und alle jene, denen gedankliche wie künstlerische Tätigkeit nur eine ungeheuer angespannte Koketterie vor mehr oder weniger bestimmten Personen männlichen Geschlechtes ist – diese beiden großen Gruppen durfte und mußte eine reinliche Betrachtung ausscheiden. Die übrig bleibenden erweisen sich dem näheren Zusehen insgesamt als sexuelle Zwischenformen.

Zeigt sich aber das Bedürfnis nach Befreiung und Gleichstellung mit dem Manne nur bei männlichen Frauen, so ist der Schluß per inductionem gerechtfertigt, daß W keinerlei Bedürfnis nach der Emanzipation empfindet, auch wenn einstweilen diese Folgerung, so wie es hier ausschließlich geschehen ist, nur aus der geschichtlichen Einzelbetrachtung und nicht aus einer Untersuchung der psychischen Eigenschaften von W selbst abgeleitet wird.

Stellen wir uns demnach auf den hygienischen (nicht ethischen) Standpunkt einer der natürlichen Anlage angemessensten Praxis, so würde sich das Urteil über die »Emanzipation des Weibes« so gestalten. Der Unsinn der Emanzipationsbestrebungen liegt in der Bewegung, in der Agitation. Durch diese vor allem verleitet, fangen, wenn von Motiven der Eitelkeit, des Männerfanges abgesehen wird, bei der großen imitatorischen Veranlagung der Frauen auch solche zu studieren, zu schreiben usw. an, die nie ein originäres Verlangen danach gehabt haben; denn da es eine große Anzahl von Frauen wirklich zu geben scheint, die aus einem gewissen inneren Bedürfnis heraus eine Emanzipation suchen, wird von diesen auf jene das Bildungsstreben induziert und so das Frauenstudium zur Mode, und eine lächerliche Agitation der Frauen unter sich läßt schließlich alle an die Echtheit dessen glauben, was der guten Hausfrau so oft nur Mittel zu Demonstrationszwecken gegen den Mann, der Tochter so oft nur eine ostentative Kundgebung gegen die mütterliche Gewalt ist. Das praktische Verhalten in der ganzen Frage hätte demnach, ohne daß diese Regel (schon ihres fließenden Charakters halber) zur Grundlage einer Gesetzgebung gemacht werden könnte und dürfte, folgendes zu sein: Freien Zulaß zu allem, kein Hindernis in den Weg derjenigen, deren wahre psychische Bedürfnisse sie, stets in Gemäßheit ihrer körperlichen Beschaffenheit, zu männlicher Beschäftigung treiben, für die Frauen mit männlichen Zügen. Aber weg mit der Partei bildung, weg mit der unwahren Revolutionierung, weg mit der ganzen Frauen bewegung , die in so vielen widernatürliches und künstliches, im Grunde verlogenes Streben schafft.

Und weg auch mit der abgeschmackten Phrase von der »völligen Gleichheit«! Selbst das männlichste Femininum hat wohl kaum je mehr als 50 Prozent an M und diesem Feingehalte dankt sie ja doch ihre ganze Bedeutung oder besser all das, was sie eventuell bedeuten könnte. Man darf keineswegs, wie dies nicht wenige intellektuelle Frauen zu tun scheinen, aus manchen (wie schon bemerkt, ohnedies nicht typischen) Einzelerfahrungen über den Mann, die sie zu sammeln Gelegenheit hatten, und aus denen ja nicht die Parität, sondern gar die Superiorität des weiblichen Geschlechtes hervorginge, allgemeine Folgerungen ziehen, sondern muß, wie Darwin dies vorschlug, die Spitzen hier und die Spitzen dort miteinander vergleichen. Aber »wenn je ein Verzeichnis der bedeutendsten Männer und Frauen auf dem Gebiete der Dichtkunst, Malerei, Bildhauerei, Musik, Geschichte, Naturwissenschaft und Philosophie hergestellt und unter jedem Gegenstand ein halbes Dutzend Namen verzeichnet würden, so könnten beide Listen nicht den Vergleich miteinander bestehen«. Erwägt man nun noch, daß die Personen auf der weiblichen Liste, genau besehen, auch nur wieder für die Männlichkeit des Genies Zeugnis ablegen würden, so ist zu erwarten, daß die Lust der Frauenrechtlerinnen, die Zusammenstellung eines solchen Verzeichnisses zu wagen, noch geringer werden dürfte, als sie bisher es gewesen ist.

Der übliche Einwurf, der auch jetzt erhoben werden wird, lautet dahin, daß die Geschichte nichts beweise, da die Bewegung erst Raum schaffen müsse für eine ungehemmte, volle geistige Entwicklung der Frau. Dieser Einwand verkennt, daß es emanzipierte Frauen, eine Frauenfrage, eine Frauenbewegung zu allen Zeiten gegeben hat, wenn auch in den verschiedenen Epochen mit verschiedener Lebhaftigkeit; er übertreibt immens die Schwierigkeiten, welche den nach geistiger Bildung strebenden Frauen von seiten des Mannes irgendwann gemacht wurden, und auch angeblich gerade jetzt wieder bereitet werden;[12] er übersieht schließlich wiederum, daß auch heute nicht das wirkliche Weib die Forderung der Emanzipation erhebt, sondern daß dies durchweg nur männlichere Frauen tun, die ihre eigene Natur mißdeuten und die Motive ihres Handelns nicht einsehen, wenn sie im Namen des Weibes zu sprechen glauben.

---

12   Es hat übrigens viele gänzlich ungelehrte große Künst...von Eschenbach), aber keine diesen vergleichbare Künstlerin.

Wie jede andere Bewegung der Geschichte, so war auch die Frauenbewegung überzeugt, daß sie erstmalig, neu, noch nie dagewesen sei; ihre Vorkämpferinnen lehrten, daß bislang das Weib in Finsternis geschmachtet habe und in Fesseln gelegen sei, während es nun erst sein natürliches Recht zu begreifen und zu beanspruchen beginne. Wie für jede andere geschichtliche Bewegung, so hat man aber auch für die Frauenbewegung Analogien weiter und weiter zurück verfolgen können; nicht nur in sozialer Beziehung gab es im Altertum und im Mittelalter eine Frauenfrage, sondern auch für die geistige Emanzipation waren zu längst entschwundenen Zeiten produktive Frauen durch ihre Leistungen selbst, und außerdem männliche und weibliche Apologeten des weiblichen Geschlechtes durch theoretische Darlegungen tätig. So ist denn jener Glaube ganz irrig, der dem Kampfe der Frauenrechtlerinnen so viel Eifer und Frische verliehen hat, der Glaube, daß bis auf die letzten Jahre die Frauen noch nie Gelegenheit zur ungestörten Entfaltung ihrer geistigen Entwicklungsmöglichkeiten gehabt hätten. Jakob Burckhardt erzählt von der Renaissance: »Das Ruhmvollste, was damals von den großen Italienerinnen gesagt wird, ist, daß sie einen männlichen Geist, ein männliches Gemüt hätten. Man braucht nur die völlig männliche Haltung der meisten Weiber in den Heldengedichten, zumal bei Bojardo und Ariosto, zu beachten, um zu wissen, daß es sich hier um ein bestimmtes Ideal handelt. Der Titel einer ›Virago‹, den unser Jahrhundert für ein sehr zweideutiges Kompliment hält, war damals reiner Ruhm.« Im XVI. Jahrhundert wurde den Frauen die Bühne freigegeben, es sah die ersten Schauspielerinnen. »Zu jener Zeit wurde die Frau für fähig gehalten, gleich den Männern das höchste Maß von Bildung zu erreichen.« Es ist die Zeit, da ein Panegyrikus nach dem anderen auf das weibliche Geschlecht erscheint, Thomas Morus seine völlige Gleichstellung mit dem männlichen verlangt, und Agrippa von Nettesheim die Frauen sogar hoch über die Männer erhebt. Und jene großen Erfolge des weiblichen Geschlechtes wurden wieder verloren, die ganze Zeit tauchte unter in eine Vergessenheit, aus der sie erst das XIX. Jahrhundert wieder hervorholte.

Ist es nicht sehr auffallend, daß die Frauenemanzipationsbestrebungen in der Weltgeschichte in konstanten Intervallen, in gewissen sich gleichbleibenden zeitlichen Abständen aufzutreten scheinen?

Im X. Jahrhundert, im XV. und XVI. und jetzt wieder im XIX. und XX. hat es allem Ermessen nach viel mehr emanzipierte Weiber und eine stärkere Frauenbewegung gegeben als in den dazwischenliegenden Zeiten. Es wäre voreilig, hierauf schon eine Hypothese zu gründen, doch muß man immerhin die Möglichkeit ins Auge fassen, daß hier eine gewaltige Periodizität vorliegt, vermöge deren in regelmäßigen Phasen mehr Zwittergeburten, mehr Zwischenformen auf die Welt kommen als in den Intervallen. Bei Tieren sind solche Perioden in verwandten Dingen beobachtet worden.

Es wären das unserer Anschauung gemäß Zeiten von minderem Gonochorismus; und es würde die Tatsache, daß zu gewissen Zeiten mehr männliche Weiber geboren werden als sonst, als Pendant auf der Gegenseite verlangen, daß in der gleichen Zeit auch mehr weibliche Männer auf die Welt gebracht werden. Und dies sehen wir in überraschendem Maße ebenfalls zutreffen. Der ganze »sezessionistische Geschmack«, der den großen, schlanken Frauen mit flachen Brüsten und schmalen Hüften den Preis der Schönheit zuerkennt, ist vielleicht hierauf zurückzuführen. Die ungeheure Vermehrung des Stutzertums wie der Homosexualität in den letzten Jahren kann ihren Grund nur in einer größeren Weiblichkeit der jetzigen Ära haben. Und nicht ohne tiefere Ursache sucht der ästhetische wie der sexuelle Geschmack dieses Zeitalters Anlehnung bei dem der Präraphaeliten.

Wofern es im organischen Leben solche Perioden gibt, die den Oszillationen im Leben des einzelnen gleichen, aber sich über mehrere Generationen hinweg erstrecken, so eröffnet uns dies eine weitere Aussicht auf das Verständnis so mancher dunkler Punkte auch in der menschlichen Geschichte, als es die prätentiösen »Geschichtsauffassungen«, die sich in der jüngsten Zeit so gehäuft haben, insbesondere die ökonomisch-materialistische Ansicht, anzubahnen vermocht haben. Sicherlich ist von einer biologischen Betrachtung auch der menschlichen Geschichte noch unendlich viel Aufschluß in der Zukunft zu erwarten. Hier soll nur die Nutzanwendung auf den vorliegenden Fall gesucht werden.

Wenn es richtig ist, daß zu gewissen Zeiten mehr, zu anderen weniger hermaphroditische Menschen geboren werden, so wäre als die Folge dessen vorauszusehen, daß die Frauenbewegung größtenteils von selbst sich wieder verlaufen und nach längerer Zeit erst wieder zum Vorschein kommen würde, um wieder unter- und emporzutauchen in einem Rhythmus ohne Ende. Es würden eben die Frauen, die sich selbst emanzipieren wollten, bald in größerer, bald in weit geringerer Anzahl geboren werden.

Von den ökonomischen Verhältnissen, welche auch die sehr weibliche Frau des kinderreichen Proletariers in die Fabrik oder zur Bauarbeit drängen können, ist hier natürlich nicht die Rede. Der Zusammenhang der industriellen und gewerblichen Entwicklung mit der Frauenfrage ist viel lockerer, als er, besonders von sozialdemokratischen Theoretikern, gewöhnlich hingestellt wird, und noch viel weniger besteht ein enger ursächlicher Konnex zwischen den Bestrebungen, die auf die geistige, und jenen, die auf die wirtschaftliche Konkurrenzfähigkeit gerichtet sind. In Frankreich z. B. ist es, obwohl es drei der hervorragendsten Frauen hervorgebracht hat, niemals einer Frauen bewegung recht eigentlich gelungen, Wurzel zu fassen, und doch sind in keinem Lande Europas so viele Frauen selbständig geschäftlich tätig als eben dort. Der Kampf um das materielle Auskommen hat also mit dem Kampfe, um einen geistigen Lebensinhalt, wenn wirklich von seiten einer Gruppe von Frauen ein solcher geführt wird, nichts zu tun und ist scharf von ihm zu scheiden.

Die Prognose, welche dieser letzteren Bewegung, der auf dem geistigen Gebiete, gestellt wurde, war keine erfreuliche; sie ist wohl noch trostloser als die Aussicht, die man ihr auf den Weg mitgeben könnte, wenn mit einigen Autoren eine fortschreitende Entwicklung des Menschengeschlechtes zu völliger sexueller Differenzierung, also einem ausgesprochenen Geschlechts-Dimorphismus entgegen, anzunehmen wäre.

Die letztere Meinung scheint mir aus dem Grunde unhaltbar, weil im Tierreich durchaus nicht eine mit der höheren systematischen Stellung zunehmende Geschlechtertrennung sich verfolgen läßt. Gewisse Gephyreen und Rotatorien, viele Vögel, ja selbst unter den Affen noch der Mandrill tun einen viel stärkeren Gonochorismus kund, als er beim Menschen, vom morphologischen Standpunkte aus, sich beobachten läßt. Während aber diese Vermutung eine Zeit voraussagt, wo wenigstens das Bedürfnis nach der Emanzipation für immer erloschen sein und es nur mehr komplette Maskulina und komplette Feminina geben würde, verurteilt die Annahme einer periodischen Wiederkehr der Frauenbewegung das ganze Streben der Frauenrechtlerinnen in grausamster Weise zu einer schmerzlichen Ohnmacht, es läßt ihr gesamtes Tun unter dem Aspekte einer Danaidenarbeit erscheinen, deren Erfolge mit der fortschreitenden Zeit wieder von selbst in das gleiche Nichts zerrinnen.

Dieses trübe Los könnte der Emanzipation der Frauen gefallen sein, wenn diese immer weiter ihre Ziele nur im Sozialen, in der historischen Zukunft der Gattung suchte und ihre Feinde blind unter den Männern und in den von Männern geschaffenen rechtlichen Institutionen wähnte. Dann freilich müßte das Korps der Amazonen formiert werden, und es wäre nie ein Dauerndes gewonnen, wenn jenes geraume Zeit nach seiner Bildung immer wieder sich auflöste. Insofern bietet die Frauenbewegung der Renaissance und ihr spurloses Verschwinden den Frauenrechtlerinnen eine Lehre. Die wahre Befreiung des Geistes kann nicht von einem noch so großen und noch so wilden Heere gesucht werden, um sie muß das einzelne Individuum für sich allein kämpfen. Gegen wen? Gegen das, was im eigenen Gemüte sich dawiderstemmt. Der größte, der einzige Feind der Emanzipation der Frau ist die Frau.

Dies zu beweisen, ist Aufgabe des zweiten Teiles.

Zweiter oder Hauptteil.

Die sexuellen Typen.

I. Kapitel. Mann und Weib

Bisexualität und Unisexualität. Man ist Mann oder Weib. Das Problematische in diesem Sein und die Hauptschwierigkeit der Charakterologie. Das Experiment, die Empfindungsanalyse und die Psychologie. Dilthey. Begriff des empirischen Charakters. Ziel und Nicht-Ziel der Psychologie. Charakter und Individualität. Problem der Charakterologie und Problem der Geschlechter.

»All that a man does is physiognomical of him.«

Carlyle.

Freie Bahn für die Erforschung alles wirklichen Geschlechtsgegensatzes ist durch die Erkenntnis geschaffen, daß Mann und Weib nur als Typen zu erfassen sind, und die verwirrende Wirklichkeit, welche den bekannten Kontroversen immer neue Nahrung bieten wird, allein durch ein Mischungsverhältnis aus jenen zwei Typen sich nachbilden läßt. Die einzig realen sexuellen Zwischenformen hat der erste Teil dieser Untersuchung behandelt, und zwar, wie nun hervorgehoben werden muß, nach einem etwas schematisierenden Verfahren. Die Rücksichtnahme auf die allgemein biologische Geltung der entwickelten Prinzipien führte das dort mit sich. Jetzt, da, noch viel ausschließlicher als bisher, der Mensch das Objekt der Betrachtung werden soll und die psychophysiologischen Zuordnungen der introspektiven Analyse zu weichen sich anschicken, bedarf der universelle Anspruch des Prinzips der sexuellen Zwischenstufen einer gewichtigen Restriktion.

Bei Pflanzen und Tieren ist das Vorkommen des echten Hermaphroditismus eine gegen jeden Zweifel erhärtete Tatsache. Aber selbst bei den Tieren scheint oft das Zwittertum mehr eine Juxtaposition der männlichen und weiblichen Keimdrüse in einem Individuum als ein Ausgeglichensein beider Geschlechter in demselben, eher ein Zusammensein beider Extreme denn einen gänzlich neutralen Zustand in der Mitte zwischen denselben zu bedeuten. Vom Menschen jedoch läßt sich psychologisch mit vollster Bestimmtheit behaupten, daß er, zunächst wenigstens in einer und derselben Zeit, notwendig entweder Mann oder Weib sein muß. Damit steht nicht nur im Einklang, daß fast alles, was sich für ein Maskulinum oder Femininum schlechtweg hält, auch sein Komplement für »das Weib« oder »den Mann« schlechthin ansieht.[13] Es wird jene Unisexualität am stärksten erwiesen durch die in ihrer theoretischen Wichtigkeit kaum zu überschätzende Tatsache, daß auch im Verhältnisse zweier homosexueller Menschen zueinander immer der eine die körperliche und psychische Rolle des Mannes übernimmt, im Falle längeren Verkehres auch seinen männlichen Vornamen behält oder einen solchen annimmt, während der andere die des Weibes spielt, seinen weiblichen Vornamen entweder bewahrt oder einen solchen sich gibt oder noch öfter – dies ist bezeichnend genug – ihn vom anderen erhält.

Also es füllt in den sexuellen Relationen zweier Lesbierinnen oder zweier Urninge immer die eine Person die männliche, die zweite die weibliche Funktion aus, und dies ist von größter Bedeutung. Das Verhältnis Mann-Weib erweist sich hier als fundamental an der entscheidenden Stelle, als etwas, worüber nicht hinauszukommen ist.

Trotz allen sexuellen Zwischenformen ist der Mensch am Ende doch eines von beiden, entweder Mann oder Weib. Auch in dieser ältesten empirischen Dualität steckt (nicht bloß anatomisch und keineswegs im konkreten Falle in regelmäßiger genauer Übereinstimmung mit dem morphologischen Befunde) eine tiefe Wahrheit, die sich nicht ungestraft vernachlässigen läßt.

---

13 Auf den Anblick einer bisexuell funktionierenden Schauspiele... jeder Dichter Verschiedenes und doch ein Gleiches besungen.

Hiemit scheint nun ein Schritt gemacht, der von der größten Tragweite ist, und allem Ferneren so segensreich wie verhängnisvoll werden kann. Es ist mit einer solchen Anschauung ein Sein statuiert. Die Bedeutung dieses Seins zu erforschen ist freilich eben die Aufgabe, welche der ganzen folgenden Untersuchung anheimfällt. Da aber mit diesem problematischen Sein an die Hauptschwierigkeit der Charakterologie unmittelbar gerührt ist, wird es gut sein, ehe daß eine solche Arbeit in naiver Kühnheit begonnen werde, über dieses heikelste Problem, an dessen Schwelle aller Wagemut bereits stockt, eine kurze Orientierung zu versuchen.

Die Hemmnisse, mit denen jedes charakterologische Unternehmen zu kämpfen hat, sind allein schon wegen der Kompliziertheit des Stoffes enorme. Oft und oft ereignet es sich, daß der Weg, den man durch das Waldesdickicht bereits gefunden zu haben glaubt, sich verliert im undurchdringlichen Gestrüppe, der Faden nicht mehr herauszulösen ist aus der unendlichen Verfilzung. Das schlimmste aber ist, daß betreffs der Methode einer systematischen Darstellung des wirklich entwundenen Stoffes, anläßlich der prinzipiellen Deutung auch erfolgreicher Anfänge, sich wieder und wieder die ernstesten Bedenken erheben und gerade der Typisierung sich entgegentürmen. In dem Falle des Geschlechtsgegensatzes z. B. erwies sich bis jetzt die Annahme einer Art Polarität der Extreme und unzähliger Abstufungen zwischen denselben als die einzig brauchbare. Es scheint so auch in den meisten übrigen charakterologischen Dingen – auf einige komme ich selbst noch zu sprechen – etwas wie Polarität zu geben (was schon der Pythagoreer Alkmaion von Kroton geahnt hat); und vielleicht wird auf diesem Gebiete die Schellingsche Naturphilosophie noch ganz andere Genugtuungen erleben als die Auferstehung, welche ein physikalischer Chemiker unserer Tage ihr bereitet zu haben vermeint.

Aber ist die Hoffnung berechtigt, durch die Festlegung des Individuums auf einem bestimmten Punkte in den Verbindungslinien je zweier Extreme, ja durch unendliche Häufung dieser Verbindungslinien, durch ein unendlich viele Dimensionen zählendes Koordinatensystem das Individuum selbst je zu erschöpfen? Verfallen wir nicht, nur auf einem konkreteren Gebiete, bereits in die dogmatische Skepsis der Mach-Humeschen Ich-Analyse zurück, wenn wir die vollständige Beschreibung des menschlichen Individuums in Form eines Rezeptes erwarten? Und führt uns da nicht eine Art Weismannscher Determinanten-Atomistik zu einer Mosaik-Psychognomik, nachdem wir uns von der »Mosaik-Psychologie« eben erst zu erholen beginnen?

In neuer Fassung stehen wir hier vor dem alten und, wie sich zeigt, noch immer lebendig zähen Grundproblem: Gibt es ein einheitliches und einfaches Sein im Menschen, und wie verhält es sich zu der zweifellos neben ihm bestehenden Vielheit? Gibt es eine Psyche? Und wie verhält sich die Psyche zu den psychischen Erscheinungen? Man begreift nun, warum es noch immer keine Charakterologie gibt: Das Objekt dieser Wissenschaft, der Charakter, ist seiner Existenz nach selbst problematisch. Das Problem aller Metaphysik und Erkenntnistheorie, die höchste Prinzipienfrage der Psychologie, ist auch das Problem der Charakterologie, das Problem »vor aller Charakterologie, die als Wissenschaft wird auftreten können«. Wenigstens aller erkenntniskritisch über ihre Voraussetzungen, Ansprüche und Ziele unterrichteten und aller über Unterschiede im Wesen der Menschen Belehrung erstrebenden Charakterologie.

Diese, sei's drum, unbescheidene Charakterologie will mehr sein als jene »Psychologie der individuellen Differenzen«, deren erneute Aufstellung als eines Zieles der psychologischen Wissenschaft durch L. William Stern darum doch eine sehr verdienstvolle Tat war; sie will mehr bieten als ein Nationale der motorischen und sensorischen Reaktionen eines Individuums, und darum soll sie nicht gleich zu dem Tiefstand der übrigen modernen psychologischen Experimentalforschung herabsinken, als welche sie ja nur eine sonderbare Kombination von statistischem Seminar und physikalischem Praktikum vorstellt. So hofft sie mit der reichen seelischen Wirklichkeit, aus deren völligem Vergessen das Selbstbewußtsein der Hebel- und Schraubenpsychologie einzig erklärt werden kann, in einem herzlichen Kontakte zu bleiben und fürchtet nicht, die Erwartungen des nach Aufklärung über sich selbst dürstenden Studenten der

Psychologie durch Untersuchungen über das Lernen einsilbiger Worte und den Einfluß kleiner Kaffeedosen auf das Addieren befriedigen zu müssen. So traurig es als Zeichen der übrigens allgemein dumpf empfundenen prinzipiellen Unzulänglichkeit der modernen psychologischen Arbeit ist, so begreiflich ist es doch, wenn angesehene Gelehrte, die sich unter einer Psychologie mehr vorgestellt haben als eine Empfindungs- und Assoziationslehre, vor der herrschenden Öde zu der Überzeugung gelangen, Probleme wie das Heldentum oder die Selbstaufopferung, den Wahnsinn oder das Verbrechen müsse die reflektierende Wissenschaft auf ewig der Kunst, als dem einzigen Organe ihres Verständnisses, überlassen und jede Hoffnung aufgeben, nicht sie besser zu verstehen als jene (das wäre vermessen einem Shakespeare oder Dostojewskij gegenüber), wohl aber, sie ihrerseits auch nur systematisch zu begreifen.

Keine Wissenschaft muß, wenn sie unphilosophisch wird, so schnell verflachen wie die Psychologie. Die Emanzipation von der Philosophie ist der wahre Grund des Verfalles der Psychologie. Gewiß nicht in ihren Voraussetzungen, aber in ihren Endabsichten hätte die Psychologie philosophisch bleiben sollen. Sie wäre dann zunächst zu der Einsicht gelangt, daß die Lehre von den Sinnesempfindungen mit der Psychologie direkt überhaupt nichts zu tun hat. Die empirischen Psychologien von heutzutage gehen von den Tast- und Gemeinempfindungen aus, um mit der »Entwicklung eines sittlichen Charakters« zu endigen. Die Analyse der Empfindungen gehört aber zur Physiologie der Sinne, jeder Versuch, ihre Spezialprobleme in eine tiefere Beziehung zu dem übrigen Inhalte der Psychologie zu bringen, muß mißlingen.

Es ist das Unglück der wissenschaftlichen Psychologie gewesen, daß sie von zwei Physikern, von Fechner und von Helmholtz, am nachhaltigsten sich hat beeinflussen lassen und so verkennen konnte, daß sich zwar die äußere, aber nicht so auch die innere Welt aus baren Empfindungen zusammensetzt. Die zwei feinsinnigsten unter den empirischen Psychologen der letzten Jahrzehnte, William James und Richard Avenarius, sind denn auch die beiden einzigen, die wenigstens instinktiv gefühlt haben, daß man die Psychologie nicht mit dem Hautsinn und Muskelsinn anfangen dürfe, während alle übrige moderne Psychologie mehr oder minder Empfindungskleister ist. Hier liegt der von Di1they nicht scharf genug bezeichnete Grund dafür, daß die heutige Psychologie zu den Problemen, die man als eminent psychologische sonst zu bezeichnen gewohnt ist, zur Analyse des Mordes, der Freundschaft, der Einsamkeit usw., gar nicht gelangt, ja – hier verfängt nicht die alte Berufung auf ihre große Jugend – zu ihnen gar nicht gelangen kann, da sie in einer ganz anderen Richtung sich bewegt, als in einer, die sie am Ende doch dahin führen könnte. Darum hat die Losung des Kampfes um eine psychologische Psychologie in erster Linie zu sein: Hinaus mit der Empfindungslehre aus der Psychologie!

Das Unternehmen einer Charakterologie in dem oben bezeichneten weiteren und tieferen Sinne involviert vor allem den Begriff des Charakters selbst, als den Begriff eines konstanten einheitlichen Seins. Wie die schon im 5. Kapitel des I. Teiles zum Vergleich herangezogene Morphologie die bei allem physiologischen Wechsel gleichbleibende Form des Organischen behandelt, so setzt die Charakterologie als ihren Gegenstand ein Gleichbleibendes im psychischen Leben voraus, das in jeder seelischen Lebensäußerung in analoger Weise nachweisbar sein muß, und ist so vor allem jener »Aktualitätstheorie« vom Psychischen entgegengesetzt, die ein Bleibendes schon darum nicht anerkennen mag, weil sie auf jener empfindungsatomistischen Grundanschauung beruht.

Der Charakter ist danach nicht etwas hinter dem Denken und Fühlen des Individuums Thronendes, sondern etwas, das sich in jedem Gedanken und jedem Gefühle desselben offenbart. »Alles, was ein Mensch tut, ist physiognomisch für ihn.« Wie jede Zelle die Eigenschaften des ganzen Individuums in sich birgt, so enthält jede psychische Regung eines Menschen, nicht bloß einzelne wenige »Charakterzüge«, sein ganzes Wesen, von dem nur im einen Momente diese, im anderen jene Eigentümlichkeit mehr hervortritt.

Wie es weiter gar keine isolierte Empfindung gibt, sondern stets ein Blick feld und ein Empfindungsganzes da ist, als das dem Subjekte gegenüberstehende Objekt, als die Welt des Ichs, von welcher nur einmal der eine, ein anderes Mal der andere Gegenstand sich deutlicher abhebt; wie man weiter nie »Vorstellungen« assoziiert, sondern nur Momente des eigenen Lebens, verschiedene, mannigfach erfüllte Bewußtseinszustände aus seiner Vergangenheit (jeden wieder mit einem Fixationspunkt im Blickfelde): so steckt in jedem Augenblicke des psychischen Lebens der ganze Mensch, und es fällt nur in jeder Zeiteinheit der Akzent auf einen anderen Punkt seines Wesens. Dieses überall in dem psychischen Zustande jedes Augenblickes nachweisbare Sein ist das Objekt der Charakterologie. So würde diese erst die notwendige Ergänzung der bisherigen empirischen Psychologie bilden, die, in merkwürdigem Gegensatze zu ihrem Namen einer Psycho logie, bisher fast ausschließlich den Wechsel im Empfindungsfelde, die Buntheit der Welt, in Betracht gezogen und den Reichtum des Ich ganz vernachlässigt hat. Damit könnte sie auf die allgemeine Psychologie als die Lehre von dem Ganzen, das aus der Kompliziertheit des Subjektes und der Kompliziertheit des Objektes resultiert (die beide aus diesem Ganzen nur durch eine eigentümliche Abstraktion isoliert werden konnten), befruchtend und regenerierend wirken. So manche Streitfragen der Psychologie – vielleicht sind es gerade die prinzipiellsten Fragen – vermag überhaupt nur eine charakterologische Betrachtung zur Entscheidung zu bringen, indem sie zeigt, warum der eine diese, der andere jene Meinung verficht, darlegt, weshalb sie differieren, wenn sie über das gleiche Thema sprechen: daß sie über denselben Vorgang und denselben psychischen Prozeß aus keinem anderen Grunde verschiedener Ansicht sind, als weil dieser bei jedem die individuelle Färbung, die Note seines Charakters erhalten hat. So ermöglicht gerade die psychologische Differenzenlehre erst die Einigung auf dem Gebiete der Allgemeinpsychologie.

Das formale Ich wäre das letzte Problem der dynamischen, das material erfüllte Ich das letzte Problem der statischen Psychologie. Indessen wird ja bezweifelt, daß es überhaupt Charakter gibt; oder wenigstens sollte das vom konsequenten Positivismus im Sinne von Hume, Mach, Avenarius geleugnet werden. Es ist danach leicht begreiflich, warum es noch keine Charakterologie gibt als Lehre vom bestimmten Charakter.

Dia Verquickung der Charakterologie mit der Seelenlehre ist aber ihre schlimmste Schädigung gewesen. Daß die Charakterologie historisch mit dem Schicksal des Ichbegriffs verknüpft worden ist, gibt allein noch kein Recht, sie sachlich an dasselbe zu binden. Der absolute Skeptiker unterscheidet sich durch nichts als durch ein Wort mehr vom absoluten Dogmatiker. Aber nur wer dogmatisch sich auf den Standpunkt des absoluten Phänomenalismus stellt und glaubt, dieser allein enthebe aller Beweislasten, die, schon mit seiner Betretung, von selbst allen anderen Standpunkten aufgebürdet seien, der wird das Sein, das die Charakterologie behauptet, und das noch durchaus nicht mit einer metaphysischen Essenz identisch ist, ohne weiteres abweisen.

Die Charakterologie hat sich gegen zwei schlimme Feinde zu halten. Der eine nimmt den Charakter als gegeben und leugnet, daß, ebenso wie die künstlerische Darstellung, die Wissenschaft sich seiner bemächtigen könne. Der andere nimmt die Empfindungen als das allein Wirkliche an, Realität und Empfindung sind ihm eins geworden, die Empfindung ist ihm der Baustein der Welt wie des Ich, und für diesen gibt es keinen Charakter. Was soll nun die Charakterologie, die Wissenschaft vom Charakter? »De individuo nulla scientia«, »Individuum est ineffabile«, so tönt es ihr von der einen Seite entgegen, die am Individuum festhält; von der anderen, die auf die Wissenschaftlichkeit allein eingeschworen ist und nicht »die Kunst als Organ des Lebensverständnisses« sich gerettet hat, muß sie es wieder und wieder vernehmen, daß die Wissenschaft nichts wisse vom Charakter.

Zwischen solchem Kreuzfeuer hätte die Charakterologie sich zu behaupten. Und wen wandelt da nicht Furcht an, daß sie das Los ihrer Schwestern teilen, eine ewig unerfüllte Verheißung bleiben werde wie die Physiognomik, eine divinatorische Kunst wie die Graphologie?

Auch diese Frage ist eine, welche die späteren Kapitel zu beantworten werden suchen müssen. Das Sein, welches die Charakterologie behauptet, ist seiner einfachen oder mehrfachen Bedeutung nach von ihnen zu untersuchen. Warum diese Frage ganz allgemein gerade mit der Frage nach dem psychischen Unterschiede der Geschlechter so innig sich berührt, das freilich wird erst aus ihren letzten Resultaten sichtbar hervorgehen.

II. Kapitel. Männliche und weibliche Sexualität

Problem einer weiblichen Psychologie. Der Mann als Psychologe des Weibes. Unterschiede im »Geschlechtstrieb«. Im »Kontrektations-« und »Detumeszenztrieb«. Intensität und Aktivität. Sexuelle Irritabilität der Frau. Größere Breite des Sexuallebens bei W. Geschlechtliche Unterschiede im Empfinden der Geschlechtlichkeit. Örtliche und zeitliche Abhebung der männlichen Sexualität. Unterschiede im Bewußtseinsgrade der Sexualität.

»Die Frau verrät ihr Geheimnis nicht.«

Kant.

»Mulier taceat de muliere.«

Nietzsche.

Unter Psychologie überhaupt ist gewöhnlich die Psychologie der Psychologen zu verstehen, und die Psychologen sind ausschließlich Männer: noch hat man, seit Menschen Geschichte aufzeichnen, nicht von einem weiblichen Psychologen gehört. Aus diesem Grunde bildet die Psychologie des Weibes ein Kapitel, welches der Allgemeinpsychologie nicht anders angehängt wird als die Psychologie des Kindes. Und da die Psychologie von Männern in regelmäßiger, aber wohl kaum bewußter ausschließlicher Berücksichtigung des Mannes geschrieben wird, ist die Allgemeinpsychologie Psychologie der »Männer« geworden, und wird das Problem einer Psychologie der Geschlechter immer dann erst aufgeworfen, wenn der Gedanke an eine Psychologie des Weibes auftaucht. So sagt Kant: »In der Anthropologie ist die weibliche Eigentümlichkeit mehr als die männliche ein Studium für den Philosophen.« Die Psychologie der Geschlechter wird sich immer decken mit der Psychologie von W.

Die Psychologie von W jedoch wird ebenfalls nur von Männern geschrieben. Man kann also mit Leichtigkeit sich auf den Standpunkt stellen, daß, sie wirklich zu schreiben, ein Ding der Unmöglichkeit sei, da sie Behauptungen über fremde Menschen aufstellen müsse, die keine Verifikation durch deren eigene Beobachtung ihrer selbst erhalten haben. Gesetzt, W könnte sich selbst je mit der erforderlichen Schärfe beschreiben, so ist damit noch nicht ausgemacht, ob sie den Dingen, die uns hauptsächlich interessieren, dasselbe Interesse entgegenbrächte; ja, und wenn sie selbst noch so genau sich erkennen könnte und wollte – setzen wir den Fall –, so fragt sich's noch immer, ob sie je dazu bewogen werden könnte, über sich zu reden. Es wird sich im Laufe der Untersuchung herausstellen, daß diese drei Unwahrscheinlichkeiten auf eine gemeinsame Quelle in der Natur des Weibes zurückweisen.

Diese Untersuchung kann demnach nur in dem Anspruch unternommen werden, daß jemand, ohne selbst Weib zu sein, über das Weib richtige Aussagen zu machen imstande sei. Es bleibt also jener erste Einwand einstweilen bestehen, und da seine Widerlegung erst viel später erfolgen kann, hilft es nichts, wir müssen uns über ihn hinwegsetzen. Nur so viel will ich bemerken. Noch hat nie – ist auch dies nur eine Folge der Unterdrückung durch den Mann? – beispielsweise eine schwangere Frau ihre Empfindungen und Gefühle irgendwie, sei es in einem Gedichte, sei es in Memoiren, sei es in einer gynäkologischen Abhandlung, zum Ausdruck gebracht; und Folge einer übergroßen Schamhaftigkeit kann das nicht sein, denn – Schopenhauer hat hierauf mit Recht hingewiesen – es gibt nichts, was einer schwangeren Frau so fern läge wie die Scham über ihren Zustand. Außerdem bestünde ja an sich die Möglichkeit, nach dem Ende der Schwangerschaft aus der Erinnerung über das psychische Leben zu jener Zeit zu beichten; wenn dennoch das Schamgefühl damals von Mitteilung zurückgehalten hätte, so entfiele ja nachher dieses Motiv, und das Interesse, das solchen Eröffnungen von vielen Seiten entgegengebracht würde, wäre für viele wohl sonst Grund genug, das Schweigen zu brechen. Aber nichts von alledem! Wie wir stets nur Männern wirklich wertvolle Enthüllungen über die psychischen Vorgänge im Weibe danken, so haben auch hier bloß Männer die Empfindungen der schwangeren Frau geschildert. Wie vermochten sie das?

Wenn auch in jüngster Zeit die Aussagen von Dreiviertel- und Halbweibern über ihr psychisches Leben sich mehren, so erzählen diese doch mehr von dem Manne als von dem eigentlichen Weibe in ihnen. Wir bleiben demnach nur auf eines angewiesen: auf das, was in den Männern selbst Weibliches ist. Das Prinzip der sexuellen Zwischenformen erweist sich hier in gewissem Sinne als die Voraussetzung jedes wahren Urteils eines Mannes über die Frau. Doch wird sich später die Notwendigkeit einer Beschränkung und Ergänzung dieser Bedeutung des Prinzips ergeben. Denn es ohne weiteres anwenden, müßte dazu führen, daß der weiblichste Mann das Weib am besten zu beschreiben in der Lage sei, und konsequent würde daraus weiter folgen, daß das echte Weib sich selbst am besten durchschauen könne, was ja eben sehr in Zweifel gezogen wurde. Wir werden also schon hier darauf aufmerksam, daß ein Mann Weibliches in bestimmtem Maße in sich haben kann, ohne darum in gleichem Grade schon eine sexuelle Zwischenform darzustellen. Um so merkwürdiger erscheint es, daß der Mann gültige Feststellungen über die Natur des Weibes solle machen können; ja, da wir diese Fähigkeit, bei der außerordentlichen Männlichkeit vieler offenbar ausgezeichneter Beurteiler der Frauen, selbst M nicht absprechen zu können scheinen, bleibt das Recht des Mannes, über die Frau[14] mitzusprechen, ein desto merkwürdigeres Problem, und wir werden uns der Auflösung des prinzipiellen methodischen Zweifels an diesem Rechte später um so weniger entziehen können. Einstweilen betrachten wir jedoch, wie

---

14 Es bedeutet im folgenden » der Mann« immer M und mit »...« ist immer W gemeint, nicht »die Männer« oder »die Frauen«.

gesagt, den Einwurf als nicht gemacht und schreiten an die Untersuchung der Sache selbst. Worin liegt der wesentliche psychologische Unterschied zwischen Mann und Weib? so fragen wir drauf los.

Man hat in der größeren Intensität des Geschlechtstriebes beim Manne diesen Ururunterschied zwischen den Geschlechtern erblicken wollen, aus dem sich alle anderen ableiten ließen. Ganz abgesehen, ob die Behauptung richtig, ob mit dem Worte »Geschlechtstrieb« ein Eindeutiges und wirklich Meßbares bezeichnet ist, so steht doch die prinzipielle Berechtigung einer solchen Ableitung wohl noch sehr in Frage. Zwar dürfte an allen jenen antiken und mittelalterlichen Theorien über den Einfluß der »unbefriedigten Gebärmutter« beim Weibe und des »semen retentum« beim Manne ein Wahres sein, und es hat da nicht erst der heute so beliebten Phrase bedurft, daß »alles« nur »sublimierter Geschlechtstrieb« sei. Aber auf die Ahnung so vager Zusammenhänge läßt sich keine systematische Darstellung gründen. Daß mit größerer oder geringerer Stärke des Geschlechtstriebes andere Qualitäten ihrem Grade nach bestimmt seien, ist in keiner Weise sicherzustellen versucht worden.

Indessen die Behauptung, daß die Intensität des Geschlechtstriebes bei M größer sei als bei W, ist an sich falsch. Man hat ja auch wirklich das Gegenteil ebenso behauptet: es ist ebenso falsch. In Wahrheit bleibt die Stärke des Bedürfnisses nach dem Sexualakt unter Männern selbst gleich starker Männlichkeit noch immer verschieden, ebenso, wenigstens dem Anscheine nach, unter Frauen mit dem gleichen Gehalte an W. Hier spielen gerade unter den Männern ganz andere Einteilungsgründe mit, die es mir zum Teil gelungen ist aufzufinden, und über die vielleicht eine andere Publikation ausführlich handeln wird.

Also in der größeren Heftigkeit des Begattungstriebes liegt, entgegen vielen populären Meinungen, kein Unterschied der Geschlechter. Dagegen werden wir einen solchen gewahr, wenn wir jene zwei analytischen Momente, die Albert Moll aus dem Begriffe des Geschlechtstriebes herausgehoben hat, einzeln auf Mann und Weib anwenden: den Detumeszenz- und den Kontrektationstrieb. Der erste resultiert aus den Unlustgefühlen durch in größerer Menge angesammelte reife Keimzellen, der zweite ist das Bedürfnis nach körperlicher Berührung eines zu sexueller Ergänzung in Anspruch genommenen Individuums. Während nämlich M beides besitzt, Detumeszenz- wie Kontrektationstrieb, ist bei W ein eigentlicher Detumeszenztrieb gar nicht vorhanden. Dies ist schon damit gegeben, daß im Sexualakte nicht W an M, sondern nur M an W etwas abgibt: W behält die männlichen wie die weiblichen Sekrete. Im anatomischen Bau kommt dies ebenfalls zum Ausdruck in der Prominenz der männlichen Genitalien, die dem Körper des Mannes den Charakter eines Gefäßes so völlig nimmt. Wenigstens kann man die Männlichkeit des Detumeszenztriebes in dieser morphologischen Tatsache angedeutet finden, ohne daran sofort eine naturphilosophische Folgerung zu knüpfen. Daß W der Detumeszenztrieb fehlt, wird auch durch die Tatsache bewiesen, daß die meisten Menschen, die über ? M enthalten, ohne Ausnahme in der Jugend der Onanie auf längere oder kürzere Zeit verfallen, einem Laster, dem unter den Frauen nur die mannähnlichsten huldigen. W selbst ist die Masturbation fremd. Ich weiß, daß ich hiemit eine Behauptung aufstelle, der schroffe gegenteilige Versicherungen gegenüberstehen. Doch werden sich die scheinbar widersprechenden Erfahrungen alsobald befriedigend erklären.

Zuvor nämlich harrt noch der Kontrektationstrieb von W der Besprechung. Dieser spielt beim Weibe die größte, weil eine alleinige Rolle. Aber auch von ihm läßt sich nicht behaupten, daß er bei dem einen Geschlechte größer sei als bei dem anderen. Im Begriffe des Kontrektationstriebes liegt ja nicht die Aktivität in der Berührung, sondern nur das Bedürfnis nach dem körperlichen Kontakte mit dem Nebenmenschen überhaupt, ohne daß schon etwas darüber ausgesagt wäre, wer der berührende und wer der berührte Teil ist. Die Konfusion in diesen Dingen, indem immer Intensität des Wunsches mit dem Wunsch nach Aktivität zusammengeworfen wird, rührt von der Tatsache her, daß M in der ganzen Tierwelt W gegenüber, ebenso mikrokosmisch jeder tierische und pflanzliche Samenfaden der Eizelle gegenüber stets der aufsuchende und aggressive Teil ist, und der Irrtum nahe liegt, ein unternehmendes Verhalten behufs Erreichung eines Zweckes und den Wunsch nach dessen Erreichung aus einander regelmäßig und in einer konstanten Proportion folgen zu lassen, und auf eine Abwesenheit des Bedürfnisses zu schließen, wo sich keine deutlichen motorischen Bestrebungen zeigen, dieses zu befriedigen. So ist man dazu gekommen, den Kontrektationstrieb für speziell männlich anzusehen, und gerade ihn dem Weibe abzusprechen. Man versteht aber, daß hier noch sehr wohl innerhalb des Kontrektationstriebes eine Unterscheidung getroffen werden muß. Es wird sich fernerhin noch ergeben, daß M in sexueller Beziehung das Bedürfnis hat, anzugreifen (im übertragenen und im wörtlichen Sinne), W das Bedürfnis, angegriffen zu werden, und es ist klar, daß das weibliche Bedürfnis, bloß weil es nach Passivität geht, darum kein geringeres zu sein braucht als das männliche nach der Aktivität. Diese Distinktionen täten den häufigen Debatten not, welche immer wieder die Frage aufwerfen, bei welchem Geschlechte der Trieb nach dem anderen wohl größer sein möge.

Was man bei der Frau als Masturbation bezeichnet hat, entspringt aus einer anderen Ursache als aus dem Detumeszenztriebe. W ist, und damit kommen wir auf einen wirklichen Unterschied zum ersten Male zu sprechen, sexuell viel erregbarer als der Mann; ihre physiologische Irritabilität (nicht Sensibilität) ist, was die Sexualsphäre anlangt, eine viel stärkere. Die Tatsache dieser leichten sexuellen Erregbarkeit kann sich bei der Frau entweder im Wunsche nach der sexuellen Erregung offenbaren oder in einer eigentümlichen, sehr reizbaren, ihrer selbst, wie es scheint, keineswegs sicheren und darum unruhigen und heftigen Scheu vor der Erregung durch Berührung. Der Wunsch nach der sexuellen Exzitation ist insofern ein wirkliches Zeichen der leichten Erregbarkeit, als dieser Wunsch nicht etwa einer jener Wünsche ist, welchen das in der Natur eines Menschen selbst gegründete Schicksal nie Erfüllung gewähren kann, sondern im Gegenteile die hohe Leichtigkeit und Willigkeit der Gesamtanlage bedeutet, in den Zustand der sexuellen Erregtheit überzugehen, der vom Weibe möglichst intensiv und möglichst perpetuierlich ersehnt wird und nicht, wie beim

Manne, mit der in der Kontrektation erreichten Detumeszenz ein natürliches Ende findet. Was man für Onanie des Weibes ausgegeben hat, sind nicht wie beim Manne Akte mit der immanierenden Tendenz, den Zustand der sexuellen Erregtheit aufzuheben; es sind vielmehr lauter Versuche, ihn herbeizuführen, zu steigern und zu prolongieren. – Aus der Scheu vor der sexuellen Erregung, einer Scheu, deren Analyse einer Psychologie der Frau eine keineswegs leichte, vielleicht sogar die schwierigste Aufgabe stellt, läßt sich desgleichen mit Sicherheit auf eine große Schwäche in dieser Beziehung schließen.

Der Zustand der sexuellen Erregtheit bedeutet für die Frau nur die höchste Steigerung ihres Gesamtdaseins. Dieses ist immer und durchaus sexuell. W geht im Geschlechtsleben, in der Sphäre der Begattung und Fortpflanzung, d. i. im Verhältnisse zum Manne und zum Kinde, vollständig auf, sie wird von diesen Dingen in ihrer Existenz vollkommen ausgefüllt, während M nicht nur sexuell ist. Hier liegt also in Wirklichkeit jener Unterschied, den man in der verschiedenen Intensität des Sexualtriebes zu finden suchte. Man hüte sich also vor einer Verwechslung der Heftigkeit des sexuellen Begehrens und der Stärke der sexuellen Affekte mit der Breite, in welcher geschlechtliche Wünsche und Besorgnisse den männlichen oder weiblichen Menschen ausfüllen. Bloß die größere Ausdehnung der Sexualsphäre über den ganzen Menschen bei W bildet einen spezifischen Unterschied von der schwersten Bedeutung zwischen den geschlechtlichen Extremen.

Während also W von der Geschlechtlichkeit gänzlich ausgefüllt und eingenommen ist, kennt M noch ein Dutzend anderer Dinge: Kampf und Spiel, Geselligkeit und Gelage, Diskussion und Wissenschaft, Geschäft und Politik, Religion und Kunst. Ich rede nicht davon, ob es einmal anders war; das soll uns wenig bekümmern; damit ist es wie mit der Judenfrage: man sagt, die Juden seien erst das geworden, was sie sind und einmal ganz anders gewesen. Mag sein: doch das wissen wir hier nicht. Wer der Entwicklung so viel zutraut, mag immerhin daran glauben; bewiesen ist von jenen Dingen nichts, gegen die eine historische Überlieferung steht da immer gleich eine andere. Aber wie heute die Frauen sind, darauf kommt es an. Und stoßen wir auf Dinge, die unmöglich von außen in ein Wesen können hineinverpflanzt worden sein, so werden wir getrost annehmen, daß dieses sich von jeher gleichgeblieben ist. Heute nun zumindest ist eines sicher richtig: W befaßt sich, eine scheinbare Ausnahme (Kapitel 12) abgerechnet, mit außergeschlechtlichen Dingen nur für den Mann, den sie liebt, oder um des Mannes willen, von dem sie geliebt sein möchte. Ein Interesse für diese Dinge an sich fehlt ihr vollständig. Es kommt vor, daß eine echte Frau die lateinische Sprache lernt; dann ist es aber nur, um etwa ihren Sohn, der das Gymnasium besucht, auch hierin noch unterstützen und überwachen zu können. Lust aber an einer Sache und Talent zu ihr, das Interesse für sie und die Leichtigkeit ihrer Aneignung sind einander stets proportional. Wer keine Muskeln hat, hat auch keine Lust zum Hanteln und Stemmen; nur wer Talent zur Mathematik hat, wird sich ihrem Studium zuwenden. Also scheint selbst das Talent im echten Weibe seltener oder weniger intensiv zu sein (obwohl hierauf wenig ankommt: die Geschlechtlichkeit wäre ja auch im gegenteiligen Falle zu stark, um andere ernstgemeinte Beschäftigung zuzulassen); und darum mangelt es wohl auch beim Weibe an den Bedingungen zur Bildung interessanter Kombinationen, die beim Manne eine Individualität wohl nicht ausmachen, aber modellieren können.

Dem entsprechend sind es ausschließlich weiblichere Männer, die in einem fort hinter den Frauenzimmern her sind und an nichts Interesse finden als an Liebschaften und an geschlechtlichem Verkehre. Doch soll hiemit keineswegs das Don-Juan-Problem erledigt oder auch nur ernstlich berührt sein.

W ist nichts als Sexualität, M ist sexuell und noch etwas darüber. Dies zeigt sich besonders deutlich in der so gänzlich verschiedenen Art, wie Mann und Weib ihren Eintritt in die Periode der Geschlechts reife erleben. Beim Manne ist die Zeit der Pubertät immer krisenhaft, er fühlt, daß ein Fremdes in sein Dasein tritt, etwas, das zu seinem bisherigen Denken und Fühlen hinzukommt, ohne daß er es gewollt hat. Es ist die physiologische Erektion, über die der Wille keine Gewalt hat; und die erste Erektion wird darum von jedem Manne rätselhaft und beunruhigend empfunden, sehr viele Männer erinnern sich ihrer Umstände ihr ganzes Leben lang mit größter Genauigkeit. Das Weib aber findet sich nicht nur leicht in die Pubertät, es fühlt sein Dasein von da ab sozusagen potenziert, seine eigene Wichtigkeit unendlich erhöht. Der Mann hat als Knabe gar kein Bedürfnis nach der sexuellen Reife; die Frau erwartet bereits als ganz junges Mädchen von dieser Zeit alles. Der Mann begleitet die Symptome seiner körperlichen Reife mit unangenehmen, ja feindlichen und unruhigen Gefühlen, die Frau verfolgt in höchster Gespanntheit, mit der fieberhaftesten, ungeduldigsten Erwartung ihre somatische Entwicklung während der Pubertät. Dies beweist, daß die Geschlechtlichkeit des Mannes nicht auf der geraden Linie seiner Entwicklung liegt, während bei der Frau nur eine ungeheure Steigerung ihrer bisherigen Daseinsart eintritt. Es gibt wenig Knaben dieses Alters, welche den Gedanken, daß sie sich verlieben oder heiraten würden (heiraten als Tatsache überhaupt, nicht im Hinblick auf ein bestimmtes Mädchen), nicht höchst lächerlich finden und indigniert zurückweisen; indes die kleinsten Mädchen bereits auf die Liebe und die Heirat überhaupt wie auf die Vollendung ihres Daseins erpicht zu sein scheinen. Darum wertet die Frau bei sich selbst und bei anderen Frauen nur die Zeit der Geschlechtsreife positiv; zur Kindheit wie zum Alter hat sie kein rechtes Verhältnis. Der Gedanke an ihre Kindheit ist ihr später nur ein Gedanke an ihre Dummheit, der Aspekt, unter dem sich ihr das eigene Alter im voraus darstellt, ist Angst und Abscheu. Aus der Kindheit werden durch eine positive Bewertung von ihrem Gedächtnis nur die sexuellen Momente herausgehoben, und auch diese sind im Nachteile gegenüber den späteren unvergleichlich höheren Intensifikationen ihres Lebens – welches eben ein Sexualleben ist. Die Brautnacht endlich, der Moment der Defloration, ist der wichtigste, ich möchte sagen der Halbierungspunkt des ganzen Lebens der Frau. Im Leben des Mannes spielt der erste Koitus im Verhältnis zu der Bedeutung, die er beim anderen Geschlechte besitzt, überhaupt keine Rolle.

Die Frau ist nur sexuell, der Mann ist auch sexuell: sowohl räumlich wie zeitlich läßt sich diese Differenz noch weiter ausspinnen. Die Punkte seines Körpers, von denen aus der Mann geschlechtlich erregt werden kann, sind gering an Zahl und streng lokalisiert. Beim Weibe ist die Sexualität diffus ausgebreitet über den ganzen Körper, jede Berührung, an welcher Stelle immer, erregt sie sexuell. Wenn also im zweiten Kapitel des ersten Teiles die bestimmte sexuelle Charakteristik des ganzen männlichen wie des ganzen weiblichen Körpers behauptet wurde, so ist dies nicht so zu verstehen, als bestünde von jedem Punkte aus die Möglichkeit gleichmäßiger sexueller Reizung beim Manne ebenso wie beim Weibe. Freilich gibt es auch bei der Frau lokale Unterschiede in der Erregbarkeit, aber es sind hier nicht wie beim Manne alle übrigen körperlichen Partien gegen den Genitaltrakt scharf geschieden.

Die morphologische Abhebung der männlichen Genitalien vom Körper des Mannes könnte abermals als symbolisch für dieses Verhältnis angesehen werden.

Wie die Sexualität des Mannes örtlich gegen Asexuelles in ihm hervortritt, so findet sich dieselbe Ungleichheit auch in seinem Verhalten zu verschiedenen Zeiten ausgeprägt. Das Weib ist fortwährend, der Mann nur intermittierend sexuell. Der Geschlechtstrieb ist beim Weibe immer vorhanden (über jene scheinbaren Ausnahmen, welche man gegen die Geschlechtlichkeit des Weibes stets ins Feld führt, wird noch sehr ausführlich zu handeln sein), beim Manne ruht er immer längere oder kürzere Zeit. Daraus erklärt sich nun auch der eruptive Charakter des männlichen Geschlechtstriebes, der diesen so viel auffallender erscheinen läßt als den weiblichen und zu der Verbreitung des Irrtumes beigetragen hat, daß der Geschlechtstrieb des Mannes intensiver sei als der des Weibes. Der wahre Unterschied liegt hier darin, daß für M der Begattungstrieb sozusagen ein pausierendes Jucken, für W ein unaufhörlicher Kitzel ist.

Die ausschließliche und kontinuierliche Sexualität des Weibes in körperlicher und psychischer Hinsicht hat nun aber noch weiterreichende Folgen. Daß die Sexualität nämlich beim Manne nur einen Appendix und nicht alles ausmacht, ermöglicht dem Manne auch ihre psychologische Abhebung von einem Hintergrunde und somit ihr Bewußtwerden. So kann sich der Mann seiner Sexualität gegenüberstellen und sie losgelöst von

118

anderem in Betracht ziehen. Beim Weibe kann sich die Sexualität nicht durch eine zeitliche Begrenzung ihrer Ausbrüche noch durch ein anatomisches Organ, in dem sie äußerlich sichtbar lokalisiert ist, abheben von einer nichtsexuellen Sphäre. Darum weiß der Mann um seine Sexualität, während die Frau sich ihrer Sexualität schon darum gar nicht bewußt werden und sie somit in gutem Glauben in Abrede stellen kann, weil sie nichts ist als Sexualität, weil sie die Sexualität selbst ist, wie in Antizipation späterer Darlegungen gleich hinzugefügt werden mag. Es fehlt den Frauen, weil sie nur sexuell sind, die zum Bemerken der Sexualität wie zu allem Bemerken notwendige Zweiheit; indessen sich beim stets mehr als bloß sexuellen Manne die Sexualität nicht nur anatomisch, sondern auch psychologisch von allem anderen abhebt. Darum besitzt er die Fähigkeit, zur Sexualität selbständig in ein Verhältnis zu treten; er kann sie, wenn er sich mit ihr auseinandersetzt, in Schranken weisen oder ihr eine größere Ausdehnung einräumen, er kann sie negieren oder bejahen: zum Don Juan wie zum Heiligen sind die Möglichkeiten in ihm vorhanden, er kann die eine oder die andere von beiden ergreifen. Grob ausgedrückt: der Mann hat den Penis, aber die Vagina hat die Frau.

Es ist hiemit als wahrscheinlich deduziert, daß der Mann seiner Sexualität sich bewußt werde und ihr selbständig gegenübertrete, während der Frau die Möglichkeit dazu abzugehen scheint; und zwar beruft sich diese Begründung auf eine größere Differenziertheit im Manne, in dem Sexuelles und Asexuelles auseinandergetreten sind. Die Möglichkeit oder Unmöglichkeit, einen bestimmten einzelnen Gegenstand zu ergreifen, liegt aber nicht in dem Begriffe, den man mit dem Worte Bewußtsein gewöhnlich verbindet. Dieser scheint vielmehr zu inkludieren, daß, wenn ein Wesen Bewußtsein hat, es jedes Objekt zu dessen Inhalt machen könne. Es erhebt sich also hier die Frage nach der Natur des weiblichen Bewußtseins überhaupt, und die Erörterungen über dieses Thema werden uns erst auf einem langen Umweg zu jenem hier so flüchtig gestreiften Punkte wieder zurückführen.

III. Kapitel. Männliches und weibliches Bewußtsein

Empfindung und Gefühl. Ihr Verhältnis. Avenarius' Einteilung in »Elemente« und »Charaktere«. Auf einem frühesten Stadium noch nicht durchführbar. Verkehrtes Verhältnis zwischen Distinktheit und Charakterisierung. Prozeß der Klärung. Ahnungen. Grade des Verstehens. Vergessen. Bahnung und Artikulation. Begriff der »Henide«. Die Henide als das einfachste psychische Datum. Geschlechtlicher Unterschied in der Artikulation der Inhalte. Sensibilität. Urteilssicherheit. Das entwickelte Bewußtsein als männlicher Geschlechtscharakter.

Bevor auf einen Hauptunterschied des psychischen Lebens der Geschlechter, soweit dieses die Dinge der Welt und des Inneren zu seinen Inhalten macht, näher eingegangen werden kann, müssen einige psychologische Sondierungen vorgenommen und einige Begriffe festgelegt werden. Da die Anschauungen und Prinzipien der herrschenden Psychologie ohne Rücksicht auf dieses spezielle Thema sich entwickelt haben, so wäre es ja nur zu verwundern, wenn ihre Theorien ohne weiteres auf dessen Gebiet sich anwenden ließen. Zudem gibt es heute noch keine Psycho logie, sondern bis jetzt nur Psycho logien; und der Anschluß an eine bestimmte Schule, um, nur unter Zugrundelegung ihrer Lehrmeinungen, das ganze Thema zu behandeln, trüge wohl viel mehr den Charakter der Willkür an sich als das hier einzuschlagende Verfahren, welches, in möglichstem Anschluß an bisherige Errungenschaften, doch die Dinge, soweit als nötig, von neuem in Selbständigkeit ergründen will.

Die Bestrebungen nach einer vereinheitlichenden Betrachtung des ganzen Seelenlebens, nach seiner Zurückführung auf einen einzigen Grundprozeß haben in der empirischen Psychologie vor allem in dem Verhältnis sich offenbart, das von den einzelnen Forschern zwischen Empfindungen und Gefühlen angenommen wurde. Herbart hat die Gefühle aus den Vorstellungen abgeleitet, Horwicz hingegen aus den Gefühlen erst die Empfindungen sich entwickeln lassen. Die führenden modernen Psychologen haben die Aussichtslosigkeit dieser monistischen Bemühungen hervorgehoben. Dennoch lag diesen ein Wahres zugrunde.

Man muß, um dieses Wahre zu finden, eine Unterscheidung zu treffen nicht unterlassen, welche, so nahe sie zu liegen scheint, in der heutigen Psychologie merkwürdigerweise gänzlich vermißt wird. Man muß das erstmalige Empfinden einer Empfindung, das erste Denken eines Gedankens, das erste Fühlen eines Gefühles selbst auseinanderhalten von den späteren Wiederholungen desselben Vorganges, bei welchen schon ein Wiedererkennen erfolgen kann. Für eine Anzahl von Problemen scheint diese Distinktion, obgleich sie in der heutigen Psychologie nicht gemacht wird, von bedeutender Wichtigkeit.

Jeder deutlichen, klaren, plastischen Empfindung läuft ursprünglich, ebenso jedem scharfen, distinkten Gedanken, bevor er zum ersten Male in Worte gefaßt wird, ein, freilich oft äußerst kurzes, Stadium der Unklarheit voran. Desgleichen geht jeder noch nicht geläufigen Assoziation eine mehr oder minder verkürzte Spanne Zeit vorher, wo bloß ein dunkles Richtungsgefühl nach dem zu Assoziierenden hin, eine allgemeine Assoziationsahnung, eine Empfindung von Zugehörigkeit zu etwas anderem vorhanden ist. Verwandte Vorgänge haben besonders Leibniz sicherlich beschäftigt und gaben, mehr oder weniger gut beschrieben, Anlaß zu den erwähnten Theorien von Herbart und Horwicz.

Da man als einfache Grundformen der Gefühle insgemein nur Lust und Unlust, allenfalls noch mit Wundt Lösung und Spannung, Beruhigung und Erregung ansieht, ist die Einteilung der psychischen Phänomene in Empfindungen und Gefühle für die Erscheinungen, die in das Gebiet jener Vorstadien der Klarheit fallen, wie sich bald deutlicher zeigen wird, zu eng und darum für ihre Beschreibung nicht verwendbar. Ich will daher, um hier scharf zu umgrenzen, die allgemeinste Klassifikation der psychischen Phänomene benützen, die wohl getroffen werden konnte: es ist die von Avenarius in »Elemente« und »Charaktere« (der »Charakter« hat in dieser Bedeutung nichts mit dem Objekte der Charakterologie gemein).

Avenarius hat den Gebrauch seiner Theorien weniger durch seine, bekanntlich vollständig neue, Terminologie erschwert (die sogar viel Vorzügliches enthält und für gewisse Dinge, die er zuerst bemerkt und bezeichnet hat, kaum entbehrlich ist); was der Annahme mancher seiner Ergebnisse am meisten im Wege steht, ist seine unglückliche Sucht, die Psychologie aus einem gehirnphysiologischen Systeme abzuleiten, das er selbst nur aus den psychologischen Tatsachen der inneren Erfahrung (unter äußerlicher Zuziehung der allgemeinsten biologischen Kenntnisse über das Gleichgewicht zwischen Ernährung und Arbeit) gewonnen hatte. Der psychologische zweite Teil seiner »Kritik der reinen Erfahrung« war die Basis, auf der sich in ihm selbst die Hypothesen des physiologischen ersten Teiles aufgebaut hatten; in der Darstellung kehrte sich das Verhältnis um, und so mutet dieser erste Teil den Leser an wie eine Reisebeschreibung von Atlantis. Um dieser Schwierigkeiten willen muß ich den Sinn der Avenariusschen Einteilung, die für meinen Zweck sich am geeignetsten erwiesen hat, hier kurz darlegen.

» Element« ist für Avenarius das, was in der Schulpsychologie »Empfindung«, »Empfindungsinhalt« oder »Inhalt« schlechtweg heißt (und zwar sowohl bei der »Perzeption« als bei der »Reproduktion«), bei Schopenhauer »Vorstellung«, bei den Engländern sowohl »impression« als »idea«, im gewöhnlichen Leben »Ding, Sache, Gegenstand«: gleichviel, ob äußere Erregung eines Sinnesorganes vorhanden ist oder nicht, was sehr wichtig und neu war. Dabei ist es, für seine wie für unsere Zwecke, recht nebensächlich, wo man mit der sogenannten Analyse haltmacht, ob man den ganzen Baum als »Empfindung« betrachtet oder nur das einzelne Blatt, den einzelnen Stengel, oder (wobei meistens stehengeblieben wird) gar nur deren Farbe, Größe, Konsistenz, Geruch, Temperatur als wirklich »Einfaches« gelten lassen will. Denn man könnte ja auf diesem Wege noch weitergehen, sagen, das Grün des Blattes sei schon Komplex, nämlich Resultante

aus seiner Qualität, Intensität, Helligkeit, Sättigung und Ausdehnung, und brauchte erst diese als Elemente gelten zu lassen;
ähnlich wie es den Atomen oft geht: schon einmal mußten sie
den »Ameren« weichen, jetzt wieder den »Elektronen«.

Seien also »grün«, »blau«, »kalt«, »warm«, »hart«, »weich«,
»süß«, »sauer« Elemente, so ist Charakter nach Avenarius jederlei »Färbung«, » Gefühlston«, mit dem jene auftreten; und
zwar nicht nur »angenehm«, »schön«, »wohltuend« und ihre
Gegenteile, sondern auch, was Avenarius zuerst als psychologisch hieher gehörend erkannt hat, »befremdend«, »zuverlässig«, »unheimlich«, »beständig«, »anders«, »sicher«, »bekannt«,
»tatsächlich«, »zweifelhaft« etc. etc. Was ich z. B. vermute,
glaube, weiß, ist » E1ement«; daß es just vermutet wird, nicht
geglaubt, nicht gewußt, ist psychologisch (nicht logisch) ein »
Charakter«, in welchem das »Element« gesetzt ist.

Nun gibt es aber ein Stadium im Seelenleben, auf welchem
auch diese umfassendste Einteilung der psychischen Phänomene noch nicht durchführbar ist, zu früh kommt. Es erscheinen nämlich in ihren Anfängen alle »Elemente« wie in einem
verschwommenen Hintergrunde, als eine »rudis indigestaque
moles«, während Charakterisierung (ungefähr also = Gefühlsbetonung) zu dieser Zeit das Ganze lebhaft umwogt. Es gleicht
dies dem Prozesse, der vor sich geht, wenn man einem Umge-
bungsbestandteil, einem Strauch, einem Holzstoß aus weiter
Ferne sich nähert: den ursprünglichen Eindruck, den man von
ihm empfängt, diesen ersten Augenblick, in dem man noch lange nicht weiß, was »es« eigentlich ist, diesen Moment der ersten
stärksten Unklarheit und Unsicherheit bitte ich zum Verständnis des Folgenden vor allem festzuhalten.

In diesem Augenblicke nun sind »Element« und »Charakter«
absolut ununterscheidbar (untrennbar sind sie stets, nach der
sicherlich zu befürwortenden Modifikation, die Petzo1dt an
Avenarius' Darstellung vorgenommen hat). In einem dichten
Menschengedränge nehme ich z. B. ein Gesicht wahr, dessen Anblick mir durch die dazwischenwogenden Massen sofort wieder
entzogen wird. Ich habe keine Ahnung, wie dieses Gesicht aus-
sieht, wäre völlig unfähig, es zu beschreiben oder auch nur ein

Kennzeichen desselben anzugeben; und doch hat es mich in die lebhafteste Aufregung versetzt, und ich frage in angstvoll gieriger Unruhe: wo hab' ich dieses Gesicht nur schon gesehen?

Erblickt ein Mensch einen Frauenkopf, der auf ihn einen sehr starken sinnlichen Eindruck macht, für einen »Augenblick«, so vermag er oft sich selbst gar nicht zu sagen, was er eigentlich gesehen hat, es kann vorkommen, daß er nicht einmal an die Haarfarbe genau sich zu erinnern weiß. Bedingung ist immer, daß die Netzhaut dem Objekte, um mich völlig photographisch auszudrücken, genügend kurze Zeit, Bruchteile einer Sekunde lang, exponiert war.

Wenn man sich irgend einem Gegenstande aus weiter Ferne nähert, hat man stets zuerst nur ganz vage Umrisse von ihm unterschieden; dabei aber überaus lebhafte Gefühle empfunden, die in dem Maße zurücktreten, als man eben näherkommt und die Einzelheiten schärfer ausnimmt. (Von »Erwartungsgefühlen« ist, wie noch ausdrücklich bemerkt werden soll, hier nicht die Rede.) Man denke an Beispiele, wie an den ersten Anblick eines aus seinen Nähten gelösten menschlichen Keilbeines oder an den mancher Bilder und Gemälde, sowie man einen halben Meter inner- oder außerhalb der richtigen Distanz Fuß gefaßt hat; ich erinnere mich speziell an den Eindruck, den mir Passagen mit Zweiunddreißigsteln aus Beethovenschen Klavierauszügen und eine Abhandlung mit lauter dreifachen Integralen gemacht haben, ehe ich noch die Noten kannte und vom Integrieren einen Begriff hatte. Dies eben haben Avenarius und Petzoldt übersehen: daß alles Hervortreten der Elemente von einer gewissen Absonderung der Charakterisierung (der Gefühlsbetonung) begleitet ist.

Auch einige von der experimentellen Psychologie festgestellte Tatsachen kann man zu diesen Ergebnissen der Selbstbeobachtung in Beziehung bringen. Läßt man im Dunkelzimmer auf ein im Zustande der Dunkeladaptation befindliches Auge einen momentanen oder äußerst kurze Zeit währenden farbigen Reiz einwirken, so hat der Beobachter nur den Eindruck schlechtweg der Erhellung, ohne daß er die nähere Farbenqualität des Lichtreizes anzugeben vermag; es wird ein »Etwas« empfunden ohne irgend welche genauere Bestimmtheit, ein »Lichteindruck überhaupt« ausgesagt; und die präzise Angabe der Farbenqualität ist selbst noch dann nicht leicht möglich, wenn die Dauer des Reizes (natürlich nicht über ein gewisses Maß) verlängert wird.

Ebenso geht aber jeder wissenschaftlichen Entdeckung, jeder technischen Erfindung, jeder künstlerischen Schöpfung ein verwandtes Stadium der Dunkelheit voran, einer Dunkelheit wie jener, aus welcher Zarathustra seine Wiederkunftslehre an das Licht ruft: »Herauf, abgründlicher Gedanke, aus meiner Tiefe! Ich bin dein Hahn und Morgengrauen, verschlafener Wurm: auf, auf! meine Stimme soll dich schon wachkrähen!« – Der Prozeß in seiner Gänze, von der völligen Wirrnis bis zur strahlenden Helle, ist in seinem Verlaufe vergleichbar mit der Folge der Bilder, die man passiv empfängt, wenn von irgend einer plastischen Gruppe, einem Relief die feuchten Tücher, die es in großer Anzahl eingehüllt haben, eines nach dem anderen weggenommen werden; bei einer Denkmalenthüllung erlebt der Zuschauer ähnliches. Aber auch, wenn ich mich an etwas erinnere, z. B. an irgend eine einmal gehörte Melodie, wird dieser Prozeß wieder durchgemacht; freilich oft in äußerst verkürzter Gestalt und darum schwer zu bemerken. Jedem neuen Gedanken geht ein solches Stadium des »Vorgedankens«, wie ich es nennen möchte, vorher, wo fließende geometrische Gebilde, visuelle Phantasmen, Nebelbilder auftauchen und zergehen, »schwankende Gestalten«, verschleierte Bilder, geheimnisvoll lockende Masken sich zeigen; Anfang und Ende des ganzen Herganges, den ich in seiner Vollständigkeit kurz den Prozeß der »Klärung« nenne, verhalten sich in gewisser Beziehung wie die Eindrücke, die ein stark Kurzsichtiger von weit entfernten Gegenständen erhält mit und ohne die korrigierenden Linsen.

Und wie im Leben des einzelnen (der vielleicht stirbt, ehe er den ganzen Prozeß durchlaufen hat), so gehen auch in der Geschichte der Forschung die »Ahnungen« stets den klaren Erkenntnissen voran. Es ist derselbe Prozeß der Klärung, auf Generationen verteilt. Man denke z. B. an die zahlreichen griechischen und neuzeitlichen Antizipationen der Lamarckschen und Darwinschen Theorien, derentwegen die »Vorläufer« heute bis zum Überdruß belobt werden, an die vielen Vorgänger von Robert Mayer und Helmholtz, an all die Punkte, wo Goethe und Lionardo da Vinci, freilich vielleicht die vielseitigsten Menschen, den späteren Fortschritt der Wissenschaft vorweggenommen haben usw. usw. Um solche Vorstadien handelt es sich regelmäßig, wenn entdeckt wird, dieser oder jener Gedanke sei gar nicht neu, er stehe ja schon bei dem und dem. – Auch bei allen Kunststilen, in der Malerei wie in der Musik, ist ein ähnlicher Entwicklungsprozeß zu beobachten: vom unsicheren Tasten und vorsichtigen Balancieren bis zu großen Siegen. – Ebenso beruht der gedankliche Fortschritt der Menschheit auch in der Wissenschaft fast allein auf einer besseren und immer besseren Beschreibung und Erkenntnis derselben Dinge, es ist der Prozeß der Klärung, über die ganze menschliche Geschichte ausgedehnt. Was wir neues bemerken, es kommt daneben nicht eigentlich sehr in Betracht.

Wie viele Grade der Deutlichkeit und Differenziertheit ein Vorstellungsinhalt durchlaufen kann bis zum völlig distinkten, von keinerlei Nebel in den Konturen mehr getrübten Gedanken, das kann man stets beobachten, wenn man einen schwierigen neuen Gegenstand, z. B. die Theorie der elliptischen Funktionen, durch das Studium sich anzueignen sucht. Wie viele Grade des Verstehens macht man da nicht an sich selbst durch (insbesondere in Mathematik und Mechanik), bis alles vor einem daliegt, in schöner Ordnung, in vollständiger Disposition, in ungestörter und vollkommener Harmonie der Teile zum Ganzen, offen dem mühelosen Ergreifen durch die Aufmerksamkeit! Diese Grade entsprechen den einzelnen Etappen auf dem Wege der Klärung.

Der Prozeß der Klärung kann auch retrograd verlaufen: von der völligen Distinktheit bis zur größten Verschwommenheit. Diese Umkehrung des Klärungsverlaufes ist nichts anderes als der Prozeß des Vergessens, der nur in der Regel über eine längere Zeit ausgedehnt ist und meist bloß durch Zufall auf dem einen oder anderen Punkte seines Fortschreitens bemerkt wird. Es verfallen gleichsam ehedem wohlgebahnte Straßen, für deren Pflege nichts durch »Reproduktion« geschehen ist; wie aus dem jugendlichen »Vorgedanken« der in größter Intensität, aufblitzende »Gedanke«, so wird aus dem »Gedanken« der altersschwache »Nachgedanke«; und wie auf einem lange nicht begangenen Waldwege von rechts und links Gräser, Kräuter, Stauden hereinzuwuchern beginnen, so verwischt sich Tag für Tag die deutliche Prägung des Gedankens, der nicht mehr gedacht wird. Hieraus wird auch eine praktische Regel verständlich, die ein Freund[15] entdeckt und bei sich selbst bestätigt gefunden hat: wer irgend etwas erlernen will, sei es ein Musikstück oder ein Abschnitt aus der Geschichte der Philosophie, wird im allgemeinen nicht ohne Unterbrechung sich dieser Aneignungsarbeit widmen können, und jede einzelne Partie des Stoffes wiederholt durchnehmen müssen. Da fragt es sich nun, wie groß sind am zweckmäßigsten die Pausen zwischen dem einen Male und dem nächsten zu wählen? Es hat sich nun herausgestellt – und es dürfte allgemein so sein – daß mit einer Wiederholung begonnen werden muß, solange man sich noch nicht wieder für die Arbeit interessiert, solange man sein Pensum noch halbwegs zu beherrschen glaubt. Sowie es einem nämlich genugsam entschwunden ist, um wieder zu interessieren, neugierig oder wißbegierig zu machen, sind die Resultate der ersten Einübung schon zurückgegangen und kann die zweite die erste nicht gleich verstärken, sondern muß einen guten Teil der Klärungsarbeit von frischem auf sich nehmen.

Vielleicht ist im Sinne der Sigmund Exnerschen Lehre von der »Bahnung«, einer sehr populären Anschauung gemäß, wirklich als der physiologische Parallelprozeß der Klärung, anzunehmen, daß die Nervenfasern, beziehungsweise ihre Fibrillen, erst durch (entweder länger anhaltende oder häufig wiederholte) Affektion für die Reizleitung wegsam gemacht werden müssen. Ebenso würde natürlich im Falle des Vergessens das Resultat dieser »Bahnung« rückgängig gemacht, die durch sie herausgebildeten morphologischen Strukturelemente im einzelnen Neuron infolge mangelnden Geübtwerdens atrophieren. Die Avenariussche Theorie den obigen verwandter Erscheinungen

---

15 Herr Dr. Hermann Swoboda in Wien.

– Avenarius würde Unterschiede der »Artikulation« oder »Gliederung« in den Gehirnprozessen (den »unabhängigen Schwankungen des Systems C«) zur Erklärung dieser Dinge angenommen haben – überträgt denn doch wohl zu einfach und wörtlich Eigenschaften der »abhängigen Reihe« (d.i. des Psychischen) auf die »unabhängige« (physische), als daß sie speziell der Frage der psychophysischen Zuordnung irgendwie für förderlich gelten könnte. Dagegen erscheint der Ausdruck »artikuliert«, »gegliedert« zur Beschreibung des Grades der Distinktheit, mit welchem die einzelnen psychischen Data gegeben sind, wohl geeignet, und sei hiemit seine spätere Verwendung für diesen Zweck vorbehalten.

Der Prozeß der Klärung mußte hier in seinem ganzen Verlauf verfolgt werden, um Umfang und Inhalt des neuen Begriffes kennenzulernen; doch ist für das jetzt Folgende nur das Initialstadium, der Ausgangspunkt der Klärung, von Wichtigkeit. An den Inhalten, die weiterhin den Prozeß der Klärung durchmachen, ist, so hieß es, im allerersten Momente, in dem sie sich präsentieren, auch die Avenariussche Unterscheidung von »Element« und »Charakter« noch nicht durchführbar. Es wird also derjenige, welcher diese Einteilung für alle Data der entwickelten Psyche akzeptiert, für die Inhalte in jenem Stadium, wo eine solche Zweiheit an ihnen noch nicht unterscheidbar ist, einen eigenen Namen einzuführen genötigt sein. Es sei, ohne alle über den Rahmen dieser Arbeit hinausgehenden Ansprüche, für psychische Data auf jenem primitivsten Zustande ihrer Kindheit das Wort » Henide« vorgeschlagen (von , weil sie noch nicht Empfindung und Gefühl als zwei für die Abstraktion isolierbare analytische Momente, noch keinerlei Zweiheit erkennen lassen).

Die absolute Henide ist hiebei nur als ein Grenzbegriff zu betrachten. Wie oft wirkliche psychische Erlebnisse im erwachsenen Alter des Menschen einen Grad von Undifferenziertheit erreichen, der ihnen diesen Namen mit Recht eintrüge, läßt sich so rasch nicht mit Sicherheit ausmachen; aber die Theorie an sich wird hiedurch nicht berührt. Eine Henide wird es im allgemeinen genannt werden dürfen, was, bei verschiedenen Menschen verschieden häufig, im Gespräche zu passieren pflegt: man hat ein ganz bestimmtes Gefühl, wollte eben etwas ganz Bestimmtes sagen; da bemerkt z. B. der andere etwas, und »es« ist nun weg, nicht mehr zu erhaschen. Später wird aber durch eine Assoziation plötzlich etwas reproduziert, von dem man sofort ganz genau weiß, daß es dasselbe ist, was man früher nicht beim Zipfel fassen konnte: ein Beweis, daß es derselbe Inhalt war, nur in anderer Form, auf einem anderen Stadium der Entwicklung. Die Klärung erfolgt also nicht nur im Laufe des ganzen individuellen Lebens nach dieser Richtung hin; sie muß auch für jeden Inhalt wieder von neuem durchgemacht werden.

Ich besorge, daß jemand eine nähere Beschreibung dessen verlangen möchte, was ich mit der Henide eigentlich meine. Wie sehe eine Henide aus? Das wäre ein völliges Mißverständnis. Es liegt im Begriffe der Henide, daß sie sich nicht näher beschreiben läßt, als ein dumpfes Eines; daß später die Identifikation mit dem völlig artikulierten Inhalte erfolgt, ist ebenso sicher, wie daß die Henide dieser artikulierte Inhalt selbst noch nicht ganz ist, sich von ihm irgendwie, durch den geringeren Grad der Bewußtheit, durch den Mangel an Reliefierung, durch das Verschmolzensein von Folie und Hauptsache, durch den Mangel eines »Blickpunktes« im »Blickfelde« unterscheidet.

Also einzelne Heniden kann man nicht beobachten und nicht beschreiben: man kann nur Kenntnis nehmen von ihrem Dagewesensein.

Es läßt sich übrigens prinzipiell in Heniden genau so gut denken, leben wie in Elementen und Charakteren; jede Henide ist ein Individuum und unterscheidet sich sehr wohl von jeder anderen. Aus später zu erörternden Gründen ist anzunehmen, daß die Erlebnisse der ersten Kindheit (und zwar dürfte dies für die ersten 14 Monate ausnahmslos für das Leben aller Menschen zutreffen) Heniden sind, wenn auch vielleicht nicht in der absoluten Bedeutung. Doch rücken die psychischen Geschehnisse der ersten Kindheit wenigstens nie weit aus der Nähe des Henidenstadiums heraus; für den Erwachsenen indessen gibt es stets eine Entwicklung vieler Inhalte über jene Stufe hinweg. Dagegen ist in der Henide offenbar die Form des Empfindungslebens der niedersten Bionten und vielleicht sehr vieler Pflanzen und Tiere zu sehen. Von der Henide ist dem Menschen die Entwicklung nach einem vollständig differenzierten, plastischen Empfinden und Denken hin möglich, wenn auch dieses nur ein ihm nie ganz erreichbares Ideal darstellt. Während die absolute Henide die Sprache überhaupt noch nicht gestattet, indem die Gliederung der Rede nur aus der des Gedankens folgt, gibt es auch auf der höchsten dem Menschen möglichen Stufe des Intellektes noch Unklares und darum Unaussprechliches.

Im ganzen also will die Henidentheorie den zwischen Empfindung und Gefühl um die Würde des höheren Alters geführten Streit schlichten helfen, und an Stelle der von Avenarius und Petzoldt aus der Mitte des Klärungsverlaufes herausgegriffenen Notionen »Element« und »Charakter« eine entwicklungsgeschichtliche Beschreibung des Sachverhaltes versuchen: auf Grund der fundamentalen Beobachtung, daß erst mit dem Heraustreten der »Elemente« diese von den »Charakteren« unterscheidbar werden. Darum ist man zu »Stimmungen« und zu allen »Sentimentalitäten« nur disponiert, wenn die Dinge sich nicht in scharfen Konturen darstellen, und ihnen eher ausgesetzt in der Nacht als am Tage. Wenn die Nacht dem Lichte weicht, wird auch die Denkart der Menschen eine andere.

In welcher Beziehung steht nun aber diese Untersuchung zu einer Psychologie der Geschlechter? Wie unterscheiden sich – denn offenbar wurde zu solchem Zwecke diese längere Grundlegung gewagt – M und W mit Rücksicht auf die verschiedenen Stadien der Klärung?

Darauf ist folgende Antwort zu geben:

Der Mann hat die gleichen psychischen Inhalte wie das Weib in artikulierterer Form; wo sie mehr oder minder in Heniden denkt, dort denkt er bereits in klaren, distinkten Vorstellungen, an die sich ausgesprochene und stets die Absonderung von den Dingen gestattende Gefühle knüpfen. Bei W sind »Denken« und »Fühlen« eins, ungeschieden, für M sind sie auseinanderzuhalten. W hat also viele Erlebnisse noch in Henidenform, wenn bei

M längst Klärung eingetreten ist.[16] Darum ist W sentimental, und kennt das Weib nur die Rührung, nicht die Erschütterung. Der größeren Artikulation der psychischen Data im Manne entspricht auch die größere Schärfe seines Körperbaues und seiner Gesichtszüge gegenüber der Weichheit, Rundung, Unentschiedenheit in der echten weiblichen Gestalt und Physiognomie. Ferner stimmen mit dieser Anschauung die Ergebnisse der die Geschlechter vergleichenden Sensibilitätsmessungen überein, die, entgegen der populären Meinung, bei den Männern eine durchgängig größere Sinnesempfindlichkeit schon am Durchschnitt ergeben haben und solche Differenzen sicherlich in noch viel höherem Maße hätten hervortreten lassen, wenn die Typen in Betracht gezogen worden wären. Die einzige Ausnahme bildet der Tastsinn: die taktile Empfindlichkeit der Frauen ist feiner als die der Männer. Das Faktum ist interessant genug, um zur Auslegung aufzufordern, und eine solche wird auch später versucht werden. Zu bemerken ist hier noch, daß hingegen die Schmerzsensibilität des Mannes eine unvergleichlich größere ist als die der Frau, was für die physiologischen Untersuchungen über den »Schmerzsinn« und seine Scheidung vom »Hautsinn« von Wichtigkeit ist.

Schwache Sensibilität wird das Verbleiben der Inhalte in der Nähe des Henidenstadiums sicherlich begünstigen; geringere Klärung kann aber nicht als ihre unbedingte Folge dargetan werden, sondern läßt sich mit ihr nur in einen sehr wahrscheinlichen Zusammenhang bringen. Ein zuverlässigerer Beweis für die geringere Artikulation des weiblichen Vorstellens liegt in der größeren Entschiedenheit im Urteil des Mannes, ohne daß diese allein aus der geringeren Distinktheit des Denkens beim Weibe sich schon völlig ableiten ließe (vielleicht weisen beide auf eine gemeinsame tiefere Wurzel zurück). Doch ist wenigstens dies eine sicher, daß wir, solange wir dem Henidenstadium nahe sind, meist nur genau wissen, wie sich eine Sache nicht verhält, und das wissen wir immer schon lange, bevor wir wissen, wie sie sich verhält: hierauf, auf einem Besitzen von Inhalten

---

16 Wobei weder an absolute Heniden beim Weibe noch an absolute Klärung beim Manne gedacht werden darf.

in Henidenform, beruht wohl auch das, was Mach »instinktive Erfahrung« nennt. Nahe dem Henidenstadium reden wir noch immer um die Sache herum, korrigieren uns bei jedem Versuche sie zu bezeichnen und sagen: »Das ist auch noch nicht das richtige Wort.« Damit ist naturgemäß Unsicherheit im Urteilen von selbst gegeben. Erst mit vollendeter Klärung wird auch unser Urteil bestimmt und fest; der Urteilsakt selbst setzt eine gewisse Entfernung vom Henidenstadium voraus, selbst wenn durch ihn ein analytisches Urteil, das den geistigen Besitzstand des Menschen nicht vermehrt, ausgesprochen werden soll.

Der entscheidende Beweis aber für die Richtigkeit der Anschauung, welche die Henide W, den differenzierten Inhalt M zuschreibt und hier einen fundamentalen Gegensatz beider erblickt, liegt darin, daß, wo immer ein neues Urteil zu fällen und nicht ein schon lange fertiges einmal mehr in Satzform auszusprechen ist, daß in solchem Falle stets W von M die Klärung ihrer dunklen Vorstellungen, die Deutung der Heniden, erwartet . Es wird die in der Rede des Mannes sichtbar werdende Gliederung seiner Gedanken dort, wo die Frau ohne helle Bewußtheit vorgestellt hat, als ein (tertiärer) männlicher Geschlechtscharakter von ihr geradezu erwartet, gewünscht und beansprucht, und wirkt auf sie wie ein solcher. Hierauf bezieht es sich, wenn so viele Mädchen sagen, sie wünschten nur einen solchen Mann zu heiraten, oder könnten zumindest nur jenen Mann lieben, der gescheiter sei als sie; daß es sie befremden, ja sexuell abstoßen kann, wenn der Mann dem, was sie sagen, einfach recht gibt und es nicht gleich besser sagt als sie; kurz und gut, warum eine Frau es eben als Kriterium der Männlichkeit fühlt , daß der Mann ihr auch geistig überlegen sei, von dem Manne mächtig angezogen wird, dessen Denken ihr imponiert, und damit, ohne es zu wissen, das entscheidende Votum gegen alle Gleichheitstheorien abgibt.

M lebt bewußt, W lebt unbewußt. Zu diesem Schlusse für die Extreme sind wir nun berechtigt. W empfängt ihr Bewußtsein von M: die Funktion, das Unbewußte bewußt zu machen, ist die sexuelle Funktion des typischen Mannes gegenüber dem typischen Weibe, das zu ihm im Verhältnis idealer Ergänzung steht.

Hiemit ist die Darstellung beim Problem der Begabung angelangt: der ganze theoretische Streit in der Frauenfrage geht heute fast nur darum, wer geistig höher veranlagt sei, »die Männer« oder »die Frauen«. Die populäre Fragestellung erfolgt ohne Typisierung; hier wurden über die Typen Anschauungen entwickelt, die auf die Beantwortung jener Frage nicht ohne Einfluß bleiben können. Die Art dieses Zusammenhanges bedarf jetzt der Erörterung.

IV. Kapitel. Begabung und Genialität

Genie und Talent. Genial und geistreich. Methode. Verständnis für mehr Menschen. Was es heißt: einen Menschen verstehen? Größere Kompliziertheit des Genies. Perioden im psychischen Leben. Keine Herabwürdigung der bedeutenden Menschen. Verstehen und Bemerken. Innerer Zusammenhang von Licht und Wachsein. Endgültige Feststellung der Bedingungen des Verstehens. Allgemeinere Bewußtheit des Genies. Größte Entfernung vom Henidenstadium; danach höherer Grad von Männlichkeit. Nur Universalgenies. W ungenial und ohne Heldenverehrung. Begabung und Geschlecht.

Da über das Wesen der genialen Veranlagung sehr vielerlei an vielen Orten zu lesen ist, wird es Mißverständnisse verhüten, wenn noch vor allem Eingehen auf die Sache einige Feststellungen getroffen werden.

Da handelt es sich zunächst um die Abgrenzung gegen den Begriff des Talentes. Die populäre Anschauung bringt Genie und Talent fast immer so in Verbindung, als wäre das erste ein höherer oder höchster Grad des letzteren, durch stärkste Potenzierung oder Häufung verschiedener Talente in einem Menschen aus jenem abzuleiten, als gäbe es zumindest vermittelnde Übergänge zwischen beiden. Diese Ansicht ist vollständig verkehrt. Wenn es auch vielerlei Grade und verschieden hohe Steigerungen der Genialität sicherlich gibt, so haben diese Stufen doch gar nichts zu tun mit dem sogenannten »Talent«. Ein Talent, z. B. das mathematische Talent, mag jemand von Geburt in außerordentlichem Grade besitzen; er wird dann die schwierigsten Kapitel dieser Wissenschaft mit leichter Mühe sich anzueignen imstande sein; aber von Genialität, was dasselbe ist wie Originalität, Individualität und Bedingung eigener Produktivität, braucht er darum noch nichts zu besitzen. Umgekehrt gibt es hochgeniale

Menschen, die kein spezielles Talent in besonders hohem Grade entwickelt haben. Man denke an Novalis oder an Jean Paul. Das Genie ist also keineswegs ein höchster Superlativ des Talentes, es ist etwas von ihm durch eine ganze Welt Geschiedenes, beide durchaus heterogener Natur, nicht aneinander zu messen und nicht miteinander zu vergleichen. Das Talent ist vererbbar, es kann Gemeingut einer Familie sein (die Bachs); das Genie ist nicht übertragbar, es ist nie generell, sondern stets individuell (Johann Sebastian).

Vielen leicht zu blendenden mittelmäßigen Köpfen, insbesondere aber den Frauen, gilt im allgemeinen geistreich und genial als dasselbe. Die Frauen haben, wenn auch der äußere Schein für das Gegenteil sprechen mag, in Wahrheit gar keinen Sinn für das Genie, ihnen gilt jede Extravaganz der Natur, die einen Mann aus Reih' und Glied der anderen sichtbar hervortreten läßt, zur Befriedigung ihres sexuellen Ehrgeizes gleich; sie verwechseln den Dramatiker mit dem Schauspieler, und machen keinen Unterschied zwischen Virtuos und Künstler. So gilt ihnen denn auch der geistreiche Mensch als der geniale, Nietzsche als der Typus des Genies. Und doch hat, was mit seinen Einfällen bloß jongliert, alles Franzosentum des Geistes, mit wahrer geistiger Höhe nicht die entfernteste Verwandtschaft. Große Männer nehmen sich selbst und die Dinge zu ernst, um öfter als gelegentlich »geistreich« zu sein. Menschen, die nichts sind als eben »geistreich«, sind unfromme Menschen; es sind solche, die, von den Dingen nicht wirklich erfüllt, an ihnen nie ein aufrichtiges und tiefes Interesse nehmen, in denen nicht lang und schwer etwas der Geburt entgegenstrebt. Es ist ihnen nur daran gelegen, daß ihr Gedanke glitzere und funkle wie eine prächtig zugeschliffene Raute, nicht, daß er auch etwas beleuchte! Und das kommt daher, weil ihr Sinnen vor allem die Absicht auf das behält, was die anderen zu eben diesen Gedanken wohl »sagen« werden – eine Rücksicht, die durchaus nicht immer »rücksichtsvoll« ist. Es gibt Männer, die imstande sind, eine Frau, die sie in keiner Weise anzieht, zu heiraten – bloß weil sie den anderen gefällt. Und solche Ehen gibt es auch zwischen so manchen Menschen und ihren Gedanken. Ich denke da an eines lebenden Autors boshafte, anflegelnde, beleidigende Schreibweise: er glaubt zu brüllen und bellt doch nur. Leider scheint auch Friedrich Nietzsche, in seinen späteren Schriften (so erhaben er sonst über den Vergleich mit jenem ist), an seinen Einfällen manchmal vor allem das interessiert zu haben, was seinem Vermuten nach die Leute recht chokieren mußte. Er ist oft gerade dort am eitelsten, wo er am rücksichtslosesten scheint. Es ist die Eitelkeit des Spiegels selbst, der von dem Gespiegelten brünstig Anerkennung erfleht: Sieh, wie gut, wie rücksichtslos ich spiegle! – In der Jugend, solange man selbst noch nicht gefestigt ist, sucht ja wohl ein jeder sich dadurch zu festigen, daß er den anderen anrempelt; aber leidenschaftlich-aggressiv sind ganz große Männer doch immer nur aus Not. Nicht sie gleichen dem jungen Fuchs auf der Suche nach seiner Mensur, nicht sie dem jungen Mädchen, das die neue Toilette vor allem darum so entzückt, weil ihre »Freundinnen« sich so darüber ärgern werden.

Genie! Genialität! Was hat dieses Phänomen nicht bei der Mehrzahl der Menschen für Unruhe und geistiges Unbehagen, für Haß und Neid, für Mißgunst und Verkleinerungssucht hervorgerufen, wieviel Unverständnis und – wieviel Nachahmungstrieb hat es nicht ans Licht treten lassen! »Wie er sich räuspert und wie er spuckt ...«

Leicht trennen wir uns von den Imitationen des Genius, um uns ihm selbst und seinen echten Verkörperungen zuzuwenden. Aber wahrlich! Wo hier auch die Betrachtung den Anfang nehmen möge, bei der unendlichen, ineinanderfließenden Fülle wird immer nur ihre Willkür den Ausgangspunkt wählen können. Alle Qualitäten, die man als geniale bezeichnen muß, hängen so innig miteinander zusammen, daß eine vereinzelte Betrachtung ihrer, die nur allmählich zu höherer Allgemeinheit aufzusteigen plant, zur denkbar schwierigsten Sache wird: indem die Darstellung stets zu vorzeitiger Abrundung des Ganzen verführt zu werden fürchten muß, und sich in der isolierenden Methode nicht behaupten zu können droht.

Alle bisherigen Erörterungen über das Wesen des Genius sind entweder biologisch-klinischer Natur und erklären mit lächerlicher Anmaßung das bißchen Wissen auf diesem Gebiete zur Beantwortung der schwierigsten und tiefsten psychologischen Fragen für hinreichend. Oder sie steigen von der Höhe eines metaphysischen Standpunktes herab, um die Genialität in ihr System aufzunehmen. Wenn der Weg, der hier eingeschlagen werden soll, nicht zu allen Zielen auf einmal führt, so liegt dies eben an seiner Natur eines Weges.

Denken wir daran, um wieviel besser der große Dichter in die Menschen sich hineinversetzen kann als der Durchschnittsmensch. Man ermesse die außerordentliche Anzahl der Charaktere, die Shakespeare, die Euripides geschildert haben; oder denke an die ungeheure Mannigfaltigkeit der Personen, die in den Romanen Zolas auftreten. Heinrich von Kleist hat nach der Penthesilea ihr vollendetes Gegenteil, das Käthchen von Heilbronn, geschaffen. Michel Angelo die Leda und die delphische Sibylle aus seiner Phantasie heraus verkörpert. Es gibt wohl wenige Menschen, die so wenig darstellende Künstler waren wie Immanuel Kant und Joseph Schelling, und doch sind sie es, die über die Kunst das Tiefste und Wahrste geschrieben haben.

Um nun einen Menschen zu erkennen oder darzustellen, muß man ihn verstehen. Um aber einen Menschen zu verstehen, muß man mit ihm Ähnlichkeit haben, man muß so sein wie er; um seine Handlungen nachzubilden und würdigen zu können, muß man die psychologischen Voraussetzungen, die sie in ihm hatten, in sich selbst nachzuerzeugen vermögen: einen Menschen verstehen heißt: ihn in sich haben. Man muß dem Geiste gleichen, den man begreifen will. Darum versteht ein Gauner nur immer gut den anderen Gauner, ein gänzlich harmloser Mensch wieder vermag nie jenen, stets nur eine ihm ebenbürtige Gutmütigkeit zu fassen; ein Poseur erklärt sich die Handlungen des anderen Menschen fast immer als Posen und vermag einen zweiten Poseur rascher zu durchschauen als der einfache Mensch, an den der Poseur seinerseits nie recht zu glauben imstande ist. Einen Menschen verstehen heißt also: er selbst sein.

Danach müßte aber jeder Mensch sich selbst am besten verstehen, und das ist gewiß nicht richtig. Kein Mensch kann sich selbst je verstehen, denn dazu müßte er aus sich selbst herausgehen, dazu müßte das Subjekt des Erkennens und Wollens Objekt werden können: ganz wie, um das Universum zu verstehen, ein Standpunkt noch außerhalb des Universums erforderlich wäre, und einen solchen zu gewinnen, ist nach dem Begriffe eines Universums nicht möglich. Wer sich selbst verstehen könnte, der könnte die Welt verstehen. Daß dieser Satz nicht nur vergleichsweise gilt, sondern ihm eine sehr tiefe Bedeutung innewohnt, wird sich aus der Untersuchung allmählich ergeben. Für den Augenblick ist sicher, daß man sein tiefstes eigenstes Wesen nicht selbst verstehen kann. Und es gilt auch wirklich: man wird, wenn man überhaupt verstanden wird, immer nur von anderen, nie von sich selbst verstanden. Der andere nämlich, der mit dem ersten eine Ähnlichkeit hat und ihm in anderer Beziehung doch gar nicht gleich ist, dem kann diese Ähnlichkeit zum Gegenstande einer Betrachtung werden, er kann sich im anderen oder den anderen in sich erkennen, darstellen, verstehen. Einen Menschen verstehen heißt also: auch er sein.

Der geniale Mensch aber offenbarte sich an jenen Beispielen eben als der Mensch, welcher ungleich mehr Wesen verstellt als der mittelmäßige. Goethe soll von sich gesagt haben, es gebe kein Laster und kein Verbrechen, zu dem er nicht die Anlage in sich verspürt, das er nicht in irgend einem Zeitpunkte seines Lebens vollauf verstanden habe. Der geniale Mensch ist also komplizierter, zusammengesetzter, reicher; und ein Mensch ist um so genialer zu nennen, je mehr Menschen er in sich vereinigt, und zwar, wie hinzugefügt werden muß, je lebendiger, mit je größerer Intensität er die anderen Menschen in sich hat. Wenn das Verständnis des Nebenmenschen nur wie ein schwaches Stümpchen in ihm brennte, dann wäre er nicht imstande, als großer Dichter in seinen Helden das Leben einer mächtigen Flamme gleich zu entzünden, seine Figuren wären ohne Mark und Kraft. Das Ideal gerade von einem künstlerischen Genius ist es, in allen Menschen zu leben, an alle sich zu verlieren, in die Vielheit zu emanieren; indes der Philosoph alle anderen in sich wiederfinden, sie zu einer Einheit, die eben immer nur seine Einheit sein wird, zu resorbieren die Aufgabe hat.

Diese Proteus-Natur des Genies ist, ebensowenig wie früher die Bisexualität, als Simultaneität aufzufassen; auch dem größten Genius ist es nicht gegeben, zu gleicher Zeit, etwa an einem und demselben Tage, das Wesen aller Menschen zu verstehen. Die umfassendere und inhaltsvollere Anlage, welche ein Mensch geistig besitzt, kann nur nach und nach, in allmählicher Entfaltung seines ganzen Wesens sich offenbaren. Es hat den Anschein, daß auch sie in einem bestimmten Ablauf gesetzmäßiger Perioden zum Vorschein kommt. Diese Perioden wiederholen sich aber im Laufe des Lebens nicht in der gleichen Weise, als wäre jede nur die gewöhnliche Wiederholung der vorhergegangenen, sondern sozusagen in immer höherer Sphäre; es gibt nicht zwei Momente des individuellen Lebens, die einander ganz gleichen; und es existiert zwischen den späteren und den früheren Perioden nur die Ähnlichkeit der Punkte der höheren mit den homologen der niederen Spiralwindung. Daher kommt es, daß hervorragende Menschen so oft in ihrer Jugend den Plan zu einem Werke fassen, nach langer Pause im Mannesalter das Jahre hindurch nicht vorgenommene Konzept einer Bearbeitung unterziehen und erst im Greisenalter nach abermaligem Zurückstellen es vollenden: es sind die verschiedenen Perioden, in die sie abwechselnd treten und die sie stets mit anderen Gegenständen erfüllen. Diese Perioden existieren bei jedem Menschen, nur in verschiedener Stärke, mit verschiedener »Amplitüde«. Da das Genie die meisten Menschen mit der größten Lebendigkeit in sich hat, wird die Amplitude der Perioden um so ausgesprochener sein, je bedeutender ein Mensch in geistiger Beziehung ist. Hochstehende Menschen hören daher meist von Jugend auf von seiten ihrer Erzieher den Vorwurf, daß sie fortwährend »von einem Extrem ins andere« fielen. Als ob sie sich dabei besonders wohl befinden würden! Gerade beim hervorragenden Menschen nehmen solche Übergänge in der Regel einen ausgesprochen krisenhaften Charakter an. Goethe hat einmal von der »wiederholten Pubertät« der Künstler gesprochen. Was er gemeint hat, hängt innig mit diesem Gegenstande zusammen.

Denn gerade die starke Periodizität des Genies bringt es mit sich, daß bei ihm immer erst auf sterile Jahre die fruchtbaren und auf sehr produktive Zeiten immer wieder sehr unfruchtbare folgen – Zeiten, in denen er von sich nichts hält, ja von sich psychologisch (nicht logisch) weniger hält als von jedem anderen Menschen: quält ihn doch die Erinnerung an die Schaffensperiode, und vor allem – wie frei sieht er sie, die von solchen Erinnerungen nicht Belästigten, herumgehen! Wie seine Ekstasen gewaltiger sind als die der anderen, so sind auch seine Depressionen fürchterlicher. Bei jedem hervorragenden Menschen gibt es solche Zeiten, kürzere und längere; Zeiten, wo er in völliger Verzweiflung an sich selbst sein, wo es bei ihm zu Selbstmordgedanken kommen kann, Zeiten, wo zwar auch eine Menge Dinge ihm auffallen können, und vor allem eine Menge Dinge sich ansetzen werden für eine spätere Ernte; wo aber nichts mit dem gewaltigen Tonus der produktiven Periode erscheint, wo, mit anderen Worten, der Sturm sich nicht einstellt; Zeiten, in denen wohl über solche, die trotzdem fortzuschaffen versuchen, gesagt wird: »Wie der jetzt herunterkommt!« »Wie der sich völlig ausgegeben hat!« »Wie der sich selbst kopiert!« etc. etc.

Auch seine anderen Eigenschaften, nicht bloß ob er überhaupt, sondern auch der Stoff, in welchem, der Geist, aus welchem heraus er produziert, sind im genialen Menschen einem Wechsel und einer starken Periodizität unterworfen. Er ist das eine Mal eher reflektierend und wissenschaftlich, das andere Mal mehr zu künstlerischer Darstellung disponiert (Goethe); zuerst konzentriert sich sein Interesse auf die menschliche Kultur und Geschichte, dann wieder auf die Natur (man halte Nietzsches »Unzeitgemäße Betrachtungen« neben seinen »Zarathustra«); er ist jetzt mystisch, nachher naiv (solche Beispiele haben in jüngster Zeit Björnson und Maurice Maeterlinck gegeben). Ja, so groß ist im hervorragenden Menschen die »Amplitüde« der Perioden, in denen die verschiedenen Seiten seines Wesens, die vielen Menschen, die in ihm intensiv leben, aufeinander sukzedieren, daß diese Periodizität auch physiognomisch sich deutlich offenbart. Hieraus möchte ich die auffallende Erscheinung erklären, daß bei begabteren Menschen der Ausdruck des Antlitzes viel öfter wechselt als bei Unbegabten, ja daß sie zu verschiedenen Zeiten oft unglaublich verschiedene Gesichter haben können; man vergleiche nur die von Goethe, von Beethoven, von Kant, von Schopenhauer aus den verschiedenen Epochen ihres Lebens erhaltenen Bilder! Man kann die Zahl der Gesichter, die ein Mensch hat, geradezu als ein physiognomisches Kriterium seiner Begabung[17] ansehen. Menschen, die stets ein und dasselbe Gesicht völlig unverändert aufweisen, stehen auch intellektuell sehr tief. Hingegen wird es den Physiognomiker nicht wundern, daß begabtere Menschen, die auch im Verkehre und Gespräche immer neue Seiten ihres Wesens offenbaren, über die darum das Nachdenken nicht sobald ein fertiges Urteil gewinnt, diese Eigenschaft auch durch ihr Aussehen bewahrheiten.

Man wird vielleicht mit Entrüstung die hier entwickelte vorläufige Vorstellung vom Genie zurückweisen, weil sie als notwendig postuliere, daß ein Shakespeare auch die ganze Gemeinheit eines Falstaff, die ganze Schurkenhaftigkeit eines Jago, die ganze Roheit eines Caliban in sich gehabt habe, somit die großen Menschen moralisch erniedrige, indem sie ihnen das intimste Verständnis auch für alles Verächtliche und Unbedeutende imputiere. Und es muß zugegeben werden, daß nach dieser Auffassung die genialen Menschen von den zahlreichsten und heftigsten Leidenschaften erfüllt und selbst von den widerlichsten Trieben nicht verschont sind (was übrigens durch ihre Biographien überall bestätigt wird).

Aber jener Einwurf ist trotzdem unberechtigt. Dies wird aus der späteren Vertiefung des Problems noch hervorgehen; einstweilen sei darauf hingewiesen, daß nur eine oberflächliche Schlußweise ihn als die notwendige Folgerung aus den bis jetzt dargelegten Prämissen betrachten kann, die vielmehr allein schon sein Gegenteil mehr als wahrscheinlich zu machen genügen. Zola, der den Impuls zum Lustmord so gut kennt, hätte trotzdem nie einen Lustmord begangen, und zwar darum, weil in ihm selber ebensoviel anderes noch ist. Der wirkliche Lustmörder ist die Beute seines Antriebes; in seinem Dichter wirkt der ganze Reichtum seiner vielfältigen Anlage dem Reize entgegen. Er bewirkt, daß Zola den Lustmörder viel besser als je-

---

17 Ich gebrauche das Wort Begabung, um dem Worte Genialität so ...g und Talent werden demnach hier streng auseinandergehalten.

der wirkliche Lustmörder sich selbst kennen, daß er aber eben damit ihn erkennen wird, wenn die Versuchung wirklich an ihn herantreten sollte; und damit steht er ihr bereits gegenüber. Aug' in Auge, und kann sich ihrer erwehren. Auf diese Weise wird der verbrecherische Trieb im großen Menschen vergeistigt, zum Künstlermotiv wie bei Zola, oder zur philosophischen Konzeption des »Radikal Bösen« wie bei Kant, darum führt er ihn nicht zur verbrecherischen Tat.

Aus der Fülle von Möglichkeiten, die in jedem bedeutenden Menschen vorhanden sind, ergeben sich nun wichtige Konsequenzen, welche zur Theorie der Heniden, wie sie im vorigen Kapitel entwickelt wurde, zurückleiten. Was man in sich hat, bemerkt man eher, als was man nicht versteht (wäre dem anders, so gäb' es keine Möglichkeit, daß die Menschen miteinander verkehren könnten – sie wissen meistens gar nicht, wie oft sie einander mißverstehen); dem Genie, das so viel mehr versteht als der Dutzendmensch, wird also auch mehr auffallen als diesem. Der Intrigant wird es leicht bemerken, wenn ein anderer ihm gleicht; der leidenschaftliche Spieler sofort wahrnehmen, wenn ein zweiter große Lust zum Spiele verrät, während dies den anderen, die anders sind, in den meisten Fällen lange entgeht: »der Art ja versiehst du dich besser«, heißt es in Wagners »Siegfried«. Vom komplizierteren Menschen aber galt, daß er jeden Menschen besser verstehen könne als dieser sich selber, vorausgesetzt, daß er dieser Mensch ist, und zugleich noch etwas mehr, genauer, wenn er diesen Menschen und dessen Gegenteil , alle beide, in sich hat. Die Zweiheit ist stets die Bedingung des Bemerkens und des Begreifens; fragen wir die Psychologie nach der kardinalsten Bedingung des Bewußtwerdens, der »Abhebung«, so erhalten wir zur Antwort, daß hiefür die notwendige Voraussetzung der Kontrast sei. Gäbe es nur ein einfarbiges Grau, so hätte niemand ein Bewußtsein, geschweige denn einen Begriff von Farbe; absolute Eintönigkeit eines Geräusches führt beim Menschen raschen Schlaf herbei: Zweiheit (das Licht , das die Dinge scheidet und unterscheidet) ist die Ursache des wachen Bewußtseins.

Darum kann niemand sich selbst verstehen, wenn er auch sein ganzes Leben ununterbrochen über sich nachdächte, und immer nur einen anderen, dem er zwar ähnlich, aber der er nicht ganz ist, sondern von dessen Gegenteil er ebensoviel in sich hat wie von ihm selbst. Denn in dieser Verteilung liegen die Verhältnisse für das Verstehen am günstigsten: der früher erwähnte Fall Kleistens. Endgültig bedeutet also einen Menschen verstehen soviel als: ihn und sein Gegenteil in sich haben.

Daß sich ganz allgemein stets Gegensatz paare im selben Menschen zusammenfinden müssen, um ihm das Bewußtwerden auch nur eines Gliedes von jedem Paare zu gestatten, dafür liefert die Lehre vom Farbensinn des Auges mehrere physiologische Beweise, von denen ich nur die bekannte Erscheinung erwähne, daß die Farbenblindheit sich immer auf beide Komplementärfarben erstreckt; der Rotblinde ist auch grünblind, und es gibt nur Blaugelbblinde und keinen Menschen, der blau empfinden könnte, wenn er für gelb unempfänglich wäre. Dieses Gesetz gilt im Geistigen überall, es ist das Grundgesetz alles Bewußtwerdens. Zum Beispiel wird, wer immer sehr zum Frohmut, auch zum Umschlag in Trübsinn eher veranlagt sein als ein stets gleichmäßig Gestimmter; so mancher Melancholiker vermag sich nur durch eine gewaltsame Manie über Wasser zu halten; und wer für jederlei Feinheit und Subtilität so viel Sinn hat wie Shakespeare, wird auch die ungeschlachteste Derbheit, weil gleichsam als seine Gefahr, am sichersten empfinden und auffassen.

Je mehr menschliche Typen und deren Gegensätze ein Mensch in seiner Person vereinigt, desto weniger wird ihm, da aus dem Verstehen auch das Bemerken folgt, entgehen, was die Menschen treiben und lassen, desto eher wird er durchschauen, was sie fühlen, denken und eigentlich wollen. Es gibt keinen genialen Menschen, der nicht ein großer Menschenkenner wäre; der bedeutende Mensch bückt einfacheren Menschen oft im ersten Augenblick bis auf den Grund, und ist nicht selten imstande, sie sofort völlig zu charakterisieren.

Nun hat aber unter den meisten Menschen der eine für dies, der andere für jenes einen nur mehr oder minder einseitig entwickelten Sinn. Dieser kennt alle Vögel und unterscheidet ihre Stimmen aufs feinste, jener hat von früh auf einen liebevollen und sicheren Blick für die Pflanzen; der eine fühlt sich von den übereinandergeschichteten tellurischen Sedimenten erschüttert und die Gestirne sind ihm wohl ein freundlicher Gruß, aber eben oft nicht mehr als ein solcher (Goethe), der andere erschauert ahnungsvoll-ergeben unter der Kälte des nächtigen Fixsternhimmels (Kant); manch einer findet das Gebirge tot und fühlt sich gewaltig nur vom ewig bewegten Meere angesprochen (Böcklin), ein zweiter kann zu dessen immerwährender Unruhe kein Verhältnis gewinnen und kehrt unter die erhabene Macht der Berge zurück (Nietzsche). So hat jeder Mensch, auch der einfachste, etwas in der Natur, zu dem es ihn hinzieht, und für das seine Sinne schärfer werden denn für alles übrige. Wie sollte nun der genialste Mensch, der, im idealen Falle, diese Menschen alle in sich hat, mit ihrem Innenleben nicht auch ihre Beziehungen und Liebesneigungen zur Außenwelt in sich versammeln? So wächst in ihn die Allgemeinheit nicht nur alles Menschlichen, sondern auch alles Natürlichen hinein; er ist der Mensch, der zu den meisten Dingen im intimsten Rapporte steht, dem das meiste auffällt, das wenigste entgeht; der das meiste versteht, und es am tiefsten versteht schon darum, weil er es mit den vielfältigsten Dingen zu vergleichen und von den zahlreichsten zu unterscheiden in der Lage ist, am besten zu messen und am besten zu begrenzen weiß. Dem genialen Menschen wird das meiste und all dies am stärksten bewußt . Darum wird zweifellos auch seine Sensibilität die feinste sein; dies darf man aber nicht, wie es, in offenbar einseitigem Hinblick auf den Künstler, geschehen ist, bloß zugunsten einer verfeinerten Sinnesempfindung, größerer Sehschärfe beim Maler (oder beim Dichter), größerer Hörschärfe beim Komponisten (Mozart), auslegen: das Maß der Genialität ist weniger in der Unterschiedsempfindlichkeit der Sinne als in der des Geistes zu suchen; anderseits wird jene Empfindlichkeit oft auch mehr nach innen gekehrt sein.

So ist das geniale Bewußtsein am weitesten entfernt vom Henidenstadium; es hat vielmehr die größte, grellste Klarheit und

Helle. Genialität offenbart sich hier bereits als eine Art höherer Männlichkeit; und darum kann W nicht genial sein . Dies ist die folgerechte Anwendung des im vorigen Kapitel gewonnenen Ergebnisses, daß M bewußter lebe als W, auf den eigentlichen Ertrag des jetzigen Kapitels: dieses gipfelt in dem Satze, daß Genialität identisch ist mit höherer, weil allgemeinerer Bewußtheit. Jenes intensivere Bewußtsein von allem wird aber selbst erst ermöglicht durch die enorme Zahl von Gegensätzen, die im hervorragenden Menschen beisammen sind.

Darum ist zugleich Universalität das Kennzeichen des Genies. Es gibt keine Spezialgenies, keine »mathematischen« und keine »musikalischen Genies«, auch keine »Schachgenies«, sondern es gibt nur Universalgenies. Der geniale Mensch läßt sich definieren als derjenige, der alles weiß, ohne es gelernt zu haben. Unter diesem »Alleswissen« sind selbstverständlich nicht die Theorien und die Systematisierungen gemeint, welche die Wissenschaft an den Tatsachen vorgenommen hat, nicht die Geschichte des spanischen Erbfolgekrieges, und nicht die Experimente über den Diamagnetismus. Aber nicht erst aus dem Studium der Optik erwächst dem Künstler die Kenntnis der Farben des Wassers bei trübem und heiterem Himmel, und es bedarf keiner Vertiefung in eine Charakterologie, um Menschen einheitlich zu gestalten. Denn je begabter ein Mensch ist, über desto mehr hat er immer selbständig nachgedacht, zu desto mehr Dingen besitzt er ein persönliches Verhältnis.

Die Lehre von den Spezialgenies, die es gestattet, z. B. vom »Musikgenie« zu reden, das »in allen anderen Beziehungen unzurechnungsfähig« sei, verwechselt abermals Talent und Genie. Der Musiker kann, wenn er wahrhaft groß ist, in der Sprache, auf die ihn die Richtung seines besonderen Talentes weist, genau so universell sein, genau so die ganze innere und äußere Welt durchmessen wie der Dichter oder der Philosoph; solch ein Genie war Beethoven. Und er kann in ebenso beschränkter Sphäre sich bewegen wie ein mittelmäßiger wissenschaftlicher oder künstlerischer Kopf; solch ein Geist war Johann Strauß, den ein Genie nennen zu hören uns merkwürdig berührt, so schöne Blüten eine lebhafte, aber sehr eng begrenzte Einbildungskraft in ihm auch getrieben haben mag. Es gibt, um nochmals darauf zurückzukommen, vielerlei Talente, aber es gibt nur eine Genialität, die ein beliebiges Talent wählen und ergreifen kann, um in ihm sich zu betätigen. Es gibt etwas, das allen genialen Menschen als genialen gemeinsam ist, so sehr auch der große Philosoph vom großen Maler, der große Musiker vom großen Bildhauer, der große Dichter vom großen Religionsstifter sich sonst unterscheiden mögen. Das Talent, durch dessen Medium die eigentliche Geistesanlage eines Menschen sich offenbart, ist viel mehr Nebensache, als man gewöhnlich glaubt, und wird aus der großen Nähe, aus welcher kunstphilosophische Betrachtung leider so oft erfolgt, in seiner Wichtigkeit meist weit überschätzt. Nicht nur die Unterschiede in der Begabung, auch die Gemütsart und Weltanschauung kehren sich wenig an die Grenzen der Künste voneinander, diese werden übersprungen, und so ergeben sich dem vorurteilsfreieren Blick oft überraschende Ähnlichkeiten; er wird dann, statt innerhalb der Musikgeschichte, respektive der Geschichte der Kunst, der Literatur und Philosophie nach Analogien zu blättern, lieber ungescheut z. B. Bach mit Kant vergleichen, Karl Maria v. Weber neben Eichendorff stellen, und Böcklin mit Homer zusammenhalten; und wenn so die Betrachtung reiche Anregung und große Fruchtbarkeit gewinnen kann, so wird das auch dem psychologischen Tiefblick schließlich zugute kommen, an dessen Mangel alle Geschichtschreibung von Kunst wie von Philosophie am empfindlichsten krankt. Welche organischen und psychologischen Bedingungen es übrigens sind, die ein Genie entweder zum mystischen Visionär oder etwa zum großen Zeichner werden lassen, das muß als unwesentlich für die Zwecke dieser Schrift beiseite bleiben.

Von jener Genialität aber, die, bei allen oft sehr tief gehenden Unterschieden zwischen den einzelnen Genies, eine und dieselbe bleibt und, nach dem hier aufgestellten Begriffe, überall manifestiert werden kann, ist das Weib ausgeschlossen. Wenn auch die Frage, ob es rein wissenschaftliche, und ob es bloß handelnde, nicht nur künstlerische und philosophische Genies geben könne, erst in einem späteren Abschnitt zur Entscheidung gebracht werden soll: man hat allen Grund, vorsichtiger zu verfahren mit der Verleihung des Prädikates genial, als man dies bisher gewesen ist. Es wird sich noch deutlich zeigen: will man überhaupt vom Wesen der Genialität eine Vorstellung sich bilden und zu einem Begriffe derselben zu gelangen suchen, so muß die Frau als ungenial bezeichnet werden; und trotzdem wird niemand der Darstellung nachsagen dürfen, sie hätte im Hinblick auf das weibliche Geschlecht irgend einen willkürlichen Begriff erst konstruiert und ihn nachträglich als das Wesen der Genialität hingestellt, um nur den Frauen keinen Platz innerhalb derselben einräumen zu müssen.

Hier kann auf die anfänglichen Betrachtungen dieses Kapitels zurückgegriffen werden. Während die Frau der Genialität kein Verständnis entgegenbringt, außer einem, das sich eventuell an die Persönlichkeit eines noch lebenden Trägers knüpfte, hat der Mann jenes tiefe Verhältnis zu dieser Erscheinung an sich, das Carlyle in seinem noch immer so wenig verstandenen Buche Hero-worship, Heldenverehrung, genannt und so schön und hinreißend ausgemalt hat. In der Heldenanbetung des Mannes kommt abermals zum Ausdruck, daß Genialität an die Männlichkeit geknüpft ist, daß sie eine ideale, potenzierte Männlichkeit vorstellt;[18] denn die Frau hat kein originelles, sondern ein ihr vom Manne verliehenes Bewußtsein, sie lebt unbewußt, der Mann bewußt: am bewußtesten aber der Genius.

---

18 Begabung (nicht Talent) und Geschlecht sind di... Männlichkeit oder Weiblichkeit eines Menschen stehen müsse.

V. Kapitel. Begabung und Gedächtnis

Artikulation und Reproduzierbarkeit. Gedächtnis an Erlebnisse als Kennzeichen der Begabung. Erinnerung und Apperzeption. Anwendungen und Folgerungen. Fähigkeit des Vergleichens und Beziehens. Gründe für die Männlichkeit der Musik. Zeichnung und Farbe. Grade der Genialität; das Verhältnis des Genius zum ungenialen Menschen. Selbstbiographie. Fixe Ideen. Erinnerung an das Selbstgeschaffene. Kontinuierliches und diskontinuierliches Gedächtnis. Einheit des biographischen Selbstbewußtseins nur bei M. Charakter der weiblichen Erinnerungen. Kontinuität und Pietät. Vergangenheit und Schicksal. Vergangenheit und Zukunft. Unsterblichkeitsbedürfnis. Bisherige psychologische Erklärungsversuche. Wahre Wurzel. Innere Entwicklung des Menschen bis zum Tode. Ontogenetische Psychologie oder theoretische Biographie. Die Frau ohne jedes Unsterblichkeitsbedürfnis. – Fortschritt zu tieferer Analyse des Zusammenhanges mit dem Gedächtnis. Gedächtnis und Zeit. Postulierung des Zeitlosen. Der Wert als das Zeitlose. Erstes Gesetz der Werttheorie. Nachweise. Individuation und Dauer als konstitutiv für den Wert. Wille zum Wert. Das Unsterblichkeitsbedürfnis als Spezialfall. Unsterblichkeitsbedürfnis des Genies, zusammenfallend mit seiner Zeitlosigkeit durch sein universales Gedächtnis und die ewige Dauer seiner Werke. Das Genie und die Geschichte. Das Genie und die Nation. Das Genie und die Sprache. Die »Männer der Tat« und die »Männer der Wissenschaft« ohne Anrecht auf den Titel des Genius; anders Philosoph (Religionsstifter) und Künstler.

Um von der Heniden-Theorie auszugehen, sei folgende Beobachtung erzählt. Ich notierte gerade, halb mechanisch, die Seitenzahl einer Stelle aus einer botanischen Abhandlung, die

ich später zu exzerpieren beabsichtigte, als ich etwas in Henidenform dachte. Aber was ich da dachte, wie ich es dachte, was
da an die Tür der Bewußtheit klopfte, dessen konnte ich mich
schon im nächsten Augenblick trotz aller Anstrengung nicht
entsinnen. Aber gerade darum ist dieser Fall – er ist typisch –
besonders lehrreich.

Je plastischer, je geformter ein Empfindungskomplex ist, desto eher ist er reproduzierbar. Deutlichkeit des Bewußtseins ist
erste Bedingung der Erinnerung, der Intensität der Bewußt-
seinserregung ist das Gedächtnis an die Erregung proportional.
»Das wird mir unvergeßlich bleiben«, »daran werde ich mein
Lebtag denken«, »das kann mir nie mehr entschwinden« sagt ja
der Mensch von Ereignissen, die ihn heftig aufgeregt haben, von
Augenblicken, aus denen er um eine Einsicht klüger, um eine
wichtige Erfahrung reicher geworden ist. Steht also die Reproduzierbarkeit der Bewußtseinsinhalte im geraden Verhältnis zu
ihrer Gliederung, so ist klar, daß an die absolute Henide überhaupt keine Erinnerung möglich sein wird.

Da nun die Begabung eines Menschen mit der Artikulation
seiner gesamten Erlebnisse wächst, so wird einer, je begabter er
ist, desto eher an seine ganze Vergangenheit, an alles, was er je
gedacht und getan, gesehen und gehört, empfunden und gefühlt
hat, sich erinnern können, mit desto größerer Sicherheit und
Lebhaftigkeit wird er alles aus seinem Leben reproduzieren. Das
universelle Gedächtnis an alles Erlebte ist darum das sicherste,
allgemeinste, am leichtesten zu ergründende Kennzeichen des
Genies. Es ist zwar eine verbreitete und besonders unter allen
Kaffeehausliteraten beliebte Lehre, daß produktive Menschen
(weil sie Neues schüfen) kein Gedächtnis hätten: aber offenbar
nur, weil darin die einzige Bedingung der Produktivität liegt, die
bei ihnen erfüllt ist.

Freilich darf man diese große Ausdehnung und Lebendigkeit
des Gedächtnisses beim genialen Menschen, die ich zunächst
als eine Folgerung aus dem Systeme ganz dogmatisch einführe,
ohne sie aus der Erfahrung neu zu begründen, nicht mit dem
raschen Vergessen des gesamten gymnasialen Geschichtsstof-
fes oder der unregelmäßigen Verba des Griechischen widerle-

gen wollen. Es handelt sich um das Gedächtnis für das Erlebte, nicht um die Erinnerung an das Erlernte; was zu Prüfungszwecken studiert wird, davon wird immer nur der kleinste Teil behalten, jener Teil, welcher dem speziellen Talente des Schülers entspricht. So kann ein Zimmermaler ein besseres Gedächtnis für Farben haben als der größte Philosoph, der beschränkteste Philologe ein besseres Gedächtnis für die vor Jahren auswendig gelernten Aoriste als sein Kollege, der vielleicht ein genialer Dichter ist. Es verrät die ganze Jämmerlichkeit und Hilflosigkeit der experimentellen Richtung in der Psychologie (noch mehr aber die Unfähigkeit so vieler Leute, die, mit einem Arsenal von elektrischen Batterien und Sphygmographiontrommeln im Rücken, gestützt auf die »Exaktheit« ihrer langweiligen Versuchsreihen, nun in rebus psychologicis vor allen anderen gehört zu werden beanspruchen), daß sie das Gedächtnis der Menschen durch Aufgaben, wie das Erlernen von Buchstaben, mehrzifferigen Zahlen, zusammenhanglosen Worten prüfen zu können glauben. An das eigentliche Gedächtnis des Menschen, jenes Gedächtnis, welches in Betracht kommt, wenn ein Mensch die Summe seines Lebens zieht, reichen diese Versuche so wenig heran, daß man sich unwillkürlich zu der Frage gedrängt sieht, ob jene fleißigen Experimentatoren von der Existenz dieses anderen Gedächtnisses, ja eines psychischen Lebens überhaupt, etwas wissen. Jene Untersuchungen stellen die verschiedensten Menschen unter ganz uniformierende Bedingungen, denen gegenüber nie Individualität sich äußern kann, sie abstrahieren wie geflissentlich gerade vom Kern des Individuums, und behandeln es einfach als guten oder schlechten Registrierapparat. Es liegt ein großer Tiefblick darin, daß im Deutschen »bemerken« und »merken« aus der nämlichen Wurzel gebildet ist. Nur was auffällt, von selbst, infolge angeborner Beschaffenheit, wird behalten. Wessen man sich erinnert, dafür muß ein ursprüngliches Interesse vorhanden sein, und wenn etwas vergessen wird, dann war die Anteilnahme an ihm nicht stark genug. Dem religiösen Menschen werden darum religiöse Lehren, dem Dichter Verse, dem Zahlenmystiker Zahlen am sichersten und längsten haften bleiben.

Und hier kann auf das vorige Kapitel in anderer Weise zurückgegriffen und die besondere Treue des Gedächtnisses bei hervorragenden Menschen noch auf einem zweiten Wege deduziert werden. Denn je bedeutender ein Mensch ist, desto mehr Menschen, desto mehr Interessen sind in ihm zusammengekommen, desto umfassender also muß sein Gedächtnis werden. Die Menschen haben im allgemeinen durchaus gleich viel äußere Gelegenheit zu »perzipieren«, aber die meisten »apperzipieren« von der unendlichen Menge nur einen unendlich kleinen Teil. Das Ideal von einem Genie müßte ein Wesen sein, dessen sämtliche »Perzeptionen« ebenso viele »Apperzeptionen« wären. Ein solches Wesen gibt es nicht. Es ist aber auch kein Mensch, der nie apperzipiert, sondern immer bloß perzipiert hätte. Schon darum muß es alle möglichen Grade der Genialität geben;[19] zumindest ist kein männliches Wesen ganz ungenial. Aber auch vollkommene Genialität bleibt ein Ideal: es existiert kein Mensch ohne alle und kein Mensch mit universaler Apperzeption (als welche man das vollkommene Genie weiter bestimmen könnte). Der Apperzeption als der Aneignung ist das Gedächtnis als der Besitz, seinem Umfang wie seiner Festigkeit nach, proportioniert. So führt denn auch eine ununterbrochene Stufenfolge vom ganz diskontinuierlichen, bloß von Augenblick zu Augenblick lebenden Menschen, dem kein Erlebnis etwas bedeuten könnte, weil es auf kein früheres sich würde beziehen lassen – einen solchen Menschen gibt es aber nicht –, bis zum völlig kontinuierlich Lebenden, dem alles unvergeßlich bleibt (so intensiv wirkt es auf ihn ein und wird von ihm aufgefaßt), und den es ebensowenig gibt: selbst das höchste Genie ist nicht in jedem Augenblicke seines Lebens »genial«.

Eine erste Bestätigung dieser Anschauung von der notwendigen Verknüpfung zwischen Gedächtnis und Genialität, wie der Deduktion dieses Zusammenhanges, die hier versucht wurde, liegt in dem außerordentlichen, die Besitzer oft selbst verblüffenden Gedächtnis für scheinbar nebensächliche Umstände, für Kleinigkeiten, das begabtere Menschen auszeichnet. Bei der Universalität ihrer Veranlagung hat nämlich alles eine, ihnen

---

19 Die aber mit dem Talente nichts zu schalten haben.

selbst oft lange unbewußte, Bedeutung für sie; und so bleiben sie hartnäckig an ihrem Gedächtnisse kleben, prägen sich diesem ganz von selbst unverlöschbar ein, ohne daß im allgemeinen die geringste Mühe an die spezielle Erinnerung gewendet oder die Aufmerksamkeit in den Dienst dieses Gedächtnisses noch besonders gestellt würde. Darum könnte man, in einem erst später zu erhellenden tieferen Sinne, bereits jetzt den genialen Menschen als denjenigen bestimmen, der die Redensart nicht kennt, und weder sich selbst noch anderen gegenüber zu gebrauchen vermöchte, dies oder jenes Ereignis aus entlegener Zeit sei »gar nicht mehr wahr«. Es gibt vielmehr für ihn nichts, das ihm nicht mehr wahr wäre, auch wenn, ja vielleicht gerade weil er für alles, was im Laufe der Zeit anders geworden ist, ein deutlicheres Gefühl hat als alle anderen Menschen.

Als das beste Mittel zur objektiven Prüfung der Begabung, der geistigen Bedeutung eines Menschen läßt sich darum dies empfehlen: man sei längere Zeit mit ihm nicht beisammen gewesen und fange nun von dem letzten Zusammensein zu sprechen an, knüpfe das neue Gespräch an die Gegenstände des letzten. Man wird gleich zu Beginn gewahr werden, wie lebhaft er dieses aufgenommen, wie nachhaltig es in ihm fortgewirkt hat, und sehr bald sehen, wie treu er die Einzelheiten bewahrt hat. Wie vieles unbegabte Menschen aus ihrem Leben vergessen, das kann, wer Lust hat, zu seiner Überraschung und seinem Entsetzen nachprüfen. Es kommt vor, daß man mit ihnen vor wenigen Wochen stundenlang beisammen war: es ist ihnen nun entschwunden. Man kann Menschen finden, mit denen man vor einigen Jahren acht oder vierzehn Tage lang, zufällig oder in bestimmten Angelegenheiten, sehr viel zu tun hatte, und die nach Ablauf dieser Zeit an nichts mehr sich zu erinnern vermögen. Freilich, wenn man ihnen durch genaue Darstellung alles dessen, worum es sich handelte, durch Wiederbelebung der Situation in allen ihren Details, zu Hilfe kommt, so gelingt es immer, falls diese Bemühung lange genug fortgesetzt wird, zuerst ein schwaches Aufleuchten des fast völlig Erloschenen und allmählich eine Erinnerung herbeizuführen. Solche Erfahrungen haben es mir sehr wahrscheinlich gemacht, daß die theoretisch immer zu machende Annahme, es gebe kein völliges Vergessen, sich auch empirisch, und zwar nicht bloß durch die Hypnose, nachweisen lassen dürfte, wenn man nur dem Befragten mit den richtigen Vorstellungen an die Hand zu gehen weiß.

Es kommt also darauf an, daß man einem Menschen aus seinem Leben, aus dem, was er gesagt oder gehört, gesehen oder gefühlt, getan oder erlitten hat, möglichst wenig erzählen könne, das er nicht selbst weiß. Hiemit ist zum ersten Male ein Kriterium der Begabung gefunden, welches leichter Überprüfung von Seiten anderer zugänglich ist, ohne daß schon schöpferische Leistungen des Menschen vorliegen müssen. Wie vielfacher Anwendung in der Erziehung es entgegengeht, mag unerörtert bleiben. Für Eltern und Lehrer dürfte es gleich wichtig sein.

Vom Gedächtnisse der Menschen hängt, wie natürlich, auch das Maß ab, in welchem sie in der Lage sein werden, sowohl Unterschiede als Ähnlichkeiten zu bemerken. Am meisten wird diese Fähigkeit bei jenen entwickelt sein, in deren Leben immer die ganze Vergangenheit in die Gegenwart hineinreicht, bei denen alle Einzelmomente des Lebens zur Einheit zusammenfließen und aneinander verglichen werden. So kommen gerade sie am vernehmlichsten in die Gelegenheit, Gleichnisse zu gebrauchen, und zwar gerade mit dem Tertium comparationis, auf das es eben ankommt; denn sie werden aus dem Vergangenen immer dasjenige herausgreifen, was die stärkste Übereinstimmung mit dem Gegenwärtigen aufweist, indem beide Erlebnisse, das neue und das zum Vergleiche herangezogene ältere, bei ihnen artikuliert genug dazu sind, um keine Ähnlichkeit und keinen Unterschied vor ihrem Auge zu verbergen; und darum eben auch, was längst vorbei ist, gegen den Einfluß der Jahre hier sich behaupten konnte. Nicht umsonst hat man daher die längste Zeit in dem Reichtum eines Dichters an schönen und vollkommenen Gleichnissen und Bildern einen besonderen Vorzug seiner Gattung erblickt, seine Lieblingsgleichnisse aus dem Homer, aus Shakespeare und Klopstock immer wieder aufgeschlagen oder bei der Lektüre mit Ungeduld erwartet. Heute, da Deutschland seit 150 Jahren zum ersten Male ohne großen Künstler und ohne großen Denker ist, indes dafür bald niemand mehr aufzutreiben sein wird, der nicht »geschrieben« hätte, heute scheint das ganz vorüber; man sucht nach derartigem nicht, man würde auch nichts finden. Eine Zeit, die in vagen, undeutlich schillernden Stimmungen ihr Wesen am besten ausgesprochen sieht, deren Philosophie in mehr als einem Sinne das Unbewußte geworden ist, zeigt zu offensichtlich, daß nicht ein wahrhaft Großer in ihr lebt; denn Größe ist Bewußtsein, vor dem der Nebel des Unbewußten schwindet wie vor den Strahlen der Sonne. Gäbe ein einziger dieser Zeit ein Bewußtsein, wie gern würde sie all ihre Stimmungskunst, deren sie sich heute noch berühmt, dahingehen! – Erst im vollen Bewußtsein, in welchem in das Erlebnis der Gegenwart alle Erlebnisse der Vergangenheit in größter Intensität hineinspielen, findet Phantasie, die Bedingung des philosophischen wie des künstlerischen Schaffens, eine Stelle. Demgemäß ist es auch gar nicht wahr, daß die Frauen mehr Phantasie haben als die Männer. Die Erfahrungen, auf Grund deren man dem Weibe eine lebhaftere Einbildungskraft hat zusprechen wollen, entstammen sämtlich dem sexuellen Phantasieleben der Frauen; und die Folgerungen, die allein mit Recht hieraus gezogen werden könnten, gestatten eine Behandlung in diesem Zusammenhange noch nicht.

Die absolute Bedeutungslosigkeit der Frauen in der Musikgeschichte läßt sich wohl noch auf weit tiefere Gründe zurückführen: doch beweist sie zunächst den Mangel des Weibes an Phantasie. Denn zur musikalischen Produktivität gehört unendlich viel mehr Phantasie, als selbst das männlichste Weib besitzt: viel mehr als zu sonstiger künstlerischer oder wissenschaftlicher Tätigkeit. Nichts Wirkliches in der Natur, nichts Gegebenes in der sinnlichen Empirie entspricht einem Tonbilde. Die Musik ist wie ohne Beziehungen zur Erfahrungswelt: es gibt keine Klänge, keine Akkorde, keine Melodien in der Natur, sondern hier hat erst der Mensch auch die letzten Elemente noch selbständig zu erzeugen. Jede andere Kunst hat deutlichere Beziehungen zur empirischen Realität als sie, ja die ihr, was man auch dagegen sagen mag, verwandte Architektur betätigt sich bis zuletzt an einem Stoffe; obwohl sie mit der Musik die Eigenschaft teilt, daß sie (vielleicht sogar mehr noch als diese) von sinnlicher Nachahmung frei ist. Darum ist auch Baukunst eine durchaus männliche Sache, der weibliche Baumeister eine fast nur Mitleid weckende Vorstellung.

Desgleichen rührt die »verdummende« Wirkung der Musik auf schaffende und ausübende Musiker, von der man öfter sprechen hört (besonders kommt hier die reine Instrumentalmusik in Betracht), nur davon her, daß noch der Geruchssinn dem Menschen mehr zur Orientierung in der Erfahrungswelt dienen kann als der Inhalt eines musikalischen Werkes. Und eben diese gänzliche Abwesenheit aller Beziehungen zur Welt, die wir sehen, tasten, riechen können, macht die Musik nicht besonders geeignet für Äußerungen weiblichen Wesens. Zugleich erklärt diese Eigenart seiner Kunst, warum der schöpferische Musiker der Phantasie im allerhöchsten Grade bedarf und warum der Mensch, welchem Melodien einfallen (ja vielleicht gegen sein Sträuben zuströmen), noch viel mehr Gegenstand des Staunens seitens der anderen Menschen wird als der Dichter oder der Bildhauer. Die »weibliche Phantasie« muß wohl eine von der männlichen gänzlich verschiedene sein, wenn es ihrer ungeachtet keine Musikerin gibt, welche für die Musikgeschichte auch nur so weit in Betracht käme wie etwa Angelika Kauffmann für die Malerei.

Wo irgend es deutlich auf kraftvolle Formung ankommt, haben die Frauen nicht die kleinste Leistung aufzuweisen: nicht in der Musik und nicht in der Architektur, nicht in der Plastik und nicht in der Philosophie. Wo in vagen und weichen Übergängen des Sentiments noch ein wenig Wirkung erzielt werden kann, wie in Malerei und Dichtung, wie in einer gewissen verschwommenen Pseudo-Mystik und Theosophie, dort haben sie noch am ehesten ein Feld ihrer Betätigung gesucht und gefunden. – Der Mangel an Produktivität auf jenen Gebieten hängt also auch zusammen mit der Undifferenziertheit des psychischen Lebens im Weibe. Namentlich in der Musik kommt es auf das denkbar artikulierteste Empfinden an. Es gibt nichts Bestimmteres, nichts Charakteristischeres, nichts Eindringlicheres als eine Melodie, nichts, was unter jeder Verwischung stärker litte. Deshalb erinnert man sich an Gesungenes um so viel leichter als an Gesprochenes, an die Arien immer besser als an die Rezitativen, und kostet der Sprechgesang dem Wagnersänger so viel Studium.

Hier mußte darum länger verweilt werden, weil in der Musik

nicht wie anderswo die Ausrede der Frauenrechtler und -recht-
lerinnen gilt: der Zugang zu ihr sei den Frauen zu kurze Zeit erst
freigegeben, als daß man schon reife Früchte von ihnen fordern
dürfe. Sängerinnen und Virtuosinnen hat es immer, bereits im
klassischen Altertum, gegeben. Und doch ...

Auch die schon früher häufige Übung, Frauen malen und
zeichnen zu lassen, hat bereits seit etwa 200 Jahren in erhebli-
chem Maße sich gesteigert. Man weiß, wie viele Mädchen heute
ohne Not zeichnen und malen lernen. Also auch hier ist lange
schon kein engherziger Ausschluß mehr wahrzunehmen, äußere Möglichkeiten wären reichlich vorhanden. Wenn trotzdem
so wenige Malerinnen für eine Geschichte der Kunst ernsthaft
etwas bedeuten können, so dürfte es an den inneren Bedingungen gebrechen. Die weibliche Malerei und Kupferstecherei kann
eben für die Frauen nur eine Art eleganterer, luxuriöser Handarbeit bedeuten. Dabei scheint ihnen das sinnliche, körperliche
Element der Farbe eher erreichbar als das geistige, formale
der Linie; und dies ist ohne Zweifel der Grund, daß zwar einige
Malerinnen, aber noch keine Zeichnerin von Ansehen bekannt
geworden ist. Die Fähigkeit, einem Chaos Form geben zu können, ist eben die Fähigkeit des Menschen, dem die allgemeinste
Apperzeption das allgemeinste Gedächtnis verschafft, sie ist die
Eigenschaft des männlichen Genies.

Ich beklage es, daß ich mit diesem Worte »Genie«, »genial«
immerfort operieren muß, welches, wie erst von einem bestimmten jährlichen Einkommen ab an den Staat eine gewisse Steuer zu zahlen ist, »die Genies« als eine bestimmte Kas-
te streng abgrenzt von jenen, die es gar nicht sein sollen. Die
Bezeichnung »Genie« hat vielleicht gerade ein Mann erfunden,
der sie selbst nur in recht geringem Maße verdiente; den größeren wird das »Genie-Sein« wohl zu selbstverständlich vorgekommen sein; sie werden wahrscheinlich lang genug gebraucht
haben, um einzusehen, daß man überhaupt auch nicht »genial«
sein könne. Wie denn Pascal außerordentlich treffend bemerkt:
Je origineller ein Mensch sei, für desto origineller halte er auch
die anderen; womit man Goethes Wort vergleiche: Vielleicht
vermag nur der Genius den Genius ganz zu verstehen.

Es gibt vielleicht nur sehr wenige Menschen, die gar nie in ihrem Leben »genial« gewesen sind. Wenn doch, so hat es ihnen vielleicht nur an der Gelegenheit gemangelt: an der großen Leidenschaft, an dem großen Schmerz. Sie hätten nur einmal etwas intensiv genug zu erleben brauchen – allerdings ist die Fähigkeit des Erlebens etwas zunächst subjektiv Bestimmtes – und sie wären damit, wenigstens vorübergehend, genial gewesen. Das Dichten während der ersten Liebe gehört z. B. ganz hieher. Und wahre Liebe ist völlig Zufallssache.

Man darf schließlich auch nicht verkennen, daß ganz einfache Menschen in großer Erregung, im Zorn über irgend eine Niedertracht, Worte finden, die man ihnen nie zugetraut hätte. Der größte Teil dessen, was man gemeinhin » Ausdruck« nennt, in Kunst wie in prosaischer Rede, beruht aber (wenn man sich des früher über den Prozeß der Klärung Bemerkten erinnert) darauf, daß ein Individuum, das begabtere, Inhalte geklärt, gegliedert aufweist zu einer Zeit, wo das andere, minder hoch veranlagte, sie noch im Henidenstadium oder in einem sich nahe daran schließenden besitzt. Der Verlauf der Klärung wird durch den Ausdruck, welcher einem zweiten Menschen gelungen ist, ungemein abgekürzt, und daher das Lustvolle, auch wenn wir andere einen »guten Ausdruck« finden sehen. Erleben zwei ungleich Begabte dasselbe, so wird bei dem Begabteren die Intensität groß genug sein, daß etwa die »Sprechschwelle«[20] erreicht wird. Im anderen aber wird der Klärungsprozeß hiedurch nur erleichtert.

Wäre wirklich, wie die populäre Ansicht glaubt, das Genie vom nichtgenialen Menschen durch eine dicke Wand getrennt, die keinen Ton aus einem Reiche in das andere dringen ließe, so müßte jedes Verständnis der Leistungen des Genies dem nichtgenialen Menschen völlig verschlossen sein, und dessen Werke könnten auf ihn auch nicht den leisesten Eindruck hervorbringen. Alle Kulturhoffnungen vermögen demnach nur auf die Forderung sich zu gründen, daß dem nicht so sei. Und es ist auch

---

20 Ausdruck von Herrn Dr. H. Swoboda in Wien.

nicht so. Der Unterschied liegt in der geringeren Intensität des Bewußtseins, er ist ein quantitativer, kein prinzipieller, qualitativer.[21]

Umgekehrt aber hat es recht wenig Sinn, jüngeren Leuten die Äußerung einer Meinung darum zu verweisen und ihr Wort darum geringer zu werten, weil sie weniger Erfahrung hätten als ältere Personen. Es gibt Menschen, die wohl tausend Jahre und darüber leben könnten, ohne eine einzige Erfahrung gemacht zu haben. Nur unter Gleichbegabten hätte jene Rede einen guten Sinn und eine volle Berechtigung.

Denn während der geniale Mensch schon als Kind ein intensiveres Leben führt als alle anderen Kinder, während ihm, je bedeutender er ist, an eine desto frühere Jugend auch ein Entsinnen möglich ist, ja in extremen Fällen schon vom dritten Jahre seiner Kindheit angefangen ihm die vollständige Erinnerung von seinem ganzen Leben stets gegenwärtig bleibt, datieren die anderen Menschen ihre erste Jugenderinnerung erst von einem viel späteren Zeitpunkt; ich kenne welche, deren früheste Reminiszenz überhaupt in ihr achtes Lebensjahr fällt, die von ihrem ganzen vorherigen Leben nichts wissen, als was ihnen erzählt wurde; und es gibt sicherlich viele, bei denen dieses erste intensive Erlebnis noch weit später anzusetzen ist. Ich will nicht behaupten und glaube es auch gar nicht, daß man die Begabungen zweier Menschen ganz ausnahmslos danach allein bereits gegeneinander abschätzen könne, wenn dieser vom fünften, jener erst vom zwölften Jahre an sich an alles erinnert, die früheste Jugenderinnerung des einen in den vierzehnten Monat nach seiner Geburt fällt, die des zweiten erst in sein drittes Lebensjahr. Aber im allgemeinen und außerhalb zu enger Grenzen wird man die angegebene Regel wohl immer zutreffen sehen.

Vom Zeitpunkt der ersten Jugenderinnerung verfließt gewiß auch beim hervorragenden Menschen noch immer eine längere oder kürzere Strecke bis zu jenem Moment, von welchem an er an alles sich erinnert, jenem Tage, von dem an er eben endgültig zum Genie geworden ist. Die meisten Menschen hingegen ha-

---

21 Sehr wesentlich ist hingegen der geniale Augenblick v...sch geschieden, auch in einem und demselben Menschen.

ben den größten Teil ihres Lebens einfach vergessen; ja viele wissen oft nur, daß kein anderer Mensch für sie gelebt hat die ganze Zeit hindurch; aus ihrem ganzen Leben sind ihnen nur bestimmte Augenblicke, einzelne feste Punkte, markante Stationen gegenwärtig. Wenn man sie sonst um etwas fragt, so wissen sie nur, d. h. sie rechnen es sich in der Geschwindigkeit aus, daß in dem und dem Monat sie so alt waren, diese oder jene Stellung bekleideten, da oder dort wohnten und soundso viel Einkommen hatten. Hat man vor Jahren zusammen mit ihnen etwas erlebt, so kann es nun unendliche Mühe kosten, das Vergangene in ihnen zur Auferstehung zu bringen. Man mag in solchem Falle einen Menschen mit Sicherheit für unbegabt erklären, man ist zumindest befugt, ihn nicht für hervorragend zu halten.

Die Aufforderung zu einer Selbstbiographie brächte die ungeheure Mehrzahl der Menschen in die peinlichste Verlegenheit: können doch schon die wenigsten Rede stehen, wenn man sie fragt, was sie gestern getan haben. Das Gedächtnis der meisten ist eben ein bloß sprungweises, gelegentlich assoziatives. Im genialen Menschen dauert ein Eindruck, den er empfangen hat; ja eigentlich steht nur er überhaupt unter Eindrücken. Damit hängt zusammen, daß wohl alle hervorragenden Menschen, wenigstens zeitweise, an fixen Ideen leiden. Der psychische Bestand der Menschen mit einem System von eng einander benachbarten Glocken verglichen, so gilt für den gewöhnlichen Menschen, daß jede nur klingt, wenn die andere an sie mit ihren Schwingungen stößt, und nur auf ein paar Augenblicke; für das Genie, daß eine einzige, angeschlagen, gewaltig ausschwingt, nicht leise tönt, sondern voll, das ganze System mitbewegt, und nachhallt, oft das ganze Leben lang. Da diese Art der Bewegung aber oft infolge gänzlich geringfügiger, ja lächerlicher Anstöße beginnt, und manchesmal gleich intensiv in unerträglicher Weise wochenlang zäh beharrt, so liegt hierin wirklich eine Analogie zum Wahnsinn.

Aus verwandten Gründen ist auch Dankbarkeit so ziemlich die seltenste Tugend unter den Menschen; sie merken sich wohl manchesmal, wieviel man ihnen geliehen hat; aber in die Not, in der sie waren, in die Befreiung, die ihnen wurde, mögen und können sie sich nicht mehr zurückdenken. Führt Mangel an Gedächtnis sicher zum Undank, so genügt dennoch selbst ein vorzügliches Gedächtnis allein noch nicht, um einen Menschen dankbar zu machen. Dazu ist eine spezielle Bedingung mehr erforderlich, deren Erörterung nicht hieher gehört.

Aus dem Zusammenhange von Begabung und Gedächtnis, der so oft verkannt und verleugnet worden ist, weil man ihn nicht dort suchte, wo er zu finden gewesen wäre: in der Rückerinnerung an das eigene Leben, läßt sich noch eine weitere Tatsache ableiten. Ein Dichter, der seine Sachen hat schreiben müssen, ohne Absicht, ohne Überlegung, ohne erst zur eigenen Stimmung das Pedal zu treten; ein Musiker, den der Moment des Komponierens überfallen hat, so daß er wider Willen zu schaffen genötigt war, sich nicht wehren konnte, selbst wenn er lieber Ruhe und Schlaf gewünscht hätte: ein solcher wird, was in diesen Stunden geboren wurde, all das, was nicht auch nur im kleinsten gemacht ist, sein ganzes Leben lang im Kopfe tragen. Ein Komponist, der keines seiner Lieder und keinen seiner Sätze, ein Dichter, der keines seiner Gedichte auswendig kennt – und zwar ohne sie, wie das Sixtus Beckmesser von Hans Sachs sich vorstellt, erst »recht gut memoriert« zu haben –, der hat, des kann man sicher sein, auch nie etwas wahrhaft Bedeutendes hervorgebracht.

Bevor nun die Anwendung dieser Aufstellungen auf das Problem der geistigen Geschlechtsunterschiede versucht werde, ist noch eine Unterscheidung zu treffen zwischen Gedächtnis und Gedächtnis. Die einzelnen zeitlichen Momente seines Lebens sind nämlich dem begabten Menschen in der Erinnerung nicht als diskrete Punkte gegeben, nicht als durchaus getrennte Situationsbilder, nicht als verschiedene Individuen von Augenblicken, deren jeder einen bestimmten, von dem des nächsten, wie die Zahl eins von der Zahl zwei, getrennten Index aufweist. Die Selbstbeobachtung ergibt vielmehr, daß allem Schlafe, aller Bewußtseinsenge, allen Erinnerungslücken zum Trotze die einzelnen Erlebnisse in ganz rätselhafter Weise zusammengefaßt erscheinen; die Geschehnisse folgen nicht aufeinander wie die Ticklaute einer Uhr, sondern sie laufen alle in einen einheitlichen Fluß zusammen, in dem es keine Diskontinuität gibt. Beim ungenialen Menschen sind dieser Momente, die aus der ursprünglich diskreten Mannigfaltigkeit so zum geschlossenen Kontinuum sich vereinigen, nur wenige, ihr Lebenslauf gleicht einem Bächlein, keinem mächtigen Strom, in den, wie beim Genie, aus weitestem Gebiete alle Wässerlein zusammengeflossen sind, aus dem, heißt das, vermöge der universalen Apperzeption kein Erlebnis ausgeschaltet, in den vielmehr alle einzelnen Momente aufgenommen, rezipiert sind. Diese eigentliche Kontinuität, die den Menschen erst ganz dessen vergewissern kann, daß er lebt, daß er da, daß er auf der Welt ist, allumfassend beim Genius, auf wenige wichtige Momente beschränkt beim Mittelmäßigen, fehlt gänzlich beim Weibe. Dem Weibe bietet sich, wenn es rückschauend, rückfühlend sein Leben betrachtet, dieses nicht unter dem Aspekt eines unaufhaltsamen, nirgends unterbrochenen Drängens und Strebens dar, es bleibt vielmehr immer nur an einzelnen Punkten hängen.

Was für Punkte sind das? Es können nur diejenigen sein, für welche W ihrer Natur nach ein Interesse hat. Worauf dieses Interesse ihrer Konstitution ausschließlich geht, wurde im zweiten Kapitel zu erwägen begonnen; wer sich an dessen Ergebnisse erinnert, den wird die folgende Tatsache nicht überraschen:

W verfügt überhaupt nur über eine Klasse von Erinnerungen: es sind die mit dem Geschlechtstrieb und der Fortpflanzung zusammenhängenden. An den Geliebten und an den Bewerber; an die Hochzeitsnacht, an jedes Kind wie an ihre Puppen; an die Blumen, die sie auf jedem Balle bekommen, Zahl, Größe und Preis der Bukette; an jedes Ständchen, das ihr gebracht, an jedes Gedicht, das (wie sie sich einbildet) auf sie geschrieben wurde, an jeden Ausspruch des Mannes, der ihr imponiert hat, vor allem aber – mit einer Genauigkeit, die ebenso verächtlich ist, als sie unheimlich berührt – an jedes Kompliment ohne Ausnahme, das ihr im Leben gemacht wurde.

Das ist alles , woran das echte Weib aus seinem Leben sich erinnert.

Was aber ein Mensch nie vergißt, und was er sich nicht merken kann, das ermöglicht am besten die Erkenntnis seines Wesens, seines Charakters. Es wird später noch genauer als jetzt zu untersuchen sein, worauf es deutet, daß W gerade diese Erinnerungen hat. Großer Aufschluß ist gerade von der unglaublichen Treue zu erwarten, mit welcher die Frauen an alle Huldigungen und Schmeicheleien, an sämtliche Beweise der Galanterie sich erinnern, die ihnen seit frühester Kindheit entgegengebracht worden sind. Was man gegen die hiemit vollzogene Einschränkung des weiblichen Gedächtnisses auf den Bereich der Sexualität und des Gattungslebens einwenden kann, ist mir natürlich klar; ich muß darauf gefaßt sein, alle Mädchenschulen und sämtliche Ausweise aufmarschieren zusehen. Diese Schwierigkeiten können indes erst später behoben werden. Hier möchte ich nur dies nochmals zu bedenken geben, daß es bei allem Gedächtnis, welches für die psychologische Erkenntnis der Individualität ernstlich in Frage käme, um Gedächtnis für Erlerntes nur dort sich handeln könnte, wo Erlerntes wirklich Erlebtes wäre.

Daß es dem psychischen Leben der Frauen an Kontinuität (die hier nur als ein nicht zu übersehendes psychologisches Faktum, sozusagen im Anhang der Gedächtnislehre, nicht als spiritualistische oder idealistische These eingeführt wurde) gebricht, dem kann erst weiter unten eine Beleuchtung, dem Wesen der Kontinuität nur in Stellungnahme zu dem umstrittensten Probleme aller Philosophie und Psychologie eine Ergründung werden. Als Beweis für jenen Mangel will ich vorläufig nichts anführen als die oft bestaunte, von Lotze ausdrücklich hervorgehobene Tatsache, daß die Frauen sich viel leichter in neue Verhältnisse fügen und sich ihnen eher akkommodieren als die Männer, denen man den Parvenü noch lange anmerkt, wenn kein Mensch mehr die Bürgerliche von der Adeligen, die in ärmlichen Verhältnissen Aufgewachsene von der Patriziertochter auseinanderzukennen vermag. Doch muß ich auch hierauf später noch ausführlich zurückkommen.

Übrigens wird man nun begreifen, warum (wenn nicht Eitelkeit, Tratschsucht oder Nachahmungslust dazu treibt) nur bessere Menschen Erinnerungen aus ihrem Leben niederschreiben, und wie ich hierin eine Hauptstütze des Zusammenhanges von Gedächtnis und Begabung erblicke. Nicht als ob jeder geniale Mensch auch eine Autobiographie abfassen würde: um zur Selbstbiographie zu schreiten, dazu sind noch gewisse spezielle, sehr tief liegende psychologische Bedingungen nötig. Aber umgekehrt ist die Abfassung einer vollständigen Selbstbiographie, wenn sie aus originärem Bedürfnis heraus erfolgt, stets ein Zeichen eines höheren Menschen. Denn gerade im wirklich treuen Gedächtnis liegt auch die Wurzel der Pietät. Ein bedeutender Mensch, vor das Ansinnen gestellt, seine Vergangenheit um irgend welcher äußerer materieller oder innerer hygienischer Vorteile willen preiszugeben, würde es zurückweisen, auch wenn ihm die größten Schätze der Welt, ja das Glück selbst, fürs Vergessen in Aussicht gestellt würden. Der Wunsch nach dem Trank aus dem Lethestrom ist ein Zug mittlerer und minderer Naturen. Und mag ein wahrhaft hervorragender Mensch nach dem Goetheschen Worte gegen eben abgelegte eigene Irrtümer sehr streng und heftig auch dort sein, wo er andere an ihnen festhalten sieht, so wird er doch sein vergangenes Tun und Lassen nie belächeln, über seine frühere Denk- und Lebensweise sich niemals lustig machen. Die heute so sehr ins Kraut geschossenen »Überwinder« verdienen rechtens alles andere eher denn diesen Namen: Menschen, die anderen spöttisch erzählen, was sie einst alles geglaubt, und wie sie all das »überwunden« hätten, denen war es mit dem Alten nicht Ernst, denen ist am Neuen ebensowenig gelegen. Ihnen kommt es immer nur auf die Instrumentation, nie auf die Melodie an; kein Stadium von all den »überwundenen« war wirklich in ihrem Wesen tief gegründet. Dagegen beobachte man, mit welch weihevoller Sorgfalt große Männer in ihren Selbstbiographien selbst den scheinbar geringfügigsten Dingen einen Wert beilegen: denn für sie ist Gegenwart und Vergangenheit gleich, für jene keine von beiden wahr. Der hervorragende Mensch fühlt, wie alles, auch das Kleinste, Nebensächlichste, in seinem Leben eine Wichtigkeit gewonnen, wie es ihm zu seiner Entwicklung mitverholfen hat, und daher die außerordentliche Pietät seiner Memoiren. Und eine solche Autobiographie wird sicherlich nicht etwa auf einmal, einem anderen Einfall vergleichbar, unvermittelt niedergeschrieben, der Gedanke hiezu entsteht in ihm nicht plötzlich; sie ist für den großen Menschen, der eine schreibt, sozusagen immer fertig. Gerade weil das bisherige Leben ihm immer ganz gegenwärtig ist, darum empfindet er seine neuen Erlebnisse als für ihn bedeutsam, darum hat er und eigentlich nur er ein Schicksal. Und davon rührt es zunächst auch her, daß gerade die bedeutendsten Menschen immer viel abergläubischer sein werden als mittelmäßige Köpfe. Man kann also zusammenfassend sagen:

Ein Mensch ist um so bedeutender , je mehr alle Dinge für ihn bedeuten .

Im Laufe der ferneren Untersuchung wird diesem Satze, außer der Universalität der verständnisvollen Beziehung und der erinnernden Vergleichung, noch ein tieferer Sinn allmählich unterlegt werden können.

Wie es in diesen Hinsichten mit dem Weibe steht, ist nicht schwer zu sagen. Das echte Weib kommt nie zum Bewußtsein eines Schicksals, seines Schicksals; das Weib ist nicht heroisch, denn es kämpft höchstens für seinen Besitz, und es ist nicht tragisch, denn sein Los entscheidet sich mit dem Lose dieses Besitzes. Da das Weib ohne Kontinuität ist, kann es auch nicht pietätvoll sein; in der Tat ist Pietät eine durchaus männliche Tugend. Pietätvoll ist man zunächst gegen sich, und Pietät gegen sich Bedingung aller Pietät gegen andere. Aber eine Frau kostet es recht wenig Überwindung, über ihre Vergangenheit den Stab zu brechen; wenn das Wort Ironie am Platze wäre, so könnte man sagen, daß nicht leicht ein Mann sein vergangenes Selbst so ironisch und überlegen betrachten wird, wie die Frauen dies oftmals – nicht nur nach der Hochzeitsnacht – zu tun pflegen. Es wird sich noch Gelegenheit finden, darauf hinzuweisen, wie die Frauen eigentlich das Gegenteil von all dem wollen, dessen Ausdruck die Pietät ist. Was endlich die Pietät der Witwen anlangt – doch von diesem Gegenstande will ich lieber schweigen. Und der Aberglaube der Frauen schließlich ist psychologisch ein durchaus anderer als der Aberglaube hervorragender Männer.

Das Verhältnis zur eigenen Vergangenheit, wie es in der Pietät zum Ausdrucke kommt und auf dem kontinuierlichen Gedächtnis beruht, das selbst wieder nur durch die Apperzeption ermöglicht ist, läßt sich noch in weiteren Zusammenhängen zeigen und zugleich tiefer analysieren. Damit nämlich, ob ein Mensch überhaupt ein Verhältnis zu seiner Vergangenheit hat oder nicht, hängt es außerordentlich innig zusammen, ob er ein Bedürfnis nach Unsterblichkeit fühlen oder ob ihn der Gedanke des Todes gleichgültig lassen wird.

Das Unsterblichkeitsbedürfnis wird zwar heute recht allgemein sehr schäbig und von oben herab behandelt. Das Problem, das aus ihm erwächst, macht man sich nicht etwa bloß als ein ontologisches, sondern auch als ein psychologisches schmachvoll leicht. Der eine will es, zugleich mit dem Glauben an die Seelenwanderung, damit erklärt haben, daß in vielen Menschen Situationen, in welche sie sicherlich zum ersten Male geraten sind, das Gefühl erwecken, als hätten sie dieselben schon einmal durchlebt. Die andere, heute allgemein adoptierte Ableitung des Unsterblichkeitsglaubens aus dem Seelenkult, wie sie sich bei Tylor, Spencer, Avenarius findet, wäre von jedem anderen Zeitalter als dem der experimentellen Psychologie a priori zurückgewiesen worden. Es sollte doch, meine ich, jedem Denkenden völlig unmöglich erscheinen, daß etwas, woran so vielen Menschen gelegen, wofür so gekämpft und gestritten worden ist, bloß das letzte Schlußglied eines Syllogismus bilden könnte, dessen Prämisse etwa die nächtlichen Traumerscheinungen Verstorbener gewesen wären. Und welche Phänomene zu erklären ist wohl jene felsenfeste Meinung von ihrem Weiterleben nach dem Tode ersonnen worden, die Goethe, die Bach gehabt haben, auf welches »Pseudoproblem« läßt sich das Unsterblichkeitsbedürfnis zurückführen, das aus Beethovens letzten Sonaten und Quartetten zu uns spricht? Der Wunsch nach der persönlichen Fortdauer muß gewaltigeren Quellen entströmt sein als jenen rationalistischen Springbrunnen.

Dieser tiefere Ursprung hängt mit dem Verhältnisse des Menschen zu seiner Vergangenheit lebhaft zusammen. Im Sichfühlen und Sichsehen in der Vergangenheit liegt ein mächtiger Grund des Sichweiterfühlen-, Sichweitersehenwollens. Wem seine Vergangenheit wert ist, wer sein Innenleben, mehr als sein körperliches Leben, hochhält, der wird es auch an den Tod nicht hingeben wollen. Daher tritt primäres, originelles Unsterblichkeitsbedürfnis bei den größten Genien der Menschheit, den Menschen mit der reichsten Vergangenheit, am stärksten, am nachhaltigsten auf. Daß dieser Zusammenhang der Unsterblichkeitsforderung mit dem Gedächtnis wirklich besteht, erhellt daraus, was Menschen, die aus Todesgefahr errettet werden, von sich übereinstimmend aussagen. Sie durchleben nämlich, wenn sie auch sonst nie viel an ihre Vergangenheit gedacht haben, nun plötzlich auf einmal mit rasender Geschwindigkeit ihre ganze Lebensgeschichte nochmals, und erinnern sich innerhalb weniger Sekunden an Dinge, welche jahrzehntelang ihnen nicht ins Bewußtsein zurückgekommen sind. Denn das Gefühl dessen, was ihnen bevorsteht, bringt – abermals vermöge des Kontrastes – all das ins Bewußtsein, was nun für immer vernichtet werden soll.

Wir wissen ja sehr wenig über die geistige Verfassung Sterbender. Es gehört auch ein mehr als gewöhnlicher Mensch dazu, um zu erkennen, was in einem Sterbenden vorgeht; anderseits sind Verscheidende aus den dargelegten Gründen gerade von besseren Menschen meistens gemieden. Aber es ist wohl gänzlich unrichtig, die in so vielen Totkranken plötzlich auftretende Religiosität nur auf die bekannte Erwägung »vielleicht doch, sicher ist sicher« zurückzuführen; und sehr oberflächlich, anzunehmen, bloß die sonst nie beachtete tradierte Höllenlehre gewinne nun plötzlich gerade in der Todesstunde so viel Kraft, daß es dem Menschen unmöglich werde, mit einer Lüge zu sterben.[22] Denn dies ist das wichtigste: Warum fühlen Menschen, die ein durch und durch verlogenes Leben geführt haben, nun plötzlich den Drang nach der Wahrheit? Und warum macht es

---

22 Ich wage auch daran zu erinnern, wie häufig reine Wissenscha...häftigten: Newton, Gauß, Riemann, Wilh. Weber.

auch auf denjenigen, der nicht an Strafen im Jenseits glaubt, einen so entsetzlichen Eindruck, wenn er vernimmt, ein Mensch sei mit einer Lüge, mit einer unbereuten Schlechtigkeit verschieden, warum hat beides, sowohl die Verstocktheit bis zum Schlusse als auch die Umkehr vor dem Tode, die Dichter so oft mächtig gereizt? Die Frage nach der »Euthanasie der Atheisten«, die man im XVIII. Jahrhundert so häufig aufwarf, ist also keine ganz sinnlose, und nicht bloß ein historisches Kuriosum, als welches sie von Friedrich Albert Lange behandelt wurde.

Ich erwähne dies alles nicht allein, um eine Möglichkeit zu erörtern, welcher kaum der Rang einer Vermutung zukommt. Undenkbar nämlich scheint es mir, da viel mehr Menschen »genial« sind, als es »Genies« gibt, nicht zu sein, daß die quantitative Differenz in der Begabung vor allem in dem Zeitpunkte zum Ausdruck komme, in welchem die Menschen zum Genie werden. Für eine größere Anzahl fiele dieser Augenblick mit ihrem natürlichen Tode zusammen. Wurden wir schon früher dahin geführt, die genialen Menschen nicht etwa, wie die Steuerzahler von einem bestimmten jährlichen Einkommen ab, als von allen anderen Menschen durch eine scharfe Grenze getrennt anzusehen, so vereinigen sich diese neuen Betrachtungen mit jenen alten. Und ebenso wie die erste Kindheitserinnerung des Menschen nicht mit einem, den früheren Lauf der Dinge unterbrechenden, äußeren Ereignis verknüpft ist, sondern plötzlich, unscheinbar, infolge einer inneren Entwicklung, für jeden früher oder später ein Tag kommt, an welchem das Bewußtsein so intensiv wird, daß eine Erinnerung bleibt, und von nun an, je nach der Begabung, mehr oder weniger zahlreiche Erinnerungen beharren – ein Faktum, das allein die ganze moderne Psychologie umstößt –, so bedürfte es bei den verschiedenen Menschen verschieden vieler Stöße, um sie zu genialen zu machen, und nach der Zahl dieser Bewußtseinsstöße, deren letzter in der Todesstunde erfolgte, wären die Menschen ihrer Begabung gemäß zu klassifizieren. Bei dieser Gelegenheit will ich noch darauf hinweisen, wie falsch die Lehre der heutigen Psychologie ist (für die das menschliche Individuum eben nur wie ein besserer Registrierapparat in Betracht kommt und keinerlei von innen kommende, ontogenetische geistige Entwicklung besitzt), daß im jugendlichen Alter die größte Anzahl von Eindrücken behalten wird. Man darf die erlebten Impressionen nicht mit dem äußerlichen und fremden Gedächtnisstoff verwechseln. Diesen nimmt das Kind gerade deshalb um so viel leichter auf, weil es noch so wenig von Gemütseindrücken beschwert ist. Eine Psychologie, die in so fundamentalen Dingen der Erfahrung zuwiderläuft, hat allen Anlaß zur Einkehr, zur Umkehr. Was hier versucht wurde, ist kaum eine Andeutung von jener ontogenetischen Psychologie oder theoretischen Biographie, die über kurz oder lang die heutige Wissenschaft vom menschlichen Geiste zu verdrängen berufen ist. – Jedes Programm enthält implizite eine Überzeugung, jedem Ziele des Willens gehen bestimmte Vorstellungen realer Verhältnisse voran. Der Name »theoretische Biographie« soll das Gebiet gegen Philosophie und Physiologie besser als bisher abstecken, und die biologische Betrachtungsweise, welche von der letzten Richtung in der Psychologie (Darwin, Spencer, Mach, Avenarius) einseitig hervorgekehrt und zum Teil arg übertrieben worden ist, doch dahin erweitern, daß eine solche Wissenschaft über den gesamten gesetzmäßigen geistigen Lebenslauf als Ganzes, von der Geburt bis zum Tode eines Menschen, Rechenschaft zu geben hätte wie über Entstehen und Vergehen und alle einzelnen Lebensphasen irgend einer Pflanze. Und Biographie, nicht Biologie, sollte sie genannt werden, weil ihre Aufgabe in der Erforschung gleichbleibender Gesetze der geistigen Entwicklung des Individuums liegt. Bisher kennt alle Geschichtschreibung jeglicher Gattung nur Individualitäten, βίοι. Hier aber würde es sich darum handeln, allgemeine Gesichtspunkte zu gewinnen, Typen festzuhalten. Die Psychologie müßte anfangen, theoretische Biographie zu werden. Im Rahmen einer solchen Wissenschaft könnte und würde alle bisherige Psychologie aufgehen, und erst dann nach dem Wunsche Wilhelm Wundts eine fruchtbare Grundlage für die Geisteswissenschaften wirklich abgeben. Es wäre verfehlt, an dieser Möglichkeit darum zu verzweifeln, weil die heutige Psychologie, welche eben jene ihre eigentliche Aufgabe als ihr Ziel noch gar nicht begriffen hat, auch völlig außerstande ist, den Geisteswissenschaften das Geringste zu bieten. Hierin dürfte, trotz der großen Klärung, welche Windelbands und Rickerts Untersuchungen über das Verhältnis von Natur- und Geisteswissenschaften mit sich gebracht haben, doch eine Berechtigung liegen, neben der neuen Einteilung der Wissenschaften in »Gesetzes«- und »Ereignis«-Wissenschaften, in »nomothetische« und »idiographische« Disziplinen die Millsche Zweiteilung von Natur- und Geisteswissenschaften beizubehalten. – –

Mit der Deduktion des Unsterblichkeitsbedürfnisses, welche dieses in einen Konnex mit der kontinuierlichen Form des Gedächtnisses und der Pietät brachte, stimmt es vollständig überein, daß den Frauen jegliches Unsterblichkeitsbedürfnis völlig abgeht. Auch ist hieraus mit Sicherheit zu entnehmen, wie sehr jene unrecht haben, welche in dem Postulat der persönlichen Fortexistenz bloß einen Ausfluß der Todesfurcht und des leiblichen Egoismus sehen, und hiemit eigentlich der populärsten Meinung über allen Ewigkeitsglauben Ausdruck geben. Denn die Angst vor dem Sterben findet sich bei Frauen wie bei Männern, das Unsterblichkeitsbedürfnis ist auf diese beschränkt.

Die von mir versuchte Erklärung des psychologischen Wunsches nach Unsterblichkeit ist indessen bislang mehr ein Aufzeigen einer Verbindung, die zwischen ihm und dem Gedächtnisse besteht, als eine wahrhaft strenge Ableitung aus einem höheren Grundsatze. Daß hier eine Verwandtschaft da ist, wird man immer bewahrheitet finden: je mehr ein Mensch in seiner Vergangenheit lebt – nicht, wie man bei oberflächlichem Hinsehen glauben könnte, in seiner Zukunft – desto intensiver wird sein Unsterblichkeitsverlangen sein. Ebenso kommt bei den Frauen der Mangel an dem Bedürfnis eines Fortlebens nach dem Tode mit ihrem Mangel an sonstiger Pietät gegen die eigene Person überein. Dennoch scheint, wie diese Abwesenheit bei der Frau noch nach einer tieferen Begründung und Ableitung beider aus einem allgemeineren Prinzipe verlangt, so auch beim Manne das Beisammensein von Gedächtnis und Unsterblichkeitsbedürfnis auf eine gemeinsame, noch bloßzulegende Wurzel beider hinzuweisen. Denn was bisher geleistet wurde, war doch nur der Nachweis, daß und wie sich das Leben in der eigenen

Vergangenheit und ihre Schätzung mit der Hoffnung auf ein Jenseits im selben Menschen zusammenfinden. Den tieferen Grund dieses Zusammenhanges zu erforschen, wurde noch gar nicht als Aufgabe betrachtet. Nun aber ist auch an deren Lösung heranzutreten.

Nehmen wir die Formulierung zum Ausgangspunkt, die wir dem universellen Gedächtnis des bedeutenden Menschen gaben. Ihm sei alles, das längst Entwirklichte wie das eben erst Entschwundene, gleich wahr. Hierin liegt, daß das einzelne Erlebnis nicht mit dem Zeitmoment, in dem es gesetzt ist, so wie dieses Zeitatom selbst verschwindet, untergeht, daß es nicht an den bestimmten Zeitaugenblick gebunden bleibt, sondern ihm – eben durch das Gedächtnis – entwunden wird. Das Gedächtnis macht die Erlebnisse zeitlos, es ist, schon seinem Begriffe nach, Überwindung der Zeit. An Vergangenes kann sich der Mensch nur darum erinnern, weil das Gedächtnis es vom Einfluß der Zeit befreit, die Geschehnisse, die überall sonst in der Natur Funktionen der Zeit sind, hier im Geiste über die Zeit hinaus gehoben hat.

Doch hier steigt scheinbar eine Schwierigkeit vor uns auf. Wie kann das Gedächtnis eine Negation der Zeit in sich schließen, da es doch anderseits gewiß ist, daß wir von der Zeit nichts wüßten, wenn wir kein Gedächtnis hätten? Sicherlich wird uns immer und ewig nur durch Erinnerung an Vergangenes zum Bewußtsein gebracht, daß es einen Ablauf der Zeit gibt. Wie kann also von dem, was so enge zusammenhängt, das eine das Gegenteil und die Aufhebung des anderen bedeuten?

Die Schwierigkeit löst sich leicht. Eben weil ein beliebiges Wesen – es braucht nicht der Mensch zu sein – wenn es mit Gedächtnis ausgestattet ist, mit seinen Erlebnissen nicht einfach in den Zeitverlauf eingeschaltet ist, darum kann ein solches Wesen dem Zeitverlauf gegenübertreten, ihn auffassen, ihn zum Gegenstande der Betrachtung machen. Wäre das einzelne Erlebnis dem übrigen Zeitverlaufe anheimgegeben, würde es ihm verfallen, und nicht aus ihm gerettet werden durch das Gedächtnis, müßte es mit der Zeit sich ändern wie eine abhängige

Variable mit ihrer Unabhängigen, stünde der Mensch mitten im zeitlichen Fluß des Geschehens darinnen, so könnte dieser ihm nicht auffallen, nicht bewußt werden – Bewußtsein setzt Zweiheit voraus – er könnte nie das Objekt, der Gedanke, die Vorstellung des Menschen sein. Man muß irgendwie die Zeit überwunden haben, um über sie reflektieren, man muß irgendwie außerhalb der Zeit stehen, um sie betrachten zu können. Dies gilt nicht nur von jeder besonderen Zeit – in der Leidenschaft selbst kann man über die Leidenschaft nicht nachdenken, man muß erst zeitlich über sie hinausgekommen sein –, sondern ebenso vom allgemeinen Begriffe der Zeit. Gäbe es nicht ein Zeitloses, so gäbe es keine Anschauung der Zeit.

Gedenken wir, um dieses Zeitlose zu erkunden, vorläufig dessen, was durch das Gedächtnis der Zeit wirklich entrückt wird. Als solches hat sich all das ergeben, was für das Individuum von Interesse ist oder eine Bedeutung hat, oder, wie kurz gesagt werden soll, alles, was für das Individuum einen Wert besitzt. Man erinnert sich nur an solche Dinge, die für die Person einen, wenn auch oft lange unbewußten, Wert gehabt haben: dieser Wert gibt ihnen die Zeitlosigkeit . Man vergißt alles, was nicht irgendwie, wenn auch oft unbewußt, von der Person gewertet wurde.

Der Wert ist also das Zeitlose; und umgekehrt: ein Ding hat desto mehr Wert, je weniger es Funktion der Zeit ist, je weniger es mit der Zeit sich ändert. In alles auf der Welt strahlt sozusagen nur so viel Wert ein, als es zeitlos ist: nur zeitlose Dinge werden positiv gewertet . Dies ist, wenn auch, wie ich glaube, noch nicht die tiefste und allgemeinste Definition des Wertes und keine völlige Erschöpfung seines Wesens, doch das erste spezielle Gesetz aller Werttheorie.

Eine eilende Rundsicht wird genügen, um es überall nachzuweisen. Man ist immer geneigt, die Überzeugung desjenigen gering zu schätzen, der erst vor kurzem zu ihr gelangt ist, und wird auf die Äußerungen eines Menschen überhaupt nicht viel Wert legen wollen, dessen Ansichten noch im Flusse begriffen sind und sich fortwährend ändern. Eherne Unwandelbarkeit hingegen wird stets Respekt einflößen, selbst wenn sie in den unedlen Formen der Rachsucht und des Starrsinns sich offenbart; ja auch, wenn sie aus leblosen Gegenständen spricht: man denke an das »aere perennius« der Poeten und an die »Quarante siècles« der Pyramiden Ägyptens. Der Ruhm oder das gute Angedenken, die ein Mensch hinterläßt, würden durch die Vorstellung sofort entwertet, daß sie nur kurze Zeit, und nicht lange, womöglich ewig, währen sollten. Ein Mensch vermag ferner nie positiv zu werten, daß er sich immerfort ändert; gesetzt, er täte dies in irgend welcher Beziehung, und es würde ihm nun gesagt, daß er jedesmal von einer neuen Seite sich zeige, so mag er freilich dessen sogar froh und stolz auf diese Eigenschaft sein können, doch ist es natürlich nur die Konstanz, die Regelmäßigkeit und Sicherheit dieser Andersheiten, deren er sich dann freut. Der Lebensmüde, für den es keinen Wert mehr gibt, hat eben an keinem Bestande mehr ein Interesse. Die Furcht vor dem Erlöschen einer Familie und dem Aussterben ihres Namens gehören ganz hieher.

Auch jede soziale Wertung, die etwa in Rechtssatzungen und Verträgen sichtbar wird, tritt, ob auch Gewohnheit, tägliches Leben an ihnen Verschiebungen vornehmen mögen, von Anbeginn mit dem Anspruch auf zeitlose Geltung selbst dann auf, wenn ihre Rechtskraft ausdrücklich (ihrem Wortlaute nach) nur bis zu einem bestimmten Termin erstreckt wird: denn gerade hiemit erscheint die Zeit als Konstante speziell gewählt, und nicht als Variable angesehen, in Abhängigkeit, von welcher die vereinbarten Verhältnisse stetig oder unstetig sich irgend ändern könnten. Freilich wird auch hier zum Vorschein kommen, daß ein Ding um so höher gewertet wird, je länger seine Dauer ist; denn niemand glaubt, wenn zwischen zwei rechtlichen Kontrahenten ein Pakt auf sehr kurze Zeit geschlossen wird, daß den beiden viel an dem Vertrage liege; sie selbst, die ihn geschlossen haben, werden in diesem Falle nicht anders gestimmt sein, und von Anfang an, trotz allen Akten, sich vorsehen und einander mißtrauen.

In dem aufgestellten Gesetze liegt auch die wahre Erklärung dafür, daß die Menschen Interessen über ihren Tod hinaus haben. Das Bedürfnis nach dem Wert äußert sich in dem allgemeinen Bestreben, die Dinge von der Zeit zu emanzipieren, und dieser Drang erstreckt sich selbst auf Verhältnisse, die » mit der Zeit« früher oder später doch sich ändern, z. B. auf Reichtum und Besitz, auf alles, was man »irdische Güter« zu heißen pflegt. Hierin liegt das tiefe psychologische Motiv des Testamentes, der Vermachung einer Erbschaft. Nicht aus der Fürsorge für die Angehörigen hat diese Erscheinung ihren Ursprung genommen. Auch der Mann ohne Familie und ohne Angehörige macht sein Testament, ja gerade er wird sicher im allgemeinen mit weit größerem Ernst und tieferer Hingabe an diese Handlung schreiten als der Familienvater, der seine Spuren mit dem eigenen Tode nicht so gänzlich aus Sein und Denken der anderen ausgelöscht weiß.

Der große Politiker und Herrscher, besonders aber der Despot, der Mann des Staatsstreiches, dessen Regiment mit seinem Tode endet, sucht diesem Wert zu verleihen, indem er Zeitloses mit ihm verknüpft: durch ein Gesetzbuch oder eine Biographie des Julius Cäsar, allerhand große geistige Unternehmungen und wissenschaftliche Kollektivarbeiten, Museen und Sammlungen, Bauten aus hartem Fels (Saxa loquuntur), am eigentümlichsten durch Schaffung oder Regulierung eines Kalenders. Aber er sucht auch seiner Macht selbst, schon für seine Lebzeiten, möglichste Dauer zu verleihen, nicht allein in wechselseitiger Sicherung durch Verträge, in Herstellung nie wieder zu verwischender verwandtschaftlicher Beziehungen vermöge diplomatischer Heiraten: sondern vor allem durch Wegräumung alles dessen, was den ewigen Bestand seiner Herrschaft bloß durch sein freies Dasein noch je in Frage stellen könnte. So wird der Politiker zum Eroberer.

Die psychologischen und philosophischen Untersuchungen zur Werttheorie haben das Gesetz der Zeitlosigkeit gar nicht beachtet. Allerdings waren sie zum großen Teil von den Bedürfnissen der Wirtschaftslehre beeinflußt und suchten selbst auf diese überzugreifen. Doch glaube ich darum nicht, daß das neuentwickelte Gesetz in der politischen Ökonomie keine Geltung habe, weil es hier viel öfter als in der Psychologie durch Komplikationen verundeutlicht wird. Auch wirtschaftlich hat alles desto mehr Wert, je dauerhafter es ist. Wessen Konservierungsfähigkeit sehr eingeschränkt ist, so daß es etwa nach einer Viertelstunde zugrunde ginge, wenn ich es nicht kaufte, das werde ich überall dort, wo nicht durch feste Preise der moralische Wert des geschäftlichen Unternehmens über zeitliche Schwankungen emporgehoben werden soll, zu später Stunde, etwa vor Einbruch der Nacht, um billigeres Geld erhalten. Man denke auch an die vielen Anstalten zur Bewahrung vor dem Zeiteinfluß, zur Erhaltung des Wertes (Lagerhäuser, Depots, Keller, Rechauds, alle Sammlungen mit Kustoden). Es ist selbst hier ganz unrichtig, den Wert, wie es von den psychologischen Werttheoretikern meist geschieht, als dasjenige zu definieren, was geeignet sei, unsere Bedürfnisse zu befriedigen. Denn auch die Launen des Menschen gehören zu seinen (momentanen) Bedürfnissen, und doch gibt es nichts aller Werthaltung mehr Entgegengesetztes als eben die Laune. Die Laune kennt keinen Wert, sie verlangt nach ihm höchstens, um ihn im nächsten Augenblicke zu zerbrechen. So ist das Moment der Dauer aus dem Wertbegriff nicht zu eliminieren. Selbst die Erscheinungen, welche man nur mit Hilfe der Mengerschen Theorie vom »Grenznutzen« erklären zu können vermeint hat, ordnen sich meiner Auffassung unter (ohne daß diese natürlich im geringsten sich anmaßt, an sich etwas für die Nationalökonomie leisten zu können). Daß Luft und Wasser keinen Wert haben, liegt nach ihr nämlich daran, daß nur irgendwie individualisierte, geformte Dinge positiv gewertet werden können: denn alles Geformte kann formlos gemacht, kann zerstört werden, und braucht als solches nicht zu dauern. Ein Berg, ein Wald, eine Ebene ist noch zu formen durch Umfassung und Begrenzung, und darum selbst im wüstesten Zustande noch Wertobjekt. Die Luft der Atmosphäre und das Wasser auf und über der Erdoberfläche vermöchte niemand in Grenzen zu fassen, sie sind diffus und uneingeschränkt verbreitet. Wäre ein zauberkräftiger Mann imstande, die atmosphärische Luft, die den Erdball umgibt, wie jenen Geist aus dem orientalischen Märchen auf einen relativ kleinen Raum der Erde zu komprimieren, oder könnte es jemand gelingen, die Wassermassen derselben in einem großen

Reservoir unter Verhinderung der Verdunstung einzusperren: beide hätten sofort Form gewonnen, und wären damit auch der Wertung unterworfen. Wert wird von einer Sache also nur dann prädiziert, wo ein, wenn auch noch so entfernter, Anlaß zur Besorgnis vorhanden ist, daß sie mit der Zeit sich ändern könne; denn der Wert wird nur in Relation zur Zeit gewonnen, im Gegensatze zu ihr aufgestellt. Wert und Zeit erfordern sich also gegenseitig wie zwei korrelative Begriffe. Wie tief eine solche Auffassung führt, wie gerade sie konstitutiv sogar für eine Weltanschauung werden kann, dies möchte ich hier nicht weiter verfolgen. Es genügt für den vorgesetzten Zweck, zu wissen, daß jeder Anlaß, von Wert zu reden, gerade dort wieder entfällt, wo keine Gefährdung durch die Zeit mehr möglich ist. Das Chaos kann, auch wenn es ewig ist, nur negativ gewertet werden. Form und Zeitlosigkeit oder Individuation und Dauer sind die beiden analytischen Momente, welche den Wert zunächst schaffen und begründen.

So ist denn jenes Fundamentalgesetz der Werttheorie durchgängig, auf individualpsychologischem und sozialpsychologischem Gebiete, zur Darstellung gebracht. Und nun kann in sukzessiver Wiederaufnahme der eigentlichen Untersuchungsgegenstände erledigt werden, was noch von früher her, obwohl besondere Aufgabe dieses Kapitels, rückständig ist.

Als erste Folgerung darf aus dem Vorhergehenden diese gezogen werden, daß es ein Bedürfnis nach Zeitlosigkeit, einen Willen zum Wert , auf allen Gebieten menschlicher Tätigkeit gibt. Und dieser Wille zum Wert, der mit dem » Willen zur Macht« an Tiefe sich zu messen keine Scheu tragen möge, geht, wenigstens in der Form des Willens zur Zeitlosigkeit, dem individuellen Weibe ganz und gar ab. Die alten Frauen pflegen in den seltensten Fällen Bestimmungen über ihre Hinterlassenschaft zu treffen, was damit zusammenhängt, daß die Frauen kein Unsterblichkeitsbedürfnis besitzen. Denn es liegt über dem Vermächtnis eines Menschen die Weihe eines Höheren, Allgemeineren, und dies ist auch der Grund, warum es von den anderen Menschen geachtet wird.

Das Unsterblichkeitsbedürfnis selbst ist nur ein besonderer Fall des allgemeinen Gesetzes, daß nur zeitlose Dinge positiv gewertet werden. Hierin liegt sein Zusammenhang mit dem Ge-dächtnis begründet. Die Remanenz, welche die Erlebnisse eines Menschen bei ihm haben, ist der Bedeutung proportional, die sie für ihn gewinnen können. So paradox es klingt: der Wert ist es, der die Vergangenheit schafft. Nur was positiv gewertet wurde, nur das bleibt im Schutze des Gedächtnisses vor dem Zahn der Zeit bewahrt; und so darf auch das individuelle psychische Le-ben als Ganzes, soll es positiv bewertet werden, nicht Funktion der Zeit, es muß über die Zeit erhaben sein durch eine über den körperlichen Tod hinausgehende ewige Dauer. Hiemit sind wir dem innersten Motiv des Unsterblichkeitsbedürfnisses unver-gleichlich nähergerückt. Die völlige Einbuße an Bedeutung, die das individuell erfüllte, lebensvoll gelebte Leben erleidet, wenn es mit dem Tode für immer restlos zu Ende sein soll, die Sinn-losigkeit des Ganzen in solchem Falle, dies spricht mit anderen Worten auch Goethe zu Eckermann aus (4. Februar 1829), führt zur Forderung nach Unsterblichkeit.

Das intensivste Verlangen nach Unsterblichkeit hat das Genie. Und auch dies fällt zusammen mit allen anderen Tatsachen, die bisher über seine Natur aufgedeckt wurden. Das Gedächtnis ist vollständige Besiegung der Zeit nur dann, wenn es, wie im uni-versellen Menschen, in der universellen Form auftritt. Der Geni-us ist somit der eigentlich zeitlose Mensch, wenigstens ist dies und nichts anderes sein Ideal von sich selbst; er ist, wie gerade sein sehnsüchtiges und dringendes Begehren nach Unsterb-lichkeit beweist, eben der Mensch mit dem stärksten Verlangen nach Zeitlosigkeit, mit dem mächtigsten Willen zum Werte.[23]

Und nun tut sich vor dem Auge eine fast noch wunderbarere Koinzidenz auf. Die Zeitlosigkeit des Genius wird nicht allein im Verhältnis zu den einzelnen Augenblicken seines Lebens kund, sondern auch in seiner Beziehung zu dem, was man aus der Zeitrechnung als seine Generation herausgreift und im engeren Sinne »seine Zeit« nennt. Zu dieser hat er nämlich de facto gar

23 Man ist oft erstaunt darüber, wie Menschen von ganz gewöhnli...s Unsterblich-keitsbedürfnis schafft die Furcht vor dem Tode.

keine Beziehungen. Nicht die Zeit, die ihn braucht, schafft den Genius, er ist nicht ihr Produkt, nicht aus ihr zu erklären, und man erweist ihm keine Ehre, ihn mit ihr zu entschuldigen. Carlyle hat mit Recht darauf hingewiesen, wie vielen Epochen nur der bedeutende Mensch nottat, wie dringend sie seiner bedurften, und wie er doch nicht erschienen ist. Das Kommen des Genius bleibt ein Mysterium, auf dessen Ergründung der Mensch in Ehrfurcht verzichte. Und wie die Ursachen seines Auftretens nicht in seiner Zeit gefunden werden können, so bleiben auch, diese Übereinstimmung ist das zweite Rätsel, dessen Folgen nicht an eine bestimmte Zeit geknüpft. Die Taten des Genius leben ewig, an ihnen wird durch die Zeit nichts geändert. Durch seine Werke ist dem bedeutenden Menschen eine Unsterblichkeit auf Erden beschieden, und so ist er in dreifacher Weise zeitlos: seine universale Apperzeption oder ausnahmslose Wertung aller seiner Erlebnisse enthebt diese in seinem Gedächtnis der Vernichtung mit dem Augenblick; aus der Zeit, die seinem Werden vorangeht, ist er nicht emporgewachsen; und nicht der Zeit, in der er tätig ist, und auch keiner anderen, früher oder später ihr folgenden, fällt anheim, was er geschaffen hat.

Hier ist nun der glücklichste Ort, die Besprechung einer Frage einzufügen, die beantwortet werden muß, obwohl sie, merkwürdig genug, noch kaum von jemand aufgeworfen scheint. Sie betrifft nichts anderes als, ob das, was Genie genannt zu werden verdient, auch unter den Tieren (oder Pflanzen) sich finde. Es besteht nun, außer den bereits entwickelten Kriterien der Begabung, deren Anwendung auf die Tiere wohl kaum die Anwesenheit dermaßen ausgezeichneter Individuen unter ihnen ergeben dürfte, auch sonst genügende Berechtigung zu der, später noch zu begründenden, Annahme, daß es dort nichts irgendwie Ähnliches gebe. Talente dürften im Reiche der Tiere vorhanden sein wie unter den noch-nicht-genialen Menschen. Aber das, was man vor Moreau de Tours, Lombroso und Max Nordau immer als den »göttlichen Funken« betrachtet hat, das haben wir allen Grund auf die Tiere nicht auszudehnen. Diese Einschränkung ist nicht Eifersucht, nicht ängstliche Wahrung eines Privilegs, sondern sie läßt sich mit guten Gründen verteidigen.

Denn was wird durch das Erstauftreten des Genies im Menschen nicht alles erklärt! Der ganze »objektive Geist«, mit anderen Worten, daß der Mensch allein unter allen Lebewesen eine Geschichte hat!

Die ganze menschliche Geschichte (darunter ist natürlich Geistes- und nicht z. B. Kriegsgeschichte zu verstehen), läßt sie sich nicht am ehesten begreifen durch das Auftreten des Genies, der Anregungen, die von ihm ausgingen, und der Nachahmung dessen, was das Genie tat, durch mehr pithekoide Wesen? Des Hausbaues, des Ackerbaues, vor allem, aber der Sprache! Jedes Wort ist von einem Menschen zuerst geschaffen worden, von einem Menschen, der über dem Durchschnitt stand, wie dies auch heute immer noch ausschließlich geschieht (von den Namen für neue technische Erfindungen muß man hiebei freilich absehen). Wie sollte es denn auch wohl sonst entstanden sein? Die Urworte waren »onomatopoetisch«: in sie kam ohne den Willen des Sprechenden, durch die bloße Heftigkeit der spezifischen Erregung, ein dem Erreger Ähnliches hinein; und alle anderen Worte sind ursprünglich Tropen, sozusagen Onomatopoesien zweiter Ordnung, Metaphern, Gleichnisse: alle Prosa ist einmal Poesie gewesen. Die meisten Genies sind also unbekannt geblieben. Man denke nur an die Sprichwörter, selbst an die heute trivialsten, wie: »eine Hand wäscht die andere«. Ja, das hat doch vor vielen Jahren ein geistvoller Mann zum ersten Male gesagt! Anderseits: wie viele Zitate aus klassischen Autoren, aus den allergelesensten, wie viele Worte Christi kommen uns nicht heute vollkommen unpersönlich-sprichwörtlich vor, wie oft müssen wir uns erst darauf besinnen, daß wir in diesem Falle den Urheber kennen! Man sollte darum nicht von der »Weisheit der Sprache«, von den Vorzügen und den glücklichen Ausdrücken »des Französischen« reden. Ebensowenig wie das »Volkslied« ist die Sprache von einer Menge geschaffen worden. Mit jenen Redensarten sind wir gegen so viele einzelne undankbar, um ein Volk überreich zu beschenken. Der Genius selbst, der sprachschöpferisch war, gehört vermöge seiner Universalität nicht bloß der Nation an, aus der er stammt und in deren Sprache er sein Wesen ausgedrückt hat. Die Nation orientiert sich an ihren Genien und bildet nach ihnen ihren Idealbegriff von sich selbst, der darum nicht der Leitstern der Hervorragenden selber, wohl aber jener der anderen sein kann. Aus verwandten Gründen aber wäre auch mehr Vorsicht geboten, wenn, wie so oft, Psychologie der Sprache und Völkerpsychologie ohne kritische Voruntersuchung als zusammengehörig behandelt werden. Weil die Sprache von einzelnen großen Männern geschaffen ist, darum liegt in ihr wirklich so viel erstaunliche Weisheit verborgen; wenn ein so inbrünstig tiefer Denker wie Jakob Böhme Etymologie treibt, so will dies doch etwas mehr sagen, als so mancher Geschichtschreiber der Philosophie begreifen zu können scheint. Von Baco bis Fritz Mauthner sind alle Flachköpfe Sprachkritiker gewesen.[24]

Der Genius ist es hingegen, der die Sprache nicht kritisiert, sondern hervorgebracht hat und immer neu hervorbringt, wie auch all die anderen Geisteswerke, die im engeren Sinne den Grundstock der Kultur, den »objektiven Geist«, bilden, soweit dieser wirklich Geist ist. So sehen wir, daß der zeitlose Mensch jener ist, der die Geschichte schafft: Geschichte kann nur von Wesen geschaffen werden, die außerhalb ihrer Kausalverkettung stehen. Denn nur sie treten in jenes unauflösliche Verhältnis zum absolut Zeit losen, zum Werte, das ihren Produktionen einen ewigen Gehalt gibt. Und was aus allem Geschehenen in die Kultur eingeht, geht in sie ein unter dem Gesichtspunkte des ewigen Wertes.

Legen wir jenen Maßstab der dreifachen Zeitlosigkeit an den Genius an, so werden wir am sichersten auch bei der nun nicht mehr allzu schwierigen Entscheidung geleitet werden, wem das Prädikat des Genies zuzusprechen ist, und wem es aberkannt werden muß. Zwischen der populären Meinung, die beispielsweise Türck und Lombroso vertreten, welche den Begriff des Genies bei jeder über den Durchschnitt stärker hinausragenden intellektuellen oder werklichen Leistung anzuwenden bereit ist, und der Exklusivität jener Lehren Kantens und Schellings, welche einzig im schaffenden Künstler das Walten des Genius

---

24 Im übrigen säume ich nicht, die Manen Bacos für diese Zusammenstellung um Verzeihung zu bitten.

erblicken wollen, liegt, obwohl in der Mitte, doch zweifelsohne diesmal das Richtige. Der Titel des Genius ist nur den großen Künstlern und den großen Philosophen (zu denen ich hier auch die seltensten Genien, die großen Religionsstifter,[25] zähle) zu vindizieren. Weder der »große Mann der Tat« noch »der große Mann der Wissenschaft« haben auf ihn Anspruch.

Die » Männer der Tat«, die berühmten Politiker und Feldherren, mögen wohl einzelne Züge haben, die an das Genie erinnern (z. B. eine vorzügliche Menschenkenntnis, ein enormes Personengedächtnis); auf ihre Psychologie kommt diese Untersuchung noch einmal zu sprechen; aber mit dem Genius kann sie nur verwechseln, wer schon durch den äußeren Aspekt von Größe allein völlig zu blenden ist. Das Genie ist in mehr als einem Sinne ausgezeichnet gerade durch den Verzicht auf alle Größe nach außen, durch reine innere Größe. Der wahrhaft bedeutende Mensch hat den stärksten Sinn für die Werte, der Feldherr-Politiker ein fast ausschließliches Fassungsvermögen für die Mächte. Jener sucht allenfalls die Macht an den Wert, dieser höchstens den Wert an die Macht zu knüpfen und zu binden (man erinnere sich an das oben von den Unternehmungen der Imperatoren Gesagte). Der große Feldherr, der große Politiker, sie steigen aus dem Chaos der Verhältnisse empor wie der Vogel Phönix, um zu verschwinden wie dieser. Der große Imperator oder große Demagog ist der einzige Mann, der ganz in der Gegenwart lebt; er träumt nicht von einer schöneren, besseren Zukunft, er sinnt keiner entflossenen Vergangenheit nach; er knüpft sein Dasein an den Moment, und sucht nicht auf eine jener beiden Arten, die dem Menschen möglich sind, die Zeit zu überspringen. Der echte Genius aber macht sich in seinem Schaffen nicht abhängig von den konkretzeitlichen Bedingungen seines Lebens, die für den Feldherr-Politiker stets das Ding-an-sich bleiben, das, was ihm zuletzt Richtung gibt. So wird der große Imperator zu einem Phänomen der Natur, der große Denker und Künstler steht außerhalb ihrer, er ist eine Verkörperung des Geistes. Die Werke des Tatmenschen gehen denn auch meist mit seinem Tode, oft schon früher, und nie sehr viel

25 Über sie handelt kurz das 13. Kapitel.

später, spurlos zugrunde, nur die Chronik der Zeit meldet von dem, was da geformt wurde, nur um wieder zerstört zu werden. Der Imperator schafft keine Werke, an denen die zeitlosen, ewigen Werte in ungeheurer Sichtbarkeit für alle Jahrtausende zum Ausdruck kommen; denn dies sind die Taten des Genius. Dieser , nicht der andere, schafft die Geschichte, weil er nicht in sie gebannt ist, sondern außerhalb ihrer steht. Der bedeutende Mensch hat eine Geschichte, den Imperator hat die Geschichte. Der bedeutende Mensch zeugt die Zeit, der Imperator wird von ihr gezeugt und – getötet.

Ebensowenig wie der große Willensmensch besitzt der große Wissenschaftler, wenn er nicht zugleich großer Philosoph ist, ein Anrecht auf den Namen des Genius, heiße er sonst Newton oder Gauß, Linné oder Darwin, Kopernikus oder Galilei. Die Männer der Wissenschaft sind nicht universell, denn es gibt Wissenschaft nur vom Fache, allenfalls von Fächern. Das liegt keineswegs, wie man glaubt, an der »fortschreitenden Spezialisierung«, die es »unmöglich mache, alles zu beherrschen«: es gibt unter den Gelehrten auch im XIX. und XX. Jahrhundert noch manch ebenso staunenerregende Polyhistorie, wie sie Aristoteles oder wie sie Leibniz besaß; ich erinnere an Alexander v. Humboldt, an Wilhelm Wundt. Jener Mangel liegt vielmehr im Wesen aller Wissenschaft und Wissenschaftler tief begründet. Das 8. Kapitel erst wird die letzte Differenz, die hier besteht, völlig aufzudecken versuchen. Indes ist man vielleicht bereits hier zu dem Zugeständnis geneigt, auch der hervorragendste Mann der Wissenschaft sei keine so allumfassende Natur wie selbst jene Philosophen es wären, die an der äußersten Grenze dessen stehen, wo die Bezeichnung genial noch statthat (ich denke an Fichte, Schleiermacher, Carlyle, Nietzsche). Welcher bloße Wissenschaftler fühlte in sich ein unmittelbares Verständnis aller Menschen, aller Dinge, oder auch nur die Möglichkeit, ein solches in sich und aus sich selbst heraus je zu verwirklichen? Ja, welchen anderen Sinn hätte denn die wissenschaftliche Arbeit der Jahrtausende, als diese unmittelbare Einsicht zu ersetzen? Dies ist der Grund, warum alle Wissenschaftler notwendig immer »Fachmänner« sind. Es kennt auch nie ein Wissenschaftler, der nicht Philosoph ist, selbst wenn er noch so Hervorragendes leistete, jenes kontinuierliche, nichtsvergessende Leben, das den Genius auszeichnet: eben wegen seines Mangels an Universalität.

Schließlich sind die Forschungen des Wissenschaftlers immer in den Stand der Kenntnisse seiner Zeit gebannt, er übernimmt einen Fonds von Erfahrungen in bestimmter Menge und Gestalt, vermehrt und verändert ihn um ein Geringes oder Größeres, und gibt ihn weiter. Aber auch von seinen Leistungen wird vieles weggenommen, vieles muß hinzugefügt werden, sie dauern als Bücher fort in den Bibliotheken, aber nicht als ewige, der Korrektur auch nur in einem Punkte entrückte Schöpfungen. Aus den berühmten Philosophien dagegen spricht wie aus den großen Kunstwerken ein Unverrückbares, Unverlierbares, eine Weltanschauung zu uns, an welcher der Fortschritt der Zeiten nichts ändert, die je nach der Individualität ihres Schöpfers, welche in ihr sichtbar zum Ausdruck gelangte, immer ihm verwandte Menschen findet, die ihr anhangen. Es gibt Platoniker und Aristoteliker, Spinozisten und Berkeleyaner, Thomisten und Anhänger Brunos noch heute, aber es gibt keinen Galileianer und keine Helmholtzianer, nirgends Ptolemäer, nirgends Kopernikaner. Es ist darum ein Unfug und verdirbt den Sinn des Wortes, wenn man von »Klassikern der exakten Wissenschaften« oder »Klassikern der Pädagogik« ebenso spricht, wie man mit gutem Recht von klassischen Philosophen und klassischen Künstlern redet.

Der große Philosoph also trägt den Namen des Genius mit Verdienst und Ehre; und wenn es auch des Philosophen größter Schmerz in Ewigkeit bleibt, daß er nicht Künstler ist – denn aus keinem anderen Grunde wird er Ästhetiker –, so neidet doch nicht minder der Künstler dem Philosophen die zähe und wehrhafte Kraft abstrakten systematischen Denkens – nicht umsonst werden Prometheus und Faust, Prospero und Cyprian, der Apostel Paulus und der »Penseroso« ihm Problem. Darum, däucht mir, sind beide einander gleich zu achten, und hat keiner vor dem anderen allzuviel voraus.

Freilich heißt es auch in der Philosophie, mit dem Begriffe der Genialität nicht so verschwenderisch umgehen, als dies gewöhnlich zu geschehen pflegt; sonst würde meine Darstellung mit Recht den Vorwurf der Parteilichkeit gegen die »positive Wissenschaft« auf sich laden, einer Parteilichkeit, die mir selbstverständlich fernliegt, da ich einen solchen Angriff ja zunächst als gegen mich selbst und einen großen Teil dieser Arbeit gekehrt empfinden müßte. Anaxagoras, Geulincx, Baader, Emerson als geniale Menschen zu bezeichnen, geht nicht an. Weder unoriginelle Tiefe (Angelus Silesius, Philo, Jacobi) noch originelle Flachheit (Comte, Feuerbach, Hume, Herbart, Locke, Karneades) sollte auf die Anwendung des Begriffes ein Recht erwirken können. Die Geschichte der Kunst ist heute in gleicher Weise wie die der Philosophie voll der verkehrtesten Wertungen; ganz anders die Geschichte der ihre eigenen Ergebnisse fortwährend berichtigenden und nach dem Umfang dieser Verbesserungen wertenden Wissenschaft. Die Geschichte der Wissenschaft verzichtet auf die Biographie ihrer wackersten Kämpfer; ihr Ziel ist ein System überindividueller Erfahrung, aus dem der einzelne verschwunden ist. In der Hingabe an die Wissenschaft liegt darum die größte Entsagung: denn durch sie verzichtet der einzelne Mensch als solcher auf Ewigkeit.

VI. Kapitel. Gedächtnis, Logik, Ethik

Psychologie und Psychologismus. Würde des Gedächtnisses. Theorien des Gedächtnisses. Übungs- und Assoziationslehren. Verwechslung mit dem Wiedererkennen. Gedächtnis nur dem Menschen eigen. Moralische Bedeutung. Lüge und Zurechnung. Übergang zur Logik. Gedächtnis und Identitätsprinzip. Gedächtnis und Satz vom Grunde. Die Frau alogisch und amoralisch. Intellektuelles und sittliches Gewissen: intelligibles Ich.

Die Überschrift, welche ich diesem Kapitel voranstelle, ist sofort und mit Leichtigkeit einem schweren Mißverständnis ausgesetzt. Es könnte nach ihr scheinen, als huldige der Autor der Ansicht, die logischen und ethischen Wertungen seien Objekte ausschließlich der empirischen Psychologie, psychische Phänomene ganz so wie die Empfindung und das Gefühl, Logik und Ethik also spezielle Disziplinen, Unterabteilungen der Psychologie und aus ihr, in ihr zu begründen.

Ich bekenne gleich und vollständig, daß ich diese Anschauung, den »Psychologismus«, für gänzlich falsch und verderblich halte; falsch, weil das Unternehmen nie gelingen kann, wovon wir uns noch überzeugen werden; verderblich, weil es nicht einmal so sehr die hiedurch kaum berührte Logik und Ethik als die Psychologie zugrunde richtet. Der Ausschluß der Logik und Ethik von der Begründung der Psychologie und ihr Verweis in einen Appendix der letzteren ist das Korrelat zu dem Überwuchern der Empfindungslehre, und hat mit dieser zusamt all das auf dem Gewissen, was sich heute als » empirische Psychologie« präsentiert: jenen Haufen toter Gebeine, denen kein Feinsinn und kein Fleiß mehr Leben einhaucht, in denen vor allem die wirkliche Erfahrung nicht wiederzuerkennen ist. Was also die unglücklichen Versuche betrifft, Logik und Ethik auf den Stufenbau einer, gleichgültig mit welchem Mörtel, zusammensetzenden Psychologie, als das zarte, jüngste Kind des Seelenlebens, zu setzen, so trage ich wenigstens kein Bedenken, gegen Brentano und seine Schule (Stumpf, Meinong, Höfler, Ehrenfels), gegen Th. Lipps und G. Heymans, gegen die ebenfalls dahin zu zählenden Meinungen von Mach und Avenarius, hier mich prinzipiell jener anderen Richtung anzuschließen, deren Positionen heute von Windelband, Cohen, Natorp, F. J. Schmidt, besonders aber von Husserl verteidigt werden (der selbst früher Psychologist war, seither aber zu der festesten Überzeugung von der Unhaltbarkeit dieses Standpunktes gelangt ist), jener Richtung, welche gegen die psychologisch-genetische Methode Humes den transzendental-kritischen Gedanken Kantens geltend macht und hochzuhalten weiß.

Da aber die vorliegende Arbeit keine ist, welche mit den allgemeinen, überindividuell gültigen Normen des Handelns und Denkens und den Bedingungen des Erkennens sich beschäftigte, da sie vielmehr, ihrem Ausgangspunkt wie ihrem Ziele nach, eben Unterschiede zwischen Menschen festzustellen trachtet, und nicht für beliebige Wesen (selbst für »die lieben Engelein« im Himmel) gültig zu sein beansprucht, wie die Philosophie Kantens ihren Grundgedanken nach, so durfte und mußte sie bisher psychologisch (nicht psycho logistisch) sein, und wird es weiter bleiben, ohne an den Stellen, wo sich die Notwendigkeit herausstellen sollte, zu verabsäumen, selbst eine formale Betrachtung zu wagen, oder wenigstens darauf hinzuweisen, daß da oder dort das alleinige Recht der logischen, kritischen, transzendentalen Methode zustehe.

Der Titel dieses Kapitels rechtfertigt sich anders. Die langwierige, weil gänzlich neu zu führende Untersuchung des vorigen hat gezeigt, daß das menschliche Gedächtnis zu Dingen in intimer Beziehung steht, mit denen man es einer Verwandtschaft bisher nicht für würdig gehalten zu haben scheint. Zeit, Wert, Genie, Unsterblichkeit – all dies vermochte sie mit dem Gedächtnis in einem merkwürdigen Zusammenhange zu zeigen, dessen Existenz man offenbar noch gar nicht vermutet hat. Dieses fast völlige Fehlen aller Hinweise muß einen tieferen

Grund haben. Er liegt, so scheint es, in den Unzulänglichkeiten und Schlampereien, welche die Theorien des Gedächtnisses immer wieder sich haben zuschulden kommen lassen.

Hier lenkt zunächst die schon in der Mitte des XVIII. Jahrhunderts von Charles Bonnet begründete, im letzten Drittel des XIX. Jahrhunderts besonders durch Ewald Hering (und E. Mach) in Schwung gekommene Lehre den Blick auf sich, welche im Gedächtnis des Menschen nichts weiter sieht als die »allgemeine Funktion der organisierten Materie«, auf neue Reize, die vorangegangenen Reizen mehr oder weniger gleichen, anders, leichter und schneller zu reagieren als auf erstmalige Irritation. Diese Theorie glaubt also die menschlichen Gedächtnisphänomene durch die sonstige Erfahrung der Übungsfähigkeit lebender Wesen schon erschöpft, für sie ist das Gedächtnis eine Anpassungserscheinung nach Lamarckschem Muster. Gewiß, es besteht ein Gemeinsames zwischen dem menschlichen Gedächtnis und jenen Tatsachen, z. B. gesteigerter Reflexerregbarkeit bei gehäufter Wiederholung der Erregungen; das identische Element liegt in dem Fortwirken des ersten Eindruckes über den Moment hinaus, und das 12. Kapitel wird auf den tiefsten Grund dieser Verwandtschaft noch einmal zurückkommen. Es ist aber daneben doch ein abgrundtiefer Unterschied zwischen der Stärkung eines Muskels durch Gewöhnung an wiederholte Kontraktion, zwischen der Anpassung des Arsenikessers oder des Morphinisten an immer größere Quantitäten des Giftes hier, und der Erinnerung des Menschen an seine früheren Erlebnisse dort. Auf der einen Seite ist die Spur des Alten nur im Neuen verfolgbar, auf der anderen treten früher erlebte Situationen wieder, ganz als die alten, hervor in das Bewußtsein, so wie sie selbst waren, mit aller Individuation ausgestattet, nicht zu bloßer Nachwirkung auf den neuen Moment durch ein Residuum nutzbar gemacht. Die Identifikation beider Phänomene wäre so ungereimt, daß auf eine weitere Besprechung dieser allgemeinbiologischen Ansicht verzichtet werden kann.

Mit der physiologischen Hypothese hängt die Assoziationslehre als Theorie des Gedächtnisses historisch durch Hartley und sachlich durch den Begriff der Gewöhnung zusammen. Sie leitet alles Gedächtnis aus dem mechanischen Spiel der Vorstellungsverknüpfungen nach ein bis vier Gesetzen ab. Dabei übersieht sie, daß das Gedächtnis (das kontinuierliche des Mannes) im Grunde eine Willenserscheinung ist. Ich kann mich auf etwas besinnen, wenn ich es wirklich will, entgegen beispielsweise meiner Schlafsucht, wenn ich nur wahrhaft entschlossen bin, diese zu unterdrücken. In der Hypnose, durch welche Erinnerung an alles Vergessene erzielt werden kann, tritt der Wille des Fremden an die Stelle des allzu schwachen eigenen und liefert so wieder den Beweis, daß es der Wille ist, welcher die zweckmäßigen Assoziationen aufsucht, daß alle Assoziation durch die tiefere Apperzeption herbeigeführt wird. Hier mußte einem späteren Abschnitt vorgegriffen werden, welcher das Verhältnis zwischen Assoziations- und Apperzeptionspsychologie klarzustellen und die Berechtigung beider abzuwägen suchen wird.

Mit der Assoziationspsychologie, welche das psychische Leben zuerst zerspaltet, und wähnt, im Tanze der einander die Hände reichenden Bruchstücke es dann noch zusammenleimen zu können, hängt wiederum enge jene dritte Konfusion zusammen, die, ungeachtet des von Avenarius und besonders von Höffding ungefähr zur gleichen Zeit mit so viel Recht erhobenen Einspruches, noch immer das Gedächtnis mit dem Wiedererkennen zusammenwirft. Das Wiedererkennen eines Gegenstandes braucht durchaus nicht auf der gesonderten Reproduktion des früheren Eindruckes zu beruhen, wenn auch in einem Teile der Fälle im neuen Eindrucke die Tendenz zu liegen scheint, auf der Stelle den älteren wachzurufen. Aber es gibt daneben ein mindestens ebenso häufig vorkommendes unmittelbares Wiedererkennen, in welchem nicht die neue Empfindung von sich selbst wegführt und wie mit einem Streben verknüpft erscheint, sondern wo das Gesehene, Gehörte etc. nur mit einer spezifischen Färbung (»tinge« würde James sagen) auftritt, mit jenem »Charakter«, den Avenarius »das Notal«, Höffding »die Bekanntheitsqualität« nennt. Wer in die Heimat zurückkehrt, dem scheinen Weg und Steg »bekannt«, auch wenn er nichts mehr zu benennen und sich gar nicht leicht zurechtzufinden weiß, und keines besonderen Tages gerade gedenkt, an dem er hier gegangen; eine Melodie kann mir »bekannt vorkommen«, ohne daß ich weiß, wann und wo ich sie gehört habe. Der »Charakter« (im Avenariusschen Sinne) der Bekanntheit, der Vertrautheit etc. schwebt hier sozusagen über dem Sinneseindruck selbst, die Analyse weiß nichts von Assoziationen, deren »Verschmelzung« mit meiner neuen Empfindung, nach der Behauptung einer anmaßenden Pseudo-Psychologie, jenes unmittelbare Gefühl erst erzeugen soll; und sie vermag diese Fälle sehr gut von jenen anderen zu unterscheiden, wo schon leise und kaum merklich (in Henidenform) das ältere Erlebnis wirklich assoziiert wird.

Auch individualpsychologisch ist diese Distinktion eine Notwendigkeit. Im hochstehenden Menschen ist das Bewußtsein einer nicht interrupten Vergangenheit fortwährend so lebendig, daß er, etwa beim Wiedererblicken eines Bekannten auf der Gasse, sofort die letzte Begegnung als selbständiges Erlebnis reproduziert, während im weniger Begabten das einfache Bekanntheitsgefühl, das ihm ein Wiedererkennen ermöglicht, oft auch dann allein auftritt, wenn er jenes Zusammensein, sogar in seinen Einzelheiten, noch recht gut sich zu vergegenwärtigen vermöchte.

Stellen wir nun noch, zum Abschlusse dessen, die Frage, ob die anderen Organismen außer dem Menschen ebenfalls jene, von allem Ähnlichen wohl zu unterscheidende Fähigkeit besitzen, frühere Augenblicke ihres Lebens wieder in ihrer Gänze aufleben zu lassen, so ist diese Frage mit der größten Wahrscheinlichkeit im verneinenden Sinne zu beantworten. Die Tiere könnten nicht, wie sie es tun, stundenlang regungslos und ruhig auf einem Flecke verharren, wenn sie an ihr vergangenes Leben zurückdächten oder eine Zukunft in Gedanken vorausnähmen. Die Tiere haben Bekanntheitsqualitäten und Erwartungsgefühle (der die Heimkehr des Herrn nach zwanzig Jahren begrüßende Hund; die Schweine vor dem Tore des Metzgers, die zur Belegung geführte rossige Stute), aber sie besitzen keine Erinnerung und keine Hoffnung. Sie vermögen wiederzuerkennen (mit Hilfe des »Notals«), aber sie haben kein Gedächtnis.

Ist so das Gedächtnis als eine besondere, mit niederen Gebieten psychischen Lebens nicht zu verwechselnde Eigenschaft dargetan, scheint es zudem ausschließlicher Besitz des Menschen zu sein, so wird es nicht mehr wundernehmen, daß es mit jenen höheren Dingen, wie dem Wert- und Zeitbegriff, dem keinem Tiere eignenden Unsterblichkeitsbedürfnisse, der nur dem Menschen möglichen Genialität, in einem Zusammenhange steht. Und wenn es einen einheitlichen Begriff vom Menschen gibt, ein tiefstes Wesen der Menschheit, das in allen besonderen Qualitäten des Menschen zum Ausdrucke kommt, so wird man es geradezu erwarten müssen, daß auch die logischen und ethischen Phänomene, die den anderen Lebewesen allem Anscheine nach ebenso abgehen wie das Gedächtnis, mit dem Gedächtnis irgendwo sich berühren werden. Diese Beziehung heißt es nun aufsuchen.

Es kann zu dem Behufe von der wohlbekannten Tatsache ausgegangen werden, daß Lügner ein schlechtes Gedächtnis haben. Vom »pathologischen Lügner« steht es fest, daß er nahezu überhaupt »kein Gedächtnis hat«. Auf den männlichen Lügner komme ich im folgenden noch einmal zu sprechen; er bildet nicht die Regel unter den Männern. Faßt man hingegen ins Auge, was früher über das Gedächtnis der Frauen gesagt wurde, so wird man es neben die angeführte Erscheinung der mangelnden Erinnerungsgabe verlogener Männer stellen dürfen, wenn so viele Sprichwörter und Erzählungen, wenn Dichtung und Volksmund vor der Lügenhaftigkeit des Weibes warnen. Es ist klar: einem jeden Wesen, dessen Gedächtnis ein so minimales wäre, daß, was es gesagt, getan, erlitten hat, später nur im dürftigsten Grade von Bewußtheit ihm noch gegenwärtig bliebe, einem jeden solchen Wesen muß, wenn ihm die Gabe der Sprache verliehen ist, die Lüge leicht fallen, und dem Impulse zu ihr wird, wenn es auf die Erreichung praktischer Zwecke ankommt, von einem so beschaffenen Individuum, dem nicht der wahre Vorgang mit voller Intensität vorschwebt, schwer widerstanden werden können. Und noch stärker muß sich diese Versuchung geltend machen, wenn das Gedächtnis dieses Wesens nicht von jener kontinuierlichen Art ist, die nur der Mann kennt, sondern wenn das Wesen, wie W, sozusagen nur in Augenblicken, diskret, diskontinuierlich, zusammenhanglos lebt, in den zeitlichen Ereignissen aufgeht, statt über ihnen zu stehen, oder den Zeitablauf wenigstens zum Problem zu erheben; wenn es nicht, wie M, alle seine Erlebnisse auf einen einheitlichen Träger derselben bezieht, sie von diesem auf sich nehmen läßt, wenn ein »Zentrum« der Apperzeption fehlt, dem alle Vergangenheit stets in einheitlicher Weise zugezählt wird, wenn das Wesen sich nicht als eines und selbes in allen seinen Lebenslagen fühlt und weiß. Es kommt zwar wohl auch bei jedem Manne vor, daß er sich einmal »nicht versteht«, ja bei sehr vielen Männern ist es, wenn sie an ihre Vergangenheit zurückdenken, ohne daß dies mit den Phänomenen der psychischen Periodizität in Verbindung gebracht werden dürfte,[26] die Regel, daß sie die Substitution ihrer gegenwärtigen Persönlichkeit für den Träger jener älteren Erlebnisse nicht leicht auszuführen vermögen, daß sie nicht begreifen, wie sie dies oder jenes damals denken oder tun konnten; und doch wissen und fühlen sie sehr wohl, daß sie es trotzdem gedacht und getan haben, und zweifeln nicht im mindesten daran. Dieses Gefühl der Identität in allen Lebenslagen fehlt dem echten Weibe völlig, da sein Gedächtnis, selbst wenn es – das kommt in einzelnen Fällen vor – auffallend gut ist, stets alle Kontinuität vermissen läßt. Das Einheitsbewußtsein des Mannes, der sich in seiner Vergangenheit oft nicht versteht, äußert sich in dem Bedürfnisse, sich zu verstehen, und diesem Bedürfnis immaniert die Voraussetzung , daß er stets ein und derselbe trotz seines Sichjetztnichtverstehens gewesen ist; die Frauen verstehen sich, wenn sie an ihr früheres Leben zurückdenken, nie, sie haben aber auch kein Bedürfnis, sich zu verstehen, wie man schon aus dem geringen Interesse entnehmen kann, das sie den Worten des Mannes entgegenbringen, der ihnen etwas über sie selbst sagt. Die Frau interessiert sich nicht für sich – darum gibt es keine weibliche Psychologin und keine Psychologie des Weibes von einem Weibe – und ganz unfaßbar

26 Welche der sich immer verstehende Mensch ebensogut kennt wie der sich nie verstehende.

wäre ihr das krampfhafte, echt männliche Bemühen, die eigene Vergangenheit als eine logische Folge von kontinuierlichem, lückenlos kausal geordnetem, nicht sprunghaftem Geschehen zu interpretieren, Anfang, Mitte, Ende des individuellen Lebens zueinander in Beziehung zu setzen.

Von hier aus aber ist auch die Brücke zur Logik durch einen Grenzübergang zu schlagen möglich. Ein Wesen, das, wie W, das absolute Weib, sich nicht in den aufeinanderfolgenden Zeitpunkten als identisch wüßte, hätte auch keine Evidenz der Identität seines Denkobjektes zu verschiedenen Zeiten; da, wenn beide Teile der Veränderung unterworfen sind, sozusagen das absolute Koordinatensystem fehlt, auf das Veränderung bezogen, mit Hilfe dessen Veränderung einzig bemerkt werden könnte. Ja, ein Wesen, dessen Gedächtnis nicht einmal so weit reichte, um ihm die psychologische Möglichkeit zu gestatten, das Urteil zu fällen, ein Gegenstand oder ein Ding sei trotz des Zeitablaufes mit sich selbst identisch geblieben, um es also z. B. zu befähigen, irgend eine mathematische Größe in einer längeren Rechnung als dieselbe zu verwenden, einzusetzen und festzuhalten; ein solches Wesen würde im extremen Falle auch nicht imstande sein, vermöge seines Gedächtnisses die unendlich klein gesetzte Zeit zu überwinden, welche (psychologisch) jedenfalls erforderlich ist, um von A zu sagen, daß es im nächsten Momente doch noch A sei, um das Urteil der Identität A = A zu fällen, oder den Satz des Widerspruches auszusprechen, der voraussetzt, daß ein A nicht sofort dem Denkenden entschwinde; denn sonst könnte es das A vom non-A, das nicht A ist, und das es wegen der Enge des Bewußtseins nicht gleichzeitig ins Auge zu fassen vermag, nicht wirklich unterscheiden.

Das ist kein bloßer Scherz des Gedankens, kein neckisches Sophisma der Mathematik, keine verblüffende Konklusion aus durchgeschmuggelten Prämissen. Zwar bezieht sich sicherlich – es muß das, um möglichen Einwänden zu begegnen, der folgenden Untersuchung vorweggenommen werden – das Urteil der Identität immer auf Begriffe, nie auf Empfindungen oder Komplexe von solchen, und die Begriffe sind als logische Begriffe zeitlos, sie behalten ihre Konstanz, ob ich sie als psychologisches Subjekt konstant denke oder nicht. Aber der Mensch denkt den Begriff eben nie rein als logischen Begriff, weil er kein rein logisches, sondern auch ein psychologisches, »von den Bedingungen der Sinnlichkeit affiziertes« Wesen ist, er kann an seiner Statt immer nur eine, aus seinen individuellen Erfahrungen durch wechselseitige Auslöschung der Differenzen und Verstärkung des Gleichartigen hervorgewachsene Allgemeinvorstellung (eine »typische«, »konnotative«, »repräsentative« Vorstellung) denken, die aber das abstrakte Moment der Begrifflichkeit erhalten und wunderbarerweise in diesem Sinne verwertet werden kann. Er muß also auch die Möglichkeit haben, die Vorstellung, in welcher er den de facto unanschaulichen Begriff anschaulich denkt, zu bewahren, zu konservieren; diese Möglichkeit hinwiederum wird ihm nur durch das Gedächtnis gewährleistet. Fehlte ihm also das Gedächtnis, so wäre für ihn auch die Möglichkeit dahin, logisch zu denken, jene Möglichkeit, die sich sozusagen immer nur an einem psychologischen Medium inkarniert.

Also ist der Beweis streng geführt, daß mit dem Gedächtnis auch die Fähigkeit erlischt, die logischen Funktionen auszuüben. Die Sätze der Logik werden hiedurch nicht tangiert, nur die Kraft, sie anzuwenden, ist dargetan als an jene Bedingung gebunden. Der Satz A = A nun hat psychologisch stets eine Beziehung zur Zeit, insofern er nur im Gegensatze zur Zeit ausgesprochen werden kann: A.t1 = A.t2. Logisch wohnt ihm diese Beziehung freilich nicht inne; wir werden aber noch darüber Aufschluß erhalten, warum er rein logisch als besonderes Urteil keinen speziellen Sinn hat und dieser psychologischen Folie so sehr bedarf. Psychologisch ist demnach das Urteil nur in Relation zur Zeit vollziehbar, als deren eigentliche Negation es sich darstellt.

Ich habe aber früher das stetige Gedächtnis als die Überwindung der Zeit, und eben damit als die psychologische Bedingung der Zeitauffassung erwiesen. So präsentiert sich denn die Tatsache des kontinuierlichen Gedächtnisses als der psychologische Ausdruck des logischen Satzes der Identität.[27] Dem abso-

---

27 Hiemit hoffe ich auch, die Kühnheit dieses gänzlich neuartigen Überganges vom Gedächtnis zur Logik gerechtfertigt zu haben.

luten Weibe, dem jenes fehlt, kann auch dieser Satz nicht Axiom seines Denkens sein. Für das absolute Weib gibt es kein Principium identitatis (und contradictionis und exclusi tertii) .

Aber nicht nur diese drei Prinzipien; auch das vierte der logischen Denkgesetze, der Satz vom Grunde, der von jedem Urteil eine Begründung verlangt, die es für alle Denkenden notwendig mache, hängt mit dem Gedächtnis aufs innigste zusammen.

Der Satz vom zureichenden Grunde ist der Nerv, das Prinzip des Syllogismus. Die Prämissen eines Schlusses sind aber psychologisch immer frühere, der Konklusion zeitlich vorhergehende Urteile, die vom Denkenden ebenso festgehalten werden müssen, wie die Begriffe durch die Sätze von der Identität und vom Widerspruch gleichsam geschützt werden. Die Gründe eines Menschen sind immer in seiner Vergangenheit zu suchen. Darum hängt die Kontinuität, welche das Denken des Menschen als Maxime gänzlich beherrscht, mit der Kausalität so enge zusammen. Jedes psychologische Inkrafttreten des Satzes vom Grunde setzt demzufolge kontinuierliches, alle Identitäten wahrendes Gedächtnis voraus. Da W dieses Gedächtnis so wenig als Kontinuität sonst irgend kennt, so gibt es für sie auch kein Principium rationis sufficientis.

Es ist also richtig, daß das Weib keine Logik besitzt.

Georg Simmel hat diese alte Erkenntnis als unhaltbar bezeichnet, weil die Frauen oft mit äußerster, strengster Konsequenz Folgerungen zu ziehen wüßten. Daß die Frau in einem konkreten Falle, wo es ihr zur Erreichung irgend eines Zweckes paßt und dringend notwendig scheint, unerbittlich folgert, ist so wenig ein Beweis dafür, daß sie ein Verhältnis zum Satz vom Grunde hat, wie es ein Beweis für ein Verhältnis zum Satz der Identität ist, daß sie so oft hartnäckig ein und dasselbe behauptet, und immer wieder auf ihr erstes, längst widerlegtes, Wort zurückkommt. Die Frage ist, ob jemand die logischen Axiome als Kriterien der Gültigkeit seines Denkens, als Richter über das, was er sagt, anerkennt oder nicht, ob er sie zur steten Richtschnur und Norm seines Urteils macht. Eine Frau nun sieht nie ein, daß man alles auch begründen müsse; da sie keine Kontinuität hat, empfindet sie auch kein Bedürfnis nach der logischen

Stützung alles Gedachten: daher die Leichtgläubigkeit aller Weiber. Also im Einzelfall mögen sie konsequent sein, aber dann ist die Logik nicht Maßstab, sondern Werkzeug, nicht Richter, sondern meistens Henker. Dagegen wird eine Frau durchaus, wenn sie eine Ansicht äußerte, und der Mann so dumm wäre, dies überhaupt ernst zu nehmen und einen Beweis von ihr verlangte, ein solches Ansinnen als unbequem und lästig, als gegen ihre Natur gerichtet empfinden. Der Mann fühlt sich vor sich selbst beschämt, er fühlt sich schuldig, wenn er einen Gedanken, habe er ihn nun geäußert oder nicht, zu begründen unterlassen hat, weil er die Verpflichtung dazu fühlt, die logische Norm einzuhalten, die er ein für allemal über sich gesetzt hat. Die Frau erbittert die Zumutung, ihr Denken von der Logik ausnahmslos abhängig zu machen. Ihr mangelt das intellektuelle Gewissen. Man könnte bei ihr von » logicalinsanity« sprechen.

Der häufigste Fehler, den man an der weiblichen Rede entdecken würde, wollte man sie wirklich auf ihre Logizität prüfen (was jeder Mann gewöhnlich unterläßt und schon damit seine Verachtung der weiblichen Logik kundgibt), wäre die quaternio terminorum, jene Verschiebung, die eben aus der Unfähigkeit des Festhaltens bestimmter Vorstellungen, aus dem Mangel eines Verhältnisses zum Satze der Identität, hervorgeht. Die Frau erkennt nicht von selbst, daß sie an diesen Satz sich halten müsse, er ist ihr nicht oberstes Kriterium ihrer Urteile. Der Mann fühlt sich zur Logik verpflichtet, die Frau nicht; nur darauf aber kommt es an, nur jenes Gefühl der Schuldigkeit kann eine Bürgschaft dafür bieten, daß von einem Menschen immer und ewig logisch zu denken gestrebt werde. Es ist vielleicht der tiefste Gedanke, welchen Descartes je geäußert hat, und wohl darum so wenig verstanden und meist als schreckliche Irrlehre hingestellt: daß aller Irrtum eine Schuld ist.

Aber Quell alles Irrtums ist im Leben auch immer ein Mangel an Gedächtnis. So hängen Logik wie Ethik, die sich eben in der Wahrheitsforderung berühren und im höchsten Werte der Wahrheit zusammentreffen, wieder beide auch mit dem Gedächtnis zusammen. Und es dämmert uns auch bereits die Erkenntnis auf, daß Platon so unrecht nicht hatte, wenn er die

Einsicht mit der Erinnerung in Zusammenhang brachte. Das Gedächtnis ist zwar kein logischer und ethischer Akt, aber zumindest ein logisches und ethisches Phänomen. Ein Mensch z. B., der eine wahrhaft tiefe Empfindung gehabt hat, empfindet es als sein Unrecht, wenn er, sei's auch durch äußeren Anlaß genötigt, eine halbe Stunde darauf schon an etwas ganz anderes denkt. Der Mann kommt sich gewissenlos und unmoralisch vor, wenn er bemerkt, daß er an irgend einen Punkt seines Lebens längere Zeit hindurch nicht gedacht hat. Das Gedächtnis ist ferner schon deshalb moralisch, weil es allein die Reue ermöglicht. Alles Vergessen hingegen ist an sich unmoralisch. Darum ist Pietät eben auch sittliche Vorschrift: es ist Pflicht, nichts zu vergessen; und nur insofern hat man der Verstorbenen besonders zu gedenken. Darum auch sucht der Mann, aus logischen und ethischen Motiven in gleichem Maße, in seine Vergangenheit Logik zu bringen, alle Punkte in ihr zur Einheit zu ordnen.

Wie mit einem Schlage ist hier an den tiefen Zusammenhang von Logik und Ethik gerührt, den Sokrates und Plato geahnt haben, Kant und Fichte neu entdecken mußten, auf daß er später wieder vernachlässigt würde und den Lebenden ganz in Verlust geriete.

Ein Wesen, das nicht begreift oder nicht anerkennt, daß A und non-A einander ausschließen, wird durch nichts mehr gehindert, zu lügen; vielmehr, es gibt für ein solches Wesen gar keinen Begriff der Lüge, weil ihr Gegenteil, die Wahrheit, als das Maß, ihm abgeht; ein solches Wesen kann, wenn ihm dennoch Sprache verliehen ist, lügen, ohne es zu wissen, ja ohne die Möglichkeit, zu erkennen, daß es lügt, da es des Kriteriums der Wahrheit entbehrt. »Veritas norma sui et falsi est.« Es gibt nichts Erschütternderes für einen Mann, als wenn er, einem Weibe auf eine Lüge gekommen, sie fragt: »Was lügst du?« und dann gewahren muß, wie sie diese Frage gar nicht versteht und, ohne zu begreifen, ihn angafft, oder lächelnd ihn zu beruhigen sucht – oder gar in Tränen ausbricht.

Denn mit dem Gedächtnis allein ist die Sache nicht erledigt. Es ist auch unter den Männern die Lüge genug verbreitet. Und es kann gelogen werden trotz der Erinnerung an den tatsächlichen Sachverhalt, an dessen Stelle zu irgend welchem Zwecke ein anderer gesetzt wird. Ja, nur von einem solchen Menschen, der, trotz seinem besseren Wissen und Bewußtsein, den Tatbestand fälscht, kann eigentlich mit Recht gesagt werden, daß er lüge. Und es muß ein Verhältnis zur Idee der Wahrheit als des höchsten Wertes der Logik wie der Ethik da sein, damit von einer Unterdrückung dieses Wertes zugunsten fremder Motive die Rede sein könne. Wo dieses fehlt, kann man nicht von Irrtum und Lüge, sondern höchstens von Verirrtheit und Verlogenheit sprechen; nicht von anti moralischem, sondern nur von a moralischem Sein. Das Weib also ist amoralisch.

Jenes absolute Unverständnis für den Wert der Wahrheit an sich muß demnach tiefer liegen. Aus dem kontinuierlichen Gedächtnis ist, da der Mann ebenfalls, ja eigentlich nur er lügt, die Wahrheits forderung, das Wahrheits bedürfnis, das eigentliche ethisch-logische Grundphänomen, nicht abzuleiten, sondern es steht damit nur in engem Zusammenhange.

Das, was einem Menschen, einem Manne ein aufrichtiges Verhältnis zur Idee der Wahrheit ermöglicht, und was ihn deshalb einzig an der Lüge zu hindern imstande ist, das kann nur etwas von aller Zeit Unabhängiges, durchaus Unveränderliches sein, welches die alte Tat im neuen Augenblick ganz ebenso als wirklich setzt wie im früheren, weil es es selbst geblieben ist, an der Tatsache, daß es die Handlung so vollzogen hat, nichts ändern läßt und nicht rütteln will; es kann nur dasselbe sein, auf das alle diskreten Erlebnisse bezogen werden, und das so ein kontinuierliches Dasein erst schafft: es ist eben dasselbe, das zum Gefühl der Verantwortlichkeit für die eigenen Taten drängt und den Menschen alle Handlungen, die jüngsten wie die ältesten, verantworten zu können trachten läßt, das zum Phänomen der Reue, zum Schuldbewußtsein führt, das heißt zur Zurechnung vergangener Dinge an ein ewig Selbes und darum auch Gegenwärtiges, zu einer Zurechnung, die in viel größerer Feinheit und Weite geschieht, als durch das öffentliche Urteil und die Normen der Gesellschaft je erreicht werden könnte, einer Zurechnung, die von allem Sozialen gänzlich unabhängig das Individuum an sich selbst vollzieht; weshalb alle Moralpsychologie, welche die

Moral auf das soziale Zusammenleben der Menschen begründen und ihren Ursprung auf dieses zurückführen will, in Grund und Boden falsch und verlogen ist. Die Gesellschaft kennt den Begriff des Verbrechens, aber nicht den der Sünde, sie zwingt zur Strafe, ohne Reue erreichen zu wollen; die Lüge wird vom Strafgesetz nur in ihrer, öffentlichen Schaden zufügenden, feierlichen Form des Meineides geahndet, und der Irrtum ist noch nie unter die Vergehungen gegen das geschriebene Gesetz gestellt worden. Die Sozialethik, die da fürchtet, der Nebenmensch komme bei jedem ethischen Individualismus zu kurz, und darum von Pflichten des Individuums gegen die Gesellschaft und gegen die 1500 Millionen lebender Menschen faselt, erweitert also nicht, wie sie glaubt, das Gebiet der Moral, sondern beschränkt es in unzulässiger und verwerflicher Weise.

Was ist nun jenes über Zeit und Veränderung Erhabene, jenes »Zentrum der Apperzeption«?

»Es kann nichts Mindereres sein, als was den Menschen über sich selbst (als einen Teil der Sinnenwelt) erhebt, was ihn an eine Ordnung der Dinge knüpft, die nur der Verstand denken kann, und die zugleich die ganze Sinnenwelt ... unter sich hat. Es ist nichts anderes als die Persönlichkeit.«

Auf ein von allem empirischen Bewußtsein verschiedenes »intelligibles« Ich hat das erhabenste Buch der Welt, die »Kritik der praktischen Vernunft«, der diese Worte entnommen sind, die Moral als auf ihren Gesetzgeber zurückgeführt.

Hiemit steht die Untersuchung beim Problem des Subjektes, und dieses bildet ihren nächsten Gegenstand.

VII. Kapitel. Logik, Ethik und das Ich

**Die Kritiker des Ich-Begriffes: Hume, Lichtenberg, Mach.
Das Machsche Ich und die Biologie. Individuation und
Individualität. Logik und Ethik als Zeugen für die Existenz
des Ich. – Erstens die Logik: die Sätze der Identität und des
Widerspruches. Die Frage ihres Nutzens und ihrer Bedeu-
tung. Die logischen Axiome als identisch mit der begriffli-
chen Funktion. Definition des logischen Begriffes als Norm
der Essenz. Die logischen Axiome als eben diese Norm der
Essenz, welche Existenz einer Funktion ist. Diese Existenz
als das absolute Sein oder das Sein des absoluten Ich.
Kant und Fichte. Logizität als Norm. Denkfreiheit neben
Willensfreiheit. – Zweitens die Ethik. Zurechnung. Das
Verhältnis der Ethik zur Logik. Die Verschiedenheit der
Subjektsbeweise aus der Logik und der Ethik. Eine Unter-
lassung Kantens. Ihre sachlichen und ihre persönlichen
Gründe. Zur Psychologie der Kantischen Ethik. Kant und
Nietzsche.**

Bekanntlich hat David Hume den Ich-Begriff einer Kritik unterzogen, die in ihm nur ein »Bündel« verschiedener, in fortwäh-
rendem Flusse und Bewegung befindlicher »Perzeptionen« zu
entdecken vermochte. So sehr auch Hume das Ich hiedurch
kompromittiert fand, er trägt seine Anschauung relativ beschei-
den vor, und salviert sich dem Wortlaute nach tadellos. Von einigen Metaphysikern nämlich, erklärt er, müsse man absehen,
die sich eines anderen Ichs zu erfreuen meinten; er selbst sei
ganz gewiß, keines zu haben, und glaube annehmen zu dürfen,
daß es auch von den übrigen Menschen (von jenen paar Käu-
zen natürlich werde er sich wohl hüten, zu reden) gelte, daß
sie nichts seien als Bündel. So drückt sich der Weltmann aus.
Im nächsten Kapitel wird sich zeigen, wie seine Ironie auf ihn
selbst zurückfällt. Daß sie so berühmt wurde, liegt an der all-

gemeinen Überschätzung Humes, an der Kant die Schuld trägt. Hume war ein ausgezeichneter empirischer Psychologe, aber er ist keineswegs ein Genie zu nennen, wie das meistens geschieht; es gehört zwar nicht eben viel dazu, der größte englische Philosoph zu sein, aber Hume hat auch auf diese Bezeichnung nicht den ersten Anspruch. Und wenn Kant (trotz den »Paralogismen«) den Spinozismus a limine deswegen zurückgewiesen hat, weil nach diesem die Menschen nicht Substanzen, sondern bloße Akzidenzen sind, und ihn mit jener seiner »ungereimten« Grundidee schon für erledigt ansah – so möchte ich wenigstens nicht dafür einstehen, ob er sein Lob des Engländers nicht beträchtlich gedämpft hätte, wäre ihm auch der »Treatise« desselben bekannt gewesen und nicht bloß der spätere »Inquiry«, in welchen, wie man weiß, Hume seine Kritik des Ichs nicht aufgenommen hat.

Lichtenberg, der nach Hume gegen das Ich zu Felde zog, war schon kühner als dieser. Er ist der Philosoph der Unpersönlichkeit und korrigiert nüchtern das sprachliche »Ich denke« durch ein sachliches »es denkt«; so ist ihm das Ich eigentlich eine Erfindung der Grammatiker. Hierin war ihm übrigens Hume doch insofern vorangegangen, als auch er am Schlusse seiner Auseinandersetzungen allen Hader um die Identität der Person für einen bloßen Wortstreit erklärt hatte.

In jüngster Zeit hat E. Mach das Weltall als eine zusammenhängende Masse aufgefaßt und die Ichs als Punkte, in denen die zusammenhängende Masse stärkere Konsistenz habe. Das einzig Reale seien die Empfindungen, die im einen Individuum untereinander stark, mit jenen eines anderen aber, welches man darum vom ersten unterscheide, schwächer zusammenhingen. Der Inhalt sei die Hauptsache und bleibe stets auch in anderen erhalten bis auf die wertlosen (!) persönlichen Erinnerungen. Das Ich sei keine reale, nur eine praktische Einheit, unrettbar, darum könne man auf individuelle Unsterblichkeit (gerne) verzichten; doch sei es nichts Tadelnswertes, hie und da, besonders zu Zwecken des Darwinschen Kampfes ums Dasein, sich so zu benehmen, als ob man ein Ich besäße.

Es ist wunderlich, wie ein Forscher, der nicht nur als Historiker seiner Spezialwissenschaft und Kritiker ihrer Begriffe so Ungewöhnliches geleistet hat wie Mach, sondern auch in biologischen Dingen überaus kenntnisreich ist und auf die Lehre von diesen vielfach, direkt und indirekt, anregend gewirkt hat, gar nicht auf die Tatsache Rücksicht nimmt, daß alle organischen Wesen zunächst unteilbar, also doch irgendwie Atome, Monaden sind (vgl. Teil I, Kap. 3, S. 46). Das ist ja doch der erste Unterschied zwischen Belebtem und Unbelebtem, daß jenes immer differenziert ist zu ungleichartigen, aufeinander angewiesenen Teilen, während selbst der geformte Kristall durchaus gleichgeartet ist. Darum sollte man doch, wenigstens als Eventualität, die Möglichkeit in Betracht ziehen, ob nicht allein aus der Individuation, der Tatsache, daß die organischen Wesen im allgemeinen nicht zusammenhängen wie die siamesischen Zwillinge, auch etwas für das Psychische sich ergibt, mehr Psychisches zu erwarten ist als das Machsche Ich, dieser bloße Wartesaal für Empfindungen.

Es ist zu glauben, daß solch ein psychisches Korrelat schon bei den Tieren existiert. Alles, was ein Tier fühlt und empfindet, hat wohl bei jedem Individuum eine verschiedene Note oder Färbung, die nicht nur die seiner Klasse, Gattung und Art, seiner Rasse und Familie eigentümliche ist, sondern in jedem einzelnen Wesen sich von der in jedem anderen unterscheidet. Das Idioplasma ist das physiologische Äquivalent zu dieser Spezifität aller Empfindungen und Gefühle jedes besonderen Tieres, und es sind analoge Gründe wie die Gründe der Idioplasmatheorie (vgl. Teil I, Kap. 2, S. 19, und Teil II, Kap. I, S. 97 f.), welche die Vermutung nahelegen, daß es einen empirischen Charakter auch bei den Tieren gibt. Der Jäger, der mit Hunden, der Züchter, der mit Pferden, der Wärter, der mit Affen zu tun hat, wird die Singularität nicht nur, sondern auch die Konstanz im Verhalten jedes einzelnen Tieres bestätigen. Also jedenfalls ist schon hier ein über das bloße Rendezvous der »Elemente« Hinausgehendes ungemein wahrscheinlich.

Wenn nun auch dieses psychische Korrelat zum Idioplasma existiert, wenn sicherlich selbst die Tiere eine Eigenart haben, so hat diese doch immer noch mit dem intelligiblen Charakter nichts zu tun, den wir bei keinem lebenden Wesen vorauszusetzen einen Grund haben, als beim Menschen. Es verhält sich der intelligible Charakter des Menschen, die Individualität, zum empirischen Charakter, der bloßen Individuation, wie das Gedächtnis zum einfachen unmittelbaren Wiedererkennen. Letzten Endes ist hier Identität: zugrunde liegt eben beiderseits Struktur, Form, Gesetz, Kosmos, der sich gleichbleibt, wenn die Inhalte wechseln. Die Überlegungen aber, auf deren Grundlage beim Menschen die Existenz eines solchen noumenalen, transempirischen Subjektes erschlossen werden darf, müssen nun in Kürze dargelegt werden. Sie ergeben sich aus der Logik und der Ethik.

In der Logik handelt es sich um die wahre Bedeutung des Prinzips der Identität (und des Widerspruches; die vielen Kontroversen über deren Vorrang vor einander und die richtigste Form ihres Ausdruckes kommen hier wenig in Betracht). Der Satz A = A ist unmittelbar gewiß und evident. Er ist zugleich das Urmaß der Wahrheit für alle anderen Sätze; wenn ihm irgendwo einer widerspräche, so oft in einem speziellen Urteil der Prädikatsbegriff von einem Subjekte etwas aussagte, das dem Begriffe desselben widerspräche, würden wir es für falsch halten; und als Gesetz unseres Richtspruches würde sich uns, wenn wir nachsinnen, zuletzt dieser Satz ergeben. Er ist das Prinzip von wahr und falsch; und wer ihn für eine Tautologie erachtet, die nichts besage und unser Denken nicht fördere, wie dies so oft geschehen ist, von Hegel und später von fast allen Empiristen – es ist dies nicht der einzige Berührungspunkt zwischen den scheinbar so unversöhnlichen Gegensätzen – der hat ganz recht, aber die Natur des Satzes schlecht verstanden. A = A, das Prinzip aller Wahrheit, kann nicht selbst eine spezielle Wahrheit sein. Wer den Satz der Identität oder des Widerspruches inhaltsleer findet, hat es sich selbst zuzuschreiben. Er glaubte in ihnen besondere Gedanken zu finden; was er hoffte, war eine Bereicherung seines Fonds an positiven Kenntnissen. Aber jene Sätze sind nicht selbst Erkenntnisse, besondere Denkakte, sondern das Maß, das an alle Denkakte angelegt wird. Dieses kann nicht selbst ein Denkakt sein, der mit den anderen sich irgend vergleichen ließe. Die Norm des Denkens kann nicht im Denken selbst gelegen sein. Der Satz von der Identität fügt unserem Wissen nichts hinzu, er vermehrt nicht einen Reichtum, den er vielmehr gänzlich erst begründet. Der Satz von der Identität ist entweder nichts, oder er ist alles.

Worauf bezieht sich der Satz der Identität und der Satz des Widerspruches? Man meint gewöhnlich: auf Urteile. Sigwartz. B., der gar den letzteren nur so formuliert: »Die beiden Urteile, A ist B, und A ist nicht B, können nicht zugleich wahr sein«, behauptet, das Urteil: »Ein ungelehrter Mensch ist gelehrt« involviere deshalb einen Widerspruch, »weil das Prädikat gelehrt einem Subjekte zugesprochen wird, von welchem durch das Urteil, das implizite in seiner Bezeichnung mit dem Subjektsworte ›ungelehrter Mensch‹ liegt, behauptet war, es sei nicht gelehrt; es läßt sich also zurückführen auf die zwei Urteile X ist gelehrt und X ist nicht gelehrt« etc. Der Psychologismus dieser Beweisführung springt ins Auge. Sie rekurriert auf ein zeitlich der Bildung des Begriffes von einem ungelehrten Menschen vorhergehendes Urteil. Der obige Satz aber, A ist nicht non-A, beansprucht Gültigkeit, ganz einerlei, ob es überhaupt andere Urteile gibt, gegeben hat oder geben wird. Er bezieht sich auf den Begriff des ungelehrten Menschen. Diesen Begriff sichert er durch Ausschließung aller ihm widersprechenden Merkmale.

Hierin liegt die wahre Funktion der Sätze vom Widerspruch und von der Identität. Sie sind konstitutiv für die Begrifflichkeit.

Freilich geht diese Funktion bloß auf den logischen Begriff, nicht auf das, was man den »psychologischen Begriff« genannt hat. Zwar ist der Begriff psychologisch stets durch eine anschauliche Allgemeinvorstellung vertreten; dieser Vorstellung immaniert jedoch in einer gewissen Weise das Moment der Begrifflichkeit. Die psychologisch den Begriff repräsentierende Allgemeinvorstellung, an der sich das begriffliche Denken beim Menschen vollzieht, ist nicht dasselbe wie der Begriff. Sie kann z. B. reicher sein (im Falle ich ein Triangel denke); oder sie kann auch ärmer sein (im Begriffe des Löwen ist mehr enthalten als in meiner Anschauung desselben, während es beim Dreieck umgekehrt ergeht). Der logische Begriff ist die Richtschnur, welcher die Aufmerksamkeit folgt, wenn sie aus der einen Begriff beim Individuum repräsentierenden Vorstellung nur gewisse Momente, eben die durch den Begriff angezeigten, heraushebt, er ist das Ziel und der Wunsch des psychologischen Begriffes, der Polarstern, zu dem die Aufmerksamkeit emporblickt, wenn sie sein konkretes Surrogat erzeugt: er ist das Gesetz ihrer Wahl.

Gewiß gibt es kein Denken, das nur rein logisch und nicht auch psychologisch vor sich ginge: denn das wäre ja das Wunder. Rein logisch denkt ihrem Begriffe nach die Gottheit, der Mensch muß immer zugleich psychologisch denken, da er nicht nur Vernunft, sondern auch Sinnlichkeit besitzt, und sein Denken wohl auf logische, d. h. zeitlose Ergebnisse abzweckt, aber psychologisch in der Zeit vor sich geht. Die Logizität ist aber der erhabene Maßstab, der an die psychologischen Denkakte des Individuums von ihm selbst wie von anderen angelegt wird. Wenn zwei Menschen über etwas diskutieren, so sprechen sie vom Begriffe, nicht von den bei jedem verschiedenen individuellen Vorstellungen, die ihn hier und dort vertreten: der Begriff ist so ein Wert, an dem die Individualvorstellung gemessen wird. Wie psychologisch die Allgemeinvorstellung entsteht, hat darum mit der Natur des Begriffes gar nichts zu tun, und ist für diese von keinerlei Bedeutung. Den Charakter der Logizität, der dem Begriff seine Würde und seine Strenge verleiht, hat er nicht aus der Erfahrung, welche stets nur schwankende Gestalten zeigt, und höchstens vage Gesamtvorstellungen erzeugen könnte. Absolute Konstanz und absolute Eindeutigkeit, die nicht aus der Erfahrung entstammen können, sind das Wesen der Begrifflichkeit, jener »verborgenen Kunst in den Tiefen der menschlichen Seele, deren wahre Handgriffe wir der Natur schwerlich jemals abraten und sie unverdeckt vor Augen legen werden«, wie die »Kritik der reinen Vernunft« sich ausdrückt. Jene absolute Konstanz und Eindeutigkeit bezieht sich nicht auf metaphysische Entitäten: die Dinge sind nicht so weit real, als sie am Begriffe Anteil haben, sondern ihre Qualitäten sind logisch nur so weit ihre Qualitäten, als sie im Inhalte des Begriffes liegen. Der Begriff ist die Norm der Essenz, nicht der Existenz.

Daß ich von einem kreisförmigen Dinge aussagen könne, es sei gekrümmt, hiefür liegt meine logische Berechtigung im Begriffe des Kreises, welcher die Krümmung als Merkmal enthält. Den Begriff aber als die Essenz selbst, als das »Wesen« zu definieren, ist schlecht: »Wesen« ist hier entweder ein psychologisches Abgehobensein oder ein metaphysisches Ding. Und den Begriff mit seiner Definition gleichzusetzen, verbietet die Natur der Definition, die stets nur auf den Inhalt, nicht auf den Umfang des Begriffes sich bezieht, d. h. nur den Wortlaut, nicht den Kompetenzkreis jener Norm angibt, welche das Wesen der Begrifflichkeit ausmacht. Der Begriff als Norm, als Norm der Essenz kann auch nicht selbst Essenz sein; die Norm muß etwas anderes sein, und da sie nicht Essenz ist, so kann sie – ein Drittes gibt es nicht – nur Existenz sein, und zwar nicht eine Existenz, die das Sein von Objekten, sondern eine Existenz, die das Sein einer Funktion enthüllt.

Nun ist aber bei jeder gedanklichen Streitfrage zwischen Menschen, wenn schließlich in letzter Instanz an die Definition appelliert wird, dann eben nichts anderes die Norm der Essenz als die Sätze A = A oder A ≠ non-A. Die Begrifflichkeit, Konstanz wie Eindeutigkeit, wird dem Begriffe durch den Satz A = A und durch nichts anderes. Und zwar verteilen sich die Rollen der logischen Axiome hier derart, daß durch das principium identitatis die dauernde Unverrückbarkeit und Insichgeschlossenheit des Begriffes selbst verbürgt wird, indes das principium contradictionis ihn eindeutig gegen alle anderen möglichen Begriffe abgrenzt. Hiemit ist, zum ersten Male, erwiesen, daß die begriffliche Funktion ausgedrückt werden kann durch die beiden obersten logischen Axiome, und selbst nichts anderes ist als diese. Der Satz A = A (und A ≠ non-A) ermöglicht also erst jedweden Begriff, er ist der Nerv der begrifflichen Natur oder Begrifflichkeit des Begriffes.

Wenn ich endlich den Satz selbst, A = A, ausspreche, so ist offenbar der Sinn dieses Satzes nicht, daß ein spezielles A, das ist, ja nicht einmal, daß jedes besondere A wirklicher Erfahrung oder wirklichen Denkens sich selbst gleich sei. Das Urteil der Identität ist unabhängig davon, ob überhaupt ein A existiert, d.

h. natürlich wieder keineswegs, daß der Satz nicht von jemand Existierendem müsse gedacht werden; aber er ist unabhängig davon gedacht, ob etwas, ob jemand existiert. Er bedeutet: wenn es ein A gibt (es mag eines geben oder nicht, auch wenn es vielleicht gar keines gibt), so gilt jedenfalls A = A. Hiemit ist nun unwiderruflich eine Position gegeben, ein Sein gesetzt, nämlich das Sein A = A, trotzdem es hypothetisch bleibt, ob A selbst überhaupt ist. Der Satz A = A behauptet also, daß etwas existiert, und diese Existenz ist eben jene gesuchte Norm der Essenz. Aus der Empirie, aus wenigen oder noch so vielen Erlebnissen kann er nicht stammen, wie Mill glaubte; denn er ist eben ganz unabhängig von der Erfahrung, er gilt sicher, ob diese ein A ihm zeigen werde oder nicht. Er ist von keinem Menschen noch geleugnet worden und könnte es auch nicht werden, da die Leugnung ihn selbst wieder voraussetzte, wenn sie etwas, ein Bestimmtes leugnen wollte. Da nun der Satz ein Sein behauptet, ohne von der Existenz von Objekten sich abhängig zu machen, oder über solche Existenz etwas auszusagen, so kann er nur ein von allem Sein wirklicher und möglicher Objekte verschiedenes Sein, das ist also das Sein dessen, ausdrücken, was seinem Begriffe nach nie Objekt werden kann;[28] er wird durch seine Evidenz also die Existenz des Subjektes offenbaren; und zwar liegt dieses im Satz der Identität ausgesprochene Sein nicht im ersten und nicht im zweiten A, sondern im identischen Gleichheitszeichen A = A. Dieser Satz also ist identisch mit dem Satze: ich bin.

Psychologisch läßt sich diese schwierige Deduktion leichter vermitteln, wenn auch nicht ersparen. Es ist klar, daß, um A = A sagen, um die Unveränderlichkeit des Begriffes normierend festsetzen zu können und sie den stets wechselnden Einzeldingen der Erfahrung gegenüber aufrechtzuerhalten, ein Unveränderliches bestehen muß, und dies kann nur das Subjekt sein; wäre ich eingeschaltet in den Kreis der Veränderung, so könnte ich nicht erkennen, daß ein A sich selbst gleichgeblieben ist; würde ich mich fortwährend ändern und nicht ein Identisches bleiben,

---

28 Dieser Beweis beruht jedoch, wie zu bemerken ist, auf der Idee mit dem Ich gleichgesetzt werden: das absolute Ich ist das Absolute.

wäre mein Selbst funktionell an die Veränderung geknüpft, so gäbe es keine Möglichkeit, dieser gegenüberzutreten und sie zu erkennen; es fehlte das absolute geistige Koordinatensystem, in Beziehung auf das allein und einzig ein Identisches bestimmt und als solches festgehalten werden könnte.

Die Existenz des Subjektes läßt sich nicht ableiten, hierin behält Kantens Kritik der rationalen Psychologie vollkommen recht. Aber es läßt sich dartun, wo diese Existenz strenge und unzweideutig auch in der Logik zum Ausdruck gelangt; und man braucht nicht das intelligible Sein als bloße logische Denkmöglichkeit hinzustellen, die uns allein das moralische Gesetz später völlig zur Gewißheit zu machen geeignet sei, wie Kant dies tat. Fichte hatte recht, als er in der reinen Logik ebenfalls die Existenz des Ich verbürgt fand, soweit das Ich mit dem intelligiblen Sein zusammenfällt.

Das Prinzip aller Wahrheit sind die logischen Axiome, diese statuieren ein Sein, und nach diesem richtet sich, nach ihm strebt das Erkennen. Die Logik ist ein Gesetz, dem gehorcht werden soll, und der Mensch ist erst dann ganz er selbst, wenn er ganz logisch ist; ja er ist nicht, ehe denn er überall und durchaus nur Logik ist. In der Erkenntnis findet er sich selbst.

Aller Irrtum wird als Schuld empfunden. Daraus ergibt sich, daß der Mensch nicht irren mußte. Er soll die Wahrheit finden; darum kann er sie finden. Aus der Pflicht zur Erkenntnis folgt ihre Möglichkeit, folgt die Freiheit des Denkens und die Siegeshoffnung des Erkennens. In der Normativität der Logik liegt der Beweis, daß das Denken des Menschen frei ist und sein Ziel erreichen kann.

Kürzer und anders kann ich mich bezüglich der Ethik fassen, da diese Untersuchung durchaus auf den Boden der Kantischen Moralphilosophie sich stellt und auch die letzten logischen Deduktionen und Postulate, wie man gesehen hat, in einer gewissen Analogie zu jener durchgeführt wurden. Das tiefste, das intelligible Wesen des Menschen ist eben das, was der Kausalität nicht untersteht, und wählt in Freiheit das Gute oder das Böse. Dies wird ganz in der gleichen Weise kundgetan, durch das Schuldbewußtsein, durch die Reue. Niemand hat noch vermocht, diese Tatsachen anders zu erklären; und niemand läßt es sich einreden, daß er diese oder jene Tat hat begehen müssen. Im Sollen liegt auch hier der Zeuge für das Können. Der kausalen Bestimmungsgründe, der niederen Motive, die ihn hinabgezogen haben, kann der Mensch sich vollkommen bewußt sein, und er wird doch, ja gerade dann am gewissesten, die Zurechnung an sein intelligibles Ich als ein freies, das anders hätte handeln können, vollziehen.

Wahrheit, Reinheit, Treue, Aufrichtigkeit sich selbst gegenüber: das ist die einzig denkbare Ethik. Es gibt nur Pflichten gegen sich, Pflichten des empirischen gegen das intelligible Ich, welche in der Form jener zwei Imperative auftreten, an denen aller Psychologismus immer zuschanden wird: in der Form der logischen und der moralischen Gesetzlichkeit. Die normativen Disziplinen, die psychische Tatsache der inneren Forderung, die viel mehr verlangt, als alle bürgerliche Gesittung je haben will – das ist es, was kein Empirismus je wird ausreichend erklären können. Seinen wahren Gegensatz findet er in einer kritisch-transzendentalen, nicht in einer metaphysisch-transzendenten Methode, da alle Metaphysik nur hypostasierende Psychologie, Transzendentalphilosophie aber Logik der Wertungen ist. Aller Empirismus und Skeptizismus, Positivismus und Relativismus, aller Psychologismus und alle rein immanente Betrachtungsweise fühlen instinktiv sehr wohl, daß aus Ethik und Logik ihnen die Hauptschwierigkeit erwächst. Daher die fortwährend erneuten und immer vergeblichen Versuche einer empirischen und psychologischen Begründung dieser Disziplinen; und fast wird nur noch ein Versuch vermißt, das principium contradictionis experimentell zu prüfen und nachzuweisen.

Logik und Ethik aber sind im Grunde nur eines und dasselbe – Pflicht gegen sich selbst. Sie feiern ihre Vereinigung im höchsten Werte der Wahrheit, dem dort der Irrtum, hier die Lüge gegenübersteht: die Wahrheit selbst aber ist nur eine. Alle Ethik ist nur nach den Gesetzen der Logik möglich, alle Logik ist zugleich ethisches Gesetz. Nicht nur Tugend, sondern auch

Einsicht, nicht nur Heiligkeit, sondern auch Weisheit ist Pflicht und Aufgabe des Menschen: erst beide zusammen begründen Vollkommenheit.

Aber freilich ist aus der Ethik, deren Sätze Heischesätze sind, nicht wie aus der Logik ein strenger logischer Beweis für Existenz schon zu führen. Die Ethik ist nicht im selben Sinne logisches wie die Logik ethisches Gebot. Die Logik rückt dem Ich seine völlige Verwirklichung als absolutes Sein vor Augen; die Ethik hingegen gebietet erst diese Verwirklichung. Die Logik wird von der Ethik aufgenommen und zu ihrem eigentlichen Inhalte, zu ihrer Forderung gemacht.

An jener berühmten Stelle der »Kritik der praktischen Vernunft«, da Kant den Menschen als Glied der intelligiblen Welt einführt (»Pflicht! Du erhabener, großer Name ...«), wird man also mit Recht fragen, woher denn Kant wisse, daß das moralische Gesetz von der Persönlichkeit emaniere? Es könne kein anderer, seiner würdiger, Ursprung gefunden werden, ist das einzige, was Kant hierauf zur Antwort gibt. Er begründet es nicht weiter, daß der kategorische Imperativ das vom Noumenon gegebene Gesetz sei, sie gehören ihm offensichtlich von Anfang an zusammen. Das aber liegt in der Natur der Ethik. Diese fordert, daß das intelligible Ich von allen Schlacken des empirischen frei wirke, und so kann durch die Ethik dasselbe Sein erst in seiner Reinheit gänzlich verwirklicht werden, welches die Logik verheißungsvoll in der Form eines doch irgendwie bereits Gegenwärtigen uns verkündet.

Aber was für Kant die Monaden-, die Seelenlehre im Gemüte bedeutete, wie er an ihr als einzigem Gute von je festhielt, und mit seiner Theorie vom »intelligiblen Charakter«, den man so oft als eine neue Entdeckung oder Erfindung, als ein Auskunftsmittel der Kantischen Philosophie mißversteht, nur das an ihr wissenschaftlich Haltbare festlegen wollte: dies ist aus jener Unterlassung deutlich zu entnehmen.

Es gibt Pflicht nur gegen sich selbst; des muß Kant schon in frühester Jugend (vielleicht nachdem er einmal den Impuls zur Lüge verspürt hatte) sicher geworden sein.

Wenn von der Herakles-Sage, von einigen Stellen Nietzsches und eher noch Stirners, aus denen man Kant-Verwandtes herauslesen kann, abgesehen wird, so hat das Prinzip der Kantischen Ethik bloß Ibsen (im »Brand« und »Peer Gynt«) selbständig gefunden. Gelegentlich sind Äußerungen, wie Hebbels Epigramm »Lüge und Wahrheit«:

»Was Du teurer bezahlst, die Lüge oder die Wahrheit?
Jene kostet Dein Ich, diese doch höchstens Dein Glück.«

oder Suleikas weltbekannte Worte aus dem »Westöstlichen Diwan«:

»Volk und Knecht und Überwinder,
Sie gesteh'n zu jeder Zeit:
Höchstes Glück der Erdenkinder
Sei nur die Persönlichkeit.

Jedes Leben sei zu führen,
Wenn man sich nicht selbst vermißt;
Alles könne man verlieren,
Wenn man bleibe, was man ist.«

Sicher ist es wahr, daß die meisten Menschen irgendwie Jehovah brauchen. Die wenigsten – es sind die genialen Menschen – leben gar nicht heteronom. Die anderen rechtfertigen ihr Tun und Lassen, ihr Denken und Sein mindestens in Gedanken auch immer vor jemand anderem, sei es ein persönlicher Judengott, oder ein geliebter, geachteter, gefürchteter Mensch. Nur so handeln sie in formeller äußerer Übereinstimmung mit dem Sittengesetz. 202

Kant war, wie dies aus seiner ganzen, sich selbst gesetzten, bis ins einzelnste unabhängigen Lebensführung hervorleuchtet, so durchdrungen von seiner Überzeugung, daß der Mensch nur sich selbst verantwortlich ist, daß er diesen Punkt seiner Lehre als den selbstverständlichsten, Anfechtungen am wenigsten ausgesetzten, betrachtete. Und doch hat gerade hier das Schweigen Kantens dazu beigetragen, daß seine Ethik, die einzige gerade introspektiv-psychologisch haltbare, die einzige, welche die harte und strenge innere Stimme des Einen nicht durch den Lärm der Vielen undeutlich zu machen sucht, daß diese Ethik tatsächlich so wenig verstanden worden ist.

Auch für Kant hat es, darauf läßt eine Stelle in seiner »Anthropologie« schließen, in seinem irdischen Leben einen Zustand gegeben, welcher der »Begründung eines Charakters« vorherging. Aber der Augenblick, in dem es ihm zu furchtbar strahlender Klarheit gelangte: ich habe nur mir selbst Rechenschaft abzulegen, muß niemand anderem dienen, kann nicht in Arbeit mich vergessen; ich steh' allein, bin frei, bin mein Herr: dieser Moment bezeichnet die Geburt der Kantischen Ethik, des heroischesten Aktes der Weltgeschichte.

»Zwey Dinge erfüllen das Gemüth mit immer neuer und zunehmender Bewunderung und Ehrfurcht, je öfter und anhaltender sich das Nachdenken damit beschäftigt: Der bestirnte Himmel über mir und das moralische Gesetz in mir. Beides darf ich nicht als in Dunkelheiten verhüllt oder im Überschwenglichen, außer meinem Gesichtskreise, suchen und bloß vermuthen; ich sehe sie vor mir, und verknüpfe sie unmittelbar mit dem Bewußtsein meiner Existenz. Das erste fängt von dem Platze an, den ich in der äußeren Sinnenwelt einnehme, und erweitert die Verknüpfung, darin ich stehe, ins unabsehlich Große mit Welten über Welten und Systemen von Systemen, überdem noch in grenzenlose Zeiten ihrer periodischen Bewegung, deren Anfang und Fortdauer. Das zweite fängt von meinem unsichtbaren Selbst, meiner Persönlichkeit, an, und stellt mich in einer Welt dar, die wahre Unendlichkeit hat, aber nur dem Verstande spürbar ist, und mit welcher (dadurch aber auch zugleich mit allen jenen sichtbaren Welten) ich mich, nicht wie dort, in bloß zufälliger, sondern allgemeiner und nothwendiger Verknüpfung erkenne. Der erstere Anblick einer zahllosen Weltenmenge vernichtet gleichsam meine Wichtigkeit, als eines thierischen Geschöpfs, das die Materie, daraus es ward, dem Planeten (einem bloßen Punkt im Weltall) wieder zurückgeben muß, nachdem es eine kurze Zeit (man weiß nicht wie) mit Lebenskraft versehen gewesen. Der zweite erhebt dagegen meinen Wert, als einer Intelligenz, unendlich, durch meine Persönlichkeit, in welcher das moralische Gesetz mir ein von der Thierheit und selbst von der ganzen Sinnenwelt unabhängiges Leben offenbart, wenigstens so viel sich aus der zweckmäßigen Bestimmung meines Daseins durch dieses Gesetz, welche nicht auf Bedingungen und Grenzen dieses Lebens eingeschränkt ist, sondern ins Unendliche geht, abnehmen läßt.«

So verstehen wir jetzt, nach diesem Beschlusse, diese »Kritik der praktischen Vernunft«. Der Mensch ist allein im Weltall, in ewiger, ungeheurer Einsamkeit.

Er hat keinen Zweck außer sich, nichts anderes, wofür er lebt – weit ist er fortgeflogen über Sklave-sein-wollen, Sklave-sein-können, Sklave-sein-müssen: tief unter ihm verschwunden alle menschliche Gesellschaft, versunken die Sozial-Ethik; er ist allein, allein .

Aber er ist nun eben erst einer und alles; und darum hat er auch ein Gesetz in sich, darum ist er selbst alles Gesetz, und keine springende Willkür. Und er verlangt von sich, daß er dieses Gesetz in sich, das Gesetz seines Selbst, befolge, daß er nur Gesetz sei, ohne Rück-Sicht hinter sich, ohne Vor-Sicht vor sich. Das ist das Grauenvoll-Große: es hat weiter keinen Sinn, daß er der Pflicht gehorche. Nichts ist ihm, dem Alleinen, All-Einen übergeordnet. Doch der unerbittlichen, keine Verhandlung mit sich duldenden, das ist kategorischen Forderung in sich muß er nachkommen. Erlösung! ruft er,[29] Ruhe, nur schon Ruhe vor dem Feind, Frieden, nicht dies endlose Ringen – und erschrickt: selbst im Erlöst-sein-wollen war noch Feigheit, im schmachtenden Schon! noch Desertion, als wäre er zu klein diesem Kampf. Wozu! fragt er, schreit er hinaus ins Weltall – und errötet; denn gerade wollte er wieder das Glück, die Anerkennung des Kampfes, den, der ihn belohne, den anderen . Kantens einsamster Mensch lacht nicht und tanzt nicht, er brüllt nicht

29 Ruft Schopenhauer, ruft Wagner.

und jubelt nicht: er hat es nicht not, Lärm zu machen, weil der Weltraum zu tief schweigt. Nicht die Sinnlosigkeit einer Welt »von ohngefähr« ist ihm Pflicht, sondern seine Pflicht ist ihm der Sinn des Weltalls. Ja sagen zu dieser Einsamkeit, das ist das »Dionysische« Kantens; das erst ist Sittlichkeit.

VIII. Kapitel. Ich-Problem und Genialität

Die Charakterologie und der Glaube an das Ich. Das Ich-Ereignis: Jean Paul, Novalis, Schelling. Ich-Ereignis und Weltanschauung. Selbstbewußtsein und Anmaßung. Die Ansicht des Genies höher zu werten als die der anderen Menschen. Endgültige Feststellungen über den Begriff des Genies. Die geniale Persönlichkeit als der vollbewußte Mikrokosmus Natürlich-synthetische und sinnerfüllende Tätigkeit des Genies. Bedeutung und Symbolik. Definition des Genies im Verhältnis zum gewöhnlichen Menschen. Universalität als Freiheit. Sittlichkeit oder Unsittlichkeit des Genies? Pflichten gegen sich und gegen andere. Was Pflicht gegen andere ist. Kritik der Sympathiemoral und der sozialen Ethik. Verständnis des Nebenmenschen als einzige Forderung der Sittlichkeit wie der Erkenntnis. Ich und Du. Individualismus und Universalismus. Sittlichkeit nur unter Monaden. Der genialste Mensch als der sittlichste Mensch. Warum der Mensch ζῷον πολιτικόν ist. Bewußtsein und Moralität. Der »große Verbrecher«. Genialität als Pflicht und Gehorsam. Genie und Verbrechen. Genie und Irrsinn. Der Mensch als Schöpfer seiner selbst.

»Im Anfang war diese Welt
allein der Atman, in Gestalt eines
Menschen. Der blickte um sich:
da sah er nichts anderes als sich
selbst. Da rief er zu Anfang aus:
›Das bin ich!‹ Daraus entstand der
Name Ich. – Daher auch heutzutage,
wenn einer angerufen wird,
so sagt er zuerst: ›Das bin ich‹ und
dann erst nennt er den anderen
Namen, welchen er trägt.«

(Bihadârayaka-Upanishad.)

Viele Prinzipienstreitigkeiten in der Psychologie beruhen auf den individuellen charakterologischen Differenzen zwischen den Dissentierenden. Der Charakterologie könnte damit, wie bereits erwähnt, eine wichtige Rolle zufallen: während der eine dies, der andere jenes in sich vorzufinden behauptet, hätte sie zu lehren, warum die Selbstbeobachtung des einen anders ausfällt als die des zweiten; oder wenigstens zu zeigen, durch was alles die in Rede stehenden Personen noch sich unterscheiden. In der Tat sehe ich keinen anderen Weg, gerade in den umstrittensten psychologischen Dingen ins Reine zu kommen. Die Psychologie ist eine Erfahrungswissenschaft, und darum geht nicht wie in den überindividuellen Normwissenschaften der Logik und Ethik das Allgemeine dem Besonderen in ihr vorher, sondern es muß umgekehrt vom individuellen Einzelmenschen ausgegangen werden. Es gibt keine empirische Allgemeinpsychologie; und es war ein Fehler, eine solche ohne gleichzeitigen Betrieb differentieller Psychologie in Angriff zu nehmen.

Schuld an dem Jammer ist die Doppelstellung der Psychologie zwischen Philosophie und Empfindungsanalyse. Von welcher der beiden die Psychologen kamen, stets traten sie mit dem Anspruch auf Allgemeingültigkeit der Ergebnisse auf. Aber vielleicht sind nicht einmal so fundamentale Fragen, wie diese, ob es einen tätigen Akt der Wahrnehmung, eine Spontaneität des Bewußtseins schon in der Empfindung gebe oder nicht, ohne charakterologische Unterscheidungen gänzlich ins Reine zu bringen.

Einen kleinen Teil solcher Amphibolien durch Charakterologie aufzulösen, ist, in Hinsicht auf die Psychologie der Geschlechter, eine Hauptaufgabe dieser Arbeit. Die verschiedenen Behandlungen des Ich-Problems hingegen resultieren nicht sowohl aus den psychologischen Differenzen der Geschlechter, sondern zunächst, wenn auch nicht ausschließlich,[30] aus den individuellen Unterschieden in der Begabung.

Gerade die Entscheidung zwischen Hume und Kant ist auch charakterologisch möglich, insofern etwa, als ich zwischen zwei Menschen entscheiden kann, von denen dem einen die Werke

---

30 Vgl. über sich verstehende und sich nicht verstehende Menschen, S. 182.

des Makart und Gounod, dem anderen die Rembrandts und Beethovens das Höchste sind. Ich werde solche Menschen nämlich zunächst unterscheiden nach ihrer Begabung. Und so ist es auch in diesem Falle statthaft, ja notwendig, die Urteile über das Ich, wenn sie von zwei sehr verschieden hochveranlagten Menschen ausgehen, nicht ganz gleich zu werten. Es gibt keinen wahrhaft bedeutenden Menschen, der nicht von der Existenz des Ich überzeugt wäre; ein Mensch, der das Ich leugnet, kann nie ein bedeutender Mensch sein.[31]

Diese These wird sich im Laufe des nun Folgenden als eine Behauptung von zwingender Notwendigkeit herausstellen, und auch für die in ihr gelegene Höherwertung der Urteile des Genius eine Begründung gesucht und gefunden werden.

Es gibt nämlich keinen bedeutenden Menschen und kann keinen geben, für den nicht im Laufe seines Lebens, im allgemeinen, je bedeutender er ist, desto früher (vgl. Kap. 5), ein Moment käme, in welchem er die völlige Sicherheit gewinnt, ein Ich im höheren Sinne zu besitzen.[32] Man vergleiche folgende Äußerungen dreier sehr verschiedener Menschen und überaus genialer Naturen.

Jean Paul erzählt in seiner autobiographischen Skizze »Wahrheit aus meinem Leben«:

»Nie vergess' ich die noch keinem Menschen erzählte Erscheinung in mir, wo ich bei der Geburt meines Selbstbewußtseins stand, von der ich Ort und Zeit anzugeben weiß. An einem Vormittag stand ich als ein sehr junges Kind unter der Haustüre und sah links nach der Holzlege, als auf einmal das innere Gesicht: ich bin ein Ich! wie ein Blitzstrahl vom Himmel vor mich fuhr und seitdem leuchtend stehen blieb – da hatte mein Ich zum ersten Male sich selber gesehen und auf ewig. Täuschungen des Erinnerns sind hier schwerlich gedenkbar, da kein fremdes Erzählen sich in eine bloß im verhangenen Allerheiligsten des

---

31 Womit aber nicht gesagt ist, daß jedermann, der das Ich anerkennt, schon ein Genie sei.

32 Wie damit zusammenhängt, daß hervorragende Menschen schon se...) lieben können, wird später klar werden (S. 314 f.)

Menschen vorgefallene Begebenheit, deren Neuheit allein so alltäglichen Nebenumständen das Bleiben gegeben, mit Zusätzen mengen konnte.«

Und offenbar meint ganz das nämliche Erlebnis Novalis, der in seinen »Fragmenten vermischten Inhalts« bemerkt:

»Darthun läßt sich dieses Factum nicht, jeder muß es selbst erfahren. Es ist ein Factum höherer Art, das nur der höhere Mensch antreffen wird; die Menschen aber sollen streben, es in sich zu veranlassen. Philosophieren ist eine Selbstbesprechung obiger Art, eine eigentliche Selbstoffenbarung, Erregung des wirklichen Ich durch das idealische Ich. Philosophieren ist der Grund aller anderen Offenbarungen; der Entschluß zu philosophieren ist eine Aufforderung an das wirkliche Ich, daß es sich besinnen, erwachen und Geyst sein solle.«

Schelling bespricht im achten seiner »Philosophischen Briefe über Dogmatismus und Kritizismus«, einem wenig gekannten Jugendwerk, dasselbe Phänomen mit folgenden tiefen und schönen Worten: »Uns allen ... wohnt ein geheimes, wunderbares Vermögen bei, uns aus dem Wechsel der Zeit in unser innerstes, von allem, was von außenher hinzukam, entkleidetes Selbst zurückzuziehen und da unter der Form der Unwandelbarkeit das Ewige in uns anzuschauen. Diese Anschauung ist die innerste, eigenste Erfahrung, von welcher alles, alles abhängt, was wir von einer übersinnlichen Welt wissen und glauben. Diese Anschauung zuerst überzeugt uns, daß irgend etwas im eigentlichen Sinne ist, während alles übrige nur erscheint, worauf wir jenes Wort übertragen. Sie unterscheidet sich von jeder sinnlichen Anschauung dadurch, daß sie nur durch Freiheit hervorgebracht und jedem anderen fremd und unbekannt ist, dessen Freiheit, von der hervordringenden Macht der Objekte überwältigt, kaum zur Hervorbringung des Bewußtseins hinreicht. Doch gibt es auch für diejenigen, die diese Freiheit der Selbstanschauung nicht besitzen, wenigstens Annäherung zu ihr, mittelbare Erfahrungen, durch welche sie ihr Dasein ahnen läßt. Es gibt einen gewissen Tiefsinn, dessen man sich selbst nicht bewußt ist, den man vergebens sich zu entwickeln strebt. Jakobi hat ihn beschrieben ... Diese intellektuale Anschauung tritt dann ein, wo wir für uns selbst aufhören, Objekt zu sein, wo, in sich selbst zurückgezogen, das anschauende Selbst mit dem angeschauten identisch ist. In diesem Moment der Anschauung schwindet für uns Zeit und Dauer dahin: nicht wir sind in der Zeit, sondern die Zeit – oder vielmehr nicht sie, sondern die reine absolute Ewigkeit ist in uns . Nicht wir sind in der Anschauung der objektiven Welt, sondern sie ist in unserer Anschauung verloren.«

Es wird der Immanente, der Positivist, vielleicht nur lächeln über den betrogenen Betrüger, den Philosophen, der solche Erlebnisse zu haben vorgibt. Nun, dagegen läßt sich nicht leicht etwas tun. Ist auch überflüssig. Doch bin ich keineswegs der Meinung, daß jenes »Faktum hoher Art« sich bei allen genialen Menschen in jener mystischen Form eines Eins-Werdens von Subjekt und Objekt, eines einheitlichen Erlebens abspiele, wie Schelling dies beschreibt. Ob es ungeteilte Erlebnisse gibt, in denen der Dualismus schon während des Lebens überwunden wird, wie dies von Plotin und den indischen Mahatmas bezeugt ist, oder ob dies nur höchste Intensifikationen des Erlebens sind, prinzipiell aber gleichartig mit allem anderen – dies soll uns hier nicht beschäftigen, das Zusammenfallen von Subjekt und Objekt, von Zeit und Ewigkeit, das Schauen Gottes durch den lebenden Menschen weder als möglich behauptet noch als unmöglich in Abrede gestellt werden. Erkenntnistheoretisch ist mit einem Erleben des eigenen Ich nichts anzufangen, und noch niemand hat es je für eine systematische Philosophie zu verwerten gesucht. Ich will daher jenes Faktum »höherer Art«, das sich beim einen Menschen so, beim anderen anders vollzieht, nicht Erlebnis des eigenen Ich nennen, sondern nur als das Ich -Ereignis bezeichnen.

Das Ich-Ereignis kennt jeder bedeutende Mensch. Ob er nun in der Liebe zu einem Weibe erst sein Ich finde und sich seines Selbst bewußt werde [33] – denn der bedeutende Mensch liebt intensiver als der unbedeutende – oder ob er durch ein Schuldbewußtsein, wieder vermöge eines Kontrastes, zum Gefühle seines höheren echten Wesens gelange, dem er in der bereuten

---

33 Dieser Fall wird später noch einer Untersuchung bedürfen (S. 313 ff.).

Handlung untreu wurde – denn auch das Schuldbewußtsein ist im bedeutenden Menschen heftiger und differenzierter als im unbedeutenden; ob ihn das Ich-Ereignis zum Eins-Werden mit dem All, zum Schauen aller Dinge in Gott führe, oder ihm vielmehr den furchtbaren Dualismus zwischen Natur und Geist im Weltall offenbare, und in ihm das Erlösungsbedürfnis, das Bedürfnis nach dem inneren Wunder, wachrufe: immer und ewig ist mit dem Ich-Ereignis zugleich der Kern einer Weltanschauung, ganz von selbst, ohne Zutun des denkenden Menschen, bereits gegeben. Weltanschauung ist nicht die große Synthese, die am jüngsten Tage der Wissenschaft von irgend einem besonders fleißigen Mann, der durch alle Fächer der Reihe nach sich hindurchgearbeitet hat, vor dem Schreibtisch inmitten einer großen Bibliothek vollzogen wird, Weltanschauung ist etwas Erlebtes, und sie kann als Ganzes klar und unzweideutig sein, wenn auch im einzelnen noch so vieles vorderhand in Dunkelheit und Widerspruch verharrt. Das Ich-Ereignis aber ist Wurzel aller Weltanschauung, d. h. aller Anschauung der Welt als ganzer, und zwar für den Künstler nicht minder als für den Philosophen. Und so radikal sonst die Weltanschauungen voneinander differieren, eines wohnt ihnen allen, soweit sie den Namen einer Weltanschauung verdienen, gemeinsam inne; es ist eben das, was durchs Ich-Ereignis vermittelt wird, der Glaube, den jeder bedeutende Mensch besitzt: die Überzeugung von der Existenz eines Ich oder einer Seele, die im Weltall einsam ist, dem ganzen Weltall gegenübersteht, die ganze Welt anschaut.

Vom Ich-Ereignis an gerechnet wird der bedeutende Mensch im allgemeinen – Unterbrechungen, vom fürchterlichsten der Gefühle, vom Gefühle des Gestorbenseins, ausgefüllt, mögen wohl häufig vorkommen – mit Seele leben.

Aus diesem Grunde, und nicht allein aus hochgestimmtem Hinblick auf eben Geschaffenes schreibt es, wie ich an dieser Stelle beifügen will, sich her, daß bedeutende Menschen immer, in jedem Sinne, auch das größte Selbstbewußtsein haben werden. Nichts ist so gefehlt, als von der »Bescheidenheit« großer Männer zu reden, die gar nicht gewußt hätten, was in ihnen stecke. Es gibt keinen bedeutenden Menschen, der nicht wüßte, wie sehr er sich von den anderen unterscheidet (mit Ausnahme der Depressionsperioden, welchen gegenüber sogar der in besseren Zeiten gefaßte Vorsatz, von nun ab etwas von sich zu halten, fruchtlos bleiben mag), keinen, der sich nicht für einen bedeutenden Menschen hielte, sobald er einmal etwas geschaffen hat – allerdings auch keinen, dessen Eitelkeit oder Ruhmsucht so gering wäre, daß er sich nicht noch stets überschätzte. Schopenhauer hat sich für viel größer gehalten als Kant. Wenn Nietzsche seinen Zarathustra für das tiefste Buch der Welt erklärt, so spielt außerdem wohl noch die Enttäuschung durch die schweigenden Zeitungsschreiber und das Bedürfnis, diese zu reizen, mit – allerdings auch keine sehr vornehmen Motive.

Aber eines ist allerdings richtig an der Lehre von der Bescheidenheit bedeutender Menschen: bedeutende Menschen sind nie anmaßend. Anmaßung und Selbstbewußtsein sind wohl die zwei entgegengesetztesten Dinge, die es geben kann, und sollten nicht, wie es meistens geschieht, eins für das andere gesetzt werden. Ein Mensch hat immer so viel Arroganz, als ihm Selbstbewußtsein fehlt. Anmaßung ist sicherlich nur ein Mittel, durch künstliche Erniedrigung des Nebenmenschen das Selbstbewußtsein gewaltsam zu steigern, ja so erst zum Bewußtsein eines Selbst zu kommen. Natürlich gilt das von der unbewußten, sozusagen physiologischen Arroganz; zu beabsichtigter Grobheit verächtlichen Subjekten gegenüber mag wohl auch ein hochstehender Mensch der eigenen Würde halber hie und da sich verhalten müssen.

Die feste, vollkommene, des Beweises für ihre Person nicht eigentlich bedürftige Überzeugung, daß sie eine Seele besitzen, ist also allen genialen Menschen gemeinsam. Man sollte die lächerliche Besorgnis doch endlich ablegen, welche hinter jedem, der von der Seele als einer hyperempirischen Realität redet, gleich den werbenden Theologen wittert. Der Glaube an die Seele ist alles eher denn ein Aberglaube, und kein bloßes Verführungsmittel aller Geistlichkeit. Auch die Künstler sprechen von ihrer Seele, ohne Philosophie und Theologie studiert zu haben, selbst die atheistischesten, wie Shelley, und glauben, zu wissen, was sie damit meinen. Oder denkt man, daß »Seele«

für sie ein bloßes, leeres, schönes Wort sei, welches sie anderen nachsprechen, ohne zu fühlen? Daß der große Künstler Bezeichnungen anwende, ohne über ein Bezeichnetes, in diesem Falle von denkbar höchster Realität, sich klar zu sein? Der immanente Empirist, der Nur-Physiolog muß aber all das für nichtssagendes Geschwätz halten, oder Lucrez für den einzigen großen Dichter. So viel Mißbrauch sicherlich mit dem Worte getrieben wird: wenn bedeutende Künstler von ihrer Seele zeugen, so wissen sie wohl, was sie tun. Es gibt für sie wie für die großen Philosophen ein gewisses Grenzgefühl der höchsten Wirklichkeit; Hume hat dieses Gefühl sicherlich nicht gekannt.

Der Wissenschaftler nämlich steht, wie schon hervorgehoben wurde, und nun bald bewiesen werden soll, unter dem Philosophen und unter dem Künstler. Diese verdienen das Prädikat des Genies, der bloße Wissenschaftler niemals. Es heißt jedoch dem Genius vor der Wissenschaft noch einen weiteren, bisher noch immer unbegründeten Vorzug einräumen, wenn, wie dies hier geschehen ist, seiner Anschauung über ein bestimmtes Problem, bloß weil es seine Anschauung ist, mehr Gewicht beigelegt wird als der Ansicht des Wissenschaftlers. Besteht zu dieser Bevorzugung ein Recht? Kann der Genius Dinge erkunden, die dem Mann der Wissenschaft als solchem versagt sind, kann er in eine Tiefe blicken, welche jener vielleicht nicht einmal bemerkt?

Genialität schließt, wie sich zeigte, ihrer Idee nach Universalität ein. Für den ganz und gar genialen Menschen, der eine notwendige Fiktion ist, gäbe es gar nichts, wozu er nicht ein gleich lebendiges, unendlich inniges, schicksalsvolles Verhältnis hätte. Genialität war universale Apperzeption, und hiemit vollkommenes Gedächtnis, absolute Zeitlosigkeit. Man muß aber, um etwas apperzipieren zu können, ein ihm Verwandtes bereits in sich haben. Man bemerkt, versteht und ergreift nur das, womit man irgend eine Ähnlichkeit hat (S. 134 f.). Der Genius war zuletzt, aller Kompliziertheit wie zum Trotze, der Mensch mit dem intensivsten, lebendigsten, bewußtesten, kontinuierlichsten, einheitlichsten Ich. Das Ich jedoch ist das punktuelle Zentrum, die Einheit der Apperzeption, die »Synthesis« alles Mannigfaltigen.

Das Ich des Genies muß demnach selbst die universale Apperzeption sein, der Punkt schon den unendlichen Raum in sich schließen: der bedeutende Mensch hat die ganze Welt in sich, der Genius ist der lebendige Mikrokosmus . Er ist nicht eine sehr zusammengesetzte Mosaik, keine aus einer, doch immer endlichen, Vielzahl von Elementen aufgebaute chemische Verbindung, und nicht das war der Sinn der Darlegungen des vierten Kapitels über sein innigeres Verwandtsein mit mehr Menschen und Dingen: sondern er ist alles. Wie im Ich und durch das Ich alle psychischen Erscheinungen zusammenhängen, wie dieser Zusammenhang unmittelbar erlebt und ins Seelenleben nicht mühsam erst hineingetragen wird durch eine Wissenschaft (die bei allen äußeren Dingen freilich hiezu verhalten ist),[34] wie hier das Ganze durchaus vor den Teilen besteht; so blickt der Genius, in dem das Ich wie das All, als das All lebt, auch in die Natur und ins Getriebe aller Wesen als ein Ganzes, er schaut hier die Verbindungen und konstruiert nicht einen Bau aus Bruchstücken. Darum kann ein bedeutender Mensch zunächst schon bloßer empirischer Psychologe nicht sein, für den es nur Einzelheiten gibt, die er im Schweiße seines Angesichtes, durch Assoziationen, Leitungsbahnen usw. zu verkitten trachtet; ebensowenig aber bloßer Physiker, dem die Welt aus Atomen und Molekülen zusammengesetzt ist.

Aus der Idee des Ganzen heraus, in welcher der Genius fortwährend lebt, erkennt er den Sinn der Teile. Er wertet darum alles , alles in sich, alles außerhalb seiner, wertet es nach dieser Idee; und nur darum ist es für ihn nicht Funktion der Zeit, sondern repräsentiert ihm stets einen großen und ewigen Gedanken. So ist der geniale Mensch zugleich der tiefe Mensch, und

34   Darum gibt es innerhalb des Einzelmenschen keinen Begriff des Zufalls, ja es kann der Gedanke an einen solchen gar nicht auftauchen. Daß ein erwärmter Stab durch die Zufuhr thermischer Energie sich ausdehnt und nicht infolge eines gleichzeitig am Himmel sichtbaren Kometen, nehme ich an vermöge langer Erfahrung und Induktion, aber auch nur auf Grund dieser; die richtige Beziehung ist hier nicht sofort in einem Erlebnis schon gelegen. Wenn ich dagegen über mein eigenes Betragen in einer bestimmten Gesellschaft mich ärgere, so weiß ich, gesetzt auch, es geschehe zum ersten Male, und es schöben sich noch so viel andere gleichzeitige psychische Ereignisse dazwischen, unmittelbar den Grund meiner Unzufriedenheit, und bin seiner sofort vollständig sicher, oder kann es wenigstens, wenn ich mich nicht darüber hinwegzutäuschen versuche, schon beim ersten Male werden.

nur er tief, nur der Tiefe genial. Darum gilt denn auch wirklich seine Meinung mehr als die der anderen. Weil er aus dem Ganzen seines das Universum enthaltenden Ich schafft, während die anderen Menschen nie ganz zum Bewußtsein dieses ihres wahren Selbst kommen, werden ihm die Dinge sinnvoll, bedeuten sie ihm alle etwas, sieht er in ihnen stets Symbole. Für ihn ist der Atem mehr als ein Gasaustausch durch die feinsten Wandungen der Blutkapillaren, das Blau des Himmels mehr als teilweise polarisiertes, an den Trübungen der Atmosphäre diffus reflektiertes Sonnenlicht, die Schlangen mehr als fußlose Reptilien ohne Schultergürtel und Extremitäten. Wenn man selbst alle wissenschaftlichen Entdeckungen, die je gemacht wurden, zusammentäte und von einem einzigen Menschen gefunden sein ließe; wenn alles, was Archimedes und Lagrange, Johannes Müller und Karl Ernst von Baer, Newton und Laplace, Konrad Sprengel und Cuvier, Thukydides und Niebuhr, Friedrich August Wolf und Franz Bopp, was noch so viele andere für die Wissenschaft Hervorragendstes geleistet haben, selbst wenn all dies ein einziger Mensch im Laufe eines kurzen Menschenlebens geleistet hätte, er verdiente darum doch nicht das Prädikat des Genius.

Denn damit ist noch nirgends in Tiefen gedrungen. Der Wissenschaftler nimmt die Erscheinungen, wie sie sinnfällig sind, der bedeutende Mensch oder Genius für das, was sie bedeuten. Ihm sind Meer und Gebirge, Licht und Finsternis, Frühling und Herbst, Zypresse und Palme, Taube und Schwan Symbole, er ahnt nicht nur, er erkennt in ihnen ein Tieferes. Nicht auf Luftdruckverschiebungen geht der Walkürenritt, und nicht auf Oxydationsprozesse bezieht sich der Feuerzauber. Und dies alles ist jenem nur möglich, weil die äußere Welt in ihm reich und stark zusammenhängt wie die innere, ja das Außenleben nur wie ein Spezialfall seines Innenlebens sich ausnimmt, Welt und Ich in ihm eins geworden sind, und er nicht Stück für Stück der Erfahrung nach Gesetz und Regel erst aneinanderheften muß. Auch die größte Polyhistorie dagegen addiert nur Fächer zu Fächern und bildet noch keine Gesamtheit. Deshalb also tritt der große Wissenschaftler hinter den großen Künstler, hinter den großen Philosophen.

Der Unendlichkeit des Weltalls entspricht beim Genius eine wahre Unendlichkeit in der eigenen Brust, er hält Chaos und Kosmos, alle Besonderheit und alle Totalität, alle Vielheit und alle Einheit in seinem Innern. Ist mit diesen Bestimmungen auch mehr über die Genialität als über das Wesen des genialen Schaffens ausgesagt, bleiben der Zustand der künstlerischen Ekstase, der philosophischen Konzeption, der religiösen Erleuchtung gleich rätselhaft wie zuvor, sind also damit gewiß nur die Bedingungen, nicht der Vorgang eines wahrhaft bedeutenden Produzierens klarer geworden, so sei dennoch hier als endgültige Definition des Genies diese gegeben:

Genial ist ein Mensch dann zu nennen, wenn er in bewußtem Zusammenhange mit dem Weltganzen lebt. Erst das Geniale ist somit das eigentlich Göttliche im Menschen .

Die große Idee von der Seele des Menschen als dem Mikrokosmus, die tiefste Schöpfung der Philosophen der Renaissance – wiewohl ihre ersten Spuren schon bei Plato und Aristoteles sich finden – scheint dem neueren Denken seit Leibnizens Tode ganz abhanden gekommen. Sie wurde hier bis jetzt als bloß für das Genie gültig, von jenen Meistern aber vom Menschen überhaupt als das eigentliche Wesen desselben behauptet.

Doch ist die Inkongruenz nur scheinbar. Alle Menschen sind genial, und kein Mensch ist genial. Genialität ist eine Idee, welcher dieser näherkommt, während jener in großer Ferne von ihr bleibt, welcher der eine rasch sich naht, der andere vielleicht erst am Ende seines Lebens.

Der Mensch, dem wir bereits den Besitz der Genialität zuschreiben, ist nur der, welcher bereits angefangen hat zu sehen, und den anderen die Augen öffnet. Daß sie sodann mit seinem Auge sehen können, beweist, wie sie nur vor dem Tore standen. Auch der mittelmäßige Mensch kann, selbst als solcher, mittelbar zu allem in Beziehung treten; seine Idee des Ganzen ist aber nur ahnungsvoll, es gelingt ihm nicht, sich mit ihr zu identifizieren. Aber er ist darum nicht ohne Möglichkeit, diese Identifikation anderen nachzuleben und so ein Gesamtbild zu gewinnen. Durch Weltanschauung kann er dem Universum, durch Bildung allem einzelnsten sich verbinden; nichts ist ihm gänzlich fremd, und an alle Dinge der Welt knüpft auch ihn ein Band der Sympathie. Nicht so das Tier oder die Pflanze. Sie sind begrenzt, sie kennen nicht alle, sondern nur ein Element, sie bevölkern nicht die ganze Erde, und wo sie eine allgemeine Verbreitung gefunden haben, ist es im Dienste des Menschen, der ihnen eine überall gleichmäßige Funktion angewiesen hat. Sie mögen eine Beziehung zur Sonne oder zum Monde haben, aber sicherlich fehlt ihnen »der gestirnte Himmel« und »das moralische Gesetz«. Dieses aber stammt von der Seele des Menschen her, in der alle Totalität geborgen ist, die alles betrachten kann, weil sie selbst alles ist : der gestirnte Himmel und das moralische Gesetz, auch sie sind im Grunde eines und dasselbe. Der Universalismus des kategorischen Imperativs ist der Universalismus des Universums, die Unendlichkeit des Weltalls nur das Sinnbild der Unendlichkeit des sittlichen Wollens.

So hat dies, den Mikrokosmus im Menschen, schon Empedokles, der gewaltige Magus von Agrigent, gelehrt:

Γαίῃ μὲν γὰρ γαῖαν ὀπώπαμεν, ὕδατι δ'ὕδωρ,
Αἰθέρι δ'αἰθέρα δῖον, ἀτὰρ πυρὶ πῦρ ἀίδηλον
Στοργῇ δὲ στοργήν, νεῖκος δέ τε νείκεϊ λυγρῷ

Und Plotin:

Οὐ γὰρ ἄν πώποτε εἶδεν ὀφθαλμὸς ἥλιον ἡλιοειδὴς μὴ γεγενημένος,

dem es Goethe in den berühmten Versen nachgedichtet hat:

»Wär' nicht das Auge sonnenhaft,
Die Sonne könnt' es nie erblicken;
Läg' nicht in uns des Gottes eig'ne Kraft,
Wie könnt' uns Göttliches entzücken?«

Der Mensch ist das einzige Wesen, er ist dasjenige Wesen in der Natur, das zu allen Dingen in derselben ein Verhältnis hat.

In wem dieses Verhältnis nicht bloß zu einzelnen, vielen oder wenigen, sondern zu allen Dingen Klarheit und intensivste Bewußtheit erlangt, wer über alles selbständig gedacht hat, den nennt man ein Genie; in wem es nur der Möglichkeit nach vorhanden, in wem wohl für alles irgend ein Interesse wachzurufen ist, aber nur zu wenigem ein lebhafteres von selbst besteht, den nennt man einfach einen Menschen. Leibnizens wohl selten recht verstandene Lehre, daß auch die niedere Monade ein Spiegel der Welt sei, ohne aber sich dieser ihrer Tätigkeit bewußt zu werden, drückt nur dieselbe Tatsache aus. Der geniale Mensch lebt im Zustande allgemeiner Bewußtheit, die Bewußtheit des Allgemeinen ist; auch im gewöhnlichen Menschen ist das Weltganze, aber nicht bis zu schöpferischem Bewußtsein gebracht. Der eine lebt in bewußtem tätigen, der andere in unbewußtem virtuellen Zusammenhang mit dem All; der geniale Mensch ist der aktuelle, der ungeniale der potentielle Mikrokosmus. Erst der geniale Mensch ist ganz Mensch; was als Mensch-Sein, als Menschheit (im Kantischen Sinne) in jedem Menschen, δυνάμει, der Möglichkeit nach ist, das lebt im genialen Menschen, ἐνεργείᾳ, in voller Entfaltung.

Der Mensch ist das All und darum nicht, wie ein bloßer Teil desselben, abhängig vom anderen Teile, nicht an einer bestimmten Stelle eingeschaltet in die Naturgesetzlichkeit, sondern selbst der Inbegriff aller Gesetze, und eben darum frei , wie das Weltganze als das All selbst nicht noch bedingt, sondern unabhängig ist. Der bedeutende Mensch nun, der nichts vergißt, weil er sich nicht vergißt, weil Vergessen funktionelle Beeinflussung durch die Zeit, daher unfrei und unethisch ist; der nicht von der Welle einer geschichtlichen Bewegung, als ihr Kind, emporgeworfen, nicht von der nächsten wieder verschlungen wird, weil alles, alle Vergangenheit und alle Zukunft, in der Ewigkeit seines geistigen Blickes bereits sich birgt; dessen Unsterblichkeitsbewußtsein am stärksten ist, weil ihn auch der Gedanke an den Tod nicht feige macht; der in das leidenschaftlichste Verhältnis zu den Symbolen oder Werten tritt, indem er nicht nur alles in sich, sondern auch alles außer sich einschätzt und damit deutet: er ist zugleich der freieste und der weiseste, er ist der sittlichste Mensch und nur darum leidet gerade er am schwersten unter allem, was auch in ihm noch unbewußt, noch Chaos, noch Fatum ist. –

Wie steht es nun mit der Sittlichkeit großer Menschen den anderen Menschen gegenüber? Ist dies doch die einzige Form, in welcher, nach der populären Meinung, die Unsittlichkeit nicht anders als in Verbindung mit dem Strafgesetzbuch zu denken weiß, Moralität sich offenbaren kann! Und haben nicht gerade hier die berühmten Männer die bedenklichsten Charaktereigenschaften verraten? Mußten sie nicht oft schnöden Undanks, grausamer Härte, schlimmer Verführertücken sich zeihen lassen?

Weil Künstler und Denker, je größer sie sind, desto rücksichtsloser sich selbst die Treue wahren und hiebei die Erwartungen manch eines täuschen, mit dem sie vorübergehende Gemeinschaft geistiger Interessen verknüpfte, und die, ihrem höheren Fluge zu folgen später nicht mehr imstande, den Adler selbst an die Erde binden wollen (Lavater und Goethe) – darum hat man sie als unmoralisch verschrien. Das Schicksal der Friederike aus Sesenheim ist Goethe, obwohl ihn das keineswegs entschuldigt, sicherlich viel nähergegangen als dieser, und wenn er auch glücklicherweise so unendlich viel verschwiegen hat, daß die Modernen, die ihn als den leichtlebigen Olympier ganz zu besitzen glauben, tatsächlich nur jene Flocken von ihm in den Händen halten, die Faustens unsterbliches Teil umgeben – man darf gewiß sein, daß er selbst am genauesten prüfte, wieviel Schuld ihn traf, und diese in ihrem ganzen Ausmaß bereut hat. Und wenn scheelsüchtige Nörgler, die Schopenhauers Erlösungslehre und den Sinn des Nirwana nie erfaßt haben, es diesem Philosophen zum Vorwurf machen, daß er auf seinem Rechte auf sein Eigentum, bis zum Äußersten, bestanden hat, so verdient dies, als ein hündisches Gekläffe, gar keine Antwort.

Daß der bedeutende Mensch gegen sich selbst am sittlichsten ist, steht also wohl fest: er wird nicht eine fremde Anschauung sich aufzwingen lassen und hiedurch sein Ich unterdrücken;

er wird die Meinung des anderen – das fremde Ich und dessen Ansicht bleiben für ihn etwas vom Eigenen gänzlich Unterschiedenes nicht passiv akzeptieren, und ist er einmal rezeptiv gewesen, so wird ihm der Gedanke hieran schmerzvoll und fürchterlich sein. Eine bewußte Lüge, die er einmal getan hat, wird er sein ganzes Leben lang mitschleppen, und nicht in »dionysischer« Weise leichthin abschütteln können. Am stärksten aber werden geniale Menschen leiden, wenn sie sich selbst erst hinterdrein auf eine Lüge kommen, um die sie gar nicht wußten, als sie sie anderen gegenüber sprachen, oder mit der sie sich selbst belogen haben. Die anderen Menschen, die nicht dieses Bedürfnis nach Wahrheit haben wie er, bleiben eben darum immer viel tiefer in Lüge und Irrtum verstrickt, und dies ist der Grund, warum sie die eigentliche Meinung und die Heftigkeit des Kampfes großer Persönlichkeiten gegen die » Lebenslüge« so wenig verstehen.

Der hochstehende Mensch, das ist jener, in dem das zeitlose Ich die Macht gewonnen hat, sucht seinen Wert vor seinem intelligiblen Ich, vor seinem moralischen und intellektuellen Gewissen zu steigern. Auch seine Eitelkeit ist zunächst die vor sich selbst: es entsteht in ihm das Bedürfnis, sich selbst zu imponieren (mit seinem Denken, Handeln und Schaffen). Diese Eitelkeit ist die eigentliche Eitelkeit des Genies, das seinen Wert und seinen Lohn in sich selbst hat, und dem es nicht auf die Meinung anderer von ihm darum ankommt, damit es selbst auf diesem Umweg von sich eine höhere gewinne. Sie ist jedoch keineswegs etwas Löbliches, und asketisch angelegte Naturen (Pascal) werden auch unter dieser Eitelkeit schwer leiden können, ohne doch je über sie hinauszukommen. Zur inneren Eitelkeit wird sich Eitelkeit vor anderen stets gesellen; aber die beiden liegen miteinander im Kampfe.

Wird nun nicht durch diese starke Betonung der Pflicht gegen sich selbst die Pflichterfüllung den anderen Menschen gegenüber beeinträchtigt? Stehen die beiden nicht in einem solchen Wechselverhältnis, daß, wer sich selbst die Treue wahrt, sie notwendig anderen brechen muß?

Keineswegs. Wie die Wahrheit nur eine ist, so gibt es auch nur ein Bedürfnis nach Wahrheit – Carlyles »Sincerity« – das man sowohl sich selbst als auch der Welt gegenüber hat oder nicht hat, aber nie getrennt, nie eines von beiden, nicht Weltbeobachtung ohne Selbstbeobachtung; und nicht Selbstbeobachtung ohne Weltbeobachtung: so gibt es überhaupt nur eine einzige Pflicht, nur einerlei Sittlichkeit. Man handelt moralisch oder unmoralisch überhaupt, und wer sich selbst gegenüber sittlich ist, der ist es auch den anderen gegenüber.

Über nichts sind indessen falsche Vorstellungen so verbreitet wie darüber, was sittliche Pflicht gegen den Nebenmenschen ist, und wodurch ihr wirklich genügt wird.

Wenn ich von jenen theoretischen Systemen der Ethik einstweilen absehe, welche Förderung der menschlichen Gesellschaft als das Prinzip betrachten, das allem Handeln zugrunde zu legen sei, und die immerhin weniger auf die konkreten Gefühle während der Handlung und auf das empirische im Impulse, als auf das Walten eines generellen sittlichen Gesichtspunktes gehen und insofern doch hoch über aller Sympathiemoral stehen: so bleibt nur die populäre Meinung übrig, welche die Sittlichkeit eines Menschen größtenteils nach dem Grade seiner Mitleidigkeit, seiner »Güte« bestimmt. Von philosophischer Seite haben im Mitgefühle Hutcheson, Hume und Smith das Wesen und die Quelle alles ethischen Verhaltens erblickt; eine außerordentliche Vertiefung hat dann diese Lehre in Schopenhauers Mitleidsmoral erhalten. Die Schopenhauersche »Preisschrift über die Grundlage der Moral« verrät indes gleich in ihrem Motto »Moral predigen ist leicht, Moral begründen schwer« den Grundfehler aller Sympathieethik: als welche sie nämlich stets verkennt, daß die Ethik keine sachlich-beschreibende, sondern eine das Handeln normierende Wissenschaft ist. Wer sich über die Versuche lustig macht, genau zu erhorchen, was die innere Stimme im Menschen wirklich spricht, mit Sicherheit zu ergründen, was der Mensch soll, der verzichtet auf jede Ethik, die ihrem Begriffe nach eben eine Lehre von den Forderungen ist, welche der Mensch an sich und an alle anderen stellt; und nicht

230

von dem erzählt, was er, diesen Forderungen Raum gebend oder sie übertönend, tatsächlich vollbringt. Nicht was geschieht, sondern was geschehen soll, ist Objekt der Moralwissenschaft, alles andere gehört in die Psychologie.

Alle Versuche, die Ethik in Psychologie aufzulösen, übersehen, daß jede psychische Regung im Menschen vom Menschen selbst gewertet wird, und das Maß zur Bewertung irgend welchen Geschehens nicht selbst Geschehnis sein kann. Dieser Maßstab kann nur eine Idee oder ein Wert sein, der nie völlig verwirklicht und aus keiner Erfahrung abzuleiten ist, weil er bestehen bliebe, wenn auch alle Erfahrung ihm zuwiderliefe. Sittliches Handeln kann also nur Handeln nach einer Idee sein. Es ist hienach nur zwischen solchen Morallehren zu wählen, welche Ideen, Maximen des Handelns aufstellen, und da kommt immer nur zweierlei in Betracht: der ethische Sozialismus oder die »Sozialethik«, die von Bentham und den Mi11 begründet, und später von eifrigen Importeuren auch auf den Kontinent und sogar nach Deutschland und Norwegen gebracht wurde, und der ethische Individualismus, wie ihn das Christentum und der deutsche Idealismus lehren.

Der zweite Fehler aller Ethik des Mitgefühls ist eben der, daß sie Moral begründen, ableiten will, Moral, die ihrem Begriffe nach den letzten Grund des menschlichen Handelns bilden soll, und darum nicht selbst noch erklärbar, deduzierbar sein darf, die Zweck an sich selbst ist und nicht mit irgend etwas außer ihr, wie Mittel und Zweck, in Verbindung gebracht werden darf. Sofern aber dieser Anspruch der Sympathiemoral mit dem Prinzipe jeder bloß deskriptiven und danach notwendig relativistischen Ethik übereinkommt, sind beide Fehler im Grunde eins, und muß diesem Unterfangen immer entgegengehalten werden, daß niemand, liefe er auch das ganze Gebiet aller Ursachen und Wirkungen ab, irgendwo den Gedanken eines höchsten Zweckes in ihm entdecken würde, der allein für alle moralischen Handlungen wesentlich ist. Der Zweckgedanke kann nicht aus Grund und Folge erklärt werden, das Verhältnis von Grund und Folge schließt ihn vielmehr aus. Der Zweck tritt auf mit dem Anspruch, das Handeln zu schaffen, an ihm wird der Erfolg und Ausgang aller Tat gemessen, und auch dann noch immer ungenügend gefunden, wenn selbst alle Faktoren, die sie bestimmten, wohl bekannt sind und noch so schwer ihr Gewicht im Bewußtsein geltend machen. Neben dem Reich der Ursachen gibt es ein Reich der Zwecke, und dieses Reich ist das Reich des Menschen. Vollendete Wissenschaft vom Sein ist eine Gesamtheit der Ursachen, die bis zur obersten Ursache aufsteigen will, vollendete Wissenschaft vom Sollen ein Ganzes der Zwecke, das in einem letzten höchsten Zwecke kulminiert.

Wer also das Mitleid ethisch positiv wertet, hat etwas, das gar nicht Handlung war, sondern nur Gefühl, nicht eine Tat, sondern nur ein Affekt (der seiner Natur nach nicht unter den Zweck-Gesichtspunkt fällt), moralisch beurteilt. Das Mitleid mag ein ethisches Phänomen, eine Äußerungsweise von etwas Ethischem sein, es ist aber so wenig ein ethischer Akt wie das Schamgefühl oder der Stolz; man hat zwischen ethischem Akt und ethischem Phänomen wohl zu unterscheiden. Unter dem ersteren darf nichts verstanden werden als bewußte Bejahung der Idee durch die Handlung: ethische Phänomene sind unbeabsichtigte, unwillkürliche Anzeichen einer andauernden Richtung des Gemütes auf die Idee. Nur in den Motivenkampf greift die Idee immer wieder ein und sucht ihn zu beeinflussen und zu entscheiden; in den empirischen Mischungen ethischer mit unethischen Gefühlen, des Mitleids mit der Schadenfreude, des Selbstgefühles mit dem Übermut, liegt noch nichts von einem Entschlusse. Das Mitleid ist vielleicht der sicherste Anzeiger der Gesinnung, aber kein Zweck irgend eines Handelns. Nur Wissen des Zweckes, Bewußtsein des Wertes gegenüber allem Unwerte konstituiert die Sittlichkeit; hierin hat Sokrates gegenüber allen Philosophen, die nach ihm gekommen sind (nur Plato und Kant haben ihm sich angeschlossen), recht. Ein alogisches Gefühl, wie das Mitleid immer ist, hat keinen Anspruch auf Achtung, sondern erweckt höchstens Sympathie.

Die Frage ist demnach erst zu beantworten, inwiefern ein Mensch sich sittlich verhalten könne gegen andere Menschen.

Nicht durch unerbetene Hilfe, die in die fremde Einsamkeit

dringt und die Grenzen durchbricht, welche der Nebenmensch um sich zieht, sondern durch die Ehrerbietung, mit der man diese Grenzen wahrt, nicht durch Mitleid, nur durch Achtung. Achtung, dies hat Kant zuerst ausgesprochen, bringen wir keinem Wesen auf der Welt entgegen als dem Menschen. Es ist seine ungeheure Entdeckung, daß kein Mensch sich selbst, sein intelligibles Ich, die Menschheit (das ist nicht die menschliche Gesellschaft von 1500 Millionen, sondern die Idee der Menschenseele) in seiner Person oder in der Person des anderen als Mittel zum Zweck gebrauchen kann. »In der ganzen Schöpfung kann alles, was man will, und worüber man etwas vermag, auch bloß als Mittel gebraucht werden; nur der Mensch, und mit ihm jedes vernünftige Geschöpf, ist Zweck an sich selbst.«

Womit aber erweise ich einem Menschen Verachtung, und wie bezeige ich ihm meine Achtung? Das erste, indem ich ihn ignoriere, das zweite, indem ich mich mit ihm beschäftige. Wie benütze ich ihn als Mittel zum Zweck, und wie ehre ich in ihm etwas, das Selbstzweck ist? Das eine, indem ich ihn nur als Glied in der Kette der Umstände betrachte, mit denen meine Handlungen zu rechnen haben, das andere, indem ich ihn zu erkennen suche. Erst so, indem man sich für ihn, ohne es ihm gerade zu zeigen, interessiert, an ihn denkt, sein Handeln zu begreifen, sein Schicksal mitzufühlen, ihn selbst zu verstehen sucht, erst dadurch, nur dadurch kann man seinen Mitmenschen ehren. Nur wer, durchs eigene Ungemach nicht selbstsüchtig geworden, allen kleinlichen Hader mit dem Mitmenschen vergessend, den Zorn gegen ihn unterdrückend, ihn zu verstehen trachtet, der ist wahrhaft uneigennützig gegen seinen Nächsten; und er handelt sittlich, denn er siegt gerade dann über den stärksten Feind, der das Verständnis des Nebenmenschen am längsten erschwert: über die Eigenliebe.

Wie verhält sich nun in dieser Hinsicht der hervorragende Mensch?

Er, der die meisten Menschen versteht, weil er am universellsten veranlagt ist, der zum Weltganzen in der innigsten Beziehung lebt, es am leidenschaftlichsten objektiv zu erkennen trachtet, er wird auch wie kein zweiter an seinem Nebenmenschen sittlich handeln. In der Tat, niemand denkt so viel und so intensiv wie er über die anderen Menschen (ja über viele auch, wenn er sie nur ein einziges Mal flüchtig erblickt hat), und niemand sucht so lebhaft wie er zur Klarheit über sie zu kommen, wenn er sie noch nicht mit genügender Deutlichkeit und Intensität in sich hat. Wie er selbst eine kontinuierlich von seinem Ich erfüllte Vergangenheit hinter sich hat, so wird er auch darüber sich Gedanken machen, welches das Schicksal der anderen in der Zeit gewesen ist, ehe da er sie noch kennenlernte. Er folgt dem stärksten Zuge des inneren Wesens, wenn er über sie denkt, denn er sucht ja in ihnen nur über sich zur Klarheit, zur Wahrheit zu gelangen. Hier zeigt sich eben, daß die Menschen alle Glieder einer intelligiblen Welt sind, in der es keinen beschränkten Egoismus oder Altruismus gibt. Nur so ist es zu erklären, daß große Männer, wie zu den Menschen neben ihnen, so auch zu allen Persönlichkeiten der Geschichte, die zeitlich vor ihnen gelebt haben, in ein lebendigeres, verständnisvolleres Verhältnis treten, nur dies der Grund, warum der große Künstler auch die geschichtliche Individualität so viel besser und intensiver erfaßt als der bloß wissenschaftliche Historiker. Es gibt keinen großen Mann, der nicht zu Napoleon, zu Plato, zu Mohammed in einem persönlichen Verhältnisse stünde. So nämlich erweist er auch denen seine Achtung und wahre Pietät, die vor ihm gelebt haben. Und wenn so mancher, der mit Künstlern verkehrt hat, sich peinlich berührt fühlte, als er sich später in einer ihrer Schöpfungen wiedererkannte; wenn deshalb so oft über den Dichter die Beschwerde laut wird, daß ihm alles zum Modell werde, so ist das unangenehme Gefühl in solcher Situation nur zu begreiflich; aber der Künstler, der mit der Kleinlichkeit der Menschen nicht rechnet, hat darum kein Verbrechen begangen: er hat, in seiner Weise der unreflektierten Darstellung und Neuerzeugung der Welt, an ihm den schöpferischen Akt des Verständnisses vollzogen; und es gibt kein Verhältnis zwischen Menschen, das reiner wäre als dieses.

Damit dürfte denn auch das sehr wahre, schon einmal erwähnte Wort Pascals an Verständlichkeit gewonnen haben: »A mesure qu'on a plus d'esprit, on trouve qu'il y a plus d'hommes originaux. Les gens du commun ne trouvent pas de différence entre les hommes.« – Es hängt mit all dem ferner zusammen, daß ein Mensch, je höher er stehen, desto größere Anforderungen bezüglich des Verstehens fremder Äußerungen an sich stellen wird; während der Unbegabte bald etwas zu verstehen glaubt, oft gar nicht einmal fühlt, daß hier etwas ist, das er nicht versteht, den fremden Geist kaum empfindet, der aus einem Kunstwerk, aus einer Philosophie zu ihm spricht; und so höchstens ein Verhältnis zu den Sachen gewinnt, aber nicht zum Nachdenken über den Schöpfer selbst sich aufschwingt. Der bedeutende Mensch, der die höchste Stufe der Bewußtheit erklimmt, identifiziert nicht leicht etwas, das er liest, mit sich und seiner Meinung, während bei geringerer Helligkeit des Geistes sehr verschiedene Dinge ineinander verschwimmen und sich gleich ausnehmen können.

Der geniale Mensch ist derjenige, dem sein Ich zum Bewußtsein gelangt ist. Darum kommt ihm auch das Anderssein der anderen am ehesten zur Abhebung, darum empfindet er im anderen Menschen auch dann dessen Ich, wenn dieses noch gar nicht stark genug war, um jenem selbst zum Bewußtsein zu kommen. Aber nur wer fühlt, daß der andere Mensch auch ein Ich, eine Monade, ein eigenes Zentrum der Welt ist , mit besonderer Gefühlsweise und Denkart, und besonderer Vergangenheit, der wird von selbst davor gefeit sein, den Mitmenschen bloß als Mittel zum Zweck zu benützen, er wird der Kantischen Ethik gemäß auch im Mitmenschen die Persönlichkeit (als Teil der intelligiblen Welt) spüren, ahnen und darum ehren , und nicht bloß an ihm sich ärgern . Psychologische Grundbedingung alles praktischen Altruismus ist daher theoretischer Individualismus .

Hier liegt also die Brücke, welche vom moralischen Verhalten sich selbst gegenüber zum moralischen Verhalten dem anderen gegenüber führt, jene Vermittlung, deren Mangel in der Kantschen Philosophie von Schopenhauer mit Unrecht als ein Fehler derselben angesehen, und ihr wie ein notwendiges, in ihren wesentlichen Prinzipien begründetes Unvermögen ausgelegt wurde.

Die Probe darauf ist leicht zu machen. Nur der vertierte Verbrecher und der Irrsinnige interessieren sich gar nicht auch nur für irgend einen unter ihren Nebenmenschen, sie leben, als ob sie allein auf der Welt wären, sie fühlen die Anwesenheit des Fremden gar nicht. Es gibt also keinen praktischen Solipsismus: in wem ein Selbst ist, für den gibt es auch ein Selbst im Nebenmenschen; und nur wenn ein Mensch seinen (logischen und ethischen) Wesenskern eingebüßt hat, reagiert er auch auf den zweiten Menschen nicht mehr so, als ob dieser ein Mensch, ein Wesen mit durchaus eigener Persönlichkeit wäre. Ich und Du sind eben Wechselbegriffe.

Am stärksten gelangt der Mensch zum Bewußtsein seiner selbst, wenn er mit anderen Menschen beisammen ist. Darum ist der Mensch in Gegenwart anderer Menschen stolzer, als wenn er allein ist, und bleibt es den Stunden seiner Einsamkeit aufgespart, seinen Übermut zu dämpfen.

Endlich: wer sich tötet, der tötet gleichzeitig die ganze Welt; und wer den anderen mordet, begeht eben darum das schwerste Verbrechen, weil er in ihm sich gemordet hat. So ist denn jener Solipsismus im Praktischen ein Unding, und sollte lieber Nihilismusgenannt werden; wenn kein Du da ist, darin ist auch sicherlich nie ein Ich vorhanden, es bleibt hernach überhaupt – nichts.

Auf die psychologische Verfassung kommt es an, welche es unmöglich macht, den anderen Menschen als Mittel zum Zweck zu gebrauchen. Und da fand sich: wer seine Persönlichkeit fühlt, der fühlt sie auch in anderen. Für ihn ist das Tat-tvam-asi keine schöne Hypothese, sondern Wirklichkeit. Der höchste Individualismus ist der höchste Universalismus.

Schwer irrt also der Leugner des Subjektes, Ernst Mach, wenn er glaubt, nach dem Verzicht auf das eigene Ich sei erst ein ethisches Verhalten, »welches Mißachtung des fremden Ich und Überschätzung des eigenen ausschließt«, zu erwarten. Es hat sich eben gezeigt, wohin der Mangel eines eigenen Ich im Verhalten zum Nebenmenschen führt. Das Ich ist Grundbedingung auch aller sozialen Moral. Gegen eine bloße Verknotungsstellevon »Elementen« werde ich mich, rein psychologisch, nie ethisch verhalten können. Als Ideal kann man das aussprechen; es ist aber dem praktischen Verhalten ganz entrückt, kann ihm nie als Norm dienen, weil es die psychologische Bedingung aller Verwirklichung der sittlichen Idee eliminiert, während die moralische Forderung eben psychologisch da ist.

Gerade umgekehrt handelt es sich darum, jedem Menschen bewußt zu machen, daß er ein höheres Selbst, eine Seele besitzt, und daß auch die anderen Menschen eine Seele besitzen. (Dazu wird der größte Teil der Menschheit aber immer einen Seelenhirten benötigen.) Erst hiemit ist ein ethisches Verhältnis zum Nebenmenschen da, wirklich da.

Dieses Verhältnis aber ist im genialen Menschen in einzigster Weise verwirklicht. Niemand wird mit den Menschen, und darum an den Menschen, mit denen er lebt, so leiden wie er. Denn in bestimmtem Sinne wird sicherlich der Mensch nur »durch Mitleid wissend«. Ist Mitleid auch nicht selbst klares, abstrakt – begriffliches oder anschaulich – symbolisches Wissen, so ist es doch der stärkste Impuls, um zu allem Wissen zu gelangen. Nur durch Leiden unter den Dingen begreift sie der Genius, nur durch Leiden mit den Menschen versteht er diese. Und der Genius leidet am meisten, weil er mit allem und in allem leidet; aber am stärksten leidet er an seinem Mitleiden.

Wurde in einem früheren Kapitel das Geniale zu erweisen gesucht als jener Faktor, der den Menschen erst eigentlich über das Tier erhebt, und zugleich damit die Tatsache in Verbindung gebracht, daß nur der Mensch eine Geschichte hat (diese erkläre sich aus der allen Menschen innewohnenden und nur graduell verschiedenen Genialität), so muß hierauf nun noch einmal zurückgegriffen werden. Genialität fällt zusammen mit lebendiger Tätigkeit des intelligiblen Subjektes. Und Geschichte offenbart sich nur im Sozialen, im »objektiven Geiste«, die Individuen an sich bleiben sich ewig gleich und schreiten nicht vor wie dieser (sie sind das Ahistorische). So sehen wir hier, wie unsere Fäden zusammenlaufen, um ein überraschendes Resultat zu erzeugen. Ist nämlich – hierin glaube ich nicht zu irren – die zeitlose menschliche Persönlichkeit auch Bedingung jedes wahrhaft ethischen Verhaltens auch gegen den Nebenmenschen, Individualität Voraussetzung einer sozialen Gesinnung, so wird damit auch klar, warum das »animal metaphysicum« und das »ζψον πολιτικόν«, das geniale Geschöpf und der Träger einer Geschichte eines sind, ein und dasselbe Wesen, nämlich der Mensch. Und so ist auch die alte Streitfrage erledigt, was früher da sei, Individuum oder Gemeinschaft: beide nämlich sind zugleich und miteinander da .

Hiemit betrachte ich denn in jeder Beziehung den Nachweis als geführt, daß Genialität höhere Sittlichkeit überhaupt ist. Der bedeutende Mensch ist nicht nur der sich selbst treueste, der nichts von sich vergessende, der, dem Irrtum und Lüge am verhaßtesten, am unerträglichsten sind; er ist auch der sozialste, der einsamste zugleich der zweisamste .Mensch. Das Genie ist eine höhere Daseinsform überhaupt, nicht nur intellektuell, sondern auch moralisch. Der Genius offenbart ganz eigentlich die Idee des Menschen. Er kündet, was der Mensch ist: das Subjekt , dessen Objekt das ganze Universum, und stellt das fest für ewige Zeiten.

Man lasse sich nicht irremachen. Bewußtsein, und nur Bewußtsein, ist an und für sich moralisch, alles Unbewußte unmoralisch, und alles Unmoralische unbewußt. Das »unmoralische Genie«, der »große böse Mensch« ist deshalb ein Fabeltier; von großen Menschen in bestimmten Augenblicken ihres Lebens als eine Möglichkeit ersonnen, um dann, sehr gegen den Willen der Schöpfer, für furchtsame und schwächliche Naturen einen Wauwau abzugeben, mit dem sie sich und andere Kinder schrecken. Es gibt keinen Verbrecher, der seiner Tat gewachsen wäre, der da dächte und spräche wie der Hagen der »Götterdämmerung« an Siegfrieds Leichnam: »Ja denn, ich hab' ihn erschlagen, ich, Hagen, schlug ihn zu tot!« Napoleon und Baco von Verulam, die man als Gegeninstanzen anführt, werden intellektuell bei weitem überschätzt oder falsch gedeutet. Und zu Nietzsche darf man in diesen Dingen – wenn er von den Borgias zu reden anfängt – am wenigsten Vertrauen hegen. Die Konzeption des Diabolischen, des Antichrist, des Ahriman, des »Radikal-Bösen in der menschlichen Natur« ist überaus gewaltig. Mit dem Genie aber hat sie nur insofern zu schaffen, als sie gerade sein Gegenteil ist. Sie ist eine Fiktion, geboren in den Stunden, da große Menschen gegen den Verbrecher in sich den entscheidenden Kampf gekämpft haben.

Universelle Apperzeption, Allgemeinbewußtsein, vollkommene Zeitlosigkeit ist ein Ideal, auch für die »genialen« Menschen; Genialität ist ein innerer Imperativ, nie bei einem Menschen je gänzlich vollzogene Tatsache. Darum wird zuallerletzt ein »genialer« Mensch, er am allerwenigsten, von sich so einfach zu sagen imstande sein: »Ich bin ein Genie.« Denn Genialität ist, ihrem Begriffe nach, nichts als gänzliche Erfüllung der Idee des Menschen, und darum genial etwas, das jeder Mensch sein sollte und das zu werden prinzipiell jedem Menschen möglich sein muß. Genialität ist höchste Sittlichkeit, und darum Pflicht eines jeden. Zum Genie wird der Mensch durch einen höchsten Willensakt, indem er das ganze Weltall in sich bejaht. Genialität ist etwas, das die »genialen Menschen« auf sich genommen haben: es ist die größte Aufgabe und der größte Stolz, das größte Unglück und das größte Hochgefühl, das einem Menschen möglich ist. So paradox es klingt: genial ist der Mensch, wenn er es sein will.

Nun wird man freilich sagen: sehr viele Menschen möchten sehr gern »Original-Genies« sein, und es hilft ihnen doch aller Wunsch nicht dazu. Aber wenn diese Menschen, die »es sehr gern möchten«, eine lebhaftere Ahnung davon hätten, was das, wonach ihr Wunsch verlangt, eigentlich bedeutet, wenn ihnen aufgegangen wäre, daß Genialität identisch ist mit universeller Verantwortlichkeit – und bevor einem etwas ganz klar ist, kann er es ja nur wünschen, nicht wollen –, so ist wahrscheinlich, daß die weitaus größte Zahl der Menschen, genial zu werden, ablehnen würde.

Aus keinem anderen Grunde auch – Toren glauben dann an die Nachwirkungen der Venus oder an die spinale Degeneration des Neurasthenikers – verfallen so viele geniale Menschen dem Irrsinn. Es sind diejenigen, denen die Last zu schwer wurde, die ganze Welt gleich dem Atlas auf ihren Schultern zu tragen, und darum immer kleinere, minder hervorragende, nie die allergrößten, nie die stärksten Geister. Je höher aber ein Mensch steht, desto tiefer kann er stürzen; alles Genie ist Überwindung eines Nichts, eines Dunkels, einer Finsternis, und wenn es entartet und verkommt, so ist die Nacht um so schwärzer, je strahlender früher das Licht war. Das Genie nun, das zum Irrsinnigen wird, will nicht mehr Genie sein; es will statt der Sittlichkeit – das Glück. Denn aller Wahnsinn entsteht nur aus der Unerträglichkeit des an alle Bewußtheit geknüpften Schmerzes; und darum hat Sophokles am tiefsten das Motiv angedeutet, warum ein Mensch auch seinen Irrsinn wollen kann; indem er den Aias, dessen Geist denn auch zuletzt der Nacht verfällt, sagen läßt:

ἐν τῷ φρονεῖν γὰρ μηδὲν ἥδιστος βίος

Ich beschließe dieses Kapitel mit den tiefen, an die erhabensten Momente des Kantschen Stiles gemahnenden Worten des Johann Pico von Mirandola, für deren Verständnis ich hier vielleicht einiges getan habe. Er läßt in seiner Rede »Über die Würde des Menschen« die Gottheit zum Menschen also sprechen:
»Nec certam sedem, nec propriam faciem, nec munus ullum peculiare tibi dedimus, o Adam: ut quam sedem, quam faciem, quae munera tute optaveris, ea pro voto, pro tua sententia, habeas et possideas. Definita caeteris natura intra praescriptas a nobis leges coercetur; tu nullis angustiis coercitus, pro tuo arbitrio, in cuius manu te posui, tibi illam praefinies. Medium te mundi posui, ut circumspiceres inde comrnodius quicquid est in mundo. Nec te caelestem, neque terrenum, neque mortalem, neque immortalem fecimus, ut tui ipsius quasi arbitrarius honorariusque plastes et fictor in quam malueris tute formam effingas. Poteris in inferiora quae sunt bruta degenerare, poteris in superiora quae sunt divina, ex tui animi sententia regenerari.
O summam Dei Patris liberalitatem, summam et admirandam hominis felicitatem: cui datum id habere quod optat, id esse quod velit. Bruta simul atque nascuntur id secum afferunt e bulga matris, quod possessura sunt. Supremi spiritus aut ab initio aut paulo mox id fuerunt, quod sunt futuri in perpetuas aeternitates. Nascenti homini omniferaria semina et omnigenae vitae

germina indidit Pater; quae quisque excoluerit, illa adolescent
et fructus suos ferent in illo: si vegetalia, planta fiet, si sensu-
alia, obbrutescet, si rationalia, caeleste evadet animal, si intel-
lectualia, angelus erit et Dei filius. Et si nulla creaturarum sorte
contentus in unitatis centrum suae se receperit, unus cum Deo
Spiritus factus, in solitaria Patris caligine qui est super omnia
constitutus omnibus antestabit.«

IX. Kapitel. Männliche und weibliche Psychologie

Seelenlosigkeit des Weibes. Geschichte dieser Erkenntnis. Das Weib gänzlich ungenial. Keine männlichen Frauen im strengen Sinne. Unbegriffliche Natur des Weibes, aus dem Mangel des Ich zu erklären. Korrektur der Henidentheorie. Weibliches Denken. Begriff und Objekt. Die Freiheit des Objektes. Begriff und Urteil. Wesen des Urteils. Das Weib und die Wahrheit als Richtschnur des Denkens. Der Satz vom Grunde und sein Verhältnis zum Satz der Identität. Amoralität, nicht Antimoralität des Weibes. Das Weib und das Einsamkeitsproblem. Verschmolzenheit, nicht Gesellschaft. Weibliches Mitleid und weibliche Schamhaftigkeit. Das Ich der Frauen. Weibliche Eitelkeit. Mangel an Eigenwert. Gedächtnis für Huldigungen. Selbstbeobachtung und Reue. Gerechtigkeit und Neid. Name und Eigentum. Beeinflußbarkeit. – Radikale Differenz zwischen männlichem und weiblichem Geistesleben. Psychologie ohne und mit Seele. Psychologie eine Wissenschaft? Freiheit und Gesetzlichkeit. Die Grundbegriffe der Psychologie transzendenter Natur. Psyche und Psychologie. Die Hilflosigkeit der seelenlosen Psychologie. Wo »Spaltungen der Persönlichkeit« allein möglich sind. Psychophysischer Parallelismus und Wechselwirkung. Problem der Wirkung psychischer Sexualcharaktere des Mannes auf das Weib.

Es ist an der Zeit, zu der eigentlichen Aufgabe der Untersuchung zurückzukehren, um zu sehen, wie weit deren Lösung durch die längeren Einschiebungen gefördert worden ist, die oft ziemlich weit von ihr abzuführen schienen.

Die Konsequenzen der entwickelten Grundsätze sind für eine Psychologie der Geschlechter so radikale, daß, auch wer zu den bisherigen Ableitungen seine Zustimmung gegeben hätte, vor diesen Folgerungen zurückscheuen dürfte. Es ist noch nicht der

Ort, die Gründe dieser Scheu zu analysieren; aber um die nun aufzustellende These gegen alle Einwände, die aus ihr fließen werden, zu schützen, soll sie in diesem Abschnitt noch in ausgiebigster Weise durch zwingende Argumente vollständig gesichert werden.

Worum es sich handelt, ist in Kürze dieses. Es wurde gefunden, daß das logische und das ethische Phänomen, beide im Begriffe der Wahrheit zum höchsten Werte sich zusammenschließend, zur Annahme eines intelligiblen Ich oder einer Seele, als eines Seienden von höchster, hyperempirischer Realität, zwingen. Bei einem Wesen, dem, wie W , das logische und das ethische Phänomen mangeln, entfällt auch der Grund, jene Annahme zu machen. Das vollkommen weibliche Wesen kennt weder den logischen noch den moralischen Imperativ, und das Wort Gesetz, das Wort Pflicht, Pflicht gegen sich selbst, ist das Wort, das ihm am fremdesten klingt. Also ist der Schluß vollkommen berechtigt, daß ihm auch die übersinnliche Persönlichkeit fehlt.

Das absolute Weib hat kein Ich .

Dies ist, in gewisser Beziehung, ein Abschluß der Betrachtung, ein Letztes, wozu alle Analyse des Weibes führt. Und wenn auch diese Erkenntnis, so kurz und bündig ausgesprochen, hart und unduldsam, paradox und von allzu schroffer Neuheit scheint: es ist, in einer solchen Sache, von vornherein kaum wahrscheinlich, daß der Verfasser der erste sei, welcher zu dieser Anschauung gelangt ist; wenn er auch selbständig wieder zu ihr den Weg finden mußte, um das Treffende der früheren ähnlichen Aussagen zu begreifen.

Die Chinesen sprechen seit ältester Zeit dem Weibe eine eigene Seele ab. Fragt man einen Chinesen nach der Zahl seiner Kinder, so zählt er nur die Knaben, und hat er bloß Töchter, so erklärt er, kinderlos zu sein.[35] Aus einem ähnlichen Grund hat wohl Mohammed die Frauen vom Paradiese ausgeschlossen, und die unwürdige Stellung, welche das weibliche Geschlecht in den Ländern islamitischer Religion einnimmt, hiedurch mitverschuldet.

---

35 Vgl. auch Prediger Salomo 7, 29: »Unter Tausenden habe ich einen Menschen gefunden, aber kein Weib habe ich unter allen gefunden.

Von den Philosophen ist hier vor allem Aristoteles zu nennen. Für ihn ist das männliche Prinzip bei der Zeugung das formende, aktive, der Logos, das weibliche vertritt die passive Materie. Erwägt man nun, wie für Aristoteles Seele mit Form, Entelechie, Urbewegendem zusammenfällt, so ist klar, wie sehr er sich der hier ausgesprochenen Ansicht nähert, obwohl seine Anschauung nur dort zutage tritt, wo er vom Akte der Befruchtung redet; während ihm sonst mit fast allen Griechen außer Euripides es gemeinsam zu sein scheint, daß er über die Frauen selbst nicht nachdenkt, und deshalb nirgends ein Standpunkt in bezug auf die Eigenschaften des Weibes überhaupt (nicht nur in Ansehung seiner Rolle beim Begattungsakte) von ihm eingenommen wird.

Unter den Kirchenvätern scheinen besonders Tertullian und Origenes sehr niedrig vom Weibe gedacht zu haben; indes Augustinus schon durch das innige Verhältnis zu seiner Mutter davon hat abgehalten werden müssen, die Ansichten jener zu teilen. In der Renaissance ist die Aristotelische Ansicht wieder mehrfach aufgenommen worden, z. B. von Jean Wier (1518-1588). Damals scheint man diese überhaupt, gefühlsmäßig und intuitiv, besser verstanden und nicht bloß als Kuriosum betrachtet zu haben, wie das in der heutigen Wissenschaft üblich ist, die freilich noch zu anderen Verbeugungen vor der Aristotelischen Anthropologie sich einmal gewiß wird bequemen müssen.

In den letzten Jahrzehnten haben dieselbe Erkenntnis Henrik Ibsen (mit den Gestalten der Anitra, Rita und Irene) und August Strindberg (»Gläubiger«) ausgesprochen. Am populärsten aber ist der Gedanke von der Seelenlosigkeit des Weibes durch das wundervolle Märchen Fouqués geworden, dessen Stoff dieser Romantiker aus dem, von ihm eifrig studierten, Paracelsus geschöpft hat, und durch E. T. A. Hoffmann, Girschner und Albert Lortzing, welche es in Musik gesetzt haben. Undine, die seelenlose Undine, ist die platonische Idee des Weibes. Trotz aller Bisexualität kommt ihr die Wirklichkeit meist sehr nahe. Die verbreitete Rede: »das Weib hat keinen Charakter« meint im Grunde auch nichts anderes. Persönlichkeit und Individualität, (intelligibles) Ich und Seele, Wille und (intelligibler) Charakter – dies alles bezeichnet ein und dasselbe, das im Bereiche des Menschen nur M zukommt und W fehlt.

Da aber die Seele des Menschen der Mikrokosmus ist, und bedeutende Menschen solche, welche durchaus mit Seele leben, d. h. in denen die ganze Welt lebendig ist, so muß W absolut ungenial veranlagt sein. Der Mann hat alles in sich, und mag nur, nach den Worten Picos von Mirandola, dies oder jenes in sich besonders begünstigen. Er kann zur höchsten Höhe hinaufgelangen und aufs tiefste entarten, er kann zum Tiere, zur Pflanze, er kann auch zum Weibe werden, und darum gibt es weibliche, weibische Männer.

Aber die Frau kann nie zum Manne werden . Hier ist also die wichtigste Einschränkung an den Aufstellungen des ersten Teiles dieser Schrift vorzunehmen. Während mir eine große Anzahl von Männern bekannt ist, die psychisch fast vollständig, und nicht etwa zur Hälfte nur, Weib sind, habe ich zwar schon sehr viele Frauen gesehen mit männlichen Zügen, aber noch nie auch nur eine einzige Frau, die nicht doch im Grunde Weib gewesen wäre, wenn auch diese Weiblichkeit unter einer Menge verkleidender Hüllen vor dem Blicke der Person selbst, nicht nur der anderen, oft genug sich verbarg. Man ist (vgl. Kap. 1 des zweiten Teiles) entweder Mann oder Weib, so viel man auch von beiden Geschlechtern Eigentümlichkeiten haben mag, und dieses Sein, das Problem der Untersuchung von Anfang an, bestimmt sich jetzt nach dem Verhältnis eines Menschen zur Ethik und zur Logik; aber während es anatomische Männer gibt, die psychologisch Weiber sind, gibt es keine Personen, die körperlich Weiber und doch psychisch Männer sind; wenn sie auch in noch so vielen äußerlichen Beziehungen einen männlichen Aspekt gewähren, und einen unweiblichen Eindruck hervorbringen.

Darum aber läßt sich mit Sicherheit nun folgende abschließende Antwort auf die Frage nach der Begabung der Geschlechter geben: es gibt wohl Weiber mit genialen Zügen, aber es gibt kein weibliches Genie, hat nie ein solches gegeben (auch nicht unter den Mannweibern, welche die Geschichte nennt und von denen der erste Teil sprach) und kann nie ein solches geben. Wer prinzipiell in solchen Dingen der Laxheit huldigen und den Begriff der Genialität so sehr auftun und erweitern wollte, daß die Frauen unter ihm auch nur ein Fleckchen Raumes fänden, der würde diesen Begriff damit bereits zerstört haben. Wenn überhaupt ein Begriff von Genialität in Strenge und Einheitlichkeit gewonnen und gewahrt werden soll und kann, so sind, wie ich glaube, keine anderen Definitionen von ihm möglich als die hier entwickelten. Wie könnte nach diesen ein seelenloses Wesen Genie haben? Genialität ist identisch mit Tiefe; und man versuche nur, tief und Weib wie Attribut und Substantiv miteinander zu verbinden: ein jeder hört den Widerspruch. Ein weiblicher Genius ist demnach eine contradictio in adjecto; denn Genialität war ja nur gesteigerte, voll entfaltete, höhere, allgemein bewußte Männlichkeit. Der geniale Mensch hat, wie alles, auch das Weib völlig in sich; aber das Weib selbst ist nur ein Teil im Weltall, und der Teil kann nicht das Ganze, Weiblichkeit also nicht Genialität in sich schließen. Die Genielosigkeit des Weibes folgt unabwendbar daraus, daß das Weib keine Monade und somit kein Spiegel des Universums ist.[36]

Zum Nachweise der Seelenlosigkeit des Weibes aber vereinigt sich der größte Teil alles dessen, was etwa in den vorigen Kapiteln zu ermitteln sollte gelungen sein. Das dritte Kapitel zunächst hat gezeigt, daß die Frau in Heniden, der Mann in gegliederten Inhalten lebt, daß das weibliche Geschlecht ein weniger bewußtes Leben führt als das männliche. Bewußtsein ist aber ein erkenntnistheoretischer und zugleich der psychologische Fundamentalbegriff. Erkenntnistheoretisches Bewußtsein und Besitz eines kontinuierlichen Ich, transzendentales Subjekt und Seele sind vertauschbare Wechselbegriffe. Jedes Ich ist nur in der Weise, daß es sich selbst fühlt, sich seiner in seinen Denkinhalten bewußt wird; alles Sein ist Bewußtsein. Aber es ist jetzt

---

36 Es wäre an und für sich ein leichtes, nun die Schöpfungen der berühmtesten Frauen vorzunehmen und hier an einigen Beispielen zu zeigen, wie wenig irgendwo da von Genie die Rede sein kann. Aber zu einer so langwierig historisch-philologischen, quellenmäßigen Arbeit, die ohne Pedanterie schwer ausführbar gewesen wäre und zudem von jedermann, dem sie Vergnügen bereitete, leicht selbst besorgt werden könnte, mochte ich mich nicht entschließen.

zu jener Theorie von den Heniden eine wichtige Erläuterung hinzuzufügen. Die artikulierten Denkinhalte des Mannes sind nicht einfach die auseinandergefalteten und geformten weiblichen, sie sind nicht bloß aktuell, was jene potentiell waren; sondern es steckt in ihnen von allem Anfang an noch ein qualitativ anderes. Die psychischen Inhalte des Mannes sind, selbst schon im ersten Henidenstadium, das sie stets zu überwinden trachten, bereits zur Begrifflichkeit angelegt, und vielleicht tendiert selbst alle Empfindung des Mannes von einem sehr frühen Stadium an zum Begriffe. Das Weib selbst ist durchaus unbegrifflich veranlagt, in seinem Wahrnehmen wie in seinem Denken.

Das Prinzip aller Begrifflichkeit sind die logischen Axiome, und diese fehlen den Frauen; ihnen ist nicht das Prinzip der Identität Richtschnur, welches allein dem Begriff seine eindeutige Bestimmtheit verleihen kann, und sie machen sich nicht das principium contradictionis zur Norm, das einzig ihn, als völlig selbständigen, gegen alle anderen möglichen und wirklichen Dinge abgrenzt. Dieser Mangel an begrifflicher Bestimmtheit alles weiblichen Denkens ermöglicht jene »Sensitivität« der Frauen, die vagen Assoziationen ein schrankenloses Recht einräumt, und so häufig ganz fernliegende Dinge zum Vergleich heranzieht. Auch die Frauen mit dem besten und am wenigsten begrenzten Gedächtnis kommen über diese Manier der Synästhesien nie hinaus. Gesetzt z. B., durch irgend ein Wort fühlten sie sich an eine bestimmte Farbe, durch einen Menschen an eine bestimmte Speise erinnert – wie das wirklich bei Frauen oft genug vorkommt: in solchem Falle geben sie sich mit ihrer subjektiven Assoziation vollständig zufrieden, sie suchen weder zu ergründen, warum ihnen gerade dieser Vergleich eingefallen, inwiefern er wirklich durch die tatsächlichen Verhältnisse nahegelegt sei, noch trachten sie weiter und eifriger über ihren Eindruck von dem Worte, von dem Menschen ins Klare zu kommen. Diese Genügsamkeit und Selbstzufriedenheit hängt mit dem zusammen, was früher als intellektuelle Gewissenlosigkeit des Weibes bezeichnet wurde, und gleich weiter unten nochmals zur Sprache kommen und in seinem Konnex mit dem Mangel an Begrifflichkeit erläutert werden soll. Jenes Schwelgen in rein gefühlsmäßigen Anklängen, jener Verzicht auf Begrifflichkeit und auf Begreiflichkeit, jenes Sich wiegen ohne Streben nach irgend einer Tiefe charakterisiert den schillernden Stil so vieler moderner Schriftsteller und Maler als einen eminent weiblichen. Männliches Denken scheidet sich von allem weiblichen grundsätzlich durch das Bedürfnis nach sicheren Formen, und so ist auch jede »Stimmungskunst« immer notwendig eine formlose »Kunst«.

Die psychischen Inhalte des Mannes können aus diesen Gründen nie einfach Heniden des Weibes in bloßer Weiterentwicklung, in »expliziter« Form sein. Das Denken des Weibes ist ein Gleiten und ein Huschen zwischen den Dingen hindurch, ein Nippen von ihren obersten Flächen, denen der Mann, der »in der Wesen Tiefe trachtet«, oft gar keine Beachtung schenkt, es ist ein Kosten und ein Naschen, ein Tasten, kein Ergreifen des Richtigen. Darum, weil das Denken des Weibes vornehmlich eine Art Schmecken ist, bleibt auch Geschmack, im weitesten Sinne, die vornehmste weibliche Eigenschaft, das Höchste, was eine Frau selbständig erreichen und worin sie es bis zu einer gewissen Vollendung bringen kann. Geschmack erfordert eine Beschränkung des Interesses auf Oberflächen, er geht auf den Zusammenklang des Ganzen, und verweilt nie bei scharf herausgehobenen Teilen. Wenn eine Frau einen Mann »versteht« – über Möglichkeit und Unmöglichkeit solchen Verstehens wird noch zu handeln sein –, so schmeckt sie sozusagen – so geschmacklos gerade dieser Ausdruck sein mag – nach, was er ihr vorgedacht hat. Da es auf ihrer Seite hiebei eben nicht zu scharfer Unterscheidung kommen kann, so ist klar, daß an ein Verständnis von ihr selbst oft wird geglaubt werden, wo nur höchst vage Analogien in der Empfindung vorhanden sind. Als maßgebend für die Inkongruenzen ist hiebei vor allem anzusehen, daß die Denkinhalte des Mannes nicht auf derselben Linie und nicht etwa nur auf ihr weiter vorgerückt liegen als die des Weibes, sondern daß es zwei Reihen sind, welche auf die gleichen Objekte sich erstrecken, eine begriffliche männliche und eine unbegriffliche weibliche, und eine im Verstehen ausgesagte Identifikation demnach nicht nur zwischen einem entwickelten, differenzierten, späteren und einem noch chaotischen, ungegliederten, früheren Inhalt derselben Reihe erfolgen kann (wie im Falle des Ausdruckes, S. 149); sondern daß gerade im Verstehen zwischen Mann und Weib ein begrifflicher Gedanke der einen Reihe einem unbegrifflichen »Gefühle«, einer »Henide«, in der anderen gleichgesetzt wird.

Die unbegriffliche Natur des Weibes ist aber, nicht minder als seine geringere Bewußtheit, ein Beweis dafür, daß es kein Ich besitzt. Denn erst der Begriff schafft den bloßen Empfindungskomplex zum Objekt um, er macht ihn unabhängig davon, ob ich ihn empfinde oder nicht. Das Dasein des Empfindungskomplexes ist immer vom Willen des Menschen abhängig: dieser schließt das Auge, er verstopft das Ohr und sieht und hört schon nicht mehr, er berauscht sich oder sucht den Schlaf, und vergißt. Erst der Begriff emanzipiert von der ewig subjektiven, ewig psychologisch-relativen Tatsache des Empfindens, er schafft die Dinge. Durch seine begriffliche Funktion stellt sich der Intellekt selbsttätig ein Objekt gegenüber; und umgekehrt kann nur, wo eine begriffliche Funktion da ist, von Subjekt und Objekt gesprochen werden, nur dort sind beide voneinander unterscheidbar; in jedem anderen Falle ist nur ein Haufe ähnlicher und unähnlicher Bilder vorhanden, die ineinander ohne jede Regel und Ordnung verschwimmen und übergehen. Der Begriff schafft also die frei in der Luft schwebenden Impressionen zu Gegenständen um, er zeugt aus der Empfindung ein Objekt, dem das Subjekt gegenübertritt, einen Feind, an dem es seine Kräfte mißt. So ist der Begriff konstitutiv für alle Realität; nicht als ob der Gegenstand selbst nur so weit Realität besäße, als er Anteil hätte an einer jenseits der Erfahrung in einem τόπος νοητός liegenden Idee und nur eine unvollkommene Projektion, ein stets mißlungenes Abbild dieser darstellte: sondern umgekehrt, insofern sich auf irgend etwas die begriffliche Funktion unseres Intellektes erstreckt, insofern und nur insofern wird es zum realen Ding. Der Begriff ist das » transzendentale Objekt« der Kantschen Vernunftkritik, als welches aber stets nur einem transzendentalen Subjekte korrespondiert. Denn nur aus dem Subjekte stammt jene rätselhafte objektivierende Funktion, die jenen Kantschen

»Gegenstand X«, auf den alle Erkenntnis sich erst richtet, selbst hervorbringt, und die ja als identisch mit den logischen Axiomen erkannt wurde, in welchen wieder nur das Dasein des Subjektes zum Ausdruck gelangt. Das principium contradictionis nämlich grenzt den Begriff ab gegen alles, was nicht er selbst ist; das principium identitatis ermöglicht seine Betrachtung, als ob er allein auf der Welt wäre. Ich kann nie von einem rohen Empfindungskomplexe sagen, daß er sich selbst gleich sei; in dem Augenblick, wo ich das Urteil der Identität auf ihn anwende, ist er bereits begrifflich geworden. So verleiht erst der Begriff allem Wahrnehmungsgebilde und allem Gedankengespinst seine Würde und seine Strenge: der Begriff befreit jeden Inhalt, indem er ihn bindet . Es gibt eine Freiheit des Objektes nicht minder als eine Freiheit des Subjektes; beide korrespondieren miteinander. Und hier abermals wird offenbar, wie alle Freiheit Selbstbindung ist, in der Logik wie in der Ethik. Frei wird der Mensch allein, indem er selbst das Gesetz wird: nur so entgeht er der Heteronomie, der Bestimmung durch anderes und durch andere, die unausbleiblich an jede Willkür geknüpft ist. Deshalb ist auch die begriffliche Funktion eine Selbstehrung des Menschen; er ehrt sich, indem er seinem Objekte die Freiheit gibt und es verselbständigt, als den allgemeingültigen Gegenstand der Erkenntnis, auf den rekurriert wird, wo immer zwei Männer über eine Sache streiten mögen. – Nur die Frau steht nie Dingen gegenüber, sie springt mit ihnen und in ihnen mit sich nach Belieben um: sie kann dem Objekte keine Freiheit schenken, da sie selbst keine hat.

Die Verselbständigung der Empfindung im Begriffe ist aber nicht sowohl eine Loslösung vom Subjekte, als eine Loslösung von der Subjektivität. Der Begriff ist vielmehr eben das, worüber ich denke, schreibe und spreche. Darin liegt der Glaube, daß ich nichtsdestoweniger noch in einer Beziehung zu ihm stehe, und dieser Glaube ist das Wesen des Urteils . Wenn die immanenten Psychologisten, Hume, Huxley, Mach, Avenarius, sich mit dem Begriffe noch so abzufinden suchten, daß sie ihn mit der Allgemeinvorstellung identifizierten, und zwischen logischem und psychologischem Begriffe keine Unterscheidung mehr trafen: so ist es hingegen sehr bezeichnend, daß sie das Urteil einfach ignorieren, ja tun müssen, als ob es nicht da wäre. Sie können, von ihrem Standpunkt aus, für das allem Empfindungsmonismus Fremde, das im Urteils akte enthalten ist, keinerlei Verständnis sich gestatten. Im Urteil liegt Anerkennung oder Verwerfung, Billigung oder Mißbilligung bestimmter Dinge, und der Maßstab dieser Billigung – die Idee der Wahrheit – kann nicht selbst in den Wahrnehmungskomplexen gelegen sein, die beurteilt werden. Für wen es nichts als Empfindungen gibt, für den sind notwendig alle Empfindungen gleichwertig, die Aussichten der einen nicht größer als die der anderen, Baustein einer realen Welt zu werden. So vernichtet gerade der Empirismus die Wirklichkeit der Erfahrung, und entpuppt sich der Positivismus trotz des »solid« und »reell« klingenden Titels seiner Firma als der wahre Nihilismus – wie so manches der Ehrbarkeit volle geschäftliche Unternehmen als ein schwindelhafter Luftbau. Der Gedanke eines Maßes der Erfahrung, der Wahrheitsgedanke, kann nicht schon in der Erfahrung gelegen sein. In jedem Urteil aber liegt gerade dieser Anspruch auf Wahrheit, es erhebt implicite, auch wenn es mit noch so vielen, subjektiv einschränkenden, Zusätzen versehen wird, die Forderung seiner objektiven Gültigkeit eben in der restringierten Form, die ihm sein Urheber gab. Wer etwas in der Weise eines Urteils ausspricht, wird so behandelt, als verlangte er die allgemeine Anerkennung für das, was er sagt; und erklärt er, daß ihm diese Hoffnung ferngelegen sei, so wird er mit Recht zu hören bekommen, daß er sich eines Mißbrauches der Urteilsform schuldig gemacht habe. Demnach ist es richtig, daß in der urteilenden Funktion der Anspruch auf Erkenntnis, das heißt auf die Wahrheit des Geurteilten, gelegen sei.

Dieser Anspruch auf Erkenntnis besagt nicht mehr und nicht weniger, als daß das Subjekt über das Objekt zu urteilen, darüber Richtiges auszusagen vermöge. Die Objekte, über die geurteilt wird, sind Begriffe: der Begriff ist der Gegenstand der Erkenntnis. Der Begriff stellte dem Subjekt ein Objekt gegenüber; durch das Urteil wird wiederum die Möglichkeit einer Verbindung und Verwandtschaft zwischen ihnen behauptet. Denn die

Wahrheitsforderung heißt so viel, daß das Subjekt über das Objekt auch richtig urteilen könne; und so liegt in der Urteilsfunktion der Beweis eines Zusammenhanges zwischen dem Ich und dem All, ja der Möglichkeit ihrer vollen Einheit; denn diese Einheit, und nichts anderes, nicht die Übereinstimmung, sondern die Identität von Sein und Denken ist Wahrheit; nie eine dem Menschen als Menschen je erreichbare Tatsache,[37] immer nur eine ewige Forderung. Die Freiheit des Subjektes und die Freiheit des Objektes sind am Ende doch die eine Freiheit. So ist das Urteilsvermögen, in der Voraussetzung, die ihm am allgemeinsten zugrunde liegt, der Voraussetzung, daß der Mensch über alles zu urteilen vermöge, nur der trockene logische Ausdruck der Theorie von der Seele des Menschen als des Mikrokosmus. Und die viel verhandelte Frage, was vorhergehe, Begriff oder Urteil, wird wohl dahin entschieden werden müssen, daß keinem von beiden eine Priorität vor dem anderen zukomme, vielmehr beide einander notwendig bedingen. Denn alle Erkenntnis geht auf einen Gegenstand, Erkennen aber vollzieht sich in der Form des Urteilens und sein Gegenstand ist der Begriff. Die begriffliche Funktion hat Subjekt und Objekt gespalten, und jenes einsam gemacht: wie alle Liebe, so sucht damit sogleich auch die Sehnsucht des Erkenntnistriebes das Entzweite wieder zu einen.

Fehlt einem Wesen, wie dem echten Weibe, die begriffliche, so mangelt ihm deshalb notgedrungen gleichzeitig die urteilende Tätigkeit. Man wird diese Behauptung eine lächerliche Paradoxie nennen, weil ja doch die Frauen genug sprechen (wenigstens hat sich niemand über das Gegenteil beklagt), und alles Sprechen Ausdruck von Urteilen sei. Aber eben dieses letztere ist nicht richtig. Der Lügner z. B., den man gegen die tiefere Bedeutung des Urteilsphänomens gewöhnlich ins Feld führt, urteilt gar nicht (es gibt eine »innere Urteilsform«[38] wie eine »innere Sprachform«), indem er eben, lügend, an das, was er sagt, gar nicht den Maßstab der Wahrheit anlegt; und, wenn er für die Lüge auch noch so allgemeine Anerkennung erzwingen

---

37 Von der also nicht eine Philosophie ausgehen darf, zu der sie nur als zu einer letzten Grenzmarkung gelangen soll.

38   Der Ausdruck stammt von Dr. Wilh. Jerusalem.

will, eben seine eigene Person hievon ausnimmt und damit die objektive Gültigkeit dahin ist. Wer sich hingegen selbst belügt, fragt vor dem inneren Forum seine Gedanken nicht nach ihren Rechtsgründen, würde sich aber wohl hüten, sie vor einem äußeren zu vertreten. Es kann also jemand die äußere sprachliche Form des Urteils sehr wohl wahren, ohne seiner inneren Bedingung gerecht geworden zu sein. Diese innere Bedingung ist aufrichtige Anerkennung der Idee der Wahrheit als obersten Richters über alle Aussagen, und herzliches Begehren, vor diesem Richter mit jedem Ausspruche, den man tue, bestehen zu können. Man steht aber zur Idee der Wahrheit in einem Verhältnis überhaupt und ein für alle Male, und nur aus einem solchen kann Wahrhaftigkeit sowohl den Menschen, als den Dingen, als auch sich selbst gegenüber fließen. Darum ist die eben getroffene Einteilung in Lüge vor sich und Lüge vor anderen falsch, und wer subjektiv verlogen ist, wie das von der Frau bereits hervorgehoben wurde und noch sehr ausführlich auseinandergesetzt werden wird, der kann auch kein Interesse an der objektiven Wahrheit besitzen. Das Weib hat keinen Eifer für die Wahrheit – darum ist es nicht ernst –, darum nimmt es auch keinen Anteil an Gedanken. Es gibt eine Menge weiblicher Schriftstellerinnen, aber Gedanken vermißt man in allem, was weibliche Künstler je geschaffen haben, und so gering ist diese Liebe zur (objektiven) Wahrheit, daß sie Gedanken meist nicht einmal zu borgen der Mühe wert finden.

Kein Weib hat wirkliches Interesse für die Wissenschaft, sie mag es sich selbst und noch so vielen braven Männern, aber schlechten Psychologen, vorlügen. Man kann sicher sein, daß, wo immer eine Frau irgend etwas nicht ganz Unerhebliches in wissenschaftlichen Dingen selbständig geleistet hat (Sophie Germain, Mary Somerville etc.), dahinter stets ein Mann sich verbirgt, dem sie auf diese Weise näherzukommen trachtete; und viel allgemeiner als für den Mann das »Cherchez la femme« gilt für die Frauen ein »Cherchez 1'homme«.

Bedeutendere Leistungen hat es aber selbst auf dem Gebiete der Wissenschaft von weiblicher Seite nie gegeben. Denn die Fähigkeit zur Wahrheit stammt nur aus dem Willen zur Wahrheit, und ist stets diesem in ihrer Stärke angemessen.

Darum ist auch der Wirklichkeitssinn der Frauen, so oft auch das Gegenteil behauptet worden ist, viel geringer als jener der Männer. Ihnen ordnet sich die Erkenntnis stets einem fremden Zwecke unter, und wenn die Absicht auf diesen intensiv genug ist, dann mögen die Frauen sehr scharf und unbeirrt blicken; was Wahrheit an sich und um ihrer selbst willen für einen Wert haben solle, wird eine Frau nie und nimmer einzusehen imstande sein. Wo also Täuschung seinen (oft unbewußten) Wünschen entgegenkommt, dort wird das Weib gänzlich unkritisch, und verliert jede Kontrolle über die Realität. Daraus erklärt sich der feste Glaube so mancher Frauen, von sexuellen Attacken bedroht worden zu sein, daraus die ungemeine Häufigkeit der Halluzinationen des Tastsinnes beim weiblichen Geschlechte, von deren intensivem Realitätscharakter der Mann nicht leicht eine Vorstellung sich bilden mag; denn die Phantasie des Weibes ist Irrtum und Lüge, die Phantasie des Mannes hingegen, als Künstlers oder Philosophen, erst höhere Wahrheit.

Der Wahrheitsgedanke aber liegt allem, was den Namen Urteil verdient, zugrunde. Urteilen ist die Form alles Erkennens, und Denken selbst heißt nichts anderes als urteilen. Die Norm des Urteils ist der Satz vom Grunde, gleichwie die Sätze vom Widerspruch und von der Identität den Begriff (als die Norm der Essenz) konstituieren. Daß die Frau den Satz vom Grunde nicht anerkennt, darauf wurde schon hingewiesen. Alles Denken ist Ordnen des Mannigfaltigen zur Einheit; im Satz vom Grunde, der die Berechtigung jedes Urteils von einem logischen Erkenntnisgrunde abhängig macht, liegt der Gedanke der Einheitsfunktion unseres Denkens mit Bezug auf die Mannigfaltigkeit, und trotz derselben; indes die drei anderen logischen Axiome nur ein Ausdruck des Seins der Einheit selbst ohne Beziehung auf eine Mannigfaltigkeit sind. Beide sind darum nicht aufeinander zurückzuführen, vielmehr ist darin, daß sie zweierlei sind, der formallogische Ausdruck des Dualismus in der Welt, der Existenz einer Vielheit neben der Einheit zu erblicken. Jedenfalls hatte Leibniz recht, als er beide unterschied, und jede Theorie, die dem Weibe die Logik abspricht, muß nicht nur vom Satz des Widerspruches (und der Identität), der sich auf den Begriff bezieht, sondern ebenso vom Satz des Grundes, unter dessen Gewalt das Urteil steht, nachweisen, daß es ihn nicht begreife und ihm sich nicht beuge. In der intellektuellen Gewissenlosigkeit der Frau liegt dieser Nachweis. Hat einmal ein Weib einen theoretischen Einfall, so verfolgt es ihn nicht weiter, es bringt ihn nicht in Beziehung zu anderem, es denkt nicht nach . Deshalb kann es am wenigsten einen weiblichen Philosophen geben: es fehlt die Ausdauer, die Zähigkeit, die Beharrlichkeit des Denkens und alle Motive zu diesem, und daß eine Frau an Problemen litte, davon kann zuallerletzt die Rede sein. Man schweige nur von den Weibern, denen nicht zu helfen ist. Der problematische Mann will erkennen, das problematische Weib will doch nur erkannt werden.

Ein psychologischer Beweis für die Männlichkeit der Urteilsfunktion ist dieser, daß das Urteilen vom Weibe als männlich empfunden wird, und wie ein (tertiärer) Sexualcharakter anziehend auf dasselbe wirkt. Die Frau verlangt vom Manne stets bestimmte Überzeugungen, die sie übernehme; für den Zweifler im Manne geht ihr jegliches Verständnis, welcher Art immer, ab. Auch erwartet sie stets, daß der Mann rede, und die Rede des Mannes ist ihr ein Zeichen von Männlichkeit. Den Frauen ist zwar die Gabe der Sprache, aber nicht so die der Rede verliehen, eine Frau konversiert (kokettiert) oder schnattert, aber sie redet nicht. Am gefährlichsten aber ist sie, wenn sie stumm ist: denn der Mann ist nur allzu geneigt, Stummheit für Schweigen zu nehmen.

So ist nicht nur von den logischen Normen, sondern auch von den Funktionen, welche durch diese Grundsätze geregelt werden, von der begrifflichen und der urteilenden Tätigkeit, bewiesen, daß W ihrer entbehrt. Da aber die Begrifflichkeit ihrem Wesen nach darin besteht, einem Subjekt sein Objekt gegenüberzustellen, und im Urteilen die Urverwandtschaft und tiefste Wesenseinheit des Subjektes mit seinem Objekte zum Ausdruck kommt, so muß der Frau abermals der Besitz eines Subjektes aberkannt werden.

An den Nachweis der Alogizität des absoluten Weibes hat sich der Nachweis seiner Amoralität im einzelnen zu schließen. Die tiefe Verlogenheit des Weibes, welche aus dem Mangel eines

Verhältnisses zur Idee der Wahrheit, wie zu den Werten überhaupt, freilich schon hier sich ergibt, muß noch so eingehend Gegenstand der Besprechung werden, daß hier zunächst andere Momente hervorgekehrt sein sollen. Es gilt dabei unausgesetzt einen besonderen Scharfsinn und eine große Vorsicht; denn es gibt so unendlich viele Imitationen des Ethischen, ja so täuschende Kopien der Moral, daß die Sittlichkeit der Frauen wohl von vielen stets höher als die der Männer wird gewertet werden. Ich habe schon die Notwendigkeit der Distinktion zwischen a moralischem und antimoralischem Verhalten betont, und wiederhole, daß nur von ersterem, welches eben gar keinen Sinn für die Moral und gar keine Richtung mit Bezug auf dieselbe involviert, beim echten Weibe die Rede sein kann. Es ist eine aus der Kriminalstatistik wie aus dem täglichen Leben wohlbekannte Tatsache, daß von Frauen unvergleichlich weniger Verbrechen begangen werden als von Männern. Auf diese Tatsache berufen sich denn auch immer die geschäftigen Apologeten der Sittenreinheit des Weibes.

Aber bei der Entscheidung der Frage nach der weiblichen Sittlichkeit kommt es nicht darauf an, ob jemand objektiv gegen die Idee gesündigt hat; sondern nur darauf, ob er einen subjektiven Wesenskern hat, der in ein Verhältnis zur Idee treten konnte, und dessen Wert er in Frage stellte, als er fehlte. Gewiß wird der Verbrecher mit seinen verbrecherischen Trieben geboren, aber nichtsdestoweniger fühlt er selbst, trotz aller Theorien von der »moral insanity«, daß er durch seine Tat seinen Wert und sein Recht auf das Leben verwirkt hat; denn es gibt nur feige Verbrecher, und keinen, dessen Stolz und Selbstbewußtsein durch die böse Tat erhöht und nicht vermindert worden wäre, keinen, der es übernähme, sie zu rechtfertigen.

Der männliche Verbrecher hat ebenso von Geburt an ein Verhältnis zur Idee des Wertes wie jener andere Mann, dem die verbrecherischen Triebe, die den ersten beherrschen, fast völlig mangeln. Das Weib hingegen behauptet oft im vollen Rechte zu sein, wenn es die denkbar größte Gemeinheit begangen hat; während der echte Verbrecher stumpfsinnig auf alle Vorwürfe schweigt, kann eine Frau empört ihrer Verwunderung und Entrüstung darüber Ausdruck geben, daß man ihr gutes Recht, so oder so zu handeln, in Zweifel ziehe. Frauen sind überzeugt von ihrem »Rechte«, ohne je über sich zu Gericht gesessen zu sein. Der Verbrecher geht zwar auch nie in sich, aber er behauptet auch nie sein Recht; er geht vielmehr dem Gedanken des Rechtes hastig aus dem Wege, weil es ihn an seine Schuld erinnern könnte: und hier liegt auch der Beweis, daß er ein Verhältnis zur Idee hatte, und nur an seine Untreue gegen sein besseres Selbst nicht erinnert werden will. Kein Verbrecher hat noch wirklich geglaubt, daß ihm Unrecht geschehen sei durch die Strafe;[39] die Frau hingegen ist überzeugt von der Böswilligkeit ihrer Ankläger; und, wenn sie nicht will, kann ihr niemand beweisen, daß sie Unrecht getan habe. Wenn ihr jemand zuredet, so kommt es freilich oft vor, daß sie in Tränen ausbricht, um Verzeihung bittet und »ihr Unrecht einsieht«, ja wirklich glaubt, dieses Unrecht aufrichtig zu fühlen; aber immer nur, wenn sie dazu Lust empfunden hat; denn diese Auflösung im Weinen bereitet ihr stets ein gewisses wollüstiges Vergnügen. Der Verbrecher ist verstockt, er läßt sich nicht im Nu umdrehen, wie der scheinbare Trotz einer Frau in ein ebenso scheinbares Schuldgefühl sich verkehren läßt, wenn der Ankläger sie entsprechend zu behandeln versteht. Die einsame Pein der Schuld, die am Bette weinend sitzt und vergehen möchte vor Scham über den Makel, mit dem sie sich beladen hat, die kennt kein Weib, und eine scheinbare Ausnahme (die Büßerin, die den Leib kasteiende Betschwester) wird später ebenfalls zeigen, daß eine Frau stets nur zu zweien sich sündhaft fühlt.

Ich behaupte also nicht, daß die Frau böse, antimoralisch ist; ich behaupte, daß sie vielmehr böse gar nie sein kann; sie ist nur amoralisch, gemein.

Das weibliche Mitleid und die weibliche Schamhaftigkeit sind die beiden anderen Phänomene, auf welche der Schätzer weiblicher Tugend insgemein sich beruft. Speziell die weibliche Güte,

---

39 Der Verbrecher fühlt sich sogar dann in seiner Weise schuldig, wenn er gerade nichts Übles getan hat. Er ist stets von anderen auf den Vorwurf des Betruges, des Diebstahls usw. gefaßt, auch wenn er die Tat gar nicht begangen hat: weil er sich ihrer fähig weiß. Er fühlt sich darum auch stets ertappt, wenn irgend ein anderer Missetäter festgenommen wird.

das weibliche Mitgefühl haben zu der schönen Sage von der Psyche des Weibes den meisten Anlaß gegeben, und das letzte Argument alles Glaubens an die höhere Sittlichkeit der Frau ist die Frau als Krankenpflegerin, als barmherzige Schwester. Ich erwähne diesen Punkt ungern und hätte ihn nicht berührt, bin aber durch einen Einwand, der mir mündlich gemacht wurde, und dem voraussichtlich weitere folgen werden, hiezu gezwungen.

Es ist kurzsichtig, wenn man die Krankenpflege der Frauen für einen Beweis ihres Mitleids hält, indem vielmehr gerade das Gegenteil aus ihr folgt. Denn der Mann könnte die Schmerzen des Kranken nie mitansehen, er müßte unter ihnen so leiden, daß er völlig aufgerieben würde, und wartende Pflege des Patienten wäre ihm ganz unmöglich. Wer Krankenschwestern beobachtet, nimmt mit Erstaunen wahr, daß diese gleichmütig und »sanft« bleiben, selbst unter den furchtbarsten Krämpfen eines Sterbenden; und so ist es gut; denn der Mann, der Qualen und Tod nicht mitmachen kann, wäre dem Kranken ein schlechter Pfleger. Der Mann würde die Qualen lindern, den Tod aufhalten, mit einem Worte, er würde helfen wollen; wo nicht zu helfen ist, da ist kein Platz für ihn, da kann allein die Pflege in ihr Recht treten, und für diese eignet sich nur das Weib. Man ist aber völlig im Unrecht, wenn man die Tätigkeit der Frauen auf diesem Ressort anders als vom utilitaristischen Standpunkt schätzen zu können glaubt.

Dazu tritt noch, daß für die Frau das Problem von Einsamkeit und Gesellschaft gar nicht existiert. Sie schickt sich gerade deshalb besonders gut zur Gesellschafterin (Vorleserin, Krankenpflegerin), weil sie nie aus einer Einsamkeit heraustritt in eine Mehrsamkeit. Dem Manne wird Einsamkeit und Mehrsamkeit immer irgendwie Problem, wenn auch oft nur eine von beiden zur Möglichkeit. Die Frau verläßt keine Einsamkeit, um den Kranken zu pflegen, wie sie es tun müßte, auf daß ihre Tat mit Recht sittlich könnte genannt werden; denn eine Frau ist nie einsam, sie kennt nicht die Liebe zur Einsamkeit und nicht die Furcht vor ihr. Die Frau lebt stets, auch wenn sie allein ist, in einem Zustande der Verschmolzenheit mit allen Menschen, die sie kennt: ein Beweis, daß sie keine Monade ist, denn alle Monaden haben Grenzen. Die Frauen sind ihrer Natur nach unbegrenzt, aber nicht unbegrenzt wie der Genius, dessen Grenzen mit denen der Welt zusammenfallen; sondern sie trennt nie etwas Wirkliches von der Natur oder von den Menschen.[40]

Dieses Verschmolzensein ist etwas durchaus Sexuelles, und dementsprechend äußert sich alles weibliche Mitleid in körperlicher Annäherung an das bemitleidete Wesen, es ist tierische Zärtlichkeit, es muß streicheln und trösten. Wieder nur ein Beweis für das Fehlen jenes harten Striches, der stets zwischen Persönlichkeit und Persönlichkeit gezogen ist! Die Frau ehrt nicht den Schmerz des Nebenmenschen durch Schweigen, sie glaubt ihn durch Zureden aufheben zu können: so sehr fühlt sie sich mit ihm verbunden, als natürliches, nicht als geistiges Wesen.

Das verschmolzene Leben, eine der wichtigsten und am tiefsten führenden Tatsachen des weiblichen Daseins, ist auch der Grund der Rührseligkeit aller Frauen, jener gemeinen Willigkeit und Leichtigkeit und Schamlosigkeit des Tränenergusses. Nicht umsonst kennt man nur Klageweiber, und achtet einen in Gesellschaft weinenden Mann nicht sehr hoch. Wenn jemand weint, so weint die Frau mit, wie sie stets mitlacht, wenn ein anderer, außer über sie selbst, lacht: und damit ist ein guter Teil des weiblichen Mitleidens auch bereits erschöpft.

Nur das Weib jammert so recht andere Menschen an, weint sie an und verlangt ihr Mitleid. Hierin liegt einer der stärksten Beweise der psychischen Schamlosigkeit des Weibes. Die Frau provoziert das Mitleid der Fremden, um mit diesen weinen und sich selbst so noch mehr bedauern zu können, als sie es bereits tat. Ja, es ist nicht zu viel behauptet, daß das Weib, auch wenn es allein weint, stets mitweine mit anderen, denen es in Gedanken sein Leid klagt, wodurch es selbst sehr heftig gerührt wird. »Mitleid mit sich selbst« ist eine eminent weibliche Eigenschaft: die Frau stellt sich zuerst in eine Reihe mit den anderen, macht

---

40 Weil die Frau den zweiten Menschen gar nicht als besonderes Wesen empfindet, deshalb leidet sie nie unter ihren Nächsten, und nur deshalb kann sie stets allen Menschen sich überlegen fühlen.

sich zum Objekt des Mitleidens anderer, und beginnt nun, tief ergriffen, mit ihnen über sich, »die Arme«, mitzuweinen. Aus diesem Grunde schämt sich der Mann vielleicht keiner anderen Regung so sehr, als wenn er sich auf einem Impulse zu diesem sogenannten »Mitleid mit sich selbst« ertappt, in dem das Subjekt tatsächlich Objekt wird.

Das weibliche Mitleid, an das selbst Schopenhauer geglaubt hat, ist ein Schluchzen und Heulen überhaupt, beim geringsten Anlaß, ohne die schwächste Bemühung, aus Scham die Regung zu unterdrücken; denn wie alles wahre Leiden, so müßte auch wahres Mitleiden, sofern es eben wirklich Leiden wäre, schamhaft sein; ja kein Leid kann so schamhaft sein wie das Mitleid und die Liebe, weil diese beiden am stärksten die unübersteigbaren Grenzen jeder Individualität zum Bewußtsein bringen. Von der Liebe und ihrer Schamhaftigkeit kann erst später gehandelt werden; im Mitleid aber, im echten männlichen Mitleiden, liegt immer Beschämung, Schuldbewußtsein, weil es mir nicht so schlecht geht wie diesem, weil ich nicht er, sondern ein von ihm, auch durch äußerliche Umstände, getrenntes Wesen bin. Das männliche Mitleid ist das über sich selbst errötende principium individuationis; darum ist alles weibliche Mitleid zudringlich, das männliche versteckt sich.

Was es mit der Schamhaftigkeit der Frauen für eine Bewandtnis habe, das ist hierin zum Teil schon ausgesprochen; zum Teil kann es ebenfalls erst später, mit dem Thema der Hysterie zusammen, abgehandelt werden. Wie man angesichts des naiven Eifers, mit dem alle Frauen, wo die gesellschaftliche Konvention es nur gestattet, ihre Dekolletage betreiben, noch an einer angebornen inneren Schamhaftigkeit als der Tugend des weiblichen Geschlechtes festhalten könne, ist nicht einzusehen: man ist entweder schamhaft oder man ist es nicht, und das ist keine Schamhaftigkeit, die man in gewissen Augenblicken regelmäßig spazieren schickt.

Der absolute Beweis für die Schamlosigkeit der Frauen (und ein Hinweis darauf, woher die Forderung der Schamhaftigkeit wohl eigentlich stammen mag, welcher die Frauen äußerlich oft so peinlich nachkommen) liegt jedoch darin, daß Frauen untereinander sich immer ungescheut völlig entblößen, während Männer voreinander stets ihre Nacktheit zu bedecken suchen. Wenn Frauen allein sind, werden eifrige Vergleiche zwischen den körperlichen Reizen der einzelnen angestellt, und oft alle Anwesenden einer genauen und eingehenden Visitierung unterzogen, die nicht ohne Lüsternheit erfolgt, weil stets der Wert, den der Mann auf diesen oder jenen Vorzug legen werde, unbewußt der Hauptgesichtspunkt bleibt. Der einzelne Mann hat kein Interesse für die Nacktheit des zweiten Mannes, während jede Frau auch die andere Frau in Gedanken stets entkleidet, und eben hiedurch die allgemeine interindividuelle Schamlosigkeit des Geschlechtes beweist. Dem Manne ist es peinlich und unangenehm, sich die Sexualität seines Nebenmannes zu vergegenwärtigen; die Frau sucht sofort in Gedanken die geschlechtlichen Beziehungen auf, in denen eine zweite Frau stehen mag, sobald sie diese nur kennenlernt; ja sie wertet die andere immer ausschließlich nach dem »Verhältnis«.

Ich komme hierauf noch sehr ausführlich zurück; indessen trifft die Darstellung nun zum ersten Male mit jenem Punkte wieder zusammen, der im zweiten Kapitel dieses Teiles besprochen wurde. Wessen man sich schämt, dessen muß man sich bewußt sein, und wie zur Bewußtheit, so ist auch zum Schamgefühl stets Differenzierung vonnöten. Die Frau, die nur sexuell ist, kann asexuell zu sein scheinen, weil sie die Sexualität selbst ist, und hier nicht die Geschlechtlichkeit körperlich und psychisch, räumlich und zeitlich sich abhebt wie beim Manne; die Frau, die stets schamlos ist, kann den Eindruck der Schamhaftigkeit machen, weil es bei ihr keine Scham zu verletzen gibt. Und so ist die Frau auch nie nackt oder stets nackt, wie man es haben will: nie nackt, weil sie nie zum echten Gefühle einer Nacktheit wirklich gelangt; stets nackt, weil ihr eben das andere fehlt, das vorhanden sein müßte, um ihr je zum Bewußtsein zu bringen, daß sie (objektiv) nackt ist, und so ein innerer Impuls zur Bedeckung werden könnte. Daß man auch unter Kleidern nackt sein kann, ist freilich etwas, das blödem Blicke nicht einleuchtet, aber es wäre ein schlimmes Zeugnis, das ein Psychologe sich ausstellte, wenn er aus der Tatsache des Gewandes schon auf den geringsten Mangel an Nacktheit schließen wollte. Und eine Frau ist objektiv stets nackt, selbst unter der Krinoline und dem Mieder.[41]

Dies alles hängt damit zusammen, was das Wort Ich für die Frau denn eigentlich immer bedeutet. Wenn man eine Frau fragt, was sie unter ihrem Ich verstehe, so vermag sie nichts anderes sich darunter vorzustellen als ihren Körper. Ihr Äußeres, das ist das Ich der Frauen. Machs »Zeichnung des Ich« in seinen »Antimetaphysischen Vorbemerkungen« stellt also ganz richtig das Ich des vollkommenen Weibes dar. Wenn E. Krause sagt, die Selbstanschauung Ich sei ohne weiteres ausführbar, so ist das nicht so ganz lächerlich, wie Mach unter der Zustimmung vieler anderer glaubt, denen gerade diese »scherzhafte Illustration des philosophischen ›Viel Lärm um nichts‹« in den Büchern Machs am besten gefallen zu haben scheint.

Das Ich der Frauen begründet auch die spezifische Eitelkeit der Frauen. Männliche Eitelkeit ist eine Emanation des Willens zum Wert, und ihre objektive Äußerungsform, Empfindlichkeit, das Bedürfnis, die Erreichbarkeit des Wertes von niemand in Frage gestellt zu sehen. Was dem Manne Wert und Zeitlosigkeit gibt, ist einzig und allein Persönlichkeit. Dieser höchste Wert, der nicht ein Preis ist, weil an seine Stelle, nach den Worten Kantens, nicht »auch etwas anderes als Äquivalent gesetzt werden« kann, sondern der »über allen Preis erhaben ist, mithin kein Äquivalent verstattet«, ist die Würde des Mannes. Die Frauen haben, trotz Schiller, keine Würde – die Dame wurde ja nur erfunden, um diesen Mangel auszufüllen –, und ihre Eitelkeit wird sich danach richten, was ihnen ihr höchster Wert ist; das heißt, sie wird auf die Festhaltung, Steigerung und Anerkennung körperlicher Schönheit gehen. Die Eitelkeit von W ist somit einerseits ein gewisses, nur ihr eigenes, selbst dem (männlich) schönsten Manne[42] fremdes Behagen am eigenen Leibe: eine Freude, die sich, selbst beim häßlichsten Mädchen, sowohl bei der Selbstbetastung, als bei der Selbstbetrachtung

41 Der Einwände, welche hiegegen, und der Gründe, welche für die Schamhaftigkeit des Weibes immer wieder werden geltend gemacht werden, ist diese Untersuchung durchaus gewärtig; auf sie kommt ihr zwölftes Kapitel zu sprechen.

42 Nota bene: Viele sogenannte »schöne Männer« sind halbe Weiber.

im Spiegel, als auch bei vielen Organempfindungen einzustellen scheint; aber schon hier macht sich mit voller Stärke und mit dem erregendsten Vorgefühl der Gedanke an den Mann geltend, dem diese Reize einst gehören sollen, und beweist wiederum, wie das Weib zwar allein, aber nie einsam sein kann. Anderseits also ist die weibliche Eitelkeit Bedürfnis, den Körper bewundert oder vielmehr begehrt, vom sexuell erregten Manne begehrt zu fühlen.

Dieses Bedürfnis ist so stark, daß es wirklich viele Weiber gibt, denen diese Bewunderung, begehrlich von seiten des Mannes, neiderfüllt von seiten der Geschlechtsgenossinnen, zum Leben vollkommen genügt; sie kommen damit aus, andere Bedürfnisse haben sie kaum.

Die weibliche Eitelkeit ist also stete Rücksicht auf andere, die Frauen leben nur im Gedanken an die anderen. Und auch die Empfindlichkeit des Weibes bezieht sich auf diesen nämlichen Punkt. Nie wird eine Frau vergessen, daß ein anderer sie häßlich gefunden hat; allein nämlich findet ein Weib sich nie häßlich, sondern stets nur minderwertig, und auch das nur, indem es an die Triumphe denkt, welche andere Frauen bei den Männern über sie davongetragen haben. Es gibt kein Weib, das sich nicht noch schön und begehrenswert fände, wenn es sich im Spiegel betrachtet; der Frau wird nie, gleich dem Manne, eigene Häßlichkeit zur schmerzvollen Realität, sondern sie sucht bis ans Ende sich und die anderen darüber hinwegzutäuschen.

Woher kann nun die weibliche Art der Eitelkeit einzig stammen? Sie fällt zusammen mit dem Mangel des intelligiblen Ich, des stets und absolut positiv Bewerteten, sie erklärt sich aus dem Fehlen eines Eigenwertes. Da sie keinen Eigenwert für sich selbst und vor sich selbst haben, trachten sie Objekt der Wertung anderer zu werden, durch Begehrung und Bewunderung von deren Seite, einen Wert für Fremde, vor Fremden zu gewinnen. Das einzige, was absoluten, unendlichen Wert auf der Welt hat, ist Seele. »Ihr seid besser denn viele Sperlinge« hat darum Christus die Menschen wieder gelehrt. Die Frau indessen wertet sich nicht danach, wie weit sie ihrer Persönlichkeit treu, wie weit sie frei gewesen ist; jedes Wesen aber, das ein Ich besitzt, kann sich nur so und nicht anders werten. Wenn also die echte Frau, wie dies ganz ohne Zweifel wirklich zutrifft, sich selbst immer und ausnahmslos stets nur so hoch einschätzt wie den Mann, der sie gewählt hat; wenn sie nur durch den Gatten oder Geliebten Wert erhält und eben darum nicht nur sozial und materiell, sondern ihrer tiefsten Wesenheit nach auf die Ehe gestellt ist: so kann sie eben keinen Wert an sich selbst besitzen, es fehlt ihr der Eigenwert der menschlichen Persönlichkeit. Die Frauen leiten ihren Wert immer von anderen Dingen ab, von ihrem Geld und Gut, der Zahl und Pracht ihrer Kleider, dem Rang ihrer Loge im Theater, von ihren Kindern, vor allem aber von ihrem Bewunderer, von ihrem Manne; und worauf sich eine Frau im Streit mit der anderen immer zuletzt beruft, und womit sie die andere wirklich am tiefsten zu treffen und am sichersten zu demütigen weiß, das ist die höhere soziale Stellung, der größere Reichtum, das Ansehen und die Titel, aber auch das Mehr an Jugendfrische und die zahlreicheren Verehrerinnen ihres Mannes; während es einem Manne, und zwar in erster Linie von ihm selbst, zur höchsten Schande angerechnet wird, wenn er sich auf irgend ein Fremdes beruft, und nicht seinen Wert an sich verteidigt gegen alle Angriffe auf denselben.

Dafür, daß W keine Seele hat, ist folgendes ein weiterer Beweis. Während (ganz nach Goethes bekanntem Rezept) W durch Nichtbeachtung von Seiten des Mannes ungemein gereizt wird, auch auf ihn Eindruck zu machen – liegt doch der ganze Sinn und Wert ihres Lebens nur in dieser Fähigkeit –, wird für M das Weib, das ihn unfreundlich und unhöflich behandelt, eo ipso schon antipathisch. Nichts macht M so glücklich, als wenn ihn ein Mädchen liebt; selbst wenn sie ihn nicht von Anbeginn gefesselt hat, ist dann die Gefahr, Feuer zu fangen, für ihn sehr groß. Für W ist die Liebe eines Mannes, der ihr nicht gefällt, nur eine Befriedigung ihrer Eitelkeit, oder eine Beunruhigung und Aufscheuchung schlummernder Wünsche. Die Frau erhebt stets gleichmäßig einen Anspruch auf alle Männer, die es auf der Welt gibt. Ähnliches gilt auch von freundschaftlicher Zuneigung innerhalb desselben Geschlechtes, in der ja doch immer etwas Sexualität steckt.

Das Verhalten der empirisch allein gegebenen Zwischenstufen ist in solchem Falle nach ihrer Stellung zwischen M und W besonders zu bestimmen. Also, um auch in diesem Teile ein Beispiel für eine solche Anwendung zu geben: während jedes Lächeln auf dem Munde eines Mädchens M leicht entzückt und entflammt, beachten weibliche Männer wirklich oft nur solche Weiber und Männer, die sich um sie nicht kümmern, fast ganz wie W einen Bewunderer, dessen sie sicher zu sein glaubt, der ihren Eigenwert also nicht mehr steigern kann, sofort stehen läßt. Weshalb ja die Frauen auch nur der Mann anzieht und sie auch nur dem Manne in der Ehe treu bleiben, der noch bei anderen Frauen Glück hat als bei ihnen: denn sie können ihm keinen neuen Wert geben und ihr Urteil dem aller anderen entgegensetzen. Beim echten Manne verhält es sich gerade umgekehrt.

Die Schamlosigkeit wie die Herzlosigkeit des Weibes kommt darin zum Ausdruck, daß es, und wie es davon sprechen kann, daß es geliebt wird. Der Mann fühlt sich beschämt, wenn er geliebt wird, weil er damit beschenkt, passiv, gefesselt, statt Geber, aktiv, frei ist, und weil er weiß, daß er als Ganzes Liebe nie vollständig verdient; und über nichts wird er denn so tief schweigen wie hierüber, auch wenn er zu dem Mädchen selbst nicht in ein intimeres Verhältnis getreten ist, so daß er fürchten müßte, sie durch hierauf bezügliche Äußerungen bloßzustellen. Das Weib rühmt sich dessen, daß es geliebt wird, es prahlt damit vor anderen Frauen, um von diesen beneidet zu werden. Die Frau empfindet die Neigung eines Menschen zu ihr nicht, wie der Mann, als eine Schätzung ihres wirklichen Wertes, als ein tieferes Verständnis für ihr Wesen; sondern sie empfindet diese Neigung als die Verleihung eines Wertes, den sie sonst nicht hätte, als die Gabe einer Existenz und einer Essenz, die ihr hiemit erst wird, und mit welcher sie vor anderen sich legitimiert.

Daraus erklärt sich auch das unglaubliche, einem früheren Abschnitt Problem gewordene Gedächtnis der Frauen für Komplimente, selbst wenn ihnen diese in frühester Jugend gemacht wurden. Durch Komplimente nämlich erhalten sie erst Wert, und darum verlangen die Frauen vom Manne, daß er » galant« sei. Die Galanterie ist die billigste Form der Veräußerung von

Wert an die Frau, und so wenig sie den Mann kostet, so schwer wiegt sie für das Weib, das eine Huldigung nie vergißt, und bis ins späteste Alter von den fadesten Schmeicheleien zehrt. Man erinnert sich nur an das, was für den Menschen einen Wert besitzt; und wenn dem so ist, mag man erwägen, was es besagt, daß die Frauen gerade für Komplimente das ausgesuchteste Gedächtnis besitzen. Sie sind etwas, das den Frauen Wert nur darum verleihen kann, weil diese keinen urwüchsigen Maßstab des Wertes kennen, keinen absoluten Wert in sich fühlen, der alles verschmäht außer sich selbst. Und so liefert selbst das Phänomen der Courtoisie, der »Ritterlichkeit«, den Beweis, daß die Frauen keine Seele besitzen, ja, daß der Mann eben dann, wenn er gegen das Weib galant ist, ihm am wenigsten Seele, am wenigsten Eigenwert zuschreibt, und es am tiefsten gerade dort mißachtet und herabwürdigt, wo es selbst am höchsten sich gehoben fühlt.

Wie amoralisch das Weib ist, kann man daraus ersehen, daß ihm sofort entschwindet, was es Unsittliches getan hat; und daß es vom Manne, wenn dieser die Erziehung des Weibes sich angelegen sein läßt, immer wieder daran erinnert werden muß: dann allerdings kann es momentan vermöge der eigentümlichen Art der weiblichen Verlogenheit wirklich einzusehen glauben, daß es ein Unrecht begangen habe, und so sich und den Mann täuschen. Der Mann dagegen hat für nichts ein so tiefes Gedächtnis wie für die Punkte, in denen er schuldig geworden ist. Hier offenbart sich das Gedächtnis wiederum als ein eminent moralisches Phänomen. Vergeben und Vergessen, nicht Vergeben und Verstehen, sind eines. Wer sich der Lüge erinnert, wirft sie sich auch vor. Daß das Weib sich seine Gemeinheit nicht verübelt, kommt damit überein, daß es sich ihrer nie wirklich bewußt wird – hat es doch kein Verhältnis zur sittlichen Idee – und sie vergißt. Darum ist es ganz begreiflich, wenn es sie leugnet. Man hält die Frauen, weil bei ihnen das Ethische gar nicht problematisch wird, törichterweise für unschuldig, ja man hält sie für sittlicher als den Mann: es kommt das aber nur daher, daß sie noch gar nicht wissen, was unsittlich ist. Denn auch die Unschuld des Kindes kann kein Verdienst sein, nur die Unschuld des Greises wäre eines – und die gibt es nicht.

Aber auch die Selbstbeobachtung ist ein durchaus Männliches – auf eine scheinbare Ausnahme, die hysterische Selbstbeobachtung mancher Frauen, kann hier noch nicht eingegangen werden –, ebenso wie das Schuldbewußtsein, die Reue; die Kasteiungen, die Frauen an sich vornehmen, diese merkwürdigen Imitationen eines echten Schuldgefühles, werden am gleichen Orte wie die weibliche Form der Selbstbeobachtung zur Sprache kommen. Das Subjekt der Selbstbeobachtung nämlich ist identisch mit dem moralisierenden: es faßt die psychischen Phänomene nur auf, indem es sie einschätzt.

Es ist ganz in der Ordnung und liegt nur auf der Linie des Positivismus, wenn Auguste Comte die Selbstbeobachtung für in sich widerspruchsvoll erklärt und sie eine »abgründliche Absurdität« nennt. Es ist ja klar, folgt aus der Enge des Bewußtseins und bedarf kaum einer besonderen Hervorhebung, daß nicht zu gleicher Zeit ein psychisches Geschehnis und noch eine besondere Wahrnehmung desselben dasein könne: erst an das »primäre« Erinnerungsbild (Jodl) knüpft sich die Beobachtung und Wertung; es ist ein Urteil über eine Art Nachbild, das vollzogen wird. Aber innerhalb lauter gleichwertiger Phänomene könnte nie eines zum Objekte gemacht und bejaht oder verneint werden, wie dies in aller Selbstbeobachtung geschieht. Was hier alle Inhalte betrachtet, beurteilt und wertet, kann nicht in den Inhalten selbst, als ein Inhalt unter, anderen, gelegen sein. Es ist das zeitlose Ich, das die Vergangenheit zurechnet wie die Gegenwart, das jene »Einheit des Selbstbewußtseins«, jenes kontinuierliche Gedächtnis erst schafft, welches der Frau abgeht. Denn nicht das Gedächtnis, wie Mill, oder die Kontinuität, wie Mach vermutet, bringen den Glauben an ein Ich hervor, das außer diesen keine Existenz habe, sondern gerade umgekehrt wird Gedächtnis und Kontinuität, wie Pietät und Unsterblichkeitsbedürfnis, aus dem Werte des Ich heraus erzeugt, von dessen Inhalten nichts Funktion der Zeit sein, nichts der Vernichtung soll anheimgegeben werden dürfen.[43]

---

[43] Erst hiemit ist auch ganz klar geworden, daß die Seele jener besondere Wert ist, der, durch Schaffung der Vergangenheit, die Zeit negiert, wie ihn das 5. Kapitel postulierte."

Hätte das Weib Eigenwert und den Willen, einen solchen gegen alle Anfechtung zu behaupten, hätte es auch nur das Bedürfnis nach Selbstachtung, so könnte es nicht neidisch sein. Wahrscheinlich sind alle Frauen neidisch; der Neid aber ist eine Eigenschaft, welche nur dort sein kann, wo jene Voraussetzungen fehlen. Auch der Neid der Mütter, wenn die Töchter anderer Frauen eher heiraten als ihre eigenen, ist ein Symptom echter Gemeinheit, und setzt, wie übrigens aller Neid, einen völligen Mangel an Gerechtigkeitsgefühl voraus. In der Idee der Gerechtigkeit, welche in der Anwendung der Idee der Wahrheit auf das Praktische besteht, berühren sich Logik und Ethik ebenso eng wie im theoretischen Wahrheitswerte selbst.

Ohne Gerechtigkeit keine Gesellschaft; der Neid hingegen ist die absolut unsoziale Eigenschaft. Das Weib ist wirklich auch vollkommen unsozial; und wenn früher mit Recht alle Gesellschaftsbildung an den Besitz einer Individualität geknüpft wurde, so liegt hier die Probe darauf vor. Für den Staat, für Politik, für gesellige Gemütlichkeit hat die Frau keinen Sinn, und weibliche Vereine, in welche Männer keinen Zutritt erhalten, pflegen nach kurzer Zeit sich aufzulösen. Die Familie endlich ist geradezu das unsoziale, und keineswegs ein soziales Gebilde; Männer, die heiraten, ziehen sich damit schon auch aus den Gesellschaften, denen sie bis dahin als Mitglieder und Teilnehmer angehörten, zurück. Dies hatte ich geschrieben, bevor die wertvollen ethnologischen Forschungen von Heinrich Schurtz veröffentlicht wurden, die an der Hand eines reichen Materials dartun, daß in den Männerbünden und nicht in der Familie die Anfänge der Gesellschaftsbildung zu suchen seien.

Pascal hat wunderbar ausgeführt, wie Gesellschaft vom Menschen nur gesucht wird, weil dieser die Einsamkeit nicht ertragen, sondern sich selbst vergessen will: auch hier sieht man die vollkommene Kongruenz zwischen der früheren Position, durch welche der Frau die Fähigkeit zur Einsamkeit abgesprochen wurde, und der jetzigen, welche ihre Ungeselligkeit behauptet.

Hätte die Frau ein Ich, so hätte sie auch einen Sinn für das Eigentum, bei sich wie bei anderen. Der Stehltrieb ist aber bei den Frauen viel entwickelter als bei den Männern: die sogenannten

Kleptomanen (Diebe ohne Not) sind beinahe ausschließlich Frauen. Denn das Weib hat wohl Verständnis für Macht und für Reichtum, aber nicht für das Eigentum. Auch pflegen die kleptomanen Frauen, wenn sie ihrer Diebstähle überführt werden, sich damit zu verantworten, daß sie angeben, es sei ihnen vorgekommen, als hätte ihnen alles gehört. In Leihbibliotheken sieht man hauptsächlich Frauen aus- und eingehen, und zwar auch solche, die begütert genug wären, mehrere Büchereien zu kaufen; aber es fehlt ihnen eine größere Innigkeit des Verhältnisses zu allem, was ihnen gehört, als zu allem, das sie nur entlehnt haben. Auch hier sieht man den Zusammenhang zwischen Individualität und Sozialität deutlich hervorleuchten: wie man selbst Persönlichkeit haben muß, um fremde Persönlichkeit aufzufassen, so muß der Sinn auf Erwerbung eigenen Besitzes gerichtet sein, wenn fremde Habe nicht berührt werden soll.

Inniger noch als das Eigentum ist der Name und ein herzliches Verhältnis zu ihrem Namen mit jeder Persönlichkeit notwendig gegeben. Und hier sprechen die Tatsachen so laut, daß man sich wundern muß, wie wenig diese Sprache im allgemeinen vernommen wird. Die Frauen sind nämlich durch gar kein Band mit ihrem Namen verknüpft. Beweisend hiefür ist allein schon, daß sie ihren Namen aufgeben und den des Mannes annehmen, den sie heiraten, ja diesen Schritt der Namensänderung an sich nie als bedeutsam empfinden, um den alten Namen nicht eine Sekunde trauern, sondern leichten Sinnes den des Mannes annehmen; wie an den Mann nicht ohne tiefen, in der Natur des Weibes gelegenen Grund (bis vor kurzem wenigstens) meist auch das Eigentum der Frau übergegangen ist. Es ist auch nichts davon zu merken, daß speziell jene Trennung sie einen Kampf kostete; im Gegenteil, schon vom Liebhaber und Kurmacher lassen sie sich den Namen geben, der ihm gefällt. Und selbst wenn sie einem ungeliebten Mann und diesem nur mit großem Widerstreben in die Ehe folgen, es hat noch nie eine Frau gerade darüber sich beklagt, daß sie von ihrem Namen habe Abschied nehmen müssen, es läßt ihn jede und scheidet von ihm, ohne die geringste Pietät dafür zu verraten, daß sie ehemals so hieß. Im allgemeinen wird vielmehr die eigene Neubenennung bereits vom Liebenden ebenso gefordert, wie der neue Familienname des Ehegatten ungeduldig, schon der Neuheit wegen, erwartet. Der Name aber ist gedacht als ein Symbol der Individualität; nur bei den allertiefst stehenden Rassen der Erde, wie bei den Buschmännern Südafrikas, soll es keine Personennamen geben, weil das natürliche Unterscheidungsbedürfnis der Menschen voneinander nicht so weit reicht. Das Weib, das im Grund namenlos ist[44][45], ist dies, weil es, seiner Idee nach, keine Persönlichkeit besitzt.

Damit hängt endlich noch die wichtige Beobachtung zusammen, welche zu machen man nie verfehlen wird, sobald man einmal aufmerksam geworden ist. Wenn in einen Raum, in dem ein Weib sich befindet, ein Mann tritt und sie ihn erblickt, seinen Schritt hört oder seine Anwesenheit auch nur ahnt, so wird sie sofort eine ganz andere. Ihre Miene, ihre Bewegungen ändern sich mit unglaublicher Plötzlichkeit. Sie »richtet ihre Frisur«, zieht ihre Röcke zusammen und hebt sie, oder macht sich an ihrem Kleide zu schaffen, in ihr ganzes Wesen kommt eine halb schamlose, halb ängstliche Erwartung. Man kann im Einzelfalle oft nur darüber noch im Zweifel sein, ob sie mehr errötet über ihr schamloses Lächeln, oder mehr schamlos lächelt über ihr Erröten.

Seele, Persönlichkeit, Charakter ist aber – hierin liegt eine unendlich tiefe, bleibende Einsicht Schopenhauers – identisch mit dem freien Willen oder es deckt sich wenigstens der Wille mit dem Ich insofern, als dieses in Relation zum Absoluten gedacht ist. Und fehlt den Frauen das Ich, so können sie auch keinen Willen besitzen. Nur wer keinen eigenen Willen, keinen Charakter in höherem Sinne hat, bleibt, schon durch die bloße Gegenwart eines zweiten Menschen, so leicht beeinflußbar, wie das Weib es ist, in funktioneller Abhängigkeit von dieser, statt in freier Auffassung derselben. Sie ist das beste Medium, M ihr bester Hypnotiseur. Aus diesem Grunde allein ist es unerfindlich, warum die Frauen gerade als Ärztinnen besonders viel tau-

44 Vgl. Klingsors Worte an Kundry in Wagners Parsifal, zweiter Aufzug, zu Anfang:
45 »Herauf! Herauf zu mir! Dein Meister ruft Dich…her! Hieher denn, Kundry! Zu Deinem Meister, herauf!«

gen sollen; da doch einsichtigere Mediziner selbst zugeben, daß der Hauptteil dessen, was sie bis heute – und so wird es wohl bleiben – zu leisten vermögen, in der suggestiven Einwirkung auf den Kranken besteht.

Schon in der ganzen Tierreihe ist W stets leichter hypnotisierbar als M. Und wie die hypnotischen Phänomene doch mit den alltäglichsten in einer nahen Verwandtschaft stehen, erhellt aus dem Folgenden: Wie leicht wird nicht (ich habe schon gelegentlich der Frage des weiblichen Mitleids darauf hingewiesen) W durch Lachen oder Weinen »angesteckt«! Wie imponiert ihr nicht alles, was in der Zeitung steht, wie leicht fällt sie nicht dem dümmsten Aberglauben zum Opfer, wie probiert sie nicht sofort jedes Wundermittel, das ihr eine Nachbarin empfohlen hat!

Wem ein Charakter fehlt, dem gebricht es auch an Überzeugungen. Darum ist W leichtgläubig, unkritisch, ganz ohne Verständnis für den Protestantismus. Dennoch hat man, so sicher ein jeder Christ schon als Katholik oder als Protestant vor der Taufe auf die Welt kommt, kein Recht, den Katholizismus darum als weiblich anzusehen, weil er den Frauen noch immer eher zugänglich ist als der Protestantismus. Hier wäre ein anderer charakterologischer Einteilungsgrund in Betracht zu ziehen, dessen Erörterung nicht Sache dieser Schrift sein kann. – –

So ist denn ein ganz umfassender Nachweis geführt, daß W seelenlos ist, daß es kein Ich und keine Individualität, keine Persönlichkeit und keine Freiheit, keinen Charakter und keinen Willen hat. Dieses Resultat ist aber für alle Psychologie von kaum zu überschätzender Wichtigkeit. Es besagt nicht weniger, als daß die Psychologie von M und die Psychologie von W getrennt zu behandeln sind. Für W scheint eine rein empirische Darstellung des psychischen Lebens möglich, für M muß jede Psychologie nach dem Ich als dem obersten Giebel des Gebäudes in der Weise tendieren, wie Kant dies als notwendig eingesehen hatte.

Die Humesche (und Machsche) Ansicht, nach welcher es nur » impressions« und » thoughts« (A B C …und α β γ …) gibt, und die heute allgemein zur Verbannung der Psyche aus der Psycholo-

gie geführt hat, erklärt nicht nur, daß die ganze Welt ausschließlich unter dem Bilde eines Winkelspiegels, als ein Kaleidoskop
zu verstehen sei; sie macht nicht nur alles zu einem Tanz der
»Elemente«, sinnlos, grundlos; sie vernichtet nicht nur die Möglichkeit, einen festen Standpunkt für das Denken zu gewinnen;
sie zerstört nicht nur den Wahrheitsbegriff und damit eben die
Wirklichkeit, deren Philosophie sie einzig zu sein beansprucht:
sie trägt auch die Hauptschuld an dem Elend der heutigen Psychologie.

Diese heutige Psychologie nennt sich mit Stolz die » Psychologie ohne Seele«, nach dem ersten, der dies Wort ausgesprochen hat, nach dem vielüberschätzten Friedrich Albert Lange.
Diese Untersuchung glaubt, gezeigt zu haben, daß ohne die Annahme einer Seele den psychischen Erscheinungen gegenüber
kein Auskommen zu finden ist: sowohl an den Phänomenen von
M, dem eine Seele zuerkannt werden muß, als auch an den Phänomenen von W, die seelenlos ist. Unsere heutige Psychologie
ist eine eminent weibliche Psychologie, und gerade darum ist
die vergleichende Untersuchung der Geschlechter so besonders
lehrreich, nicht zuletzt darum habe ich sie mit dieser Gründlich-
keit ausgeführt; denn hier am ehesten kann offenbar werden,
was zur Annahme des Ich nötigt, und wie die Konfusion von
männlichem und weiblichem Seelenleben (im weitesten und
tiefsten Sinne), bei dem Bestreben, eine Allgemeinpsychologie
zu schaffen, als der Faktor angesehen werden darf, der am weitesten in die Irre geführt hat, wenn er auch (ja gerade weil er)
gar nicht bewußt zur Geltung gebracht worden ist.

Freilich erhebt sich nun die Frage, ist von M überhaupt Psychologie als Wissenschaft möglich? Und hierauf ist vorderhand
mit Nein zu antworten. Ich muß wohl darauf gefaßt sein, an die
Untersuchungen der Experimentatoren verwiesen zu werden,
und auch wer in dem allgemeinen Experimentalrausch nüchterner geblieben ist, wird vielleicht verwundert fragen, ob diese
denn gar nicht zählten. Aber die experimentelle Psychologie hat
nicht nur keinen einzigen Aufschluß über die tieferen Gründe
des männlichen Seelenlebens gegeben; nicht nur kann niemand
an eine mehr als sporadische Erwähnung, geschweige denn an

eine systematische Verarbeitung dieser ungeheuren Zahl von Versuchsreihen denken: sondern vor allem ist, wie gezeigt wurde, ihre Methode, außen anzufangen und von da in den Kern hineinzudringen, verfehlt; und darum hat sie auch nicht eine Aufklärung über den tieferen innerlichen Zusammenhang der psychischen Phänomene gebracht. Die psychophysische Maßlehre hat überdies gerade gezeigt, wie das eigentliche Wesen der psychischen im Gegensatz zu den physischen Phänomenen darin besteht, daß die Funktionen, durch welche ihr Zusammenhang und ihr Übergehen ineinander allenfalls darstellbar wäre, auch im besten Falle unstetig und darum nicht differenzierbar geraten müßten. Mit der Stetigkeit ist aber auch die prinzipielle Möglichkeit der Erreichbarkeit des unbedingt mathematischen Ideals aller Wissenschaft dahin. Wem übrigens klar ist, daß Raum und Zeit nur durch die Psyche geschaffen werden, der wird nicht von Geometrie und Arithmetik erwarten, daß sie je ihren Schöpfer erschöpfen könnten.

Es gibt keine wissenschaftliche Psychologie vom Manne; denn im Wesen aller Psychologie liegt es, das Unableitbare ableiten zu wollen, ihr endliches Ziel müßte, deutlicher gesprochen, dieses sein, jedem Menschen seine Existenz und Essenz zu beweisen, zu deduzieren. Dann wäre aber jeder Mensch, auch seinem tiefsten Wesen nach, Folge eines Grundes, determiniert und kein Mensch dem anderen mehr, als einem Mitgliede eines Reiches der Freiheit und des unendlichen Wertes, Achtung schuldig: im Augenblick, wo ich völlig deduziert, völlig subsumiert werden könnte, hätte ich allen Wert verloren, und wäre eben seelenlos. Mit der Freiheit des Wollens wie des Denkens (denn diese muß man zu jener hinzufügen) ist die Annahme der durchgängigen Bestimmtheit unverträglich, mit welcher alle Psychologie ihr Geschäft beginnt. Wer darum an ein freies Subjekt glaubte, wie Kant und Schopenhauer, der mußte die Möglichkeit der Psychologie als Wissenschaft leugnen; wer an die Psychologie glaubte, für den konnte die Freiheit des Subjektes auch nicht eine Denkmöglichkeit mehr bleiben: so wenig für Hume als für Herbart (die zwei Begründer der modernen Psychologie).

Aus diesem Dilemma erklärt sich der traurige Stand der heutigen Psychologie in allen ihren Prinzipienfragen. Jene Bemühungen, den Willen aus der Psychologie hinauszuschaffen, jene immer wiederholten Versuche, ihn aus Empfindung und Gefühl abzuleiten, haben eigentlich ganz recht darin, daß der Wille kein empirisches Faktum ist. Der Wille ist in der Erfahrung nirgends aufzutreiben und nachzuweisen, weil er selbst die Voraussetzung jedes empirisch-psychologischen Datums ist. Versuche einer, der am Morgen gern lange schläft, sich in dem Momente zu beobachten, da er den Entschluß faßt, sich vom Bette zu erheben. Im Entschlusse liegt (wie in der Aufmerksamkeit) das ganze ungeteilte Ich, und darum fehlt die Zweiheit, die notwendig wäre, um den Willen wahrzunehmen. Ebensowenig wie das Wollen ist das Denken ein Faktum, das man in den Händen behielte, wenn man wissenschaftliche Psychologie treibt. Denken ist urteilen, aber was ist das Urteil für die innere Wahrnehmung? Nichts, es ist ein ganz Fremdes, das zu aller Rezeptivität hinzukommt, aus den Bausteinen, welche die psychologischen Fasolte und Fafners herbeigeschleppt haben, nicht abzuleiten: jeder neue Urteilsakt vernichtet von neuem die mühselige Arbeit der Empfindungsatomisten. Ebenso ist's mit dem Begriff. Kein Mensch denkt Begriffe, und doch gibt es Begriffe, wie es Urteile gibt. Und am Ende sind auch Wundts Gegner vollständig im Rechte damit, daß die Apperzeption kein empirisch-psychologisches Faktum, und kein irgendwann wahrnehmbarer Akt ist. Freilich ist Wundt tiefer als seine Bekämpfer – nur die allerflachsten Gesellen können Assoziationspsychologen sein – und es ist auch sicherlich begründet, wenn er die Apperzeption mit dem Willen und der Aufmerksamkeit zusammenbringt. Aber sie ist so wenig eine Tatsache der Erfahrung wie eben diese, so wenig wie Urteil und Begriff. Wenn trotzdem alle diese Dinge, wenn Denken und Wollen da sind, nicht hinauszubringen, und jeder Bemühung einer Analyse spottend, so handelt es sich nur um die Wahl, ob man etwas annehmen wolle, das alles psychische Leben erst möglich mache, oder nicht.

Darum sollte man dem Unfug ein Ziel setzen, von einer empirischen Apperzeption zu reden, und einsehen, wie sehr Kant recht hatte, als er nur eine transzendentale Apperzeption gelten ließ. Will man aber hinter die Erfahrung nicht zurückgehen, so bleibt nichts übrig als die unendlich ausgespreizte, armselig öde Empfindungsatomistik mit ihren Assoziationsgesetzen; oder die Psychologie wird methodisch zu einem Annex der Physiologie und Biologie, wie bei Avenarius, dessen feiner Bearbeitung eines, übrigens recht begrenzten, Stückes aus dem ganzen Seelenleben jedoch nur sehr wenige und recht unglückliche Versuche der Weiterführung gefolgt sind.

Somit hat sich, ein wirkliches Verständnis des Menschen anzubahnen, die unphilosophische Seelenkunde als völlig ungeeignet erwiesen, und keine Vertröstung auf die Zukunft vermag sichere Bürgschaft zu bieten, daß ihr dies je gelingen könne. Ein je besserer Psychologe einer ist, desto langweiliger werden ihm diese heutigen Psychologien. Denn sie steifen sich samt und sonders darauf, die Einheit, die alles psychische Geschehen erst begründet, bis zum Schluß zu ignorieren: allwo wir dann regelmäßig noch durch einen letzten Abschnitt unangenehm überrascht werden, der von der Entwicklung einer harmonischen Persönlichkeit handelt. Jene Einheit, die allein die wahre Unendlichkeit ist, wollte man aus einer größeren oder geringeren Zahl von Bestimmungsstücken aufbauen; die »Psychologie als Erfahrungswissenschaft« sollte die Bedingung aller Erfahrung aus der Erfahrung gewinnen! Das Unternehmen wird ewig fehlschlagen und ewig erneuert werden, weil die Geistesrichtung des Positivismus und Psychologismus so lange bestehen muß, als es mittelmäßige Köpfe und bequeme, nicht bis zu Ende denkende Naturen gibt. Wer, wie der Idealismus, die Psyche nicht opfern will, der muß die Psychologie preisgeben; wer die Psychologie aufrichtet, der tötet die Psyche. Alle Psychologie will das Ganze aus den Teilen ableiten und als bedingt hinstellen; alles tiefere Nachdenken erkennt, daß die Teilerscheinungen hier aus dem Ganzen als letztem Urquell fließen. So negiert die Psychologie die Psyche, und die Psyche ihrem Begriff nach jede Lehre von ihr: die Psyche negiert die Psychologie.

Diese Darstellung hat sich für die Psyche und gegen die lächerliche und jämmerliche seelenlose Psychologie entschieden. Ja, es bleibt ihr fraglich, ob Psychologie mit Seele je vereinbar, eine Wissenschaft, die Kausalgesetze und selbstgesetzte Normen des Denkens und Wollens aufsuchen will, mit der Freiheit des Denkens und Wollens überhaupt verträglich sei. Auch die Annahme einer besonderen »psychischen Kausalität«[46] kann vielleicht nichts daran ändern, daß die Psychologie, indem sie zuletzt ihre eigene Unmöglichkeit dartut, durch ein solches Ende den glänzendsten Beweis für das jetzt allgemein verlachte und verlästerte Recht des Freiheitsbegriffes wird erbringen müssen.

Hiemit soll aber keineswegs eine neue Ära der rationalen Psychologie ausgerufen sein. Vielmehr ist die Absicht im Anschluß an Kant die, daß die transzendentale Idee der Psyche von Anfang an als Führer beim Aufsteigen in der Reihe der Bedingungen bis zum Unbedingten zu dienen habe, durchaus nicht hingegen »in Ansehung des Hinabgehens zum Bedingten«. Nur die Versuche mußten abgelehnt werden, jenes Unbedingte aus dem Bedingten (am Schlusse eines Buches von 500 bis 1500 Seiten) hervorspringen zu lassen. Seele ist das regulative Prinzip, das aller wahrhaft psychologischen, und nicht empfindungsanalytischen, Einzelforschung vorzuschweben und diese zu leiten hat; weil sonst jede Darstellung des Seelenlebens, auch wenn sie noch so detailliert, liebevoll und verständnisinnig geschrieben ist, in ihrer Mitte gähnend ein großes schwarzes Loch aufweist.

Es ist unbegreiflich, wie Forscher, die nie einen Versuch gemacht haben, Phänomene wie Scham und Schuld, Glaube und Hoffnung, Furcht und Reue, Liebe und Haß, Sehnsucht und Einsamkeit, Eitelkeit und Empfindlichkeit, Ruhmsucht und Unsterblichkeitsbedürfnis zu analysieren, den Mut haben, über das Ich kurzerhand abzusprechen, weil sie es nicht vorfinden wie die Farbe der Orange oder den Geschmack der Lauge. Oder wie wollen Mach und Hume auch nur die Tatsache des Stiles erklären, wenn nicht aus der Individualität? Ja, weiter, die Tiere erschrecken nie, wenn sie sich im Spiegel sehen, aber kein Mensch vermöchte sein Leben in einem Spiegelzimmer zu verbringen.

46 Es ist nur zu begreiflich, daß man leicht zu einer solchen Annahme verführt werden mag. Wer hat nicht z. B. in der Lektüre dieses Buches beim Übergang vom ersten zum zweiten Teil das Gefühl, daß es sich in beiden um etwas ganz anderes handle! Dort um äußerliche, hier um innere Zusammenhänge.

Oder ist auch diese Furcht, die Furcht vor dem Doppelgänger (von der bezeichnenderweise das Weib frei ist[47] »biologisch«, »darwinistisch« abzuleiten? Man braucht das Wort Doppelgänger nur zu nennen, um in den meisten Männern heftiges Herzklopfen hervorzurufen. Hier hört eben alle rein empirische Psychologie notgedrungen auf, hier ist Tiefe vonnöten. Denn wie könnte man diese Dinge zurückführen auf ein früheres Stadium der Wildheit oder Tierheit und des Mangels an Sicherung durch die Zivilisation, woraus Mach die Furcht der kleinen Kinder als eine ontogenetische Reminiszenz erklären zu können glaubt! Ich habe übrigens dies nur als eine Andeutung erwähnt, um die »Immanenten« und »naiven Realisten« daran zu mahnen, daß es auch in ihnen Dinge gibt, von denen ...

Warum ist kein Mensch angenehm berührt und völlig damit einverstanden, wenn man ihn als Nietzscheaner, Herbartianer, Wagnerianer usw. einreiht? Wenn man ihn, mit einem Worte, subsumiert? Auch Ernst Mach ist es doch gewiß schon passiert, daß ihn ein oder der andere liebe Freund subsumiert hat als Positivisten, Idealisten oder irgendwie sonst. Glaubt er sich richtig beschrieben, wenn jemand sagen wollte, das Gefühl, das man bei solchen durch andere vorgenommenen Subsumtionen habe, gehe bloß auf die fast völlige Gewißheit der Einzigartigkeit des Zusammentreffens der » Elemente« in einem Menschen, es sei nur beleidigte Wahrscheinlichkeitsrechnung? Und doch hat dieses Gefühl, genau genommen, nichts von einem Nichteinverstandensein, wie sonst wohl mit irgend einer wissenschaftlichen These. Es ist auch etwas ganz anderes, und darf damit nicht verwechselt werden, wenn jemand selbst es sagt, er sei Wagnerianer. Hierin liegt im tiefsten Grunde immer eine positive Bewertung des Wagnertums, weil man selbst Wagnerianer ist. Wer aufrichtig ist, wer es sein kann, wird zugeben, daß er mit einer solchen Aussage auch eine Erhöhung Wagners vornimmt. Vom anderen Menschen fürchtet man meist, daß er das Gegenteil einer Erhöhung beabsichtige. Daher die Erscheinung,

---

47 Noch hat niemand von Doppelgängerinnen gehört. Man nennt die Frauen das furchtsame Geschlecht, weil man zu wenig scheidet zwischen Angst und Furcht. Es gibt eine tiefe Furcht, die nur der Mann kennt.

daß ein Mensch sehr viel von sich selbst sagen kann, was ihm von anderen zu hören höchst peinlich wäre, wie Cyrano von Bergerac von den tollsten Sticheleien bekennt:

»Je me les sers moi-même, avec assez de verve,
Mais je ne permets pas qu'un autre me les serve.«

Woher rührt also jenes Gefühl, das selbst tiefstehende Menschen haben? Von einem, wenn auch noch so dunklen Bewußtsein ihres Ich, ihrer Individualität, die dabei zu kurz kommt. Dieses Widerstreben ist das Urbild aller Empörung.

Es geht endlich auch nicht recht an, einen Pascal, einen Newton, einerseits höchst geniale Denker, und anderseits mit einer Menge beschränkter Vorurteile behaftet sein zu lassen, über die » wir« längst hinaus seien. Stehen wir denn wirklich auf unsere elektrischen Bahnen und empirischen Psychologien hin schon ohne weiteres um so viel höher als jene Zeit? Ist Kultur, wenn es Kulturwerte gibt, wirklich nach dem Stande der Wissenschaft, die immer nur einen sozialen, nie einen individuellen, nicht-demonstrierbaren Charakter hat, nach der Zahl der Volksbibliotheken und Laboratorien zu messen? Ist Kultur denn etwas außerhalb des Menschen, ist Kultur nicht vor allem im Menschen?

Und man mag sich noch so erhaben fühlen über einen Euler, gewiß einen der größten Mathematiker aller Zeiten, welcher einmal sagt: was er, im Augenblick, da er einen Brief schreibe, tue, das würde er genau so tun, wie wenn er im Körper eines Rhinozeros steckte. Ich will die Äußerung Eulers auch nicht schlechthin verteidigen, sie ist vielleicht charakteristisch für den Mathematiker, ein Maler hätte sie nie getan. Aber dieses Wort gar nicht zu begreifen, nicht einmal die Mühe zu seinem Verständnisse sich zu nehmen, sich über sie einfach lustig zu machen und Euler mit der »Beschränktheit seiner Zeit« zu entschuldigen, das scheint mir keineswegs gerechtfertigt.

Also, es ist, wenigstens für den Mann, auch in der Psychologie ohne den Ich-Begriff nicht dauernd auszukommen; ob mit diesem eine im Windelbandschen Sinne nomothetische Psychologie, d. h. psychologische Gesetze vereinbar sind, scheint sehr fraglich, kann aber an der Anerkennung jener Notwendigkeit nichts ändern. Vielleicht schlägt die Psychologie jene Bahn ein, die ihr ein früheres Kapitel vorzeichnen zu können glaubte, und wird theoretische Biographie. Aber gerade dann werden ihr die Grenzen aller empirischen Psychologie am ehesten zum Bewußtsein kommen.

Daß im Manne für alle Psychologie ein Ineffabile, ein Unauflösliches bleibt, damit stimmt es wunderbar überein, daß regelrechte Fälle von »duplex« oder »multiplex personality«, Verdoppelung oder Vervielfachung des »Ich«, nur bei Frauen beobachtet worden sind. Das absolute Weib ist zerlegbar: der Mann ist in alle Ewigkeit, auch durch die beste Charakterologie nicht völlig zerlegbar, geschweige denn durchs Experiment: in ihm ist ein Wesenskern, der keine Zergliederung mehr zuläßt. W ist ein Aggregat und daher dissoziierbar, spaltbar.

Deswegen ist es wahrhaft komisch und belustigend, moderne Gymnasiasten (als platonische Idee) von der Seele des Weibes, von Frauenherzen und ihren Mysterien, von der Psyche des modernen Weibes etc. reden zu hören. Es scheint auch zu dem Befähigungsnachweis eines gesuchten Akkoucheurs zu gehören, daß er an die Seele des Weibes glaube. Wenigstens hören es viele Frauen sehr gern, wenn man von ihrer Seele spricht, obwohl sie (in Henidenform) wissen, daß das Ganze ein Schwindel ist. Das Weib als die Sphinx! Ein ärgerer Unsinn ist kaum je gesagt, ein ärgerer Schwindel nie aufgeführt worden. Der Mann ist unendlich rätselhafter, unvergleichlich komplizierter. Man braucht nur auf die Gasse zu gehen: es gibt kaum ein Frauengesicht, dessen Ausdruck einem da nicht bald klar würde. Das Register des Weibes an Gefühlen, an Stimmungen ist so unendlich arm! Während gar manches männliche Antlitz lange und schwer zu raten gibt.

Schließlich werden wir hier auch einer Lösung der Frage: Parallelismus oder Wechselwirkung zwischen Seelischem und Körperlichem? nähergeführt. Für W trifft der psychologische

Parallelismus, als vollständige Koordination beider Reihen, zu: mit der senilen Involution der Frau erlischt auch die Fähigkeit zu geistiger Anspannung, die ja nur im Gefolge sexueller Zwecke auftritt, und diesen dienstbar gemacht wird. Der Mann wird nie in dem Sinne völlig alt wie das Weib, und es ist die geistige Rückbildung hier durchaus nicht notwendig, sondern nur in einzelnen Fällen mit der körperlichen verknüpft; am allerwenigsten endlich ist von greisenhafter Schwäche bei jenem Menschen etwas wahrzunehmen, welcher die Männlichkeit in voller geistiger Entfaltung zeigt, beim Genie.

Nicht umsonst sind jene Philosophen, welche die strengsten Parallelisten waren, Spinoza und Fechner, auch die strengsten Deterministen. Bei M, dem freien, intelligiblen Subjekte, das sich für Gut oder für Böse nach seinem Willen entscheiden kann, ist der psychophysische Parallelismus, der eine der mechanischen genau analoge Kausalverkettung auch für alles Geistige fordern würde, auszuschließen.

So weit wäre denn die Frage, welcher prinzipielle Standpunkt in der Behandlung der Psychologie der Geschlechter einzunehmen ist, erledigt. Es erwächst dieser Ansicht jedoch wieder eine außerordentliche Schwierigkeit in einer Reihe merkwürdiger Tatsachen, die zwar für die faktische Seelenlosigkeit von W noch einmal, und zwar in geradezu entscheidender Weise, in Betracht kommen, die aber anderseits von der Darstellung auch die Erklärung eines sehr eigentümlichen Verhaltens der Frau fordern, das seltsamerweise noch kaum jemand ernstlich Problem geworden zu sein scheint.

Schon längst wurde bemerkt, wie die Klarheit des männlichen Denkens gegenüber der weiblichen Unbestimmtheit, und später wurde darauf hingewiesen, wie die Funktion der gesetzten Rede, in welcher feste logische Urteile zum Ausdruck kommen, auf die Frau wie ein Sexualcharakter des Mannes wirkt. Was aber W sexuell anreizt, muß eine Eigenschaft von M sein. Ebenso macht Unbeugsamkeit des männlichen Charakters auf die Frau sexuellen Eindruck, sie mißachtet den Mann, der einem anderen nachgibt. Man pflegt in solchen Fällen oft von sittlichem Einfluß des Weibes auf den Mann zu reden, wo doch sie nur das sexuelle Komplement in seinen komplementierenden Eigenschaften voll und ganz sich zu erhalten strebt. Die Frauen verlangen vom Manne Männlichkeit, und glauben sich zur höchsten Entrüstung und Verachtung berechtigt, wenn der Mann ihre Erwartungen in diesem Punkt enttäuscht. So wird eine Frau, auch wenn sie noch so kokett und noch so verlogen ist, in Erbitterung und Empörung geraten, wenn sie beim Manne Spuren von Koketterie oder Lügenhaftigkeit wahrnimmt. Sie mag noch so feige sein: der Mann soll Mut beweisen. Daß dies nur sexueller Egoismus ist, der sich den ungetrübten Genuß seines Komplementes zu wahren sucht, wird gewöhnlich verkannt. Und so ist denn auch aus der Erfahrung kaum ein zwingenderer Beweis für die Seelenlosigkeit des Weibes zu führen als daraus, daß die Frauen vom Manne Seele verlangen, und Güte auf sie wirken kann, obwohl sie selbst nicht wirklich gut sind. Seele ist ein Sexualcharakter, der nicht anders und zu keinem anderen Zwecke beansprucht wird als große Muskelkraft oder kitzelnde Schnurrbartspitze. Man mag sich an der Kraßheit des Ausdruckes stoßen, an der Sache ist nichts zu ändern. – Die allerstärkste Wirkung endlich übt auf die Frau der männliche Wille. Und sie hat einen merkwürdig feinen Sinn dafür, ob das »Ich will« des Mannes bloß Anstrengung und Aufgeblasenheit oder wirkliche Entschlossenheit ist. Im letzteren Falle ist der Effekt ein ganz ungeheurer.

Wie kann nun aber eine Frau, wenn sie an sich seelenlos ist, Seele beim Manne perzipieren, wie seine Moralität beurteilen, da sie selbst amoralisch ist, wie seine Charakterstärke auffassen, ohne als Person Charakter zu haben, wie seinen Willen spüren, obgleich sie doch eigenen Willen nicht besitzt?

Hiemit ist das außerordentlich schwierige Problem formuliert, vor dem die Untersuchung weiterhin noch zu bestehen haben wird.

Bevor aber seine Lösung versucht werde, müssen die errungenen Positionen nach allen Seiten hin befestigt und gegen Angriffe geschützt werden, die in den Augen mancher imstande sein könnten, sie zu erschüttern.

X. Kapitel. Mutterschaft und Prostitution

Spezielle weibliche Charakterologie. Mutter und Dirne. Anlage zur Prostitution angeboren, aber nicht allein entscheidend. Einfluß des Mannes. Versehen. Verhältnis beider Typen zum Kinde. Die Frau polygam. Ehe und Treue. Sitte und Recht. Analogien zwischen Mutterschaft und Sexualität. Mutter und Gattungszweck. Die »alma« mater. Die Mutterliebe ethisch indifferent. Die Dirne außerhalb des Gattungszweckes. Die Prostituierte und die sozial anerkannte Moral. Die Prostituierte, der Verbrecher und Eroberer. Nochmals der »Willensmensch« und sein Verhältnis zum Genie. Hetäre und Imperator. Motiv der Dirne. Koitus Selbstzweck. Koketterie. Die Empfindungen des Weibes beim Koitus im Verhältnis zu seinem sonstigen Leben. Mutterrecht und Vaterschaft. Versehen und Infektionslehre. Die Dirne als Feindin. Bejahung und Verneinung. Lebensfreundlichkeit und Lebensfeindlichkeit. Keine Prostitution bei den Tieren. Rätsel im Ursprung.

Der Haupteinwand, welcher gegen die bisherige Darstellung wird erhoben werden, bezieht sich auf die Allgemeingültigkeit des Gesagten für alle Frauen. Bei einigen, bei vielen möge das zutreffen; aber es gebe doch auch andere ...

Es lag ursprünglich nicht in meiner Absicht, auf spezielle Formen der Weiblichkeit einzugehen. Die Frauen lassen sich nach mehreren Gesichtspunkten einteilen, und gewiß muß man sich hüten, das, was von einem extremen Typus gilt, der zwar überall nachweisbar ist, aber oft durch das Vorwalten gerade des entgegengesetzten Typus bis zur Unmerklichkeit zurückgedrängt wird, von der Allgemeinheit der Frauen in gleicher Weise zu behaupten. Es sind mehrere Einteilungen der Frauen möglich, und es gibt verschiedene Frauencharaktere; wenn auch das Wort Charakter hier nur im empirischen Verstande angewendet werden darf. Alle Charaktereigenschaften des Mannes finden merkwürdige, zu Amphibolien oft genug Anlaß bietende Analoga beim Weibe (einen interessanten Vergleich dieser Art zieht später dieses Kapitel): doch ist beim Manne der Charakter stets auch in die Sphäre des Intelligiblen getaucht, und dort mächtig verankert; hieraus wird denn die früher (S. 99) gerügte Vermischung der Seelenlehre mit der Charakterologie, und die Gemeinsamkeit im Schicksale beider, wieder eher begreiflich. Die charakterologischen Unterschiede unter den Frauen senden ihre Wurzeln nie so tief in den Urboden hinab, daß sie in die Entwicklung einer Individualität einzugehen vermöchten; und es gibt vielleicht gar keine weibliche Eigenschaft, die nicht im Laufe des Lebens, unter dem Einfluß des männlichen Willens, in der Frau modifiziert, zurückgedrängt, ja vernichtet werden könnte.

Was es unter ganz gleich männlichen oder ganz gleich weiblichen Individuen noch für Unterschiede geben möge, diese Frage hatte ich bisher mit Bedacht aus dem Spiele gelassen. Keineswegs, weil mit der Zurückführung psychologischer Differenzen auf das Prinzip der sexuellen Zwischenformen mehr gewonnen gewesen war als ein Leitfaden unter tausenden auf diesem verschlungensten aller Gebiete: sondern aus dem einfachen Grunde, weil jede Kreuzung mit einem anderen Prinzipe, jede Erweiterung der linearen Betrachtungen ins Flächenhafte störend gewirkt hätte bei diesem ersten Versuche einer gründlichen charakterologischen Orientierung, der weiter kommen wollte als bis zur Ermittlung von Temperamenten oder Sinnestypen.

Die spezielle weibliche Charakterologie soll einer besonderen Darstellung vorbehalten bleiben; aber schon diese Schrift ist nicht ohne Hinblick auf individuelle Differenzen unter den Frauen abgefaßt, und ich glaube so den Fehler falscher Verallgemeinerung vermieden und bisher nur solches behauptet zu haben, was unterschiedslos von allen gleich weiblichen Frauen in gleicher Weise und gleicher Stärke gilt. Nur auf W ganz allgemein ist es bisher angekommen. Da man aber meinen Darlegungen vornehmlich einen Typus unter den Frauen entgegenhalten wird, ergibt sich die Notwendigkeit, bereits hier ein Gegensatzpaar aus der Fülle herauszugreifen.

Allem Schlechten und Garstigen, das ich den Frauen nachgesagt habe, wird das Weib als Mutter entgegengehalten werden. Dieses erfordert also eine Besprechung. Seine Ergründung kann aber niemand in Angriff nehmen, ohne zugleich den Gegenpol der Mutter, welcher die für das Weib diametral konträre Möglichkeit verwirklicht zeigt, heranzuziehen; weil nur hiedurch der Muttertypus eine deutliche Abgrenzung erfährt, nur so die Eigenschaften der Mutter von allem Fremden scharf sich abheben können.

Jener der Mutter polar entgegengesetzte Typus ist die Dirne. Die Notwendigkeit gerade dieser Gegenüberstellung läßt sich ebensowenig deduzieren, wie daß Mann und Weib einander entgegengesetzt sind; wie man dies nur sieht und nicht beweist, so muß man auch jenes erschaut haben, oder es in der Wirklichkeit wiederzufinden trachten, um sich zu überzeugen, ob diese dem Schema sich bequem einordnet. Auf jene Restriktionen, die vorzunehmen sind, komme ich noch zu sprechen; einstweilen seien die Frauen betrachtet als stets von zwei Typen, einmal mehr vom einen, ein andermal mehr vom anderen etwas in sich tragend: diese Typen sind die Mutter und die Dirne.

Man würde diese Dichotomie mißverstehen, wenn man sie von einer populären Entgegensetzung nicht unterschiede. Man hat oft gesagt, das Weib sei sowohl Mutter als Geliebte. Den Sinn und Nutzen dieser Distinktion kann ich freilich nicht recht einsehen. Soll mit der Qualität der Geliebten das Stadium bezeichnet werden, welches der Mutterschaft notwendig vorhergeht? Dann kann es keinerlei dauernde charakterologische Eigentümlichkeit bezeichnen. Und was sagt denn der Begriff »Geliebte« über die Frau selbst aus, als daß sie geliebt wird? Fügt er ihr denn eine wesentliche oder nicht vielmehr eine ganz äußerliche Bestimmung zu? Geliebt werden mag sowohl die Mutter als die Dirne. Höchstens könnte man mit der »Geliebten« eine Gruppe von Frauen haben umschreiben wollen, die ungefähr in der Mitte zwischen den hier bezeichneten Polen sich aufhielte, eine Zwischenform von Mutter und Dirne; oder man hält es einer ausdrücklichen Feststellung für bedürftig, daß eine Mutter zum Vater ihrer Kinder in einem anderen Verhältnis stehe als zu ihren Kindern selbst, und Geliebte eben sei, insofern sie sich lieben läßt, d. h. dem Liebenden sich hingibt. Aber damit ist nichts gewonnen, weil dies beide, Mutter wie Prostituierte, gegebenenfalls in formal gleicher Weise tun können. Der Begriff der Geliebten sagt gar nichts über die Qualitäten des Wesens aus, das geliebt wird; wie natürlich, denn er soll nur das erste zeitliche Stadium im Leben einer und derselben Frau andeuten, an welches sich später als zweites die Mutterschaft schließt. Da also der Zustand der Geliebten doch nur ein akzidentelles Merkmal ihrer Person ist, wird jene Gegenüberstellung überdies ganz unlogisch, indem die Mutterschaft auch etwas Innerliches ist und nicht bloß die Tatsache anzeigt, daß eine Frau geboren hat. Worin dieses tiefere Wesen der Mutterschaft besteht, wird eben Aufgabe der jetzigen Untersuchung.

Daß Mutterschaft und Prostitution einander polar entgegengesetzt sind, ergibt sich mit großer Wahrscheinlichkeit allein schon aus der größeren Kinderzahl der guten Hausmütter, indes die Kokotte immer nur wenige Kinder hat, und die Gassendirne in der Mehrzahl der Fälle überhaupt steril ist. Es ist wohl zu beachten, daß nicht das käufliche Mädchen allein dem Dirnentypus angehört, sondern sehr viele unter den sogenannten anständigen Mädchen und verheirateten Frauen, ja selbst solche, die gar nie die Ehe brechen, nicht, weil die Gelegenheit nicht günstig genug ist, sondern weil sie selbst es nicht bis dahin kommen lassen. Man stoße sich also nicht an der Verwendung des Begriffes der Dirne, der ja erst noch zu analysieren ist, in einem viel weiteren Umfange als einem, der bloß auf feile Weiber sich erstreckt. Die Gassendirne unterscheidet sich von der angeseheneren Kokotte und der vornehmeren Hetäre bloß durch die absolute Unfähigkeit zu einer größeren Differenziertheit und durch ihren völligen Mangel an Gedächtnis, der ihr Leben zu einem Stunden- und Minutenleben, ohne den geringsten Zusammenhang von einem Tage zum andern, werden läßt. Überdies könnte der Dirnentypus auch dann zum Ausdruck kommen, wenn bloß ein Mann und ein Weib auf der Welt wären, denn er äußert sich bereits in dem spezifisch verschiedenen Verhalten zum einzelnen Manne.

Schon die Tatsache der geringeren Fruchtbarkeit würde mich der Pflicht einer Auseinandersetzung mit der allgemeinen Ansicht entheben, welche ein, notwendigerweise tief in der angebornen Natur eines Wesens gegründetes Phänomen, wie die Prostitution, ableiten will aus sozialen Mißständen, aus der Erwerbslosigkeit vieler Frauen, und daraufhin spezielle Anklagen gegen die heutige Gesellschaft erhebt, deren männliche Machthaber in ihrem ökonomischen Egoismus den unverheirateten Frauen die Möglichkeit eines rechtschaffenen Lebens so erschwerten; oder auf das Junggesellentum rekurriert, das ebenfalls angeblich nur materielle Gründe habe, und zu seiner notwendigen Ergänzung nach der Prostitution verlange. Oder soll doch angeführt werden: daß die Prostitution nicht bloß bei ärmlichen Gassendirnen zu suchen ist; daß wohlhabende Mädchen zuweilen sich aller Vorteile ihres Rufes begeben, und ein offenes Flanieren auf der Straße versteckten Liebschaften vorziehen – denn zur richtigen Prostitution gehört die Gasse –; daß viele Stellen in Geschäftsläden, in der Buchhaltung, im Post-, Telegraphen- und Telephondienste, wo immer eine rein schablonenmäßige Tätigkeit beansprucht wird, mit Vorliebe an Frauen vergeben werden, weil W viel weniger differenziert und eben darum bedürfnisloser ist als M, der Kapitalismus aber lange vor der Wissenschaft das weggehabt hat, daß man die Frauen ihrer niedrigeren Lebenshaltung wegen auch schlechter bezahlen dürfe. Übrigens findet selbst die junge Dirne, weil sie teueren Mietzins zu zahlen, eine nicht gewöhnliche Kleidung zu tragen und den Souteneur auszuhalten hat, meist nur sehr schwer ihr Auskommen. Wie tief der Hang zu ihrer Lebensweise in ihnen wurzelt, das bezeugt die häufige Erscheinung, daß Prostituierte, wenn sie geehelicht werden, wieder zu ihrem früheren Gewerbe zurückkehren. Die Prostituierten sind ferner vermöge unbekannter, aber offenbar in einer angebornen Konstitution liegender Ursachen gegen manche Infektionen oft immun, denen »rechtschaffene Frauen« meist unterliegen. Schließlich hat die

Prostitution immer bestanden und ist mit den Errungenschaften der kapitalistischen Ära keineswegs relativ gewachsen, ja, sie gehörte sogar zu den religiösen Institutionen gewisser Völker des Altertums, z. B. der Phönizier.

Die. Prostitution kann also keineswegs als etwas betrachtet werden, wohin erst der Mann die Frau gedrängt hat. Oft genug wird sicherlich ein Mann die Schuld tragen, wenn ein Mädchen ihren Dienst verlassen mußte und sich brotlos fand. Daß aber in solchem Falle zu etwas gegriffen werden kann, wie es die Prostitution ist, muß in der Natur des menschlichen. Weibes selbst liegen. Was nicht ist, kann auch nicht werden. Dem echten Manne, den materiell noch öfter ein widriges Schicksal trifft, und welcher Armut intensiver empfindet als das Weib, ist gleichwohl die Prostitution fremd, und männliche Prostituierte (unter Kellnern, Friseurgehilfen etc.) sind immer vorgerückte sexuelle Zwischenformen. Demnach ist die Eignung und der Hang zum Dirnentum ebenso wie die Anlage zur Mutterschaft in einem Weibe organisch, von der Geburt an vorhanden.

Damit soll aber nicht gesagt sein, jedes Weib, das zur Dirne werde, sei mit ausschließlich innerer Notwendigkeit dazu geworden. Es stecken vielleicht in den meisten Frauen beide Möglichkeiten, sowohl die Mutter als die Dirne; nur die Jungfrau – man entschuldige; ich weiß, es ist rücksichtslos gegen die Männer – nur die Jungfrau, die gibt es nicht. Worauf es in solchen Schwebefällen ankommt, das kann nur der Mann sein, der ein Weib zur Mutter zu machen auf jeden Fall durch seine Person imstande ist; nicht erst durch den Koitus, sondern durch ein einmaliges Anblicken. Schopenhauer hat bemerkt, der Mensch müsse sein Dasein streng genommen von dem Augenblicke datieren, da sein Vater und seine Mutter sich ineinander verliebt hätten. Das ist nicht richtig. Die Geburt eines Menschen müßte, im idealen Falle, in den Augenblick verlegt werden, wo eine Frau ihn , den Vater ihres Kindes, zum ersten Male erblickt oder auch nur seine Stimme hört. Die biologische und medizinische Wissenschaft, die Züchtungslehre und die Gynäkologie verhalten sich freilich, seit über sechzig Jahren, unter dem Einflusse von Johannes Müller, Th. Bischoff und Ch. Darwin, der Frage des

»Versehens« oder »Verschauens« gegenüber beinahe durchaus ablehnend. Es wird im weiteren eine Theorie des Versehens zu entwickeln versucht werden; hier möchte ich nur soviel bemerken, daß die Sache denn doch vielleicht nicht so steht, daß es kein Versehen geben dürfe, weil es mit der Ansicht sich nicht vertrage, daß bloß Samenzelle und Ei das neue Individuum bilden helfen; sondern es gibt ein Versehen, und die Wissenschaft soll trachten, es zu erklären, statt es als schlechterdings unmöglich in Abrede zu stellen, und zu tun, als ob sie in erfahrungswissenschaftlichen Dingen je über so viel Erfahrung verfügen könnte, um eine solche Behauptung aufstellen zu dürfen. In einer apriorischen Disziplin, wie der Mathematik, darf ich es getrost ausgeschlossen nennen, daß auf dem Planeten Jupiter 2 x 2 = 5 sei; die Biologie kennt nur Sätze von »komparativer Allgemeinheit« (Kant). Wenn ich hier für das Versehen eintreten und in seiner Leugnung eine Beschränktheit erblicken muß, will ich doch keineswegs behauptet haben, daß alle sogenannten Mißbildungen oder auch nur ein sehr großer Teil derselben in ihm ihren Grund haben. Es kommt vorläufig nur auf die Möglichkeit einer Beeinflussung der Nachkommenschaft ohne den Koitus mit der Mutter an. Und da möchte ich zu sagen wagen:[48] so wie sicherlich, wenn Schopenhauer und Goethe in der Farbenlehre einer Meinung sind, sie schon darum a priori gegen alle Physiker der Vergangenheit, Gegenwart und Zukunft recht haben dürften, ebenso wird etwas, das für Ibsen (»Frau vom Meer«) und Goethe (»Wahlverwandtschaften«) Wahrheit ist, noch nicht falsch durch das Gutachten sämtlicher medizinischer Fakultäten der Welt.

Der Mann übrigens, von dem eine so starke Wirkung auf die Frau erwartet werden könnte, daß ihr Kind auch dann ihm ähnlich würde, wenn es nicht aus seinem Samen sich entwickelt hat, dieser Mann müßte die Frau sexuell in äußerst vollkommener Weise ergänzen. Wenn demnach solche Fälle nur sehr selten sind, so liegt dies an der Unwahrscheinlichkeit eines Zusam-

---

48 Im Hinblick auf die Erörterungen des 8. Kapitels über das größere Ansehen, welches dem tieferen Blick des bedeutenden Geistes gebührt vor dem jeweiligen Stande der Wissenschaft. (S. 215)

mentreffens so vollständiger Komplemente, und darf keinen Einwand gegen die prinzipielle Möglichkeit solcher Tatsachen bilden, wie sie Goethe und Ibsen dargestellt haben.

Ob aber eine Frau jenen Mann trifft, der sie durch seine bloße Gegenwart zur Mutter seines Kindes macht, das ist Zufallssache. Insofern ist für viele Mütter und Prostituierte wohl die Denkbarkeit zuzugeben, daß sich ihre Lose umgekehrt hätten gestalten können. Aber anderseits gibt es nicht nur zahllose Beispiele, in welchen auch ohne diesen Mann die Frau im Mutter-Typus verbleibt, sondern es kommen ebenso zweifellos Fälle vor, wo dieser eine Mann auftritt, und doch auch sein Erscheinen die schließliche, endgültige Wendung zur Prostitution nicht zu hindern vermag.

Es bleibt demnach nichts übrig, als zwei angeborne, entgegengesetzte Veranlagungen anzunehmen, die sich auf die verschiedenen Frauen in verschiedenem Verhältnis verteilen: die absolute Mutter und die absolute Dirne. Zwischen beiden liegt die Wirklichkeit: es gibt sicherlich kein Weib ohne alle Dirneninstinkte (viele werden das leugnen und fragen, woran denn das Dirnenhafte in vielen Frauen erkennbar sei, die nichts weniger als Kokotten zu sein scheinen; ich verweise diesbezüglich einstweilen nur auf den Grad der Bereitschaft und Willigkeit, sich von irgend welchem Fremden unzüchtig berühren und diesen an sich anstreifen zu lassen; legt man diesen Maßstab an, so wird man finden, daß es keine absolute Mutter gibt). Ebensowenig aber existiert ein Weib, das aller mütterlichen Regungen bar wäre; obgleich ich gestehen muß, außerordentliche Annäherungen an die absolute Dirne viel öfter gefunden zu haben als solche Grade von Mütterlichkeit, hinter denen alles Dirnenhafte zurücktritt.

Das Wesen der Mutterschaft besteht, wie schon die erste und oberflächlichste Analyse des Begriffes ergibt, darin, daß die Erreichung des Kindes der Hauptzweck des Lebens der Mutter ist, indessen bei der absoluten Dirne dieser Zweck für die Begattung gänzlich in Wegfall gekommen scheint. Eine eingehendere

Untersuchung wird also vor allem zwei Dinge in Betracht ziehen und sehen müssen, wie sich Dirne und Mutter zu beiden verhalten: die Beziehung einer jeden zum Kinde, und ihre Beziehung zum Koitus.

Zunächst scheiden sich beide, Mutter und Dirne, durch der ersteren Verhältnis zum Kinde. Der absoluten Dirne liegt nur am Manne, der absoluten Mutter kann nur am Kinde gelegen sein. Prüfstein ist am sichersten das Verhältnis zur Tochter: nur wenn sie diese gar nie beneidet wegen größerer Jugend oder Schönheit, ihr nie die Bewunderung im geringsten mißgönnt, die sie bei den Männern findet, sondern sich vollständig mit ihr identifiziert und des Verehrers ihrer Tochter sich so freut, als wäre er ihr eigener Anbeter, nur dann ist sie Mutter zu nennen.

Die absolute Mutter, der es allein auf das Kind ankommt, wird Mutter durch jeden Mann. Man wird finden, daß Frauen, die in ihrer Kindheit eifriger als die anderen mit Puppen spielten, bereits als Mädchen Kinder sehr liebten und gern warteten, dem Manne gegenüber wenig wählerisch sind, sondern bereitwillig den ersten besten Gatten nehmen, der sie halbwegs zu versorgen imstande und ihren Eltern und Verwandten genehm ist. Wenn ein solches Mädchen aber, gleichgültig durch wen, Mutter geworden ist, so bekümmert es sich, im Idealfalle, um keinen anderen Mann mehr. Der absoluten Dirne hingegen sind, schon als Kind, Kinder ein Greuel; später benützt sie das Kind höchstens als Mittel, um durch Vortäuschung eines, auf Rührung des Mannes berechneten, Idylles zwischen Mutter und Kind diesen an sich zu locken. Sie ist das Weib, das allen Männern zu gefallen das Bedürfnis hat, und da es keine absolute Mutter gibt, wird man in jeder Frau mindestens noch die Spur dieser allgemeinen Gefallsucht entdecken können, welche nie auch nur auf einen Mann der Welt verzichtet.

Hier nimmt man übrigens eine formale Ähnlichkeit zwischen der absoluten Mutter und der absoluten Kokotte wahr. Beide sind eigentlich in bezug auf die Individualität des sexuellen Komplementes anspruchslos. Die eine nimmt jeden beliebigen Mann, der ihr zum Kinde dienlich ist, und bedarf keines weiteren Mannes, sobald sie das Kind hat: nur aus diesem Grunde ist sie »monogam« zu nennen. Die andere gibt sich jedem beliebigen Mann, der ihr zum erotischen Genusse verhilft: dieser ist für sie Selbstzweck. Hier berühren sich also die beiden Extreme, wir mögen somit hoffen, einen Durchblick auf das Wesen des Weibes überhaupt von da aus gewinnen zu können.

In der Tat muß ich die allgemeine Ansicht, welche ich lange geteilt habe, völlig verfehlt nennen, die Ansicht, daß das Weib monogam und der Mann polygam sei. Das Umgekehrte ist der Fall. Man darf sich nicht dadurch beirren lassen, daß die Frauen oft lange den Mann abwarten und, wenn möglich, wählen, der ihnen am meisten Wert zu schenken in der Lage ist – den Herrlichsten, Berühmtesten, den »Ersten unter Allen«. Dieses Bedürfnis scheidet das Weib vom Tiere, welches Wert überhaupt nicht, weder vor sich selbst, durch sich selbst (wie der Mann), noch vor einem anderen, durch einen anderen (wie das Weib) zu gewinnen trachtet. Aber nur von Dummköpfen konnte es im rühmenden Sinne hervorgehoben werden, da es doch am sichersten zeigt, wie die Frau alles Eigenwertes entbehrt. Dieses Bedürfnis nun verlangt allerdings nach Befriedigung; es liegt aber in ihm durchaus nicht der sittliche Gedanke der Monogamie. Der Mann ist in der Lage, Wert zu spenden, Wert zu übertragen an die Frau, er kann schenken, er will auch schenken; nie könnte er seinen Wert, wie das Weib, als Beschenkter finden. Die Frau sucht also zwar sich möglichst viel Wert zu verschaffen, indem sie ihre Erwählung durch jenen einen Mann betreibt, der ihr den meisten Wert geben kann; der Ehe aber liegen, beim Manne, ganz andere Motive zugrunde. Sie ist jedenfalls ursprünglich als die Vollendung der idealen Liebe, als eine Erfüllung gedacht, auch wenn es sehr fraglich ist, ob sie so viel je wirklich leisten kann. Sie ist ferner durchdrungen von dem ganz und gar männlichen Gedanken der Treue (die Kontinuität, ein intelligibles Ich, voraussetzt). Man wird zwar oft das Weib treuer nennen hören als den Mann; die Treue des Mannes ist nämlich für ihn ein Zwang, den er sich, allerdings im freien Willen und mit vollem Bewußtsein, auferlegt hat. Er wird an diese Selbstbindung oft sich nicht kehren, aber dies stets als sein

Unrecht betrachten oder irgendwie fühlen. Wenn er die Ehe bricht, so hat er sein intelligibles Wesen nicht zu Worte kommen lassen. Für die Frau ist der Ehebruch ein kitzelndes Spiel, in welchem der Gedanke der Sittlichkeit gar nicht, sondern nur die Motive der Sicherheit und des Rufes mitsprechen. Es gibt kein Weib, das in Gedanken ihrem Manne nie untreu geworden wäre, ohne daß es aber darum dies auch schon sich vorwürfe. Denn das Weib geht die Ehe zitternd und voll unbewußter Begier ein und bricht sie, da es kein der Zeitlichkeit entrücktes Ich hat, so erwartungsvoll, so gedankenlos, wie es sie geschlossen hat. Jenes Motiv, das einem Vertrage Treue wahren heißt, kann nur beim Manne sich finden; für die bindende Kraft eines gegebenen Wortes fehlt der Frau das Verständnis. Was man als Beispiele weiblicher Treue anführt, beweist hiegegen wenig. Sie ist entweder die lange Nachwirkung eines intensiven Verhältnisses sexueller Folgsamkeit (Penelope) oder dieses Hörigkeitsverhältnis selbst, hündisch, nachlaufend, voll instinktiver zäher Anhänglichkeit, vergleichbar der körperlichen Nähe als Bedingung alles weiblichen Mitleidens (Das Käthchen von Heilbronn).

Die Ein-Ehe hat also der Mann geschaffen. Sie hat ihren Ursprung im Gedanken der männlichen Individualität, die im Wandel der Zeiten unverändert fortdauert; und demnach zu ihrer vollen Ergänzung stets nur eines und desselben Wesens bedürfen kann. Insoweit liegt in dem Plane der Ein-Ehe unleugbar etwas Höheres und findet die Aufnahme derselben unter die Sakramente der katholischen Kirche eine gewisse Rechtfertigung. Dennoch soll hiemit in der Frage »Ehe oder freie Liebe« nicht Partei ergriffen sein. Auf dem Boden irgend welcher Abweichungen vom strengsten Sittengesetz – und eine solche Abweichung liegt in jeder empirischen Ehe – sind völlig befriedigende Problemlösungen nie mehr möglich: zugleich mit der Ehe ist der Ehe bruch auf die Welt gekommen.

Trotzdem kann die Ehe nur vom Manne eingesetzt sein. Es gibt kein Rechtsinstitut weiblichen Ursprungs, alles Recht rührt vom Manne, und nur viele Sitte vom Weibe her (schon darum wäre es ganz verfehlt, das Recht aus der Sitte, oder umgekehrt die Sitte aus dem Recht hervorgehen zu lassen. Beide sind ganz heterogene Dinge). Ordnung in wirre sexuelle Verhältnisse zu bringen, dazu kann, wie nach Ordnung, nach Regel, nach Gesetz überhaupt (im praktischen wie theoretischen), nur der Mann – donna è mobile – das Bedürfnis und die Kraft besessen haben. Und es scheint ja wirklich für viele Völker eine Zeit gegeben zu haben, da die Frauen auf die soziale Gestaltung großen Einfluß nehmen durften; aber damals gab es nichts weniger als Ehe: die Zeit des Matriarchats ist die Zeit der Vielmännerei. –

Das ungleiche Verhältnis der Mutter und der Dirne zum Kinde ist reich an weiteren Aufschlüssen. Ein Weib, das vorwiegend Dirne ist, wird auch in seinem Sohne zunächst dessen Mannheit wahrnehmen und stets in einem sexuellen Verhältnis zu ihm stehen. Da aber kein Weib ganz mütterlich ist, läßt es sich nicht verkennen, daß ein letzter Rest sexueller Wirkung von jedem Sohne auf seine Mutter ausgeht. Darum bezeichnete ich früher das Verhältnis zur Tochter als den zuverlässigsten Maßstab der Mutterliebe. Sicherlich steht anderseits auch jeder Sohn zu seiner Mutter in einer, wenn auch vor den Blicken beider noch so verschleierten, sexuellen Beziehung. In der ersten Zeit der Pubertät kommt dies bei den meisten Männern, bei manchen selbst noch später hin und wieder, aus seiner Zurückdrängung im wachen Bewußtsein, durch sexuelle Phantasien während des Schlafes, deren Objekt die Mutter bildet, zum Vorschein (»Ödipus-Traum«). Daß aber auch im eigentlichsten Verhältnis der echten Mutter zum Kinde noch ein tiefes, sexuelles Verschmolzenheitselement steckt, darauf scheinen die Wollustgefühle hinzudeuten, welche die Frau bei der Laktation so unzweifelhaft empfindet, wie die anatomische Tatsache feststeht, daß sich unter der weiblichen Brustwarze erektiles Gewebe befindet und von den Physiologen ermittelt ist, daß durch Reizung von diesem Punkte aus Zusammenziehungen der Gebärmuttermuskulatur ausgelöst werden können. Sowohl die Passivität, welche für das Weib aus dem aktiven Saugen des Kindes resultiert,[49]

---

[49] Die kindliche Rücksichtslosigkeit in der Bewegung, das Hinwollen nach allem, wonach ein augenblickliches Gelüste drängt, das eigensinnigblinde Verlangen und Ergreifen bringt für das Weib genug von jener Passivität mit sich, die es im Sexuellen

als auch der Zustand inniger körperlicher Berührung während der Spende der Muttermilch stellen eine sehr vollkommene Analogie zum Verhalten des Weibes im Koitus her; sie lassen es begreiflich erscheinen, daß die monatlichen Blutungen auch während der Laktation pausieren, und geben der unklaren, aber tiefen Eifersucht des Mannes schon auf den Säugling ein gewisses Recht. Das Nähren des Kindes ist aber eine durchaus mütterliche Beschäftigung; je mehr eine Frau Dirne ist, desto weniger wird sie ihr Kind selbst stillen wollen, desto schlechter wird sie es können. Es läßt sich also nicht leugnen, daß das Verhältnis Mutter–Kind an sich bereits ein dem Verhältnis Weib–Mann verwandtes ist.

Die Mütterlichkeit ist ferner gleich allgemein wie die Sexualität, und den verschiedenen Wesen gegenüber so abgestuft wie diese. Wenn eine Frau mütterlich ist, muß ihre Mütterlichkeit nicht nur dem leiblichen Kinde gegenüber sich offenbaren, sondern auch schon vorher und jedem Menschen gegenüber zum Ausdruck kommen; wenngleich das Interesse für das eigene Kind später alles andere absorbiert und die Mutter im Falle eines Konfliktes durchaus engherzig, blind und ungerecht macht. Am interessantesten ist hier das Verhältnis des mütterlichen Mädchens zum Geliebten. Mütterliche Frauen nämlich sind schon als Mädchen dem Manne gegenüber, den sie lieben, selbst gegen jenen Mann, der später Vater ihres Kindes wird, Mütter; er ist selbst schon in gewissem Sinne ihr Kind. In diesem Mutter und liebender Frau Gemeinsamen[50] offenbart sich uns das tiefste Wesen dieses Weibestypus: es ist der fortlaufende Wurzelstock der Gattung, den die Mütter bilden, das nie endende, mit dem Boden verwachsene Rhizom, von dem sich der einzelne Mann als Individuum abhebt und dem gegenüber er seiner Vergänglichkeit inne wird. Dieser Gedanke ist es. mehr oder weniger bewußt, welcher den Mann selbst das mütterliche Einzelwesen, auch schon als Mädchen, in einer gewissen Ewigkeit erblicken

---

(nach dem engeren Begriffe) überall kundtut.

50 Das die größten Dichter erkannt haben. Man denke an die Identifikation der Aase und Solveig am Schlusse von Ibsens »Peer Gynt« und an die Verknüpfung der Herzeleide mit der Kundry in der Verführung des Wagnerschen Parsifal.

läßt,[51] der das schwangere Weib zu einer großen Idee macht (
Zola). Die ungeheure Sicherheit der Gattung, aber freilich sonst
nichts, liegt in dem Schweigen dieser Geschöpfe, vor dem sich
der Mann für Augenblicke sogar klein fühlen kann. Ein gewisser Friede, eine große Ruhe mag in solchen Minuten über ihn
kommen, ein Schweigen aller höheren und tieferen Sehnsucht,
und er mag so für Momente wirklich wähnen, den tiefsten Zusammenhang mit der Welt durch das Weib gefunden zu haben.
Wird er doch beim geliebten Weib dann ebenfalls zum Kinde (
Siegfried bei Brünnhilde, dritter Akt); zum Kinde, das die Mutter lächelnd betrachtet, für das sie unendlich viel weiß, dem sie
Pflege angedeihen läßt, das sie zähmt und im Zaum hält. Aber
nur auf Sekunden (Siegfried reißt sich von Brünnhilde). Denn
was den Mann ausmacht, ist ja nur, was ihn von der Gattung
loslöst, indem es ihn über sie erhebt. Darum ist die Vaterschaft
durchaus nicht die Befriedigung seines tiefsten Gemütsbedürf-
nisses, darum ist ihm der Gedanke, in der Gattung auf-, in ihr
unterzugehen, entsetzlich; und das fürchterlichste Kapitel in
dem trostärmsten unter den großen Büchern der menschlichen
Literatur, in der »Welt als Wille und Vorstellung«, das »Über den
Tod und sein Verhältnis zur Unzerstörbarkeit unseres Wesens
an sich«, wo diese Unendlichkeit des Gattungswillens als die
einzig wirkliche Fortdauer hingestellt ist.

Die Sicherheit der Gattung ist es, welche die Mutter mutig
und unerschrocken macht im Gegensatz zur stets feigen und
furchtsamen Prostituierten. Es ist nicht der Mut der Individualität, der moralische Mut, der aus der Werthaltung der Wahrheit und der Unbeugsamkeit des innerlich Freien folgt, sondern
der Lebenswille der Gattung, welche durch die Einzelperson
der Mutter das Kind und selbst den Mann schützt. Wie vom Be-
griffspaare Mut und Feigheit, so ist auch vom Gegensatze Hoffnung – Furcht die Hoffnung der Mutter, die Furcht der Dirne
zugefallen. Die absolute Mutter ist sozusagen stets und in jeder
Beziehung »in der Hoffnung«; da sie in der Gattung unsterblich
ist, kennt sie auch keine Furcht vor dem Tode, vor dem die Dirne

51 »Ewig war ich, ewig in süß sehender Wonne, doch ewig zu Deinem Heil«
(Brünnhilde zu Siegfried).«

eine entsetzliche Angst hat, ohne im geringsten ein individuelles Unsterblichkeitsbedürfnis zu hegen – ein Beweis mehr, wie falsch es ist, das Begehren nach persönlicher Fortdauer bloß auf die Furcht vor dem körperlichen Tode und das Wissen um diesen zurückzuführen.

Die Mutter fühlt sich dem Manne stets überlegen, sie weiß sich als seinen Anker; indes sie selbst in der geschlossenen Kette der Generationen wohl gesichert, gleichsam den Hafen vorstellt, aus dem jedes Schiff neu ausläuft, steuert der Mann weit draußen allein auf hoher See. Die Mutter ist, im höchsten Alter noch, immer bereit, das Kind zu empfangen und zu bergen; bereits in der Konzeption des Kindes lag psychisch, wie sich zeigen wird, für die Mutter dieses Moment, in der Schwangerschaft tritt das andere des Schutzes und der Nahrung ganz deutlich zutage. Dieses Überlegenheitsverhältnis kommt auch vor dem Geliebten zum Vorschein: die Mutter hat Verständnis für das Naive und Kindliche, für die Einfalt im Manne, die Hetäre für seine Feinheiten und sein Raffinement. Die Mutter hat das Bedürfnis, ihr Kind zu lehren, ihm alles zu geben, sei dieses Kind auch der Geliebte; die Hetäre brennt darauf, daß ihr der Mann imponiere, sie will ihm selbst erst alles verdanken. Die Mutter als Vertreterin des Genus, das sich in jedem seiner Angehörigen auswirkt, ist freundlich gegen alle Mitglieder der Gattung (selbst jede Tochter ist in diesem Sinne noch die Mutter ihres Vaters); erst wenn die Interessen der engeren Kinder auf dem Spiele stehen, wird sie, aber dann auch in einem außerordentlichen Grade, exklusiv; die Dirne ist nie so liebreich und nie so engherzig, wie die Mutter es sein kann.

Die Mutter steht ganz unter dem Gattungszweck; die Prostituierte steht außerhalb desselben. Ja, die Gattung hat eigentlich nur diesen einen Anwalt, diese eine Priesterin, die Mutter; der Wille des Genus kommt nur in ihr rein zum Ausdruck, während bereits die Erscheinung der Dirne den Beweis dafür liefert, daß Schopenhauers Lehre, es handle sich in aller Sexualität nur um die Zusammensetzung der künftigen Generation, unmöglich allgemein zutreffen kann. Daß es der Mutter nur auf das Leben ihrer Gattung ankommt, wird auch daraus ersichtlich, daß mütterliche Frauen es sind, die gegen Tiere am meisten Härte beweisen. Man muß beobachtet haben, mit welcher unerschütterlichen Ruhe, wie durchdrungen von der Verdienstlichkeit ihres Amtes die gute Hausfrau und Mutter ein Huhn nach dem anderen schlachtet. Denn die Kehrseite der Mutterschaft ist die Stiefmutterschaft; jede Mutter ihrer Kinder ist Stiefmutter aller anderen Geschöpfe.

Noch auffallender als diese Bestätigung fällt für den Zusammenhang der Mutter mit der Erhaltung der Gattung ihr eigentümlich inniges Verhältnis zu allem ins Gewicht, was irgendwie zur Nahrung dient. Sie kann es nicht ertragen, daß irgend etwas, das hätte gegessen werden können, sei es auch ein noch so geringfügiger Rest, zugrunde gehe. Ganz anders die Dirne, die nach Willkür, ohne rechten Grund jetzt große Quantitäten an Vorräten zum Essen und Trinken beschafft, um sie dann haufenweise »stehen« zu lassen. Die Mutter ist überhaupt geizig und kleinlich, die Prostituierte verschwenderisch, launisch. Denn die Erhaltung der Gattung ist der Zweck, für den die Mutter lebt; so sorgt sie sich eifrig darum, daß die von ihr Bemutterten sich satt essen, und durch nichts ist sie so zu erfreuen, wie durch einen gesegneten Appetit. Damit hängt ihr Verhältnis zum Brote, zu allem, was Wirtschaft heißt, zusammen. Ceres ist eine gute Mutter, eine Tatsache, die in ihrem griechischen Namen Demeter deutlich zum Ausdruck kommt. So pflegt die Mutter die Physis, nicht aber die Psyche des Kindes.[52] Das Verhältnis zwischen Mutter und Kind bleibt von seiten der Mutter immer ein körperliches: vom Küssen und Herzen des Kleinen bis zu der umgebenden und einwickelnden Sorge für den Erwachsenen. Auch das aller Vernunft bare Entzücken über jedwede Lebensäußerung des kleinen Säuglings ist nicht anders zu verstehen, als aus dieser einzigen Aufgabe der Erhaltung und Hut des irdischen Daseins.

Daraus ergibt sich aber auch, warum die Mutterliebe nicht wahrhaft sittlich hochgeschätzt werden kann. Es frage sich je-

52 Man vergleiche in Ibsens »Peer Gynt«, 2. Akt, das Gespräch zwischen dem Vater der Solveig und Aase (einer der bestgezeichneten »Mütter« der schönen Literatur) auf der Suche nach ihrem Sohn: Aase: »... Wir finden ihn!« Der Mann: »Retten die Seel'!«Aase: »Und den Leib!«

der aufrichtig, ob er glaubt, daß ihn seine Mutter nicht ebenso lieben würde, wenn er ganz anders wäre, als er ist, ob ihre
Neigung geringer würde, wenn er nicht er, sondern ein ganz
anderer Mensch wäre! Hier liegt der springende Punkt, und
hier sollen diejenigen Rede stehen, welche von der moralischen
Hochachtung des Weibes um der Mutterliebe willen nicht lassen
wollen. Die Individualität des Kindes ist der Mutterliebe ganz
gleichgültig, ihr genügt die bloße Tatsache der Kindschaft: und
dies ist eben das Unsittliche an ihr. In jeder Liebe von Mann und
Weib, auch in jeder Liebe innerhalb des gleichen Geschlechtes,
kommt es sonst immer auf ein bestimmtes Wesen mit ganz besonderen körperlichen und psychischen Eigenschaften an; nur
die Mutterliebe erstreckt sich wahllos auf alles, was die Mutter
je in ihrem Schoß getragen hat. Es ist ein grausames Geständ-
nis, das man sich macht, grausam gegen Mutter und Kind, das
gerade hierin sich offenbart, wie vollkommen unethisch die
Mutterliebe eigentlich ist, jene Liebe, die ganz gleich fortwährt,
ob der Sohn ein Heiliger oder ein Verbrecher, ein König oder
ein Bettler werde, ein Engel bleibe oder zum Scheusal entarte.
Nicht minder gemein freilich ist der Anspruch, den so oft die
Kinder auf die Liebe ihrer Mutter zu haben glauben, bloß weil
sie deren Kinder sind (besonders gilt dies von den Töchtern; indessen sind auch die Söhne in diesem Punkte meist fahrlässig).
Die Mutterliebe ist darum unmoralisch, weil sie kein Verhältnis
zum fremden Ich ist, sondern ein Verwachsensein von Anfang
an darstellt; sie ist, wie alle Unsittlichkeit gegen andere, eine
Grenzüberschreitung. Es gibt ein ethisches Verhältnis nur von
Individualität zu Individualität. Die Mutterliebe schaltet die Individualität aus, indem sie wahllos und zudringlich ist. Das Verhältnis der Mutter zum Kinde ist in alle Ewigkeit ein System von
reflexartigen Verbindungen zwischen diesem und jener. Schreit
oder weint das Kleine, während die Mutter im Nebenzimmer
sitzt, plötzlich auf, so wird die Mutter wie gestochen emporfah-
ren und zu ihm hineineilen (eine gute Gelegenheit, um sofort zu
erkennen, was eine Frau mehr ist, Mutter oder Dirne); und auch
später teilt sich jeder Wunsch, jede Klage des Erwachsenen der
Mutter augenblicklich mit, wird auf sie gleichsam fortgeleitet,

pflanzt sich auf sie über, und wird unbesehen, unaufgehalten ihr Wunsch, ihre Klage. Eine nie unterbrochene Leitung zwischen der Mutter und allem, was je durch eine Nabelschnur mit ihr verbunden war: das ist das Wesen der Mutterschaft, und ich kann darum in die allgemeine Bewunderung der Mutterliebe nicht einstimmen, sondern muß gerade das an ihr verwerflich finden, was an ihr so oft gepriesen wird: ihre Wahllosigkeit. Ich glaube übrigens, daß von vielen hervorragenderen Denkern und Künstlern dies wohl erkannt und nur verschwiegen worden ist; die früher so verbreitete maßlose Überschätzung Rafaels ist gewichen, und sonst stehen die Sänger der Mutterliebe eben doch nicht höher als Fischart oder als Richepin. Die Mutterliebe ist instinktiv und triebhaft: auch die Tiere kennen sie, nicht weniger als die Menschen. Damit allein wäre aber schon bewiesen, daß diese Art der Liebe keine echte Liebe, daß dieser Altruismus keine wahre Sittlichkeit sein kann; denn alle Moral stammt von jenem intelligiblen Charakter, dessen die gänzlich unfreien tierischen Geschöpfe entraten. Dem ethischen Imperative kann nur von einem vernünftigen Wesen gehorcht werden; es gibt keine triebhafte, sondern nur bewußte Sittlichkeit.

Ihre Stellung außerhalb des Gattungszweckes, der Umstand, daß sie nicht bloß als Aufenthaltsort und Behälter, gleichsam nur zum ewigen Durchpassieren für neue Wesen dient und sich nicht darin verzehrt, diesen Nahrung zu geben, stellt die Hetäre in gewisser Beziehung über die Mutter; soweit dort von ethisch höherem Standort überhaupt die Rede sein kann, wo es sich um zwei Weiber handelt. Die Mutter, die ganz in Pflege und Kleidung von Mann und Kind, in Besorgung oder Aufsicht von Küche und Haus, Garten und Feld aufgeht, steht fast immer intellektuell sehr tief. Die geistig höchstentwickelten Frauen, alles, was dem Manne irgendwie Muse wird, gehört in die Kategorie der Prostituierten: zu diesem, dem Aspasien-Typus, sind die Frauen der Romantik zu rechnen, vor allem die hervorragendste unter ihnen, Karoline Michaelis -Böhmer-Forster-Schlegel-Schelling.

Es hängt damit zusammen, daß nur solche Männer sexuell von der Mutter sich angezogen fühlen, die kein Bedürfnis nach geistiger Produktivität haben. Wessen Vaterschaft sich auf leibliche Kinder beschränkt, von dem ist es ja auch zu erwarten, daß er die fruchtbare Frau, die Mutter, erwählen wird vor der anderen. Bedeutende Menschen haben stets nur Prostituierte geliebt;[53] ihre Wahl fällt auf das sterile Weib, wie sie selbst, wenn überhaupt eine Nachkommenschaft, so stets eine lebensunfähige, bald aussterbende hervorbringen – was vielleicht einen tiefen ethischen Grund hat. Die irdische Vaterschaft nämlich ist ebenso geringwertig wie die Mutterschaft; sie ist unsittlich, wie sich später zeigen wird (Kapitel 14); und sie ist unlogisch, denn sie stellt in jeder Beziehung eine Illusion vor: wie weit er Vater seines Kindes ist, dessen ist kein Mensch je gewiß. Und auch ihre Dauer ist am Ende immer kurz und vergänglich: jedes Geschlecht und jede Rasse der Menschheit ist schließlich zugrunde gegangen und erloschen.

Die so verbreitete, so ausschließliche und geradezu ehrfürchtige Wertschätzung der mütterlichen Frau, die man dann gern noch für den alleinigen und einzig echten Typus des Weibes auszugeben pflegt, ist nach alledem völlig unberechtigt; obwohl von fast allen Männern zähe an ihr festgehalten, ja gewöhnlich noch behauptet wird, daß jede Frau erst als Mutter ihre Vollendung finde. Ich gestehe, daß mir die Prostituierte, nicht als Person, sondern als Phänomen weit mehr imponiert.

Die allgemeine Höherstellung der Mutter hat verschiedene Gründe. Vor allem scheint sie, da ihr am Manne an sich nichts oder nur so viel liegt, als er Kind ist, eher geeignet, dem Virginitätsideal zu entsprechen, das, wie sich zeigen wird, stets erst der Mann aus einem gewissen Bedürfnis an die Frau heranbringt; welcher Keuschheit ursprünglich fremd ist, der nach Kindern begehrenden Mutter ganz ebenso wie der männersüchtigen Dirne.

Jenen Schein großer Sittlichkeit vergilt ihr der Mann durch die, an und für sich ganz unbegründete, moralische und soziale Erhebung über die Prostituierte. Diese ist das Weib, das sich den Wertungen des Mannes und dem von ihm bei der Frau gesuchten Keuschheitsideale nie gefügt, sondern stets, in verborgenem Sträuben als Weltdame, in passivem leisen Widerstande

53 Ich rede natürlich, die ganze Zeit über, nicht bloß vom käuflichen Gassenmädchen.

als Halbweltlerin, in offener Demonstration als Gassendirne, widersetzt hat. Hieraus allein erklärt sich die Sonderposition, die Stellung außer aller sozialen Achtung, ja nahezu außer Recht und Gesetz, welche die Prostituierte heute fast überall einnimmt. Die Mutter hatte es leicht, sich dem sittlichen Willen des Mannes zu unterwerfen, da es ihr nur auf das Kind, auf das Leben der Gattung ankam.

Ganz anders die Dirne. Sie lebt wenigstens ihr eigenes Leben ganz und gar,[54] wenn sie auch dafür – im extremen Falle – mit dem Ausschluß aus der Gesellschaft bestraft wird. Sie ist zwar nicht mutig wie die Mutter, vielmehr feige durch und durch, aber sie besitzt auch das stete Korrelat der Feigheit, die Frechheit, und so hat sie wenigstens die Unverschämtheit ihrer Schamlosigkeit. Von Natur zur Vielmännerei veranlagt, und immer mehr Männer anziehend als bloß den einen Gründer einer Familie, ihren Trieben Lauf lassend und sie wie im Trotze befriedigend, fühlt sie sich als Herrscherin, und die tiefste Selbstverständlichkeit ist ihr, daß sie Macht habe. Die Mutter ist leicht zu kränken oder zu empören, die Prostituierte kann niemand verletzen, niemand beleidigen; denn die Mutter hat als Hüterin des Genus, der Familie eine gewisse Ehre, die Prostituierte hat auf alles soziale Ansehen verzichtet, und das ist ihr Stolz, darum wirft sie den Nacken zurück. Den Gedanken aber, daß sie keine Macht habe, vermöchte sie nicht zu fassen (»La maîtresse«). Sie erwartet es und kann es gar nicht anders glauben, als daß alle Menschen sich mit ihr befassen, nur an sie denken, für sie leben. Und tatsächlich ist sie es auch – sie, das Weib als Dame –, welche die meiste Macht unter den Menschen besitzt, den größten, ja den alleinigen Einfluß ausübt in allem Menschenleben, das nicht durch männliche Verbände (vom Turnverein bis zum Staat) geregelt ist.

Sie bildet hier das Analogon zum großen Eroberer auf politischem Gebiet. Wie dieser, wie Alexander und Napoleon, wird die ganz große, ganz bezaubernde Dirne vielleicht nur alle tausend Jahre einmal geboren, aber dann feiert sie auch, wie dieser, ihren Siegeszug durch die ganze Welt.

54 Hiemit dürfte es zusammenhängen, daß die Prostituierte körperlich, was manchem seltsam scheinen wird, mehr als die Mutter auf Reinheit achtet.

Jeder solche Mann steht immer in einer gewissen Verwandtschaft zur Prostituierten (jeder Politiker ist irgendwie Volkstribun, und im Tribunat steckt ein Element der Prostitution); wie er ist die Prostituierte, im Gefühle ihrer Macht, vor dem Manne nie im geringsten verlegen, während es jeder Mann gerade ihr und ihm gegenüber immer ist. Wie der große Tribun glaubt sie jeden Menschen, mit dem sie spricht, zu beglücken – man beobachte ein solches Weib, wenn es einen Polizeimann um eine Auskunft bittet, wenn es in ein Geschäft tritt; gleichgültig ob Männer oder Frauen darin angestellt sind, gleichgültig wie klein der Einkauf ist, den sie macht: immer glaubt sie Gaben auszuteilen nach allen Seiten hin. Man wird in jedem gebornen Politiker dieselben Elemente entdecken. Und die Menschen, alle Menschen haben beiden gegenüber – man denke, sogar der selbstbewußte Goethe in seinem Verhalten gegen Napoleon zu Erfurt – tatsächlich und unwiderstehlich das Gefühl, beschenkt worden zu sein (Pandora-Mythus; Geburt der Venus: die aus dem Meere aufsteigt und bereits darbietend um sich blickt).

Hiemit bin ich, wie ich im fünften Kapitel[55] versprochen habe, nochmals zu den »Männern der Tat« auf einen Augenblick zurückgekehrt. Selbst ein so tiefer Mensch wie Carlyle hat sie hochgewertet, ja »the hero as king« zuletzt, zuhöchst unter allen Heroen gesetzt. Es wurde schon an jener Stelle gezeigt, warum dies nicht zutreffen kann. Ich darf jetzt weiter darauf hinweisen, wie alle großen Politiker Lüge und Betrug zu brauchen nicht scheuen, auch die größten nicht, Caesar, Cromwell, Napoleon; wie Alexander der Große sogar zum Mörder wurde und sich seine Schuld von einem Sophisten nachträglich bereitwillig ausreden ließ. Verlogenheit aber ist unvereinbar mit Genialität; Napoleon hat auf St. Helena von Lüge gesättigte, von Sentimentalität triefende Memoiren geschrieben, und sein letztes Wort war noch die altruistische Pose, daß er stets nur Frankreich geliebt habe. Napoleon, die größte Erscheinung unter allen, zeigt auch am deutlichsten, daß die »großen Willensmenschen« Verbrecher, und demnach keine Genies sind. Ihn kann man nicht anders verstehen als aus der ungeheuren Intensität,

---

55 S. 171 f.

mit der er sich selbst floh: nur so ist alle Eroberung, im großen wie im kleinen, zu erklären. Über sich selbst mochte Napoleon nie nachdenken, nicht eine Stunde durfte er ohne große äußere Dinge bleiben, die ihn ganz ausfüllen sollten: darum mußte er die Welt erobern. Da er große Anlagen hatte, größere als jeder Imperator vor ihm, brauchte er mehr, um alle Gegenstimmen in sich zum Schweigen zu bringen. Übertäubung seines besseren Selbst, das war das gewaltige Motiv seines Ehrgeizes. Der höhere, der bedeutende Mensch mag zwar das gemeine Bedürfnis nach Bewunderung oder nach dem Ruhme teilen, aber nicht den Ehrgeiz als das Bestreben, alle Dinge in der Welt mit sich als empirischer Person zu verknüpfen, sie von sich abhängig zu machen, um auf den eigenen Namen alle Dinge der Welt zu einer unendlichen Pyramide zu häufen. Darum verläßt aber auch allmählich den Imperator der sichere Sinn für das Wirkliche (darum wird er epileptisch): weil er dem Objekte alle Freiheit nimmt[56] und sich in eine verbrecherische Verbindung mit den Dingen setzt, weil sie ihm nur Mittel und Sockel und Steigbügel werden für seine kleine Person und ihre egoistischen, habsüchtigen Zwecke. Der große Mensch hat Grenzen, denn er ist die Monade der Monaden, und – dies ist eben jene letzte Tatsache – gleichzeitig der bewußte Mikrokosmus, pantogen, er hat die ganze Welt in sich, er sieht, im vollständigsten Falle, bei der ersten Erfahrung, die er macht, klar ihre Zusammenhänge im All, und er bedarf darum zwar der Erlebnisse, aber keiner Induktion; der große Tribun und die große Hetäre sind die absolut grenzenlosen Menschen, welche die ganze Welt zur Dekoration und Erhöhung ihres empirischen Ich gebrauchen. Darum sind beide jeder Liebe, Neigung und Freundschaft unfähig, lieblos, liebeleer.

Man denke an das tiefe Märchen von dem König, der die Sterne erobern wollte! Es enthüllt strahlend und grell die Idee des Imperators. Der wahre Genius gibt sich selbst seine Ehre, und am allerwenigsten setzt er sich in jenes Wechselverhältnis gegenseitiger Abhängigkeit zum Pöbel, wie dies jeder Tribun tut. Denn im großen Politiker steckt nicht nur ein Spekulant und

---

56 Vgl. Kap. 9, S. 239 f.

Milliardär, sondern auch ein Bänkelsänger; er ist nicht nur großer Schachspieler, sondern auch großer Schauspieler; er ist nicht nur ein Despot, sondern auch ein Gunstbuhler; er prostituiert nicht nur, er ist auch eine große Prostituierte. Es gibt keinen Politiker, keinen Feldherrn, der nicht »hinabstiege«. Seine Hinabstiege sind ja berühmt, sie sind seine Sexualakte! Auch zum richtigen Tribun gehört die Gasse. Das Ergänzungsverhältnis zum Pöbel ist geradezu konstitutiv für den Politiker. Er kann überhaupt nur Pöbel brauchen; mit den anderen, den Individualitäten, räumt er auf, wenn er unklug ist, oder heuchelt sie zu schätzen, um sie unschädlich zu machen, wenn er so gerieben ist wie Napoleon. Seine Abhängigkeit vom Pöbel hat dieser denn auch am feinsten gespürt. Ein Politiker kann durchaus nicht alles Beliebige unternehmen, auch wenn er ein Napoleon ist, und selbst wenn er, was er aber als Napoleon nicht wird, Ideale realisieren wollte: er würde gar bald von dem Pöbel, seinem wahren Herrn, eines Besseren belehrt werden. Alle »Willensersparnis« hat nur für den formalen Akt der Initiative Geltung; frei ist das Wollen des Machtgierigen nicht.

Auf diese Gegenseitigkeit, diese Relation zu den Massen fühlt sich jeder Imperator hingewiesen, darum sind alle ausnahmslos ganz instinktiv für die Konstituante, für die Volks- oder Heeresversammlung, für das allgemeinste Wahlrecht (Bismarck 1866). Nicht Marc Aurel und Diokletian, sondern Kleon, Antonius, Themistokles, Mirabeau, das sind die Gestalten, in denen der echte Politiker erscheint. Ambitio heißt eigentlich Herumgehen. Das tut der Tribun wie die Prostituierte. Napoleon hat in Paris nach Emerson »inkognito in den Straßen auf die Hurras und Lobsprüche des Pöbels gelauscht«. Von Wallenstein heißt es bei Schiller ganz ähnlich.

Von jeher hat das Phänomen des großen Mannes der Tat, als ein ganz Einzigartiges, vor allem die Künstler (aber auch philosophische Schriftsteller) mächtig angezogen. Die überraschende Konformität, welche hier entrollt wurde, wird es vielleicht erleichtern, der Erscheinung begrifflich, durch die Analyse, näherzukommen. Antonius (Caesar) und Kleopatra – die beiden sind einander gar nicht unähnlich. Den meisten Menschen wird die Parallele wohl zuerst ganz fiktiv erscheinen, und doch däucht mich das Bestehen einer engen Analogie über allen Zweifel erhaben, so heterogen beide den ersten Anblick berühren mögen. Wie der »große Mann der Tat« auf ein Innenleben verzichtet, um sich gänzlich in der Welt, hier paßt das Wort, auszuleben, und zugrunde zu gehen wie alles Ausgelebte, statt zu bestehen wie alles Eingelebte, wie er seinen ganzen Wert mit kolossaler Wucht hinter sich wirft und sich ihn weghält, so schmeißt die große Prostituierte der Gesellschaft den Wert ins Antlitz, den sie als Mutter von ihr beziehen könnte, nicht freilich um in sich zu gehen und ein beschauliches Leben zu führen, sondern um ihrem sinnlichen Triebe nun erst vollen Lauf zu lassen. Beide, die große Prostituierte und der große Tribun, sind wie Brandfackeln, die entzündet weithin leuchten, Leichen über Leichen auf ihrem Wege lassen und untergehen, wie Meteore, für menschliche Weisheit sinnlos, zwecklos, ohne ein Bleibendes zu hinterlassen, ohne alle Ewigkeit – indessen die Mutter und der Genius in der Stille die Zukunft wirken. Beide, Dirne und Tribun, werden darum als »Gottesgeißeln«, als antimoralische Phänomene empfunden.

Hingegen erscheint es neuerdings gerechtfertigt, daß seinerzeit vom Begriffe des Genies der »große Willensmensch« ausgeschlossen wurde. Der Genius, und zwar nicht etwa bloß der philosophische, sondern auch der künstlerische, ist immer ausgezeichnet durch das Vorwalten der begrifflichen oder darstellenden Erkenntnis über alles Praktische.

Das Motiv, welches die Dirne treibt, bedarf indessen noch einer Untersuchung. Das Wesen der Mutter war relativ leicht zu erkennen: sie ist in eminenter Weise das Werkzeug zur Erhaltung der Gattung. Viel rätselhafter und schwieriger ist die Erklärung der Prostitution. Für jeden, der über diese lange nachgedacht hat, sind sicherlich Augenblicke gekommen, wo er an ihrer Aufhellung völlig verzweifelt hat. Worauf es hier aber gewiß vor allem ankommt, ist das verschiedene Verhältnis beider, der Mutter und der Dirne, zum Koitus. Die Gefahr ist hoffentlich gering, daß jemand die Beschäftigung hiemit, wie überhaupt mit dem Thema der Prostitution, für des Philosophen unwürdig erachten könnte. Es ist der Geist der Behandlung, der vielen Gegenständen Würde erteilen muß. Dem Bildhauer, dem Maler ist es oft genug Problem geworden, was die Leda, was die Danae empfindet; und die Künstler, welche die Dirne zum Vorwurf gewählt haben – mir sind überdies Zolas »Confession de Claude«, Hortense, Renée und Nana, Tolstois »Auferstehung«, Ibsens Hedda Gabler und Rita, schließlich die Sonja, eines der größten Geister, des Dostojewskij bekannt geworden –, wollten nie wirklich singulare Fälle, sondern stets Allgemeines darstellen. Vom Allgemeinen aber muß auch eine Theorie möglich sein.

Für die Mutter ist der Koitus Mittel zum Zweck; die Dirne nimmt insofern eine Sonderstellung zu ihm ein, als ihr der Koitus Selbstzweck wird. Daß im Naturganzen dem Koitus noch eine andere Rolle zugefallen ist außer der Fortpflanzung, hierauf sehen wir uns allerdings auch dadurch hingewiesen, daß bei vielen Lebewesen die letztere ohne den ersteren erreicht wird (Parthenogenesis). Aber anderseits sehen wir bei den Tieren noch überall die Begattung dem Ziele der Hervorbringung einer Nachkommenschaft dienen, und nirgends ist uns der Gedanke nahegelegt, daß die Kopulation ausschließlich der Lust wegen gesucht werde, indem sie vielmehr nur zu gewissen Zeiten, den Brunstperioden, vor sich geht; so daß man die Lust geradezu als das Mittel betrachtet hat, welches die Natur anwende, um ihren Zweck der Erhaltung der Gattung zu erreichen.

Wenn der Koitus der Dirne Selbstzweck ist, so heißt dies nicht, daß für die Mutter der Koitus nichts bedeute. Es gibt zwar eine Kategorie »sexuell-anästhetischer« Frauen, die man als »frigid« bezeichnet, obwohl solche Fälle viel seltener glaubwürdig sind, als man denkt, indem sicherlich an der ganzen Kälte oft nur der Mann die Schuld trägt, der durch seine Person nicht vermochte, das Gegenteil herbeizuführen; die übrigen Fälle aber sind nicht dem Muttertypus zuzurechnen. Frigidität kann sowohl bei der Mutter als bei der Dirne auftreten; sie wird später unter den hysterischen Phänomenen eine Erklärung finden. Ebensowenig darf man die Prostituierte für sexuell unempfindlich halten, weil die Straßendirnen (d. i. jenes Kontingent, das im ganzen und großen nur von der bäuerischen Bevölkerung, den Dienstmädchen usw. zur Prostitution gestellt wird) hier oft hochgespannte Erwartungen durch Mangel an Lebendigkeit enttäuscht haben mögen. Weil das käufliche Mädchen auch die Liebesbezeigungen solcher sich gefallen lassen muß, die ihm sexuell nichts bieten, darf man es nicht etwa als zu seinem Wesen gehörig betrachten, beim Koitus überhaupt kalt zu bleiben. Dieser Schein entsteht nur, weil gerade sie die höchsten Ansprüche an das sinnliche Vergnügen stellt; und für alle Entbehrungen, die sie in dieser Hinsicht sonst erduldet, wird sie die Gemeinschaft mit dem Zuhälter aufs ausgiebigste entschädigen müssen.

Daß für die Dirne der Koitus Selbstzweck ist, wird auch hieraus ersichtlich, daß sie, und nur sie allein, kokett ist. Die Koketterie ist nie ohne Beziehung zum Koitus. Ihr Wesen besteht darin, daß sie die Eroberung der Frau dem Manne als geschehen vorspiegelt, um ihn durch den Kontrast mit der Realität, welche diese Erfüllung noch keineswegs zeigt, zur Verwirklichung der Eroberung anzuspornen. So ist sie eine Herausforderung des Mannes, dem sie eine und dieselbe Aufgabe in ewig wechselnder Form zeigt und ihm gleichzeitig zu verstehen gibt, daß er nicht für fähig gehalten werde, diese Aufgabe je zu lösen. Hiebei leistet das Spiel der Koketterie an sich für die Frau dies, daß es ihren Zweck, den Koitus, bereits während seines Verlaufes in gewissem Sinne erfüllt: denn durch das Begehren des Mannes, das sie hervorruft, fühlt die Dirne schon ein den Sensationen des Koitiert-Werdens Analoges und verschafft sich so den Reiz der Wollust zu jeder Zeit und von jedem Manne. Ob sie hierin bis zum äußersten Ende gehen oder sich zurückziehen werde, wenn die Bewegung einen zu beschleunigten Fortgang nimmt, hängt wohl nur davon ab, ob die Form des wirklichen Koitus, den sie zur Zeit ausübt, d. h. ob ihr gegenwärtiger Mann sie schon so befriedigt, daß sie von dem anderen nicht mehr erwartet. Und daß gerade die Straßendirne im allgemeinen nicht kokett ist, kommt vielleicht nur davon her, daß sie die Empfindungen, welche das Ziel der Koketterie sind, im stärksten Ausmaß und in der massivsten Form ohnedies unausgesetzt kostet und daher auf die feineren prickelnden Variationen leicht verzichten kann. Die Koketterie ist also ein Mittel, den aktiven sexuellen Angriff von seiten des Mannes herbeizuführen, die Intensität dieses Angriffes nach Belieben zu steigern oder abzuschwächen und seine Richtung, dem Angreifer selbst unmerkbar, dorthin zu dirigieren, wo ihn die Frau haben will; ein Mittel, entweder bloß Blicke und Worte hervorzurufen, durch welche sie sich angenehm kitzelnd betastet fühlt, oder es bis zur »Vergewaltigung« kommen zu lassen.[57]

Die Sensationen des Koitus sind prinzipiell keine anderen Empfindungen, als wie sie das Weib sonst kennt, sie zeigen dieselben nur in höchster Intensifikation; das ganze Sein des Weibes offenbart sich im Koitus, aufs höchste potenziert . Darum kommen hier auch die Unterschiede zwischen Mutter und Dirne am stärksten zur Geltung. Die Mutter empfindet den Koitus nicht weniger, sondern anders als die Prostituierte. Das Verhalten der Mutter ist mehr annehmend, hinnehmend, die Dirne fühlt, schlürft bis aufs äußerste den Genuß. Die Mutter (und so jede Frau, wenn sie schwanger wird) empfindet das Sperma des Mannes gleichsam als Depositum: bereits im Gefühle des Koitus findet sich bei ihr das Moment des Aufnehmens und Bewahrens; denn sie ist die Hüterin des Lebens. Die Dirne hingegen will nicht wie die Mutter das Dasein überhaupt erhöht und gesteigert fühlen, wenn sie vom Koitus sich erhebt; sie will vielmehr im Koitus als Realität verschwinden, zermalmt, zernichtet, zu nichts, bewußtlos werden vor Wollust. Für die Mutter ist der Koitus der Anfang einer Reihe ; die Dirne will in ihm ihr Ende , sie will vergehen in ihm. Der Schrei der Mutter ist darum ein kurzer, mit schnellem Schluß; der der Prostituierten ist langge-

---

57 Dem Verfasser geht es nicht besser als seinem Leser, wenn diesen die obige Analyse der Koketterie nicht sollte befriedigt haben. Was sie aufdeckte, lag doch ziemlich an der Oberfläche. Das Rätselhafte in der Koketterie scheint mir immer mehr ein eigentümlicher Akt zu sein, durch welchen die Frau sich zum Objekt des Mannes macht und sich funktionell mit ihm verknüpft. Sie ist da ganz dem anderen weiblichen Streben vergleichbar, Gegenstand des Mitleids der Nebenmenschen zu werden: in beiden Fällen macht sich das Subjekt zum Objekt, zur Empfindung des anderen und setzt diesen über sich als Richter ein. Die Koketterie ist die spezifische Verschmolzenheit der Dirne, wie die zuerst als Schwangerschaft, später als Laktation usw. auftretende Fürsorge die Verschmolzenheit der Mutter vorstellt. – Zur Erläuterung des Gesagten sei noch auf das Weib als Braut verwiesen. Die Braut ist sozusagen das Objekt-ansich, der völlig unfreie Gegenstand der Betrachtung für alle diejenigen, welche ihr begegnen.

zogen, denn alles Leben, das sie hat, will sie in diesen Moment konzentriert, zusammengedrängt wissen. Weil dies nie gelingen kann, darum wird die Prostituierte in ihrem ganzen Leben nie befriedigt, von allen Männern der Welt nicht.

Hierin liegt also ein fundamentaler Unterschied im Wesen beider. Unterschiedslos aber fühlt sich jede Frau, da das Weib nur und durchaus sexuell ist, da diese Sexualität über den ganzen Körper sich erstreckt und an einigen Punkten, physikalisch gesprochen, bloß dichter ist als an anderen, fortwährend und am ganzen Leibe, überall und immer, von was es auch sei, ausnahmslos koitiert. Das, was man gewöhnlich als Koitus bezeichnet, ist nur ein Spezialfall von höchster Intensität. Die Dirne will von allem koitiert werden – darum kokettiert sie auch, wenn sie allein ist, und selbst vor leblosen Gegenständen, vor jedem Bach, vor jedem Baum –, die Mutter wird von allen Dingen, fortwährend und am ganzen Leibe, geschwängert. Dies ist die Erklärung des Versehens. Alles, was auf eine Mutter je Eindruck gemacht hat, wirkt fort, je nach der Stärke des Eindruckes – der zur Konzeption führende Koitus ist nur das intensivste dieser Erlebnisse und überwiegt an Einfluß alle anderen – all das wird Vater ihres Kindes, es wird Anfang einer Entwicklung, deren Resultat sich später am Kinde zeigt.

Darum also ist die Vaterschaft eine armselige Täuschung; denn sie muß stets mit unendlich vielen Dingen und Menschen geteilt werden, und das natürliche, physische Recht das Mutterrecht. Weiße Frauen, die einst von einem Neger ein Kind gehabt haben, gebären später oft einem weißen Manne Nachkommen, die noch unverkennbare Merkmale der Negerrasse an sich tragen. Von Blüten, die mit einer inadäquaten Pollenart bestäubt werden, erleiden nicht nur die Keime, sondern auch das mütterliche Gewebe Änderungen, welche nur als eine Annäherung an die Formen und Farben dieses fremden Pollens aufgefaßt werden können. Und die Stute des Lord Morton ist ja berühmt geworden, die, nachdem sie einmal einem Quagga einen Bastard geboren hatte, noch lange hernach einem arabischen Hengst zwei Füllen warf, welche deutliche Merkmale des Quaggas an sich trugen.

Man hat an diesen Fällen viel gedeutet; man hat erklärt, sie müßten viel häufiger vorkommen, wenn der Vorgang überhaupt möglich wäre. Aber damit sich diese » Infektion«, wie man ihn nennt (Weismann hat den ausgezeichneten Namen Telegonie, d. i. Zeugung in die Ferne, vorgeschlagen, Focke von Gastgeschenken, Xenien gesprochen), damit sich Fernzeugung deutlich offenbaren könne, ist eine Erfüllung sämtlicher Gesetze der Sexualanziehung, eine außergewöhnlich hohe geschlechtliche Affinität zwischen dem ersten Vater und der Mutter erforderlich. Die Wahrscheinlichkeit ist von vornherein gering, daß ein Paar sich finde, in welchem jene Affinität derart mächtig ist, daß sie die mangelnde Rassenverwandtschaft überwindet; und doch besteht nur, wenn Rassenverschiedenheit vorhanden ist, eine Aussicht auf augenfällige, allgemein überzeugende Divergenzen; indessen bei sehr naher Familienverwandtschaft die Möglichkeit fehlt, unzweideutige Abweichungen vom Vatertypus an jenem Kinde, das noch unter dem Einflüsse der früheren Zeugung stehen soll, mit Sicherheit festzustellen. Übrigens ist, daß man so heftig gegen die Keiminfektion sich gewehrt hat, nur daraus zu erklären, daß man die Erscheinungen nicht in ein System zu bringen wußte.

Nicht besser als der Infektionslehre ist es dem Versehen ergangen. Hätte man begriffen, daß auch die Fernzeugung ein Versehen ist, nur eben ein Spezialfall des letzteren von höchster Intensität, hätte man eingesehen, daß der Urogenitaltrakt nicht der einzige, sondern nur der wirksamste Weg ist, auf dem eine Frau koitiert werden kann, daß die Frau durch einen Blick, durch ein Wort sich bereits besessen fühlen kann, es wäre der Widerspruch gegen das Versehen wie gegen die Telegonie so laut nicht geworden. Ein Wesen, das überall und von allen Dingen koitiert wird, kann auch überall und von allen Dingen befruchtet werden: die Mutter ist empfänglich überhaupt. In ihr gewinnt alles Leben, denn alles macht auf sie physiologischen Eindruck und geht in ihr Kind als dessen Bildner ein. Hierin ist sie wirklich, in ihrer niederen körperlichen Sphäre, nochmals dem Genius vergleichbar.

Anders die Dirne. Wie sie selbst im Koitus zunichte werden will, so ist ihr Wirken auch sonst durchaus auf Zerstörung angelegt. Während die Mutter alles, was dem irdischen Leben und guten Fortkommen des Menschen förderlich ist, begünstigt, alles Ausschweifende aber von ihm fernhält; während sie den Fleiß des Sohnes aneifert und die Arbeitsamkeit des Gatten spornt, sucht die Hetäre die ganze Kraft und Zeit des Mannes für sich in Anspruch zu nehmen. Aber nicht nur sie selbst ist gleichsam von Anbeginn dazu bestimmt, den Mann zu mißbrauchen: auch in jedem Manne verlangt etwas nach dieser Frau, das an seiten der schlichteren, stets geschäftigen, geschmacklos gekleideten, aller geistigen Eleganz baren Mutter keine Befriedigung findet. Etwas in ihm sucht den Genuß, und beim Freudenmädchen vergißt er sich am leichtesten. Denn die Dirne vertritt das Prinzip des leichten Sinnes, sie sorgt nicht vor wie die Mutter, sie und nicht die Mutter ist die gute Tänzerin, nur sie verlangt nach Unterhaltung und großer Gesellschaft, nach dem Spaziergang und dem Vergnügungslokal, nach dem Seebad und dem Kurort, nach Theater und Konzert, nach immer neuen Toiletten und Edelsteinen; nach Geld, um es mit vollen Händen hinauszustreuen, nach Luxus statt nach Komfort, nach Lärm statt nach Ruhe; nicht nach dem Lehnstuhl inmitten von Enkeln und Enkelinnen, sondern nach dem Triumphzug auf dem Siegeswagen des schönen Körpers durch die Welt.

Die Prostituierte erscheint denn auch dem Manne unmittelbar als die Verführerin: in den Gefühlen, die sie in ihm weckt; nur sie, das unkeusche Weib par excellence, als »Zauberin«. Sie ist der weibliche »Don Juan«, sie ist jenes Wesen in der Frau, das die Ars amatoria kennt, lehrt und hütet.

Hiemit hängen aber noch interessantere und tiefer führende Dinge zusammen. Die Mutter wünscht vom Manne Anständigkeit, nicht um der Idee willen, sondern weil sie die Bejaherin des Erdenlebens ist. Gleichwie sie selbst arbeitet und nicht faul ist gleich der Dirne, gleichwie sie stets von Geschäften mit Bezug auf die Zukunft erfüllt scheint, so hat sie auch beim Manne Sinn für Tätigkeit und sucht ihn nicht von dieser zum Vergnügen hin abzuziehen. Die Dirne hingegen kitzelt am stärksten der

Gedanke eines rücksichtslosen, gaunerischen, der Arbeit abgewandten Mannes. Ein Mensch, der einmal eingesperrt war, ist der Mutter ein Gegenstand des Abscheus, der Dirne eine Attraktion. Es gibt Frauen, die mit ihrem Sohne wirklich unzufrieden sind, wenn er in der Schule nicht guttut, und solche, die an ihm, wenn sie auch das Gegenteil heucheln, dann um so größeres Wohlgefallen finden. Das »Solide« reizt die Mutter, das »Unsolide« die Dirne. Jene verabscheut, diese liebt den kräftig trinkenden Mann. Und so ließe sich noch vieles andere, in der gleichen Richtung gelegene, anführen. Nur ein Einzelfall dieser allgemeinen, hoch in die wohlhabendsten Klassen hinauf reichenden Verschiedenheit ist es, daß die Gassendirne zu jenen Menschen sich am meisten hingezogen fühlt, die offene Verbrecher sind: der Zuhälter ist immer gewalttätig, kriminell veranlagt, oft Räuber oder Betrüger, wenn nicht Mörder zugleich.

Dies legt nun, so wenig das Weib selbst antimoralisch genannt werden darf – es ist immer nur amoralisch –, den Gedanken nahe, daß die Prostitution in irgend einer tiefen Beziehung zum Antimoralischen stehe, während alle Mutterschaft nie einen solchen Hinweis enthält. Nicht als ob die Prostituierte selbst das weibliche Äquivalent des männlichen Verbrechers bildete; obwohl sie so arbeitsscheu ist wie dieser, darf aus den in den vorigen Kapiteln erörterten Gründen die Existenz eines verbrecherischen Weibes nicht zugegeben werden: die Frauen stehen nicht so hoch. Aber in einer Relation zum Antimoralischen, zum Bösen wird die Prostituierte unleugbar vom Manne empfunden, selbst wenn dieser nicht in ein sexuelles Verhältnis zu ihr getreten ist; so daß man nicht sagen kann, nur die Abwehr irgend eines eigenen Wollustgedankens habe diese projizierende Form angenommen. Der Mann erlebt die Prostitution von vornherein als ein Dunkles, Nächtiges, Schauervolles, Unheimliches, ihr Eindruck lastet schwerer, qualvoller auf seiner Brust als der, welchen die Mutter auf ihn hervorbringt. Die merkwürdige Analogie der großen Hetäre zum großen Verbrecher, d. i. eben zum Eroberer; die intime Beziehung der kleinen Dirne zum moralischen Ausbunde der Menschheit, dem Zuhältertum; jenes Gefühl, das sie im Manne wachruft, die Absichten, die sie in betreff seiner hegt, am meisten endlich die Art, wie sie im Unterschiede von der Mutter den Koitus empfindet – all das vereinigt sich dazu, jene Ansicht zu bekräftigen. Wie die Mutter ein lebensfreundliches, so ist die Prostituierte ein lebensfeindliches Prinzip. Aber wie die Bejahung der Mutter nicht auf die Seele, sondern auf den Leib geht, so erstreckt sich auch die Verneinung der Dirne nicht diabolisch auf die Idee, sondern nur auf Empirisches. Sie will vernichtet werden und vernichten, sie schadet und zerstört. Physisches Leben und physischer Tod, beide im Koitus so geheimnisvoll tief zusammenhängend (vgl. das nächste Kapitel), sie verteilen sich auf das Weib als Mutter und als Prostituierte.

Eine entscheidendere Antwort als diese kann auf die Frage nach der Bedeutung von Mutterschaft und Prostitution einstweilen kaum gegeben werden. Es ist ja ein völlig dunkles, von keinem Wanderer noch betretenes Gebiet, auf dem ich mich hier befinde; der Mythus in seiner religiösen Phantasie mag es zu erleuchten sich erkühnen, dem Philosophen sind metaphysische Übergriffe allzufrüh nicht anzuraten. Dennoch bedarf noch einiges einer besseren Hervorhebung. Die antimoralische Bedeutung des Phänomens der Prostitution stimmt damit überein, daß sie ausschließlich auf den Menschen beschränkt ist. Bei den Tieren ist das Weibchen durchaus der Fortpflanzung Untertan, es gibt dort keine sterile Weiblichkeit. Ja man könnte sogar daran denken, daß sich bei den Tieren die Männchen prostituieren, wenn man an den Rad schlagenden Pfau denkt, an das Leuchten des Glühwurms, die Lockrufe der Singvögel, den balzenden Auerhahn. Aber diese Schaustellungen sekundärer Geschlechtscharaktere sind bloße exhibitionistische Akte des Männchens; wie es auch unter den Menschen vorkommt, daß läufige Männer ihre Genitalien vor Frauen entblößen als Aufforderung zum Koitus. Nur insofern sind diese tierischen Akte vorsichtig zu interpretieren, als man sich hüten muß, zu glauben, die psychische Wirkung, welche durch sie auf das Weibchen hervorgebracht wird, werde von dem Männchen im voraus in Betracht und Rechnung gezogen. Es handelt sich vielmehr um einen triebhaften Ausdruck des eigenen sexuellen Verlangens

314

als um ein Mittel, dasselbe beim Weibe zu steigern, es ist ein Hintreten vor die Frau mit und in der sexuellen Erregung; während bei exhibitionierenden Menschen wohl stets die Vorstellung der Erregung des anderen Geschlechtes mitspielt.[58]

Die Prostitution ist demnach etwas beim Menschen allein Auftretendes; Tiere und Pflanzen sind ja nur gänzlich amoralisch, nicht irgendwie dem Antimoralischen verwandt, und kennen darum nur die Mutterschaft. Hier liegt also eines der tiefsten Geheimnisse aus Wesen und Ursprüngen des Menschen verborgen. Und nun ist insofern an dem früheren eine Korrektur anzubringen, als mir wenigstens, je länger ich über sie nachdenke, desto mehr die Prostitution eine Möglichkeit für alle Frauen zu sein scheint, ebenso wie die, ja bloß physische, Mutterschaft. Sie ist vielleicht etwas, wovon jedes menschliche Weib durchsetzt, etwas, womit hier die tierische Mutter tingiert ist,[59] ja am Ende eben das, was im menschlichen Weibe jenen Eigenschaften entspricht, um die der menschliche Mann mehr ist als das tierische Männchen. Zu der bloßen Mutterschaft des Tieres ist hier, mit dem Antimoralischen im Manne zu gleicher Zeit und nicht ohne merkwürdige Beziehungen zu diesem, ein Faktor hinzugekommen, der das menschliche Weib vom tierischen gänzlich und von Grund aus unterscheidet. Welche Bedeutung das Weib gerade als Dirne für den Mann in besonderem Maße gewinnen konnte, davon soll erst gegen den Schluß der gesamten Untersuchung die Rede werden; der Ursprung, die letzte Ursache der Prostitution, bleibt gleichwohl vielleicht für immer ein tiefes Rätsel und in völliges Dunkel gehüllt.

Es lag mir bei dieser etwas breiten, aber durchaus nicht erschöpfenden, durchaus nicht alle Phänomene auch nur streifenden Betrachtung alles andere näher, als etwa ein Prostituierten-Ideal aufzustellen, wie es manche begabte Schriftsteller der jüngsten Zeit kaum verhüllt entwickelt zu haben scheinen. Aber

---

58 Auch ist das Motiv des tierischen Männchens keineswegs Eitelkeit als Wille zum Wert.

59 Wer bedenkt, wie fast alle Frauen bei ihrer heutigen großen Freiheit sich auf der Gasse bewegen, wie sie durch straffes Anziehen ihrer Kleider alle Formen sichtbar werden lassen, wie sie jedes Regenwetter zu solchem Zwecke ausnützen, der wird dies nicht übertrieben finden.

dem anderen, dem scheinbar unsinnlichen Mädchen mußte ich den Nimbus rauben, mit dem es jeder Mann so gern umgeben möchte, durch die Erkenntnis, daß gerade dieses Geschöpf das mütterlichste ist, und die Virginität ihm, seinem Begriffe nach, ebenso fremd wie der Dirne. Und selbst die Mutterliebe konnte vor einer eindringenderen Analyse nicht als ein sittliches Verdienst sich behaupten. Die Idee der unbefleckten Empfängnis endlich, der reinen Jungfrau Goethes, Dantes, enthält die Wahrheit, daß die absolute Mutter den Koitus nie als Selbstzweck, um der Lust willen, herbeiwünschen würde. Sie darum heiligen konnte nur eine Illusion. Dagegen ist es wohl begreiflich, daß sowohl der Mutterschaft als der Prostitution, beiden als Symbolen tiefer und mächtiger Geheimnisse, religiöse Verehrung gezollt wurde.

Ist damit die Unhaltbarkeit jener Ansicht dargetan, welche einen besonderen Frauentypus doch noch verteidigen und für die Sittlichkeit des Weibes in Anspruch nehmen zu können glaubt, so soll jetzt die Erforschung der Motive in Angriff genommen werden, aus welchen der Mann die Frau immer und ewig wird verklären wollen.

XI. Kapitel. Erotik und Ästhetik

Die Argumente, mit welchen die Hochwertung der Frau immer
wieder zu begründen versucht wird, sind nun, bis auf wenige,
noch nachzuholende Dinge, einer Prüfung unterzogen und vom

Standpunkte der kritischen Philosophie, auf welchen die Untersuchung, nicht ohne diese Wahl zu begründen, sich gestellt hat, auch widerlegt. Freilich ist wenig Grund zur Hoffnung, daß man in einer Diskussion auf diesen harten Boden sich begeben werde. Das Schicksal Schopenhauers gibt zu denken, dessen niedrige Meinung »Über die Weiber« noch immer darauf zurückgeführt zu werden pflegt, daß ein venetianisches Mädchen, mit dem er ging, sich in den vorübergaloppierenden, körperlich schöneren Byron vergaffte: als ob die schlechteste Meinung von den Frauen der bekäme, der am wenigsten, und nicht vielmehr jener, der am meisten Glück bei ihnen gehabt hat.

Die Methode, statt Gründe mit Gründen zu widerlegen, den Angreifer einfach als Misogynen zu bezeichnen, hat in der Tat viel für sich. Der Haß ist nie über sein Objekt hinaus, und deshalb bringt die Bezeichnung eines Menschen als eines Hassers dessen, worüber er aburteilt, ihn stets mit Leichtigkeit in den Verdacht der Unaufrichtigkeit, Unreinheit, Unsicherheit, die durch die Hyperbel der Anklage und das Pathos der Abwehr zu ersetzen suche, was ihr an innerer Berechtigung gebricht. So verfehlt diese Art der Antwort nie ihren Zweck, die Verteidiger von allem Eingehen auf die eigentliche Frage zu entheben. Sie ist die geschickteste und treffsicherste Waffe jener ungeheuren Mehrzahl unter den Männern, die sich über das Weib nie klar werden will . Denn es gibt keine Männer, welche über die Frauen viel nachdenken und sie dennoch hochhalten, es gibt unter ihnen nur Verächter des Weibes und solche, die über das Weib nie länger und tiefer gedacht haben.

Es ist nun allerdings eine Unsitte, in einer theoretischen Kontroverse auf die psychologischen Motive des Gegners zu rekurrieren und diesen Rekurs statt der Beweise zu brauchen. Ich will auch niemand theoretisch darüber belehren, daß in einem sachlichen Streite die Gegner beide unter die überpersönliche Idee der Wahrheit sich zu stellen haben und ein Ergebnis unabhängig davon sollen zu erreichen suchen, ob und wie sie beide als konkrete Einzelpersonen existieren. Wenn aber von der einen Seite das logische Schlußverfahren folgerichtig bis zu einem gewissen Abschluß gebracht wurde, ohne daß die andere auf den Beweisprozeß an sich eingeht, sondern nur gegen die Konklusionen heftig sich sträubt: dann darf in gewissen Fällen der erste wohl sich erlauben, den zweiten für die Unanständigkeit seines, zum Eingehen auf strenge Deduktion nicht zu bewegenden Benehmens zu strafen, indem er ihm die Motive seiner Halsstarrigkeit recht vor die Augen rückt. Wären dem anderen diese Gründe bewußt, so würde er sie auch sachlich abwägen gegen die Wirklichkeit, die seinen Wünschen so widerstreitet. Nur weil sie ihm unbewußt waren, darum konnte er, sich selbst gegenüber, nicht zu einer objektiven Stellung gelangen. Deshalb soll jetzt, nach einer langen Reihe streng logischer und sachlicher Ableitungen, der Spieß umgekehrt, und einmal der Frauenverteidiger darauf untersucht werden, aus welchem Gefühle das Pathos seiner Parteinahme stammt: inwiefern es seine Wurzeln in lauterer und wie weit es sie in fragwürdiger Gesinnung hat.

Alle Einwände, welche dem Verächter der Weiblichkeit gemacht werden, gehen gefühlsmäßig samt und sonders aus dem erotischen Verhältnisse hervor, in welchem der Mann zu der Frau steht. Dieses Verhältnis ist von dem nur sexuellen, mit welchem bei den Tieren die Beziehungen der Geschlechter erschöpft sind, und das auch unter den Menschen dem Umfang nach die weitaus größere Rolle spielt, ein prinzipiell durchaus Verschiedenes. Es ist vollkommen verfehlt, daß Sexualität und Erotik, Geschlechtstrieb und Liebe, im Grunde nur ein und dasselbe seien, die zweite eine Verbrämung, Verfeinerung, Umnebelung, »Sublimation« des ersten; obwohl hierauf wohl alle Mediziner schwören, ja selbst Geister wie Kant und Schopenhauer nichts anderes geglaubt haben. Ehe ich auf die Begründung dieser schroffen Trennung eingehe, will ich, was diese beiden Männer betrifft, folgendes zu bemerken nicht unterlassen. Kantens Meinung kann aus dem Grunde nicht maßgebend sein, weil er sowohl die Liebe als den Geschlechtstrieb nur in so geringem Maße gekannt haben muß, wie überhaupt nie ein Mensch außer ihm. Er war so wenig erotisch, daß er nicht einmal das Bedürfnis hatte, zu reisen.[60] Er steht also zu hoch und zu rein

---

60 Den in diesen Worten behaupteten Zusammenhang zwischen dem erotischen Bedürfnis und der Reiselust vermochten einige Leser, deren verwunderten

da, um in dieser Frage als Autorität mitzusprechen: die einzige Geliebte, an der er sich gerächt hat, war die Metaphysik. Und was Schopenhauer anlangt, so hat dieser eben wenig Verständnis für höhere Erotik, sondern nur eines für sinnliche Sexualität besessen. Dies läßt sich auf folgendem Wege ohne Schwierigkeit ableiten. Schopenhauers Gesicht zeigt wenig Güte und viel Grausamkeit (unter der er allerdings am fürchterlichsten selbst gelitten haben muß: man stellt keine Mitleidsethik auf, wenn man selbst sehr mitleidig ist. Die mitleidigsten Menschen sind die, welche sich ihr Mitleiden am meisten verübeln: Kant und Nietzsche). Aber nur zum Mitleiden stark veranlagte Menschen sind, worauf schon hier hingewiesen werden darf, einer heftigen Erotik fähig; solche, die »an nichts keinen Anteil nehmen«, sind der Liebe unfähig. Es müssen dies nicht satanische Naturen sein, im Gegenteil, sie können sittlich sehr hoch stehen, ohne doch recht zu bemerken, was ihr Nebenmensch gerade denkt oder was in ihm vorgeht; und ohne ein Verständnis für ein übersexuelles Verhältnis zum Weibe zu besitzen. So ist es auch bei Schopenhauer. Er war ein extrem unter dem Geschlechtstrie-

---

Fragen ich Rede zu stehen hatte, nicht zu finden. Es ist zunächst aber, daß dieses Bedürfnis einem gewissen Ungenügen, einer Art unbestimmter Sehnsucht entspringen muß. Ich antizipiere freilich die im folgenden dargelegte Theorie der Erotik, wenn ich eine tiefere Analyse in Begriffen versuche. Wie die Zeit ins Unendliche verlängert wird, weil alle Zeitlichkeit Endlichkeit ist, und der Mensch der Endlichkeit zu entgehen trachtet, so wird auch, aus der gleichen Ursache, die andere Form der Sinnlichkeit, der Raum, als unendlich gedacht. Die Befreiung von der Zeit liegt aber nicht in einer noch so großen, unendlichen Erstreckung der Zeitlinie, sondern in ihrer Negation: die Ewigkeit ist nicht die längste Zeit, eher die kürzeste; sie ist völlige Aufhebung der Zeit. Diesem Ungenügen an jeder bestimmten Zeit, an der Zeitlichkeit, entspricht im Menschen ein Ungenügen an jedem bestimmten Räume; und dem Verlangen nach Ewigkeit dort, antwortet hier ein Verlangen nach der eigentlichen Heimat des Menschen, die er nirgends, an irgend einem konkreten Punkte des Weltalls weiß, und doch immerwährend dort sucht, ohne finden zu können; so entsteht die Unendlichkeit des Raumes, da an keiner Grenze Ausrasten und Einhalt wäre. Nur darum verläßt der Mensch jeden einzelnen Ort und pilgert immer wieder nach neuen Gegenden, wie er jede einzelne Zeit überwindet durch seinen Willen zum Leben. Freilich ist sein Streben auch hier ein vergebliches; der Raum erweitert sich ins Unendliche und bleibt doch Raum, und alles Wandern und Reisen bringt nur von begrenzter Stätte zu begrenzter Stätte. Die Unfreiheit des Menschen liegt in der räumlichen Bestimmtheit nicht minder als in der zeitlichen; sie sind beide nur Wille vom Funktionalismus weg, Wille zur Freiheit. So heroisch aber das Freiheitsleben auch als Streben zur Überwindung des Raumes ist, so tragisch muß es enden, wenn es äußerlich gefaßt erscheint, wie im Bedürfnis zu reisen – so heldenhaft, so unglücklich auch diese Liebe.

be leidender Mensch, er hat aber nie geliebt; wäre doch sonst auch die Einseitigkeit seiner berühmten »Metaphysik der Geschlechtsliebe« unerklärlich, deren wichtigste Lehre es ist, daß der unbewußte Endzweck auch aller Liebe nichts weiter sei als »die Zusammensetzung der nächsten Generation«.

Diese Ansicht ist, wie ich zeigen zu können glaube, falsch. Zwar eine Liebe, die ganz frei von Sinnlichkeit ist, gibt es in der Erfahrung nicht. Der Mensch, mag er noch so hoch stehen, ist eben immer auch Sinnenwesen. Worauf es ankommt und was unwiderstehlich die gegnerische Ansicht zu Boden schlägt, ist, daß jede Liebe selbst, an und für sich – nicht erst durchs Hinzutreten asketischer Grundsätze – feindlich gegen alle jene Elemente des Verhältnisses sich stellt, die zum Koitus drängen, ja sie als ihre eigene Negation selbst empfindet. Liebe und Begehren sind zwei so verschiedene, einander so völlig ausschließende, ja entgegengesetzte Zustände, daß in den Momenten, wo ein Mensch wirklich liebt, ihm der Gedanke der körperlichen Vereinigung mit dem geliebten Wesen ein völlig undenkbarer ist. Daß es keine Hoffnung gibt, die von Furcht ganz frei wäre, ändert nichts daran, daß Hoffnung und Furcht einander gerade entgegengesetzt sind. Nicht anders verhält es sich zwischen dem Geschlechtstrieb und der Liebe. Je erotischer ein Mensch ist, desto weniger wird er von seiner Sexualität belästigt, und umgekehrt. Wenn es keine Anbetung gibt, die von Begierde gänzlich frei wäre, so darf man darum beide Dinge nicht identifizieren, die höchstens entgegengesetzte Phasen sein mögen, in welche ein reicherer Mensch sukzessive eintreten kann. Der lügt oder hat nie gewußt, was Liebe ist, der behauptet, eine Frau noch zu lieben, die er begehrt: so verschieden sind Liebe und Geschlechtstrieb. Darum wird es auch fast immer als eine Heuchelei empfunden, wenn einer von Liebe in der Ehe spricht.

Dem stumpfen Blicke, der dem gegenüber noch immer, wie aus grundsätzlichem Zynismus, an der Identität beider festhält, sei folgendes zu schauen gegeben: die sexuelle Anziehung wächst mit der körperlichen Nähe, die Liebe ist am stärksten in der Abwesenheit der geliebten Person, sie bedarf der Trennung, einer gewissen Distanz, um am Leben zu bleiben. Ja, was alle

Reisen in ferne Länder nicht erreichen konnten, daß wahre Liebe sterbe, wo aller Zeitverlauf dem Vergessen nichts fruchtete, da kann eine zufällige, unbeabsichtigte körperliche Berührung mit der Geliebten den Geschlechtstrieb wachrufen und es vermögen, die Liebe auf der Stelle zu töten. Und für den höher differenzierten, den bedeutenden Menschen haben das Mädchen, das er begehrt, und das Mädchen, das er nur lieben, aber nie begehren könnte, sicherlich immer eine ganz verschiedene Gestalt, einen verschiedenen Gang, eine verschiedene Charakteranlage: es sind zwei gänzlich verschiedene Wesen.

Es gibt also »platonische« Liebe, wenn auch die Professoren der Psychiatrie nichts davon halten. Ich möchte sogar sagen: es gibt nur »platonische« Liebe . Denn was sonst noch Liebe genannt wird, gehört in das Reich der Säue. Es gibt nur eine Liebe: es ist die Liebe zur Beatrice, die Anbetung der Madonna. Für den Koitus ist ja die babylonische Hure da.

Kantens Aufzählung der transzendentalen Ideen bedürfte, sollte dies haltbar bleiben, einer Erweiterung. Auch die reine, hohe, begehrungslose Liebe, die Liebe Platons und Brunos, wäre eine transzendentale Idee, deren Bedeutung als Idee dadurch nicht berührt würde, daß keine Erfahrung jemals sie völlig verwirklicht aufwiese.

Es ist das Problem des » Tannhäuser«. Hie Tannhäuser, hie Wolfram; hie Venus, hie Maria. Die Tatsache, daß ein Liebespaar, das sich wirklich auf ewig gefunden hat – Tristan und Isolde –, in den Tod geht statt ins Brautbett, ist ein ebenso absoluter Beweis eines Höheren, sei's drum, Metaphysischen im Menschen, wie das Märtyrertum eines Giordano Bruno.

>>*Dir, hohe Liebe, töne*
Begeistert mein Gesang,
Die mir in Engelschöne
Tief in die Seele drang!
Du nahst als Gottgesandte:
Ich folg' aus holder Fern', –
So führst du in die Lande,
Wo ewig strahlt dein Stern.«

Wer ist der Gegenstand solcher Liebe? Dasselbe Weib, das hier geschildert wurde, das Weib ohne alle Qualitäten, die einem Wesen Wert verleihen können, das Weib ohne den Willen nach einem eigenen Werte? Wohl kaum: es ist das überschöne, das engelreine Weib, das mit dieser Liebe geliebt wird. Woher jenem Weibe seine Schönheit und seine Keuschheit kommt, das ist nun die Frage.

Es ist häufig darüber gestritten worden, ob wirklich das weibliche Geschlecht das schönere sei, und noch mehr wurde seine Bezeichnung als das schöne schlechthin angefochten. Es wird sich empfehlen, zunächst im einzelnen zu fragen, von wem und inwiefern das Weib schön gefunden wird.

Bekannt ist, daß das Weib nicht in seiner Nacktheit am schönsten ist. Allerdings, in der Reproduktion durch das Kunstwerk, als Statue oder als Bild, mag das unbekleidete Weib schön sein. Aber das lebende nackte Weib kann schon aus dem Grunde von niemand schön gefunden werden, weil der Geschlechstrieb jene bedürfnislose Betrachtung unmöglich macht, welche für alles Schönfinden ununmgängliche Voraussetzung bleibt. Aber auch abgesehen hievon erzeugt das völlig nackte lebendige Weib den Eindruck von etwas Unfertigem, noch nach etwas außer sich Strebenden, und dieser ist mit der Schönheit unverträglich. Das nackte Weib ist im einzelnen schöner denn als Ganzes; als solches nämlich erweckt es unvermeidlich das Gefühl, daß es etwas suche, und bereitet darum dem Beschauer eher Unlust als Lust. Am stärksten tritt dieses Moment des Insichzwecklosen, des einen Zweck außer sich habenden, am aufrecht stehenden nackten Weibe hervor; durch die liegende Position wird es naturgemäß gemildert. Die künstlerische Darstellung des nackten Weibes hat dies wohl empfunden; und wenn das nackte Weib aufrecht stehend oder schwebend gebildet ward, so zeigte sie das Weib nie allein, sondern stets mit Rücksicht auf eine Umgebung, vor welcher es dann seine Blöße mit der Hand zu bedecken suchen konnte.

Aber das Weib ist auch im einzelnen nicht durchaus schön, selbst wenn es möglichst vollkommen und ganz untadelig den körperlichen Typus seines Geschlechtes repräsentiert. Was hier theoretisch am meisten in Betracht kommt, ist das weibliche Genitale. Wenn die Meinung recht hätte, daß alle Liebe des Mannes zum Weibe nur zum Hirn gestiegener Detumeszenztrieb ist, wenn Schopenhauers Behauptung haltbar wäre: »Das niedrig gewachsene, schmalschultrige, breithüftige und kurzbeinige Geschlecht das schöne nennen konnte nur der vom Geschlechtstrieb umnebelte männliche Intellekt: in diesem Triebe nämlich steckt seine ganze Schönheit« – – so müßte das weibliche Genitale am heftigsten geliebt sein und vom ganzen Körper des Weibes am schönsten gefunden werden. Aber, von einigen widerlichen Lärmmachern der letzten Jahre zu schweigen, welche durch die Aufdringlichkeit ihrer Reklame für die Schönheit des weiblichen Genitales sowohl beweisen, daß erst eine Agitation nötig ist, um hieran glauben zu machen, als auch die Unaufrichtigkeit jener Reden erkennen lassen, von deren Inhalt sie überzeugt zu sein vorgeben: von diesen abgesehen läßt sich behaupten, daß kein Mann speziell das weibliche Genitale schön, vielmehr ein jeder es häßlich findet; es mögen gemeine Naturen durch diesen Körperteil des Weibes besonders zu sinnlicher Begierde gereizt werden, jedoch gerade solche werden ihn vielleicht sehr angenehm, nie aber schön finden. Die Schönheit des Weibes kann also kein bloßer Effekt des Sexualtriebes sein; sie ist ihm vielmehr geradezu entgegengesetzt. Männer, die ganz unter der Gewalt des Geschlechtsbedürfnisses stehen, haben für Schönheit am Weibe gar keinen Sinn; Beweis hiefür ist, daß sie ganz wahllos jede Frau begehren, die sie erblicken, bloß nach den vagen Formen ihrer Körperlichkeit.

Der Grund für die angeführten Phänomene, die Häßlichkeit des weiblichen Genitales und die Unschönheit seines lebenden Körpers als ganzen, kann nirgend anders gefunden werden als darin, daß sie das Schamgefühl im Manne verletzen. Die kanonische Flachköpfigkeit unserer Tage hat es auch möglich werden lassen, daß das Schamgefühl aus der Tatsache der Kleidung abgeleitet und hinter dem Widerstreben gegen weibliche Nacktheit nur Unnatur und versteckte Unzüchtigkeit vermutet wurde. Aber ein Mann, der unzüchtig geworden ist, wehrt sich gar nicht mehr gegen die Nacktheit, weil sie ihm als solche nicht mehr auffällt. Er begehrt bloß, er liebt nicht mehr. Alle wahre Liebe ist schamhaft, ebenso wie alles wahre Mitleid. Es gibt nur eine Schamlosigkeit: die Liebeserklärung, von deren Aufrichtigkeit ein Mensch im selben Momente überzeugt wäre, in dem er sie machte. Diese würde das objektive Maximum an Schamlosigkeit repräsentieren, welches denkbar ist; es wäre etwa so, wie wenn jemand sagen würde: ich bin sehnsüchtig. Jenes wäre die Idee der schamlosen Handlung, dies die Idee der schamlosen Rede. Beide sind nie verwirklicht, weil alle Wahrheit schamhaft ist. Es gibt keine Liebeserklärung, die nicht eine Lüge wäre: und wie dumm die Frauen doch eigentlich sind, kann man daraus ersehen, wie oft sie an Liebesbeteuerungen glauben.

In der Liebe des Mannes; die stets schamhaft ist, liegt nach alldem der Maßstab für das, was am Weibe schön, und das, was an ihm häßlich gefunden wird. Es ist hier nicht wie in der Logik: das Wahre der Maßstab des Denkens, der Wahrheitswert sein Schöpfer; nicht wie in der Ethik: das Gute das Kriterium für das Sollen, der Wert des Guten ausgestattet mit dem Anspruch, den Willen zum Guten zu lenken: sondern hier, in der Ästhetik, wird die Schönheit erst von der Liebe geschaffen; es besteht keinerlei innerer Normzwang, das zu lieben, was schön ist, und das Schöne tritt nicht an den Menschen mit dem Anspruch heran, geliebt zu werden. (Nur darum gibt es keinen überindividuellen, allein »richtigen« Geschmack.) Alle Schönheit ist vielmehr selbst erst eine Projektion, eine Emanation des Liebesbedürfnisses; und so ist auch die Schönheit des Weibes nicht ein von der Liebe Verschiedenes, nicht ein Gegenstand, auf den sie sich richtet, sondern die Schönheit des Weibes ist die Liebe des Mannes, beide sind nicht zweierlei, sondern eine und dieselbe Tatsache. Wie Häßlichkeit von Hassen, so kommt Schönheit von Lieben. Und auch darin, daß Schönheit so wenig wie Liebe mit dem sinnlichen Triebe zu tun hat, daß jene wie diese der Begierde fremd ist, drückt sich nur diese selbe Tatsache aus. Die Schönheit ist ein Unberührbares, Unantastbares, mit anderem Unvermengbares; nur aus völliger Weite kann sie wie nahe geschaut werden, und vor jeder Annäherung entfernt sie sich. Der

Geschlechtstrieb, der die Vereinigung mit dem Weibe sucht, vernichtet dessen Schönheit; das betastete, das besessene Weib wird von niemand mehr der Schönheit wegen angebetet.

Dies leitet nun auch über zur Beantwortung der zweiten Frage: Was ist die Unschuld, was die Moralität des Weibes?

Von einigen Tatsachen, welche den Beginn jeder Liebe begleiten, wird hiezu am besten ausgegangen. Reinheit des Leibes ist, wie schon einmal angedeutet, beim Manne im allgemeinen ein Zeichen von Sittlichkeit und Aufrichtigkeit; wenigstens sind körperlich schmutzige Menschen kaum je von sehr lauterer Gesinnung. Nun kann man beobachten, wie Menschen, die sonst durchaus nicht sehr auf die Reinlichkeit ihres Leibes achten, in den Zeiten, da sie zu größerer Anständigkeit des Charakters sich aufraffen, auch stets häufiger und ausgiebiger sich waschen. Ebenso werden nun auch Menschen, die nie sauber gewesen sind, für die Dauer einer Liebe plötzlich aus innerem Triebe reinlichkeitsbedürftig, und diese kurze Spanne Zeit ist oft die einzige ihres Lebens, wo sie unter ihrem Hemde nicht unflätig aussehen. Schreiten wir zum Geistigen vor, so sehen wir, wie bei vielen Menschen Liebe mit Selbstanklagen, Kasteiungs- und Sühnungsversuchen beginnt. Eine moralische Einkehr fängt an, von der Geliebten scheint auch eine innere Läuterung auszugehen, auch wenn der Liebende nie mit ihr gesprochen, ja sie nur wenige Male aus der Ferne gesehen hat. Dieser Prozeß kann also unmöglich in dem geliebten Wesen selbst seinen Grund haben: die Geliebte ist nur zu oft ein Backfisch, nur zu oft eine Kuh, nur zu oft eine lüsterne Kokette, und niemand nimmt für gewöhnlich an ihr überirdische Eigenschaften wahr als eben derjenige, der sie liebt. Ist es also zu glauben, daß diese konkrete Person geliebt werde in der Liebe, oder dient sie nicht vielmehr einer unvergleichlich größeren Bewegung nur als Ausgangspunkt?

In aller Liebe liebt der Mann nur sich selbst. Nicht seine Subjektivität, nicht das, was er, als ein von aller Schwäche und Gemeinheit, von aller Schwere und Kleinlichkeit behaftetes Wesen wirklich vorstellt; sondern das, was er ganz sein will und ganz sein soll, sein eigenstes, tiefstes, intelligibles Wesen, frei von allen Fetzen der Notwendigkeit, von allen Klumpen der Erdenheit. In seiner zeitlich-räumlichen Wirksamkeit ist dieses Wesen vermengt mit den Schlacken sinnlicher Beschränktheit, es ist nicht als reines, strahlendes Urbild vorhanden; wie tief er auch in sich gehen mag, er findet sich getrübt und befleckt, und sieht nirgends das, was er sucht, in weißer, makelloser Reinheit. Und doch bedarf er nichts so dringend, ersehnt er nichts so heiß, als ganz und gar er selbst und nichts anderes zu sein. Das eine aber, wonach er strebt, das Ziel, erblickt er nicht in hellem Glanze und unverrückter Festigkeit auf dem Grunde des eigenen Wesens, und darum muß er es draußen denken, um so ihm leichter nacheifern zu können. Er projiziert sein Ideal eines absolut wertvollen Wesens, das er innerhalb seiner selbst zu isolieren nicht vermag, auf ein anderes menschliches Wesen, und das und nichts anderes bedeutet es, wenn er dieses Wesen liebt. Nur wer selbst schuldig geworden ist, und seine Schuld fühlt, ist dieses Aktes fähig: darum kann das Kind noch nicht lieben. Nur weil die Liebe das höchste, stets unerreichte Ziel aller Sehnsucht so darstellt, als wäre es irgendwo in der Erfahrung verwirklicht und nicht bloß in der Idee vorhanden; nur indem sie es, ohne alle Beimischungen und Formenflecken, im Nebenmenschen lokalisiert, und so gleichzeitig eben der Tatsache Ausdruck gibt, daß im Liebenden selbst das Ideal der Erfüllung noch so ferne ist: nur darum kann mit der Liebe zugleich das Streben nach Läuterung neu erwachen, ein Hinwollen zu einem Ziele, das von höchster geistiger Natur ist und somit keine körperliche Verunreinigung durch räumliche Annäherung an die Geliebte duldet; darum ist Liebe die höchste und stärkste Äußerung des Willens zum Werte, darum kommt in ihr wie in nichts auf der Welt das eigentliche Wesen des Menschen zum Vorschein, das zwischen Geist und Körper, zwischen Sinnlichkeit und Sittlichkeit gebannt ist, an der Gottheit wie am Tiere Anteil hat. Der Mensch ist in jeder Weise erst dann ganz er selbst, wenn er liebt.[61] So erklärt sich's, daß viele Menschen erst als Liebende an das eigene Ich und an das fremde Du zu glauben beginnen, die, wie sich längst zeigte, nicht nur grammatikalische, sondern auch ethische Wechselbegriffe sind; so

61 Nicht wenn er spielt (Schiller)

ist die große Rolle nicht länger unverständlich, welche in jedem Liebesverhältnis die Namen der beiden Liebenden spielen. So wird deutlich, warum viele Menschen zuerst in der Liebe von ihrer eigenen Existenz Kenntnis erhalten, und nicht früher von der Überzeugung durchdrungen werden, daß sie eine Seele besitzen.[62] So, daß der Liebende zwar die Geliebte um keinen Preis durch seine Nähe verunreinigen möchte, aber sie doch aus der Ferne oft zu sehen trachtet, um sich ihrer – seiner – Existenz zu vergewissern. So, daß gar mancher unerweichliche Empirist, nun, da er liebt, zum schwärmerischen Mystiker wird, wofür der Vater des Positivismus, Auguste Comte, selbst das Beispiel gegeben hat, durch die Umwälzung seines ganzen Denkens, als er Clotilde de Vaux kennenlernte. Nicht nur für den Künstler, für den Menschen überhaupt gibt es psychologisch ein: Amo, ergo sum.

So ist die Liebe ein Projektionsphänomen gleich dem Haß, kein Äquationsphänomen gleich der Freundschaft. Voraussetzung dieser ist gleiche Geltung beider Individuen; Liebe ist stets ein Setzen der Ungleichheit, der Ungleichwertigkeit. Alles, was man selbst sein möchte und nie ganz sein kann, auf ein Individuum häufen, es zum Träger aller Werte machen, das heißt lieben. Sinnbildlich für diese höchste Vollendung ist die Schönheit. Darum wundert, ja entsetzt es so oft den Liebenden, wenn er sich überzeugt, daß im schönen Weibe nicht auch Sittlichkeit wohne, und er beschuldigt die Natur des Betruges, weil in einem »so schönen Körper« »so viel Verworfenheit« sein könne; er bedenkt nicht, daß er das Weib nur deshalb noch schön findet, weil er es noch liebt: denn sonst würde ihn auch die Inkongruenz zwischen Innerem und Äußerem nicht mehr schmerzen. Die gewöhnliche Gassendirne scheint deshalb nie schön, weil es hier von vornherein unmöglich ist, eine Projektion von Wert zu vollziehen; sie kann nur des ganz gemeinen Menschen Geschmack befriedigen, sie ist die Geliebte des unsittlichsten Mannes, des Zuhälters. Hier liegt eine dem Moralischen entgegengesetzte Beziehung offensichtlich zutage; das Weib im allgemeinen ist aber nur indifferent gegen alles Ethische, es ist amoralisch, und

---

62 Vgl. S. 209.

kann darum, anders als der antimoralische Verbrecher, den instinktiv niemand liebt, oder der Teufel, den jedermann sich häßlich vorstellt, für den Akt der Wertübertragung eine Grundlage abgeben; da es weder guttut, noch sündigt, sträubt sich nichts in ihm und an ihm gegen diese Kollokation des Ideals in seine Person. Die Schönheit des Weibes ist nur sichtbar gewordene Sittlichkeit, aber diese Sittlichkeit ist selbst die des Mannes, die er, in höchster Steigerung und Vollendung, auf das Weib transponiert hat.

Weil alle Schönheit immer nur einen abermals erneuten Verkörperungsversuch des höchsten Wertes darstellt, darum ist vor allem Schönen ein Gefühl des Gefundenhabens, dem gegenüber jede Begierde, jedes selbstische Interesse schweigt. Alle Formen, die der Mensch schön findet, sind vermöge seiner ästhetischen Funktion, die Sittliches und Gedankliches in Sinnlichkeit umsetzt, ebenso viele Versuche von seiner Seite, das Höchste sichtbar zu realisieren. Schönheit ist das Symbol des Vollkommenen in der Erscheinung. Darum ist Schönheit unverletzlich, darum ist sie statisch und nicht dynamisch, darum hebt jede Änderung im Verhalten zu ihr sie schon auf und vernichtet ihren Begriff. Die Liebe zum eigenen Werte, die Sehnsucht nach Vollkommenheit zeugt in der Materie die Schönheit. So wird die Schönheit der Natur geboren, die der Verbrecher nimmer wahrnimmt, weil eben die Ethik erst die Natur schafft. So erklärt sich's, daß die Natur immer und überall, in der größten und kleinsten ihrer Bildungen, den Eindruck des Vollendeten hervorruft. So ist auch das Naturgesetz nur ein sinnliches Symbol des Sittengesetzes, wie die Naturschönheit der sinnenfällig gewordene Adel der Seele; so die Logik die verwirklichte Ethik. Wie die Liebe ein neues Weib für den Mann schafft statt des realen Weibes, so schafft die Kunst, die Erotik des Alls, aus dem Chaos die Formenfülle im Universum; und wie es keine Naturschönheit gibt ohne Form, ohne Naturgesetz, so auch keine Kunst ohne Form, keine Kunstschönheit, die nicht ihren Regeln gehorcht. Denn die Naturschönheit zeigt die Kunstschönheit nicht anders verwirklicht als das Naturgesetz das Sittengesetz, als die Naturzweckmäßigkeit jene Harmonie, deren Urbild über dem Geiste des Menschen thront. Ja, die Natur, die der Künstler seine ewige Lehrmeisterin nennt, sie ist nur die von ihm selbst geschaffene Norm seines Schaffens, nicht in begrifflicher Konzentration, sondern in anschaulicher Unendlichkeit. So sind, um eines als Beispiel zu nennen, die Sätze der Mathematik die verwirklichte Musik (und nicht umgekehrt), Mathematik selbst die konforme Abbildung der Musik aus dem Reiche der Freiheit auf das Reich der Notwendigkeit, und darum das Sollen aller Musiker ein mathematisches. Die Kunst schafft also die Natur, und nicht die Natur die Kunst.

Von diesen Andeutungen, welche, wenigstens teilweise, eine Ausführung und Weiterbildung der tiefen Gedanken Kantens und Schellings (und des von ihnen beeinflußten Schiller) über die Kunst sind, kehre ich zum Thema zurück. Als Resultat für dessen Zwecke steht nun fest, daß der Glaube an die Sittlichkeit des Weibes, die »Introjektion« der Seele des Mannes in das Weib, und die schöne äußere Erscheinung des Weibes eine und dieselbe Tatsache sind, die letztere nur der sinnenfällige Ausdruck des ersteren. Begreiflich, aber eine Umkehrung des wahren Verhältnisses ist es also, wenn man von einer »schönen Seele« im moralischen Sinne spricht, oder nach Shaftesbury und Herbart die Ethik der Ästhetik unterordnet: man mag mit Sokrates und Antisthenes τὸ καλόν und τἀγαϑόν für identisch halten, aber man darf nicht vergessen, daß Schönheit nur ein körperliches Bild ist, in dem die Sittlichkeit sich selbst verwirklicht vorstellt, daß alle Ästhetik doch ein Geschöpf der Ethik bleibt. Jeder einzelne und zeitlich begrenzte dieser Inkarnationsversuche ist seiner Natur nach illusorisch, denn er täuscht die erreichte Vollkommenheit nur vor. Darum ist alle Einzelschönheit vergänglich, und muß auch die Liebe zum Weibe es sich gefallen lassen, durch das alte Weib widerlegt zu werden. Die Idee der Schönheit ist die Idee der Natur, sie ist unvergänglich, wenn auch alles Einzelschöne, alles Natürliche vergeht. Nur eine Illusion kann im Begrenzten und Konkreten die Unendlichkeit, nur eine Irrung im geliebten Weibe die Vollkommenheit selbst erblicken. Die Liebe zur Schönheit soll sich nicht verlieren an das Weib, um den geschlechtlichen Trieb nach ihm zu überbauen.

Wenn alle Liebe zu Personen auf jener Verwechslung beruht, so kann es keine andere denn unglückliche Liebe geben. Aber alle Liebe klammert sich an diesen Irrtum; sie ist der heroischeste Versuch, dort Werte zu behaupten, wo es keine Werte gibt. Die Liebe zum unendlichen Wert, das ist zum Absoluten oder zu Gott, sei es auch in Form der Liebe zur unendlichen sinnenfälligen Schönheit des Naturganzen (Pantheismus), könnte allein die transzendentale Idee der Liebe heißen – wenn es eine solche gibt –, die Liebe zu allem Einzelding, und auch zum Weibe, ist schon ein Abfall von der Idee, eine Schuld.

Warum der Mensch diese Schuld auf sich lädt, ist im Früheren schon enthalten. So wie aller Haß nur üble Eigenschaften, die man selbst besitzt, auf den Nebenmenschen projiziert, um sie dort in einer desto abschreckenderen Vereinigung zu zeigen; wie der Teufel nur erfunden wurde, um die bösen Triebe im Menschen außer ihm darzustellen, und ihm den Stolz und die Kraft des Kämpfers zu leihen: so verfolgt auch die Liebe nur den Zweck, dem Menschen den Kampf um das Gute zu erleichtern, das er als Gedanken in sich allein zu ergreifen noch zu kraftlos ist. Beides, Haß und Liebe, ist darum eine Feigheit. Im Hasse spiegelt man sich vor, daß man von jemand anderem bedroht sei, um sich selbst hiedurch bereits als die angegriffene Reinheit zu fingieren, statt es sich zu gestehen, daß man das Böse aus sich selbst auszujäten habe, und daß es nirgend anders als im eigenen Herzen niste. Man konstruiert den Bösen; um sich die Genugtuung zu bereiten, ihm ein Tintenfaß an den Kopf geworfen zu haben. Nur darum ist der Teufelsglaube unsittlich: weil er eine unstatthafte Erleichterung des Kampfes darstellt und eine Abwälzung der Schuld. Durch die Liebe versetzt man, wie im Haß die Idee des eigenen Unwertes, die Idee des eigenen Wertes in ein Wesen, das zu ihrer Aufnahme geeignet scheint: der Satan wird häßlich, die Geliebte schön. So entbrennt man in beiden Fällen, durch eine Gegenüberstellung, durch die Verteilung von Gut und Böse auf zwei Personen, leichter für die moralischen Werte. Ist aber alle Liebe zu Einzelwesen statt zur Idee eine sittliche Schwäche, so muß dies auch in den Gefühlen des Liebenden zum Vorschein kommen. Niemand begeht ein

Verbrechen, ohne daß ihm dies durch ein Schuldgefühl ange-
zeigt würde. Nicht ohne Grund ist die Liebe das schamhafteste
Gefühl: sie hat Ursache, sich zu schämen, weit mehr noch als
das Mitleid. Der Mensch, den ich bemitleide, bekommt von mir
etwas, im Akte des Mitleidens selbst gebe ich ihm aus meinem
eingebildeten oder wesentlichen Reichtum; die Hilfe ist so nur
ein Sichtbarwerden dessen, was bereits im Mitleiden lag. Der
Mensch, den ich liebe, von dem will ich etwas, ich will zum mindesten, daß er mich nicht durch unschöne Gebärden oder gemeine Züge in meiner Liebe zu ihm störe. Denn durch die Liebe
will ich mich irgendwo gefunden haben, statt weiter zu suchen
und zu streben, ich will aus der Hand eines Nebenmenschen
nichts weniger, nichts anderes empfangen, als mich selbst, ich
will von ihm – mich!

Das Mitleid ist schamhaft, weil es den anderen tiefer gestellt
zeigt als mich, weil es ihn erniedrigt. Die Liebe ist schamhaft,
weil ich mich durch sie tiefer stelle als den anderen; in ihr wird
aller Stolz des Individuums am weitesten vergessen, und das ist
ihre Schwäche, darum schämt sie sich. So ist das Mitleid der Liebe verwandt, und hieraus erklärt sich, daß nur, wer das Mitleid
kennt, auch die Liebe kennt. Und doch schließen sich beide aus:
man kann nie lieben, wen man bemitleidet, und nie bemitleiden,
wen man liebt. Denn im Mitleid bin ich selbst der feste Pol, in der
Liebe ist es der andere; die Richtung beider Affekte, ihr Vorzeichen ist das Entgegengesetzte. Im Mitleid bin ich Geber, in der
Liebe Bettler. Die Liebe ist die schamhafteste von allen Bitten,
weil sie um das Meiste, um das Höchste bettelt. Darum schlägt
sie in den jähesten, rachsüchtigsten Stolz so schnell über, wenn
ihr durch den anderen unvorsichtig oder rücksichtslos zum Bewußtsein gebracht wird, um was sie eigentlich gefleht hat.

Alle Erotik ist voll von Schuldbewußtsein. In der Eifersucht
tritt zutage, auf welch unsicheren Grund die Liebe gebaut ist. Eifersucht ist die Kehrseite jeder Liebe, und offenbart deren ganze Unsittlichkeit. Durch Eifersucht wird über den freien Willen
des Nebenmenschen eine Gewalt angemaßt. So begreiflich sie
gerade der hier entwickelten Theorie ist, indem durch Liebe
das reine Selbst des Liebenden in der Geliebten lokalisiert wird,

und auf sein Selbst der Mensch, durch einen erklärlichen Fehlschluß, einen Anspruch leicht stets und an jedem Orte zu haben glaubt: so verrät sie doch, schon weil sie voll Furcht ist, und Furcht wie das verwandte Schamgefühl[63] sich stets auf eine in der Vergangenheit verübte Schuld bezieht, daß man durch die Liebe etwas erlangen wollte, was man auf diesem Wege nicht verlangen durfte.

Die Schuld, mit welcher in der Liebe der Mensch sich belastet, ist der Wunsch, von jenem Schuldbewußtsein, das ich früher die Voraussetzung und Bedingung aller Liebe nannte, frei zu werden. Statt alle begangene Schuld auf sich zu nehmen und ihre Sühnung durch das weitere Leben zu erreichen, ist die Liebe ein Versuch, von der eigenen Schuld loszukommen und sie zu vergessen, ein Versuch, glücklich zu werden. Statt die Idee der Vollkommenheit selbsttätig zu verwirklichen, will die Liebe die Idee schon als verwirklicht zeigen, sie spiegelt das Wunder als geschehen vor, im anderen Menschen zwar – darum ist sie die feinste List –, aber es ist doch nur die eigene Befreiung vom Übel, die man so ohne Kampf zu erreichen hofft. Hieraus erklärt sich der tiefe Zusammenhang aller Liebe mit dem Erlösungsbedürfnis (Dante, Goethe, Wagner, Ibsen). Alle Liebe ist selbst nur Erlösungsbedürfnis, und alles Erlösungsbedürfnis noch unsittlich (Kapitel 7, Schluß). Die Liebe überspringt die Zeit und setzt sich über die Kausalität hinweg, ohne eigenes Zutun will sie Reinheit plötzlich und unvermittelt gewinnen. Darum ist sie, als ein Wunder von außen statt von innen, in sich unmöglich, und kann ihren Zweck nie erfüllen, am wenigsten bei jenen Menschen, welche allein eigentlich in ganz unermeßlicher Weise ihrer fähig wären. Sie ist der gefährlichste Selbstbetrug, gerade weil sie den Kampf um das Gute am stärksten zu fördern scheint. Mittelmäßige Menschen mögen durch sie erst ihre Veredlung erfahren; wer ein subtileres Gewissen hat, wird sich hüten, ihrer Täuschung zu erliegen.

Der Liebende sucht im geliebten Wesen seine eigene Seele. Insofern ist die Liebe frei, und nicht jenen Gesetzen der bloß sexuellen Anziehung unterworfen, von denen der erste Teil ge-

---

63 Beide berühren sich im Begriffe der Scheu (im lateinischen: vereri).

handelt hat. Denn das psychische Leben der Frau gewinnt einen Einfluß, es begünstigt die Liebe, wo es der Idealisierung sich ausnehmend leicht fügt, auch bei geringeren körperlichen Vorzügen und mangelhafter sexueller Ergänzung, und vernichtet ihre Möglichkeit, wenn es gegen jene »Einlegung« zu sichtbar absticht. Dennoch ist, trotz aller Gegensätzlichkeit zwischen Sexualität und Erotik, eine Analogie zwischen ihnen unverkennbar. Die Sexualität benützt das Weib als Mittel, um zur Lust und zum leiblichen Kinde zu gelangen; die Erotik als Mittel, um zum Werte und – zum geistigen Kinde, zur Produktion zu kommen. Es ist ein unendlich tiefes, wenn auch, wie es scheint, wenig verstandenes Wort der platonischen Diotima, daß die Liebe nicht dem Schönen, sondern der Erzeugung und Ausgeburt im Schönen gelte, der Unsterblichkeit im Geistigen, wie der niedere Geschlechtstrieb dem Fortleben in der Gattung. Im Kinde sucht jeder Vater, der leibliche wie der geistige, nur sich selbst zu finden: die konkrete Verwirklichung der Idee seiner selbst, wie sie das Wesen der Liebe ausmacht, ist eben das Kind. Darum sucht der Künstler so oft das Weib, um das Kunstwerk schaffen zu können. »Und jeder sollte lieber solche Kinder haben wollen, wenn er auf Homer und Hesiod und die anderen trefflichen Dichter sieht, nicht ohne Neid, was für Geburten sie zurücklassen, die ihnen unsterblichen Ruhm und Angedenken sichern, indem sie selbst unsterblich sind ... Geehrt ist bei euch auch Solon, weil er Gesetze gezeugt, und viele andere anderwärts unter Hellenen und Barbaren, die viele und schöne Werke dargestellt haben und vielfältig Tugendhaftes gezeugt: denen auch schon viele Heiligtümer errichtet wurden um solcher Kinder willen, menschlicher Kinder wegen aber noch keinem.«

Es ist nicht eine bloß formale Analogie, nicht Überschätzung einer etwa nur zufälligen sprachlichen Übereinstimmung, wenn von geistiger Fruchtbarkeit, geistiger Konzeption und Produktion, oder, wie in diesen Worten Platons, von geistigen Kindern in tieferem Sinne zu reden versucht wird. Wie die leibliche Sexualität der Versuch eines organischen Wesens ist, die eigene Form dauernd zu begründen, so ist auch jede Liebe im Grunde nur das Streben, seelische Form, Individualität, endgültig zu realisieren. Hier liegt die Brücke, welche allen Willen zur eigenen Verewigung (wie man das Gemeinsame der Sexualität und der Erotik nennen könnte) mit dem Kinde verbindet. Geschlechtstrieb und Liebe sind beide Versuche zur Realisierung seiner selbst, der erste sucht das Individuum durch ein körperliches Abbild, die zweite Individualität durch ihr geistiges Ebenbild zu verewigen. Nur der geniale Mensch aber kennt die ganz und gar unsinnliche Liebe, und nur er sucht zeitlose Kinder zu zeugen, in denen sein tiefstes geistiges Wesen zum Ausdruck kommt.

Die Parallele kann noch weiter verfolgt werden. Daß aller Geschlechtstrieb der Grausamkeit verwandt ist, hat man nach Novalis oft wiederholt. Die »Assoziation« hat einen tiefen Grund. Alles, was vom Weibe geboren ist, muß auch sterben, Zeugung, Geburt und Tod stehen in einer unauflöslichen Beziehung; vor einem unzeitigen Tode erwacht in jedem Wesen auf das heftigste der Geschlechtstrieb, als das Bedürfnis, sich noch fortzupflanzen. Und so ist auch der Koitus, nicht nur psychologisch als Akt, sondern auch vom ethischen und naturphilosophischen Gesichtspunkte dem Morde verwandt: er verneint das Weib, aber auch den Mann; er raubt im Idealfall beiden das Bewußtsein, um dem Kinde das Leben zu geben. Einer ethischen Weltanschauung wird es begreiflich sein, daß, was so entstanden ist, auch wieder vergehen muß. Aber auch die höchste Erotik, nicht nur die niederste Sexualität, benützt das Weib nicht als Zweck an sich selbst, sondern stets nur als Mittel zum Zweck, um das Ich des Liebenden rein darzustellen: die Werke eines Künstlers sind immer nur sein auf verschiedenen Etappen festgehaltenes Ich, das er meist in diesem oder in jenem Weibe, und sei es selbst ein Weib seiner Einbildungskraft, zuvor lokalisiert hat.

Die reale Psychologie des geliebten Weibes wird aber hiebei immer ausgeschaltet: im Augenblicke, wo der Mann ein Weib liebt, kann er es nicht durchschauen. In der Liebe tritt man zum Weibe nicht in jenes Verhältnis des Verstehens, welches das einzig sittliche Verhältnis zwischen Menschen ist. Man kann keinen Menschen lieben, den man ganz erkennt, weil man dann gewiß auch die Unvollkommenheiten sehen müßte, die ihm als Menschen notwendig anhaften, Liebe aber nur auf Vollkommenes geht. Liebe zu einem Weibe ist daher nur möglich, wenn sich diese Liebe um die wirklichen Eigenschaften, die eigenen Wünsche und Interessen der Geliebten, soweit sie der Lokalisation höherer Werte in ihrer Person zuwiderlaufen, nicht bekümmert, sondern in schrankenloser Willkür an die Stelle der psychischen Realität des geliebten Wesens eine ganz andere Realität setzt. Der Versuch, sich im Weibe selbst zu finden, statt im Weibe eben nur – das Weib zu sehen, setzt notwendig eine Vernachlässigung der empirischen Person voraus. Dieser Versuch ist also voll Grausamkeit gegen das Weib; und hier liegt die Wurzel des Egoismus aller Liebe, wie auch der Eifersucht, welche das Weib gänzlich nur noch als unselbständiges Besitztum betrachtet, und auf sein inneres Leben gar keine Rücksicht mehr nimmt.

Hiemit vollendet sich die Parallele zwischen der Grausamkeit der Erotik und der Grausamkeit der Sexualität. Liebe ist Mord. Der Geschlechtstrieb negiert das körperliche und das psychische, die Erotik[64] noch immer das psychische Weib. Die ganz gemeine Sexualität sieht im Weibe einen Apparat zum Onanieren oder eine Kindergebärerin; man kann gegen das Weib nicht niedriger sein, als wenn man ihm seine Unfruchtbarkeit vorhält, und ein erbärmlicheres Zeugnis kann einem Gesetzbuch nicht ausgestellt werden, als wenn es die Sterilität eines Weibes als legalen Grund der Ehescheidung anführt. Die höhere Erotik aber verlangt von der Frau schonungslos, daß sie das männliche Adorationsbedürfnis befriedige und sich möglichst anstandslos lieben lasse, damit der Liebende in ihr sein Ideal von sich verwirklicht sehen und ein geistiges Kind mit ihr zeugen könne. So ist die Liebe nicht nur antilogisch, denn sie setzt sich über die objektive Wahrheit des Weibes und seine wirkliche Beschaffenheit hinweg, sie will nicht nur die Denkillusion, und verlangt nicht nur ungestüm nach dem Betruge der Vernunft: sondern sie ist auch antiethisch gegen das Weib, dem sie die Verstellung und den Schein, die vollkommene Kongruenz mit einem ihr fremden Wunsche, gebieterisch aufnötigen möchte.

---

64 Das Säugen der Mutter ist ein Saugen des Kindes. Soweit reicht die Äquivalenz von Mutterschalt und Sexualität. Die Mutter   stirbt fortwährend für das Kind.

Denn die Erotik braucht die Frau nur, um den Kampf zu ebnen und abzukürzen, sie will von ihr immer bloß, daß sie den Ast abgebe, an dem er sich leichter zur Erlösung emporschwinge. So gesteht es ja Paul Verlaine:

»Marie Immaculée, amour essentiel,
Logique de la foi cordiale et vivace,
En vous aimant qu'est-il de bon que je ne fasse,
En vous aimant du seul amour, Porte du Ciel?«

Und fast noch deutlicher lehrt es Goethe im »Faust«:

»Dir, der Unberührbaren,
Ist es nicht benommen,
Daß die leicht Verführbaren
Traulich zu Dir kommen.

In die Schwachheit hingerafft,
Sind sie schwer zu retten;
Wer zerreißt aus eigner Kraft
Der Gelüste Ketten?«

Fern ist es mir, die heroische Größe zu verkennen, welche in dieser höchsten Erotik, im Madonnenkulte, liegt. Wie könnte ich vor der Außerordentlichkeit des Phänomens meine Augen verschließen, das den Namen Dante führt! Es liegt eine so unermeßliche Abtretung von Wert an das Weib in dem Leben dieses größten Madonnenverehrers, daß selbst der dionysische Trotz, mit dem diese Schenkung aller weiblichen Wirklichkeit entgegen vollzogen wird, den Eindruck vollster Erhabenheit hervorzurufen kaum verfehlt. Es liegt scheinbar eine solche Abnegation seiner selbst in dieser Verkörperung des Zieles aller Sehnsucht in einer irdisch-begrenzten Person, in einem Mädchen noch dazu, das der Künstler einmal, als Neunjähriger, zu Gesicht bekommen, das vielleicht später eine Xanthippe oder eine Fettgans geworden ist; es liegt darin ein derartiger Akt der Projektion aller, das zeitlich Eingeengte des Individuums übersteigenden Werte auf ein an sich gänzlich wertloses Weib, daß man nicht leicht es über sich bringt, die wahre Natur des Vorganges zu enthüllen, und gegen ihn zu sprechen. Aber es bedeutet jede, auch die sublimste Erotik, noch immer eine dreifache Unsittlichkeit: einen unduldsamen Egoismus gegen die wirkliche Frau der Erfahrung, die nur als Mittel zum Zweck der eigenen Hinanziehung benützt, der darum kein selbständiges Leben verstattet wird; mehr noch: eine Felonie gegen sich selbst, ein Davonlaufen vor sich selbst, eine Flüchtung des Wertes in fremdes Land, ein Erlöst – Sein – Wollen, und darum eine Feigheit, eine Schwäche, eine Würdelosigkeit in gerade einen absoluten Unheroismus; drittens endlich eine Abscheu vor der Wahrheit, die man nicht brauchen kann, weil sie der Absicht der Liebe ins Gesicht schlägt, die man nicht zu ertragen vermag, weil man dadurch um die Möglichkeit einer bequemen Erlösung käme.

Diese letzte Unsittlichkeit ist eben diejenige, welche jede Aufklärung über das Weib verhindert, weil sie sie meidet und so die allgemeine Anerkennung der Wertlosigkeit des Weibes an sich wohl stets hintanhalten wird. Die Madonna ist eine Schöpfung des Mannes, nichts entspricht ihr in der Wirklichkeit. Der Madonnenkult kann nicht moralisch sein, weil er die Augen vor der Wirklichkeit verschließt, weil mit ihm der Liebende sich belügt. Der Madonnenkult, von dem ich spreche, der Madonnenkult des großen Künstlers, ist in jeder Beziehung eine völlige Umschaffung des Weibes, die sich nur vollziehen kann, wenn von der empirischen Realität der Frauen gänzlich abgesehen wird; die Einlegung wird bloß dem schönen Körper nach ausgeführt, und sie kann nichts für ihren Zweck verwenden, was dem schroff entgegenstünde, wofür diese Schönheit Symbol werden soll.

Der Zweck dieser Neuschöpfung des Weibes oder das Bedürfnis, aus welchem die Liebe entspringt, ist nun ausführlich genug analysiert worden. Es ist zugleich der Hauptgrund, warum man vor allen Wahrheiten, die für das Weib nachteilig klingen, immer wieder die Ohren sich zuhält. Lieber schwört man auf die weibliche »Schamhaftigkeit«, entzückt sich am weiblichen »Mitleid«, interpretiert das Senken des Blickes beim Backfisch als ein eminent sittliches Phänomen, als daß man mit dieser

Lüge die Möglichkeit preisgäbe, das Weib als Mittel zum Zweck der eigenen höheren Wallungen zu benützen, als daß man darauf verzichtete, diesen Weg für die eigene Erlösung sich offen zu lassen.

Hierin liegt also die Antwort auf die eingangs gestellte Frage nach den Motiven, aus welchen an dem Glauben an die weibliche Tugend so zähe festgehalten wird. Man will davon nicht lassen, es zum Gefäß der Idee der eigenen Vollkommenheit zu machen, diese in der Frau als realisiert sich vorzustellen, um mit dem zum Träger des höchsten Wertes gemachten Weibe leichter sein geistiges Kind und besseres Selbst zu realisieren. Der Zustand des Liebenden hat nicht umsonst so viel Ähnlichkeit mit dem des Schaffenden; die ganz besonders große Güte gegen alles, was lebt, die Verlorenheit für alle kleinen konkreten Werte sind beiden gemeinsam, als Zustände, die den liebenden gleich dem produktiven Menschen auszeichnen, und sie dem Philister, für den gerade die materiellen Nichtigkeiten die einzige Realität bilden, stets unbegreiflich und lächerlich erscheinen läßt.

Denn jeder große Erotiker ist ein Genie und alles Genie im Grunde erotisch, auch wenn seine Liebe zum Wert, das ist zur Ewigkeit, zum Weltganzen, nicht in dem Körper eines Weibes Platz findet. Das Verhältnis des Ich zur Welt, das Verhältnis von Subjekt zu Objekt ist nämlich selbst gewissermaßen eine Wiederholung des Verhältnisses von Mann zu Weib in höherer und weiterer Sphäre, oder vielmehr dieses ein Spezialfall von jenem. Wie der Empfindungskomplex zum Objekt umgeschaffen wird, aber nur vom Subjekte und aus diesem heraus, so wird das Weib der Erfahrung aufgehoben durch das Weib der Erotik. Wie der Erkenntnistrieb die sehnsüchtige Liebe zu den Dingen ist, in denen der Mensch immer und ewig nur sich selbst findet, so wird auch der Gegenstand der Liebe im engeren Sinne vom Liebenden selbst erst geschaffen, und er entdeckt in ihm stets nur sein eigenes tiefstes Wesen. So ist die Liebe dem Liebenden eine Parabel: im Brennpunkte steht allerdings sie; aber konjugiert ist die Unendlichkeit – –.

Es fragt sich nun noch, wer diese Liebe kennt, ob nur der Mann übersexuell, oder ob auch das Weib der höheren Liebe fähig ist. Suchen wir hierauf, ganz unabhängig und unbeeinflußt von den bisherigen Ergebnissen, eine Antwort aus der Erfahrung neu zu gewinnen. Diese zeigt ganz unzweideutig, daß W, eine scheinbare Ausnahme abgerechnet, nie mehr als bloß sexuell ist. Die Frauen wollen entweder mehr den Koitus oder mehr das Kind (jedenfalls aber wollen sie geheiratet werden). Die »Liebeslyrik« der modernen Frauen ist nicht nur vollkommen anerotisch, sondern ganz extrem sinnlich; und so kurz die Zeit ist, seit welcher die Frauen mit solchen Erzeugnissen sich hervorwagen, sie haben in dieser Beziehung Kühneres geleistet, als alle Männer je vorher es gewagt haben, und ihre Produkte sind wohl geeignet, die leckersten Erwartungen, die selbst an »Junggesellen-Lektüre« geknüpft werden können, zu befriedigen. Hier ist nirgends von einer keuschen und reinen Neigung die Rede, welche das geliebte Wesen durch die eigene Nähe zu verunreinigen fürchtet. Es handelt sich nur um den tobendsten Orgiasmus und die wildeste Wollust, und so wäre diese Literatur recht eigentlich danach angetan, die Augen über die durchaus nur sexuelle und nicht erotische Natur des Weibes zu öffnen.

Liebe allein erzeugt Schönheit. Haben die Frauen zur Schönheit ein Verhältnis? Es ist keine bloße Redensart, wenn man von den Frauen oft hört: »Ach, wozu braucht denn ein Mann schön zu sein?« Es ist keine bloße Schmeichelei für den Mann und nicht allein darauf berechnet, ihn an seiner Eitelkeit zu fangen, wenn eine Frau ihn um Rat fragt, welche Farben ihr zu einem Kleide am besten passen; sie versteht diese selbst nicht so zu wählen, daß sie ästhetisch wirken könnten. Über eine Anordnung, die Geschmack statt Schönheitssinn verrät, kommt eine Frau ohne männliche Hilfe selbst in ihrer Toilette nicht hinaus. Wäre in der Frau an sich irgend welche Schönheit, trüge sie auch nur einen Maßstab der Schönheit ursprünglich im tieferen Innern, so würde sie nicht vom Manne immerfort es sich versichern lassen wollen, daß sie schön sei.

Und so finden die Frauen auch den Mann nicht eigentlich schön, und je mehr sie mit dem Worte herumwerfen, desto mehr verraten sie, wie fern ihnen jedes Verhältnis zur Idee der Schönheit ist. Es ist der sicherste Maßstab der Schamhaftigkeit eines

Menschen, wie oft er das Wort »schön«, diese Liebeserklärung an die Natur, in den Mund nimmt. Wären die Frauen sehnsüchtig nach Schönheit, so dürften sie ihren Namen seltener nennen. Sie haben aber kein Bedürfnis nach Schönheit und können keines haben, weil nur die sozial anerkannte äußere Erscheinung in solchem Sinne auf sie wirkt. Schön aber ist nicht, was gefällt; so oft diese Definition auch aufgestellt wird, so falsch ist sie, so gerade läuft sie dem Sinn des Wortes zuwider. Hübsch ist, was gefällt; schön ist, was der einzelne liebt. Hübschsein ist immer allgemein, Schönheit stets individuell. Darum ist alles wahrhafte Schön-Finden schamhaft, denn es ist aus der Sehnsucht geboren, und die Sehnsucht aus der Unvollkommenheit und Bedürftigkeit des Einsamen. Eros ist der Sohn des Poros und der Penia, der Sprößling aus der Verbindung von Reichtum und Armut. Um etwas schön zu finden, dazu gehört, als zur Objektivität einer Liebe, Individualität, nicht nur Individuation; bloßes Hübschsein ist gesellschaftliche Münze. Das Schöne wird geliebt, ins Hübsche pflegen die Leute sich zu verlieben. Liebe ist stets hinauswollend, transzendent, weil sie der Ungenügsamkeit des an die Subjektivität gefesselten Subjektes entstammt. Wer bei den Frauen solches Mißvergnügen vorzufinden meint, ist ein schlechter Deuter und Unterscheider. W ist höchstens verliebt, M liebt; und dumm und unwahr ist jene Behauptung lamentierender Frauen, das Weib sei wahrer Liebe fähiger als der Mann: im Gegenteil, es ist ihrer unfähig. Nicht jenem Bilde von der Parabel wie die Liebe, sondern dem eines in sich selbst zurücklaufenden Kreises gleicht alle Verliebtheit, und insonderheit die des Weibes.

Wo der Mann auf die Frau individuell wirkt, ist es nicht durch seine Schönheit. Für Schönheit hat, auch wenn sie im Manne sich offenbart, nur der Mann einen Sinn: fällt es nicht auf, wie auch von männlicher, nicht nur von weiblicher Schönheit aller Begriff vom Manne ist geschaffen worden? Oder sollte auch dies Folge der »Unterdrückung« sein? Der einzige Begriff, der, wenn er auch von Frauen darum nicht herstammen kann, weil diese nie auch nur einen einzigen Begriff geschaffen haben, dennoch ihnen, in gewissem Sinne, seine materiale Erfüllung und die

Lebhaftigkeit der ihn begleitenden Assoziationen verdankt, ist der Begriff des »feschen Kerls«, wie er in Wien und Süddeutschland, des »forschen Mannes«, wie er in Berlin und Norddeutschland heißt. Was durch diese Bezeichnung angedeutet wird, ist die starke und entwickelte Sexualität des Mannes; denn die Frau empfindet zuletzt doch immer als ihren Feind alles, was den Mann abzieht von der Sexualität und der Fortpflanzung, seine Bücher und seine Politik, seine Wissenschaft und seine Kunst.

Nur das Sexuelle, nie das Asexuelle, Transsexuelle im Manne wirkt als solches auf die Frau, und nicht Schönheit, sondern volles sexuelles Begehren verlangt sie von ihm. Es ist nie das Apollinische im Manne, das auf sie Eindruck macht (aber darum auch nicht das Dionysische), sondern stets nur, im weitesten Umfang, das Faunische in ihm; nie der Mann, sondern immer nur »le mâle« (das Männchen); es ist vor allem – darüber kann ein Buch über das wirkliche Weib nicht schweigen – seine Sexualität im engsten Sinne, es ist der Phallus.[65]

Man hat es entweder nicht sehen oder nicht sagen wollen, man hat sich aber auch kaum noch eine ganz richtige Vorstellung davon gebildet, was das Zeugungsglied des Mannes für das Weib, als Frau wie schon als Jungfrau, psychologisch bedeutet, wie es das ganze Leben der Frau, wenn auch oft völlig im Unbewußten, zu oberst beherrscht. Ich meine keineswegs, daß die Frau den Geschlechtsteil des Mannes schön oder auch nur hübsch findet. Sie empfindet ihn vielmehr ähnlich wie der Mensch das Medusenhaupt, der Vogel die Schlange; er übt auf sie eine hypnotisierende, bannende, faszinierende Wirkung. Sie empfindet ihn als das Gewisse, das Etwas, wofür sie gar keinen Namen hat: er ist ihr Schicksal, er ist das, wovon es für sie kein Entrinnen gibt. Nur darum scheut sie sich so davor, den Mann nackt zu sehen, und gibt ihm nie ein Bedürfnis danach zu erkennen: weil sie fühlt, daß sie in demselben Augenblicke verloren wäre. Der Phallus ist das, was die Frau absolut und endgültig unfrei macht.

---

65 Die Wirkung des männlichen Bartes auf die Frau ist in einem weiteren Sinne und aus einem tieferen Grunde, als man vielleicht glaubt, psychologisch und biologisch ein vollständiges, und nur in der Intensität geschwächtes, Abbild der Wirkung des männlichen Gliedes selbst. Doch kann ich dies hier nicht näher begründen und ausführen.

Es ist also gerade jener Teil, welcher den Körper des Mannes recht eigentlich verunziert, welcher allein den nackten Mann häßlich macht – weswegen er auch von den Bildhauern so oft mit einem Akanthus- oder Feigenblatte verdeckt ward –, derselbe, der die Frauen am tiefsten aufregt und am heftigsten erregt, und zwar gerade dann, wenn er wohl das Unangenehmste überhaupt vorstellt, im erigierten Zustande. Und hierin liegt der letzte und entscheidendste Beweis dafür, daß die Frauen von der Liebe nicht die Schönheit wollen, sondern – etwas anderes.

Die neue Erfahrung, um welche die Untersuchung damit endgültig bereichert ist, wäre aus dem Bisherigen vorherzusagen gewesen. Da Logik und Ethik ausschließlich beim Manne sich geltend machen, so war von vornherein wahrscheinlich, daß die Frauen mit der Ästhetik nicht auf besserem Fuße stehen würden, als mit ihren normierenden Schwesterwissenschaften. Die Verwandtschaft zwischen der Ästhetik und der Logik kommt in aller Systematik und Architektonik der Philosophien, nicht minder in der Forderung strenger Logik für das Kunstwerk, in höchster Vereinigung endlich in dem Bau der Mathematik und in der musikalischen Komposition zum Vorschein. Wie schwer es so vielen wird, Ästhetik und Ethik auseinanderzuhalten, ist schon erwähnt worden. Auch die ästhetische Funktion, nicht nur die ethische und logische, ist nach Kant eine solche, die vom Subjekte in Freiheit ausgeübt wird. Das Weib aber besitzt keinen freien Willen, und so kann ihm auch nicht die Fähigkeit verliehen sein, Schönheit in den Raum zu projizieren.

Damit ist aber auch gesagt, daß die Frau nicht lieben kann. Als Bedingung der Liebe muß Individualität, und zwar nicht rein und ungetrübt, jedoch mit dem Willen zur eigenen Befreiung von Staub und Schmutz, vorhanden sein. Denn ein Mittelding zwischen Haben und Nichthaben ist Eros; kein Gott, sondern ein Dämon; er allein entspricht der Stellung des Menschen zwischen Sterblichem und Unsterblichem: so hat es der größte Denker erkannt, der göttliche Platon, wie Plotin ihn nennt (der einzige Mensch, der ihn wirklich, innerlich verstanden hat; indes viele seiner heutigen Kommentatoren und Geschichtschreiber von seiner Lehre nicht viel mehr begreifen als die Ohrwürmer von den Sternschnuppen). Die Liebe ist also in Wirklichkeit keine »transzendentale Idee«; denn sie entspricht allein der Idee eines Wesens, das nicht rein transzendentalapriorisch, sondern auch sinnlich-empirisch ist: der Idee des Menschen.

Das Weib hingegen, das ganz und gar keine Seele hat, sehnt sich auch nicht, Seele geläutert von allem ihr anhaftenden Fremden irgendwo, irgendwann endlich ganz zu finden. Es gibt kein Ideal der Frauen vom Manne, das an die Madonna erinnern würde, nicht der reine, keusche, sittliche Mann wird von der Frau gewollt, sondern – ein anderer.

So ist denn bewiesen, daß die Frau nicht die Tugend des Mannes wünschen kann. Hätte sie in sich ein Unterpfand der Idee der Vollkommenheit, wäre sie irgendwie Ebenbild Gottes, so müßte sie auch den Mann, wie dieser das Weib, heilig, göttlich wollen. Daß ihr dies ganz fernliegt, ist wiederum nur ein Zeichen für ihren völligen Mangel an Willen zum eigenen Werte, den sie nicht, wie so gern der Mann, irgendwo außer sich verkörpert denkt, um leichter zu ihm emporstreben zu können.

Ein unauflösbares Rätsel bleibt nur dies, warum gerade die Frau mit dieser vergötternden Liebe geliebt wird, und, mit Ausnahme der Knabenliebe (in welcher indes der Geliebte ebenfalls zum Weibe wird), nicht irgend ein anderes Wesen. Ist die Hypothese nicht allzu kühn, die sich hierüber entwickeln läßt?

Vielleicht hat der Mann bei der Menschwerdung durch einen metaphysischen außerzeitlichen Akt das Göttliche, die Seele für sich allein behalten – aus welchem Motive dies geschehen sein könnte, vermögen wir freilich nicht abzusehen. Dieses sein Unrecht gegen die Frau büßt er nun in den Leiden der Liebe, in und mit welcher er der Frau die ihr geraubte Seele wieder zurückzugeben sucht, ihr eine Seele schenken will, weil er sich des Raubes wegen vor ihr schuldig fühlt. Denn gerade dem geliebten Weibe, ja, eigentlich nur ihm gegenüber drückt ihn ein rätselhaftes Schuldbewußtsein am stärksten. Die Aussichtslosigkeit eines solchen Rückgabeversuches, durch den er seine Schuld zu sühnen würde trachten wollen, könnte wohl erklären, warum es glückliche Liebe nicht gibt. So wäre dieser Mythos kein übler Vorwurf für ein dramatisches Mysterium. Aber die Grenzen

einer wissenschaftlichen, auch einer wissenschaftlich-philoso-
phischen Betrachtung sind mit ihm weit überflogen.

Was die Frau nicht will, wurde im obigen klargestellt; aber
was sie zutiefst will, und daß dieses ihr innerstes Wollen dem
Wollen des Mannes gerade entgegengerichtet ist, soll jetzt gezeigt werden.

XII. Kapitel. Das Wesen des Weibes und sein Sinn im Universum

Gleichheit oder Gleichstellung. P. J. Moebius. Sinnlosigkeit oder Bedeutung der Weiblichkeit. Kuppelei. Instinktiver Drang. Der Mann und die Kuppelei. Welche Phänomene noch weiter Kuppelei sind. Hochwertung des Koitus. Der eigene Geschlechtstrieb ein Spezialfall. Mutter – Dirne. Das Wesen des Weibes nur in der Kuppelei ausgesprochen. Kuppelei = Weiblichkeit = universale Sexualität.

»Erst Mann und Weib zusammen machen den Menschen aus.«

Kant.

System von Einwänden und Widersprüchen. Notwendigkeit der Auflösung. Beeinflußbarkeit und Passivität. Unbewußte Verleugnung der eigenen Natur als Folge. Organische Verlogenheit des Weibes. Die Hysterie. Psychologisches Schema für den »Mechanismus« der Hysterie. Definition der letzteren. Zustand der Hysterischen. Eigentümliches Wechselspiel: die fremde Natur als die eigene, die eigene als die fremde. Der »Fremdkörper«. Zwang und Lüge. Heteronomie der Hysterischen. Wille und Kraft zur Wahrheit. Der hysterische Paroxysmus. Was abgewehrt wird. Die hysterische Konstitution. Magd und Megäre. Die Megäre als Gegenteil der Hysterika. Die Wahrheitsliebe der Hysterika als ihre Lüge. Die hysterische Keuschheit und Abneigung gegen den Geschlechtsakt. Das hysterische Schuldbewußtsein und die hysterische Selbstbeobachtung. Die Visionärin und Seherin im Weibe. Die Hysterie und die Unfreiheit des Weibes. Sein Schicksal und dessen Hoffnungslosigkeit.

Notwendigkeit der Zurückführung auf ein letztes Prinzip. Unterschiede zwischen Mensch und Tier, zwischen Mann und Frau. Übersichtstafel. Das zweite oder höhere Leben, das metaphysische Sein im Menschen. Analogien zum niederen Leben. Nur im Manne ewiges Leben. Das Verhältnis beider Leben und die Erbsünde. Geburt und Tod. Freiheit und Glück. Das Glück und der Mann. Das Glück und die Frau. Die Frau und das Problem des Lebens. Nichtsein des Weibes. Hieraus zunächst die Möglichkeit von Lüge und Kuppelei, Amoralität und Alogizität erschlossen. Nochmals die Kuppelei. Gemeinschaft und Sexualität. Männliche und weibliche Freundschaft. Kuppelei wider Eifersucht. Kuppelei identisch mit Weiblichkeit. Warum die Frauen Menschen sind. Wesen des Geschlechtsgegensatzes. Gegensätze: Subjekt – Objekt = Form – Materie = Mann – Weib. Kontrektation und Tastsinn. Deutung der Heniden. Non-Entität der Frau; als Folge universelle Suszeptibilität. Formung und Bildung der Frau durch den Mann. Trachten nach Existenz. Geschlechtsdualität und Weltdualismus. Die Bedeutung des Weibes im Universum. Der Mann als das Etwas, die Frau als das Nichts. Das psychologische Problem der Furcht vor dem Weibe. Die Weiblichkeit und der Verbrecher. Das Nichts und das Nicht. Die Schöpfung des Weibes durch den Verbrecher im Manne. Das Weib als die bejahte Sexualität des Mannes. Das Weib als die Schuld des Mannes. Was die Liebe des Mannes zum Weibe im tiefsten Grunde ist. Deduktion der Weiblichkeit.

Immer tiefer ist die Analyse in der Schätzung des Weibes bis jetzt hinuntergegangen, immer mehr Hohes und Edles, Großes und Schönes mußte sie ihm absprechen. Wenn sie nun in diesem Kapitel noch einen, den entscheidenden, äußersten Schritt in derselben Richtung zu tun sich anschickt, so möchte ich, zur Verhütung eines Mißverständnisses, gleich hier bemerken, worauf ich noch zurückkomme: daß mir wahrlich nichts ferner liegt, als dem asiatischen Standpunkt in der Behandlung des Weibes das Wort zu reden. Wer den vorausgehenden Darlegungen über das Unrecht aufmerksamer gefolgt ist, das alle Sexualität, ja selbst die Erotik noch an der Frau begeht, dem wird bereits zum Bewußtsein gekommen sein, daß dieses Buch kein Plädoyer für den Harem ist, und daß es sich hütet, die notwendige große Härte des Urteils zu entwerten durch die Forderung einer so problematischen Strafe.

Aber die rechtliche Gleichstellung von Mann und Weib kann man sehr wohl verlangen, ohne darum an die moralische und intellektuelle Gleich heit zu glauben. Vielmehr kann ohne Widerspruch zu gleicher Zeit jede Barbarei des männlichen wider das weibliche Geschlecht verworfen, und braucht doch der ungeheuerste, kosmische Gegensatz und Wesensunterschied hier nicht verkannt zu werden. Es gibt keinen Mann, in dem nicht noch irgendwie Übersinnliches lebte, keinen, der gar nicht gut wäre; und es gibt kein Weib, von dem in Wahrheit das gälte. Der tiefststehende Mann steht also noch unendlich hoch über dem höchststehenden Weibe, so hoch, daß Vergleich und Rangordnung hier kaum mehr statthaft scheinen; und doch hat niemand das Recht, selbst das tiefststehende Weib irgendwie zu schmälern oder zu unterdrücken. Durch die völlige Berechtigung des Anspruches auf Gleichheit vor jedem Gesetze wird kein gründlicherer Menschenkenner in der Überzeugung sich beirren lassen, daß zwischen den Geschlechtern die denkbar polarste Gegensätzlichkeit besteht. Was für seichte Psychologen (um von dem menschenkundigen Tiefblick der sozialistischen Theoretiker zu schweigen) die Materialisten, Empiristen und Positivisten sind, kann man abermals hieraus entnehmen, daß gerade aus ihren Kreisen vorzugsweise die Männer gekommen sind und auch jetzt noch aus ihnen sich rekrutieren, welche für die ursprünglich angeborne psychologische Gleichheit zwischen Mann und Weib eintreten.

Aber auch vor der Verwechslung meines Standpunktes in der Beurteilung des Weibes mit den hausbackenen und nur als tapfere Reaktion gegen die Massenströmung erfreulichen Ansichten von P. J. Moebius bin ich hoffentlich gefeit. Das Weib ist nicht »physiologisch schwachsinnig«; und ich kann auch die Auffassung nicht teilen, welche in Frauen mit hervorragenderen Leistungen Entartungserscheinungen erblickt. Von einem mora1ischen Aussichtspunkt kann man diese Frauen, da sie stets männlicher sind als die anderen, nur freudig begrüßen, und müßte bei ihnen eher das Gegenteil einer Entartung, nämlich einen Fortschritt und eine Überwindung, zugestehen; in biologischer Hinsicht sind sie ebensowenig oder ebensosehr ein Degenerationsphänomen, als der weibliche Mann ein solches darstellt (wenn man ihn nicht ethisch wertet). Die sexuellen Zwischenformen sind aber in der ganzen Reihe der Organismen durchaus die normale und nicht eine pathologische Erscheinung, und ihr Auftreten also noch kein Beweis körperlicher Dekadenz.

Das Weib ist weder tiefsinnig noch hochsinnig, weder scharfsinnig noch geradsinnig, es ist vielmehr von alledem das gerade Gegenteil; es ist, so weit wir bisher sehen, überhaupt nicht »sinnig«: es ist als Ganzes Un-sinn, un-sinnig. Aber das ist noch nicht schwachsinnig, nach dem Begriffe, den man in deutscher Sprache damit verbindet: dem Begriffe des Mangels an der einfachsten praktischen Orientierung im gewöhnlichen Leben. Gerade Schlauheit, Berechnung, »Gescheitheit« besitzt W viel regelmäßiger und konstanter als M, sobald es auf die Erreichung naheliegender egoistischer Zwecke ankommt. Ein Weib ist nie so dumm, wie es der Mann zuweilen sein kann. –

Hat nun das Weib gar keine Bedeutung? Verfolgt es wirklich keinen allgemeineren Zweck? Hat es nicht doch eine Bestimmung, und liegt ihm nicht, trotz all seiner Unsinnigkeit und Nichtigkeit, eine bestimmte Absicht im Weltganzen zugrunde? Dient es einer Mission, oder ist sein Dasein ein Zufall und eine Lächerlichkeit?

Um hinter diesen Sinn zu kommen, muß von einem Phänomen ausgegangen werden, das, so alt und so bekannt es ist, noch nirgends und niemals einer ernsteren Beachtung oder gar Würdigung wert befunden wurde. Es ist kein anderes als das Phänomen der Kuppelei , welches zum tiefsten, zum eigentlichen Einblick in die Natur des Weibes zu führen vermag.

Seine Analyse ergibt zunächst das Moment der Herbeiführung und Begünstigung des Sichfindens zweier Menschen, die eine sexuelle Vereinigung, sei es in Form der Heirat oder nicht, einzugehen in der Lage sind. Dieses Bestreben, zwischen zwei Menschen etwas zustande zu bringen, hat jede Frau ausnahmslos schon in frühester Kindheit: ganz kleine Mädchen leisten bereits, und zwar selbst dem Liebhaber ihrer älteren Schwestern, Mittlerdienste. Und wenn der Trieb zu kuppeln auch erst dann deutlicher zum Vorschein kommen kann, wenn das weibliche Einzelindividuum sich selbst untergebracht hat, d. h. nach seiner eigenen Versorgung durch die Heirat: so ist er doch die ganze Zeit über zwischen der Pubertät und der Hochzeit ebenso vorhanden; nur wirken ihm der Neid auf die Konkurrentinnen und die Angst vor den größeren Chancen derselben im Kampf um den Mann so lang entgegen, bis die Frau selbst ihren Gemahl sich glücklich erobert, oder ihr Geld, die Beziehungen, in welche er nun zu ihrer Familie tritt usw., ihn gekirrt und geködert haben. Dies ist der einzige Grund, aus welchem die Frauen erst in der Ehe mit vollem Eifer darangehen, die Töchter und Söhne ihrer Bekannten unter die Haube zu bringen. Und wie sehr nun erst das alte Weib kuppelt, bei dem die Sorge für die eigene sexuelle Befriedigung gänzlich in Wegfall gekommen ist, das ist so allgemein bekannt, daß man, sehr mit Unrecht, das alte Weib allein zur eigentlichen Kupplerin gestempelt hat.

Nicht nur Frauen, auch Männer werden sehr gern in den Ehestand zu bringen gesucht, auch von ihren eigenen Müttern, ja gerade von diesen mit besonderer Lebhaftigkeit und Zähigkeit. Ganz ohne Rücksicht auf die individuelle Eigenart des Sohnes ist es der Wunsch und die Sucht jeder Mutter, ihren Sohn verheiratet zu sehen: ein Bedürfnis, in dem man geblendet genug war, etwas Höheres, wieder jene Mutterliebe zu erblicken, von welcher ein früheres Kapitel nur eine so geringe Meinung gewinnen konnte. Es ist möglich, daß viele Mütter, sei der Sohn auch gar nicht für die Ehe geschaffen, von vornherein überzeugt sind, ihm durch sie erst zum bleibenden Glücke zu verhelfen; aber sicher fehlt sehr vielen selbst dieser Glaube, und jedenfalls spielt allerwärts und immer als stärkstes Motiv der Kuppeltrieb, die gefühlsmäßige Abneigung gegen das Junggesellentum des Mannes, mit.

Man sieht bereits hier, daß die Frauen einem rein instinktiven Drange, der in sie gelegt ist, folgen, auch wenn sie ihre Töchter zu verheiraten suchen. Nicht aus logischen, und nur zum kleinsten Teile aus materiellen Erwägungen entspringen die unendlichen Bemühungen, welche die Mütter zu diesem Zwecke unternehmen, sie geschehen nicht aus Entgegenkommen gegen geäußerte oder unausgesprochene Wünsche der Tochter (denen sie in der speziellen Wahl des Mannes sogar oft zuwiderlaufen); und es kann, da die Kuppelei ganz allgemein auf alle Menschen sich erstreckt und nie auf die eigene Tochter sich beschränkt, hier am wenigsten von einer »altruistischen«, »moralischen« Handlung der mütterlichen Liebe die Rede sein; obwohl sicherlich die meisten Frauen, wenn jemand ihr kupplerisches Gebaren ihnen vorhielte, zur Antwort geben würden: es sei ihre Pflicht, beizeiten an die Zukunft ihres teuren Kindes zu denken.

Eine Mutter verheiratet ihre eigene Tochter nicht anders, als sie jedem anderen Mädchen zum Manne gern verhilft, wenn nur jene Aufgabe innerhalb der Familie zuvor gelöst ist: es ist ganz dasselbe, Kuppelei hier wie dort, die Verkuppelung der eigenen Tochter unterscheidet sich psychologisch in nichts von der Verkuppelung der fremden. Ja, ich behaupte: es gibt keine Mutter, die es nur unangenehm berührt, wenn ein Fremder, auch in noch so gemeiner Absicht und nichtswürdiger Berechnung, ihre Tochter begehrt und verführt.

Wie schon öfter das Verhalten des einen Geschlechtes zu gewissen Zügen des anderen als ein brauchbares Kriterium dafür verwendet werden konnte, welche Eigentümlichkeiten des Charakters ausschließlich auf eines beschränkt sind, und welche auch dem anderen zukommen,[66] so kann, während bisher stets das Weib Zeuge sein mußte, daß gewisse, ihm von vielen so gern zugesprochene Eigenschaften ausschließlich dem Manne angehören, hier einmal durch sein Verhalten der Mann dokumentieren, wie die Kuppelei echt weiblich und ausschließlich weiblich ist: die Ausnahmen betreffen entweder sehr weibliche Männer oder einen Fall, der noch ausführlich wird besprochen

---

66 Eine Zusammenstellung findet sich auf Seite 271 f. des 9. Kap.

werden.[67] Jeder wahre Mann nämlich wendet sich vom heirats-
vermittelnden Treiben der Frauen, selbst wenn es sich um seine
eigene Tochter handelt, und er diese gern versorgt sehen möchte, mit Widerwillen und Verachtung ab und überläßt die Kup-
pelsorgen überhaupt dem Weibe als sein Fach. Zugleich sieht
man hier am klarsten, wie auf den Mann gar nicht die wahren
psychischen Sexualcharaktere des Weibes attraktiv wirken, wie
sie ihn vielmehr abstoßen, wo sie ihm bewußt werden: indes
die rein männlichen Eigenschaften an sich, und wie sie wirklich
sind, das Weib anzuziehen genügen, muß der Mann das Weib
erst umformen, ehe er es lieben kann.

Die Kuppelei reicht aber bedeutend tiefer und durchdringt
das Wesen des Weibes in einer viel weiteren Ausdehnung, als
jemand nach den obigen Beispielen, die nur den Umfang des
Sprachgebrauches erschöpfen, glauben könnte. Ich will zunächst darauf hinweisen, wie die Frauen im Theater sitzen:
stets mit der Erwartung, ob die zwei, wie die zwei Liebesleute
»sich kriegen« werden. Auch dies ist nichts anderes als Kuppelei, und um kein Haar von ihr psychologisch verschieden: es
ist das Herbeiwünschen des Zusammenkommens von Mann
und Weib, wo auch immer. Aber das geht noch weiter: auch die
Lektüre sinnlicher oder obszöner Dichtungen oder Romane,
die ungeheure Spannung auf den Moment des Koitus, mit welcher die Frauen lesen, ist nichts, gar nichts als Verkuppelung
der beiden Personen des Buches, tonische Exzitation durch den
Gedanken der Kopulation und positive Wertung der sexuellen
Vereinigung. Man halte das nicht für eine logische und formale
Analogisierung, man versuche nachzufühlen, wie für die Frau
psychologisch beides dasselbe ist. Die Erregung der Mutter am
Hochzeitstage der Tochter ist keine andere als die der Leserin
von Prévost, oder von Sudermanns »Katzensteg«. Es kommt
zwar auch vor, daß Männer solche Romane zu Detumeszenz-
zwecken gern lesen, aber das ist etwas prinzipiell von der weib-
lichen Art der Lektüre Verschiedenes, es geht auf die lebhaftere
Imagination des Sexualaktes und verfolgt nicht krampfhaft von
Anbeginn jede Verringerung der Entfernung zwischen den bei-

---

67 Kap. 13.

den Menschen, um die es sich gerade handelt; und wächst nicht, wie bei der Frau, kontinuierlich, in Proportion mit einer sehr hohen Potenz vom reziproken Werte des Abstandes der Personen voneinander. Die atemlose Begünstigung jeder Verringerung der Distanz von dem Ziele, die deprimierte Enttäuschung bei jeder Vereitelung der sexuellen Befriedigung ist durchaus weiblich und unmännlich; aber sie tritt in der Frau ganz unterschiedslos bei jeder Bewegung auf, die ihrer Richtung nach zum Geschlechtsakte führen kann, betreffe sie nun Personen des Lebens oder der Phantasie.

Hat man denn nie darüber nachgedacht, warum die Frauen so gern, so »selbstlos« andere Frauen mit Männern zusammenbringen? Das Vergnügen, welches ihnen hiedurch bereitet wird, beruht auf einer eigentümlichen Erregung durch den Gedanken auch des fremden Koitus.

Aber die volle Breite der Kuppelei ist auch mit der Ausdehnung auf den Hauptgesichtspunkt aller weiblichen Lektüre noch nicht ausgemessen. Wo an Sommerabenden in dunklen Gärten, auf den Bänken oder an den Mauern Liebespaare eine Zuflucht suchen, dort wird eine Frau, die vorübergeht, stets neugierig, sie sieht hin, indes der Mann, der jenen Weg zu gehen gezwungen ist, sich unwillig abwendet, weil er die Schamhaftigkeit verletzt fühlt. Desgleichen wenden sich die Frauen fast nach jedem Liebespaare, dem sie auf der Gasse begegnen, um und verfolgen es mit ihren Blicken. Dieses Hinschauen, dieses Sichumdrehen ist nicht minder Kuppelei als das bisher unter den Begriff Subsumierte. Was man ungern sieht und nicht wünscht, von dem wendet man sich weg, und sperrt nicht die Augen nach ihm auf; die Frauen sehen darum ein Liebespaar so gern, und überraschen es deshalb am liebsten bei Küssen und weitergehenden Liebesbezeigungen, weil sie den Koitus überhaupt (nicht nur für sich) wollen. Man beachtet nur, wie schon längst gezeigt wurde, was irgendwie positiv gewertet wird. Die Frau, die zwei Liebende miteinander sieht, wartet stets auf das, was kommen werde, d. h. sie er wartet es, nimmt es voraus, hofft es, wünscht es. Ich habe eine längst verheiratete Hausfrau gekannt, die ihr Dienstmädchen, das den Liebhaber eingelassen hatte, zuerst lang in großer Anteilnahme vor der Tür behorchte, ehe sie hineinging, ihm seine Stellung zu kündigen. Die Frau hatte also den ganzen Vorgang innerlich bejaht, um dann das Mädchen, in passiver Befolgung der ihr überkommenen Schicklichkeitsbegriffe, wenn nicht gar nur aus unbewußter Mißgunst, hinauszuwerfen. Ich glaube freilich, daß auch das letztere Motiv häufig mitspielt, und zur Verdammung der Betroffenen der Neid, der ihr jene Stunden doch nicht allein gönnt, seinen Teil beisteuert.

Der Gedanke des Koitus wird von der Frau stets und in jeder Form, in der er sich vollziehen mag (selbst wenn ihn Tiere ausführen), lebhaft ergriffen, und nie zurückgewiesen;[68] sie verneint ihn nicht, empfindet keinen Ekel vor dem Ekelhaften des Vorganges, sucht nicht sofort lieber an etwas anderes zu denken: sondern die Vorstellung ergreift völlig von ihr Besitz und beschäftigt sie unausgesetzt weiter, bis sie von anderen Vorstellungen ebenso sexuellen Charakters abgelöst wird. Hiemit ist ein großer Teil des vielen so rätselhaft scheinenden psychischen Lebens der Frauen sicherlich beschrieben. Das Bedürfnis, selbst koitiert zu werden, ist zwar das heftigste Bedürfnis der Frau, aber es ist nur ein Spezialfall ihres tiefsten, ihres einzigen vitalen Interesses, das nach dem Koitus überhaupt geht ; des Wunsches, daß möglichst viel, von wem immer, wo immer, wann immer, koitiert werde.

Dieses allgemeinere Bedürfnis richtet sich entweder mehr auf den Akt selbst, oder mehr auf das Kind; im ersten Falle ist die Frau Dirne und Kupplerin um der bloßen Vorstellung vom Akte willen; im zweiten ist sie Mutter, aber nicht nur mit dem Wunsche, selbst Mutter zu werden; sondern an jeder Ehe, die sie kennt oder zustande bringt, ist, je mehr sie der absoluten Mutter sich nähert, desto ausschließlicher ihr Sinnen auf die Hervorbringung des Kindes gerichtet: die echte Mutter ist auch die echte Großmutter (selbst wenn sie Jungfrau geblieben ist; man vergleiche Johann Tesmans unübertreffliche » Tante Jule« in Ibsens » Hedda Gabler«). Jede ganze Mutter wirkt für die Gattung insgesamt, sie ist Mutter der ganzen Menschheit: jede

---

68 Die eine scheinbare Ausnahme, die es hievon gibt, findet noch in diesem Kapitel eine gründliche Erörterung.

Schwangerschaft wird von ihr begrüßt. Die Dirne will die anderen Weiber nicht schwanger, sondern bloß prostituiert sehen wie sich selbst.¦

Wie die eigene Sexualität der Frauen ihrer Kuppelei noch untergeordnet ist, und eigentlich nur als ein besonderer Fall der ersteren aufgefaßt werden darf, das geht sehr deutlich aus ihrem Verhältnis zu den verheirateten Männern hervor. Nichts ist den Frauen, da sie sämtlich Kupplerinnen sind, so wie der ledige Stand des Mannes zuwider, und darum suchen sie alle ihn zu verheiraten; ist er aber schon Ehemann, so verliert er für sie auch dann sehr viel an Interesse, wenn er sogar früher ihnen ganz ausnehmend gefallen hat. Auch wenn sie selber bereits verheiratet sind, also nicht mehr jeder Mann zunächst unter dem Gesichtspunkte der eigenen Versorgung in Betracht kommt, und nun, wie man denken sollte, der Ehemann darum nicht mehr geringere Beachtung finden müßte als der andere, Ledige, selbst dann, als ungetreue Ehefrauen, kokettieren die Weiber kaum mit dem Gatten einer anderen; außer wenn sie über diese einen Triumph feiern wollen, dadurch, daß sie ihn ihr abspenstig machen. Hiedurch erst ist ganz bestätigt, daß es den Frauen nur auf die Verkuppelung ankommt; mit verheirateten Männern wird darum so selten der Ehebruch begangen, weil diese der Idee, welche in der Kuppelei liegt, bereits genügen. Die Kuppelei ist die allgemeinste Eigenschaft des menschlichen Weibes: der Wille zur Schwiegermutter – ich meine den Willen, Schwiegermutter zu werden – ist noch viel durchgängiger vorhanden als der Wille zur Mutterschaft, dessen Intensität und Umfang man gewöhnlich über Gebühr hoch veranschlagt.

Man wird den Nachdruck, der hier auf ein Phänomen gelegt wird, das man für ebenso komisch als ekelhaft anzusehen gewohnt ist, vielleicht doch noch nicht ganz verstehen, die Bedeutung, die gerade der Kuppelei zugemessen werde, übertrieben, das Pathos der Argumentation unmotiviert finden. Man vergegenwärtige sich aber, worum es sich handelt. Die Kuppelei ist dasjenige Phänomen, welches das Wesen des Weibes am weitesten aufschließt, und man muß nicht, wie dies immer geschieht, sie nur zur Kenntnis nehmen und gleich zu etwas anderem übergehen, sondern sie zu analysieren und zu ergründen trachten. Gewiß ist es eine den meisten Menschen geläufige Tatsache, daß »jedes Weib gern ein bißchen kuppelt«. Aber daß gerade hierin und nirgendwo anders die Wesenheit des Weibes liegt, darauf kommt es an. Es läßt sich – nach reiflicher Betrachtung der verschiedensten Frauentypen und Berücksichtigung noch weiterer spezieller Einteilungen, außer der hier bereits durchgeführten, bin ich zu diesem Schlusse gekommen – absolut nichts anderes als positive allgemein-weibliche Eigenschaft prädizieren als die Kuppelei, das ist die Tätigkeit im Dienste der Idee des Koitus überhaupt. Jede Begriffsbestimmung der Weiblichkeit, welche deren Wesen bloß im Wunsche, selbst koitiert zu werden, suchte, die im echten Weibe nichts für echt hielte, als das Bedürfnis, vergewaltigt zu werden, wäre zu eng; jede Definition, die da sagen würde, der Inhalt des Weibes sei das Kind oder sei der Mann oder sei beides, bereits zu weit. Das allgemeinste und eigentlichste Wesen der Frau ist mit der Kuppelei, d. h. mit der Mission im Dienste der Idee körperlicher Gemeinschaft vollständig und erschöpfend bezeichnet. Jedes Weib kuppelt; und diese Eigenschaft des Weibes, Gesandte, Mandatarin des Koitusgedankens zu sein, ist auch die einzige, welche in allen Lebensaltern da ist und selbst das Klimakterium überdauert: das alte Weib verkuppelt weiter, nicht mehr sich, sondern die anderen. Wenn man das alte Weib mit Vorliebe als die Kupplerin sich vorgestellt hat, so wurde ein Grund hiefür schon angeführt. Der Beruf der greisen Kupplerin ist nicht etwas, das hinzukommt, sondern eben dies, was jetzt allein heraustritt und übrigbleibt aus den früheren Komplikationen durch das eigene Bedürfnis: das reine Wirken im Dienste der unreinen Idee.

Es sei gestattet, hier kurz zu rekapitulieren, was die Untersuchung nach und nach an positiven Resultaten über die Sexualität des Weibes zutage gefördert hat. Es erwies sich zuerst als ausschließlich, und nicht nur in Pausen, sondern kontinuierlich sexuell interessiert; es war körperlich und psychisch in seinem ganzen Wesen nichts als eben die Sexualität selbst. Es wurde dabei überrascht, daß es sich überall, am ganzen Körper und ohne Unterlaß, von allen Dingen ausnahmslos koitiert fühlt.

Und wie der ganze Körper des Weibes eine Dependanz seines Geschlechtsteiles war, so offenbart sich nun die zentrale Stellung der Koitus-Idee, in seinem Denken. Der Koitus ist das einzige, allerwärts und immer, von der Frau ausschließlich positiv Bewertete; die Frau ist die Trägerin des Gemeinschaftsgedankens überhaupt. Die weibliche Höchstwertung des Koitus ist nicht auf ein Individuum, auch nicht auf das wertende Individuum, beschränkt, sie bezieht sich auf Wesen überhaupt, sie ist nicht individuell, sondern interindividuell, über individuell, sie ist sozusagen – man sehe mir die Entweihung des Wortes einstweilen nach – die transzendentale Funktion des Weibes. Denn wenn Weiblichkeit Kuppelei ist, so ist Weiblichkeit universale Sexualität . Der Koitus ist der höchste Wert der Frau, ihn sucht sie immer und überall zu verwirklichen. Ihre eigene Sexualität bildet von diesem unbegrenzten Wollen nur einen begrenzten Teil .

Der männlichen Höchststellung der Schuldlosigkeit und Reinheit aber, deren Erscheinung jene höhere Virginität wäre, welche der Mann aus erotischem Bedürfnis von der Frau wünscht und fordert, diesem nur männlichen Ideale der Keuschheit ist jenes Streben der Frau nach Realisierung der Gemeinschaft so polar entgegengesetzt, daß es unbedingt als ihre eigentliche Natur sogar durch den dichtesten Weihrauch der erotischen Illusion hindurch vom Mann hätte erkannt werden müssen, hätte nicht noch ein Faktor durch sein Dazwischentreten diese Klärung regelmäßig verhindert. Diesen Umstand, der sich immer wieder einschiebt, um der Einsicht des Mannes in das allgemeine und eigentliche Wesen der Weiblichkeit entgegenzuwirken, dieses komplizierteste Problem des Weibes, seine abgründlich tiefe Verlogenheit, gilt es nun aufzuhellen. So schwierig und so gewagt das Unternehmen ist, es muß schließlich zu jener letzten Wurzel führen, aus der wir sowohl die Kuppelei (im weitesten Sinne, in dem die eigene Geschlechtlichkeit nur ihr hervorstechendster Spezialfall ist) als auch diese Verlogenheit, welche die Begierde nach dem Sexualakt immerfort – vor dem Auge des Weibes selbst! – verhüllt, beide unter dem Lichte eines letzten Prinzips klar werden emporsprießen sehen.

Alles nämlich, was vielleicht schon wie ein sicherer Gewinn erschienen ist, findet sich nun nochmals in Frage gestellt. Den Frauen wurde keine Selbstbeobachtung eingeräumt: es gibt aber sicherlich Weiber, die sehr scharf vieles beobachten, was in ihnen vorgeht. Die Wahrheitsliebe wurde ihnen abgesprochen; und doch kennt man Frauen, die es auf das peinlichste vermeiden, eine Unwahrheit zu sagen. Das Schuldbewußtsein sei ihnen fremd, wurde behauptet; obwohl Frauen existieren, die sich selbst wegen geringfügiger Dinge die heftigsten Vorwürfe zu machen pflegen, obwohl man von Büßerinnen und ihren Körper kasteienden Weibern sichere Kunde hat. Das Schamgefühl wurde nur dem Manne belassen: aber muß nicht das Wort von der weiblichen Schamhaftigkeit, von jener Scham, die nach Hamerling sogar nur das Weib kennt, in der Erfahrung irgend eine Grundlage haben, die es ermöglichte, ja begünstigte, daß die Dinge so gedeutet wurden? Und weiter: Religiosität könnte dem Weibe fehlen trotz allen »religieuses«? Strenge Sittenreinheit bei ihm ausgeschlossen sein, aller tugendhaften Frauen ungeachtet, von denen Lied und Geschichte melden? Bloß sexuell sollte das Weib sein, die Sexualität allein bei ihm Anwert finden, wo es doch mannigfach bekannt ist, daß Frauen wegen der geringsten Anspielung auf sexuelle Dinge empört sein können, sich, statt zu kuppeln, oft erbittert und angeekelt wegwenden von jedem Orte der Unzucht, ja nicht selten den Koitus auch für ihre Person verabscheuen, und ihm viel gleichgültiger gegenüberstehen als irgend ein Mann?

Es ist wohl offenkundig, daß es sich in all diesen Antinomien um eine und dieselbe Frage handelt, von deren Beantwortung die letzte und endgültige Entscheidung über das Weib abhängt. Und es ist auch klar, daß, wenn auch nur ein einziges sehr weibliches Wesen innerlich asexuell wäre, oder in einem wahrhaften Verhältnis zur Idee sittlichen Eigenwertes stünde, alles , was hier von den Frauen gesagt wurde, seine Allgemeingültigkeit als psychisches Charakteristikum ihres Geschlechtes sofort unrettbar verlieren müßte, und somit die ganze Position des Buches mit einem Schlage vollkommen hinfällig würde. Jene scheinbar widersprechenden Erscheinungen müssen befriedigend erklärt und es muß von ihnen gezeigt werden, daß, was ihnen wirklich zugrunde liegt und so leicht zu Äquivokationen verführt, derselben weiblichen Natur entspringt, die bisher überall nachgewiesen werden konnte.

Man muß zunächst an die ungeheure Beeinflußbarkeit, besser, nur schlechter zu sprechen, Beeindruckbarkeit der Frauen sich erinnern, um zum Verständnis jener trügerischen Widersprüche zu gelangen. Diese außerordentliche Zugänglichkeit für Fremdes und die leichte Annahme der Ansichten anderer ist in diesem Buche bis jetzt noch nicht genügend gewürdigt worden. Ganz allgemein schmiegt sich W an M vollständig an, wie ein Etui an die Kleinodien in ihm, seine Anschauungen werden die ihren, seine Lieblingsneigungen teilen sich ihr mit wie seine ganz individuellen Antipathien, jedes Wort von ihm ist für sie ein Ereignis, und zwar um so stärker, je mehr er sexuell auf sie wirkt. Diesen Einfluß des Mannes empfindet die Frau nicht als eine Ablenkung von der Linie ihrer eigenen Entwicklung, sie erwehrt sich seiner nicht als einer fremdartigen Störung, sie sucht sich nicht von ihm zu befreien als von einem Eingriff in ihr inneres Leben, sie schämt sich nicht, rezeptiv zu sein: im Gegenteil, sie fühlt sich nur glücklich, wenn sie es sein kann, verlangt vom Manne, daß er sie, auch geistig, zu rezipieren zwinge. Sie schließt sich immer nur gern an, und ihr Warten auf den Mann ist nur das Warten auf den Augenblick, wo sie vollkommen passiv sein könne.

Aber nicht nur vom »richtigen« Manne (wenn schon von ihm am liebsten), auch von Vater und Mutter, Onkel und Tante, Brüdern und Schwestern, nahen Verwandten und fernen Bekannten übernehmen die Frauen, was sie glauben und denken, und sind es froh, wenn in ihnen eine Meinung geschaffen wird. Noch die erwachsenen und verheirateten Frauen, nicht nur die unreifen Kinder, ahmen einander in allem und jedem, als ob das natürlich wäre, nach, von einer geschmackvolleren Toilette oder Frisur, einer aufsehenerregenden Körperhaltung angefangen bis auf die Geschäfte, in denen sie einkaufen, und die Rezepte, nach welchen sie kochen. Auch dieses gegenseitige Kopieren geschieht ohne das Gefühl, sich hiedurch etwas zu vergeben: wie es wohl sein müßte, besäßen sie eine Individualität, die nur rein ihrem eigenen Gesetze zu folgen strebt. So setzt sich der theoretische Bestand des weiblichen Denkens und Handelns der Hauptsache nach aus Überkommenem und wahllos Übernommenem zusammen, das von den Frauen um so eifriger ergriffen und um so dogmatischer festgehalten wird, als ein Weib eine Überzeugung nie selbsttätig aus objektiver Anschauung der Dinge gewinnt, und also auch nie nach geändertem Aspekte frei aufgibt, nie selbst noch über seinen Gedanken steht, vielmehr immer nur will, daß ihm eine Meinung beigebracht werde, die es dann zähe festhalten könne. Darum sind die Frauen am unduldsamsten, wo ein Verstoß gegen sanktionierte Sitten und Gebräuche sich ereignet, mögen diese Institutionen welches Inhaltes immer sein. Einen angesichts der Frauenbewegung besonders ergötzlichen Fall dieser Art will ich nach Herbert Spencer mitteilen. Wie bei vielen Indianerstämmen Nord- und Südamerikas, so gehen auch bei den Dakotas die Männer bloß der Jagd und dem Kriege nach und haben alle niedrigen und mühevollen Beschäftigungen auf ihre Weiber gewälzt. Von der Natürlichkeit und Rechtmäßigkeit dieses Vorgehens sind die Frauen, statt irgend sich unterdrückt zu fühlen, allmählich so durchdrungen worden, daß ein Dakota-Weib dem anderen keinen größeren Schimpf antun und keine ärgere Kränkung bereiten kann als diese: »Schändliche Frau ... ich habe deinen Mann Holz in seine Wohnung tragen sehen zum Feueranzünden. Wo war seine Frau, daß er genötigt war, sich selbst zum Weibe zu machen?«

Diese außerordentliche Bestimmbarkeit des Weibes durch außer ihm Liegendes ist im Grunde wesensgleich mit seiner Suggestibilität, die weit größer und ausnahmsloser ist als die des Mannes: beides kommt damit überein, daß das Weib im Sexualakt und in seinen Vorstadien nur die passive, nie die aktive Rolle zu spielen wünscht.[69] Es ist die allgemeine Passivität der weiblichen Natur, welche die Frauen am Ende auch die

---

69 Das ruhende, träge, große Ei wird vom beweglichen, flinken, kleinen Spermatozoon aufgesucht.

männlichen Wertungen, zu welchen sie gar kein ursprüngliches Verhältnis haben, akzeptieren und übernehmen läßt. Diese Imprägnierbarkeit durch die männlichen Anschauungen, diese Durchdringung des eigenen Gedankenlebens der Frau mit dem fremden Element, diese verlogene Anerkennung der Sittlichkeit, die man gar nicht Heuchelei nennen kann, weil nichts Antimoralisches durch sie verdeckt werden soll, diese Aufnahme und Anwendung eines an und für sich ihr ganz heteronomen Gebotes wird, soweit die Frau selbst nicht wertet, im allgemeinen leicht und glatt vonstatten gehen und den täuschendsten Schein höherer Sittlichkeit leicht hervorbringen. Komplikationen können sich erst einstellen, wenn es zur Kollision kommt mit der einzigen eingebornen, echten und allgemein-weiblichen Wertung, der Höchstwertung des Koitus.

Die Bejahung der Gemeinschaft als des höchsten Wertes ist bei der Frau eine ganz unbewußte. Denn dieser Bejahung steht nicht wie beim Manne ihre Verneinung als die andere Möglichkeit gegenüber, es fehlt hier die Zweiheit, die zum Bemerken führen könnte. Kein Weib weiß, oder hat je gewußt, oder auch nur wissen können, was es tut, wenn es kuppelt. Weiblichkeit selbst ist ja identisch mit Kuppelei, und ein Weib müßte aus sich heraustreten können, um zu bemerken, zu verstehen, daß es kupple. So bleibt das tiefste Wollen des Weibes, das, was sein Dasein eigentlich bedeutet, von ihm stets unerkannt. Nichts hindert also, daß die männliche negative Wertung der Sexualität die positive weibliche vollständig im Bewußtsein des Weibes überdecke. Die Rezeptivität des Weibes geht so weit, daß es das, was es ist – das einzige , was es wirklich positiv ist ! –, daß es selbst dies verleugnen kann.

Aber die Lüge, die es begeht, wenn es sich das männliche gesellschaftliche Urteil über die Sexualität, über Schamlosigkeit, ja über die Lüge selbst, einverleiben läßt und den männlichen Maßstab aller Handlungen zu dem seinigen macht, diese Lüge ist eine solche, die ihm nie bewußt wird, es erhält eine zweite Natur, ohne auch nur zu ahnen, daß es seine echte nicht ist, es nimmt sich ernst, glaubt etwas zu sein und zu glauben, ist überzeugt von der Aufrichtigkeit und Ursprünglichkeit seines moralischen Gebarens und Urteilens: so tief sitzt die Lüge, die organische , ich möchte, wenn es gestattet wäre, am liebsten sagen: die ontologische Verlogenheit des Weibes.

Wolfram von Eschenbach erzählt von seinem Helden:

»... So keusch und rein
Ruht' er bei seiner Königin,
Daß kein Genügen fänd' darin
So manches Weib beim lieben Mann,
Daß doch so manche in Gedanken
Zur Üppigkeit will überschwanken,
Die sonst sich spröde zeigen kann!
Vor Fremden züchtig sie erscheinen,
Doch ist des Herzens tiefstes Meinen
Das Widerspiel vom äußern Schein.«

Was das tiefste Meinen des weiblichen Herzens ist, das hat Wolfram klar genug angedeutet. Aber er sagt nicht alles. Nicht nur die Fremden, auch sich selbst belügen die Frauen in diesem Punkte. Man kann aber seine Natur, sei es auch die physische, nicht in dieser Weise, nicht künstlich und von außen unterdrücken ohne Folgen. Die hygienische Züchtigung für die Verleugnung der eigentlichen Natur des Weibes ist die Hysterie.

Von allen Neurosen und Psychosen stellen die hysterischen Erscheinungen dem Psychologen beinahe die reizvollste Aufgabe; eine weit schwierigere und darum verlockendere als eine verhältnismäßig leicht nachzulebende Melancholie, oder eine simple Paranoia.

Zwar haben gegen psychologische Analysen fast alle Psychiater ein nicht zu beseitigendes Mißtrauen; jede Erklärung durch pathologisch veränderte Gewebe oder durch Intoxikationen auf nutritivem Wege ist ihnen a limine glaubhaft, nur dem Psychischen mögen sie keine primäre Wirksamkeit zuerkennen. Da aber nie noch ein Beweis dafür erbracht worden ist, daß dem Psychischen eher als dem Physischen die sekundäre Rolle zufallen müsse – alle Hinweise auf die »Erhaltung der Energie« sind von den berufensten Physikern selbst desavouiert worden –, so kann man billig über dieses Vorurteil hinweggehen. Auf die Bloßlegung des »psychischen Mechanismus« der Hysterie kann unendlich viel, ja – nichts spricht dagegen[70] – möglicherweise alles ankommen. Daß höchstwahrscheinlich dieser Weg der richtige ist, darauf weist auch hin, daß die wenigen bisherigen wahren Aufschlüsse über die Hysterie nicht anders gewonnen wurden: ich meine die mit den Namen Pierre Janet und Oskar Vogt und besonders J. Breuer und S. Freud verknüpften Forschungen. Jede weitere Aufklärung über die Hysterie ist in der Richtung zu suchen, welche diese Männer eingeschlagen haben: in der Richtung auf die Rekonstruktion des psychologischen Prozesses, welcher zur Krankheit geführt bat.

Schematisch hat man sich, wie ich glaube, die Entstehung derselben, unter Annahme eines sexuellen »traumatischen« Erlebnisses als des häufigsten (nach Freud alleinigen) Anlasses zur Erkrankung, so vorzustellen: eine Frau, die irgend eine sexuelle Wahrnehmung oder Vorstellung gehabt, sie durch ursprüngliche oder Rückbeziehung auf sich selbst verstanden hat, und nun, vermöge der ihr aufgedrungenen und von ihr gänzlich übernommenen, in sie übergegangenen und ihr waches Bewußtsein allein beherrschenden männlichen Wertung als ganze zurückweist, über sie empört, unglücklich ist – und sie gleichzeitig vermöge ihrer Beschaffenheit als Weib positiv wertet, bejaht, wünscht in ihrem tiefsten Unbewußten; in der dann dieser Konflikt weiter schwärt, gärt und zu Zeiten in einem Anfall aufbraust: eine solche: Frau gewährt das mehr oder minder typisch gewordene Krankheitsbild der Hysterie. So erklärt sich die Empfindung des von der Person, wie sie glaubt, verabscheuten, tatsächlich aber doch von etwas in ihr, von der ursprünglichen Natur, gewollten Sexualaktes als eines » Fremdkörpers im Bewußtsein«. Die kolossale Intensität des durch jeden Versuch

---

70 Und nur dafür, daß niemand noch ein hysterisch verändertes Gewebe gesehen hat.“

zu seiner Unterdrückung nur gesteigerten Wunsches, die um so heftigere, beleidigtere Zurückweisung des Gedankens – dies ist das Wechselspiel, das sich in der Hysterika vollzieht. Denn die chronische Verlogenheit des Weibes wird akut, wenn sie auf den Hauptpunkt sich erstreckt, wenn die Frau sich auch die ethisch-negative Bewertung der Sexualität vom Manne noch hat einverleiben lassen. Und daß die Hysterischen die stärkste Suggestibilität dem Manne gegenüber offenbaren, ist ja bekannt. Hysterie ist die organische Krisis der organischen Verlogenheit des Weibes . Ich leugne nicht, daß es auch, wenngleich relativ nur recht selten, hysterische Männer gibt: denn eine unter den unendlich vielen Möglichkeiten, die psychisch im Manne liegen, ist es, zum Weibe, und damit, gegebenenfalls, auch hysterisch zu werden. Es gibt freilich auch verlogene Männer; aber da verläuft die Krisis anders (wie auch ihre Verlogenheit stets eine andere, nie eine so völlig hoffnungslose ist): sie führt zur, obschon oft nur vorübergehenden, Läuterung.

Diese Einsicht in die organische Verlogenheit des Weibes, in seine Unfähigkeit zur Wahrheit über sich selbst, die allein ermöglicht, daß es in einer Weise denke, die ihm gar nicht entspricht, scheint mir eine im Prinzip befriedigende Auflösung jener Schwierigkeiten, welche die Ätiologie der Hysterie darbietet. Wäre die Tugend des Weibes echt, so könnte es durch sie nicht leiden; es büßt nur die Lüge gegen die eigene, in Wirklichkeit ungeschwächte Konstitution. Im einzelnen bedarf nun noch manches der Erläuterung und der Belege.

Die Hysterie zeigt, daß die Verlogenheit, so tief sie hinabreicht, doch nicht so fest sitzt, um alles zu verdrängen. Das Weib hat ein ganzes System von ihm fremden Vorstellungen und Wertungen durch Erziehung oder Verkehr sich zu eigen gemacht, oder vielmehr: ihnen gehorsam alle Einflußnahme auf sich gestattet; und es bedarf eines ganz gewaltigen Anstoßes, um diesen großen, fest in sie eingewachsenen psychischen Komplex aus dem Sattel zu heben, und so das Weib in jenen Zustand intellektueller Hilflosigkeit, jener »Abulie« zu versetzen, welche für die Hysterie so kennzeichnend ist. Ein außerordentlicher Schreck etwa vermag den künstlichen Bau umzuwerfen und die

Frau nun zum Schauplatz des Kampfes einer ihr unbewußten, verdrängten Natur mit einem zwar bewußten, aber ihr unnatürlichen Geiste zu machen. Das Hin- und Hergeworfenwerden zwischen beiden, welches nun anhebt, erklärt die außergewöhnliche psychische Diskontinuität während des hysterischen Leidens, das fortwährende Wechseln verschiedener Stimmungen, von denen keine durch einen, ihnen allen noch übergeordneten Bewußtseinskern ergriffen und festgehalten, beobachtet und beschrieben, erkannt und bekämpft werden kann. Auch, hängt hiemit das überleichte Zusammenschrecken der Hysterischen zusammen. Doch läßt sich vermuten, daß viele Anlässe, auch wenn sie dem geschlechtlichen Gebiete objektiv noch so fernliegen, von ihnen sexuell mögen apperzipiert werden; wer aber vermöchte dann zu sagen, womit das schreckhafte äußere Erlebnis von scheinbar ganz asexueller Natur in ihnen sich wieder verknüpft hat?

Höchst wunderbar ist immer das Zusammensein so vieler Widersprüche in den Hysterischen erschienen. Sie sind einerseits von eminent kritischem Verstande und großer Urteilssicherheit, sträuben sich gegen die Hypnose usw., usw., anderseits durch die geringfügigsten Anlässe am stärksten zu exzitieren, und die tiefsten Grade hypnotischen Schlafes bei ihnen erreichbar. Sie sind, von da gesehen, abnorm keusch, von dort aus betrachtet, enorm sinnlich.

All das ist hienach nicht schwer mehr zu erklären. Die gründliche Rechtschaffenheit, die peinliche Wahrheitsliebe, das strenge Meiden alles Sexuellen, das besonnene Urteil und die Willensstärke – all dies ist nur ein Teil jener Pseudopersönlichkeit, welche die Frau in ihrer Passivität vor sich und aller Welt zu spielen übernommen hat. Alles, was ihrer ursprünglichen Beschaffenheit angehört und in deren Sinn liegt, bildet jene »abgespaltene Person«, jene »unbewußte Psyche«, die gleichzeitig in Obszönitäten sich ergehen kann und der suggestiven Beeinflussung so zugänglich ist. Man hat in den als »duplex« und »multiplex personality«, als »double conscience«, als »Doppel-Ich« benannten Tatsachen eines der stärksten Argumente gegen die Annahme der einen Seele erblicken wollen. In Wirklichkeit sind gerade diese Phänomene der bedeutsamste Fingerzeig dafür, daß und wo man von einer Seele reden darf. Die »Spaltungen der Persönlichkeit« sind eben nur dort möglich, wo von Anfang an keine Persönlichkeit da ist, wie beim Weibe. All jene berühmten Fälle, die Janet in seinem Buche »L'Automatisme psychologique« beschrieben hat, beziehen sich auf Frauen, kein einziger auf einen Mann. Nur die Frau, die, ohne Seele, ohne ein intelligibles Ich, nicht Kraft hat, alles in ihr Enthaltene bewußt zu machen, das Licht der Wahrheit über ihrem Innern zu entzünden, kann durch die völlig passive Durchflößung mit einem fremden Bewußtsein und durch die im Sinne ihrer eigenen Natur gelegenen Regungen so übertölpelt werden, wie es Voraussetzung der von Janet beschriebenen hysterischen Zustände ist, nur bei ihr kann es zu derartig dichten Verkleidungen, zum Auftreten der Hoffnung auf den Koitus als Angst vor dem Akte, zur inneren Maskierung vor sich selbst und Einspinnung des wirklichen Wollens wie in eine undurchdringliche Kokonhülle kommen. Die Hysterie selbst ist der Bankerott des aufgeprägten oberflächlichen Schein-Ich; deshalb macht sie das Weib zeitweilig innerlich beinahe zur »tabula rasa«: indem auch jeder eigene Trieb aus ihr wie hinweggeräumt scheint (»Anorexie«); bis dann jene Versuche der wirklichen Weiblichkeit folgen, gegen ihre verlogene Verleugnung sich nun endlich durchzusetzen. Wenn jener »nervöse Schock«, jenes »psychische Trauma« je wirklich ein asexuelles Schrecknis ist, so bat eben dieses die innere Schwäche und Unhaltbarkeit des angenommenen Ich dargetan, es verscheucht, davongejagt und so die Gelegenheit für den Ausbruch der echten Natur geschaffen.

Das Heraufkommen dieser ist jener »Gegenwille« Freuds, der wie ein fremder empfunden und durch die Zuflucht bei dem alten, nun aber morsch und brüchig gewordenen Schein-Ich abgewehrt wird. Denn der »Gegenwille« wird zurückzudrängen versucht: früher hat jener äußere Zwang, den die Hysterika wie eine Pflicht empfand, die eigene Natur unter die Bewußtseinsschwelle verwiesen, sie verdammt und in Fesseln gelegt; nun sucht das Weib nochmals vor den befreiten, emporwollenden Gewalten in jenes System von Grundsätzen sich zu flüchten und mit seiner Hilfe die ungewohnten Anfechtungen abzuschütteln und niederzuschlagen; aber jenes hat zumindest die Alleinherrschaft nun eingebüßt.

Der »Fremdkörper im Bewußtsein«, das »schlimme Ich« ist in Wirklichkeit ihre eigenste weibliche Natur, während, was sie für ihr wahres Ich hält, gerade die Person ist, die sie durch das Einströmen alles Fremden wurde. Der »Fremdkörper« ist die Sexualität, die sie nicht anerkennt, deren Zugehörigkeit zu sich sie nicht zugibt; die sie aber doch nicht mehr zu bannen vermag wie ehedem, da ihre Triebe vor der einwandernden Sittlichkeit sich geräuschlos und wie für immer zurückzogen. Zwar mögen sich auch jetzt noch die mit äußerster Anspannung unterdrückten Sexualvorstellungen »konvertieren« in alle möglichen Zustände und so jenen proteusartigen Charakter des Leidens hervorbringen, jenes Überspringen von Glied zu Glied, jene alles nachahmende und niemals konstante Gestalt, welche die Definition der Hysterie nach ihrem Symptomenbilde stets so sehr erschwert hat; aber in keiner »Konversion« von allen geht nunmehr der Trieb auf, denn er verlangt nach der Äußerung, in keiner Verwandlung findet er mehr seine Erschöpfung.

Das Unvermögen der Frauen zur Wahrheit – für mich, der ich auf dem Boden des Kantischen Indeterminismus stehe, folgt es aus ihrem Mangel an einem freien Willen zur Wahrheit – bedingt ihre Verlogenheit. Wer mit Frauen Umgang hatte, der weiß, wie oft sie, unter dem momentanen Zwang auf eine Frage zu antworten, ganz beliebig falsche Gründe für das, was sie gesagt oder getan haben, aus dem Stegreif angeben. Nun ist es richtig, daß gerade die Hysterischen peinlichst (aber nie ohne eine gewisse, demonstrative Absichtlichkeit vor Fremden) jeder Unwahrheit aus dem Wege gehen: aber gerade hierin liegt, so paradox es klingt, ihre Verlogenheit. Denn sie wissen nicht, daß ihnen die ganze Wahrheitsforderung von außen gekommen und allmählich eingepflanzt worden ist. Sie haben das Postulat der Sittlichkeit knechtisch akzeptiert und geben darum, dem braven Sklaven gleich, bei jeder Gelegenheit zu erkennen, wie getreu sie es befolgen. Es ist immer auffällig, wenn man über jemand oft hervorheben hört, was für ein ausnehmend anständiger Mensch er sei: er hat dann sicherlich dafür gesorgt, daß man es wisse, und man kann wetten, daß er insgeheim ein Spitzbube ist. Es kann das Vertrauen zu der Echtheit der hysterischen Moralität nicht fördern, wenn die Ärzte (natürlich in gutem Glauben) so oft betonen, wie hoch ihre Patienten in sittlicher Beziehung stünden.

Ich wiederhole: die Hysterischen simulieren nicht bewußt; nur unter dem Einfluß der Suggestion kann ihnen klar werden, daß sie tatsächlich simuliert haben, und nur so sind alle »Geständnisse« der Verstellung zu erklären. Sonst aber glauben sie an ihre eigene Aufrichtigkeit und Moralität: Auch die Beschwerden, von denen sie gepeinigt werden, sind keine eingebildeten; vielmehr liegt darin, daß sie diese wirklich fühlen, und daß die Symptome erst mit der Breuerschen »Katharsis« verschwinden, welche ihnen die wahren Ursachen der Krankheit in der Hypnose sukzessive zum Bewußtsein bringt, der Beweis des Organischen ihrer Verlogenheit.

Auch die Selbstanklagen, welche die Hysterischen so laut zu erheben pflegen, sind nichts als unbewußte Gleisnerei. Ein Schuldgefühl kann nicht echt sein, das sich auf kleinste wie auf größte Dinge gleichmäßig erstreckt; hätten die hysterischen Selbstquäler das Maß der Sittlichkeit in sich und aus sich selbst, so würden sie nicht so wahllos in ihren Selbstanklagen sein und nicht die geringfügigste Unterlassung schon gleich schwer sich anrechnen wie den größten Fehl.

Das entscheidende Zeichen für die unbewußte Verlogenheit ihrer Selbstvorwürfe ist die Art, in der sie anderen zu sagen pflegen, wie schlecht sie seien, was für Sünden sie begangen hätten, und jene fragen, ob sie selbst (die Hysterischen) nicht ganz und gar verworfene Geschöpfe seien. Wessen Gewissensbisse ihn wirklich zu Boden drücken, der kann nicht so reden. Es ist eine Täuschung, der besonders Breuer und Freud zum Opfer gefallen sind, wenn sie gerade die Hysteriker als eminent sittliche Menschen hinstellen. Denn diese haben nur ein ihnen ursprünglich Fremdes, die Moral, vollständiger von außen in sich übergehen lassen als die anderen. Diesem Kodex unterstehen sie nun sklavisch, sie prüfen nichts mehr selbsttätig, wägen im einzelnen nichts mehr ab. Das kann sehr leicht den Eindruck des sitten-strengsten Rigorismus hervorrufen, und ist doch so unsittlich als möglich, denn es ist das Höchste, was an Heteronomie über-haupt geleistet werden kann. Dem sittlichen Ziele einer sozialen Ethik, für welche die Lüge kaum ein Vergehen sein kann, wenn sie der Gesellschaft oder der Entwicklung der Gattung nützt, diesem idealen Menschen einer solchen heteronomen Moral kommen die Hysterischen vielleicht näher als irgend ein ande-res Wesen. Das hysterische Frauenzimmer ist die Probiermam-sell der Erfolgs- und der Sozialethik: sowohl genetisch, denn die sittlichen Vorschriften sind ihr wirklich von außen gekommen; als auch praktisch, denn sie wird am leichtesten altruistisch zu handeln scheinen: für sie sind die Pflichten gegen andere nicht ein Sonderfall der Pflicht gegen sich selbst.

Je getreuer die Hysterischen an die Wahrheit sich zu halten glauben, desto tiefer sitzt ihre Verlogenheit. Ihre völlige Unfä-higkeit zur eigenen Wahrheit, zur Wahrheit über sich – die Hys-terischen denken nie über sich nach und wollen nur, daß der andere über sie nachdenke, sie wollen ihn interessieren –, geht daraus hervor, daß die Hysterischen die besten Medien für alle Hypnose abgeben. Wer aber sich hypnotisieren läßt, der begeht die unsittlichste Handlung, die denkbar ist. Er begibt sich in die vollendetste Sklaverei: er verzichtet auf seinen Willen, auf sein Bewußtsein, über ihn gewinnt der andere Gewalt und erzeugt in ihm das Bewußtsein, das ihm hervorzubringen gutdünkt. So liefert die Hypnose den Beweis, wie alle Möglichkeit der Wahr-heit vom Wollen der Wahrheit, d. h. aber vom Wollen seiner selbst, abhängt: wem in der Hypnose etwas aufgetragen wird, der führt es im Wachen aus, und ersinnt, um seine Gründe ge-fragt, auf der Stelle ein beliebiges Motiv dafür; ja, nicht nur vor anderen, auch vor sich selbst rechtfertigt er mit einer ganz aus der Luft gegriffenen Erklärung, weshalb er nun so handle. Man hat hier sozusagen eine experimentelle Bestätigung der Kanti-schen Ethik. Wäre der Hypnotisierte bloß ohne Erinnerung, so müßte er darüber erschrecken, daß er nicht wisse, warum er etwas tue. Aber er erfindet sich ohne weiteres ein neues Motiv, das mit dem wahren Grunde, aus dem er die Handlung ausführt, gar nichts zu tun hat. Er hat eben auf sein Wollen verzichtet, und damit keine Fähigkeit zur Wahrheit mehr.

Alle Frauen nun sind zu hypnotisieren und wollen gern hypnotisiert werden; am leichtesten, am stärksten die Hysterischen. Selbst das Gedächtnis für bestimmte Dinge aus ihrem Leben kann man – denn das Ich, der Wille, schafft das Gedächtnis – bei Frauen durch die einfache Suggestion, daß sie von ihnen nichts mehr wüßten, auslöschen, vernichten.

Jenes Breuersche »Abreagieren« der psychischen Konflikte durch den hypnotisierten Kranken liefert den zwingenden Beweis, daß sein Schuldbewußtsein kein ursprüngliches war. Wer sich einmal aufrichtig schuldig gefühlt hat, ist von diesem Gefühle nie so völlig zu befreien, wie es die Hysterischen sind, unter dem bloßen Einfluß des fremden Wortes.

Aber selbst diese Scheinzurechnung, welche die Frauen von hysterischer Konstitution an sich vollziehen, wird hinfällig im Augenblicke, wo die Natur, das sexuelle Begehren, sich durchzusetzen droht gegen die scheinbare Bändigung. Im hysterischen Paroxysmus geht nichts anderes im Weibe vor, als daß es sich, ohne es mehr sich selbst, wie früher, ganz zu glauben, fort und fort versichert: das will ich ja gar nicht, das will man, das will jemand Fremder von mir, aber ich will es nicht. Jede Regung anderer wird nun zu jenem Ansinnen in Beziehung gebracht, das an sie, wie sie glaubt, von außen gestellt wurde, aber in Wahrheit ihrer eigenen Natur entstammt und deren tiefsten Wünschen vollauf entspricht; nur darum sind die Hysterischen im Anfall so leicht durch das Geringste aufzubringen. Es handelt sich da immer um die letzte verlogene Abwehr der in ungeheurer Stärke frei werdenden Konstitution; die » Attitudes passionnelles« der Hysterischen sind nichts als diese demonstrative Abweisung des Sexualaktes, die darum so laut sein muß, weil sie eben doch unecht ist, und so viel lärmender als früher, weil nun die Gefahr größer ist.[71] Daß so oft sexuelle Erlebnisse aus der Zeit

---

71 „Aus diesem Grunde sind Frauen aus dem hysterischen Anfall (nach Janet) so besonders leicht in Somnambulismus überzuführen: sie stehen gerade dann bereits unter dem zwingendsten fremden Banne.

vor der Pubertät in der akuten Hysterie die größte Rolle spielen, ist danach leicht zu verstehen. Auf das Kind war der Einfluß der fremden moralischen Anschauungen verhältnismäßig leicht auszuüben, ohne einen erheblichen Widerstand in den noch fast gänzlich schlummernden sexuellen Wünschen überwinden zu müssen. Nun aber greift die bloß zurückgedrängte, nicht überwundene Natur das alte, schon damals von ihr, nur ohne die Kraft, es bis zum wachen Bewußtsein emporzuheben und gegen dieses durchzusetzen, positiv gewertete Erlebnis auf, und stellt es nun erst gänzlich verführerisch dar. Jetzt ist das wahre Bedürfnis nicht mehr so leicht vom wachen Bewußtsein fernzuhalten wie ehedem, und so ergibt sich die Krise. Daß der hysterische Anfall selbst so viele verschiedene Formen zeigen und sich fortwährend in ein neues Symptombild transmutieren kann, liegt vielleicht nur daran, daß der Ursprung des Leidens nicht erkannt, daß die Tatsache, ein sexuelles Begehren sei da, vom Individuum nicht zugegeben, nicht als von ihm ausgegangen ins Auge gefaßt, sondern einem zweiten Ich zugerechnet wird.

Dies aber ist auch der Grundfehler aller ärztlichen Beobachter der Hysterie, daß sie sich von den Hysterischen hierin immer ebenso haben belügen lassen, wie diese sich allerdings auch selber aufsitzen:[72] nicht das abwehrende Ich, sondern das abgewehrte ist die eigene, wahre und ursprüngliche Natur der Hysterischen, so eifrig diese auch sich selbst und anderen vormachen, daß es ein Fremdes sei. Wäre das abwehrende Ich wirklich ihr eigenes, so könnten sie der Regung, als einer ihnen fremden, gegenübertreten, sie bewußt werten und klar entschieden abweisen, sie gedanklich festlegen und wiedererkennen. So aber findet eine Maskierung statt, weil das abwehrende Ich nur geborgt ist, und darum der Mut fehlt, dem eigenen Wunsche ins Auge zu schauen, von dem man eben doch dumpf irgendwie fühlt, daß er der echtgeborne, der allein mächtige ist. Darum kann jenes Begehren auch nicht identisch bleiben, indem es an

72 Ganz oberflächlich ist die alte Meinung, daß die Hysterika bewußt simuliere und lügnerische Geschichtlein erzähle. Die Verlogenheit des Weibes liegt ganz im Unbewußten; der eigentlichen Lüge, sofern diese einen Gegensatz zur Möglichkeit der Wahrheit bildet, ist das Weib gar nicht fähig (S. 188, 362 und 379).

einem identischen Subjekte fehlt; und da es unterdrückt werden soll, springt es sozusagen über von einem Körperteil auf den anderen. Denn die Lüge ist vielgestaltig, sie nimmt immer neue Formen an. Man wird diesen Erklärungsversuch vielleicht mythologisch finden; aber wenigstens scheint sicher, daß es immer nur ein und dasselbe ist, was jetzt als Kontraktur, dann wieder plötzlich als Hemianästhesie, und nun gar als Lähmung erscheint. Dieses eine ist das, was die Hysterika nicht als zu sich gehörig anerkennen will, und unter dessen Gewalt sie eben damit gerät: denn würde sie es sich zurechnen und es beurteilen, wie sie alle geringfügigsten Dinge sonst sich zugerechnet hat, so würde sie zugleich irgendwie außerhalb und oberhalb ihres Erlebnisses stehen. Gerade das Rasen und Wüten der Hysterikerinnen gegen etwas, das sie als fremdes Wollen empfinden, obwohl es ihr eigenstes ist, zeigt, daß sie tatsächlich ganz so sklavisch unter der Herrschaft der Sexualität stehen wie die nichthysterischen Frauen, genau so von ihrem Schicksal besessen sind und nichts haben, was über demselben steht: kein zeitloses, intelligibles, freies Ich.

Man wird nun mit Recht noch die Frage aufwerfen, warum nicht alle Frauen hysterisch, da doch alle verlogen seien. Es ist dies keine andere Frage als die nach der hysterischen Konstitution. Wenn die hier entwickelte Theorie das Richtige getroffen hat, so muß sie auch hierauf eine Antwort geben können, die mit der Wirklichkeit übereinstimmt. Die hysterische Frau ist nach ihr diejenige, welche in passiver Gefügigkeit den Komplex der männlichen und gesellschaftlichen Wertungen einfach akzeptiert hat, statt ihrer sinnlichen Natur möglichst freien Lauf lassen zu wollen. Die nicht folgsame Frau wird also das Gegenteil der Hysterika sein. Ich will hiebei nicht lange verweilen, weil es eigentlich in die spezielle weibliche Charakterologie gehört. Das hysterische Weib wird hysterisch als eine Folge seiner Knechtsamkeit, es ist identisch mit dem geistigen Typus der Magd; ihr Gegenteil, die absolut unhysterische Frau (welche, als eine Idee, es in der Erfahrung nicht gibt), wäre die absolute Megäre. Denn auch dies ist ein Einteilungsgrund aller Frauen. Die Magd dient, die Megäre herrscht.[73] Zum Dienstmädchen kann und muß man geboren sein, und eignet sich hiezu sehr wohl manche Frau, die reich genug ist, um nie den Stand derselben ergreifen zu müssen. Und Magd und Megäre stehen immer in einem gewissen Ergänzungsverhältnis.[74]

Die Folgerung aus der Theorie wird nun von der Erfahrung vollauf bestätigt. Die Xanthippe ist jene Frau, welche in der Tat am wenigsten Ähnlichkeit mit der Hysterika hat. Sie läßt ihre Wut (die wohl auch nur auf mangelhafte sexuelle Befriedigung zurückgeht) an anderen, die hysterische Sklavin an sich selbst aus. Die Megäre »haßt« die anderen, die Magd »haßt« »sich«. Alles, was die Megäre drückt, bekommt der Nebenmensch zu spüren; sie weint ebenso leicht wie die Magd, aber sie weint stets andere an. Die Sklavin schluchzt auch allein, ohne freilich je einsam zu sein – Einsamkeit wäre ja mit Sittlichkeit identisch und Bedingung jeder wahren Zweisamkeit und Mehrsamkeit; die Megäre verträgt das Alleinsein nicht, sie muß ihren Zorn an jemand außer sich auslassen, indes die Hysterische sich selbst verfolgt. Die Megäre lügt offen und frech, aber ohne es zu wissen, weil sie von Natur immer im Rechte zu sein glaubt; so beschimpft sie noch den anderen, der ihr widerspricht. Die Magd hält sich gehorsam an die ihr von Natur ebenso fremde Wahrheitsforderung; die Verlogenheit dieser fügsamen Ergebung kommt in ihrer Hysterie zum Vorschein: dann nämlich, wenn der Konflikt mit ihren eigenen sexuellen Wünschen da ist. Um dieser Rezeption und allgemeinen Empfänglichkeit willen mußte die Hysterie und das hysterische Frauenzimmer so eingehend besprochen werden: dieser Typus, nicht die Megäre, ist es, der mir zuletzt noch hätte entgegengehalten werden können. [75]

73 Auch unter den Männern finden sich hiezu Analogien: es gibt geborne Diener, es gibt aber auch männliche Megären, z. B. Polizisten. Merkwürdigerweise findet der Polizeimann im allgemeinen auch sein sexuelles Komplement im Dienstmädchen

74 Die absolute Megäre wird ihren Mann nie fragen, was sie tun, was sie z. B. kochen soll, die Hysterika ist immer ratlos und verlangt nach der Inspiration von außen; dies sei, als ein banalstes Erkennungszeichen beider, hier angeführt.

75 Die Magd, nicht die Megäre, ist auch jene Frau, von der man, entgegen dem elften Kapitel, glauben könnte, daß sie der Liebe fähig sei. Die Liebe dieser Frau ist aber nur der Vorgang des geistigen Erfülltwerdens von der Männlichkeit eines bestimmten Mannes und darum nur bei der Hysterika möglich; mit eigentlicher Liebe hat sie nichts zu tun, und kann sie nichts zu tun haben. Auch in der Schamhaftigkeit

Verlogenheit, organische Verlogenheit, charakterisiert aber beide und somit sämtliche Frauen. Es ist ganz unrichtig, wenn man sagt, daß die Weiber lügen. Das würde voraussetzen, daß sie auch manchesmal die Wahrheit sagen. Als ob Aufrichtigkeit, pro foro interno et externo, nicht gerade die Tugend wäre, deren die Frauen absolut unfähig sind, die ihnen völlig unmöglich ist! Es handelt sich darum, daß man einsehe, wie eine Frau in ihrem ganzen Leben nie wahr ist , selbst, ja gerade dann nicht, wenn sie, wie die Hysterische, sich sklavisch an die für sie hetero nome Wahrheitsforderung hält und so äußerlich doch die Wahrheit sagt .

Ein Weib kann beliebig lachen, weinen, erröten, ja es kann schlecht aussehen auf Verlangen: die Megäre, wann sie, irgend einem Zweck zuliebe, es will; die Magd, wann der äußere Zwang es verlangt, der sie, ohne daß sie es weiß, beherrscht. Zu solcher Verlogenheit fehlen dem Manne offenbar auch die organischen, physiologischen Bedingungen.

Ist so die Wahrheitsliebe dieses Frauentypus nur als die ihm eigentümliche Form der Verlogenheit entlarvt, so ist von den anderen Eigenschaften, die an ihm gerühmt werden, von Anfang an zu erwarten, daß es nicht besser mit ihnen werde bestellt sein. Seine Schamhaftigkeit, seine Selbstbeobachtung, seine Religiosität werden rühmend hervorgehoben. Die weibliche Schamhaftigkeit ist aber nichts anderes als Prüderie, d. h. eine demonstrative Verleugnung und Abwehr der eigenen Unkeuschheit. Wo irgend bei einem Weibe das wahrgenommen wird, was man als Schamhaftigkeit deutet, dort ist auch schon, im genau entsprechenden Maße, Hysterie vorhanden. Die ganz unhysterische, die gänzlich unbeeinflußbare Frau, d. i. die absolute Megäre, wird nicht erröten, auch wenn ihr der Mann etwas noch so Berechtigtes vorwirft; ein Anfang von Hysterie ist da, wenn das Weib unter dem unmittelbaren Eindruck des männlichen Tadels errötet; vollkommen hysterisch aber ist es erst, sobald es auch dann errötet, wenn es allein und wenn kein fremder Mensch anwesend ist: denn dann erst ist es vom anderen, von der männlichen Wertung, vollständig imprägniert.

des Weibes ist ein solches Besessensein von einem Manne; erst hiedurch kommt Abschließung gegen alle anderen Männer zustande.

Frauen, die dem nahekommen, was man sexuelle Anästhesie oder Frigidität genannt hat, sind, wie ich, in Übereinstimmung mit Paul So11iers Befunden, hervorheben kann, stets Hysterikerinnen. Die sexuelle Anästhesie ist eben nur eine von den vielen hysterischen, d. h. unwahren, verlogenen Anästhesien. Es ist ja, besonders durch die Experimente von Oskar Vogt, bekannt, daß solche Anästhesien keinen wirklichen Mangel der Empfindung bedeuten, sondern nur einen Zwang, der gewisse Empfindungen vom Bewußtsein fernhält und ausschließt. Wenn man den anästhetisch gemachten Arm einer Hypnotisierten beliebig oft sticht und dem Medium aufgegeben hat, jene Zahl zu nennen, die ihm gleichzeitig einfalle, so nennt es die Zahl der Stiche, die es in seinem (dem »somnambulen«) Zustande, offenbar nur unter der Kraft eines bestimmten Bannes, nicht perzipieren durfte. So ist auch die sexuelle Frigidität auf ein Kommando entstanden: durch die zwingende Kraft der Imprägnation mit einer asexuellen, aus der Umgebung auf das empfängliche Weib übergegangenen Lebensanschauung; aber wie alle Anästhesie durch ein genügend starkes Kommando auch wieder aufzuheben.

Ebenso wie mit der eigenen körperlichen Unempfindlichkeit gegen den Geschlechtsakt verhält es sich mit dem Abscheu gegen Geschlechtlichkeit überhaupt. Ein solcher Abscheu, eine intensive Abneigung gegen alles Sexuelle, wird von manchen Frauen wirklich empfunden, und man könnte glauben, hier liege eine Instanz gegen die Allgemeingültigkeit der Kuppelei und gegen ihre Gleichsetzung mit der Weiblichkeit vor. Frauen, welche es krank machen kann, wenn sie ein Paar im Geschlechtsverkehre überraschen, sind aber stets Hysterikerinnen. So tritt hier vielmehr überzeugend die Richtigkeit der Theorie hervor, welche die Kuppelei als das Wesen der Frau hinstellte und die eigene Sexualität derselben nur als einen besonderen Fall unterordnete: eine Frau kann nicht nur hysterisch werden durch ein sexuelles Attentat, das auf sie ausgeübt wurde, und gegen das sie äußerlich sich wehrte, ohne es innerlich zu verneinen, sondern ebenso durch den Anblick irgend eines koitierenden Paares, indem sie dessen Koitus noch negativ zu werten glaubt, wo schon die eingeborne Bejahung desselben mächtig durchbricht durch alles Angenommene und Künstliche, durch die ganze ihr aufgedrückte und einverleibte Denkweise, in deren Sinn sie sonst empfindet. Denn sie fühlt auch mit jeder sexuellen Vereinigung anderer nur sich selbst koitiert.

Ein Ähnliches gilt von dem bereits kritisierten hysterischen »Schuldbewußtsein«. Die absolute Megäre fühlt sich überhaupt nie schuldig, die leicht hysterische Frau nur in Gegenwart des Mannes, die ganz hysterische vor jenem Mann, der definitiv in sie übergegangen ist. Man komme nicht mit den Kasteiungen der Betschwestern und Büßerinnen, um das Schuldgefühl der Frauen zu beweisen. Gerade die extremen Formen, welche hier die Selbstzüchtigung annimmt, machen sie verdächtig. Die Kasteiung beweist wohl in den meisten Fällen nur, daß ein Mensch nicht über seiner Tat steht, daß er sie nicht schon durch das Schuldbewußtsein auf sich genommen hat; sie scheint viel eher ein Versuch zu sein, die Reue, die man doch nicht ganz innerlich empfindet, von außen sich aufzudrängen und ihr so die Stärke zu geben, die sie an sich nicht hat.

Aber worin dieses hysterische Schuldbewußtsein von der wahrhaft männlichen Art, in sich zu gehen, sich unterscheidet, wie die Selbstvorwürfe der Hysterika entstehen, das ist bedeutungsvoll genug, und macht eine genaue Distinktion erforderlich. Wenn es in einer solchen Frau zur Wahrnehmung gelangt, daß irgendwo von ihr gegen die Sittlichkeit verstoßen wurde, so korrigiert sie sich nach dem Kodex, sucht ihm zu gehorchen und genehm zu werden, indem sie an der Stelle des unsittlichen Wunsches das Gefühl in sich zu erzeugen sucht, welches jener vorschreibt. Sie gerät nicht auf den Gedanken: hier liege ein tiefer, innerlicher, dauernder Hang zum Laster bei ihr vor; sie entsetzt sich nicht darüber, geht nicht in sich, um hierüber sich klar zu werden und mit sich selbst da restlos ins Reine zu kommen; sondern sie schmiegt sich der Sittlichkeit Punkt für Punkt an; es ist keine Umwandlung aus dem Ganzen, aus der Idee, die sich hier vollzieht, sondern eine Verbesserung von Punkt zu Punkt, von Fall zu Fall. In der Frau wird der sittliche Charakter stückweise erzeugt; im Manne geht, wenn er gut ist, die sittliche Handlung aus dem sittlichen Charakter hervor. Hier wird durch ein Gelübde der ganze Mensch umgearbeitet; was nur von innen aus geschehen kann, geschieht, der Übergang zu einer Gesinnung, die allein zu einer Heiligkeit führen kann, die nicht Werkheiligkeit ist. Darum ist die Sittlichkeit der Frau nicht produktiv und beweist eben hiedurch, daß sie Unsittlichkeit ist, denn Ethik allein ist schöpferisch; sie allein ist Schöpfung von Ewigem im Menschen. Darum sind auch die hysterischen Frauen nicht wirklich genial, wenn auch am ehesten sie diesen Schein hervorbringen können (die heilige Therese); Genialität ist eben nur höchste Güte, Sittlichkeit, die alle Grenze noch als Schwäche und Schuld, als Unvollkommenheit und Feigheit empfindet.

Damit hängt auch der vom einen dem anderen immer wieder nachgesprochene Irrtum zusammen, daß die Frauen religiös veranlagt seien. Die weibliche Mystik ist, wo sie über simplen Aberglauben hinausgeht, entweder eine sanft verhüllte Sexualität, wie bei den zahlreichen Spiritistinnen und Theosophinnen – diese Identifikation des Geliebten mit der Gottheit ist von Dichtern mehrfach behandelt worden, besonders von Maupassant, in dessen bestem Romane für die Frau des Bankiers Walter Christus die Züge des » Bel-Ami« annimmt, und nach ihm von Gerhart Hauptmann in » Hanneles Himmelfahrt« –, oder es ist der andere Fall verwirklicht, daß auch die Religiosität vom Manne passiv und unbewußt übernommen und um so krampfhafter festzuhalten gesucht wird, je stärker ihr die eigenen natürlichen Bedürfnisse widersprechen. Bald wird der Geliebte zum Heiland; bald (wie man weiß, bei so vielen Nonnen) der Heiland zum Geliebten. Alle großen Visionärinnen, welche die Geschichte nennt (vgl. Teil I, S. 82), sind hysterisch gewesen; die berühmteste unter ihnen, die heilige Therese, hat man nicht mit Unrecht »die Schutzheilige der Hysterie« genannt. Wäre übrigens die Religiosität der Frauen echt, und käme sie bei ihnen aus einem Inneren, so hätten sie religiös schöpferisch sein können, ja, irgendwie sein müssen: sie sind es aber nie, nicht im mindesten, gewesen. Man wird verstehen, was ich meine, wenn ich den eigentlichen Unterschied zwischen männlichem und weiblichem Credo so ausspreche: die Religiosität des Mannes ist höchster Glaube an sich selbst, die Religiosität des Weibes höchster Glaube an den anderen.

So bleibt nur noch die Selbstbeobachtung, die bei den Hysterikern oft als außerordentlich entwickelt bezeichnet wird. Daß es aber bloß der Mann ist, der in das Weib so weit eingedrungen ist, daß er selbst in ihr noch beobachtet, wird aus der Art und Weise klar, wie Vogt, in weiterer und exakterer Anwendung eines zuerst von Freud eingeschlagenen Verfahrens, die Selbstbeobachtung in der Hypnose erzwang. Der fremde männliche Wille schafft durch seinen Einfluß in der hypnotisierten Frau einen Selbstbeobachter, vermöge der Erzeugung eines Zustandes »systematisch eingeengten Wachseins«. Aber auch außerhalb der Suggestion, im gesunden Leben der Hysterischen, ist es nur der Mann, mit dem sie imprägniert sind, welcher in ihnen beobachtet. So ist auch alle Menschenkenntnis der Frauen durchaus Imprägnation mit dem richtig beurteilten Manne. Im Paroxysmus schwindet jene künstliche Selbstbeobachtung vor der zum Durchbruch drängenden Natur dahin.

Ganz so verhält es sich auch mit dem Hellsehen hysterischer Medien, das ohne Zweifel vorkommt und mit dem »okkulten« Spiritismus ebensowenig zu tun hat wie die hypnotischen Phänomene. Wie die Patientinnen Vogts unter dem energischen Willen des Suggestors sich selbst vorzüglich zu beobachten vermochten, so wird die Hellseherin unter dem Einflusse der drohenden Stimme eines Mannes, der sie zu allem zu zwingen vermag, auch zu telepathischen Leistungen fähig und liest aus weiter Ferne gehorsam mit verbundenen Augen die Schriftstücke in den Händen fremder Menschen, was ich in München unzweideutig wahrzunehmen selbst Gelegenheit hatte. Denn im Weibe stehen nicht, wie im Manne, dem Willen zum Guten und Wahren sehr starke Leidenschaften unausrottbar entgegen. Der männliche Wille hat über das Weib mehr Gewalt als über den Mann: er kann im Weibe etwas realisieren, dem im eigenen Hause zu viel Dinge sich widersetzen. In ihm wirkt ein Antimoralisches und ein Antilogisches wider die Klärung, er will nie ganz allein die Erkenntnis, sondern immer noch anderes. Über die Frau aber kann der männliche Wille so vollständig alle Gewalt gewinnen, daß er sie sogar hellsichtig macht, und alle Schranken der Sinnlichkeit für sie fortfallen.

Darum ist das Weib eher telepathisch als der Mann, darum kann es eher sündelos scheinen als dieser, darum leistet es als Seherin mehr als er, freilich nur, wenn es Medium, d. h. zum Objekt geworden ist, an welchem der männliche Wille zum Guten, zum Wahren, am leichtesten und vollkommensten sich verwirklicht. Auch die Wala kann wissend werden: aber erst, wenn sie von Wotan bezwungen ist. Sie kommt ihm hierin entgegen; denn ihre einzige Leidenschaft ist es eben, daß sie gezwungen werden will.

Das Thema der Hysterie ist hiemit, soweit es für den Zweck dieser Untersuchung berührt werden mußte, auch erschöpft. Jene Frauen, die als Beweise der weiblichen Sittlichkeit angeführt werden, sind stets Hysterikerinnen, und gerade in der Befolgung der Sittlichkeit, in dem Gebaren nach dem Moralgesetze, als ob dieses Gesetz das Gesetz ihrer Persönlichkeit wäre, und nicht vielmehr, ohne sie zu fragen, von ihnen kurzerhand Besitz ergriffen hätte, liegt die Verlogenheit, die Unsittlichkeit dieser Sittlichkeit. Die hysterische Konstitution ist eine lächerliche Mimikry der männlichen Seele, eine Parodie auf die Willensfreiheit, die das Weib vor sich posiert in dem nämlichen Augenblicke, wo es dem männlichen Einfluß am stärksten unterliegt. Nichtsdestoweniger sind die höchststehenden Frauen eben Hysterikerinnen, wenn auch die Zurückdrängung der triebhaften Sexualität, die sie über die anderen Frauen erhebt, keine solche ist, die aus eigener Kraft und in mutigem Kampfe mit einem zum Stehen gezwungenen Gegner erfolgt wäre. An den hysterischen Frauen aber rächt sich wenigstens die eigene Verlogenheit, und insofern kann man sie als ein, wenn auch noch so verfälschtes, Surrogat jener Tragik gelten lassen, zu der es sonst dem Weibe an jeglicher Fähigkeit gebricht.

Das Weib ist unfrei: es wird schließlich immer bezwungen durch das Bedürfnis, vom Manne, in eigener Person wie in der aller anderen, vergewaltigt zu werden; es steht unter dem Banne des Phallus und verfällt unrettbar seinem Verhängnis, auch wenn es nicht selbst zur völligen Geschlechtsgemeinschaft gelangt. Das höchste, wozu ein Weib es bringen mag, ist ein dumpfes Gefühl dieser Unfreiheit, ein düsteres Ahnen eines Verhängnisses über sich – es kann dies offenbar nur der letzte Schimmer des freien/ intelligiblen Subjektes sein, der kümmerliche Rest von angeborner Männlichkeit, der ihr, durch den Kontrast, eine, wenn auch noch so schwache, Empfindung der Notwendigkeit gestattet: es gibt kein absolutes Weib. Aber ein klares Bewußtsein ihres Schicksales und des Zwanges, unter dem sie steht, ist der Frau unmöglich: nur der Freie erkennt ein Fatum, weil er nicht in die Notwendigkeit einbegriffen ist, sondern, wenigstens mit einem Teile seines Selbst, einem Zuschauer und einem Kämpfer, außerhalb seines Schicksales und über diesem steht. Ein an sich hinreichender Beweis der menschlichen Freiheit liegt nirgend anders als hierin: daß der Mensch einen Begriff der Kausalität zu bilden vermochte. Die Frau hält sich gerade darum meist für ungebunden, weil sie ganz gebunden, und leidet nicht an der Leidenschaft, weil sie selbst nichts ist als Leidenschaft. Nur der Mann konnte von der »dira necessitas« in sich sprechen, nur er die Konzeption einer Moira und einer Nemesis fassen, nur er Parzen und Nornen schaffen: weil er nicht nur empirisches, bedingtes, sondern auch intelligibles, freies Subjekt ist.

Aber, wie schon gesagt: selbst wenn eine Frau je ihre eigene Determiniertheit zu ahnen beginnt, ein klares Bewußtsein derselben, eine Auffassung und ein Verständnis ist dies nicht zu nennen; denn dazu wäre der Wille zu einem Selbst erfordert. Vielmehr bleibt es bei einem schweren dunklen Gefühl, das zu einem verzweifelten Aufbäumen führt, aber nicht zu einem entschlossenen, in sich die Möglichkeit des Sieges bergenden Kampfe. Ihre Sexualität, die sie stets knechten wird, zu überwinden, sind die Frauen unvermögend. Die Hysterie war eine solche ohnmächtige Abwehrbewegung gegen die Geschlechtlichkeit. Wäre der Kampf gegen die eigene Begier redlich und echt, wäre deren Niederlage aufrichtig gewollt, so wäre, sie ihr zu bereiten, dem Weibe auch möglich. Die Hysterie aber ist selbst das, was von den Hysterikerinnen angestrebt wird; sie suchen nicht, wirklich zu genesen. Die Verlogenheit dieser Demonstration gegen die Sklaverei bedingt ihre Hoffnungslosigkeit. Die vornehmsten Exemplare des Geschlechtes mögen fühlen, daß Knechtschaft ihnen nur eben darum ein Muß ist, weil sie sie wünschen – man denke an Hebbels Judith und Wagners Kundry –, aber auch dies gibt ihnen keine Kraft, sich in Wahrheit gegen den Zwang zur Wehr zu setzen: im letzten Augenblicke küssen sie dennoch den Mann, der sie notzüchtigt, und suchen den zu ihrem Herrn zu machen, der sie zu vergewaltigen zögert. Das Weib steht wie unter einem Fluche. Es kann ihn für Augenblicke pressend auf sich lasten fühlen, aber es entrinnt ihm nie, weil ihm die Wucht zu süß dünkt. Sein Schreien und Toben ist im Grunde unecht. Es will seinem Fluche gerade dann am süchtigsten erliegen, wenn es ihn am entsetztesten zu meiden sich gebärdet.

Von der langen Reihe jener früheren Aufstellungen, welche den Mangel des Weibes an irgend welchem angebornen, unveräußerlichen Verhältnis zu den Werten behaupteten, ist keine einzige zurückzuziehen oder auch nur einzuschränken gewesen. Selbst durch all das, was den Menschen insgemein weibliche Liebe, weibliche Frömmigkeit, weibliche Scham und weibliche Tugend heißt, sind sie nicht umgestoßen worden; sie haben sich vor dem stärksten Ansturm, vor dem Heere der hysterischen Imitationen aller männlichen Vorzüge, behaupten können. Nicht allein durch die Kraft des, mit dem Weibe selbst der Fernzeugung fähigen männlichen Spermas – auf welches die unglaubliche geistige Veränderung aller Frauen in der Ehe sicherlich zunächst zurückgeht –, sondern auch vom männlichen Bewußtsein, und sogar vom sozialen Geiste wird das Weib, jenes empfängliche Weib, das hier allein in Betracht kommt, von frühester Jugend auf erfüllt, imprägniert und umgebildet. So erklärt es sich, daß alle jene Eigenschaften des männlichen Geschlechtes, die dem weiblichen an sich nicht zukommen, nichtsdestoweniger von diesem in so sklavischer Nachahmung zur Erscheinung gebracht werden können; wonach die vielen Irrtümer über die höhere Sittlichkeit des Weibes leichter begreiflich werden.

Aber noch ist diese erstaunliche Rezeptivität der Frau ein isoliertes Faktum der Erfahrung und von der Darstellung nicht in jenen Zusammenhang mit den übrigen positiven und negativen Eigenschaften des Weibes gebracht, welchen das theoretische Bedürfnis wünschenswert erscheinen läßt. Was hat die Bildsamkeit des Weibes mit seiner Kuppelei, was seine Sexualität mit seiner Verlogenheit zu tun? Warum ist all dies gerade in dieser Vereinigung im Weibe beisammen?

Und noch ist erst zu begründen, woher es komme, daß die Frau alles in sich aufnehmen kann. Wie ist jene Verlogenheit möglich, die das Weib selber wähnen läßt, das zu glauben, was es nur von anderen vernommen, das zu haben, was es nur von ihnen bekommen, das zu sein, was es nur durch sie geworden ist?

Um hierauf eine Antwort zu finden, muß nochmals, zum letzten Male, vom geraden Wege abgebogen werden. Man erinnert sich vielleicht noch, wie das tierische Wiedererkennen, das psychische Äquivalent der allgemein-organischen Übungsfähigkeit, vom menschlichen Gedächtnis als ein gänzlich Verschiedenes und doch Ähnliches abgetrennt wurde: indem beide eine gleichsam ewige Nachwirkung des zeitlich begrenzten einmaligen Eindruckes bedeuten, das Gedächtnis aber, zum Unterschiede vom unmittelbaren passiven Wiedererkennen, sein Wesen in der aktiven Reproduktion des Vergangenen findet.[76] Später wurde bloße Individuation als die Eigenschaft alles Organischen wohl unterschieden von Individualität, welche nur der Mensch besitzt.[77] Und schließlich machte sich die Notwendigkeit einer genauen Distinktion zwischen Geschlechtstrieb und Liebe fühlbar, von denen ebenfalls nur der erste den nichtmenschlichen Lebewesen zugesprochen werden konnte.[78] Den-

---

76 S. 178.
77 S. 192.
78 S. 307 f., 321 f.

noch waren beide verwandt, in ihren Gemeinheiten wie in ihren Erhabenheiten (als Bestrebungen zur eigenen Verewigung).

Auch der Wille zum Wert wurde öfter als charakteristisch für den Menschen hingestellt, indes die Tiere nur ein Streben nach Lust kennen und der Wertbegriff ihnen fremd ist.[79] Zwischen Lust und Wert besteht eine Analogie, und doch sind beide grundverschieden: die Lust wird begehrt, der Wert soll begehrt werden; beide werden noch immer ganz widerrechtlich verwechselt, und so in Psychologie und Ethik die größte Konfusion dauernd festgehalten. Aber dieses Durcheinanderfließen hat nicht nur zwischen dem Wert- und dem Lustbegriff stattgefunden; es ist den Unterscheidungen zwischen Persönlichkeit und Person, zwischen Wiedererkennen und Gedächtnis, zwischen Geschlechtstrieb und Liebe nicht besser ergangen: alle diese Gegensätze werden fortwährend zusammengeworfen, und was noch bezeichnender ist, fast stets von denselben Menschen, mit denselben theoretischen Anschauungen und wie in einer gewissen Absichtlichkeit, um den Unterschied zwischen Mensch und Tier zu verwischen.

Auch weitere, bisher kaum berührte Distinktionen werden hier meist vernachlässigt. Tierisch ist die Enge des Bewußtseins, rein menschlich ist die aktive Aufmerksamkeit: beide haben, das sieht jeder klar, ein Gemeinsames, und doch auch ein Verschiedenes. Nicht anders steht es mit der so vielen geläufigen Zusammenwerfung von Trieb und Wille. Der Trieb ist allen Lebewesen gemeinschaftlich, im Menschen kommt noch der Wille hinzu, der frei ist und kein psychologisches Faktum bildet, weil er allem speziellen psychologischen Erleben zugrunde liegt. Daß Trieb und Wille fast immer als identisch betrachtet werden, hieran trägt übrigens nicht bloß der Einfluß Darwins die Schuld; sondern es kommt von ihr fast ebensoviel auf Rechnung des unklaren, einerseits ganz allgemein naturphilosophischen, anderseits eminent ethischen Willensbegriffes von Arthur Schopenhauer.

---

79 S. 167, 217.

Ich stelle zusammen:
Auch tierisch, beziehungsweise organisch überhaupt sind:
Nur dem Menschen, respektive dem menschlichen Manne eignen:

Individuation
Wiedererkennen
Lust
Geschlechtstrieb
Enge des Bewußtseins
Trieb
Individualität
Gedächtnis
Wert
Liebe
Aufmerksamkeit
Wille

Man sieht, wie sich über jede Eigenschaft alles Lebendigen im Menschen noch eine andere, in gewisser Beziehung verwandte und doch höhere legt. Die uralte tendenziöse Identifikation der beiden Reihen und, auf der anderen Seite, das Bedürfnis, sie immer wieder auseinanderzuhalten, weisen auf ein Gemeinsames hin, das die Glieder jeder Reihe miteinander verbindet und scheidet von allen Gliedern der zweiten. Es nimmt sich zunächst aus, als ob hier im Menschen ein Überbau von höheren Eigenschaften über korrelative niedere Erscheinungen aufgeführt wäre. Man könnte an eine Lehre des indischen Geheimbuddhismus sich erinnert fühlen, an seine Theorie von der » Menschheitswelle«. Es ist nämlich gleichsam, als wäre jeder bloß tierischen Eigenschaft im Menschen eine verwandte und doch einer höheren Sphäre angehörige Qualität superponiert, wie eine Schwingung einer anderen sich addiert: jene niederen Eigenschaften fehlen dem Menschen keineswegs, allein es ist zu ihnen in ihm etwas hinzugekommen. Was ist dieses neu Dazugetretene? Worin unterscheidet es sich vom anderen und worin gleicht es ihm? Denn die Tafel zeigt unverkennbar, daß jedes Glied der linken Reihe mit jedem, auf gleicher Höhe stehenden, Gliede der rechten eine Ähnlichkeit hat, und doch wieder anderseits alle Glieder jeder Reihe eng zueinander gehören. Woher diese merkwürdige Übereinstimmung bei gleichzeitiger ganz abgrundtiefer Verschiedenheit?

Die linksstehenden Dinge sind fundamentale Eigenschaften alles animalischen, respektive pflanzlichen Lebens. Alles solche Leben ist Leben von Individuen, nicht von ungegliederten Massen, es äußert sich als Trieb, um Bedürfnisse zu befriedigen, insonderheit als Sexualtrieb, um sich fortzupflanzen. Individualität, Gedächtnis, Wille, Liebe können somit als Eigenschaften eines zweiten Lebens gelten, das mit dem organischen Leben eine gewisse Verwandtschaft haben und doch von ihm toto coelo verschieden sein wird.

Es ist keine andere als die Idee des ewigen, höheren, neuen Lebens der Religionen und speziell des Christentums, deren tiefe Berechtigung uns hier entgegentritt. Neben dem organischen hat der Mensch noch teil an einem anderen Leben, der ζωὴ αἰώνιος des neuen Bundes. Wie jenes Leben von irdischer Speise sich nährt, so bedarf dieses der geistigen Atzung (Symbol des Abendmahles). Wie jenes eine Geburt und einen Tod, so kennt auch dieses eine Begründung – die sittliche Wiedergeburt des Menschen, die » Regeneration« – und einen Untergang: den endgültigen Verfall in Irrsinn oder Verbrechen. Wie jenes bestimmt wird durch kausale Naturgesetze von außen, so bindet sich dieses durch normierende Imperative von innen. Jenes ist von begrenzter Art zweckmäßig; dieses, in unendlicher, unbegrenzter Herrlichkeit, ist vollkommen.[80]

Die Eigenschaften, welche die linke Reihe aufzählt, sind allem niedrigen Leben gemeinsam; die Merkmale aus der rechten Kolumne sind die korrespondierenden Zeichen des ewigen

---

80 Es ließen sich die Analogien zwischen höherem und niederem Leben noch vermehren. Es war nicht, wie man heute allgemein glaubt, nur ein oberflächlicher Fehlschluß, wenn stets und überall der Atem in eine besondere Beziehung zur Seele des Menschen gesetzt wurde. Wie die Seele des Menschen der Mikrokosmus ist, d. h. im Zusammenhange mit dem All lebt, so ist auch der Atem, viel allgemeiner noch als die Sinnesorgane, Vermittler eines Konnexes zwischen jedem Organismus und dem Weltganzen; und wenn er erlischt, ist das niedere Leben zu Ende. Er ist das Prinzip des irdischen, wie die Seele das des ewigen Lebens.

Lebens, Künder eines höheren Seins, an welchem der Mensch, und nur er allein, noch überdies Anteil hat. Die ewige Verwechslung und die stets erneute Auseinanderhaltung beider Reihen, des höheren und des niederen Lebens, bildet das Hauptthema aller Historie des menschlichen Geistes: dies ist das Motiv der Weltgeschichte.

Man mag in diesem zweiten Leben etwas erblicken, das sich im Menschen zu den, früher vorhandenen, anderen Eigenschaften hinzuentwickelt habe; hier soll über diese Frage nicht entschieden werden. Doch wird wohl eine tiefere Auffassung jenes sinnliche und sinnenfällige, hinfällige Leben nicht als den Erzeuger des höheren, geistigen, ewigen, sondern umgekehrt, im Sinne des vorigen Kapitels, das erstere als eine Projektion des letzteren auf die Sinnlichkeit, als seine Abbildung im Reiche der Notwendigkeit, als sein Heruntersteigen, seine Erniedrigung zu diesem, als seinen Sündenfall ansehen müssen. Denn nur der letzte Abglanz der höheren Idee von einem ewigen Leben ist es, der auf die Fliege fällt, die mich belästigt, und mich hindern kann, sie zu töten. Sollte es hiemit gelungen sein, für den tiefsten Gedanken der Menschheit, den Gedanken, in dem sie ihr eigenes Wesen erst eigentlich erfaßt hat, für den Gedanken der Erbsünde einen präzisen Ausdruck zu finden – indem (nach der Tafel) das, was sich verliert und wegwirft, das eigentliche Sein und Leben doch noch in einer gewissen Weise es selbst bleibt, empirische Realität, organische Vitalität wird –, so erhebt sich nun noch die Frage, warum diese Schuld verübt wird. Und hier steht endlich die Untersuchung vor dem letzten Problem überhaupt, dem einzigen, das es in Wahrheit gibt, dem einen, auf das noch kein Mensch eine Antwort zu geben wagen durfte, demjenigen Problem, das nie ein lebender Mensch lösen kann. Es ist das Rätsel der Welt und des Lebens, der Drang des Raumlosen in den Raum, des Zeitlosen in die Zeit, des Geistigen in den Stoff. Es ist das Verhältnis der Freiheit zur Notwendigkeit, das Verhältnis des Etwas zum Nichts, das Verhältnis Gottes zum Teufel. Der Dualismus in der Welt ist das Unbegreifliche, das Motiv des Sündenfalles, das Ur-Rätsel: der Grund und Sinn und Zweck des Absturzes vom ewigen Leben in ein vergängliches Dasein, des

Zeitlosen in die irdische Zeitlichkeit, das nie enden wollende Geraten des gänzlich Schuldfreien in die Schuld. Ich vermag nie einzusehen, warum ich die Erbsünde beging, warum Freies unfrei, daß Reines schmutzig werden, wie Vollkommenes fehlen konnte.

Daß aber weder ich noch irgend ein anderer Mensch dies je einsehen wird, läßt sich beweisen. Ich kann nämlich eine Sünde erst erkennen, wenn ich sie nicht mehr begehe, und begehe sie nicht mehr, im Augenblick, da ich sie erkenne. Darum kann ich das Leben nicht begreifen, so lang ich das Leben begehe, und die Zeit ist das Rätsel, an dem ich so lange scheitere, als ich noch in ihr lebe, als ich sie noch setze.[81] Erst wenn ich sie überwinde, werde ich sie verstehen, erst der Tod kann mich den Sinn des Lebens lehren. Es ist gar kein Augenblick noch gewesen, in dem ich nicht auch nach dem Nichtsein verlangt hätte; wie hätte mir also dieses Verlangen Objekt der Betrachtung, wie Gegenstand der Erkenntnis werden können? Was ich erkannt hätte, außerhalb dessen stünde ich ja schon: meine Sündhaftigkeit kann ich nicht begreifen, weil ich noch immer sündhaft bin. Das ewige und das höhere Leben sind nicht nach, sondern neben einander, und die Präexistenz des Guten ist eine dem Werte nach.

Das absolute Weib jedoch, dem Individualität und Wille mangeln, das keinen Teil hat am Werte und an der Liebe, ist, so können wir jetzt sagen, von jenem höheren, transzendenten, metaphysischen Sein ausgeschlossen. Die intelligible hyperempirische Existenz des Mannes ist erhaben über Stoff, Raum und Zeit; in ihm ist Sterbliches genug, aber auch Unsterbliches. Und er hat die Möglichkeit, zwischen beiden zu wählen: zwischen jenem Leben, das mit dem irdischen Tode vergeht, und jenem, für welches dieser erst eine Herstellung in gänzlicher Reine bedeutet. Nach diesem vollkommen zeitlosen Sein, nach dem absoluten Werte, geht aller tiefste Wille im Manne: er ist eins mit dem Unsterblichkeitsbedürfnis. Und daß die Frau kein Verlangen nach persönlicher Fortdauer hat, wird so endlich ganz

---

81 Vgl. Kap. 5, Seite 162 f. Problematisch kann die Zeit werden, wenn man irgendwie außerhalb ihrer steht; klar kann sie erst werden, wenn man gänzlich außer ihr sich befindet.

klar: in ihr ist nichts von jenem ewigen Leben, das der Mann durchsetzen will und durchsetzen soll gegen sein ärmliches Abbild in der Sinnlichkeit. Irgend eine Beziehung zur Idee des höchsten Wertes, zur Idee des Absoluten, zur Idee jener völligen Freiheit, die er noch nicht besitzt, weil er immer auch determiniert ist, die er aber erlangen kann, weil der Geist Gewalt hat über die Natur: eine solche Beziehung zur Idee überhaupt, oder zur Gottheit, hat jeder Mann: indem zwar durch sein Leben auf Erden eine Trennung und Loslösung vom Absoluten erfolgt ist, aber die Seele sich aus dieser Verunreinigung, als der Erbsünde, wieder hinaussehnt.

Wie die Liebe seiner Eltern keine reine zur Idee war, sondern mehr oder weniger eine sinnliche Verkörperung suchte, so will auch der Sohn, der eben das ist, worauf diese Liebe hinauslief, so lang er lebt, nicht bloß das ewige, sondern auch das zeitliche Leben: wir erschrecken vor dem Gedanken des Todes, wehren uns gegen ihn, klammern uns an das irdische Dasein und beweisen dadurch, daß wir geboren zu werden wünschten, als wir geboren wurden, indem wir noch immer in diese Welt geboren zu werden verlangen.[82] Ein Mensch, der vor dem irdischen Tode gar keine Furcht mehr hätte, würde in eben diesem Augenblicke sterben; denn er hätte nur mehr den reinen Willen zum ewigen Leben, und dieses soll und kann der Mensch selbständig in sich verwirklichen: es schafft sich, wie alles Leben selbst sich schafft.

Weil aber jeder Mann in einem Verhältnis zur Idee des höchsten Wertes steht, ohne dieser Idee ganz teilhaft zu sein, darum gibt es keinen Mann, der glücklich wäre. Glücklich sind nur die Frauen. Kein Mann fühlt sich glücklich, denn ein jeder hat eine Beziehung zur Freiheit, und ist doch auf Erden immer noch irgendwie unfrei. Glücklich kann sich nur ein gänzlich passives Wesen fühlen, wie das echte Weib, oder ein gänzlich aktives, wie die Gottheit. Glück wäre das Gefühl der Vollkommenheit, dieses Gefühl kann ein Mann nie haben; wohl aber gibt es Frau-

---

82 So, glaube ich, kann die Verkettung von Geschlechtstrieb, Geburt und Erbsünde verstanden werden. Die Einzelgestalt, in der sich das niedere Leben behaupten will, nannte ich früher (S. 318 f.) den Abfall von der Idee, die Schuld. Aber nicht die unendliche Individualität, sondern das begrenzte Individuum ist die Sünde.

en, die sich vollkommen dünken. Der Mann hat immer Probleme hinter sich und Aufgaben vor sich: alle Probleme wurzeln in der Vergangenheit; das Land der Aufgaben ist die Zukunft. Für das Weib ist denn auch die Zeit gar nicht gerichtet, sie hat ihr keinen Sinn: es gibt keine Frau, die sich die Frage nach dem Zwecke ihres Lebens stellte; doch die Einsinnigkeit der Zeit ist nur der Ausdruck dafür, daß dieses Leben einen Sinn gewinnen soll und kann.

Glück für den Mann: das könnte nur ganze, reine Aktivität sein, völlige Freiheit, nie ein geringer, aber auch nicht der höchste Grad von Unfreiheit: denn seine Schuld häuft sich, je weiter er von der Idee der Freiheit sich entfernt. Das irdische Leben ist ihm ein Leiden und muß es sein, schon weil in der Empfindung der Mensch eben doch passiv ist; weil ein Affiziertwerden stattfindet, weil es Materie und nicht nur Formung der Erfahrung gibt. Es ist kein Mensch, welcher der Wahrnehmung nicht bedürfte, selbst der geniale Mensch wäre nichts ohne sie, auch wenn er, mächtiger und schneller als alle anderen, alsbald mit dem ganzen Gehalte seines Ich sie erfüllt und durchdringt, und nicht einer vollständigen Induktion bedarf, um die Idee eines Dinges zu erkennen. Die Rezeptivität ist durch keinen Fichteschen Gewaltstreich aus der Welt zu schaffen: in der Sinnesempfindung ist der Mensch passiv, und seine Spontaneität, seine Freiheit gelangt erst im Urteil zur Geltung und in jener Form eines universalen Gedächtnisses, das alle Erlebnisse dem Willen des Individuums zu reproduzieren vermag. Annäherungen an die höchste Spontaneität, scheinbar schon Verwirklichungen gänzlicher Freiheit, sind dem Manne die Liebe und das geistige Schaffen. Darum gewähren am ehesten sie ihm eine Ahnung dessen, was das Glück ist, und lassen ihn seine Nähe, auf Augenblicke freilich nur, zitternd über sich verspüren.

Der Frau hingegen, die nie tief unglücklich sein kann, ist darum Glück eigentlich ein leeres Wort: auch der Begriff des Glückes ist vom Manne, vom unglücklichen Manne geschaffen worden, obwohl er in ihm nie eine adäquate Realisation findet. Die Frauen scheuen sich nie, ihr Unglück anderen zu zeigen: weil es eben kein echtes Unglück ist, weil hinter ihm keine Schuld steht, am wenigsten die Schuld des Erdenlebens als der Erbsünde.

Der letzte, der absolute Beweis der völligen Nichtigkeit des weiblichen Lebens, seines völligen Mangels an höherem Sein, wird uns aus der Art, wie Frauen den Selbstmord vollziehen. Ihr Selbstmord erfolgt nämlich wohl immer mit dem Gedanken an die anderen Menschen, was diese sich denken, wie diese sie bedauern, wie sie sich grämen oder – sich ärgern werden. Das ist nicht so zu verstehen, als ob die Frau nicht von ihrem, nach ihrer Ansicht stets unverdienten Unglück fest durchdrungen wäre im Augenblicke, da sie sich tötet: im Gegenteil, vor dem Selbstmord bemitleidet sie sich am allerheftigsten, nach jenem Schema des Mitleidens mit sich selbst, das nur ein Mitweinen mit den anderen über das Objekt des Mitgefühls der anderen, ein völliges Aufhören Subjekt zu sein, ist. Wie könnte auch eine Frau ihr Unglück als zu sich gehörig ansehen, da sie doch unfähig ist, ein Schicksal zu haben? Das Fürchterliche und für die Leerheit und Nullität der Frauen Entscheidende ist vielmehr dies, daß sie nicht einmal vor dem Tode zum Probleme des Lebens, ihres Lebens gelangen: weil in ihnen nicht ein höheres Leben der Persönlichkeit realisiert werden wollte.

Die Frage also, welche im Eingang dieses zweiten Teiles als sein Hauptproblem formuliert wurde, die Frage nach der Bedeutung des Mann-Seins und Weib-Seins, kann jetzt beantwortet werden. Die Frauen haben keine Existenz und keine Essenz, sie sind nicht, sie sind nichts. Man ist Mann oder man ist Weib, je nachdem ob man wer ist oder nicht.

Das Weib hat keinen Teil an der ontologischen Realität; darum hat es kein Verhältnis zum Ding an sich, das für jede tiefere Auffassung identisch ist mit dem Absoluten, der Idee oder Gott. Der Mann, in seiner Aktualität, dem Genie, glaubt an das Ding an sich: ihm ist es entweder das Absolute als sein höchster Begriff von wesenhaftem Werte: dann ist er Philosoph. Oder es ist das wundergleiche Märchenland seiner Träume, das Reich der absoluten Schönheit: dann ist er Künstler. Beides aber bedeutet dasselbe.

Das Weib hat kein Verhältnis zur Idee, es bejaht sie weder, noch verneint es sie: es ist weder moralisch noch antimoralisch, es hat, mathematisch gesprochen, kein Vorzeichen, es ist richtungslos, weder gut noch böse, weder Engel noch Teufel, nicht einmal egoistisch (darum konnte es für altruistisch gehalten werden), es ist amoralisch, wie es alogisch ist. Alles Sein aber ist moralisches und logisches Sein. Die Frau also ist nicht.

Das Weib ist verlogen. Das Tier hat zwar ebensowenig metaphysische Realität wie die echte Frau: aber es spricht nicht, und folglich lügt es nicht. Um die Wahrheit reden zu können, muß man etwas sein; denn die Wahrheit geht auf ein Sein, und zum Sein kann nur der ein Verhältnis haben, der selbst etwas ist. Der Mann will die ganze Wahrheit, das heißt, er will durchaus nur sein. Auch der Erkenntnistrieb ist zuletzt identisch mit dem Unsterblichkeitsbedürfnis. Wer dagegen über einen Tatbestand etwas aussagt, ohne wirklich mutig ein Sein behaupten zu wollen; wem die äußere Urteilsform gegeben ist ohne die innere; wer, wie die Frau, nicht wahrhaft ist: der muß notwendig immer lügen. Darum lügt die Frau stets, auch wenn sie objektiv die Wahrheit spricht.

Das Weib kuppelt. Die Lebenseinheiten des niederen Lebens sind Individuen, Organismen; die Lebenseinheiten des höheren Lebens sind Individualitäten, Seelen, Monaden, »Meta-Organismen«, wie ein nicht wegzuwerfender Terminus bei Hellenbach lautet. Jede Monade aber unterscheidet sich von jeder anderen, und ist von ihr so getrennt, wie zwei Dinge nur sein können. Die Monaden haben keine Fenster; statt dessen haben sie die ganze Welt in sich. Der Mann als die Monade, als potentielle oder aktuelle, das ist geniale, Individualität, will auch überall sonst Unterschied und Trennung, Individuation, Auseinandertreten: der naive Monismus ist ausschließlich weiblich. Jede Monade bildet für sich eine abgeschlossene Einheit, ein Ganzes; aber auch das fremde Ich ist ihr eine solche vollendete Totalität, in die sie nicht übergreift. Der Mann hat Grenzen , und bejaht, will Grenzen; die Frau, die keine Einsamkeit kennt, ist auch nicht imstande, die Einsamkeit des Nebenmenschen als solche zu bemerken und aufzufassen, zu achten oder zu ehren, und sie unangetastet anzuerkennen: für sie gibt es, weil keine Einsamkeit, auch keine Mehrsamkeit, sondern nur ein ungeschiedenes Verschmolzensein. Weil in der Frau kein Ich ist, darum ist für sie auch kein Du, darum gehören, nach ihrer Auffassung, Ich und Du zusammen als Paar , als ununterschiedenes Eines: darum kann die Frau zusammenbringen, darum kann sie kuppeln. Die Tendenz ihrer Liebe ist die Tendenz ihres Mitleidens: die Gemeinschaft, die Verschmolzenheit.[83]

Für die Frau gibt es nirgends Grenzen ihres Ich, die durchbrochen werden könnten, und die sie zu hüten hätte. Hierauf beruht zunächst der Hauptunterschied zwischen männlicher und weiblicher Freundschaft. Alle männliche Freundschaft ist ein Versuch zusammenzugehen unter dem Zeichen einer und derselben Idee, welcher die Freunde, jeder für sich, gesondert und doch vereint, nachstreben; die weibliche »Freundschaft« ist ein Zusammen stecken, und zwar, was besonders hervorzuheben ist, unter dem Gedanken der Kuppelei. Denn auf dieser beruht die einzig mögliche Art eines intimeren und nicht hinterhaltigen Verkehres zwischen Frauen: soweit diese überhaupt nicht bloß des Klatsches oder materieller Interessen halber gerade weibliche Gesellschaft aufsuchen.[84] Wenn nämlich von zwei Mädchen oder Frauen die eine für sehr viel schöner gilt als die andere, dann findet die häßliche eine gewisse sexuelle Befriedigung in

---

83 Alle Individualität ist der Gemeinschaft feind: wo sie in höchster Sichtbarkeit wirkt, wie im genialen Menschen, zeigt sich dies gerade dem Geschlechtlichen gegenüber. Nur hieraus erklärt es sich, daß sicherlich alle bedeutenden Menschen, welche es verhüllt aussprechen können wie die Künstler, und die, welche so unendlich viel verschweigen müssen wie die Philosophen – weshalb man sie dann für trocken und leidenschaftslos hält –, daß also alle genialen Menschen ohne Ausnahme, soweit sie eine entwickelte Sexualität besitzen, an den stärksten geschlechtlichen Perversionen leiden (entweder am »Sadismus«, oder, wie zweifelsohne die größeren, am »Masochismus«). Das allen jenen Neigungen Gemeinsame ist ein instinktives Ausweichen vor der völligen körperlichen Gemeinschaft, ein Vorbeiwollen am Koitus. Denn einen wahrhaft bedeutenden Menschen, der im Koitus mehr sähe als einen tierischen, schweinischen, ekelhaften Akt, oder gar in ihm das tiefste, heiligste Mysterium vergötterte, wird es, kann es niemals geben.

84 Die männliche Freundschaft scheut das Niederreißen von Mauern zwischen den Freunden. Freundinnen verlangen Intimitäten auf Grund ihrer Freundschaft.

der Bewunderung, welche der Schöneren gezollt wird. Bedingung jeder Freundschaft zwischen Frauen ist also zu oberst, daß ein Rivalisieren zwischen ihnen ausgeschlossen sei: es gibt keine Frau, die sich nicht körperlich mit jeder anderen Frau sofort vergliche, welche sie kennenlernt. Lediglich in jenen Fällen großer Ungleichheit und aussichtsloser Konkurrenz kann die Häßliche für die Schönere schwärmen, weil diese für sie, ohne daß es beiden im geringsten bewußt würde, das nächste Mittel ist, selbst sexuell befriedigt zu werden: es ist nicht anders, sie fühlt sich gleichsam in jener koitiert.[85] Das völlig unpersönliche Leben der Frauen, wie auch der überindividuelle Sinn ihrer Sexualität, die Kuppelei als der Grundzug ihres Wesens, leuchtet hieraus deutlich hervor. Sie verkuppeln sich wie die anderen, sich in den anderen. Das Mindeste, was auch das häßlichste Weib verlangt, und woran es schon ein gewisses Genügen findet, ist, daß überhaupt irgend eine ihres Geschlechtes bewundert, begehrt werde.

Mit diesem völlig verschmolzenen Leben des Weibes hängt es zusammen, daß die Frauen nie wirklich Eifersucht fühlen. So gemein Eifersucht und Rachedurst sind, es steckt in beiden ein Großes, dessen die Frauen, wie aller Größe, im Guten oder im Bösen, unfähig sind. In der Eifersucht liegt ein verzweifelter Anspruch auf ein vorgebliches Recht, und der Rechtsbegriff ist den Frauen transzendent. Aber der hauptsächlichste Grund, daß die Frau auf einen einzelnen Mann nie ganz eifersüchtig sein kann, ist ein anderer. Wenn der Mann, auch einer, in den sie rasend verliebt wäre, im Zimmer neben dem ihren eine andere Frau umarmte und besäße, so würde sie der Gedanke hieran sexuell selbst so erregen, daß für die Eifersucht kein Platz bliebe. Dem Manne würde eine solche Szene, wenn er um sie wüßte, höchst widerlich und abstoßend sein, und ihm den Aufenthalt in der Nähe verekeln; das Weib bejaht innerlich beinahe fieberhaft den ganzen Hergang; oder es wird hysterisch, wenn es sich nicht eingestehen will, daß es zu tiefst auch diese Vereinigung nur gewünscht hat.

<hr>

85 In solchen Fällen kommt die hübschere der weniger ansehnlichen oder weniger beachteten zweiten mit einem aus Mitleid und Verachtung gemischten Gefühl entgegen, welches, nebst dem Interesse an einer Folie für die eigenen Vorzüge, allein die längere Aufrechthaltung derartiger Beziehungen auch von ihrer Seite begünstigt.

Ferner gewinnt über den Mann der Gedanke an den fremden Koitus nie völlig Gewalt, er steht außer und über einem solchen Erlebnis, das für ihn eigentlich gar keines ist; die Frau aber verfolgt den Prozeß kaum selbst tätig, sie ist in fieberhafter Erregung und wie festgebannt durch den Gedanken, was hart neben ihr sich vollzieht.[86]

Oft mag auch das Interesse des Mannes an seinem Mitmenschen, der ihm ein Rätsel ist, bis auf dessen sexuelles Leben sich erstrecken; aber jene Neugier, welche den Nebenmenschen gewissermaßen zur Sexualität zwingt, ist nur den Weibern eigentümlich, von ihnen jedoch ganz allgemein betätigt, in gleicher Weise Frauen wie Männern gegenüber. Eine Frau interessieren an jedem Menschen zunächst und vor allem seine Liebschaften, und er ist ihr intellektuell nur so lange dunkel und reizvoll, als sie über diesen Punkt nicht im klaren ist.

Aus alledem geht nochmals klar hervor, daß Weiblichkeit und Kuppelei identisch sind: eine rein immanente Betrachtung des Gegenstandes würde denn auch mit dieser Feststellung ihr Ende erreicht haben müssen. Meine Absicht ging aber weiter; und ich glaube nun bereits angedeutet zu haben, wie das Weib als Position, als Kupplerin, zusammenhängt mit dem Weibe als Negation, das eines höheren Lebens als Monade gänzlich entbehrt. Das Weib verwirklicht eine einzige Idee, die ihm selbst eben darum nie zum Bewußtsein kommen kann, jene Idee, welche der Idee der Seele am äußersten entgegengesetzt ist. Ob sie nun als Mutter nach dem Ehebett verlangt oder als Dirne das Bacchanal bevorzugt, ob sie zu zweien Familie begründen will oder nach den Massenverschlingungen des Venusberges hinstrebt, sie handelt stets nach der Idee der Gemeinschaft, jener Idee, welche die Grenzen der Individuen, durch Vermischung, am weitesten aufhebt.

So ermöglicht hier eines das andere: Emissärin des Koitus

---

86 Und hier liegt auch der Unterschied zwischen der Kuppelei des Weibes und der Kuppelei des Verbrechers. Denn freilich kuppelt auch der Verbrecher; aber für ihn ist die Kuppelei nur ein Spezialfall. Denn er begünstigt das Verbrechen und die Sinnlichkeit, wo immer es geschehe: er freut sich über jeden Mord, über allen Tod und alles Unglück, jeden Brand und jede Zerstörung und jegliches Zugrundegehen: denn er sucht überall die Rechtfertigung seiner eigenen Abkehr zum Nicht-Sein, zum niederen Leben.

kann nur ein Wesen ohne Individualität, ohne Grenzen sein. Nicht ohne Grund ist in der Beweisführung so weit ausgeholt worden, wie es sicherlich noch nie in einer Behandlung dieses Gegenstandes, noch auch sonst je einer charakterologischen Arbeit geschehen ist. Das Thema ist darum so ergiebig, weil hier der Zusammenhang alles höheren Lebens auf der einen und alles niederen Lebens auf der anderen Seite sich offenbaren muß. Jede Psychologie und jede Philosophie findet hier einen Prüfstein, vorzüglicher als die meisten anderen, auf daß sie an ihm sich erprobe. Nur darum bleibt das Problem Mann-Weib in aller Charakterologie das interessanteste Kapitel, nur darum habe ich es zum Objekte einer so umfassenden, weit ausgreifenden Untersuchung gewählt.

Man wird an dem Punkte, zu welchem die Darlegung nun gelangt ist, sicherlich offen fragen, was man bisher vielleicht nur als Bedenken bei sich erwogen hat: ob denn dieser Anschauung nach die Frauen überhaupt noch Menschen seien? Ob sie nach der Theorie des Verfassers nicht eigentlich unter die Tiere oder die Pflanzen gerechnet werden müßten? Denn sie entbehrten, nach seiner Auffassung, einer höheren als der sinnlichen Existenz nicht minder denn jene, sie hätten so wenig teil am ewigen Leben wie die übrigen Organismen, denen persönliche Fortdauer kein Bedürfnis und keine Möglichkeit ist. Eine metaphysische Realität sei beiden gleich wenig beschieden, sie seien alle nicht, das Weib nicht, noch auch das Tier, noch die Pflanze – alle nur Erscheinung, nirgends etwas vom Ding an sich. Der Mensch ist, nach der Ansicht, die sein Wesen am tiefsten erfaßt hat, ein Spiegel des Universums, er ist der Mikrokosmus; die Frau aber ist absolut ungenial, sie lebt nicht im tiefen Zusammenhange mit dem All.

In Ibsens »Klein Eyolf« spricht das Weib an einer schönen Stelle zum Manne:

Rita: Wir sind doch schließlich nur Menschen.

Allmers: Auch mit Himmel und Meer sind wir ein wenig verwandt, Rita.

Rita: Du vielleicht. Ich nicht.

Ganz bündig liegt hierin die Einsicht des (unverständlicherweise so oft als Frauenverherrlicher mißverstandenen) Dichters, daß die Frau zur Idee der Unendlichkeit, zur Gottheit, kein Verhältnis hat: weil ihr die Seele fehlt. Zum Brahman dringt man, nach den Indern, nur durch das Âtman vor. Das Weib ist nicht Mikrokosmus, es ist nicht nach dem Ebenbilde der Gottheit entstanden. Ist es also noch Mensch? Oder ist es Tier? Oder Pflanze?

Den Anatomen müssen diese Fragen wohl recht lächerlich bedünken, und er wird einen Standort von vornherein für verfehlt halten, auf dessen Boden solche Problemstellungen erwachsen können. Ihm ist das Weib homo sapiens und von allen übrigen Spezies wohl unterschieden, dem menschlichen Manne nicht anders zugeordnet als das Weibchen in jeder Art und Gattung sonst seinem Männchen. Und der Philosoph darf gewiß nicht sagen: Was gehen mich die Anatomen an! Mag er auch von dieser Seite noch so wenig Verständnis erhoffen für das, was ihn bewegt: er spricht hier über anthropologische Dinge und, wenn er die Wahrheit findet, darf auch die morphologische Tatsache um ihr Recht nicht verkürzt worden sein.

In der Tat! Zwar stehen die Frauen sicherlich in ihrem Unbewußten der Natur näher als der Mann. Die Blumen sind ihre Schwestern, und daß sie von den Tieren minder weit entfernt sind als der Mann, dafür zeugt, daß sie zur Sodomie sicherlich mehr Neigung haben als er (Pasiphae- und Leda-Mythus. Auch das Verhältnis zum Schoßhündchen ist wahrscheinlich ein noch weit sinnlicheres, als man gewöhnlich es sich ausmalt).[87] Aber die Frauen sind Menschen. Selbst W, die wir ohne jede Spur des intelligiblen Ich denken, ist doch immerhin das Komplement zu M. Und sicherlich ist die Tatsache der besonderen sexuellen

---

87 Man darf dies nicht verwechseln mit der Fähigkeit, die ganze Natur zu umfassen, wie sie der Mann hat, weil er nicht nur Natur ist. Die Frauen stehen in der Natur als ein   Teil derselben, und in kausaler Wechselbeziehung zu allen anderen Teilen: von Mond und Meer, von Wetter und Gewitter, von Elektrizität und Magnetismus sind sie in einem viel weiteren Ausmaß abhängig als der Mann.

und erotischen Ergänzung des menschlichen Mannes durch das menschliche Weib, wenn auch nicht jene sittliche Erscheinung, von welcher die Fürsprecher der Ehe schwatzen, so doch von ungeheurer Bedeutung für das Problem der Frau. Die Tiere sind ferner bloß Individuen, die Frauen Personen (wenn auch nicht Persönlichkeiten). Die äußere Urteilsform, wenn auch nicht die innere, die Sprache, obgleich nicht die Rede, ein gewisses Gedächtnis, obschon keine kontinuierliche Einheit des Selbstbewußtseins, ist ihnen verliehen. Für alles im Manne besitzen sie eigentümliche Surrogate, die noch fortwährend jene Verwechslungen begünstigen, denen die Schätzer der Weiblichkeit so gern unterliegen. Es entsteht dadurch eine gewisse Amphisexualität der Begriffe, indem von diesen viele (Eitelkeit, Scham, Liebe, Phantasie, Furcht, Sensibilität usw.) eine männliche und eine weibliche Bedeutung haben.

Es ist keine andere Frage als die nach dem letzten Wesen des Geschlechtsgegensatzes, die hiemit neu aufgeworfen erscheint. Die Rolle, welche das männliche und das weibliche Prinzip im Tier- und im Pflanzenreiche spielen, bleibt hier außer Betracht; es handelt sich einzig um den Menschen. Daß solche Prinzipien der Männlichkeit und Weiblichkeit nicht als metaphysische Ideen, sondern als theoretische Begriffe angenommen werden müssen, darauf lief die ganze Untersuchung gleich zu Anfang hinaus. Welche gewaltigen Unterschiede zwischen Mann und Weib, weit über die bloße physiologisch-sexuelle Differenz hinaus, ohne Frage zumindest beim Menschen bestehen, das hat der ganze weitere Verlauf der Betrachtung gezeigt. Jene Anschauung also, welche in der Tatsache des Dualismus der Geschlechter nichts weiter erblickt als eine Vorrichtung zur Distribution verschiedener Funktionen auf verschiedene Wesen im Sinne einer Teilung der physiologischen Arbeit – eine Auffassung, die, wie ich glaube, dem Zoologen Milne-Edwards ihre besondere Verbreitung zu danken hat –, erscheint hienach völlig unannehmbar; über ihre ans Lächerliche streifende Oberflächlichkeit und intellektuelle Genügsamkeit ist weiter kein Wort zu verlieren. Zwar ist der Darwinismus der Popularisierung dieser Ansicht besonders günstig gewesen, und man hat

sogar ziemlich allgemein an ein Hervorgehen der geschlechtlich differenzierten Organismen aus einem früheren Stadium
sexueller Ungeschiedenheit gedacht: durch einen Sieg der einer
solchen Funktionsentlastung teilhaft gewordenen Wesen über
die primitiveren, überbürdeten, ungeschlechtlichen oder dop-
pelgeschlechtlichen Arten. Daß aber eine solche »Entstehung
des Geschlechtes« infolge der »Vorzüge der Arbeitsteilung«, der
»Erleichterung im Kampfe ums Dasein« eine ganz unvollziehbare Vorstellung ist, hat, lange vor den modernen Totenkäfern
Darwins, Gustav Theodor Fechner in einer unwiderleglichen
Argumentation dargetan.

Isoliert ist der Sinn von Mann und Weib nicht zu erforschen;
sie können in ihrer Bedeutung nur aneinander erkannt und gegeneinander bestimmt werden. In ihrem Verhältnis zueinander
muß der Schlüssel für das Wesen beider zu finden sein. Bei dem
Versuche, die Natur der Erotik zu ergründen, ist bereits kurz
auf ihn angespielt worden. Es ist das Verhältnis von Mann und
Weib kein anderes als das von Subjekt und Objekt . Das Weib
sucht seine Vollendung als Objekt . Es ist die Sache des Mannes,
oder die Sache des Kindes, und will, trotz aller Bemäntelung,
nicht anders genommen werden denn wie eine Sache. Niemand
mißversteht so sehr, was eine Frau wirklich will, als wer sich für
das interessiert, was in ihr vorgeht, und für ihre Gefühle und
Hoffnungen, für ihre Erlebnisse und innere Eigenart eine Teilnahme in sich aufkommen läßt. Die Frau will nicht als Subjekt
behandelt werden, sie will stets und in alle Wege – das ist eben
ihr Frau-Sein – lediglich passiv bleiben, einen Willen auf sich
gerichtet fühlen, sie will nicht gescheut noch geschont, sie will
nicht geachtet sein. Ihr Bedürfnis ist vielmehr, nur als Körper
begehrt und nur als fremdes Eigentum besessen zu werden. Wie
die bloße Empfindung erst Realität gewinnt, indem sie begrifflich, d. h. Gegenstand wird, so gelangt das Weib zu seinem Dasein und zu einem Gefühle desselben erst, indem es vom Manne
oder vom Kinde, als dem Subjekte, zu dessen Objekt erhoben
wird, und so eine Existenz geschenkt erhält.

Was erkenntnistheoretisch der Gegensatz des Subjekts zum
Objekt, das sagt ontologisch die Gegenüberstellung von Form

und Materie . Sie ist nur die Übersetzung jener Unterscheidung aus dem Transzendentalen ins Transzendente, aus dem Erfahrungskritischen ins Metaphysische. Die Materie, das absolut Unindividualisierte, das, was jede Form annehmen kann, selbst aber keine bestimmten und dauernden Eigenschaften hat, ist das, was so wenig Essenz besitzt, wie der bloßen Empfindung, der Materie der Erfahrung, an sich schon Existenz zukommt. Während also der Gegensatz von Subjekt und Objekt ein solcher der Existenz ist (indem die Empfindung erst als ein dem Subjekte gegenübergestellter Gegenstand Realität gewinnt), bedeutet der Gegensatz von Form und Materie einen Unterschied der Essenz (die Materie ist ohne Formung absolut qualitätenlos). Darum konnte Platon die Stofflichkeit, die bildsame Masse, das an sich formlose ἄπειρον, den knetbaren Teig des ἐκμαγεῖον, das, worein die Form eingeht, ihren Ort, ihre χώρα, das ἐν ψ, jenes ewig Zweite, Andere, das θάτερον, auch als das Nichtseiende , als das μὴ ὄν bezeichnen

Der zieht den tiefsten Denker auf das Niveau der vordersten Oberflächlichkeit, der ihn, wie dies häufig geschieht, meinen läßt, sein Nichtseiendes sei der Raum. Gewiß wird kein bedeutender Philosoph dem Raum eine metaphysische Existenz zuschreiben, aber ebensowenig kann er ihn für das Nichtseiende an sich halten. Es charakterisiert gerade den ahnungslosen, frechen Schwätzer, daß der leere Raum für ihn »Luft«, »Nichts« ist; erst dem vertieften Nachdenken gewinnt er an Realität, und wird ihm Problem. Das Nichtseiende Platons ist gerade das, was dem Philister als das denkbar Realste, als die Summation der Existenzwerte erscheint, es ist nichts anderes als die Materie.

Ist es also eine zu klaffende Diskontinuität, wenn ich im Anschluß an Plato, der selbst sein jede Form Annehmendes vergleichsweise als die Mutter und Amme alles Werdens bezeichnet, auf den Spuren des Aristoteles, dessen Naturphilosophie im Zeugungsakte dem weiblichen Prinzip die stoffliche, dem männlichen die formende Rolle zuerteilt hat – ist es Willkür, wenn ich, in Übereinstimmung mit dieser Anschauung und Erweiterung derselben, die Bedeutung des Weibes für den Menschen nun überhaupt in der Vertretung der Materie erblicke?

400

Der Mann, als Mikrokosmus, ist beides, zusammengesetzt aus höherem und niederem Leben, aus metaphysisch Existentem und Wesenlosem, aus Form und Materie: das Weib ist nichts, es ist nur Materie.

Erst diese Erkenntnis bildet den Schlußstein des Gebäudes, von ihr aus wird alles deutlich, was noch unklar war, und rundet sich zum geschlossenen Zusammenhange. Das geschlechtliche Streben des Weibes geht nach Berührung, es ist nur Kontrektations- und nicht Detumeszenstrieb.[88] Dem entspricht, daß sein feinster und zugleich der einzige, bei ihm weiter als beim Manne entwickelte Sinn das Tastgefühl ist.[89] Auge und Ohr führen beide ins Unbegrenzte und lassen eine Unendlichkeit ahnen; der Tastsinn erfordert engste körperliche Nähe zur eigenen Betätigung; man vermengt sich mit dem, was man angreift: er ist der eminent schmutzige Sinn, und wie geschaffen für ein auf körperliche Gemeinschaft angelegtes Wesen. Was durch ihn vermittelt wird, ist die Widerstandsempfindung, die Wahrnehmung des Palpablen; und eben von der Materie läßt sich, wie Kant gezeigt hat, nichts anderes aussagen, als daß sie eine derartige Raumerfüllung ist, die allem, was in sie einzudringen strebt, einen gewissen Widerstand entgegensetzt. Die Erfahrung des »Hindernisses« hat, wie den psychologischen (nicht den erkenntnistheoretischen) Dingbegriff, so auch den übergroßen Realitätscharakter geschaffen, welchen die Data des Tastsinnes für die meisten Menschen immer besitzen, als die solideren, »primären« Qualitäten der Erfahrungswelt. Aber nichts anderes als der ihm stets anhaftende letzte Rest von Weiblichkeit ist es, der bewirkt, daß für den Mann die Materie den Charakter der eigentlichen Realität gefühlsmäßig nie vollständig verliert. Gäbe es einen absoluten Mann, so wäre ihm die Materie auch psychologisch (nicht nur logisch) kein irgendwie Seiendes mehr.

Der Mann ist Form, das Weib Materie. Ist das richtig, so muß es auch in dem Verhältnis ihrer psychischen Einzelerlebnisse zueinander einen Ausdruck finden. Die längst festgestellte Glie-

---

88 Vgl. S. 104.
89 Vgl. S. 122.

derung der Inhalte des männlichen Seelenlebens gegenüber dem unartikulierten und chaotischen Vorstellen des Weibes verkündet nichts anderes als diesen nämlichen Gegensatz von Form und Materie. Die Materie will geformt werden: darum verlangt das Weib vom Manne die Klärung seiner verworrenen Gedanken, die Deutung der Heniden.[90]

Die Frauen sind die Materie, die jede Form annimmt. Jene Untersuchungen, welche für die Mädchen eine bessere Erinnerung speziell an den Lehrstoff ergeben haben als für die Knaben, können nur so erklärt werden: aus der Inanität und Nullität der Frauen, die mit allem Beliebigen imprägniert werden können, indes der Mann nur behält, was ihn wirklich interessiert, und alles übrige vergißt (vgl. Teil II, S. 142, 162 f.). Aber vor allem geht das, was die Schmiegsamkeit des Weibes genannt wurde, seine außerordentliche Beeinflußbarkeit durch das fremde Urteil, seine Suggestibilität, seine völlige Umschaffung durch den Mann auf dieses Bloß-Materie-Sein, diesen Mangel jeder ursprünglichen Form zurück. Das Weib ist nichts, und darum, nur darum kann es alles werden ; während der Mann stets nur werden kann, was er ist. Aus einer Frau kann man machen, was man will; dem Manne höchstens zu dem verhelfen, was er will. Darum hat, in der wahren Bedeutung des Wortes, eigentlich nur Frauen, nicht Männer, zu erziehen einen Sinn. Am Manne wird durch alle Erziehung nie irgend ein Wesentliches geändert; im Weibe kann sogar seine eigenste Natur, die Hochwertung der Sexualität, durch äußeren Einfluß völlig zurückgedrängt werden. Das Weib mag alles scheinen und alles verleugnen, aber es ist nie irgend etwas in Wahrheit. Die Frauen haben nicht diese oder jene Eigenschaft, sondern ihre Eigenheit beruht darauf, daß sie gar keine Eigenschaften haben; das ist die ganze Kompliziertheit und das ganze Rätsel des Weibes, darin besteht seine Überlegenheit und Unfaßbarkeit für den Mann, der stets auch hier nach dem festen Kerne sucht.

Man wird freilich, selbst wenn man mit den bisherigen Ableitungen sollte einverstanden sein, ihnen zum Vorwurf machen, daß sie keine Auskunft darüber gäben, was denn der Mann ei-

90 Vgl. S. 122, 123

gentlich sei. Läßt sich von ihm, wie vom Weibe, Kuppelei und Wesenlosigkeit, irgend etwas als allgemeine Eigenschaft prädizieren? Gibt es überhaupt einen Begriff des Mannes, wie es einen Begriff des Weibes gibt, und läßt sich anderen um ein Unendliches verschieden, und darum keine subsumierbar unter einen umfassenderen Begriff, der mehreren Monaden Gemeinsames enthielte. Der Mann ist der Mikrokosmos, in ihm sind alle Möglichkeiten überhaupt enthalten. Man hüte sich, dies zu verwechseln mit der universellen Suszeptibilität der Frau, die alles wird, ohne irgend etwas dieser Begriff ähnlich definieren?

Hierauf ist zu antworten, daß die Männlichkeit eben in der Tatsache der Individualität, der wesenhaften Monade liegt und sich mit ihr deckt. Jede Monade aber ist von jeder zu sein, indes der Mann alles ist und davon mehr oder weniger, je nach seiner Begabung, auch wird. Der Mann hat auch das Weib, er hat auch Materie in sich, und kann diesen Teil seines Wesens sich entwickeln lassen, d. h. verkommen und entarten; oder er kann ihn erkennen und bekämpfen – darum kann er, und nur er, über die Frau zur Wahrheit gelangen (Teil II, S. 101-103). Das Weib aber hat keine Möglichkeit einer Entwicklung, außer durch den Mann.

Ganz deutlich wird die Bedeutung von Mann und Weib immer erst in der Betrachtung dieser ihrer gegenseitigen sexuellen und erotischen Relationen. Das tiefste Begehren der Frau ist, vom Manne geformt und dadurch erst geschaffen zu werden. Die Frau wünscht, daß der Mann ihr Meinungen beibringe, ganz andere, als sie bisher hatte, sie will durch ihn umgestoßen sehen, was sie bisher für richtig hielt (Gegenteil der Pietät, S. 155 f.), sie will als Ganzes widerlegt sein, und erst neu gebildet werden durch ihn. Der Wille des Mannes schafft erst die Frau, er gebietet über sie, und verändert sie von Grund auf (Hypnose). Hier ist auch endlich Klärung über das Verhältnis des Psychischen zum Physischen bei Mann und Weib zu finden. Für den Mann wurde früher die Wechselwirkung, und zwar nur im Sinne einer einseitigen Schöpfung des Leibes durch die transzendente Psyche, als die Projektion derselben auf die Erscheinungswelt, für das Weib hingegen der Parallelismus eines bloß Empirisch-Psychischen und Empirisch-Physischen angenommen. Jetzt ist klar, daß auch beim Weibe eine Wechselwirkung Geltung hat. Aber während beim Manne, nach Schopenhauers wahrster Lehre, daß der Mensch sein eigenes Werk sei, der eigene Wille sich den Körper schafft und umschafft, wird das Weib durch den fremden Willen körperlich beeinflußt und umgebildet (Suggestion, Versehen). Der Mann formt also nicht nur sich, sondern auch, ja leichter noch, das Weib. Jene Mythen der Genesis und anderer Kosmogonien, welche das Weib vom Manne geschaffen sein lassen, haben eine tiefere Wahrheit verkündet als die biologischen Deszendenzlehren, die an ein Hervorgehen des Männlichen aus dem Weiblichen glauben.

Auch jene im 9. Kapitel (S. 271 f.) offen gelassene Frage, wie das Weib, ohne selbst Seele und Willen zu besitzen, doch in der Lage sein könne, herauszufinden, in welchem Maße der Mann mit ihnen ausgestattet ist, auch diese schwierigste Frage mag jetzt zu beantworten versucht werden. Man muß sich nur darüber klar geworden sein, daß, was die Frau bemerkt, und wofür sie ein Organ hat, nicht die besondere Natur eines Mannes ist, sondern nur die allgemeine Tatsache und etwa noch der Grad seiner Männlichkeit. Es ist ganz falsch, Heuchelei, oder aus der späteren Imprägnation mit dem männlichen Wesen zu Unrecht erschlossen, daß die Frau ein ursprüngliches Verständnis für die Individualität des Mannes habe.[91] Der Verliebte, der durch das unbewußte Simulieren eines tieferen Begreifens von seiten des Weibes so leicht zu foppen ist, mag an ein Verständnis seiner selbst durch ein Mädchen glauben; wer weniger genügsam ist, wird es sich nicht verhehlen können, daß die Frauen nur für das Daß, nicht für das Was der Seele, nur für die formale allgemeine Tatsache, nicht für die Besonderheit der Persönlichkeit einen Sinn besitzen. Denn um spezielle Form perzipieren und apperzipieren zu können, mußte die Materie an sich nicht formlos sein; das Verhältnis der Frau zum Mann ist aber kein anderes als das der Materie zur Form, und ihr Verständnis für ihn nichts als Bereitwilligkeit, möglichst kräftig geformt zu werden, der Instinkt des Existenzlosen für Existenz. Also dieses »Ver-

91 Vgl. hiezu auch S. 238.

ständnis« ist kein theoretisches, es ist kein Anteilnehmen, sondern ein Anteilhabenwollen; es ist zudringlich und egoistisch. Die Frau hat kein Verhältnis zum Manne und keinen Sinn für den Mann, sondern nur einen für Männlichkeit; und wenn sie für sexuell anspruchsvoller gehalten werden darf als er, so ist diese Anspruchsfülle nichts anderes als das intensive Begehren nach ausgiebigster und stärkster Formung: es ist das Warten auf das größtmögliche Quantum von Existenz.

Und nichts anderes ist schließlich auch die Kuppelei. Die Sexualität der Frauen ist über individuell, weil sie nicht abgegrenzte, geformte, individualisierte Wesenheiten im höheren Sinne darstellen. Der höchste Augenblick im Leben des Weibes, der, in dem sein Ur sein, die Urlust sich offenbart, ist jener Moment, wo der männliche Same in es fließt. Da umarmt es den Mann stürmisch und preßt ihn an sich: es ist die höchste Lust der Passivität, stärker noch als das Glücksgefühl der Hypnotisierten, die Materie, welche eben geformt wird und die Form nicht loslassen, sie ewig an sich binden will. Darum auch ist die Frau dem Manne so überaus dankbar für den Koitus, sei dieses Dankesgefühl auch bloß auf den Moment eingeschränkt, wie bei der gedächtnislosen Straßendirne, oder von einer längeren Nachwirkung wie bei weiter differenzierten Frauen. Dieses unendliche Trachten der Armut, dem Reichtum sich zu gesellen, das gänzlich formlose und darum überindividuelle Streben des Ungegliederten, die Form zur Berührung mit sich zu bringen, sie dauernd festzuhalten und so Existenz zu gewinnen, liegt der Kuppelei im Tiefsten zugrunde. Daß das Weib nicht Monade ist und keine Grenzen hat, dadurch ist Kuppelei nur ermöglicht; zur Wirklichkeit wird sie, weil es die Idee des Nichts der Materie repräsentiert, die unaufhörlich und in jeder Weise die Form zur Vermengung mit sich zu verführen trachtet Kuppelei ist das ewige Drängen des Nichts zu Etwas.

So hat sich allmählich die Dualität von Mann und Weib zum Dualismus überhaupt entwickelt, zum Dualismus des höheren und des niederen Lebens, des Subjekts und Objekts, der Form und der Materie, des Etwas und des Nichts. Alles metaphysische, alles transzendentale Sein ist logisches und moralisches

Sein: das Weib ist alogisch und amoralisch. Es enthält aber auch keine Abkehr vom Logischen und Moralischen, es ist nicht antilogisch, es ist nicht antimoralisch. Es ist nicht das Nicht, sondern das Nichts, es ist weder Ja, noch ist es Nein. Der Mann birgt in sich die Möglichkeit zum absoluten Etwas und zum absoluten Nichts, und darum hat all sein Handeln eine Richtung nach dem einen oder dem anderen: das Weib sündigt nicht, denn es ist selbst die Sünde, als Möglichkeit im Manne.

Der reine Mann ist das Ebenbild Gottes, des absoluten Etwas , das Weib, auch das Weib im Manne, ist das Symbol des Nichts : das ist die Bedeutung des Weibes im Universum, und so ergänzen und bedingen sich Mann und Weib. Als des Mannes Gegensatz hat das Weib einen Sinn und eine Funktion im Weltganzen; und wie der menschliche Mann über das tierische Männchen, so reicht das menschliche Weib über das Weibchen der Zoologie hinaus.[92] Kein begrenztes Sein, kein begrenztes Nichtsein (wie im Tierreich) liegen im Menschen im Kampfe: was hier sich gegenübersteht, ist unbegrenztes Sein und unbegrenztes Nichtsein. Darum machen erst Mann und Weib zusammen den Menschen aus.

Der Sinn des Weibes ist es also, Nicht-Sinn zu sein. Es repräsentiert das Nichts, den Gegenpol der Gottheit, die andere Möglichkeit im Menschen. Darum gilt mit Recht nichts für gleich verächtlich, als der Weib gewordene Mann, und wird ein solcher Mann geringer geachtet als selbst der stumpfsinnigste und roheste Verbrecher. Und so erklärt sich auch jene tiefste Furcht im Manne: die Furcht vor dem Weibe, das ist die Furcht vor der Sinnlosigkeit: das ist die Furcht vor dem lockenden Abgrund des Nichts.

Das alte Weib offenbart erst ganz und gar, was das Weib in Wirklichkeit ist. Die Schönheit der Frau wird, auch rein erfahrungsgemäß, nur geschaffen durch die Liebe des Mannes: die Frau wird schöner, wenn ein Mann sie liebt, weil sie passiv dem Willen entspricht, der in seiner Liebe liegt; so mystisch dies klinge, es ist nur eine alltägliche Beobachtung. Das alte Weib

---

92 Man vergleiche den Schluß des 10. Kapitels.

zeigt, wie das Weib nie schön war: wäre das Weib, so wäre die Hexe nicht. Aber das Weib ist nichts, ein hohles Gefäß, eine Zeitlang überschminkt und übertüncht.

Alle Qualitäten der Frau hängen an ihrem Nicht-Sein, an ihrer Wesenlosigkeit: weil sie kein wahres, unwandelbares, sondern nur ein irdisches Leben hat, darum begünstigt sie als Kupplerin die Zeugung in diesem, darum ist sie durch den Mann, der sinnlich auf sie wirkt, vom Grund auf umzuschaffen und empfänglich überhaupt. So vereinigen sich die drei fundamentalen Eigenschaften des Weibes, welche dieses Kapitel aufgedeckt hat, und schließen sich zusammen in seinem Nicht-Sein.

Aus diesem Begriff des Nicht-Seins ergeben sich Veränderlichkeit und Verlogenheit, als die zwei negativen Bestimmungen, durch unmittelbare Deduktion. Bloß Kuppelei, als die einzige Position im Weibe, folgt aus ihm nicht gleich rasch durch einfache Analyse.

Und das ist wohl begreiflich. Denn das Dasein des Weibes ist selbst identisch mit der Kuppelei, mit Bejahung aller Sexualität überhaupt. Kuppelei ist nichts anderes als universale Sexualität; daß das Weib ist, heißt nichts anderes, als daß in der Welt ein radikaler Hang zu allgemeiner Sexualität besteht. Die Kuppelei noch weiter kausal zurückführen, bedeutet so viel als das Dasein des Weibes erklären .

Wenn hiezu von der Tafel des zwiefachen Lebens (S. 372) ausgegangen wird, so ist die Richtung vom höchsten Leben weg zum irdischen hin, das Ergreifen des Nicht-Seienden statt des Seienden, der Wille zum Nichts, das Nicht, das An-Sich-Böse. Antimoralisch ist die Bejahung des Nichts: das Bedürfnis, Form in Formloses, in Materie zu verwandeln, das Bedürfnis zu zerstören.

Das Nicht aber ist dem Nichts verwandt. Und darum besteht ein so tiefer Zusammenhang zwischen allem Verbrecherischen und allem Weiblichen. Das Antimoralische berührt sich eben mit dem Amoralischen, von dem es in dieser Untersuchung zuerst ausdrücklich getrennt wurde, im gemeinsamen Begriffe des Unmoralischen, und die gewöhnliche unterschiedslose Verwechslung beider erfährt nun dennoch eine gewisse Rechtfertigung. Denn das Nichts ist allein eben – nichts, es ist nicht, es hat weder Existenz noch Essenz. Es ist stets nur das Mittel des Nicht, das, was durch das Nein dem Etwas gegenübergestellt wird. Erst indem der Mann seine eigene Sexualität bejaht, indem er das Absolute verneint, sich vom ewigen Leben ab-, dem niederen zukehrt, erhält das Weib Existenz. Nur indem das Etwas zum Nichts kommt, kann das Nichts zum Etwas kommen .

Der bejahte Phallus ist das Antimoralische. Darum wird er als das Häßlichste empfunden; darum wurde er stets in einer Beziehung zum Satan gedacht: den Mittelpunkt der Danteschen Hölle (das Zentrum des Erdinneren) bildet der Geschlechtsteil Lucifers.

So erklärt sich denn die absolute Gewalt der männlichen Geschlechtlichkeit über das Weib.[93] Nur indem der Mann sexuell wird, erhält das Weib Existenz und Bedeutung: sein Dasein ist an den Phallus geknüpft, und darum dieser sein höchster Herr und unumschränkter Gebieter/. Der Geschlecht gewordene Mann ist das Fatum des Weibes; der Don Juan der einzige Mensch, vor dem es bis zum Grunde erzittert.

Der Fluch, den wir auf dem Weibe lastend ahnten, ist der böse Wille des Mannes : das Nichts ist nur ein Werkzeug in der Hand des Nicht. Die Kirchenväter drückten dasselbe pathetischer aus, als sie das Weib das Instrument des Teufels nannten. Denn an sich ist die Materie nichts, erst die Form muß ihr Existenz geben wollen. Der Sündenfall der Form ist eben jene Verunreinigung, die sie auf sich lädt, indem es sie treibt, an der Materie sich zu betätigen. Als der Mann sexuell ward, da schuf er das Weib .

Daß das Weib da ist, heißt also nichts anderes, als daß vom Manne die Geschlechtlichkeit bejaht wurde. Das Weib ist nur das Resultat dieser Bejahung, es ist die Sexualität selber (S. 110).

Das Weib ist in seiner Existenz abhängig vom Manne: indem der Mann zum Manne, als Gegenteil des Weibes, indem er geschlechtlich wird, setzt er das Weib und ruft es ins Dasein. Deshalb muß dem Weibe alles daran gelegen sein, den Mann

---

93 Vgl. Kapitel 11, Schluß. So auch, warum höher stehende Frauen bisexuell sein, d. h. nicht ausschließlich unter dem Regiment des Phallus stehen müssen (Teil I, S. 78-79). Doch scheint in der lesbischen Liebe Hysterie eine beträchtliche Rolle zu spielen.

sexuell zu erhalten: denn es hat so viel Existenz als der Mann Geschlechtlichkeit. Deshalb muß der Mann, so will sie es, ganz zum Phallus werden, deshalb kuppelt die Frau. Sie ist unfähig, ein Wesen anders denn als Mittel zum Zweck, zu diesem Zweck des Koitus zu gebrauchen: denn mit ihr ist selbst kein anderer Zweck verfolgt, als der, den Mann schuldig werden zu lassen. Und sie wäre tot in dem Augenblick, da der Mann seine Sexualität überwunden hätte.

Der Mann hat das Weib geschaffen und schafft es immer neu, so lange er noch sexuell ist. Wie er der Frau das Bewußtsein gab (Teil II, Kapitel 3, Ende), so gibt er ihr das Sein. Indem er auf den Koitus nicht verzichtet, ruft er das Weib hervor. Das Weib ist die Schuld des Mannes.

Diese Schuld gutzumachen, dazu soll ihm die Liebe dienen. Hiedurch hellt sich auf, was der Schluß des vorigen Kapitels nur wie einen dunklen Mythos einführte. Hiedurch wird klar, was damals noch verborgen lag: daß das Weib nicht ist vor dem Sündenfall des Mannes und ohne diesen; daß er ihm nicht einen Reichtum raubt, der vor ihm wäre dagewesen; daß er vielmehr von Anfang die Frau als Armut setzt. Was der Mann durch die Schöpfung des Weibes, das ist durch die Bejahung des Koitus, verbrochen hat und noch fortwährend verbricht, das bittet er dem Weibe ab als Erotiker. Denn von wannen sonst käme die nie und nimmer sich genug tuende Generosität aller Liebe? Woher, daß die Liebe gerade dem Weibe, und nicht einem anderen Wesen, Seele zu schenken beflissen ist? Woher, daß das Kind noch nicht lieben kann, sondern Liebe immer erst zugleich mit der Sexualität, in der Epoche der Mannbarkeit, auftritt, mit der abermaligen Setzung des Weibes, mit der Erneuerung der Schuld? Durchaus ist das Weib nur der Gegenstand, den sich der Trieb des Mannes erzeugt hat als das eigene Ziel, als das halluzinierte Bild, das sein Wahn zu ergreifen sich ewig müht, es ist die Objektivation der männlichen Sexualität, die verkörperte Geschlechtlichkeit, seine Fleisch gewordene Schuld. Ein jeder Mann schafft, indem er sich inkarniert, für sich auch ein Weib, denn ein jeder ist auch sexuell. Das Weib selbst aber ist nicht durch eigene, sondern durch fremde Schuld; und alles, was dem

Weibe vorgeworfen werden kann, ist Schuld des Mannes. Die Liebe soll die Schuld überdecken/, statt sie zu über winden; sie erhebt das Weib, statt es auf zuheben. Das Etwas schließt das Nichts in seine Arme, und glaubt so die Welt von der Negation zu befreien, und alle Widersprüche zu versöhnen: da doch das Nichts nur verschwinden könnte, wenn das Etwas sich ihm fernhielte. Wie der Haß des Mannes gegen das Weib nur noch nicht sehend gewordener Haß ist gegen die eigene Sexualität, so ist die Liebe des Mannes sein kühnster, äußerster Versuch, das Weib als Weib sich zu retten, statt es als solches von innen zu verneinen. Nur daher stammt ihr Schuldbewußtsein: durch sie soll Schuld selbst weggeräumt, statt gesühnt werden.

Denn das Weib ist nur die Schuld und nur durch die Schuld des Mannes; und wenn Weiblichkeit Kuppelei bedeutet, so nur, weil alle Schuld von selbst sich zu vermehren trachtet . Was die Frau, ohne je anders zu können, durch ihr bloßes Dasein, durch ihr ganzes Wesen, ewig unbewußt auswirkt, das ist nur ein Hang im Manne , sein zweiter, unausrottbarer, sein niederer Hang: sie ist, gleich der Walküre, eines fremden Willens »blind wählende Kür«. Die Materie scheint ein nicht minder unergründliches Rätsel als die Form, das Weib gleich unendlich wie der Mann, das Nichts so ewig wie das Sein; aber diese Ewigkeit ist nur die Ewigkeit der Schuld.

XIII. Kapitel. Das Judentum

Unterschiede unter den Männern. Zurückweisung der
hierauf gegründeten Einwände. Die Zwischenformen und
die Rassenanthropologie. Amphibolie der Weiblichkeit mit
dem Judentum. Das Jüdische als Idee. Der Antisemitismus.
Richard Wagner. Keine Identität mit der Weiblichkeit; Ober-
einstimmungen mit dieser: Eigentum, Staat, Gesellschaft,
Adel, Mangel an Persönlichkeit und Eigenwert, Amoralität ohne Antimoralität, Gattungsleben, Familie, Kuppelei.
Einzige Art einer Lösung der Judenfrage. Gottesbegriff des
Juden. Seelenlosigkeit und darum Mangel an Unsterblichkeitsbedürfnis. Judentum in der Wissenschaft. Der Jude
als Chemiker. Der Jude genielos. Spinoza. Der Jude nicht
monadenartig veranlagt. Der Engländer und der Jude. Die
Engländer in Philosophie, Musik, Architektur. Unterschiede.
Humorlosigkeit des Juden. Wesen des Humors. Humor und
Satire. Die Jüdin. Nicht-Sein, völlige Veränderungsfähigkeit,
Mittelbarkeit beim Juden wie beim Weibe. Größte Übereinstimmung und größte Differenz. Aktivität und Begrifflichkeit des Juden. Tiefstes Wesen des Judentums. Glaubenslo-
sigkeit und innere Haltlosigkeit. Der Jude nicht amystisch,
sondern unfromm. Mangel an Ernst, Begeisterungsfähigkeit
und Eifer. Innerliche Vieldeutigkeit. Keinerlei Einfalt des
Glaubens. Innere Würdelosigkeit. Der Jude als der Gegenpol des Helden. – Christentum und Judentum. Ursprung des
Christentums. Problem des Religionsstifters. Der Religionsstifter als Vollzieher einer eigenen Reinigung vom Verbrechen und von der Gottlosigkeit. In ihm allein eine völlige
Neugeburt verwirklicht. Er als der Mensch mit dem tiefsten
Schuldgefühl. Christus als Überwinder des Judentums in
sich. Christentum und Judentum als letzte Gegensätze. Der
Religionsstifter als der größte Mensch. Überwindung alles
Judentums, eine Notwendigkeit für jeden Religionsstifter. –
Das Judentum und die heutige Zeit. Judentum, Weiblichkeit;
Kultur und Menschheit.

»Hiebei wird es darauf ankommen, etwas wirklich Vorhandenes deutlich auszusprechen, keineswegs aber etwas Unwirkliches durch die Kraft irgend welcher Einbildung künstlich beleben zu wollen.«

Richard Wagner.

Es könnte nicht wundern, wenn es manchem scheinen wollte, bei dem Ganzen der bisherigen Untersuchung seien »die Männer« allzu gut davongekommen, und in ihrer Gesamtheit auf ein übertrieben hohes Postament gestellt. Man wird zwar vielleicht auf billige Argumente verzichten, ihren Resultaten nicht entgegenhalten, wie überrascht dieser Philister oder jener Spitzbube wäre, zu vernehmen, daß er die ganze Welt in sich habe; und doch die Behandlung des männlichen Geschlechtes nicht bloß allzu glimpflich finden, sondern geradezu eine tendenziöse Vernachlässigung aller widerlichen und kleinen Seiten der Männlichkeit zugunsten ihrer höchsten Spitzen der Darstellung als einen Fehler anrechnen.

Die Beschuldigung wäre ungerechtfertigt. Es kommt mir nicht in den Sinn, die Männer zu idealisieren, um die Frauen leichter in der Schätzung herabdrücken zu können. So viel Beschränktheit und so viel Gemeinheit unter den empirischen Vertretern der Männlichkeit oft gedeiht, es handelt sich um die besseren Möglichkeiten, die in jedem Manne sind, und als vernachlässigte von ihm schmerzlich-hell oder dumpf-gehässig empfunden werden; Möglichkeiten, die als solche bei der Frau weder in Wirklichkeit noch in gedanklicher Erwägung irgend in Rechnung gelangen. Und es konnte mir hier auch gar nicht auf Unterscheidungen unter den Männern wesentlich ankommen, so wenig ich mich vor deren Wichtigkeit verschließe. Es handelte sich darum, festzustellen, was das Weib nicht ist, und da fehlte ihm denn freilich unendlich viel, was selbst im mittelmäßigsten und plebejischesten Manne nie ganz vermißt wird. Das, was es ist, die positiven Eigenschaften des Weibes (sofern da von einem Sein, von Positionen wohl gesprochen werden kann) wird man stets auch bei vielen Männern wiederfinden. Es gibt, wie schon öfter hervorgehoben wurde, Männer, die zu Weibern geworden, oder Weiber geblieben sind; aber es gibt keine Frau, die über gewisse umschriebene, nicht sonderlich hoch zu ziehende, moralische und intellektuelle Grenzen hinauskäme. Und darum will ich es hier nochmals aussprechen: das höchststehende Weib steht noch unendlich tief unter dem tiefststehenden Manne.

Jene Einwendungen aber könnten weiter gehen, und einen Punkt berühren, dessen Außerachtlassung der Theorie allerdings zum Vorwurf müßte gemacht werden. Es gibt nämlich Völkerschaften und Rassen, bei deren Männern, obwohl sie keineswegs als sexuelle Zwischenformen können gedeutet werden, man doch so wenig und so selten eine Annäherung an die Idee der Männlichkeit findet, wie sie aus der hier entworfenen Zeichnung derselben hervortritt, daß die Prinzipien, ja, die ganzen Fundamente, auf welchen diese Arbeit ruht, hiedurch stark könnten erschüttert scheinen. Was ist z. B. von den Chinesen zu halten, mit ihrer weiblichen Bedürfnislosigkeit und ihrem Mangel an jeglichem Streben? Man möchte hier allerdings noch an eine größere Weiblichkeit des ganzen Volkes zu glauben sich versucht fühlen. Wenigstens kann es keine bloße Laune einer ganzen Nation sein, daß die Chinesen einen Zopf zu tragen pflegen, und es ist ja auch ihr Bartwuchs nur ein äußerst spärlicher. Aber wie verhält es sich dann mit den Negern? Es hat unter den Negern vielleicht kaum je ein Genie gegeben, und moralisch stehen sie beinahe allgemein so tief, daß man in Amerika bekanntlich anfängt, zu fürchten, mit ihrer Emanzipation einen unbesonnenen Streich verübt zu haben.

Wenn also auch das Prinzip der sexuellen Zwischenformen vielleicht Aussicht hätte, für eine Rassenanthropologie bedeutsam zu werden (indem über einige Völker ein größeres Quantum von Weiblichkeit insgesamt ausgestreut schiene), so muß doch zugegeben werden, daß die bisherigen Deduktionen zuvörderst auf den arischen Mann und das arische Weib sich beziehen. Wie weit in den anderen großen Stämmen der Menschheit mit den für ihre Gipfel geltenden Verhältnissen Übereinstimmung herrscht, und was jene hauptsächlich davon zurückhält und so lange hindert, an diese näher heranzukommen, das bedürfte erst der Erhellung durch die eingehendste und lohnendste psychologische Vertiefung in die Rassencharaktere.

Das Judentum, das ich zum Gegenstande einer Besprechung zunächst darum gewählt habe, weil es, wie sich zeigen wird, der härteste und am meisten zu fürchtende Gegner der hier entwickelten und besonders der noch zu entwickelnden Anschauungen, wie überhaupt des ganzen Standpunktes ist, von dem aus jene möglich sind – das Judentum scheint anthropologisch mit allen beiden erwähnten Rassen, mit den Negern wie mit den Mongolen, eine gewisse Verwandtschaft zu besitzen. Auf den Neger weisen die so gern sich ringelnden Haare, auf Beimischung von Mongolenblut die ganz chinesisch oder malayisch geformten Gesichtsschädel, die man so oft unter den Juden antrifft, und denen regelmäßig eine gelblichere Hautfärbung entspricht.

Dies ist nicht mehr als das Ergebnis einer alltäglichen Erfahrung, und anders wollen diese Bemerkungen nicht verstanden sein; die anthropologische Frage nach der Entstehung des Judentums ist wahrscheinlich eine unlösbare, und auch eine so interessante Beantwortung wie die in den berühmten »Grundlagen des XIX. Jahrhunderts« von H. S. Chamberlain gegebene hat in jüngster Zeit sehr viel Widerspruch gefunden. Sie zu behandeln besitze ich nicht das nötige Wissen; was hier in Kürze, aber bis zu möglichster Tiefe analysiert werden soll, ist nur die psychische Eigenheit des Jüdischen.[94] Diese Aufgabe ist eine Obliegenheit der psychologischen Beobachtung und Zergliederung; sie ist lösbar, frei von allen Hypothesen über nun

---

94 Diese geistige Artung des Juden scheint mir freilich eine ganz eigentümliche, einheitliche, von aller anderen Richtung des Geistes und Herzens, auf die wir bei den übrigen Völkern der Erde stoßen, wohl unterschiedene, wenigstens wird dies sich aus der Untersuchung an ihrem Ende ergeben. Darum glaube ich auch nicht, daß man das Jüdische rassenchemisch aus einer Kreuzung und Mischung verschiedener Völkerschaften erklären kann; denn solche Komponenten müßten wohl psychologisch verfolgbar und auffindbar sein. Das Judentum ist wahrscheinlich etwas völlig Einheitliches und jeder Versuch aussichtslos, es empirisch abzuleiten und zusammenzusetzen. Man kann alles eher sein als Philosemit, und doch zugeben, daß insofern dem Glauben der Juden, ein »auserwähltes Volk« zu sein, ein Wahres innewohnt.

nicht mehr kontrollierbare historische Vorgänge; und nur bedarf dieses Unternehmen einer um so größeren Objektivität, als die Stellung zum Judentum heute beinahe die wichtigste und hervorstechendste Rubrik des Nationales ist, welches ein jeder vor der Öffentlichkeit ausfüllt, ja allgemach der gebräuchlichste Einteilungsgrund der zivilisierten Menschen geworden scheint. Und es läßt sich nicht behaupten, daß der Wert, welcher auf eine offene Erklärung in dieser Frage allgemein gelegt wird, ihrem Ernst und ihrer Bedeutung nicht angemessen sei, und ihre Wichtigkeit übertreibe. Daß man auf sie überall stößt, ob man nun von kulturellen oder materiellen, von religiösen oder politischen, von künstlerischen oder wissenschaftlichen, biologischen oder historischen, charakterologischen oder philosophischen Dingen herkommt, das muß einen tiefen, tiefsten Grund im Wesen des Judentums selbst haben. Ihn aufzusuchen, wird keine Mühe zu groß scheinen dürfen: denn der Gewinn muß sie in jedem Falle unendlich belohnen.[95]

Zuvor jedoch will ich genau angeben, in welchem Sinne ich vom Judentum rede. Es handelt sich mir nicht um eine Rasse und nicht um ein Volk, noch weniger freilich um ein gesetzlich anerkanntes Bekenntnis. Man darf das Judentum nur für eine Geistesrichtung, für eine psychische Konstitution halten, welche für alle Menschen eine Möglichkeit bildet, und im historischen Judentum bloß die grandioseste Verwirklichung gefunden hat.

Daß dem so ist, wird durch nichts anderes bewiesen, als durch den Antisemitismus.

Die echtesten, arischesten, ihres Ariertums gewissesten Arier sind keine Antisemiten; sie können, so unangenehm sicherlich auch sie von auffallenden jüdischen Zügen sich berührt fühlen,

---

95 Diese geistige Artung des Juden scheint mir freilich eine ganz eigentümliche, einheitliche, von aller anderen Richtung des Geistes und Herzens, auf die wir bei den übrigen Völkern der Erde stoßen, wohl unterschiedene, wenigstens wird dies sich aus der Untersuchung an ihrem Ende ergeben. Darum glaube ich auch nicht, daß man das Jüdische rassenchemisch aus einer Kreuzung und Mischung verschiedener Völkerschaften erklären kann; denn solche Komponenten müßten wohl psychologisch verfolgbar und auffindbar sein. Das Judentum ist wahrscheinlich etwas völlig Einheitliches und jeder Versuch aussichtslos, es empirisch abzuleiten und zusammenzusetzen. Man kann alles eher sein als Philosemit, und doch zugeben, daß insofern dem Glauben der Juden, ein »auserwähltes Volk« zu sein, ein Wahres innewohnt.

doch den feindseligen Antisemitismus im allgemeinen gar nicht begreifen; und sie sind es auch, die von den Verteidigern des Judentums gern als »Philosemiten« bezeichnet und deren verwunderte und mißbilligende Äußerungen über den Judenhaß angeführt werden, wo das Judentum herabgesetzt oder angegriffen wird.[96] Im aggressiven Antisemiten wird man hingegen immer selbst gewisse jüdische Eigenschaften wahrnehmen; ja sogar in seiner Physiognomie kann das zuweilen sich ausprägen, mag auch sein Blut rein von allen semitischen Beimengungen sein.

Es könnte dies auch unmöglich anders sich verhalten. Wie man im anderen nur liebt , was man gern ganz sein möchte und doch nie ganz ist, so haßt man im anderen nur, was man nimmer sein will, und doch immer zum Teil noch ist.

Man haßt nicht etwas, womit man keinerlei Ähnlichkeit hat. Nur macht uns oft erst der andere Mensch darauf aufmerksam, was für unschöne und gemeine Züge wir in uns haben.

So erklärt es sich, daß die allerschärfsten Antisemiten unter den Juden zu finden sind. Denn bloß die ganz jüdischen Juden, desgleichen die völlig arischen Arier, sind gar nicht antisemitisch gestimmt; unter den übrigen betätigen die gemeineren Naturen ihren Antisemitismus nur den anderen gegenüber, und richten diese, ohne je mit sich selber in dieser Sache vor Gericht gegangen zu sein; und nur wenige fangen mit ihrem Antisemitismus bei sich selbst an.

Doch dies eine bleibt darum nicht minder gewiß: wer immer das jüdische Wesen haßt, der haßt es zunächst in sich: daß er es im anderen verfolgt, ist nur sein Versuch, vom Jüdischen auf diese Weise sich zu sondern; er trachtet, sich von ihm zu scheiden dadurch, daß er es gänzlich im Nebenmenschen lokalisiert, und so für den Augenblick von ihm frei zu sein wähnen

---

96 Ein solcher vom Judentum fast freier Mann, und darum »Philosemit«, war Zola. Daß hervorragendere Menschen sonst fast stets Antisemiten waren (Tacitus, Pascal, Voltaire, Herder, Goethe, Kant, Jean Paul, Schopenhauer, Grillparzer, Wagner), geht eben darauf zurück, daß sie, die so viel mehr in sich haben als die anderen Menschen, auch das Judentum besser verstehen als diese (vgl. Kapitel 4)."

kann. Der Haß ist ein Projektionsphänomen wie die Liebe: der Mensch haßt nur, durch wen er sich unangenehm an sich selbst erinnert fühlt.[97]

Der Antisemitismus des Juden liefert demnach den Beweis, daß niemand, der ihn kennt, den Juden als ein Liebenswertes empfindet – auch der Jude nicht; der Antisemitismus des Ariers ergibt eine nicht minder bedeutungsvolle Einsicht: daß man das Judentum nicht verwechseln darf mit den Juden. Es gibt Arier, die jüdischer sind als mancher Jude, und es gibt wirklich Juden, die arischer sind als gewisse Arier. Ich will von jenen Nicht-Semiten, welche viel Judentum in sich hatten, die kleineren (wie den bekannten Friedrich Nicolai des XVIII. Jahrhunderts) und die mittelgroßen (hier dürfte Friedrich Schiller kaum außer acht bleiben) nicht aufzählen, und nicht auf ihr Judentum analysieren. Aber auch Richard Wagner – der tiefste Antisemit – ist von einem Beisatz von Judentum, selbst in seiner Kunst, nicht freizusprechen, so wenig auch das Gefühl trügen kann, welches in ihm den größten Künstler innerhalb der historischen Menschheit sieht; und so zweifellos sein Siegfried das Unjüdischeste ist, was erdacht werden konnte. Aber niemand ist umsonst Antisemit. Wie Wagners Abneigung gegen die große Oper und das Theater zurückgeht auf den starken Zug, den er selbst zu ihnen empfand, einen Zug, der noch im »Lohengrin« deutlich erkennbar bleibt: so ist auch seine Musik, in ihren motivischen Einzelgedanken die gewaltigste der Welt, nicht gänzlich freizusprechen von etwas Aufdringlichem, Lautem, Unvornehmem; womit die Bemühungen Wagners um die äußere Instrumentation seiner Werke im Zusammenhang stehen. Es läßt sich auch nicht verkennen, daß Wagners Musik sowohl auf den jüdischen Antisemiten, welcher vom Judentum nie gänzlich loskommen kann, als auf den antisemitischen Indogermanen, der ihm zu verfallen fürchtet, den stärksten Eindruck hervorbringt. Von der Parsifal-Musik, die dem völlig echten Juden in Ewigkeit fast ebenso unzugänglich bleibt wie die Parsifal-Dichtung, vom »Pilgerchor« und der Romfahrt im »Tannhäuser« und sicher noch von manchem anderen ist hiebei gänzlich abzusehen. Auch

97 Vgl. Kapitel 11, S. 320 f.

könnte zweifellos, wer nur ein Deutscher wäre, das Wesen des Deutschtums nie so klar sich zum Bewußtsein bringen, als Wagner in den »Meistersingern von Nürnberg« dies vermocht hat.[98] Man denke endlich an jene Seite in Wagner, die zu Feuerbach, statt zu Schopenhauer, sich hingezogen fühlte.

Hier ist keine kleinpsychologische Heruntersetzung des großen Mannes geplant. Ihm war das Judentum die große Hilfe, um zur klaren Erkenntnis und Bejahung des anderen Poles in sich zu gelangen, zum Siegfried und zum Parsifal sich durchzuringen, und dem Germanentum den höchsten Ausdruck zu geben, den es wohl in der Geschichte gefunden hat. Noch ein Größerer als Wagner mußte erst das Judentum in sich überwinden, ehe er die eigene Mission fand; und es ist, vorläufig gesprochen, vielleicht die welthistorische Bedeutung und das ungeheure Verdienst des Judentums kein anderes, als den Arier immerfort zum Bewußtsein seines Selbst zu bringen, ihn an sich zu mahnen. Dies ist es, was der Arier dem Juden zu danken hat; durch ihn weiß er, wovor er sich hüte: vor dem Judentum als Möglichkeit in ihm selber.

Dieses Beispiel wird hinlänglich verdeutlicht haben, was nach meinem Ermessen unter dem Judentum zu verstehen ist. Keine Nation und keine Rasse, keine Konfession und kein Schrifttum. Wenn ich fürder vom Juden spreche, so meine ich nie den einzelnen und nie eine Gesamtheit, sondern den Menschen überhaupt, sofern er Anteil hat an der platonischen Idee des Judentums. Und nur die Bedeutung dieser Idee gilt es mir zu ergründen.

Daß aber diese Untersuchung gerade in einer Psychologie der Geschlechter geführt werden muß, ist unerläßlich aus Gründen einer Abgrenzung. Es bereitet jedem, der über beide, über das Weib und über den Juden, nachgedacht hat, eine eigentümliche Überraschung, wenn er wahrnimmt, in welchem Maße gerade das Judentum durchtränkt scheint von jener Weiblichkeit, deren Wesen einstweilen nur im Gegensatze zu allem Männlichen

---

98 Vgl. S. 134 f.

ohne Unterschied zu erforschen getrachtet wurde. Er könnte hier überaus leicht geneigt sein, dem Juden einen größeren Anteil an der Weiblichkeit zuzuschreiben als dem Arier, ja am Ende eine platonische μέθεξις auch des männlichsten Juden am Weibe anzunehmen sich bewogen fühlen.

Diese Meinung wäre irrig. Da indes eine Anzahl der wichtigsten Punkte, solcher Punkte, in denen das tiefste Wesen der Weiblichkeit zum Ausdruck zu kommen schien, beim Juden sich in einer merkwürdigen Weise ebenfalls und wie zum zweiten Male finden, ist es unerläßlich, Übereinstimmung und Abweichung hier genau festzustellen.

Die Konformität will dem ersten Blicke überall sich darbieten, worauf er sich auch richte; ja die Analogien sehen aus, als wären sie außergewöhnlich weit verfolgbar: so daß man Bestätigungen früherer Ergebnisse wie auch manch interessanten neuen Beitrag zum Hauptthema anzutreffen gewärtig sein darf. Und es scheint ganz beliebig, womit man hiebei den Anfang macht.

So ist es, um gleich eine Analogie zum Weibe anzuführen, höchst merkwürdig, wie sehr die Juden die beweglichen Güter bevorzugen – auch heutzutage, da ihnen der Erwerb anderer freisteht –, und wie sie eigentlich, trotz allem Erwerbssinn, kein Bedürfnis nach dem Eigentume, am wenigsten in seiner festesten Form, dem Grundbesitze haben. Das Eigen tum steht in einem unauflöslichen Zusammenhang mit der Eigen art, mit der Individualität. Hiemit hängt also zusammen, daß die Juden dem Kommunismus so scharenweise sich zuwenden. Den Kommunismus als Tendenz zur Gemeinschaft sollte man stets unterscheiden vom Sozialismus als Bestrebung zu gesellschaftlicher Kooperation und zur Anerkennung der Menschheit in jedem Gliede derselben. Der Sozialismus ist arisch (Owen, Carlyle, Ruskin, Fichte), der Kommunismus jüdisch[99] (Marx). Die moderne Sozialdemokratie hat sich in ihrem Gedankenkreise darum vom christlichen, präraphaelitischen Sozialismus so weit entfernt, weil die Juden in ihr eine so große Rolle spielen. Trotz

---

99 Und russisch. Die Russen aber sind bezeichnend wenig sozial veranlagt und haben unter allen europäischen Völkern das geringste Verständnis für den Staat. Hiemit stimmt es nach dem vorigen nur überein; daß sie durchweg Antisemiten sind.

ihren vergesellschaftenden Neigungen hat die marxistische Form der Arbeiterbewegung (im Gegensatze zu Rodbertus) gar kein Verhältnis zur Idee des Staates, und dies ist sicherlich nur auf das völlige Unverständnis der Juden für den Staatsgedanken zurückzuführen. Dieser ist zu wenig ein Greifbares, die Abstraktion, die in ihm liegt, allen konkreten Zwecken zu weit entrückt, als daß der Jude sich mit ihm inniger befreunden könnte. Der Staat ist das Ganze aller Zwecke, die nur durch eine Verbindung vernünftiger Wesen als vernünftiger verwirklicht werden können. Diese kantische Vernunft aber, der Geist ist es, woran es dem Juden wie dem Weibe vor allem zu gebrechen scheint.

Aus jenem Grunde ist aller Zionismus so aussichtslos, obwohl er die edelsten Regungen unter den Juden gesammelt hat: denn der Zionismus ist die Negation des Judentums, in welchem, seiner Idee nach, die Ausbreitung über die ganze Erde liegt. Der Begriff des Bürgers ist dem Juden vollständig transzendent; darum hat es nie im eigentlichen Sinne des Wortes einen jüdischen Staat gegeben, und kann nie einen solchen geben. In der Staatsidee liegt eine Position, die Hypostasierung der interindividuellen Zwecke, der Entschluß, einer selbst gegebenen Rechtsordnung, deren Symbol (und nichts anderes) das Staatsoberhaupt ist, aus freier Wahl beizutreten. Infolgedessen ist das Gegenteil des Staates die Anarchie, mit der gerade der Kommunismus auch heute noch, eben durch sein Unverständnis für den Staat, verschwistert ist; so sehr auch hievon die meisten anderen Elemente in der sozialistischen Bewegung abstechen. Wenn der Staatsgedanke in keiner historischen Form auch nur annähernd verwirklicht ist, so liegt doch in jedem geschichtlichen Versuche zur Staatenbildung etwas, vielleicht nur jenes Minimum von ihm, das ein Gebilde über eine bloße Assoziation zu Geschäfts- und Machtzwecken erhebt. Die historische Untersuchung, wie ein bestimmter Staat entstanden sei, sagt nichts über die Idee, die in ihm liegt, soweit er eben Staat und nicht Kaserne ist. Um jene zu erfassen, wird man sich bequemen müssen, der vielgeschmähten Rousseauschen Vertragstheorie wieder mehr Gerechtigkeit widerfahren zu lassen. Nur das Zusammentreten ethischer Persönlichkeiten zu gemeinsamen Aufgaben kommt im Staate, sofern er Staat ist, zum Ausdruck.

420

Daß der Jude, nicht erst seit gestern, sondern mehr oder weniger von jeher, staatfremd ist, deutet bereits darauf hin, daß dem Juden wie dem Weibe die Persönlichkeit fehlt; was sich allmählich in der Tat herausstellen wird. Denn nur aus dem Mangel des intelligiblen Ich kann, wie alle weibliche, so auch die jüdische Unsoziabilität abzuleiten sein. Die Juden stecken gern beieinander wie die Weiber, aber sie verkehren nicht miteinander als selbständige, voneinander geschiedene Wesen, unter dem Zeichen einer überindividuellen Idee.

So wenig wie es in der Wirklichkeit eine »Würde der Frauen« gibt, so unmöglich ist die Vorstellung eines jüdischen »gentleman«. Dem echten Juden gebricht es an jener inneren Vornehmheit, welche Würde des eigenen und Achtung des fremden Ich zur Folge hat. Es gibt keinen jüdischen Adel; und dies ist um so bemerkenswerter, als doch unter den Juden jahrtausendelange Inzucht besteht.

So erklärt sich denn auch weiter, was man jüdische Arroganz nennt: aus dem Mangel an Bewußtsein eines Selbst und dem gewaltsamen Bedürfnis nach Steigerung des Wertes der Person durch Erniedrigung des Nebenmenschen; denn der echte Jude hat wie das Weib kein Ich und darum auch keinen Eigenwert. Daher, trotz seiner Inkommensurabilität mit allem Aristokratischen, seine weibische Titelsucht, die nur auf einer Linie steht mit seiner Protzerei, deren Objekte die Loge im Theater oder die modernen Gemälde in seinem Salon, seine christliche Bekanntschaft oder sein Wissen sein können. Aber zugleich ist die jüdische Verständnislosigkeit für alles Aristokratische erst hierin eigentlich begründet. Der Arier hat ein Bedürfnis, zu wissen, wer seine Ahnen waren; er achtet sie und interessiert sich für sie, weil sie seine Ahnen waren; und er schätzt sie, weil er die eigene Vergangenheit immer höher hält als der schnell sich verwandelnde Jude, der pietätlos ist, weil er dem Leben keinen Wert spenden kann. Ihm fehlt jener Ahnenstolz vollständig, den selbst der ärmste, plebejischeste Arier noch in einem gewissen Grade besitzt; er ehrt nicht, wie dieser, seine Vorfahren, weil sie seine Vorfahren sind, er ehrt nicht in ihnen sich selbst. Der Einwand ginge fehl, der sich auf den außerordentlichen Umfang und die Kraft der jüdischen Tradition beriefe. Die Geschichte seines Volkes ist hier dem Nachfahren, auch demjenigen, welchem sie viel zu bedeuten scheint, nicht die Summe des Einstmaligen, Gewesenen, sondern stets nur der Quell, aus dem er neue Hoffnungsträume saugt: die Vergangenheit des Juden ist nicht wirklich seine Vergangenheit, sie ist immer nur seine Zukunft. – –

Man hat die Mängel des Judentums oft genug, nicht allein jüdischerseits, auf die brutale Unterdrückung und Knechtung zurückführen wollen, welche die Juden im ganzen Mittelalter bis ins XIX. Jahrhundert erfahren hätten. Den Sklavensinn habe im Juden erst der Arier gezüchtet; und es gibt nicht wenige Christen, welche den Juden in dieser Weise ernsthaft als ihre Schuld empfinden. Doch diese Gesinnung geht zu weit im Selbstvorwurf: es ist unzulässig, von Veränderungen zu sprechen, welche durch Einflüsse von außen im Laufe der Generationen im Menschen bewirkt worden seien, ohne daß in diesem selber der äußeren Gelegenheit etwas entgegengekommen sei und ihr willig die Hand gereicht habe. Noch ist nicht bewiesen, daß es eine Vererbung erworbener Eigenschaften gibt, und sicherer als bei den anderen Lebewesen bleibt, trotz aller Scheinanpassungen, beim Menschen der Charakter des einzelnen wie der Rasse konstant. Nur die seichteste Oberflächlichkeit kann glauben, daß der Mensch durch seine Umgebung gebildet werde, ja es ist beschämend, an die Bekämpfung einer solchen, jeder freien Einsicht den Atem raubenden Anschauung auch nur eine Zeile wenden zu sollen. Wenn sich der Mensch ändert, so kann es nur von innen nach außen geschehen; oder es ist, wie beim Weibe, nie ein Wirkliches da, also das Nichts-Sein, das ewig Gleichbleibende. Wie mag man übrigens an eine historische Erzeugung des Juden denken, da doch bereits das Alte Testament sichtlich zustimmend davon spricht, wie Jakob, der Patriarch, seinen sterbenden Vater Isaak belogen, seinen Bruder Esau hinters Licht geführt und seinen Schwieger Laban übervorteilt hat?

Mit Recht aber wird von den Verteidigern der Juden geltend gemacht, daß diese, auch dem Prozentsatze nach, seltener schwere Verbrechen begehen als die Arier. Der Jude ist

422

nicht eigentlich antimoralisch. Aber es müßte wohl hinzugefügt werden, daß er auch nicht den höchsten ethischen Typus vorstellt. Er ist vielmehr relativ amoralisch, nie sehr gut, noch je sehr böse, im Grunde keines von beiden, und eher gemein. Daher fehlt dem Judentum, wie die Konzeption der Engel, auch der Begriff des Teufels, die Personifikation des Guten nicht minder als die des Bösen. Durch den Hinweis auf das Buch Hiob, die Belialgestalt und den Eden-Mythus wird diese Behauptung nicht entkräftet. Zwar liegen jene modernen quellenkritischen Streitfragen, die Echtes und Entlehntes hier zu scheiden beflissen sind, auf einem Wege, den zu betreten ich mich nicht berufen fühle; was ich aber wohl weiß, ist dies, daß im psychischen Leben des heutigen Juden, sei er nun »aufgeklärt« oder sei er »orthodox«, weder ein teuflisches noch irgend ein engelhaftes Prinzip, weder Himmel noch Hölle auch nur die geringste religiöse Rolle spielen. – Wenn also der Jude nie die höchste sittliche Höhe erreicht, so wird doch auch sicherlich Mord und Gewalttat von ihm viel seltener verübt als vom Arier; und hieraus wird eben das Fehlen jeder Furcht vor einem diabolischen Prinzipe erst völlig verständlich.

Kaum minder oft als die Fürsprecher der Juden berufen sich die Anwälte der Frauen auf deren geringere Kriminalität als auf den Beweis ihrer vollendeteren Sittlichkeit. Die Homologie zwischen beiden scheint immer vollständiger zu werden. Es gibt keinen weiblichen Teufel, so wenig es einen weiblichen Engel gibt: nur die Liebe, jene trotzige Verneinung der Wirklichkeit, kann den Mann im Weibe ein himmlisches Wesen erblicken lassen, nur blinder Haß es für verderbt und schurkenhaft erklären. Was dem Weibe wie dem Juden vielmehr durchaus abgeht, das ist Größe, Größe in irgend welcher Hinsicht, überragende Sieger im Moralischen, großzügige Diener des Antimoralischen. Im arischen Manne sind das gute und das böse Prinzip der kantischen Religionsphilosophie beide beisammen und doch am weitesten auseinandergetreten, um ihn streiten sein guter und sein böser Dämon. Im Juden sind, fast wie im Weibe, Gut und Böse noch nicht voneinander differenziert; es gibt zwar keinen jüdischen Mörder, doch es gibt auch keinen jüdischen Heiligen.

Und so wird es wohl richtig sein, daß die wenigen Elemente des Teufelsglaubens in der jüdischen Überlieferung aus dem Parsismus und aus Babylon stammen.

Die Juden leben sonach nicht als freie, selbstherrliche, zwischen Tugend und Laster wählende Individualitäten wie die Arier. Diese stellt sich ein jeder ganz unwillkürlich vor wie eine Schar einzelner Männer, jene wie ein, über eine weite Fläche ausgebreitetes, zusammenhängendes Plasmodium. Der Antisemitismus hat daraus oft fälschlich ein hartnäckiges bewußtes Zusammenhalten gemacht, und von der »jüdischen Solidarität« gesprochen. Das ist eine leicht begreifliche Verwechslung verschiedener Dinge. Wenn gegen irgend einen Unbekannten, welcher dem Judentum angehört, eine Beschuldigung erhoben wird, und nun alle Juden innerlich für den Betreffenden sich einsetzen, seine Unschuld wünschen, hoffen, und zu erweisen suchen: so glaube man nur ja nicht, daß der betreffende Mensch als einzelner Jude sie irgendwie interessiere, sein individuelles Schicksal, weil es das eines Juden ist, mehr Mitleid bei ihnen wecke als das eines ungerecht verfolgten Ariers. Dies ist keineswegs der Fall. Nur das gefährdete Judentum, die Befürchtung, es könnte auf die Gesamtheit der Judenschaft, besser: auf das Jüdische überhaupt, auf die Idee des Judentums ein schädlicher Schatten fallen, führt zu jenen Erscheinungen unwillkürlicher Parteinahme. Es ist ganz so, wie wenn die Weiber jede einzelne Angehörige ihres Geschlechtes mit Wonne heruntersetzen hören, und selbst erniedrigen helfen, falls nur auf das Weib kein schlechtes Licht hiedurch geworfen werde: wenn nur kein Mann sich hiedurch abschrecken läßt, überhaupt nach Frauen zu verlangen, wofern nur niemand an der »Liebe« irre, sondern weiter geheiratet wird, und nicht die alten Junggesellen sich vermehren. Nur die Gattung wird verteidigt, nicht die Person, nur das Geschlecht, beziehungsweise die Rasse geschützt, nicht das Individuum; dieses kommt nur insofern in Betracht, als es Angehöriger der Gruppe ist. Der echte Jude wie das echte Weib, sie leben beide nur in der Gattung, nicht als Individualitäten.[100]

---

100 Der Glaube an Jehovah und die Lehre Mosis ist nur ein Glaube an diese jüdische Gattung und ihre Lebenskraft; Jehovah ist die personifizierte Idee des Judentums.

Hieraus erklärt es sich, daß die Familie (als biologischer, nicht als rechtlicher Komplex) bei keinem Volk der Welt eine so große Rolle spielt, wie bei den Juden; nächstdem bei den mit ihnen, wie sich zeigen wird, entfernt verwandten Engländern. Die Familie in diesem Sinne ist eben weiblichen, mütterlichen Ursprungs, und hat mit dem Staate, mit der Gesellschaftsbildung, nichts zu tun. Die Zusammengehörigkeit der Familienmitglieder, nur als eine Folge des gemeinsamen Dunstkreises, ist am engsten bei den Juden. Jedem indogermanischen Manne, dem begabteren stets mehr als dem mittelmäßigen, aber auch dem gewöhnlichsten noch, ist dies eigen, daß er sich mit seinem Vater nie völlig verträgt: weil ein jeder einen, wenn auch noch so leisen, unbewußten oder bewußt gewordenen Zorn auf denjenigen Menschen empfindet, der ihn, ohne ihn zu fragen, zum Leben genötigt und ihm den Namen gegeben hat, der ihm bei der Geburt gutdünkte; von dem er zumindest hierin abhängig gewesen ist, und der, auch nach jeder tieferen metaphysischen Anschauung, doch immer als in einem Zusammenhange damit stehend betrachtet werden muß, daß der Sohn selbst in das Erdenleben wollte. Nur unter Juden kommt es vor, daß der Sohn ganz tief in der Familie darinnensteckt, und mit dem Vater in gemeiner Gemeinschaft sich wohl fühlt; fast nur unter Christen, daß Vater und Sohn wie Freund und Freund miteinander verkehren. Ja sogar die Töchter der Arier stehen noch immer eher außerhalb der Familie als die Jüdinnen, und öfter als diese ergreifen sie einen Beruf, der sie von Verwandten und Eltern entfernt und unabhängig macht.

Auch ist hier die Probe auf die Ausführungen des vorigen Kapitels zu machen, welche das unindividuelle, vom anderen Menschen nicht durch die Grenzen des Einsamen geschiedene Leben als eine unerläßliche Voraussetzung der Kuppelei ansahen (S. 380). Männer, die kuppeln, haben immer Judentum in sich; und damit ist der Punkt der stärksten Übereinstimmung zwischen Weiblichkeit und Judentum erreicht. Der Jude ist stets lüsterner, geiler, wenn auch merkwürdigerweise, vielleicht im Zusammenhange mit seiner nicht eigentlich antimoralischen Natur, sexuell weniger potent, und sicherlich aller großen Lust weniger fähig als der arische Mann. Nur Juden sind echte Heiratsvermittler, und nirgends erfreut sich Ehevermittlung durch Männer einer so ausgedehnten Verbreitung wie unter den Juden. Freilich ist eine Tätigkeit nach dieser Richtung hier dringender als sonst vonnöten; denn es gibt, wessen schon einmal gedacht wurde (Teil I, S. 49), kein Volk der Welt, in dem so wenig aus Liebe geheiratet würde wie unter ihnen: ein Beweis mehr für die Seelenlosigkeit des absoluten Juden.

Daß die Kuppelei eine organische Veranlagung im Juden ist, wird auch durch das Unverständnis des Juden für alle Askese nahegelegt; aber erhärtet dadurch, daß die jüdischen Rabbiner es lieben, besonders eingehend über das Fortpflanzungsgeschäft zu spekulieren, und eine mündliche Tradition im Zusammenhange mit der Kinderzeugung pflegen; wie dies von den Obersten eines Volkes, dessen sittliche Hauptaufgabe, nach seiner Überlieferung wenigstens, es sein muß, »sich zu mehren«, kaum anders erwartet werden kann.

Kuppelei ist schließlich Grenzverwischung: und der Jude ist der Grenzverwischer κατ᾽ ἐξοχήν. Er ist der Gegenpol des Aristokraten; das Prinzip alles Aristokratismus ist strengste Wahrung aller Grenzen zwischen den Menschen. Der Jude ist geborner Kommunist, und immer will er die Gemeinschaft. Die Formlosigkeit des Juden im Verkehr, sein Mangel an gesellschaftlichem Takte gehen hierauf zurück. Alle Umgangsformen sind nur die feinen Mittel, um die Grenzen der persönlichen Monaden zu betonen und zu schützen; der Jude aber ist nicht Monadologe.

Ich betone nochmals, obwohl es selbstverständlich sein sollte: trotz der abträglichen Wertung des echten Juden kann nichts mir weniger in den Sinn kommen, als durch diese oder die noch folgenden Bemerkungen einer theoretischen oder gar einer praktischen Judenverfolgung in die Hände arbeiten zu wollen. Ich spreche über das Judentum als platonische Idee – es gibt einen absoluten Juden so wenig, als es einen absoluten Christen gibt –, ich spreche nicht von den einzelnen Juden, von denen ich so vielen nur höchst ungern wehe getan haben wollte, und deren manchem bitteres Unrecht geschehen würde, wenn das Gesagte auf ihn sollte angewendet werden. Losungen wie »Kauft nur bei Christen« sind jüdisch, denn sie betrachten und werten das Individuum nur als Gattungsangehörigen; ähnlich wie der jüdische Begriff des »Goy« jeden Christen einfach als solchen bezeichnet und auch schon subsumiert.

Nicht also der Boykott, und nicht etwa die Austreibung der Juden oder ihre Fernhaltung von Amt und Würde ist hier befürwortet. Durch solche Mittel ist die Judenfrage nicht lösbar, denn sie liegen nicht auf dem Wege der Sittlichkeit. Aber auch der »Zionismus« ist ihr nicht gewachsen. Er will die Juden sammeln, die, wie H. S. Chamberlain nachweist, längst vor der Zerstörung des jerusalemitischen Tempels zum Teil die Diaspora als ihr natürliches Leben, das Leben des über die ganze Erde fortkriechenden, die Individuation ewig hintertreibenden Wurzelstockes gewählt hatten, er will etwas Unjüdisches. Die Juden müßten erst das Judentum überwunden haben, ehe sie für den Zionismus reif würden.

Zu diesem Behuf aber wäre vor allem geboten, daß die Juden sich selbst verstehen, daß sie sich kennenlernen und gegen sich kämpfen, innerlich das Judentum in sich besiegen wollten . Bis heute aber kennen sich die Juden nur so weit, daß sie Witze über sich machen und verständnisvoll goutieren – nicht weiter. Unbewußt nur achtet jeder Jude den Arier höher als sich selbst. Erst die feste und unerschütterliche Entschlossenheit, die höchste Selbstachtung sich zu ermöglichen, könnte den Juden vom Judentume befreien. Dieser Entschluß ist aber nur vom Individuum, nicht von einer Gruppe, und sei sie noch so stark, noch so ehrenhaft, zu fassen und auszuführen. Darum kann die Judenfrage nur individuell gelöst werden, jeder einzelne Jude muß sie für seine Person zu beantworten suchen.

Es gibt keine andere Lösung der Frage und kann keine andere geben; dem Zionismus wird sie nie gelingen.

Der Jude freilich, der überwunden hätte, der Jude, der Christ geworden wäre, besäße dann allerdings auch das volle Recht, vom Arier als einzelner genommen und nicht nach einer Rassenangehörigkeit mehr beurteilt zu werden, über die ihn sein moralisches Streben längst hinausgehoben hätte. Er mag unbesorgt sein: seinem gegründeten Anspruch wird niemand sich widersetzen wollen. Der höher stehende Arier hat immer das Bedürfnis, den Juden zu achten, sein Antisemitismus ist ihm keine Freude und kein Zeitvertreib. Darum liebt er es nicht, wenn der Jude über den Juden Bekenntnisse ablegt; und wer es dennoch tut, kann, von seiner Seite fast noch weniger als von der stets so überaus empfindlichen Judenschaft, irgend Dank sich erhoffen. Zuallerletzt wünscht gerade der Arier, daß der Jude dem Antisemitismus durch die Taufe recht gebe. Aber auch diese Gefahr der äußersten Verkennung seines ehrlichsten Strebens darf den Juden, der die innerliche Befreiung will, nicht bekümmern. Er wird darauf verzichten müssen, das Unmögliche zu leisten, sich als Jude zu schätzen, wie es der Arier von ihm haben will, und danach trachten, sich als Mensch ehren zu dürfen. Er wird die seelische Taufe des Geistes zu erreichen verlangen, welcher die äußerliche des Körpers symbolisch nur immer dann folgen mag.

Die dem Juden so wichtige und so nötige Erkenntnis dessen, was das Jüdische und das Judentum eigentlich ist , wäre die Lösung eines der schwierigsten Probleme; das Judentum ist ein viel tieferes Rätsel, als wohl mancher Antisemiten-Katechismus glaubt, und im letzten Grunde wird es einer gewissen Dunkelheit wohl nie weit entzogen werden. Auch die Parallele mit dem Weibe wird uns nun bald verlassen; einstweilen vermag sie noch weiterzuhelfen.

Im Christen liegen Stolz und Demut, im Juden Hochmut und Kriecherei miteinander im Kampf; in jenem Selbstbewußtsein und Zerknirschung, in diesem Arroganz und Devotion. Mit dem völligen Mangel des Juden an Demut hängt sein Unverständnis für die Idee der Gnade zusammen. Aus seiner knechtischen Veranlagung entspringt seine heteronome Ethik, der Dekalog, das unmoralischeste Gesetzbuch der Welt, welches für die gehorsame Befolgung eines mächtigen fremden Willens das Wohlergehen auf Erden In Aussicht stellt und die Eroberung der Welt verheißt. Das Verhältnis zum Jehovah, dem abstrakten Götzen, vor dem er die Angst des Sklaven hat, dessen Namen er nicht einmal auszusprechen wagt, charakterisiert den Juden analog dem Weibe als einer fremden Herrschaft über sich bedürftig. Schopenhauer definiert einmal: »Das Wort Gott bedeutet einen

Menschen, der die Welt gemacht hat.« Für den Gott der Juden trifft dies allerdings zu. Von dem Göttlichen im Menschen, dem »Gott, der mir im Busen wohnt«, weiß der echte Jude nichts; dem, was Christus und Plato, Eckhard und Paulus, Goethe und Kant, was von den vedischen Priestern bis auf Fechners herrliche Schlußverse aus den »Drei Motiven und Gründen des Glaubens« jeder Arier unter dem Göttlichen gemeint hat, dem Worte »Ich werde bei euch sein alle Tage bis an der Welt Ende«: all dem steht er verständnislos gegenüber. Denn was im Menschen von Gott ist, das ist des Menschen Seele; der absolute Jude aber ist seelenlos.

So kann es denn gar nicht anders sein, als daß dem Alten Testamente der Unsterblichkeitsglaube fehlt. Wer keine Seele hat, wie sollte der nach ihrer Unsterblichkeit ein Bedürfnis haben? Ebenso wie den Frauen fehlt den Juden, und zwar ganz allgemein, das Unsterblichkeitsbedürfnis: »Anima naturaliter christiana« – so sagt Tertullian.

Aus dem nämlichen Grunde aber gibt es unter den Juden – H. S. Chamberlain hat das richtig erkannt – auch keine eigentliche Mystik, außer einer wüsten Superstitio und Interpretationsmagie, »die Kabbâla« genannt. Der jüdische Monotheismus hat mit echtem Glauben an Gott nichts, gar nichts zu tun, er ist vielmehr seine Negation, der »Afterdienst« des wahren Dienstes unter dem guten Prinzipe, die Homonymität des Judengottes und des Christengottes die ärgste Verhöhnung des letzteren. Hier ist keine Religion aus reiner Vernunft; eher ein Altweiberglaube aus schmutziger Angst.

Warum wird aber aus dem orthodoxen Jehovah-Knecht so rasch und leicht ein Materialist, ein »Freigeist«? Warum ist das Lessingsche Wort vom »Aufkläricht«, trotz der Einrede des wohl nicht ohne guten Grund antisemitischen Dühring, wie auf das Judentum gemünzt? Hier ist der Sklavensinn gewichen und hat seiner steten Kehrseite, der Frechheit, Platz gemacht: beide sind wechselnde Phasen eines und desselben Wollens im nämlichen Menschen. Die Arroganz den Dingen gegenüber, die nicht als Symbole eines Tieferen empfunden oder auch nur dunkel geahnt werden, der Mangel an » verecundia« auch vor dem Naturgeschehen, das führt zur jüdischen, materialistischen Form der Wissenschaft, wie sie leider heute eine gewisse Herrschaft erlangt hat, und intolerant gegen alle Philosophie geworden ist. Wenn man, wie es notwendig und allein richtig ist, das Judentum als eine Idee betrachtet, an der auch der Arier mehr oder weniger Anteil haben kann, dann wird wenig dagegen einzuwenden sein, wenn man an die Stelle der » Geschichte des Materialismus« lieber ein » Wesen des Judentums« gesetzt wissen will. »Das Judentum in der Musik« hat Wagner besprochen; vom Judentum in der Wissenschaft ist hier noch einiges zu sagen.

Judentum im weitesten Sinne ist jene Richtung in der Wissenschaft, welcher diese vor allem Mittel zum Zweck ist, alles Transzendente auszuschließen. Der Arier empfindet das Bestreben, alles begreifen und ableiten zu wollen, als eine Entwertung der Welt, denn er fühlt, daß gerade das Unerforschliche es ist, das dem Dasein seinen Wert verleiht. Der Jude hat keine Scheu vor Geheimnissen, weil er nirgends welche ahnt. Sein Bestreben ist es, die Welt möglichst platt und gewöhnlich zu sehen, nicht um durch Klarheit dem ewig Dunklen sein ewiges Recht erst zu sichern, sondern um eine öde Selbstverständlichkeit des Alls zu erzeugen und die Dinge aus dem Wege zu räumen, welche einer freien Bewegung seiner Ellbogen auch im Geistigen entgegenstehen. Die antiphilosophische (nicht die aphilosophische) Wissenschaft ist im Grunde jüdisch.

Auch sind die Juden stets, eben weil ihre Gottesverehrung mit wahrer Religion gar keine Verwandtschaft hat, der mechanistisch-materialistischen Anschauung der Welt am wenigsten abhold gewesen; wie sie am eifrigsten den Darwinismus und die lächerliche Theorie von der Affenabstammung des Menschen aufgriffen, so wurden sie beinahe schöpferisch als Begründer jener ökonomischen Auffassung der menschlichen Geschichte, welche den Geist aus der Entwicklung des Menschengeschlechtes am vollständigsten streicht. Früher die enragiertesten Anhänger Büchners, sind sie jetzt die begeistertsten Vorkämpfer Ostwalds.

Es ist auch kein Zufall, daß die Chemie heutzutage in so weitem Umfang in den Händen der Juden sich befindet, wie einst in den Händen der stammesverwandten Araber. Das Aufgehen in der Materie, das Bedürfnis, alles in ihr aufgehen zu lassen, setzt den Mangel eines intelligiblen Ich voraus, ist also wesentlich jüdisch.

»O curas Chymicorum! o quantum in pulvere inane!«
Dieser Hexameter ist freilich von dem deutschesten Forscher aller Zeiten: der ihn gedichtet hat, heißt Johannes Kepler.[101]
Es hängt mit dem Einflusse jüdischen Geistes auch sicherlich zusammen, daß die Medizin, welcher die Juden so scharenweise sich zuwenden, ihre heutige Entwicklung genommen hat. Stets, von den Wilden bis zur heutigen Naturheilbewegung, von der sich die Juden bezeichnenderweise gänzlich ferngehalten haben, hatte alle Heilkunst etwas Religiöses, war der Medizinmann der Priester. Die bloß chemische Richtung in der Heilkunde – das ist das Judentum. Sicherlich aber wird niemals das Organische aus dem Unorganischen, sondern höchstens dieses aus jenem zu erklären sein. Es ist kein Zweifel, daß Fechner und Preyer recht haben, die das Tote aus dem Lebenden, und nicht umgekehrt, entstanden sein lassen. Was wir täglich im individuellen Leben vor sich gehen sehen: daß Organisches zu Anorganischem wird (schon durch die Verknöcherung und Verkalkung im Alter, die senile Arteriosklerose und Atheromathose, wird der Tod vorbereitet); indes noch niemand aus Totem Lebendes hat erstehen sehen – das sollte, im Sinne des »biogenetischen« Parallelismus zwischen Ontogenie und Phylogenie, auch auf die Gesamtheit der anorganischen Materie angewendet werden. Hat die Lehre von der Urzeugung von Swammerdam bis Pasteur so viele Posten nacheinander aufgellen müssen, so wird sie auch ihren letzten Halt, den sie im monistischen Bedürfnis so vieler zu haben scheint, fahren lassen, wenn dieses anders und besser wird befriedigt werden können. Die Gleichungen für das tote Geschehen werden sich vielleicht einmal durch Einsetzung bestimmter Zeit-

---

101 Hier kam es mir darauf an, den Drang der Juden zur Chemie einzuordnen. Der anderen Chemie, der Wissenschaft eines Berzelius, Liebig, van t'Hoff soll hiemit nicht nahegetreten sein.

werte als Grenzfälle der Gleichungen des lebendigen Geschehens ergeben, nie umgekehrt das Lebende durch das Tote darstellbar sein. Die Homunkulus-Bestrebungen sind Faust fremd, Goethe hat sie nicht ohne Grund für Wagner, den Famulus, reserviert. Mit der Chemie ist wahrhaftig nur den Exkrementen des Lebendigen beizukommen; ist doch das Tote selbst nur ein Exkret des Lebens. Die chemische Anschauungsweise setzt den Organismus auf eine Stufe mit seinen Auswürfen und Abscheidungen. Wie anders sollten Erscheinungen zu erklären sein gleich dem Glauben eines Menschen, durch Ernährung mit mehr oder weniger Zucker das Geschlecht des werdenden Kindes beeinflussen zu können? Das unkeusche Anpacken jener Dinge, die der Arier im Grunde seiner Seele immer als Schickung empfindet, ist erst durch den Juden in die Naturwissenschaft gekommen. Die Zeit jener tiefreligiösen Forscher, für die ihr Objekt stets an einer übersinnlichen Dignität einen, wenn auch noch so geringen, Anteil hatte, für die es Geheimnisse gab, die vom Staunen kaum je sich erholten über das, was sie zu entdecken sich begnadet fühlten, die Zeit eines Kopernikus und Galilei, eines Kepler und Euler, Newton und Linné, Lamarck und Faraday, Konrad Sprengel und Cuvier scheint vorüber. Die heutigen Freigeister, die, weil sie vom Geiste frei sind, an keine immanente Offenbarung eines Höheren im Naturganzen mehr zu glauben vermögen, sind, vielleicht eben darum, auch in ihrem besonderen wissenschaftlichen Fache nicht imstande, jene Männer wirklich zu ersetzen und zu erreichen.

Aus diesem Mangel an Tiefe wird auch klar, weshalb die Juden keine ganz großen Männer hervorbringen können, weshalb dem Judentum, wie dem Weibe, die höchste Genialität versagt ist. Der hervorragendste Jude der letzten neunzehn Jahrhunderte, an dessen rein semitischer Abkunft zu zweifeln kein Grund vorliegt, und der sicherlich viel mehr Bedeutung besitzt als der, fast jeder Größe entbehrende, Dichter Heine oder der originelle, aber keineswegs tiefe Maler Israels, ist der Philosoph Spinoza. Die allgemein übliche ungeheure Überschätzung auch des letzteren geht weniger auf Vertiefung in seine Werke und ein Studium derselben, als auf den zufälligen Umstand zurück, daß er der einzige Denker ist, den Goethe eingehender gelesen hat.

Für Spinoza selbst gab es eigentlich keine Probleme: darin zeigt er sich als echter Jude; sonst hätte er nicht jene »mathematische Methode« wählen können, die wie darauf berechnet ist, alles selbstverständlich erscheinen zu lassen. Spinozas System war sein Schutzbau, in den er sich darum zurückzog, weil niemand so sehr wie er gemieden hat, über sich selbst nachzudenken; darum konnte es für denjenigen Menschen, der wohl am meisten, und schmerzvoller als alle anderen, über sich nachgedacht hat, darum konnte es für Goethe eine Beruhigung und Erholung werden. Denn der wahrhaft bedeutende Mensch denkt, über was immer er denke, im Grunde doch immer nur über sich selbst nach. Und so gewiß Hegel im Unrecht war, die logische Opposition wie eine reale Repugnanz zu behandeln, so gewiß geht doch auch das trockenste logische Problem beim tieferen Denker psychologisch auf einen mächtigen inneren Konflikt zurück. Spinozas System, in seinem voraussetzungslosen Monismus und Optimismus, in seiner vollkommenen Harmonie, die Goethe so hygienisch empfand, ist unleugbar keine Philosophie eines Gewaltigen: es ist die Absperrung eines die Idylle suchenden, und ihrer doch nicht wirklich fähigen, weil gänzlich humorlosen Unglücklichen.

Die Echtheit seines Judentums erweist Spinoza mehrfach, und läßt deutlich die Grenzen sichtbar werden, welche rein jüdischem Geiste immer gezogen sind: ich meine hier nicht so sehr sein Unverständnis für den Staatsgedanken und seine Anhängerschaft an den Hobbesschen »Krieg aller gegen alle« als angeblichen Urzustand der Menschheit. Was den relativen Tiefstand seiner philosophischen Anschauungen bezeugt, ist viel mehr sein völliges Unverständnis für die Willensfreiheit – der Jude ist stets Sklave und also Determinist –, und am meisten dies, daß für ihn, als echten Juden, die Individuen nur Akzidenzen, nicht Substanzen, nur nicht-wirkliche Modi einer allein wirklichen, aller Individuation fremden unendlichen Substanz sind. Der Jude ist nicht Monadologe. Darum gibt es keinen tieferen Gegensatz als den zwischen Spinoza und seinem weit bedeutenderen und universelleren Zeitgenossen Leibniz, dem

Vertreter der Monaden-Lehre, und deren noch weit größerem Schöpfer Bruno, dessen Ähnlichkeit mit Spinoza eine oberflächliche Anschauung in einer ans Groteske streifenden Weise übertrieben hat.[102]

Wie das »Radikal-Gute« und das »Radikal-Böse«, so fehlt aber dem Juden (und dem Weibe) mit dem Genie auch das Radikal-Dumme in der menschlichen, männlichen Natur. Die spezifische Art der Intelligenz, die dem Juden wie dem Weibe nachgerühmt wird, ist freilich einerseits nur größere Wachsamkeit ihres größeren Egoismus; anderseits beruht sie auf der unendlichen Anpassungsfähigkeit beider an alle beliebigen äußeren Zwecke ohne Unterschied: weil sie keinen urwüchsigen Maßstab des Wertes, kein Reich der Zwecke in der eigenen Brust tragen. Dafür haben sie ungetrübtere natürliche Instinkte, welche dem arischen Manne nicht in gleicher Weise zurückkehren, um ihm weiterzuhelfen, wenn ihn das Übersinnliche in seiner Intelligenz verlassen hat.

Hier ist auch der Ort, der seit Richard Wagner oft hervorgehobenen Ähnlichkeit des Engländers mit dem Juden zu gedenken. Denn sicherlich haben unter allen Germanen sie am ehesten eine gewisse Verwandtschaft mit den Semiten. Ihre Orthodoxie, ihre streng wörtliche Auslegung der Sabbatruhe weist darauf hin. Es ist in der Religiosität der Engländer nicht selten Scheinheiligkeit, in ihrer Askese nicht wenig Prüderie gelegen. Auch sind sie, wie die Frauen, weder durch Musik, noch durch Religion je produktiv gewesen: es mag irreligiöse Dichter geben – sehr große Künstler können es nicht sein –, aber es gibt keinen irreligiösen Musiker. Und es hängt hiemit auch zusammen, warum die Engländer keinen bedeutenden Architekten und nie einen hervorragenden Philosophen hervorgebracht haben. Berkeley ist wie Swift und Sterne ein Ire, Erigena, Carlyle und Hamilton,

102 Ein Genie ist Spinoza nicht gewesen. Es gibt keinen gedankenärmeren und keinen phantasieloseren Philosophen unter allen singulären Gestalten der Philosophiegeschichte. Und man mißversteht den Spinozismus – durch den Gedanken an Goethe getäuscht – völlig, wenn man in ihm vielleicht den schamhaften Ausdruck eines tiefsten Verhältnisses zur Natur erblickt. Wer das All umfassen will, der kann nicht mit Definitionen beginnen. Spinozas Verhältnis zur Natur war vielmehr ein ausnehmend loses. Damit stimmt es überein, daß er auf seinem ganzen Lebenswege nirgends der Kunst begegnet ist (vgl. Kapitel 11, S. 319 f.).

ebenso wie Burns, sind Schotten. Shakespeare und Shelley, die zwei größten Engländer, bezeichnen noch lange nicht die Gipfel der Menschheit, sie reichen auch nicht entfernt hinan an Michel Angelo oder an Beethoven. Und wenn wir nun die englischen »Philosophen« betrachten, so sehen wir, wie von ihnen seit dem Mittelalter stets die Reaktion gegen alle Tiefe ausgegangen ist: von Wilhelm von Occam und Duns Scotus angefangen, über Roger Baco und seinen Namensvetter den Kanzler, den Spinoza so geistesverwandten Hobbes und den seichten Locke, bis zu Hartley, Priestley, Bentham, den beiden Mill, Lewes, Huxley, Spencer. Damit sind aber aus der Geschichte der englischen Philosophie die wichtigsten Namen auch schon aufgezählt; denn Adam Smith und David Hume waren Schotten. Vergessen wir niemals, daß uns aus England die seelenlose Psychologie gekommen ist! Der Engländer hat dem Deutschen als tüchtiger Empiriker, als Realpolitiker im Praktischen wie im Theoretischen, imponiert, aber damit ist seine Wichtigkeit für die Philosophie auch erschöpft. Es hat noch nie einen tieferen Denker gegeben, der beim Empirismus stehengeblieben ist; und noch nie einen Engländer, der über ihn selbständig hinausgekommen wäre.

Dennoch darf man den Engländer nicht mit dem Juden verwechseln. Im Engländer ist viel mehr Transzendentes als im Juden, nur ist sein Sinn mehr vom Transzendenten aufs Empirische, als vom Empirischen aufs Transzendente gerichtet. Sonst wäre er nicht so humorvoll, wie er es ist, indes dem Juden der Humor fehlt, indem dieser vielmehr selbst, nach der Sexualität, das ergiebigste Objekt alles Witzes ist.

Ich weiß wohl, ein wie schwieriges Problem das Lachen und der Humor ist; so schwierig wie alles, was nur menschlich und nicht auch tierisch ist, so schwierig, daß Schopenhauer gar nichts Rechtes, und selbst Jean Paul nichts ganz Befriedigendes über den Gegenstand zu sagen weiß. Im Humor liegt zunächst vielerlei: für manche Menschen scheint er eine feinere Form des Mitleids mit anderen oder mit sich selbst zu bedeuten; aber damit ist nichts ausgesprochen, was gerade für den Humor ausschließlich charakteristisch wäre. In ihm mag bewußtes »Pa-

thos der Distanz« zum Ausdruck kommen – beim gänzlich un-
pathetischen Menschen; aber auch hiemit ist nichts gerade für
ihn Entscheidendes gewonnen.

Das Wesentlichste im Humor scheint mir eine übermäßige
Betonung des Empirischen, um dessen Unwichtigkeit eben hiedurch klarer darzustellen. Lächerlich ist im Grunde alles, was
verwirklicht ist; und hierauf gründet sich der Humor, so ist er
das Widerspiel der Erotik.

Diese faßt Mensch und Welt zusammen und richtet alles in
ihnen auf das Ziel; der Humor läßt sie die entgegengesetzte Bewegung nehmen, er läßt alle Synthesen auf, um zu zeigen, was
die Welt ohne Töne ist. Wie unpolarisiertes und polarisiertes
Licht, so könnte man etwa sagen, verhalten sich Humor und
Erotik.[103]

Will diese aus dem Begrenzten ins Unbegrenzte, so läßt der
Humor auf das Begrenzte sich nieder, schiebt es allein in den
Vordergrund der Bühne, und stellt es bloß, indem er es von allen
Seiten betrachtet. Der Humorist ist nicht reisebedürftig;[104] nur
er hat den Sinn für das Kleine und den Zug zum Kleinen; sein
Reich ist weder Meer noch Gebirge, sein Gebiet ist das Flach-
land. Darum sucht er mit Vorliebe das Idyll auf und vertieft sich
in jedwedes Einzelding: aber immer nur, um sein Mißverhältnis
zum Ding an sich zu enthüllen. Er blamiert die Immanenz, indem er sie von der Transzendenz gänzlich loslöst, ja nicht einmal den Namen der letzteren mehr nennt. Der Witz sucht den
Widerspruch innerhalb der Erscheinung auf, der Humor tut ihr
den größeren Tort an, sie wie ein in sich geschlossenes Ganzes
hinzustellen; beide zeigen, was alles möglich ist, und kompro-
mittieren hiedurch am gründlichsten die Erfahrungswelt. Die
Tragik hingegen tut dar, was in alle Ewigkeit unmöglich ist, und
so verneinen Komik und Tragik, jede auf ihre Weise, die Empirie;
obwohl sie eine das Gegenteil der anderen zu sein scheinen.

Der Jude, der nicht vom Übersinnlichen kommt, wie der Hu-

---

103 Man kann, um sich das zu erläutern, an den Unterschied zwischen Shakespeare und Beethoven denken, einen der größten Gegensätze innerhalb der Psychologie.

104 Vgl. Seite 309.

morist, und nicht zum Übersinnlichen will, wie der Erotiker, hat kein Interesse, das Gegebene geringer zu werten: darum wird ihm das Leben nie zum Gaukelspiel, nie zum Tollhaus. Weil der Humor höhere Werte kennt, als alle konkreten Dinge, und sie nur listig verschweigt, ist er seinem Wesen nach tolerant; die Satire, sein Gegenteil, ist ihrem Wesen nach intolerant und entspricht darum besser der eigentlichen Natur des Juden wie der des Weibes. Juden und Weiber sind humorlos, aber spottlustig. In Rom hat es sogar eine Verfasserin von Satiren, Su1picia mit Namen, gegeben. Weil die Satire unduldsam ist, macht sie den Menschen in der Gesellschaft am leichtesten unmöglich. Der Humorist, der es zu verhindern weiß, daß die Kleinigkeiten und Kleinlichkeiten der Welt ihn und die anderen Menschen ernstlich zu bekümmern anfangen, ist der am liebsten gesehene Gast in jeder Gesellschaft. Denn der Humor räumt wie die Liebe Berge aus dem Wege; er ist eine Verhaltungsweise, die ein soziales Leben, d. h. eine Gemeinsamkeit unter einer höherenIdee, sehr begünstigt. Der Jude ist denn auch nicht, der Engländer in hohem Maße sozial veranlagt.

Der Vergleich des Juden mit dem Engländer versagt also noch viel früher als sein Vergleich mit dem Weibe. Der Grund, aus welchem dennoch hier wie dort Ausführlichkeit geboten schien, liegt in der Hitze des Kampfes, welcher um Wert und Wesen des Judentums seit längster Zeit geführt wird. Auch darf ich hier wohl auf Wagner mich berufen, den das Problem des Judentums am intensivsten, von Anfang bis zuletzt, beschäftigt hat, und der nicht nur im Engländer einen Juden hat wiederentdecken wollen: auch über seiner Kundry, der tiefsten Frauengestalt der Kunst, schwebt unverkennbar der Schatten des Ahasverus.

Noch mehr scheint es im Sinne der Parallele mit dem Weibe gelegen, und noch stärker verleitet zu ihrer voreiligen Annahme, daß – nicht bloß für die Augen des Juden – keine Frau der Welt die Idee des Weibes so völlig repräsentiert wie die Jüdin. Selbst vom Arier wird sie ähnlich empfunden: man denke an Grillparzers »Jüdin von Toledo«. Dieser Schein wird darum so leicht erregt, weil die Arierin vom Arier auch das Metaphysische als einen Sexualcharakter fordert, und von seinen religiösen Überzeugungen ebenso zu durchdringen ist wie von seinen anderen Qualitäten (vgl. Kapitel 9 gegen Ende und Kapitel 12). In Wirklichkeit gibt es freilich dennoch nur Christen und nicht Christinnen. Die Jüdin aber kann, sowohl als kinderreiche Hausmutter wie als wollüstige Odaliske, die Weiblichkeit in ihren beiden Polen, als Kypris und als Kybele, darum vollständiger zu repräsentieren scheinen, weil der Mann, der sie sexuell ergänzt und geistig imprägniert, der Mann, der sie für sich geschaffen hat, selber so wenig Transzendentes in sich birgt.

Die Kongruenz zwischen Judentum und Weiblichkeit scheint eine völlige zu werden, sobald auf die unendliche Veränderungsfähigkeit des Juden zu reflektieren begonnen wird. Das große Talent der Juden für den Journalismus, die »Beweglichkeit« des jüdischen Geistes, der Mangel an einer wurzelhaften und ursprünglichen Gesinnung – lassen sie nicht von den Juden wie von den Frauen es gelten: sie sind nichts, und können eben darum alles werden ? Der Jude ist Individuum, aber nicht Individualität; dem niederen Leben ganz zugewandt, hat er kein Bedürfnis nach der persönlichen Fortexistenz: es fehlt ihm das wahre, unveränderliche, das metaphysische Sein, er hat keinen Teil am höheren, ewigen Leben.

Und doch gehen gerade hier Judentum und Weiblichkeit in entscheidender Weise auseinander; das Nicht-Sein und Alles-Werden-Können ist im Juden ein anderes als in der Frau. Die Frau ist die Materie, die passiv jede Form annimmt. Im Juden liegt zunächst unleugbar eine gewisse Aggressivität: nicht durch den großen Eindruck, den andere auf ihn hervorbringen, wird er rezeptiv, er ist nicht suggestibler als der Arier; sondern er paßt sich den verschiedenen Umständen und Erfordernissen, jeder Umgebung und jeder Rasse selbsttätig an; wie der Parasit, der in jedem Wirte ein anderer wird, und so völlig ein verschiedenes Aussehen gewinnt, daß man ein neues Tier vor sich zu haben glaubt, während er doch immer derselbe geblieben ist. Er assimiliert sich allem und assimiliert es so sich; und er wird hiebei nicht vom anderen unterworfen, sondern unterwirft sich so ihm.

438

Das Weib ist ferner gar nicht, der Jude eminent begrifflich veranlagt, womit auch seine Neigung für die Jurisprudenz zusammenhängt, welcher die Frau nie Geschmack abgewinnen wird; und auch in dieser begrifflichen Natur des Juden kommt seine Aktivität zum Ausdruck, eine Aktivität freilich von ganz eigentümlicher Art, keine Aktivität der selbstschöpferischen Freiheit des höheren Lebens.

Der Jude ist ewig wie das Weib, ewig nicht als Persönlichkeit, sondern als Gattung. Er ist nicht unmittelbar wie der arische Mann, aber seine Mittelbarkeit ist trotzdem eine andere als die des Weibes.

Am tiefsten wird die Erkenntnis des eigentlich-jüdischen Wesens erschlossen durch die Irreligiosität des Juden. Es ist hier nicht der Ort für eine Untersuchung des Religionsbegriffes, und es sei denn unter Religion, ohne eine Begründung, die notgedrungen langatmig werden und vom Thema weit abführen müßte, zunächst die Bejahung alles ewigen, aus den Daten des niederen nie abzuleitenden, nie zu erweisenden ewigen Lebens im Menschen durch den Menschen verstanden. Der Jude ist der ungläubige Mensch. Glaubeist jene Handlung des Menschen, durch welche er in Verhältnis zu einem Sein tritt. Der religiöse Glaube richtet sich nur speziell auf das zeitlose, das absolute Sein, das ewige Leben, wie es in der Sprache der Religion heißt. Und der Jude ist nichts, im tiefsten Grunde darum, weil er nichts glaubt .

Glaube aber ist alles. Mag ein Mensch an Gott glauben oder nicht, es kommt nicht alles darauf an: wenn er nur wenigstens an den Atheismus glaubt. Das aber ist es eben: der Jude glaubt gar nichts, er glaubt nicht an seinen Glauben, er zweifelt an seinem Zweifel. Er ist nie ganz durchdrungen von seinem Jubel, aber ebensowenig fähig, völlig von seinem Unglück erfüllt zu werden. Er nimmt sich nie ernst, und darum nimmt er auch keinen anderen Menschen, keine andere Sache wahrhaft ernst. Es ist innerlich bequem, Jude zu sein; und einige äußere Unbequemlichkeit wird hiefür schon müssen in den Kauf genommen werden.

Hiemit ist die wesentliche Differenz zwischen dem Juden und dem Weibe endlich bezeichnet. Ihre Ähnlichkeit beruht zu allertiefst darauf, daß er, so wenig wie sie, an sich selbst glaubt. Aber sie glaubt an den anderen, an den Mann, an das Kind, an »die Liebe«; sie hat einen Schwerpunkt, nur liegt er außerhalb ihrer. Der Jude aber glaubt nichts, weder in sich noch außer sich; auch im Fremden hat er keinen Halt, auch in ihm schlägt er keine Wurzeln gleich dem Weibe. Und nur gleichsam symbolisch erscheint sein Mangel an irgend welcher Bodenständigkeit in seinem so tiefen Unverständnis für allen Grundbesitz und seiner Vorliebe für das mobile Kapital.[105]

Die Frau glaubt an den Mann, an den Mann außer sich oder an den Mann in sich, an den Mann, von dem sie geistig imprägniert worden ist, und kann auf diese Weise sogar sich selbst ernst nehmen.[106] Der Jude hält nie wirklich etwas für echt und unumstößlich, für heilig und unverletzbar. Darum ist er überall frivol, und alles bewitzelnd; er glaubt keinem Christen sein Christentum, geschweige denn einem Juden die Ehrlichkeit seiner Taufe. Aber er ist auch nicht wirklich realistisch und keineswegs ein echter Empiriker. Hier ist an den früheren Aufstellungen, die, zum Teil, an H. S. Chamberlain sich anschlossen, die wichtigste Einschränkung vorzunehmen. Der Jude ist nicht eigentlich immanent wie der englische Erfahrungsphilosoph; denn der Positivismus des bloßen Empiristen glaubt an einen Abschluß alles menschenmöglichen Wissens im Bereiche der Sinnfälligkeit, er hofft auf die Vollendung des Systems exakter Wissenschaft. Der Jude aber glaubt auch an das Wissen nicht; und doch ist er darum keineswegs Skeptiker, denn ebensowenig ist er vom Skeptizismus überzeugt. Dagegen waltet noch über einem gänzlich ametaphysischen Systeme wie dem des Avenarius eine weihevolle Sorgfalt, ja selbst über die relativistischen Anschauungen von Ernst Mach ist eine vertrauensvolle Frömmigkeit ausgebreitet. Der Empirismus mag nicht tief sein; jüdisch ist er darum nicht zu nennen.

---

105 Und auch sein Mangel an einer tiefen und unveräußerlichen Empfindung für die Natur hängt hiemit zusammen.

106 Vgl. Kapitel 12, S. 349, 356.

Der Jude ist der unfromme Mensch im weitesten Sinne. Frömmigkeit aber ist nicht etwas neben anderen Dingen oder außer anderen Dingen: Frömmigkeit ist der Grund von allem, und die Basis, auf der alles andere erst sich erhebt. Man hält den Juden schon für prosaisch, weil er nicht schwungvoll ist, und nach keinem Urquell des Seins sich sehnt; mit Unrecht. Alle echte innere Kultur, und was immer ein Mensch für Wahrheit halte, daß es für ihn Kultur, daß es für ihn Wahrheit, daß es für ihn Werte gibt, das ruht auf dem Grunde des Glaubens, es bedarf der Frömmigkeit. Und Frömmigkeit ist nicht etwas, das bloß in der Mystik und in der Religion sich offenbart; auch aller Wissenschaft und aller Skepsis, allem, womit der Mensch es innerlich ernst meint, liegt sie am tiefsten zugrunde. Daß sie auf verschiedene Weise sich äußern mag, ist bestimmt: Begeisterung und Sachlichkeit, hoher Enthusiasmus und tiefer Ernst, das sind die zwei vornehmsten Arten, in welchen sie zur Erscheinung gelangt. Der Jude ist nie schwärmerisch, aber er ist auch nicht eigentlich nüchtern; er ist nicht ekstatisch, aber er ist auch nicht trocken. Fehlt ihm der niedere wie der geistige Rausch, ist er so wenig Alkoholiker, als höherer Verzückung fähig, so ist er darum noch nicht kühl, und noch in weiter Ferne von der Ruhe überzeugender Argumentation: seine Wärme schwitzt, und seine Kälte dampft. Seine Beschränkung wird immer Magerkeit, seine Fülle immer Schwulst. Kommt er, wenn er zur schrankenlosen Begeisterung des Gefühles den Aufflug wagt, nie weit über das Pathetische hinaus, so unterläßt er, auch wenn er in den engsten Fesseln des Gedankens sich zu bewegen unternimmt, doch nicht, geräuschvoll mit seinen Ketten zu rasseln. Und drängt es ihn auch kaum zum Kuß der ganzen Welt, er bleibt gegen sie darum nicht minder zudringlich.

Alle Sonderung und alle Umschlingung, alle Strenge und alle Liebe, alle Sachlichkeit und alles Hymnische, jede wahre, unverlogene Regung im Menschenherzen, sei sie ernst oder freudig, ruht zuletzt auf der Frömmigkeit. Der Glaube muß nicht, wie im Genius, das ist im frömmsten Menschen, auf eine metaphysische Entität sich beziehen – Religion ist Setzung seiner selbst und der Welt mit sich selbst –, er mag auch auf ein empirisches

Sein sich erstrecken, und hierin gleichsam völlig aufzugehen scheinen: es ist doch nur ein und derselbe Glaube an ein Sein, an einen Wert, eine Wahrheit, an ein Absolutes, an einen Gott.

Dem hier entwickelten umfassendsten Begriff von Religion und Frömmigkeit könnten mannigfache Mißdeutungen leicht begegnen. Darum möchte ich zu seiner Erläuterung noch einiges bemerken. Frömmigkeit liegt nicht bloß im Besitz, sondern auch im Kampfe, um Besitz zu erringen: nicht bloß der überzeugte Gottverkünder (wie Händel, oder wie Fechner) ist fromm, sondern auch der irrende, zweifelnde Gottsucher (wie Lenau, oder wie Dürer)[107] Frömmigkeit braucht nicht in ewiger Betrachtung vor dem Weltganzen zu stehen (so wie Bach vor ihm steht); sie mag (wie bei Mozart) als eine alle Einzeldinge begleitende Religiosität sich offenbaren. Sie ist endlich nicht an das Auftreten eines Stifters gebunden: das frömmste Volk der Welt sind die Griechen gewesen und nur darum war ihre Kultur die höchste unter allen bisherigen; unter ihnen aber hat es sicher nie einen überragenden Religionsstifter gegeben (dessen sie nicht bedurften; vgl. S. 440).

Religion ist Schöpfung des Alls; und alles, was im Menschen ist, ist nur durch Religion. Der Jude ist demnach nicht der religiöse Mensch, wofür man ihn so oft ausgegeben hat, sondern der irreligiöse Mensch κατ' ἐξοχήν.

Soll ich dies nun noch begründen? Soll ich lange ausführen, wie der Jude ohne Eifer im Glauben ist, und darum die jüdische Konfession die einzige, die um keinen Proselyten wirbt, der zum Judentum Übergetretene dessen Bekennern selbst das größte Rätsel und das verlegenste Gelächter?[108] Soll ich über das Wesen des jüdischen Gebetes hier mich verbreiten und seine Formelhaftigkeit, seinen Mangel an jener Inbrunst, die nur der Augenblick geben kann, betonen? Soll ich endlich wiederholen, was

107 Der Jude ist nicht der noch nicht erleuchtete, noch nicht sehende Thomas des   Verrocchio (an der Kirche Or San Michele in Florenz), der gar nichts anderes möchte, als glauben, und es nur noch nicht kann; vielmehr empfindet der Jude seinen Unglauben als seine Überlegenheit, als den Witz, um den nur er weiß.

108 Hiegegen kann die jüdische Unduldsamkeit keinen Einwand bilden. Wahre Religion ist immer eifrig, aber nie zelotisch. Intoleranz ist vielmehr identisch mit Ungläubigkeit; wie die Macht das täuschendste Surrogat der Freiheit ist, so entsteht Intoleranz nur aus dem Mangel an individueller Sicherheit des Glaubens.

die jüdische Religion ist: keine Lehre vom Sinn und Zweck des Lebens, sondern eine historische Tradition, zusammenzufassen in dem einen Übergang durchs Rote Meer, gipfelnd also in dem Danke des flüchtenden Feigen an den mächtigen Erretter? Es wäre wohl auch sonst klar: der Jude ist der irreligiöse Mensch, und von jedem Glauben am allerweitesten entfernt. Er setzt nicht sich selbst und mit sich die Welt, worin das Wesentliche in der Religion besteht. Aller Glaube ist heroisch: der Jude aber kennt weder den Mut noch das Fürchten, als das Gefühl des bedrohten Glaubens; er ist weder sonnenhaft noch dämonisch.

Nicht also, wie Chamberlain glaubt, Mystik, sondern Frömmigkeit ist das, was dem Juden zuallerletzt mangelt. Wäre er nur ehrlicher Materialist, wäre er nur borniter Entwicklungsanbeter! Aber er ist nicht Kritiker, sondern nur Kritikaster, er ist nicht Skeptiker nach dem Bilde des Cartesius, nicht Zweifler, um aus dem größten Mißtrauen zur größten Sicherheit zu gelangen; sondern absoluter Ironiker wie – hier kann ich eben nur einen Juden nennen – Heinrich Heine. Auch der Verbrecher ist unfromm und hat keinen Halt in Gott; aber er sinkt damit ins Bodenlose, denn er kann nicht neben Gott stehen. Das aber ist der eigentümliche Kniff alles Jüdischen. Der Verbrecher ist daher stets verzweifelt; der Jude nie. Er ist gar nicht echter Revolutionär (denn woher käme ihm die Kraft und der innere Elan der Empörung?), und unterscheidet sich eben hiedurch vom Franzosen: er ist nur zersetzend, und gar nie wirklich zerstörend.

Und was ist er nun. selbst, der Jude, wenn er nichts von alledem ist, was sonst ein Mensch sein kann? Was geht in ihm wahrhaft vor, wenn er ohne irgend welches Letzte ist, ohne einen Grund, auf den das Senkblei des Psychologen am Ende doch hart und vernehmlich stieße?

Des Juden psychische Inhalte sind sämtlich mit einer gewissen Zweiheit oder Mehrheit behaftet; über diese Ambiguität, diese Duplizität, ja Multiplizität kommt er nie hinaus. Er hat immer noch eine Möglichkeit, noch viele Möglichkeiten, wo der Arier, ohne ärmer im Blicke zu sein, unbedingt sich entscheidet und wählt. Diese innere Vieldeutigkeit, diesen Mangel an unmittelbarer innerer Realität irgend eines psychischen Geschehens, die Armut an jenem An- und Fürsich-Sein, aus welchem allein höchste Schöpferkraft fließen kann, glaube ich als die Definition dessen betrachten zu müssen, was ich das Jüdische als Idee genannt habe.[109] Es ist wie ein Zustand vor dem Sein, ein ewiges Irren draußen vor dem Tore der Realität. Mit nichts kann der Jude sich wahrhaft identifizieren, für keine Sache sein Leben ganz und gar einsetzen.[110] Nicht der Eiferer, sondern der Eifer fehlt dem Juden: weil ihm alles Ungeteilte, alles Ganze fremd ist. Es ist die Einfalt des Glaubens, die ihm abgeht, und weil er diese Einfalt nicht hat, und keine wie immer geartete letzte Position bedeutet, darum scheint er gescheiter als der Arier, und entwindet sich elastisch jeder Unterdrückung.[111] Innerliche Vieldeutigkeit, ich möchte es wiederholen, ist das absolut Jüdische, Einfalt das absolut Unjüdische. Die Frage des Juden ist die Frage, die Elsa an Lohengrin richtet: die Unfähigkeit, irgend einer Verkündigung, sei es auch der inneren Offenbarung, die Unmöglichkeit, irgend einem Sein schlechthin zu glauben.

Man wird vielleicht einwenden, jenes zwiespältige Sein finde sich nur bei den zivilisierten Juden, in welchen die alte Orthodoxie neben der modernen Gesittung noch fortwirke. Aber das wäre weit gefehlt. Seine Bildung läßt das Wesen des Juden nur darum stets noch klarer zum Vorschein kommen, weil es so an Dingen sich betätigt, die mit tieferem Ernst erwogen sein wollen als materielle Geldgeschäfte. Der Beweis, daß der Jude an sich nicht eindeutig ist, läßt sich erbringen: der Jude singt nicht. Nicht aus Schamhaftigkeit, sondern weil er sich seinen Gesang nicht glaubt. So wenig die Vieldeutigkeit des Juden mit

---

109 Hieraus erst ist wirklich die Genielosigkeit des Juden erklärbar (vgl. S. 229): nur Glaube ist schöpferisch. Und vielleicht spiegeln die geringere geschlechtliche Potenz des Juden und die größere Schwäche seiner Muskeln, seines Körpers nur diese selbe Tatsache in der niederen Sphäre wider.

110 Der Mann erst schafft das Weib. Darum besitzen die Jüdinnen bekanntermaßen jene Einfachheit der Christinnen nicht, die sich ohne weiteres an das sexuelle Komplement hingibt.

111 Dies darf man aber nicht, wie Schopenhauer, und nach ihm, unter Benützung seiner mangelhaften psychologischen Distinktion, H. S. Chamberlain, als ein Überwiegen des Willens und ein abnormes Zurücktreten des Intellektes deuten. Der Jude ist gar nicht wirklich willensstark, und seine innere Unentschiedenheit könnte sogar leicht zu einer irrigen Verwechslung mit psychischem »Masochismus«, das ist Schwere und Hilflosigkeit im Augenblicke des Entschlusses, Anlaß geben.

eigentlicher, realer Differenziertheit oder Genialität, so wenig hat seine eigentümliche Scheu vor dem Gesang, oder auch nur vor dem lauten hellen Worte, mit echter Zurückhaltung etwas zu tun. Alle Scham ist stolz; jene Abneigung des Juden ist aber ein Zeichen seiner inneren Würdelosigkeit: denn das unmittelbare Sein versteht er nicht, und er würde sich schon lächerlich finden und kompromittiert fühlen, wenn er nur sänge. Schamhaftigkeit umfaßt alle Inhalte, die mit dem Ich des Menschen durch eine innige Kontinuität fester verknüpft sind; die fragliche Gene des Juden aber erstreckt sich auch auf Dinge, die ihm keineswegs heilig sein können, die er also nicht zu profanieren fürchten müßte, wenn er öffentlich die Stimme würde erheben sollen. Und abermals trifft dies mit der Unfrömmigkeit des Juden zusammen: denn alle Musik ist absolut, und besteht wie losgelöst von jedweder Unterlage; nur darum hat sie unter allen Künsten die engste Beziehung zur Religion, und ist der einfache Gesang, der eine einzelne Melodie mit ganzer Seele erfüllt, unjüdisch wie jene. Man sieht, wie schwierig es ist, das Judentum zu definieren. Dem Juden fehlt die Härte, aber auch die Sanftmut – eher ist er zäh und weich; er ist weder roh noch fein, weder grob noch höflich. Er ist nicht König, nicht Führer, aber auch nicht Lehnsmann, nicht Vasall. Was er nicht kennt, ist Erschütterung; doch es mangelt ihm ebensosehr der Gleichmut. Ihm ist nie etwas selbstverständlich, aber ebenso fremd ist ihm alles wahre Staunen. Er hat nichts vom Lohengrin, aber beinahe noch weniger vom Telramund (der mit seiner Ehre steht und fällt). Er ist lächerlich als Korpsstudent, und gibt doch keinen guten Philister ab. Er ist nie schwerblütig, aber auch nie vom Herzen leichtsinnig. Weil er nichts glaubt, flüchtet er ins Materielle; nur daher stammt seine Geldgier: er sucht hier eine Realität und will durchs »Geschäft« von einem Seienden überzeugt werden – der einzige Wert, den er als tatsächlich anerkennt, wird so das »verdiente« Geld. Aber dennoch ist er nicht einmal eigentlich Geschäftsmann: denn das »Unreelle«, »Unsolide« im Gebaren des jüdischen Händlers ist nur die konkrete Erscheinung des der inneren Identität baren jüdischen Wesens auch auf diesem Gebiete. » Jüdisch « ist also eine Kategorie und psychologisch nicht weiter zurückzuführen und zu bestimmen; metaphysisch mag man es als Zustand vor dem Sein fassen; introspektiv kommt man nicht weiter als bis zur inneren Vieldeutigkeit, dem Mangel an irgend welcher Überzeugtheit der Unfähigkeit zu irgend welcher Liebe, das ist ungeteilten Hingabe und zum Opfer.

Die Erotik des Juden ist sentimental, sein Humor Satire; jeder Satiriker aber ist sentimental, wie jeder Humorist nur ein umgekehrter Erotiker. In der Satire und in der Sentimentalität ist jene Duplizität, die das Jüdische eigentlich ausmacht (denn die Satire verschweigt zu wenig und fälscht darum den Humor); und jenes Lächeln ist beiden gemeinsam, welches das jüdische Gesicht kennzeichnet: kein seliges, kein schmerzvolles, kein stolzes, kein verzerrtes Lächeln, sondern jener unbestimmte Gesichtsausdruck (das physiognomische Korrelat innerer Vieldeutigkeit), welcher Bereitschaft verrät, auf alles einzugehen, und alle Ehrfurcht des Menschen vor sich selbst vermissen läßt; jene Ehrfurcht, die allein alle andere » verecundia« erst begründet.

Ich glaube nun gerade deutlich genug gewesen zu sein, um nicht darüber schlecht verstanden zu werden, was ich mit dem eigentlichen Wesen des Judentums meine. Ibsens König Hakon in den »Kronprätendenten«, sein Dr. Stockmann im »Volksfeind« mögen es, wenn es dessen bedürfen sollte, noch klarer machen, was dem echten Juden in alle Ewigkeit unzugänglich ist: das unmittelbare Sein, das Gottesgnadentum, der Eichbaum, die Trompete, das Siegfriedmotiv, die Schöpfung seiner selbst, das Wort: ich bin . Der Jude ist wahrhaftig das »Stiefkind Gottes auf Erden«; und es gibt denn auch keinen (männlichen) Juden, der nicht, wenn auch noch so dumpf, an seinem Judentum, das ist, im tiefsten Grunde, an seinem Unglauben, litte .

Judentum und Christentum, jenes das zerrissenste, der inneren Identität barste, dieses das glaubenskräftigste, gottvertrauendste Sein, sie bilden so den weitesten, unermeßlichsten Gegensatz. Christentum ist höchstes Heldentum; der Jude aber ist nie einheitlich und ganz. Darum eben ist der Jude feige, und der Heros sein äußerster Gegenpol.

H. S. Chamberlain hat von dem furchtbaren, unheimlichen

Unverständnis des echten Juden für die Gestalt und die Lehre Jesu, für den Krieger wie für den Dulder in ihm, für sein Leben wie für sein Sterben, viel Wahres und Treffendes gesagt. Aber es wäre irrig, zu glauben, der Jude hasse Christum; der Jude ist nicht der Antichrist, er hat zu Jesus nur eigentlich gar keine Beziehung; es gibt streng genommen nur Arier – Verbrecher –, die Jesum hassen. Der Jude fühlt sich durch ihn nur, als ein seinem Witze nicht recht Angreifbares, weil seinem Verständnis Entrücktes, gestört und unangenehm geärgert.

Dennoch ist die Sage vom Neuen Testament als reifster Blüte und höchster Vollendung des Alten, und die künstliche Vermittlung, welche das letztere den messianischen Verheißungen des ersteren angepaßt hat, den Juden sehr zustatten gekommen; sie ist ihr stärkster äußerer Schutz gewesen. Daß nun trotz dieses polaren Verhältnisses gerade aus dem Judentum das Christentum hervorgegangen ist, bildet eines der tiefsten psychologischen Rätsel: es ist kein anderes Problem als die Psychologie des Religionsstifters, um das es sich hier handelt.[112]

Wodurch unterscheidet sich der geniale Religionsstifter von allem übrigen Genie? Welche innere Notwendigkeit treibt ihn, Religion zu stiften?

Es kann keine andere sein, als daß er selbst nicht immer an den Gott geglaubt hat, den er verkündet. Die Überlieferung erzählt von Buddha wie von Christus, welchen Versuchungen sie ausgesetzt waren, viel stärkeren als alle anderen Menschen. Zwei weitere, Mohammed und Luther, sind epileptisch gewesen. Die Epilepsie aber ist die Krankheit des Verbrechers: Cäsar, Narses, Napoleon, die »großen« Verbrecher, haben sämtlich an der Fallsucht gelitten, und Flaubert und Dostojewskij, welche zu ihr wenigstens tendierten, hatten beide außerordentlich viel vom Verbrecher in sich, ohne natürlich Verbrecher zu sein.

Der Religionsstifter ist jener Mensch, der ganz gottlos gelebt und dennoch zum höchsten Glauben sich durchgerungen hat. »Wie es möglich sei, daß ein natürlicherweise böser Mensch sich selbst zum guten Menschen mache, das übersteigt alle un-

---

112 Hier gelangt zur Erledigung, was aus den Erörterungen des vierten bis achten Kapitels mit Absicht ferngehalten werden mußte.

sere Begriffe; denn wie kann ein böser Baum gute Früchte bringen?« so fragt Kant in seiner Religionsphilosophie, und bejaht dennoch prinzipiell diese Möglichkeit: »Denn, ungeachtet jenes Abfalles erschallt doch das Gebot: wir sollen bessere Menschen werden, unvermindert in unserer Seele; folglich müssen wir es auch können ...« Jene unbegreifliche Möglichkeit der vollständigen Wiedergeburt eines Menschen, der alle Jahre und Tage seines früheren Lebens als böser Mensch gelebt hat, dieses hohe Mysterium ist in jenen sechs oder sieben Menschen verwirklicht, welche die großen Religionen der Menschheit begründet haben. Hiedurch scheiden sie sich vom eigentlichen Genie: in diesem überwiegt von Geburt an die Anlage zum Guten.

Das andere Genie erfährt die Gnade noch vor der Geburt; der Religionsstifter im Laufe seines Lebens. In ihm stirbt ein älteres Wesen am vollständigsten und tritt vor einem gänzlich neuen zurück. Je größer ein Mensch werden will, desto mehr ist in ihm, dessen Tod er beschließen muß. Ich glaube, daß auch Sokrates hier dem Religionsstifter (als der einzige unter allen Griechen)[113] sich nähert; vielleicht hat er den entscheidenden Kampf mit dem Bösen an jenem Tage gekämpft, da er bei Potidaea vierundzwanzig Stunden allein an einem und demselben Orte aufrecht stand.

Der Religionsstifter ist derjenige Mensch, für den bei seiner Geburt kein einziges Problem gelöst ist. Er ist der Mensch mit den geringsten individuellen Sicherheiten; in ihm ist alles gefährdet und in Frage gestellt, und alles, nicht dies oder jenes, hat er erst im Leben selbst sich zu erobern. Denn während dieser mit der Krankheit zu kämpfen hat und an der physischen Schwäche leidet, zittert ein anderer vor dem Verbrechen, weil es als eine Möglichkeit in ihm liegt; ein jeder hat irgendwie bei der Geburt danebengegriffen, sich mit irgend welcher Sünde beladen. Nur formal ist die Erbsünde für alle die gleiche, material ist sie für einen jeden eine verschiedene. Hier hat dieser, dort jener Nichtiges, Wertloses erwählt, als er aufhörte zu wollen, als sein Wille mit einem Male Trieb, seine Individualität Individuum,

---

113 Nietzsche hatte auch wohl recht, als er in ihm keinen echten Hellenen erblickte; indes Plato wieder ganz und gar Grieche ist.

seine Liebe Lust wurde, als er geboren ward; und diese seine individuelle Erbsünde, das Nichts in der eigenen Person ist es, was er im Leben als Schuld und Makel und Unvollkommenheit empfindet und was ihm als Denkendem Problem, Rätsel und Aufgabe wird. Nur der Religionsstifter allein hat die Erbsünde ganz begangen, und sein Beruf wird es, sie ganz zu sühnen: in ihm ist alles, ist das All problematisch, aber er löst auch alles, er erlöst sich zum All. Er beantwortet jedes Problem und befreit sich ganz von der Schuld. Er faßt den festesten Fuß über dem tiefsten Abgrund, er überwindet das Nichts an sich und ergreift das Ding an sich, das Sein an sich. Und insofern kann man allerdings sagen, er sei von der Erbsünde befreit, in ihm Gott ganz Mensch, aber Mensch auch ganz Gott geworden; denn in ihm war alles Schuld und alles Problem, und in ihm wird alles Sühne und alles Lösung.

Alle Genialität aber ist nur höchste Freiheit vom Naturgesetz.

>*Von der Gewalt, die alle Wesen bindet,*
Befreit der Mensch sich, der sich überwindet.<

Wenn dies so sich verhält, dann ist der Religionsstifter der genialste Mensch. Denn er hat am meisten überwunden. Er ist der Mensch, dem das gelungen ist, was die tiefsten Denker der Menschheit nur zaghaft, nur um ihre ethische Weltanschauung, um die Freiheit der Wahl nicht preisgeben zu müssen, als möglich hingestellt haben: die völlige Neugeburt des Menschen, seine »Regeneration«, die gänzliche Umkehr des Willens. Die anderen großen Geister haben zwar auch den Kampf mit dem Bösen zu führen, aber bei ihnen neigt die Wagschale von vornherein entschieden zum Guten. Nicht so beim Religionsgründer. In ihm ist so viel Böses, so viel Machtwille, so viel irdische Leidenschaft, daß er 40 Tage in der Wüste, ununterbrochen, ohne Nahrung, ohne Schlaf, mit dem Feind in sich kämpfen muß. Erst dann hat er gesiegt: nicht zum Tode ist er eingegangen, sondern das höchste Leben hat er in sich befreit. Wäre das anders, so fehlte jeder Impuls zur Glaubensstiftung. Der Religionsstifter ist hier ganz der Gegenpol des Imperators, der Kaiser das Gegenteil des Galiläers: auch in Napoleon ist in einem bestimmten Zeitpunkte seines Lebens eine Umkehr vor sich gegangen, aber eine Wendung nicht vom Erdenleben weg, sondern eine endgültige Entscheidung für dessen Schätze und Macht und Herrlichkeiten. Napoleon ist groß durch die kolossale Intensität, mit welcher er die Idee hinter sich wirft, durch die gewaltige Spannung seiner Abkehr vom Absoluten, durch den Umfang der ungesühnten Schuld. Der Religionsgründer aber will und muß nichts anderes den Menschen bringen, als was ihm, dem belastetsten von allen, gelungen ist: den Bund mit der Gottheit zu schließen. Er weiß, daß er der schuldbeladenste Mensch ist; und er sühnt die größte Schuldsumme durch den Tod am Kreuze.

Im Judentum waren zwei Möglichkeiten. Vor Christi Geburt lagen sie noch beisammen, und es war noch nicht gewählt worden. Es war eine Diaspora da, und zugleich wenigstens eine Art Staat: Negation und Position, beide waren nebeneinander vorhanden. Christus ist der Mensch, der die stärkste Negation, das Judentum, in sich überwindet, und so die stärkste Position, das Christentum, als das dem Judentum Entgegengesetzteste, schafft. Aus dem Zustand vor dem Sein trennen sich Sein und Nicht-Sein. Jetzt sind die Lose gefallen: das alte Israel scheidet sich in Juden und in Christen, der Jude, wie wir ihn kennen, wie ich ihn beschrieben habe, entsteht zugleich mit dem Christen. Die Diaspora wird nun vollständig, und aus dem Judentum verschwindet die Möglichkeit zur Größe: Männer wie Simson und Josua, die unjüdischesten im alten Israel, hat das Judentum seither nicht wieder hervorbringen können. Christentum und Judentum bedingen sich welthistorisch wie Position und Negation. In Israel waren die höchsten Möglichkeiten, die je einem Volke beschieden waren: die Möglichkeit Christi. Die andere Möglichkeit ist der Jude.

Ich hoffe, nicht mißverstanden zu werden: ich will dem Judentum nicht eine Beziehung zum Christentum andichten, die ihm fremd ist. Das Christentum ist die absolute Negation des

Judentums; aber es hat zu diesem dasselbe Verhältnis, welches alle Dinge mit ihren Gegenteilen, jede Position mit der Negation verbindet, welche durch sie überwunden ist.[114] Noch mehr als Frömmigkeit und Judentum, sind Christentum und Judentum nur aneinander, und durch ihre wechselseitige Ausschließung, zu definieren. Nichts ist leichter, als Jude, nichts schwerer, als Christ zu sein. Das Judentum ist der Abgrund, über dem das Christentum aufgerichtet ist, und darum der Jude die stärkste Furcht und die tiefste Abneigung des Ariers.[115]

Ich vermag nicht mit Chamberlain zu glauben, daß die Geburt des Heilands in Palästina ein bloßer Zufall könne gewesen sein. Christus war ein Jude, aber nur, um das Judentum in sich am vollständigsten zu überwinden; denn wer über den mächtigsten Zweifel gesiegt hat, der ist der gläubigste, wer über die ödeste Negation sich erhoben hat, der positivste Bejaher. Das Judentum war die besondere Erbsünde Christi; sein Sieg über das Judentum, das, worum er reicher ist, als Buddha und Confucius und alle andern. Christus ist der größte Mensch, weil er am größten Gegner sich gemessen hat. Vielleicht ist er der einzige Jude und wird es bleiben, dem dieser Sieg über das Judentum gelungen: der erste Jude wäre der letzte, der ganz und gar Christ geworden ist; vielleicht aber liegt auch heute noch im Judentum die Möglichkeit, den Christ hervorzubringen, vielleicht sogar muß auch der nächste Religionsstifter abermals erst durch das Judentum hindurchgehen.

So allein nämlich wird die Langlebigkeit des Judentums begreiflich, welches alle anderen Völker und Rassen überdauert. Ganz ohne einen Glauben hätten auch die Juden nicht bestehen und sich erhalten können; und dieser eine Glaube ist das dunk-

---

114 Man erinnert sich hier vielleicht des S. 134 f. über die psychologische Bedeutung der Gegensatzpaare und S. 95 f. über die Polarität in der Charakterologie Bemerkten.

115 Hierin liegt auch der Unterschied und die Grenze zwischen dem Antisemitismus des Juden und dem Antisemitismus des Indogermanen begründet. Dem jüdischen Antisemiten ist der Jude nur antipathisch (obwohl er dennoch immer wieder jüdische Gesellschaft aufsucht und sich in einer anderen Mitte nie vollkommen behaglich fühlt), der antisemitische Arier hingegen ist, wenn er auch noch so mutig den Kampf gegen das Judentum führt, im Grunde seines Herzens doch immer, was der Jude nie ist: Judäophobe.

le, dumpfe und doch verzweifelt sichere Gefühl, daß doch etwas, eines am Judentume, im Judentume sein müsse. Dieses Eine ist eben der Messias, der Erlöser. Der Erlöser des Judentums ist der Erlöser vom Judentume. Ein jedes Volk sonst verwirklicht einen bestimmten Gedanken, eine einzelne Sonder-Idee; und darum geht auch jede andere Nation zuletzt zugrunde. Nur der Jude verwirklicht gar keine Sonder-Idee; denn wenn er etwas zu verwirklichen vermöchte, so könnte er nur die Idee an sich verwirklichen: aus der Mitte Judäas muß der Gottmensch hervorgehen. Damit hängt die Lebenskraft des Judentums zusammen: das Judentum lebt vom Christentum noch in einem ganz anderen Sinne als in dem Sinne materieller Ausbeutung. Das jüdische Wesen hat metaphysisch gar keine andere Bestimmung, als dem Religionsstifter als der Sockel zu dienen. Daraus wird auch die merkwürdigste Erscheinung in der Weise der Juden klar, die besondere Art, in der sie ihrem Gotte dienen: nie als einzelne Menschen, sondern stets nur in einer Menge. Nur zu mehren sind sie »fromm«, sie brauchen den »Mitbeter«: weil die Hoffnung der Juden identisch ist mit der permanenten Möglichkeit, aus ihrer Gattung den größten Überwinder, den Religionsstifter hervorgehen zu sehen. Das ist die unbewußte Bedeutung aller messianischen Hoffnungen in der jüdischen Überlieferung: der Christ ist der Sinn der Juden.

Wenn also im Juden vielleicht noch immer die höchsten Möglichkeiten, so liegen doch in ihm die geringsten Wirklichkeiten; er ist wohl der zum Meisten veranlagte und doch zugleich der innerlich des Wenigsten mächtige Mensch.

Unsere heutige Zeit läßt das Judentum auf der höchsten Höhe erblicken, die es seit den Tagen des Herodes erklommen hat. Jüdisch ist der Geist der Modernität, von wo man ihn betrachte. Die Sexualität wird bejaht, und die heutige Gattungsethik singt zum Koitus den Hymenaios. Der unglückliche Nietzsche ist wahrhaftig nicht verantwortlich für die große Vereinigung von natürlicher Zuchtwahl und natürlicher Unzuchtwahl, deren schmählicher Apostel sich Wilhelm Bölsche nennt. Er hat Verständnis gehabt für die Askese, und nur unter der eigenen zu sehr gelitten, um nicht ihr Gegenteil oft wünschenswerter zu finden. Aber Weiber und Juden kuppeln, ihr Ziel ist es: den Menschen schuldig werden lassen.

Unsere Zeit, die nicht nur die jüdischeste, sondern auch die weibischeste aller Zeiten ist; die Zeit, für welche die Kunst nur ein Schweißtuch ihrer Stimmungen abgibt, die den künstlerischen Drang aus den Spielen der Tiere abgeleitet hat; die Zeit des leichtgläubigsten Anarchismus, die Zeit ohne Sinn für Staat und Recht, die Zeit der Gattungs-Ethik, die Zeit der seichtesten unter allen denkbaren Geschichtsauffassungen (des historischen Materialismus), die Zeit des Kapitalismus und des Marxismus, die Zeit, der Geschichte, Leben, Wissenschaft, alles nur mehr Ökonomie und Technik ist; die Zeit, die das Genie für eine Form des Irrsinns erklärt hat, die aber auch keinen einzigen großen Künstler, keinen einzigen großen Philosophen mehr besitzt, die Zeit der geringsten Originalität und der größten Originalitätshascherei; die Zeit, die an die Stelle des Ideals der Jungfräulichkeit den Kultus der Demi-Vierge gesetzt hat: diese Zeit hat auch den Ruhm, die erste zu sein, welche den Koitus nicht nur bejaht und angebetet, sondern wie zur Pflicht erhoben hat: nicht um sich zu vergessen, wie der Römer, der Grieche im Bacchanal, sondern um sich zu finden und der eigenen Ödigkeit erst einen Inhalt zu geben.

Aber dem neuen Judentum entgegen drängt ein neues Christentum zum Lichte; die Menschheit harrt des neuen Religionsstifters, und der Kampf drängt zur Entscheidung wie im Jahre eins. Zwischen Judentum und Christentum, zwischen Geschäft und Kultur, zwischen Weib und Mann, zwischen Gattung und Persönlichkeit, zwischen Unwert und Wert, zwischen irdischem und höherem Leben, zwischen dem Nichts und der Gottheit hat abermals die Menschheit die Wahl. Das sind die beiden Pole: es gibt kein drittes Reich.

XIV. Kapitel. Das Weib und die Menschheit

Die Idee der Menschheit und die Frau als Kupplerin. Der Goethe-Kult. Verweiblichung der Männer. Virginität und Keuschheit. Männlicher Ursprung dieser Ideale. Das Unverständnis der Frau für die Erotik. Ihr Verständnis der Sexualität. Der Koitus und die Liebe. Die Frau als Gegnerin der Emanzipation. Askese unsittlich. Der Geschlechtsverkehr als Mißachtung des Nebenmenschen, Problem des Juden = Problem des Weibes = Problem der Sklaverei. Was sittliches Verhalten gegen die Frau ist. Der Mann als Gegner der Frauenemanzipation. Ethische Postulate. Zwei Möglichkeiten. Die Frauenfrage als die Menschheitsfrage. Untergang des Weibes. – Enthaltsamkeit und Aussterben des Menschengeschlechtes. Furcht vor der Einsamkeit. Die eigentlichen Gründe der Unsittlichkeit des Geschlechtsverkehres. Die irdische Vaterschaft. Forderung der Aufnahme der Frauen unter die Menschheitsidee. Die Mutter und die Erziehung des Menschengeschlechtes. Letzte Fragen.

Nun erst ist es möglich, gereinigt und gewaffnet nochmals vor die Frage der Emanzipation des Weibes zu treten. Gereinigt, weil nun nicht mehr die tausend fliegenden Mücken jener Zweideutigkeiten, welche den Gegenstand umspielen, den Blick trüben; gewaffnet, weil im Besitze fester theoretischer Begriffe und sicherer ethischer Anschauungen. Fern ab von dem Tummelplatze der gewöhnlichen Kontroversen und selbst weit über das Problem der ungleichen Begabung hinaus ist die Untersuchung an Punkte gelangt, welche die Rolle des Weibes im Weltganzen und den Sinn seiner Mission für den Menschen ahnen ließen. Darum sollen auch hier Fragen von allzu besonderem Charakter in die Erörterung nicht einbezogen werden; diese ist nicht optimistisch genug, auf die Führung politischer Geschäfte von ihren Resultaten einen Einfluß zu erhoffen. Sie verzichtet auf die Ausarbeitung sozialhygienischer Vorschläge, und behandelt das Problem vom Standpunkte jener Idee der Menschheit, die über der Philosophie von Immanuel Kant schwebt.

Die Gefahr ist groß, welche dieser Idee von der Weiblichkeit droht. Den Frauen ist in hohem Grade die Kunst verliehen, den Schein zu erregen, als wären sie eigentlich asexuell und ihre Sexualität nur eine Konzession an den Mann. Denn fiele dieser Schein weg, wo bliebe dann die Konkurrenz mehrerer, vieler um eine? Sie haben aber, unterstützt von Männern, die es ihnen glaubten, heute dem anderen Geschlechte beinahe dies einzureden vermocht, daß des Mannes wichtigstes, eigentlichstes Bedürfnis die Sexualität sei, daß er erst vom Weibe Befriedigung seiner wahrsten und tiefsten Wünsche erhoffen dürfe, daß Keuschheit für ihn ein Unnatürliches und Unmögliches bilde. Wie oft können junge Männer, die in ernster Arbeit Genugtuung finden, von Frauen, denen sie nicht allzu häßlich vorkommen, und, als Liebhaber oder Schwiegersöhne, nicht allzu wenig zu versprechen scheinen, es vernehmen, daß sie nicht so übermäßig studieren, vielmehr »ihr Leben genießen« sollten. In diesen freundlichen Mahnungen liegt, natürlich gänzlich unbewußt, ein Gefühl des Weibes, seine einzig auf den Begattungsakt gerichtete Sendung zu verfehlen, nichts mehr zu sein, mit seinem ganzen Geschlechte alle Bedeutung zu verlieren, sowie der Mann um andere als um sexuelle Dinge sich zu bekümmern anfängt.

Ob die Frauen hierin je sich ändern werden, ist fraglich. Man darf auch nicht glauben, daß sie je anders gewesen sind. Heute mag das sinnliche Element stärker hervortreten als früher, denn unendlich viel in der »Bewegung« ist nur ein Hinüberwollen von der Mutterschaft zur Prostitution; sie ist als Ganzes mehr Dirnen-Emanzipation als Frauen-Emanzipation, und sicherlich ihren wirklichen Resultaten nach vor allem: ein mutigeres Hervortreten des kokottenhaften Elementes im Weibe. Was neu scheint, das ist das Verhalten der Männer. Mit unter dem Einfluß des Judentums sind sie heute nahe daran, der weiblichen Wertung ihrer selbst sich zu fügen, ja selber sie sich anzueignen. Die männliche Keuschheit wird verlacht, gar nicht mehr verstanden, das Weib vom Manne nicht mehr als Sünde, als Schicksal empfunden, die eigene Begierde weckt im Manne keine Scham mehr.

Man sieht jetzt, woher die Forderung des Sich-Auslebens, der Kaffeehausbegriff des Dionysischen, der Kult Goethes, soweit Goethe Ovid ist, woher diese ganze moderne Koitus-Kultur eigentlich stammt. Denn es ist so weit, daß kaum je einer noch den Mut findet, zur Keuschheit sich zu bekennen, und fast jeder lieber so tut, als wäre er ein Wüstling. Geschlechtliche Ausschweifungen bilden den beliebtesten Gegenstand der Renommage, ja die Sexualität wird so hoch gewertet, daß der Renommist schon Mühe hat, Glauben zu finden; die Keuschheit hingegen steht in so geringem Ansehen, daß gerade der wahrhaft Keusche oft hinter dem Scheine des Roués sich verbirgt. Es ist sicher wahr, daß der Schamhafte auch seiner Scham sich schämt; aber jene andere, heutige Scham ist nicht die Scham der Erotik, sondern die Scham des Weibes, weil es noch keinen Mann gefunden, noch keinen Wert vom anderen Geschlechte empfangen hat. Darum ist einer dem anderen zu zeigen beflissen, mit welcher Treue und pflichtgemäßer Wonne er die sexuellen Funktionen ausübt. So bestimmt heute das Weib, das seiner Natur nach am Manne nur die sexuelle Seite schätzen kann, was männlich ist: aus seinen Händen nehmen die Männer den Maßstab ihrer Männlichkeit entgegen. So ist die Zahl der Beischläfe, das »Verhältnis«, das »Mädel«, in der Tat die Legitimation eines Maskulinums vor dem anderen geworden. Doch nein: denn dann gibt es keine Männer mehr.

Dagegen ist alle Hochschätzung der Virginität ursprünglich vom Manne ausgegangen, und geht, wo es Männer gibt, noch immer von da aus: sie ist die Projektion des dem Manne immanenten Ideals fleckenloser Reinheit auf den Gegenstand seiner Liebe. Man lasse sich nur hierin nicht beirren, weder durch die Angst und den Schrecken vor der Berührung, die sich so gern möglichst bald in Zutraulichkeit transformieren, noch durch die hysterische Unterdrückung der sexuellen Wünsche; nicht durch den äußeren Zwang, dem Anspruch des Mannes auf physische Reinheit zu entsprechen, weil sonst der Käufer sich nicht einstellen würde; aber auch nicht durch jenes Bedürfnis Wert zu empfangen, aus welchem die Frau oft so lange auf jenen Mann wartet, der ihr am meisten Wert schenken kann (was man gemeinhin völlig verkehrt als hohe Selbstschätzung solcher Mädchen interpretiert). Will man wissen, wie die Frauen über die Jungfernschaft denken, so kann dies freilich von vornherein kaum zweifelhaft sein, nach der Erkenntnis, daß das Hauptziel der Frauen die Herbeiführung des Koitus überhaupt ist, als durch welchen sie erst Existenz gewinnen; denn daß die Frau den Koitus will und nichts anderes, auch wenn sie, für ihre Person, noch so uninteressiert an der Wollust scheinen mag, das konnte aus der Allgemeinheit der Kuppelei bewiesen werden.

Man muß, um sich davon neu zu überzeugen, betrachten, mit welchen Augen von der Frau die Jungfernschaft bei den anderen Angehörigen ihres Geschlechtes angesehen wird.

Und da nimmt man wahr: der Zustand der Nicht-Verheirateten wird von den Frauen selbst sehr tief gestellt. Ja es ist eigentlich der weibliche Zustand, den das Weib negativ bewertet. Die Frauen schätzen jede Frau überhaupt erst, wenn sie verheiratet ist; auch wenn sie an einen häßlichen, schwachen, armen, gemeinen, tyrannischen, unansehnlichen Mann »unglücklich« verheiratet ist, sie ist doch immerhin verheiratet, will sagen, hat Wert, hat Existenz empfangen. Und wenn eine auch nur kurze Zeit die Herrlichkeiten eines Maitressenlebens gekostet, ja wenn sie Straßendirne geworden ist, sie steht höher in der weiblichen Schätzung als das alte Fräulein, das einsam in seiner Kammer näht und flickt, ohne je einem Manne, in gesetzlicher oder ungesetzlicher Verbindung, für lange oder für einen rasch vergangenen Taumel, angehört zu haben.

So aber wird auch das ganz junge Mädchen, wenn es durch körperliche Vorzüge sich auszeichnet, vom Weibe nie um seiner Schönheit willen positiv gewertet – der Frau fehlt das Organ des Schön-Findens, weil sie keinen Wert zu projizieren hat –, sondern nur, weil es leichtere Aussicht hat, einen Mann an sich zu fesseln. Je schöner eine Jungfrau ist, eine desto zuverlässigere Promesse ist sie den anderen Frauen, desto wertvoller ist sie dem Weibe als Kupplerin, seiner Bestimmung nach als Hüterin der Gemeinschaft; nur dieser unbewußte Gedanke ist es, der eine Frau an einem schönen Mädchen Freude finden läßt. Wie dies erst dann rein zum Vorschein kommen kann, wenn das wertende weibliche Einzelindividuum bereits selbst Existenz empfangen hat (weil sonst der Neid auf die Konkurrentin, und das Gefühl, die eigenen Chancen im Kampf um den Wert durch sie vermindert zu sehen, jene Regungen überstimmen muß), das wurde bereits besprochen. Zuerst müssen sie wohl sich selbst verkuppeln – kuppeln kommt von copulare, ein Paar fertigbringen –, früher können es die anderen doch kaum verlangen.

Die leider so allgemein gewordene Geringschätzung der »alten Jungfer« ist demnach durchaus vom Weibe ausgegangen. Von einem bejahrten Fräulein wird man Männer oft mit Respekt reden hören; aber jede Frau und jedes Mädchen, gleichgültig ob verheiratet oder nicht, hat für die Betreffende nur die extremste Geringschätzung, mag dies auch in manchen Fällen ihnen selbst gar nicht bewußt werden. Eine verheiratete Dame, die für geistreich und mannigfach talentiert gelten konnte, und ihres Äußeren wegen so viele Bewunderer zählte, daß Neid in diesem Falle ganz außer Frage steht, hörte ich einmal über ihre unschöne und ältliche italienische Lehrerin sich lustig machen, weil diese wiederholt betont habe: Io sono ancora una vergine (sie sei noch eine Jungfrau).

Freilich ist, vorausgesetzt, daß die Äußerung richtig reproduziert war, zuzugeben, daß die Ältere eine Tugend wohl nur aus der Not gemacht hatte, und jedenfalls selbst sehr froh gewesen wäre, ihre Jungfernschaft auf irgend eine Weise los zu werden, ohne dadurch in der Gesellschaft an Ansehen einbüßen zu müssen.

Denn dies ist das wichtigste: die Frauen verachten und höhnen nicht nur die Jungfernschaft anderer Frauen, sondern sie schätzen auch die eigene Jungfernschaft als Zustand äußerst gering (und nur als eine sehr gesuchte Ware von höchstem Anwert bei den Männern hoch). Darum blicken sie zu jeder Verheirateten wie zu einem höheren Wesen empor. Wie sehr es dem Weibe im tiefsten Grunde speziell auf den Sexualakt ankommt, das kann man gerade an der wahren Verehrung sehen, welche erst ganz vor kurzem verheiratete Frauen bei den jungen Mädchen genießen: ist doch der Sinn ihres Daseins diesen eben enthüllt, sie selbst auf dessen Zenit geführt worden. Dagegen betrachtet jedes junge Mädchen jedes andere als ein unvollkommenes Wesen, das seine Bestimmung ebenso, wie sie selbst, erst noch erreichen will.

Hiemit erachte ich als dargetan, wie vollkommen die aus der Kuppelei gezogene Folgerung, das Virginitäts-Ideal müsse männlichen und könne nicht weiblichen Ursprunges sein, mit der Erfahrung sich deckt. Der Mann verlangt Keuschheit von sich und von anderen, am meisten von dem Wesen, das er liebt; das Weib will unkeusch sein können, und es will Sinnlichkeit auch vom Manne, nicht Tugend. Für »Musterknaben« hat die Frau kein Verständnis. Dagegen ist bekannt, daß sie stets dem in die Arme fliegt, welchem der Ruf des Don Juan meilenweit vorauseilt. Die Frau will den Mann sexuell, weil sie nur durch seine Sexualität Existenz gewinnt. Nicht einmal für die Erotik des Mannes, als ein Distanzphänomen, sondern nur für diejenige Seite an ihm, die unaufhaltsam das Objekt ihres Begehrens ergreift und sich aneignet, haben die Frauen einen Sinn, und es wirken Männer auf sie nicht, bei denen Brutalitäts-Instinkte gar nicht oder wenig entwickelt sind. Selbst die höhere platonische Liebe des Mannes ist ihnen im Grunde nicht willkommen; sie schmeichelt ihnen und sie streichelt sie, aber sie sagt ihnen nichts. Und wenn das Gebet auf den Knien vor ihr zu lange währen wollte, würde Beatrice so ungeduldig wie Messalina.

Im Koitus liegt die tiefste Heruntersetzung, in der Liebe die höchste Erhebung des Weibes. Daß das Weib den Koitus verlangt, und nicht die Liebe, bedeutet, daß es heruntergesetzt und nicht erhöht werden will. Die letzte Gegnerin der Frauen-Emanzipation ist die Frau .

Nicht weil der Koitus lustvoll, nicht weil er das Urbild aller Wonne des niederen Lebens ist, nicht darum ist er unsittlich. Die Askese, welche die Lust für das Unsittliche an sich erklärt, ist selbst unsittlich; denn sie sucht den Maßstab des Unrechtes in einer Begleiterscheinung und äußeren Folge der Handlung, nicht in der Gesinnung: sie ist heteronom. Der Mensch darf die

Lust anstreben, er mag sein Leben auf der Erde leichter und froher zu gestalten suchen: nur darf er dem nie ein sittliches Gebot opfern. In der Askese aber will der Mensch die Moralität erpressen durch Selbstzerfleischung, er will sie als Folge eines Grundes, die eigene Sittlichkeit als Resultat und Belohnung dafür, daß er sich so viel versagt hat. Die Askese ist demnach als prinzipieller Standpunkt wie als psychologische Disposition verwerflich; denn sie bindet die Tugend an etwas anderes als dessen Erfolg, macht sie zur Wirkung einer Ursache, und strebt sie nicht an sich, als unmittelbaren Selbstzweck, an. Die Askese ist eine gefährliche Verführerin: ihrer Täuschung fallen so viele so leicht zum Opfer, weil die Lust der häufigste Beweggrund ist, aus welchem der Pfad des Gesetzes verlassen wird, und der Irrtum nahe genug liegt, der auf dem rechten Wege sicherer zu bleiben glaubt, wenn er an ihrer Statt den Schmerz anstrebt. An sich aber ist Lust weder sittlich noch unsittlich. Nur wenn der Trieb zur Lust den Willen zum Wert besiegt, dann ist der Mensch gefallen.

Der Koitus ist darum unmoralisch, weil es keinen Mann gibt, der das Weib in solchem Augenblicke nicht als Mittel zum Zweck gebrauchte, den Wert der Menschheit, in seiner wie in ihrer Person, in diesem Momente nicht der Lust hintansetzte. Im Koitus vergißt der Mann sich selbst ob der Lust, und er vergißt das Weib; dieses hat für ihn keine psychische, sondern nur eine körperliche Existenz mehr. Er will von ihr entweder ein Kind oder die Befriedigung der eigenen Wollust: in beiden Fällen benützt er sie nicht als Zweck an sich selbst, sondern um einer fremden Absicht willen. Nur aus diesem, und aus keinem anderen Grunde ist der Koitus unmoralisch.

Gewiß ist die Frau die Missionärin der Idee des Koitus, und gebraucht sich selbst, wie alles andere in der Welt, immer nur als Mittel zu diesem Zweck; sie will den Mann als Mittel zur Lust oder zum Kinde; sie will selbst vom Manne als Mittel zum Zweck benützt sein, wie eine Sache, wie ein Objekt, wie sein Eigentum behandelt, nach seinem Gutdünken von ihm verändert und geformt werden. Aber nicht nur soll niemand von einem anderen als Mittel zum Zweck sich gebrauchen lassen; man darf auch den Standpunkt des Mannes der Frau gegenüber nicht danach bestimmen wollen, daß diese den Koitus wünscht, und von ihm, wenn sie's auch weder sich noch ihm je ganz gesteht, nie wirklich etwas anderes erfleht. Kundry appelliert freilich an Parsifals Mitleid für ihr Sehnen: aber gerade da offenbart sich die ganze Schwäche der Mitleidsmoral, die zwingen würde, einen jeden Wunsch des Nebenmenschen zu erfüllen, sei er noch so unberechtigt. Die konsequente Sympathiemoral und die konsequente Sozialethik sind beide gleich absurd, denn sie machen das Sollen vom Wollen abhängig (ob vom eigenen oder vom fremden oder vom gesellschaftlichen, bleibt sich gleich), statt das Wollen vom Sollen; sie wählen zum Maßstab der Sittlichkeit konkretes Menschenschicksal, konkretes Menschenglück, konkreten Menschenaugenblick, anstatt der Idee.

Die Frage ist: wie soll der Mann das Weib behandeln? Wie es selbst behandelt werden will, oder wie es die sittliche Idee verlangt? Wenn er es zu behandeln hat, wie es behandelt werden will, dann muß er es koitieren, denn es will koitiert werden, schlagen, denn es will geschlagen werden, hypnotisieren, denn es will hypnotisiert werden, ihm durch die Galanterie zeigen, wie gering er seinen Wert an sich veranschlagt; denn es will Komplimente, es will nicht an sich geachtet werden. Will er dagegen dem Weibe so entgegentreten, wie es die sittliche Idee verlangt, so muß er in ihm den Menschen zu sehen und es zu achten suchen. Zwar ist W eine Funktion von M, eine Funktion, die er setzen, die er aufheben kann, und die Frauen wollen nicht mehr sein als eben dies, nichts anderes als nur dies: die Witwen in Indien sollen sich gern und überzeugt verbrennen lassen, ja zu diesem Tode geradezu sich drängen; doch darum bleibt diese Sitte nicht minder die fürchterlichste Barbarei.

Es ist mit der Emanzipation der Frauen wie mit der Emanzipation der Juden und der Neger. Sicherlich liegt dafür, daß diese Völker als Sklaven behandelt und immer niedrig eingeschätzt wurden, an ihrer knechtischen Veranlagung die Hauptschuld; sie haben kein so starkes Bedürfnis nach Freiheit wie die Indogermanen. Und wenn auch heute in Amerika für die Weißen die Notwendigkeit sich ergeben hat, von den Negern sich völlig abzusondern, weil diese von ihrer Freiheit einen schlimmen und nichtswürdigen Gebrauch machen: so war doch im Kriege der Nordstaaten gegen die Föderierten, welcher den Schwarzen die Freiheit gab, das Recht durchaus auf Seiten der ersteren. Trotzdem die Anlage der Menschheit im Juden, noch mehr im Neger, und noch weit mehr im Weibe, mit einer größeren Anzahl amoralischer Triebe belastet ist; ob sie auch hier mit mehr Hindernissen zu kämpfen hat als im arischen Manne, auch ihren letzten Rest, sei er selbst noch so gering, muß der Mensch achten, noch hier die Idee der Menschheit (das heißt nicht: der menschlichen Gesellschaft, sondern das Mensch-Sein, die Seele als Teil einer übersinnlichen Welt) ehren. Auch über den gesunkensten Verbrecher darf niemand sich eine Gewalt anmaßen als das Gesetz; kein Mensch hat das Recht, ihn zu lynchen.

Das Problem des Weibes und das Problem des Juden ist ganz identisch mit dem Problem der Sklaverei, und muß ebenso aufgelöst werden wie dieses. Niemand darf unterdrückt werden, wenn er sich gleich nur in der Unterdrückung wohlfühle. Dem Haustier, das ich benütze, nehme ich keine Freiheit, denn es hatte keine, bevor ich es mir dienstbar machte; aber in der Frau ist noch ein ohnmächtiges Gefühl des Nicht-Anderskönnens, als eine letzte, wenn auch noch so kümmerliche Spur der intelligiblen Freiheit: wohl deshalb, weil es kein absolutes Weib gibt. Die Frauen sind Menschen und müssen als solche behandelt werden, auch wenn sie selbst das nie wollen würden. Frau und Mann haben gleiche Rechte.

Hierin ist übrigens nicht enthalten, daß den Frauen auch gleich die Teilnahme an der politischen Herrschaft eingeräumt werden müsse. Vom Utilitätsstandpunkte ist von dieser Konzession gewiß einstweilen, und vielleicht stets, abzuraten; in Neu-Seeland, wo man das ethische Prinzip so hochhielt, den Frauen das Wahlrecht zu geben, hat man damit die schlimmsten Erfahrungen gesammelt. Wie man Kindern, Schwachsinnigen, Verbrechern mit Recht keinen Einfluß auf die Leitung des Gemeinwesens gestatten würde, selbst wenn diese plötzlich die numerische Parität oder Majorität erlangten, so darf vorderhand die Frau von einer Sache ferngehalten werden, von der so lebhaft zu befürchten steht, daß sie durch den weiblichen Einfluß nur könnte geschädigt werden. Wie die Resultate der Wissenschaft davon unabhängig sind, ob alle Menschen ihnen zustimmen oder nicht, so kann auch Recht und Unrecht der Frau ganz genau ermittelt werden, ohne daß die Frauen selbst mitbeschließen, und sie brauchen nicht zu besorgen, übervorteilt zu werden, wenn bei dieser Feststellung eben Recht- und nicht Machtgesichtspunkte die Entscheidung bestimmen.

Das Recht aber ist nur eines und das gleiche für Mann und Frau. Niemand darf der Frau irgend etwas als »unweiblich« verwehren und verbieten wollen; und ein ganz niederträchtiges Urteil ist es, das einen Mann freispricht, der seine ehebrecherische Frau erschlagen hat, als wäre diese rechtlich seine Sache. Man hat die Frau als Einzelwesen und nach der Idee der Freiheit, nicht als Gattungswesen, nicht nach einem aus der Empirie oder aus den Liebesbedürfnissen des Mannes hergeleiteten Maßstabe zu beurteilen: auch wenn sie selber nie jener Höhe der Beurteilung sich sollte würdig zeigen.

Darum ist dieses Buch die höchste Ehre, welche den Frauen je erwiesen worden ist. Auch gegen das Weib ist nur ein sittliches Verhalten dem Manne möglich; nicht die Sexualität, nicht die Liebe – denn beide benützen es als Mittel zu fremden Zwecken: sondern einzig der Versuch, es zu verstehen. Die meisten Menschen geben theoretisch vor, das Weib zu achten, um praktisch die Weiber desto gründlicher zu verachten: hier wurde dieses Verhältnis umgekehrt. Das Weib konnte nicht hochgewertet werden: aber die Weiber sind von aller Achtung nicht von vornherein und ein für alle Male auszuschließen.

Leider haben sehr berühmte und bedeutende Männer in dieser Frage eigentlich recht gemein gedacht. Ich erinnere an Schopenhauers und an Demosthenes' Stellung zur Frauenemanzipation. Und Goethes:

»Immer ist so das Mädchen beschäftigt und reifet im stillen
Häuslicher Tugend entgegen, den klugen Mann zu beglücken.
Wünscht sie dann endlich zu lesen, so wählt sie gewißlich ein
Kochbuch.«

steht nicht höher als Molières:

»... Une femme en sait toujours assez,
Quand la capacité de son esprit se hausse
A connaître un pourpoint d'avec un haut-de-chausse.«

Die Abneigung gegen das männliche Weib hat der Mann in sich
zu überwinden; denn sie ist nichts als gemeiner Egoismus.
Wenn das Weib männlich werden sollte, indem es logisch und
ethisch würde, so wird es sich nicht mehr so gut zum passiven
Substrate einer Projektion eignen; aber das ist kein genügender
Grund, die Frau, wie dies heute geschieht, nur für den Mann und
für das Kind erziehen zu lassen, mit einer Norm, die ihr etwas
verbietet, weil es männlich sei.

Denn wenn auch für das absolute Weib keine Möglichkeit der
Sittlichkeit besteht, mit dem Erschauen dieser Idee des Weibes
ist noch nicht gegeben, daß der Mann das empirische Weib dieser vollständig und rettungslos solle verfallen lassen; noch weniger, daß er dazu beitrage, daß es dieser Idee immer gemäßer
werde. Im lebenden menschlichen Weibe ist, der Theorie nach,
immer noch »ein Keim des Guten«, nach Kantscher Terminologie, als vorhanden anzunehmen; es ist jener Rest eines freien
Wesens, der dem Weibe das dumpfe Gefühl seines Schicksals
ermöglicht.[116] Daß auf diesen Keim ein Mehr könne gepfropft
werden, davon darf theoretisch die Unmöglichkeit nie gänzlich
behauptet werden, wenn es auch praktisch sicher noch nie gelungen ist, wenn es selbst in aller Zukunft nie gelingen sollte.

Der tiefste Grund und Zweck des Universums ist das Gute;
unter der sittlichen Idee steht die ganze Welt; selbst die Tiere werden als Phänomene gewertet, der Elefant sittlich höher
geschätzt als die Schlange, wenn auch z. B. die Tötung eines an-

116 Vgl. Kapitel 12, S. 368 f.

deren Tieres ihnen nicht als Personen zugerechnet. Dem Weibe aber wird von uns zugerechnet; und hierin liegt die Forderung, daß es anders werde. Und wenn alle Weiblichkeit Unsittlichkeit ist, so muß das Weib aufhören, Weib zu sein, und Mann werden.

Freilich muß gerade hier die Gefahr der äußerlichen Anähnlichung, die das Weib stets am intensivsten in die Weiblichkeit zurückwirft, am vorsichtigsten gemieden werden. Die Aussichten des Unternehmens, die Frauen wahrhaft zu emanzipieren, ihnen die Freiheit zu geben, die nicht Willkür, sondern Wille wäre, sind äußerst gering. Wenn man nach den Tatsachen urteilt, so scheint den Frauen nur zweierlei möglich zu sein: die verlogene Akzeptierung des vom Manne Geschaffenen, indem sie selbst glauben, das zu wollen, was ihrer ganzen, noch ungeschwächten Natur widerspricht, die unbewußt verlogene Entrüstung über die Unsittlichkeit, als ob sie sittlich wären, über die Sinnlichkeit, als ob sie die unsinnliche Liebe wollten; oder das offene Zugeständnis,[117] der Inhalt des Weibes sei der Mann und das Kind, ohne das geringste Bewußtsein davon, was sie damit zugeben, welche Schamlosigkeit, welche Niederlage in dieser Erklärung liegt. Unbewußte Heuchelei oder zynische Identifikation mit dem Naturtrieb: ein anderes scheint dem Weibe nicht gegeben.

Aber nicht Bejahung und nicht Verleugnung, sondern Verneinung, Überwindung der Weiblichkeit ist das, worauf es ankommt. Würde z. B. eine Frau wirklich die Keuschheit des Mannes wollen, so hätte sie freilich hiemit das Weib überwunden; denn ihr wäre der Koitus nicht mehr höchster Wert und seine Herbeiführung nicht mehr letztes Ziel. Aber dies ist's eben: an die Echtheit solcher Forderungen vermag man nicht zu glauben, wenn sie auch hie und da wirklich erhoben werden. Denn ein Weib, das die Keuschheit des Mannes verlangt, ist, abgesehen von seiner Hysterie, so dumm und so jeder Wahrheit unfähig, daß es nicht einmal mehr dunkel fühlt, daß es sich selbst damit verneint, sich absolut und ohne Rettung wertlos, existenzlos macht. Man weiß hier kaum mehr, wem man den Vorzug ge-

---

117 Zum Beispiel der Laura Marholm.

ben soll; der grenzenlosen Verlogenheit, welche selbst das ihr fremdeste, das asketische Ideal auf den Schild zu heben fähig ist; oder der ungenierten Bewunderung für den berüchtigten Wüstling und der einfachen Hingabe an denselben.

Da jedoch alles wirkliche Wollen der Frau in beiden Fällen in gleicher Weise darauf gerichtet bleibt, den Mann schuldig werden zu lassen, so liegt hierin das Hauptproblem der Frauenfrage: und insoweit fällt sie zusammen mit der Menschheitsfrage.

Friedrich Nietzsche sagt an einer Stelle seiner Schriften: »Sich im Grundproblem ›Mann und Weib‹ zu vergreifen, hier den abgründlichsten Antagonismus und die Notwendigkeit einer ewig-feindseligen Spannung zu leugnen, hier vielleicht von gleichen Rechten, gleicher Erziehung, gleichen Ansprüchen und Verpflichtungen zu träumen: das ist ein typisches Zeichen von Flachköpfigkeit, und ein Denker, der an dieser gefährlichsten Stelle sich flach erwiesen hat – flach im Instinkte! –, darf überhaupt als verdächtig, mehr noch, als verraten, als aufgedeckt gelten: wahrscheinlich wird er für alle Grundfragen des Lebens, auch des zukünftigen Lebens, zu ›kurz‹ sein und in keine Tiefe hinunterkönnen. Ein Mann hingegen, der Tiefe hat, in seinem Geiste wie in seinen Begierden, auch jene Tiefe des Wohlwollens, welche der Strenge und der Härte fähig ist und leicht mit ihnen verwechselt wird, kann über das Weib immer nur orientalisch denken: – er muß das Weib als Besitz, als verschließbares Eigentum, als etwas zur Dienstbarkeit Vorbestimmtes und in ihr sich Vollendendes fassen – er muß sich hier auf die ungeheure Vernunft Asiens, auf Asiens Instinkt-Überlegenheit stellen, wie dies ehemals die Griechen getan haben, diese besten Erben und Schüler Asiens – welche, wie bekannt, von Homer bis zu den Zeiten des Perikles, mit zunehmender Kultur und Umfänglichkeit an Kraft, Schritt für Schritt auch strenger gegen das Weib, kurz orientalischer geworden sind. Wie notwendig, wie logisch, wie selbst menschlich wünschbar dies war: möge man darüber bei sich nachdenken!«

Der Individualist denkt hier durchaus sozialethisch: seine Kasten- und Gruppen-, seine Abschließungstheorie sprengt, wie so oft, die Autonomie seiner Morallehre. Denn er will im

Dienste der Gesellschaft, der störungslosen Ruhe der Männer, die Frau unter ein Machtverhältnis stellen, in dem sie allerdings kaum noch den Laut eines Wunsches nach Emanzipation von sich geben, und nicht einmal jene verlogene und unechte Freiheitsforderung mehr erheben wird, welche die heutigen Frauenrechtlerinnen aufgestellt haben: die gar nicht ahnen, wo die Unfreiheit des Weibes eigentlich liegt, und was ihre Gründe sind. Aber nicht, um Nietzsche einer Inkonsequenz zu überführen, habe ich ihn zitiert; sondern um seinen Worten gegenüber zu zeigen, wie das Problem der Menschheit nicht lösbar ist ohne eine Lösung des Problems der Frau. Denn wem die Forderung überflüssig hoch gespannt scheint, daß der Mann die Frau um der Idee, um des Noumenon willen zu achten, und nicht als Mittel zu einem außer ihr gelegenen Zweck zu benützen, daß er ihr darum die gleichen Rechte, ebenso aber die gleichen Pflichten (der sittlichen und geistigen Selbstbildung) zuzuerkennen habe wie sich selbst: der möge bedenken, daß der Mann das ethische Problem für seine Person nicht lösen kann, wenn er in der Frau die Idee der Menschheit immer wieder negiert, indem er sie als Genußmittel benützt. Der Koitus ist in allem Asiatismus die Bezahlung, welche der Mann der Frau für ihre Unterdrückung zu leisten hat. Und so sehr es die Frau charakterisieren mag, daß sie um diesen Preis sicherlich stets auch dem ärgsten Sklavenjoch sich gern fügt, der Mann darf auf den Handel nicht eingehen, weil auch er sittlich dabei zu kurz kommt.

Also selbst technisch ist das Menschheitsproblem nicht lösbar für den Mann a11ein; er muß die Frau mitnehmen, auch wenn er nur sich erlösen wollte, er muß sie zum Verzicht auf ihre unsittliche Absicht auf ihn zu bewegen suchen. Die Frau muß dem Koitus innerlich und wahrhaft, aus freien Stücken entsagen. Das bedeutet nun allerdings: das Weib muß als solches untergehen, und es ist keine Möglichkeit für eine Aufrichtung des Reiches Gottes auf Erden, eh dies nicht geschehen ist. Darum sind Pythagoras, Platon, das Christentum (im Gegensatze zum Judentum), Tertullian, Swift, Wagner, Ibsen für die Befreiung, für Erlösung des Weibes eingetreten, nicht für die Emanzipation des

Weibes vom Manne, sondern für die Emanzipation des Weibes vom Weibe. Und in solcher Gemeinschaft den Bannfluch Nietzsches zu tragen ist ein leichtes.

Aus eigener Kraft aber kann das Weib schwer zu solchem Ziele gelangen. Der Funke, der in ihr so schwach ist, müßte am Feuer des Mannes immer wieder sich entzünden können: das Beispiel müßte gegeben werden. Christus hat das Beispiel gegeben; er hat Magda1ena erlöst; er ist zu diesem Teile seiner Vergangenheit zurückgekehrt, und hat auch ihn gesühnt. Wagner, der größte Mensch seit Christus, hat auch dies am innerlichsten verstanden: bevor das Weib nicht aufhört, für den Mann als Weib zu existieren, kann es selbst nicht aufhören, Weib zu sein; Kundry kann nur von Parsifal, vom sündelosen, unbefleckten Manne aus Klingsors Banne wirklich befreit werden. So deckt sich diese psychologische mit der philosophischen Deduktion, wie sie hier mit Wagners »Parsifal«, der tiefsten Dichtung der Weltliteratur, in völliger Übereinstimmung sich weiß. Erst die Sexualität des Mannes gibt dem Weibe Existenz als Weib. Alle Materie hat nur so viel Existenz, als die Schuldsumme im Universum beträgt: auch das Weib wird nur so lange leben, bis der Mann seine Schuld gänzlich getilgt, bis er die eigene Sexualität wirklich überwunden hat.

Nur so erledigt sich der ewige Einspruch gegen alle antifeministischen Tendenzen: das Weib sei nun einmal da, so wie es sei, nicht zu ändern, und darum müsse man mit ihm sich abzufinden suchen; der Kampf nütze nichts, weil er nichts beseitigen könne. Es ist aber gezeigt, daß die Frau nicht ist, und in dem Augenblicke stirbt, da der Mann gänzlich nur sein will. Das, wogegen der Kampf geführt wird, ist keine Sache von ewig unveränderlicher Existenz und Essenz: es ist etwas, das aufgehoben werden kann, und aufgehoben werden soll.

Die alte Jungfer ist eben das Weib, dem der Mann, der sie schafft, nicht mehr begegnet; sie geht denn auch zugrunde; und das alte Weib ist um so böser, je mehr alte Jungfer es ist. Begegnen sich der Mann und das von ihm geschaffene Weib im Bösen wieder, so müssen beide sterben; begegnen sie sich im Guten wieder, so geschieht das Wunder.

So nur, nicht anders, ist die Frauenfrage zu lösen, für den, der sie verstanden hat. Man wird die Lösung unmöglich, ihren Geist überspannt, ihren Anspruch übertrieben, ihre Forderung unduldsam finden. Und allerdings: von der Frauenfrage, über welche die Frauen sprechen, ist hier längst die Rede nicht mehr; es handelt sich um jene, von der die Frauen schweigen, ewig schweigen müssen; um die Unfreiheit, die in der Geschlechtlichkeit liegt. Diese Frauenfrage ist so alt wie das Geschlecht, und nicht jünger als die Menschheit. Und die Antwort auf sie: der Mann muß vom Geschlecht sich erlösen, und so, nur so erlöst er die Frau. Allein seine Keuschheit, nicht, wie sie wähnt, seine Unkeuschheit, ist ihre Rettung. Freilich geht sie, als Weib, so unter: aber nur, um aus der Asche neu, verjüngt, als der reine Mensch, sich emporzuheben.

Darum wird die Frauenfrage bestehen, so lang es zwei Geschlechter gibt, und nicht eher verstummen denn die Menschheitsfrage. In diesem Sinne hat Christus, nach dem Zeugnis des Kirchenvaters Klemens, zur Salome gesprochen, ohne die optimistische Beschönigung, die Paulus, die Luther für das Geschlecht späterhin fanden: so lang werde der Tod währen, als die Weiber gebären, und nicht eher die Wahrheit geschaut werden, als bis aus zweien eins, aus Mann und Weib ein drittes Selbes, weder Mann noch Weib, werde geworden sein.

Hiemit erst, aus dem höchsten Gesichtspunkte des Frauen- als des Menschheitsproblems, ist die Forderung der Enthaltsamkeit für beide Geschlechter gänzlich begründet. Sie aus den gesundheitsschädlichen Folgen des Verkehres abzuleiten, ist flach, und mag von den Advokaten des Körpers ewig bestritten werden; sie auf die Unsittlichkeit der Lust zu gründen, falsch; denn so wird ein heteronomes Motiv in die Ethik eingeführt. Schon Augustinus aber hat, wenn er die Keuschheit für alle Menschen verlangte, den Einwand vernehmen müssen, daß in solchem Falle die Menschheit von der Erde binnen kurzem verschwunden wäre. In dieser merkwürdigen Befürchtung, welcher der schrecklichste Gedanke der zu sein scheint, daß die Gattung aussterben könne, liegt nicht allein äußerster Unglaube an die individuelle Unsterblichkeit und ein ewiges Leben der sittlichen Individualität, sie ist nicht nur verzweifelt irreligiös: man beweist mit ihr zugleich seinen Kleinmut, seine Unfähigkeit, außer der Herde zu leben. Wer so denkt, kann sich die Erde nicht vorstellen ohne das Gekribbel und Gewimmel der Menschen auf ihr, ihm wird angst und bange nicht so sehr vor dem Tode, als vor der Einsamkeit. Hätte die an sich unsterbliche moralische Persönlichkeit genug Kraft in ihm, so besäße er Mut, dieser Konsequenz ins Auge zu sehen; er würde den leiblichen Tod nicht fürchten, und nicht für den mangelnden Glauben an das ewige Leben das jämmerliche Surrogat in der Gewißheit eines Weiterbestehens der Gattung suchen. Die Verneinung der Sexualität tötet bloß den körperlichen Menschen, und ihn nur, um dem geistigen erst das volle Dasein zu geben.

Darum kann es auch nicht sittliche Pflicht sein, für die Fortdauer der Gattung zu sorgen, wie man das so oft behaupten hört. Es ist diese Ausrede von einer außerordentlich unverfrorenen Verlogenheit; diese liegt so offen zutage, daß ich fürchte, mich durch die Frage lächerlich zu machen, ob schon je ein Mensch den Koitus mit dem Gedanken vollzogen hat, er müsse der großen Gefahr vorbeugen, daß die Menschheit zugrunde gehe; oder ob jemals einer an die eigene Berechtigung geglaubt hat, dem Keuschen vorzuwerfen, daß er unmoralisch handle. Alle Fécondité ist nur ekelhaft; und kein Mensch fühlt, wenn er sich aufrichtig befragt, es als seine Pflicht, für die dauernde Existenz der menschlichen Gattung zu sorgen. Was man aber nicht als seine Pflicht fühlt, das ist nicht Pflicht.

Im Gegenteil: es ist unmoralisch, ein menschliches Wesen zur Wirkung einer Ursache zu machen, es als Bedingtes hervorzubringen, wie das mit der Elternschaft gegeben ist; und der Mensch ist im tiefsten Grunde nur deshalb unfrei und determiniert neben seiner Freiheit und Spontaneität, weil er auf diese unsittliche Weise entstanden ist. Daß die Menschheit ewig bestehe, das ist gar kein Interesse der Vernunft; wer die Menschheit verewigen will, der will ein Problem und eine Schuld verewigen, das einzige Problem, die einzige Schuld, die es gibt. Das

Ziel ist ja gerade die Gottheit, und Aufhören der Menschheit in der Gottheit; das Ziel ist die reine Scheidung zwischen Gut und Böse, zwischen Etwas und Nichts. Die moralische Weihe also, die man dem Koitus (der ihrer freilich dringend bedarf) bisweilen zu geben versucht hat, indem man einen idealen Koitus fingierte, bei dem nur die Fortpflanzung des Menschengeschlechtes in Betracht gezogen werde – diese liebevolle Verbrämung erweist sich nicht als ein genügender Schutz: denn das angeblich ihn verstattende und heiligende Motiv ist nicht nur kein Gebot und nirgends im Menschen als ein Imperativ zu finden, sondern vielmehr selbst ein sittlich verwerflicher Beweggrund; weil man einen Menschen nicht um seine Einwilligung fragt, dessen Vater oder Mutter man wird. Für den anderen Koitus aber, bei dem die Möglichkeit einer Fortpflanzung künstlich verhindert wird, kommt selbst jene, auf so schwachen Füßen stehende Rechtfertigung in Wegfall.

Also widerspricht der Koitus in jedem Falle der Idee der Menschheit; nicht weil Askese Pflicht ist, sondern vor allem, weil das Weib in ihm Objekt, Sache werden will, und der Mann ihm hier wirklich den Gefallen tut, es nur als Ding, nicht als lebenden Menschen, mit inneren, psychischen Vorgängen anzusehen. Darum verachtet auch der Mann das Weib augenblicklich, sobald er es besessen hat, und das Weib fühlt, daß es nun verachtet wird, auch wenn es vor zwei Minuten sich noch vergöttert wußte.

Respektieren kann der Mensch im Menschen nur die Idee, die Idee der Menschheit; in der Verachtung des Weibes (und seiner selbst), die sich nach dem Koitus einstellt, liegt der sicherste Anzeiger, daß gegen die Idee hier gefehlt wurde. Und wer nicht verstehen kann, was mit dieser Kantischen Idee der Menschheit gemeint ist, der mag es sich wenigstens zum Bewußtsein bringen, daß es seine Schwestern, seine Mutter, seine weiblichen Verwandten sind, um die es sich handelt: um unser selbst willen sollte das Weib als Mensch behandelt, geachtet werden, und nicht erniedrigt, wie es durch alle Sexualität geschieht.

Zu ehren aber könnte der Mann das Weib erst dann mit Recht beginnen, wenn es selbst aufhörte, Objekt und Materie für den

Mann sein zu wollen ; wenn ihm wirklich an einer Emanzipation läge, die mehr wäre als eine Emanzipation der Dirne. Noch ist nie offen gesagt worden, wo die Hörigkeit der Frau einzig zu suchen ist: in der souveränen, angebeteten Gewalt, die der Phallus des Mannes über sie besitzt. Darum haben die Frauen-Emanzipation aufrichtig stets nur Männer gewollt, nicht sehr sexuelle, nicht sehr liebesbedürftige, nicht sehr tiefblickende, aber edle und für das Recht begeisterte Männer, darüber kann kein Zweifel sein. Ich will die erotischen Motive des Mannes nicht beschönigen, und seine Antipathie gegen das »emanzipierte Weib« nicht geringer darstellen, als sie ist: es ist leichter, sich hinanziehen zu lassen, wie Goethe, als einsam zu steigen und immerfort zu steigen, wie Kant. Aber vieles, was dem Mann als Feindschaft gegen die Emanzipation ausgelegt wird, ist in Wahrheit nur Mißtrauen und Zweifel an ihrer Möglichkeit. Der Mann will das Weib nicht als Sklavin, er sucht oft genug zunächst eine Gefährtin, die ihn verstehe.

Nicht die Erziehung, die das Weib heute empfängt, ist die angemessene Vorbereitung, um der Frau den Entschluß nahezulegen und zu erleichtern, jene ihre wahre Unfreiheit zu besiegen. Alles letzte Mittel mütterlicher Pädagogik ist es, der Tochter, die zu diesem oder jenem sich nicht bequemt, als Strafe anzudrohen, sie werde keinen Mann bekommen. Die Erziehung, welche den Frauen zuteil wird, ist auf nichts angelegt als auf ihre Verkuppelung, in deren glücklichem Gelingen sie ihre Krönung findet. Am Manne ist durch solche Einflüsse wenig zu ändern; aber das Weib wird durch sie in seiner Weiblichkeit, in seiner Unselbständigkeit und Unfreiheit, noch bestärkt.

Die Erziehung des Weibes muß dem Weibe, die Erziehung der ganzen Menschheit der Mutter entzogen werden .

Dies wäre die erste Voraussetzung, die erfüllt sein müßte, um die Frau in den Dienst der Menschheitsidee zu stellen, der niemand, so wie sie, seit Anbeginn entgegengewirkt hat.

Eine Frau, die wirklich entsagt hätte, die in sich selbst die Ruhe suchen würde, eine solche Frau wäre kein Weib mehr. Sie hätte aufgehört, Weib zu sein, sie hätte zur äußeren endlich die innere Taufe empfangen.

Kann das werden?

Es gibt kein absolutes Weib, und doch ist uns die Bejahung dieser Frage wie eine Bejahung des Wunders.

Glücklicher wird das Weib nicht werden durch solche Emanzipation: die Seligkeit kann sie ihm nicht versprechen, und zu Gott ist der Weg noch lang. Kein Wesen zwischen Freiheit und Unfreiheit kennt das Glück. Wird aber das Weib sich entschließen können, die Sklaverei aufzugeben, um unglücklich zu werden?

Nicht die Frau heilig zu machen, nicht darum kann es so bald sich handeln. Nur darum: kann das Weib zum Probleme seines Daseins, zum Begriffe der Schuld, redlich gelangen? Wird es die Freiheit wenigstens wollen? Allein auf die Durchsetzung des Ideals, auf das Erblicken des Leitsternes kommt es an. Bloß darauf: kann im Weibe der kategorische Imperativ lebendig werden? Wird sich das Weib unter die sittliche Idee, unter die Idee der Menschheit, stellen?

Denn einzig das wäre Frauen-Emanzipation.

Anhang. Zusätze und Nachweise

Zur Einleitung des ersten Teiles

(S. 3, Z. 2 f.) Der Ausdruck »Begriffe mittlerer Allgemeinheit« stammt von John Stuart Mill. – Über die beschriebene Entwicklung eines begrifflichen Systems von Gedanken vgl. E. Mach, Die Analyse der Empfindungen etc., 3. Aufl., Jena 1902, S. 242 f.

(S. 5, Z. 9 f.) Vgl. Ludwig Boltzmann, Über den zweiten Hauptsatz der mechanischen Wärmetheorie, Almanach der k. k. Akademie der Wissenschaften zu Wien, 36. Jahrgang, S. 255: »Wie in die Augen springend ist der Unterschied zwischen Tier und Pflanze, trotzdem gehen die einfachen Formen kontinuierlich ineinander über, so daß gewisse gerade an der Grenze stehen, ebensogut Tiere wie Pflanzen darstellend. Die einzelnen Spezies in der Naturgeschichte sind meist aufs schärfste getrennt, hie und da aber finden wieder kontinuierliche Übergänge statt.« Über das Verhältnis von chemischer Verbindung und Mischung vgl. F. Wald, Kritische Studie über die wichtigsten chemischen Grundbegriffe, Annalen der Naturphilosophie, I, 1902, S. 181 ff.

(S. 6, Z. 8 f.) Z. B. kommt die sehr ausführliche Untersuchung von Paul Bartels, Über Geschlechtsunterschiede am Schädel, Berlin 1897, zu dem Schlusse (S. 94): »Einen durchgreifenden Unterschied des männlichen vom weiblichen Schädel kennen wir bis jetzt noch nicht ... Alle etwa anzuerkennenden Unterschiede erweisen sich als Charaktere des männlichen, beziehungsweise weiblichen Durchschnittes und zeigen eine größere oder geringere Anzahl von Ausnahmen.« (S. 100:) »Eine sichere Diagnose des Geschlechtes ist zur Zeit nicht möglich, und wird, fürchte ich, nie möglich sein.«

(S. 6, Z. 11.) Konrad Rieger, Die Kastration in rechtlicher, sozialer und vitaler Hinsicht, Jena 1900, S. 35: »Jeder, der schon viele nackte Menschen gesehen hat, weiß doch aus Erfahrung: einerseits, daß es viele Frauen gibt, deren Becken ›männlich‹ ist; und anderseits, daß es viele Männer gibt, deren Becken ›weiblich‹ ist ... Bekanntlich ist deshalb die Geschlechtsdiagnose eines Skelettes durchaus nicht immer möglich.«

Zu Teil I, Kapitel 1

(S. 7, Z. 13.) Vor Heinrich Rathke (Beobachtungen und Betrachtungen über die Entwicklung der Geschlechtswerkzeuge bei den Wirbeltieren, Halle 1825. Neueste Schriften der naturforschenden Gesellschaft in Danzig, Bd. I, Heft 4) herrschte dogmatisch die Tiedemannsche Anschauung, daß ursprünglich alle Embryonen weiblich seien, und der Hode durch eine Weiterentwicklung des Eierstockes entstanden. (Vgl. Richard Semon, Die indifferente Anlage der Keimdrüsen beim Hühnchen und ihre Differenzierung zum Hoden, Habilitationsschrift, Jena 1887, S. 1 f.) Rathke (S. 121 f.) bekämpfte mit vielen Gründen die Auffassung, daß das männliche Geschlecht ein höher entwickeltes weibliches sei, und kam als erster zu dem Schlüsse: »Alle ... in diesem Werke mitgeteilten Beobachtungen bezeugen, daß aller sinnlicher Unterschied, der sich auf das verschiedene Geschlecht bezieht, zwischen den männlichen und weiblichen Gebilden in frühester Lebenszeit durchaus wegfällt. Wenigstens ist dies der Fall bei den inneren Geschlechtsteilen, denn von den äußeren kann ich fast nur allein aus fremder, nicht aber aus eigener Erfahrung urteilen. Diese fremden Erfahrungen aber scheinen ebenfalls auf eine Gleichheit jener äußeren Gebilde hinzudeuten. Es läßt sich demnach behaupten, daß wenigstens bei den Wirbeltieren die Geschlechter ursprünglich, soweit die sinnliche Wahrnehmung reicht, einander gleich sind.« Diese Ansicht wurde weiter geprüft, bestätigt und schließlich zur Geltung gebracht durch die Arbeiten von Johannes Müller (Bildungsgeschichte der Genitalien, Düsseldorf 1830), Valentin (Über die Entwicklung der Follikel in den Eierstöcken der Säugetiere, Müllers Archiv, 1838, S. 103 f.), R. Remak (Untersuchungen über die Entwicklung der Wirbeltiere) und Wilhelm Waldeyer (Eierstock und Ei, 1870).

(S. 7, Z. 15.) Für die Pflanzen ist dieser Nachweis erst in jüngster Zeit in K. Goebels Abhandlung »Über Homologien in der Entwicklung männlicher und weiblicher Geschlechtsorgane« (Flora oder allgemeine botanische Zeitung, Bd. XC, 1902, S. 279 bis 305) erfolgt. Goebel zeigt, wie auch bei der Pflanze männliche und weibliche Organe sich aus einer ursprünglichen Grundform entwickeln, indem im weiblichen Organ jene Zellen steril werden, die im männlichen zur Spermatozoidbildung führen, und umgekehrt.

(S. 7, Z. 16 ff.) Die Zeitangaben beziehen sich auf die äußeren Geschlechtsteile. Sie werden von den Beobachtern nicht in Übereinstimmung gemacht, vgl. W. Nagel, Über die Entwicklung des Urogenitalsystems des Menschen, Archiv für mikroskopische Anatomie, Bd. XXXIV, 1889, S. 269-384 (besonders S. 375 f.). Die im Texte gegebenen Daten im allgemeinen nach Oskar Hertwig, Lehrbuch der Entwicklungsgeschichte des Menschen und der Tiere, 7. Aufl., S. 427, 441. Ganz kontrovers ist der Zeitpunkt der Differenzierung der inneren Keimdrüsenanlagen, ja selbst die Frage noch strittig, ob deren Anlage zuerst hermaphroditisch oder gleich sexuell bestimmt sei. Vgl. die auch hierüber am ausführlichsten orientierende Abhandlung Nagels (S. 299 ff.).

(S. 8, Z. 21 f.) Ich gebe hier nach Oskar Hertwig (Lehrbuch der Entwicklungsgeschichte des Menschen und der Wirbeltiere, 7. Aufl., Jena 1902, S. 444 f.) die vollständige »Tabellarische Übersicht I. über die vergleichbaren Teile der äußeren und der inneren Geschlechtsorgane des männlichen und des weiblichen Geschlechtes, und II. über ihre Ableitung von der ursprünglich indifferenten Anlage des Urogenitalsystems bei den Säugetieren«.

(S. 8, Z. 9 v. u.) Ernst Häckel, Generelle Morphologie der Organismen, Band II: Allgemeine Entwicklungsgeschichte der Organismen etc., Berlin 1866, S. 60 f.: »Jedes Individuum (irgend einer Ordnung) als Zwitter (Hermaphroditus) vereinigt in sich beiderlei Geschlechtsstoffe, Ovum und Sperma. Der Gegensatz hiezu ist die Trennung der Genitalien, die Verteilung der beiderlei Geschlechtsstoffe auf zwei Individuen (gleichviel welcher Ordnung), welche wir als Geschlechtstrennung oder Gonochorismus bezeichnen. Jedes Individuum irgend einer Ordnung als Nichtzwitter (Gonochoristus) besitzt nur einen von beiden Geschlechtsstoffen, Ovum oder Sperma.« In einer Anmerkung hiezu gibt er die Etymologie:γονὴ, ἡ Genitale, Geschlechtsteil: χωριστός getrennt. Wir führen dieses neue Wort hier ein, weil es bisher seltsamerweise gänzlich an einer allgemeinen Bezeichnung der Geschlechtstrennung mangelte, während man für die Zwitterbildung deren mehrere besaß (Hermaphroditismus, Androgynie).«

(S. 9, Z. 8.) Am wenigsten dimorph sind die Geschlechter wohl bei den Stachelhäutern (Echinodermen). Ferner finden sich nach Weismann, Das Keimplasma, Jena 1892, S. 466 f., auch bei Volvox, unter den Schwämmen und den Medusenpolypen Organismen, bei welchen männliche und weibliche Individuen lediglich durch die Art der Geschlechtszellen selbst sich unterscheiden, also ohne alle weiteren Sexualcharaktere.

(S. 9, Z. 10.) Normaler Hermaphroditismus unter den Fischen: beim Seebarsch (Serranus scriba), der Goldbrasse (Chrysophrys aurata) und der Myxine glutinosa (einem auf anderen Fischen schmarotzenden Zyklostoma). Vgl. C. Claus, Lehrbuch der Zoologie, 6. Aufl., Marburg 1897, S. 745, und Richard Hertwig, Lehrbuch der Zoologie, 5. Aufl., Jena 1900, S. 99.

(S. 9, Z. 15 v. u.) Aus Gründen der Vererbungslehre wird von Darwin und besonders von Weismann die Bisexualität der geschlechtlich differenzierten Lebewesen geradezu als eine Notwendigkeit postuliert. Darwin (Das Variieren der Tiere und Pflanzen im Zustande der Domestikation, 2. Aufl., Stuttgart 1873, Bd. II, S. 59 f.): »Wir sehen daher, daß in vielen, wahrscheinlich in allen Fällen die sekundären Charaktere jedes Geschlechtes schlafend oder latent in dem entgegengesetzten Geschlechte ruhen, bereit, sich unter eigentümlichen Umständen zu entwickeln. Wir können auf diese Weise verstehen, woher es z. B. möglich ist, daß eine gut melkende Kuh ihre guten Eigenschaften durch ihre männlichen Nachkommen auf spätere Generationen überliefert, indem wir zuversichtlich annehmen, daß diese Eigenschaften in den Männchen jeder Generation, wenn auch in einem latenten Zustande, vorhanden sind. Dasselbe gilt für den Kampfhahn, welcher seine Vorzüglichkeiten in betreff des Mutes und der Lebendigkeit durch seine weibliche auf seine männliche Nachkommenschaft überliefern kann; und beim Menschen ist es bekannt, daß Krankheiten, wie z. B. Hydrokele, welche notwendig auf das männliche Geschlecht beschränkt sind, durch die Tochter auf den Enkel überliefert werden können. Derartige Fälle, wie die vorstehenden, bieten ... die möglichst einfachen Beispiele von Rückschlag dar, und sie sind unter der Annahme verständlich, daß bei dem Großvater und Enkel eines und desselben Geschlechtes gemeinsame Charaktere, wenn auch latent, in dem zwischenliegenden Erzeuger des entgegengesetzten Geschlechtes vorhanden sind.« Weismann (Das Keimplasma, eine Theorie der Vererbung, Jena 1892, S. 467 f.): »Vom Menschen her wissen wir, daß sämtliche sekundären Geschlechtscharaktere nicht nur von den Individuen des entsprechenden Geschlechtes vererbt werden, sondern auch von denen des anderen. Die schöne Sopranstimme der Mutter kann sich durch den Sohn hindurch auf die Enkelin vererben, ebenso der schwarze Bart des Vaters durch die Tochter auf den Enkel. Auch bei den Tieren müssen in jedem geschlechtlich differenzierten Bion beiderlei Geschlechtscharaktere vorhanden sein, die einen manifest, die anderen latent. Der Nachweis ist hier nur in gewissen Fällen zu führen, weil wir die individuellen Unterschiede dieser Charaktere nur selten so genau bemerken, allein er ist selbst für ziemlich einfach organisierte Arten zu führen, und die latente Anwesenheit der entgegengesetzten Geschlechtscharaktere in jedem geschlechtlich differenzierten Bjon muß deshalb als allgemeine Einrichtung aufgefaßt werden. Bei der Biene besitzen die aus unbefruchteten Eiern sich entwickelnden Männchen die sekundären Geschlechtscharaktere des Großvaters, und bei den Wasserflöhen, bei welchen mehrere rein weibliche Generationen aus einander hervorgehen, bringt die letzte derselben Männchen hervor mit den sekundären Geschlechtscharakteren der Art, welche somit in latentem Zustande in einer großen Reihe von weiblichen Generationen vorhanden sein mußten.« Man vergleiche hiemit auch Moll, Untersuchungen über die Libido sexualis, Berlin 1898, Bd. I, S. 444.

(S. 9, Z. 6 v. u.) Als das »Objekt der Kunst« wird »die platonische Idee« bekanntlich betrachtet im dritten Buche der »Welt als Wille und Vorstellung« von Schopenhauer.

(S. 10, Z. 16.) Seit 1899 erscheint alljährlich unter Redaktion von Dr. Magnus Hirschfeld ein » Jahrbuch für sexuelle Zwischenstufen«. Dieses Unternehmen wäre noch verdienstvoller, als es ist, wenn es nicht nur die Homosexuellen und die Zwittergeburten, das sind die sexuellen Mittelstufen, in den Kreis seiner Betrachtung zöge. Vgl. übrigens Kap. IV und die Nachweise zu demselben.

(S. 10, Z. 1 v. u.) Auch für die Pflanzen. Vgl. August Schulz, Beiträge zur Kenntnis der Bestäubungseinrichtungen und Geschlechtsverteilung bei den Pflanzen, II. Teil, Kassel 1890, an vielen Orten, z. B. S. 185. Ferner erzählt Darwin, Die verschiedenen Blütenformen bei Pflanzen der nämlichen Art, Werke IX/3, Stuttgart 1877, S. 10, von der gemeinen Esche (Fraxinus excelsior): »... ich untersuchte ... 15 Bäume, welche auf dem Felde wuchsen, und von diesen produzierten 8 allein männliche Blüten und im Frühjahr und im Herbste nicht ein einziges Samenkorn; 4 produzierten nur weibliche Blüten, welche außerordentlich zahlreichen Samen ansetzten; drei waren Zwitter, welche, als sie in Blüte waren, ein von den anderen Bäumen verschiedenes Aussehen hatten: zwei von ihnen produzierten nahezu so viel Samen wie die weiblichen Bäume, während der dritte nicht einen hervorbrachte, so daß er der Funktion nach männlich war. Die Trennung der Geschlechter ist indessen bei der Esche

nicht vollständig, denn die weiblichen Blüten enthalten Staub-
gefäße, welche in einer frühen Periode abfallen, und ihre Antheren, welche sich niemals öffnen oder dehiszieren, enthalten
meistens eine breiige Substanz anstatt des Pollens. An einigen
weiblichen Blüten fand ich jedoch einige wenige Antheren, welche allem Anscheine nach gesunde Pollenkörner enthielten. An
den männlichen Bäumen enthalten die meisten Blüten Pistille,
dieselben fallen aber gleichfalls in einer frühen Periode ab; und
die Eichen, welche schließlich abortieren, sind sehr klein, verglichen mit denen in weiblichen Blüten von demselben Alter.«
Man vergleiche übrigens die im III. Kapitel besprochene Heterostylie. – Was die Tiere betrifft, und besonders den Menschen,
so ließen sich ganze Bogen mit Belegen aus hierauf bezüglichen
Publikationen füllen. Ich verweise aber lieber zunächst auf Albert Moll, Untersuchungen über die Libido sexualis, I, S. 334 ff.
(z. B. seine Beweise für das Vorkommen sezernierender Milchdrüsen bei Männern). – Konrad Rieger, Die Kastration in rechtlicher, sozialer und vitaler Hinsicht, Jena 1900, S. 21, Anmerkung
2: »Manche weibliche Ziegen haben sehr starke Hörner, die sich
nur wenig von denen eines Ziegenbockes unterscheiden; andere weibliche Ziegen sind völlig hornlos, und schließlich gibt es
auch Ziegenböcke (und zwar unkastrierte) ohne Hörner.« S. 26:
»Sieht man eine größere Anzahl von Rindviehbildern durch, so
ergibt sich sofort, daß sehr bedeutende Unterschiede bestehen
in bezug auf die Hörner bei den Stieren selbst.« S. 30: »Ich habe
selbst zufällig neulich ein weibliches Schaf von einer importier-
ten Rasse gesehen, das die schönsten Widderhörner hatte.« Vgl.
ferner M., Über Rehböcke mit abnormer Geweihbildung und
deren eigentümliches Verhalten, Deutsche Jäger-Zeitung, XXXII,
363. Edw. R. Alston, On Female Deer with antlers, Proceed. Zoo-
log. Society, London 1879, p. 296 f. – Von lokalen Häufungen der
Zwischenstufen bei Käfern und Schmetterlingen berichtet William Bateson, Materials for the study of Variation treated with
especial regard of discontinuity in the origin of species, London
1894, p. 254: »In all other localities the male Phalanger macula-
tus alone is spotted with white, the female being without spots,
but in Waigiu the females are spotted like the males. This curi-

ous fact was first noticed by Jentink.« (F. A. Jentink, Notes, Leyd.
Mus., VII, 1885, p. 90.) Und in einer Anmerkung hiezu: »Com-
pare the converse case of Hepialus humuli (the Ghost Moth), of
which, in all other localities, the male are clear and the females
are light yellow-brown with spots, but in the Shetland Islands
the males are very like the females, though in varying degrees.
See Jenner Weir, Entomologist, 1880, p. 251 Pl.« – Darwin, Das
Variieren der Tiere und Pflanzen im Zustande der Domestikation, II, 259: »Die vielen wohlbeglaubigten Fälle verschiedener
männlicher Säugetiere, welche Milch geben, zeigen, daß ihre
rudimentären Milchdrüsen diese Fälligkeit in einem latenten
Zustande behalten.« Dazu Moll, Untersuchungen, I, 481: »Von
der typischen Beschaffenheit der männlichen Brust finden wir
bis zur völligen Ausbildung der weiblichen Brustdrüsen beim
Manne zahlreiche Übergänge.« – Von der großen Veränderlichkeit sekundärer Geschlechtscharaktere handelt Darwin im 5.
Kapitel der »Entstehung der Arten« (S. 207 ff. der Übersetzung
von Haek, Universalbibliothek), von » Abstufungen sekundärer
geschlechtlicher Charaktere« im 14. Kapitel der »Abstammung
des Menschen usw.« (Bd. II, S. 143 ff. der. gleichen Ausgabe).
– Über sexuelle Zwischenformen bei den Cerviden noch Adolf
Rörig, Welche Beziehungen bestehen zwischen den Repro-
duktionsorganen der Cerviden und der Geweihbildung, Archiv
für Entwicklungsmechanik der Organismen, VIII, 1899, 382-
447 (mit weiterer Literatur); bei den Vögeln: A. Tichomiroff,
Androgynie bei den Vögeln, Anatomischer Anzeiger, 15. März
1888 (III, 221-228); bei Vögeln und anderen Tieren: Alexander
Brandt, Anatomisches und Allgemeines über die sogenannte
Hahnenfedrigkeit und über anderweitige Geschlechtscharaktere bei Vögeln, Zeitschrift für wissenschaftliche Zoologie, 48,
1889, S. 101-190.

(S. 11, Z. 3.) Über das virile Weiberbecken vgl. W. Waldeyer,
Das Becken, Topographisch-anatomisch mit besonderer Be-
rücksichtigung der Chirurgie und Gynäkologie dargestellt (in:
G. Joessel, Lehrbuch der topographisch-chirurgischen Anato-

mie. Teil II, Bonn 1899) S. 393 f.: »Wir finden auch Weiberbecken vom Habitus der Männerbecken. Die Knochen sind massiver, die Darmbeine stehen steil, der Schambogen ist eng, die Beckenhöhle hat eine Trichterform. Meist haben die betreffenden Frauen auch in ihrem übrigen Körperhabitus etwas ... Männliches (Viragines). Doch braucht dies nicht immer der Fall zu sein.«

(S. 11, Z. 5.) Über bärtige Weiber vgl. Max Bartels, Über abnorme Behaarung beim Menschen, Zeitschrift für Ethnologie, VIII (1876), 110-129 (mit Literaturnachweisen), XI (1879), 145-194, XIII (1881), 213-233. Wilhelm Stricker, Über die sogenannten Haarmenschen (Hypertrichosis universalis) und insbesondere die bärtigen Frauen, Bericht über die Senckenbergische naturforschende Gesellschaft, Frankfurt 1877, S. 97 f. Louis A. Duhring, Case of bearded women, Archives of Dermatology, III (1877), p. 193-200. Harris Liston, Cases of bearded women, British medical Journal vom 2. Juni 1894. Albert Moll, Untersuchungen über die Libido sexualis, Berlin 1898, I, p. 337 (mit Literatur). Cesare Taruffi, Hermaphrodismus und Zeugungsunfähigkeit, Eine systematische Darstellung der Mißbildungen der menschlichen Geschlechtsorgane, übersetzt von R. Teuscher, Berlin 1903, S. 164-173: Über Hypertrichosis beim Weibe, mit vielen weiteren Literaturangaben. Alexander Brandt, Über den Bart der Mannweiber (Viragines), Biologisches Zentralblatt, 17, 1897, S. 226-239. Les Femmes à barbe, Revue scientifique, VII, 618-622. Gustav Behrend, Artikel Hypertrichosis in Eulenburgs Realenzyklopädie, Bd. XI3, S. 194. Alexander Ecker, Über abnorme Behaarung beim Menschen, insbesondere über die sogenannten Haarmenschen, Braunschweig 1878, mit weiterer Literatur S. 21.

(S. 11, Z. 13 ff.) Man vergleiche z. B. die in der Schrift von Livius Fürst, Die Maß- und Neigungsverhältnisse des weiblichen Beckens nach Profildurchschnitten gefrorner Leichen, Leipzig 1875, S. 16 und S. 24 ff. enthaltenen Tafeln mit den Maßzah-

len, die von den verschiedenen Beobachtern von Luschka, Hen-
le, Rüdinger, Hoffmann, Pirogoff, Braune, Le Gendre und Fürst
selbst als Dimensionen des Beckens der Geschlechter angegeben werden. – Ferner W. Krause, Spezielle und makroskopische
Anatomie (II. Bd. der 3. Aufl. des Handbuches der menschlichen
Anatomie von C. F. Th. Krause), Hannover 1879, S. 122 ff., mit
Tabellen für die Maximal- und Minimalproportionen sowohl
beim Manne als bei der Frau.

(S. 12, Z. 2 v. u.) Die Angabe über die Ophiten nach Überweg-
Heinze, Grundriß der Geschichte der Philosophie, Teil II, Die
mittlere oder die patristische und scholastische Zeit, 8. Aufl.,
Berlin 1898, S. 40.
Zu Teil I, Kapitel 2

(S. 13, Z. 14 v. u.) Havelock Ellis, Man and Woman, A Study
of human secondary sexual characters, London 1894, deutsch:
Mann und Weib, Anthropologische und psychologische Untersuchung der sekundären Geschlechtsunterschiede, übersetzt
von Dr. Hans Kurella (Bibliothek für Sozialwissenschaft, Bd. III),
Leipzig 1895. In Betracht kommt hier auch das einseitigere,
aber originellere und durch glückliche Belege aus der belletris-
tischen Literatur psychologisch bereicherte Werk von C. Lombroso und G. Ferrero, Das Weib als Verbrecherin und Prostituierte, Anthropologische Studien, gegründet auf eine Darstellung
der Biologie und Psychologie des normalen Weibes, übersetzt
von Kurella, Hamburg 1894.

(S. 14, Z. 20.) Joh. Japetus Sm. Steenstrup, Untersuchungen
über das Vorkommen des Hermaphroditismus in der Natur,
aus dem Dänischen übersetzt von C. F. Hornsenueh, Greifswald
1846, S. 9 ff. – Man vergleiche über Steenstrups Anschauungen
die absprechenden Urteile von Rud. Leuckart, Artikel »Zeugung«
in Rud. Wagners Handwörterbuch der Physiologie, Bd. IV, 1853,
S. 7431., und C. Claus, Lehrbuch der Zoologie, S. 1176.

(S. 14, Z. 21.) Ellis, Mann und Weib, besonders S. 203 ff.

(S. 14, Z. 12 v. u.) Über die Geschlechtsunterschiede in der Zusammensetzung des Blutes, Ellis, S. 204 f. – Olof Hammarsten, Lehrbuch der physiologischen Chemie, 4. Aufl., Wiesbaden 1899, S. 137. »Beim Menschen kommen gewöhnlich in je 1 cm3 beim Manne 5 Millionen und beim Weibe 4 à 4-5 Millionen [roter Blutkörperchen] vor. – Ernst Ziegler, Lehrbuch der allgemeinen und speziellen pathologischen Anatomie, Bd. II: Spezielle pathologische Anatomie, 9. Aufl., Jena 1898, S. 3: »In 100 cm3 Blut sind ... bei Männern 14,5 g, bei Frauen 13,2 g Hämoglobin enthalten.« Vgl. bes. Lombroso-Ferrero, S. 22 f. und die dort zitierte Literatur.

(S. 14, Z. 10 v. u.) v. Bischoff, Das Hirngewicht des Menschen, Bonn 1880. – Rüdinger, Vorläufige Mitteilungen über die Unterschiede der Großhirnwindungen nach dem Geschlecht beim Fötus und Neugebornen Beiträge zur Anthropologie und Urgeschichte Bayerns. I, 1877, S. 286-307. – Auch Passet, Über einige Unterschiede des Großhirns nach dem Geschlecht, Archiv für Anthropologie, Bd. XIV, 1883, S. 89-141, und Emil Huschke, Schädel, Hirn und Seele des Menschen und der Tiere nach Alter, Geschlecht und Rasse, Jena 1854, S. 152 f., haben die Existenz solcher Unterschiede versichert und mit genauen Daten belegt.

(S. 14, Z. 8 v. u.) Alice Gaule, Die geschlechtlichen Unterschiede in der Leber des Frosches, Archiv für die gesamte Physiologie, herausgegeben von Pflüger, Bd. LXXXIV, 1901, Heft 1/2, S. 1-5.

(S. 14, Z. 5 v. u.) Wo der Ausdruck »erogen« (»Zones érogenes« als Name für diejenigen Körperteile, die sexuell besonders anziehend auf das andere Geschlecht wirken) zum ersten Male vorkommt, war mir zu ermitteln nicht möglich. Der verstorbene Professor Freiherr v. Krafft-Ebing, von dem ich einmal Belehrung hierüber erbat, vermutete, bei Gilles de la Tourette. Doch ist in dessen großem Werke über die Hysterie nichts hierauf Bezügliches enthalten.

(S. 15, Z. 13.) Die Anführung aus Steenstrup, a. a. O. S. 9-10.

(S. 17, Z. 2.) John Hunter, Observations on certain parts of the animal economy, London 1786, berichtet in einem zuerst in den Philosophical Transactions of the Royal Society of London, Vol. LXX/2, 1. Juni 1780, pag. 527-535, veröffentlichten »Account of an extraordinary pheasant« von der »Hahnenfedrigkeit« alter Hennen und vergleicht diese mit der Bärtigkeit der Großmütter. S. 63 (528) wird die berühmte Unterscheidung eingeführt: »It is well known that there are many orders of animals which have the two parts designed for the purpose of generation different in the same species, by which they are distinguished into male and female: but this is not the only mark of distinction in many genera of animals, of the greatest part the male being distinguished from the female by various marks. The differences which are found in the parts of generation themselves, I shall call the first or principle, and all others depending upon these I shall call secondary.« Wenn im Texte (S. 18 ff.) der Bereich der sekundären Charaktere strenger denn gewöhnlich als die Gesamtheit der erst in der Mannbarkeit äußerlich sichtbar hervortretenden Charaktere umschrieben wird, so ist damit auf Hunters ursprüngliche Bestimmung zurückgegriffen, S. 68: »We see the sexes which at an early period hat little to distinguish them from each other, acquiring about the time of puberty secondary properties, which clearly characterise the male and female. The male at this time recedes from the female, and assumes the secondary characters of his sex.« Vgl. Darwin, Das Variieren etc. I2, S. 199. Entstehung der Arten (übersetzt von Haek), S. 201.

(S. 17, Z. 4.) Dafür, daß von den primären noch »primordiale« Sexualcharaktere abgeschieden werden müssen, sind die vielen Fälle beweisend, in denen die äußeren Geschlechtsteile etwa weiblich, die Geschlechtsdrüsen selbst immer noch männlich sind. Vgl. z. B. Andrew Clark, A case of spurious hermaphroditism (hypospadia and undescended testis in a subject who has been brought up as female and married fort sixteen years), Middlesex Hospital, The Lancet, 12. März 1898, p. 718 f. – L. Siebourg, Ein Fall von Pseudo-Hermaphroditismus masculinus completus, Deutsche medizinische Wochenschrift, 9. Juni 1898, S. 367-368.

(S. 17, Z. 19 f.) Die Lehre von der »inneren Sekretion« im allgemeinen stammt nicht, wie man jetzt überall angegeben findet, von Brown-Séquard, der sie nur auf die Keimdrüse als erster angewendet hat, sondern von Claude Bernard, nachdem schon bei C. Legallois im Jahre 1801 eine dunkle Ahnung der Sache zu finden ist, worüber man Näheres aus der Année biologique, Vol. I, p. 315 f., erfährt. Vgl. Bernard, Nouvelle fonction du foie considéré comme organe producteur de matière sucrée chez l'homme et les animaux, Paris, Baillière, 1853, p. 58 und 71 f. Ferner Leçons de physiologie expérimentale, Vol. I, Paris 1855, aus der folgende Stellen wörtlich angeführt seien: »On s'est fait pendant longtemps une trèsfausse idée de ce qu'est un organe sécréteur. On pensait que toute sécrétion devait être versée sur une surface interne ou externe, et que tout organe sécrétoire devait nécessairement être pourvu d'un conduit excréteur destiné à porter au dehors les produits de la sécrétion. L'histoire du foie établit maintenant d'une manière très-nette qu'il y a des sécretions internes, c'est-à-dire des sécrétions dont le produit, au lieu d'être déversé à l'extérieur, est transmis directement dans le sang« (p. 96). – »Il doit être maintenant bien établi qu'il y a dans le foie deux fonctions de la nature de sécrétions. L'une, sécrétion externe, produit la bile qui s'écoule au dehors; l'autre, sécrétion interne, forme le sucre qui entre immédiatement dans le sang de la circulation générale« (p. 107). – Ferner (Rapport sur les progrès et la marche de la physiologie générale en France, Paris 1867, p. 73): »La cellule sécrétoire crée et élabore en elle-même le produit de sécrétion qu'elle verse soit au dehors sur les surfaces muqueuses, soit directement dans la masse du

sang. J'ai appelé sécrétions externes celles qui s'écoulent en dehors, et sécrétions internes celles qui sont versées dans le milieu
organique intérieur.« (p. 79:) »Les sécrétions internes sont beaucoup moint connues que les sécrétions externes. Elles ont été
plus ou moins vaguement soupçonnées, mais elles ne sont point
encore généralement admises. Cependant, selon moi, elles ne
sauraient être douteuses, et je pense que le sang, ou autrement
dit le milieu intérieur organique, doit être regardé comme un
produit des glandes vasculaires internes.« (p. 84:) »Le foie gly-
cogénique forme une grosse glande sanguine, c'est-à-dire une
glande qui n'a pas de conduit excréteur extérieur. Il donne nais-
sance aux produits sucrés du sang, peut-être aussi à d'autres
produits albuminoïdes. Mais il existe beaucoup d'autres glandes sanguines, telle que la rate, le corps thyroïde, les capsules
surrénales, les glandes lymphatiques, dont les fonctions sont
encore aujourd'hui indéterminées; cependant on regarde généralement ces organes comme concourant à la régéneration du
pla ma et du sang, ainsi qu'à la formation des globules blancs
et des globules rouges qui nagent dans ce liquide.« Danach ist
die sehr allgemeine Angabe, Brown-Séquard sei der Begründer
der Lehre von den Funktionen der Drüsen ohne Ausführungsgänge, wie sie sich z. B. in Bunges »Physiologischer Chemie«
(Lehrbuch der Physiologie des Menschen, Leipzig 1901, Bd. II,
S. 545), bei Chrobak und Rosthorn (Die Erkrankungen der weiblichen Geschlechtsorgane, I. Teil, Wien 1896/1900, S. 388), bei
Ernst Ziegler (Lehrbuch der allgemeinen und speziellen pathologischen Anatomie, I9, 1898, S. 80), Oskar Hertwig (Die Zelle
und die Gewebe, Bd. II, 1898, S. 167) oder H. Boruttau (Kurzes
Lehrbuch der Physiologie, Leipzig und Wien 1898, S. 138) findet, zu korrigieren.

Brown-Séquard selbst (Effets physiologiques d'un liquide
extrait des glandes sexuelles et surtout des testicules, Comptes
rendus hebdomadaires des Séances de l'Académie des Sciences,
Paris, 30. Mai 1892, p. 1237 f.) sagt: »Déjà en 1869, dans un
cours à la Faculté de Médecine de Paris, j'avais émis l'idée que les
glandes ont des sécrétions internes et fournissent au sang des

principes utiles sinon essentiels.« Die Priorität gebührt demnach ohne Zweifel Bernard; nur die Anwendung auf die Keimdrüsen ist Brown-Séquards alleiniges Verdienst: »Je croyais, dès alors, que la faiblesse chez les vieillards dépend non seulement de l'état sénile des organes, mais aussi de ce que les glandes sexuelles ne donnent plus au sang des principes qui, à l'âge adulte, contribuent largement à maintenir la vigueur propre à cet âge. Il était donc tout naturel de songer à trouver un moyen de donner au sang de vieillards affaiblis les principes que les glandes sexuelles ne lui fournissent plus. C'est ce qui m'a conduit à proposer l'emploi d'injections sous-cutanées d'un liquide extrait de ces glandes.« Die erste Veröffentlichung Brown-Séquards über dieses Thema ist die in den »Comptes rendus hebdomadaires des séances et mémoires de la Société de Biologie«, Tome 41, 1889, p. 415-419 enthaltene (datiert vom 1. Juni 1889).

Als Gegner der Lehre von der inneren Sekretion, speziell der Keimdrüsen, sind zu nennen: Konrad Rieger in seiner Schrift über die Kastration (Jena 1900, S. 71; ihn erinnert sie an die Theorien der mittelalterlichen Mönche über die Folgen des »semen retentum«) und A. W. Johnston, Internal Secretion of the Ovary, 25. Annual. Meeting of the American Gynaecological Society, vgl. British Gyn. Journal, Part 62, August 1900, S. 63. Unentschieden lassen die Frage, ob die Erscheinungen nach Kastration und Involution der Keimdrüsen, nach der Pubertät und in der Gravidität, soweit sie von den Genitalien ihren Ursprung nehmen, auf nervösem Wege oder durch das Blut vermittelt werden, Ziegler, Patholog. Anatomie, I9, S. 80, und O. Hertwig, Zelle und Gewebe, II, 162. Der letzte sagt: »Wenn auf der einen Seite der Zusammenhang zwischen der Entwicklung der Geschlechtsdrüsen und der sekundären Sexualcharaktere nicht in Abrede gestellt werden kann, so fehlt uns auf der anderen Seite doch das tiefere Verständnis dafür. Wird die Korrelation zwischen den Organen, welche funktionell direkt nichts miteinander zu tun haben, durch das Nervensystem vermittelt, oder sind es vielleicht besondere Substanzen, welche vom Hoden oder Eierstock abgesondert werden, in den Blutstrom geraten und so die weit abgelegenen Körperteile zu korrelativem Wachstum veranlassen? Zu einem Entscheid der aufgeworfenen Alternative fehlt es noch an jeder experimentellen Unterlage.«

Der letzte Satz war wohl schon zu der Zeit, da Hertwig ihn schrieb (1898), nicht mehr ganz richtig. Fr. Goltz und A. Freusberg hatten 1874 (»Über den Einfluß des Nervensystems auf die Vorgänge während der Schwangerschaft und des Gebäraktes«, Pflügers Archiv für die gesamte Physiologie, IX, 552-565) von folgendem zu berichten (S. 557): »Eine Hündin mit vollständiger Trennung des Rückenmarkes in der Höhe des ersten Lendenwirbels ist brünstig geworden, hat empfangen und ein lebensfähiges Junges ohne Kunsthilfe geboren. Bei und nach diesen Vorgängen hat das Tier alle die damit verbundenen Naturtriebe (Instinkte) entfaltet ebenso wie ein unversehrtes Geschöpf« (d. h. die Milchdrüsen füllten sich und das Junge wurde mit größter Zärtlichkeit behandelt. Man vgl. auch Brücke, Vorlesungen über Physiologie, II3, Wien 1884, S. 126 f.). Goltz selbst kam schon damals zu folgendem Schlusse (S. 559): »Es scheint mir ... äußerst fraglich, ob überhaupt der Zusammenhang zwischen Gebärmutter und Milchdrüsen durch Beteiligung des Nervensystems zu denken ist. Mir sagt auch in diesem Falle der Gedanke mehr zu, daß das Blut diesen Zusammenhang vermittelt.« Er erinnert daselbst auch an die Ausfallserscheinungen nach der Kastration. In ihrer berühmter gewordenen Arbeit »Der Hund mit verkürztem Rückenmark« (Pflügers Archiv, 63, 362-400) sind Fr. Goltz und J. R. Ewald 22 Jahre nach jener Untersuchung nochmals auf das Thema zurückgekommen (vgl. in dieser Abhandlung S. 385 f.).

Der hauptsächlichste Beweis, daß keine nervöse Vermittlung vorliegt, ist, wie ich meine, darin zu erblicken, daß einseitige Kastration, also Exstirpation bloß eines Ovars oder Testikels, an der Entwicklung der sekundären Geschlechtscharaktere nicht das Geringste ändert. Den Einfluß jeder Keimdrüse hätte man aber, wenn ein solcher auf nervösem Wege sich vollzieht, als stets auf eine Hemisphäre des Körpers stärker sich erstreckend vorzustellen, ja eine halbseitige Kastration wäre, zunächst wenigstens, nur für eine Körperhälfte als entscheidend anzunehmen. Mit Ausnahme einer einzigen Angabe aber, der Rieger, Die Kastration, S. 24, mit Recht als Jägerlatein mißtraut (es ist die in Brehms Säugetieren, Leipzig und Wien 1891, III3, 430: »Einseitig verschnittene Hirsche setzen bloß an der unversehrten Seite noch auf«), hat nirgends etwas Ähnliches verlautet: halbseitig verschnittene Tiere sind wie gar nicht verschnittene. So schon Berthold, Nachrichten von der Universität und Gesellschaft der Wissenschaften zu Göttingen, 1849, Nr. 1, S. 1-6. Vgl. z. B. Chrobak-Rosthorn, Erkrankungen der weiblichen Geschlechtsorgane, 1/2, S. 371 f.: »Sokoloff[118] operierte an Hunden, verfolgte die Veränderungen sowohl bei einseitiger als auch bei doppelseitiger Kastration. Bei ersterer trat die Brunst wie normal ein, bei letzterer blieb sie regelmäßig weg. Einseitige Kastration bei jungen Tieren läßt das Wachstum beider Gebärmutterhälften fortdauern. Schon 1½ Monate nach zweiseitiger Kastration war eine ausgesprochene Atrophie der zirkulären Muskelschichte aufgetreten.«

Diesen Beweis halte ich darum für stringenter selbst als die Transplantationsversuche (auf Grund deren J. Halban, Über den Einfluß der Ovarien auf die Entwicklung des Genitales, Monatsschrift für Geburtshilfe und Gynäkologie, XII, 1900, 496-506, besonders S. 505, A. Foges, Zur Lehre von den sekundären Geschlechtscharakteren, Pflügers Archiv, XCIII, 1902, 39 ff., Emil Knauer, Die Ovarientransplantation, experimentelle Studie, Archiv für Gynäkologie, LX, 1900, besonders S. 352-359, mit so viel Recht für die innere Sekretion sich entscheiden), weil diesen gegenüber als letzter noch immer der Einwand möglich wäre, daß vermittelnde nervöse Bahnen in das transplantierte Gewebe zugleich mit dessen Vaskularisierung eingezogen seien.

(S. 17, Z. 16 v. u. ff.) Einen anderen Begriff von tertiären Sexualcharakteren hat Havelock Ellis aufgestellt, Mann und Weib, S. 24: »... So haben wir z. B. die verhältnismäßig größere Flachheit

118 Über den Einfluß der Ovarienexstirpation auf Strukturveränderungen des Uterus. Archiv für Gynäkologie, 51, 1896, 286 ff.

des Schädels, die größere Aktivität und Ausdehnung der Schilddrüse und die geringere Durchschnittsmenge der roten Blutkörperchen beim Weibe. Diese Differenzen hängen wahrscheinlich indirekt mit primären und sekundären sexuellen Charakteren zusammen. Vom zoologischen Standpunkt aus sind sie kaum von Interesse, dagegen vom anthropologischen und gelegentlich auch vom pathologischen und sozialen Standpunkt aus höchst bemerkenswert. In dieselbe Gruppe mit den sekundären sexuellen Charakteren lassen sie sich keinesfalls einreihen, und wir tun wohl am besten, sie zu einer neuen Gruppe zusammenzufassen und als ›tertiäre sexuelle Charaktere‹ zu bezeichnen.« Ellis bemerkt selbst, daß »sich wegen der Tendenz dieser Merkmale, ineinander überzugehen, diese Teilung schwer durchführen läßt«. Aber nicht nur der theoretische, auch der praktische Wert dieser Gliederung scheint mir geringer als der Wert der im Texte vorgeschlagenen Einteilung, nach welcher als primordiale Geschlechtscharaktere die allgemein-biologischen, als primäre die im engeren Sinne anatomischen, als sekundäre die im engeren Sinne physiognomischen, als tertiäre die psychologischen und als quartäre die sozialen Unterschiede der Geschlechter bezeichnet werden.

(S. 18, Z. 9 ff.) Die Annahme dünkt mich sehr wahrscheinlich, daß gleichzeitig mit jeder äußeren eine innere Sekretion vor sich geht, also auch die letztere keine kontinuierliche, sondern eine intermittierende Funktion sei. Denn der Bartwuchs z. B. ist nicht gleichmäßig, sondern er erfolgt schubweise, stoßweise. Als Erklärung hiefür scheint eine interrupte innere Sekretion am nächsten zu liegen.

(S. 18, Z. 13 v. u.) Der Ausdruck »Komplementärbedingung« nach Richard Avenarius, Kritik der reinen Erfahrung, Bd. I, Leipzig 1888, S. 29.

(S. 19, Z. 3-20.) Über das Idioplasma vgl. C. v. Naegeli, Mechanisch-Physiologische Theorie der Abstammungslehre, 1884. Der Begriff wird dort, in einer von seiner Entwicklung im Texte etwas abweichenden Weise, eingeführt auf S. 23. Es heißt dann weiter: »Jede wahrnehmbare Eigenschaft ist als Anlage im Idioplasma vorhanden, es gibt daher so viele Arten von Idioplasma, als es Kombinationen von Eigenschaften gibt. Jedes Individuum ist aus einem etwas anders gearteten Idioplasma hervorgegangen, und in dem nämlichen Individuum verdankt jedes Organ und jeder Organteil seine Entstehung einer eigentümlichen Modifikation oder eher einem eigentümlichen Zustande des Idioplasmas. Das Idioplasma, welches wenigstens in einer bestimmten Entwicklungsperiode durch alle Teile des Organismus verteilt ist, hat also an jedem Punkte etwas andere Eigenschaften, indem es beispielsweise bald einen Ast, bald eine Blüte, eine Wurzel, ein grünes Blatt, ein Blumenblatt, ein Staubgefäß, eine Fruchtanlage, ein Haar, einen Stachel bildet.« Am wichtigsten ist für das hier in Betracht kommende die Stelle S. 32 f.: »Jede beliebige Zelle muß davon [vom Idioplasma] eine gewisse Menge enthalten, weil dadurch die ererbte Tätigkeit bedingt wird.« Ferner S. 531: »Jede Ontogenie ... beginnt mit einem winzigen Keim, in welchem eine kleine Menge von Idioplasma enthalten ist. Dieses Idioplasma zerfällt, indem es sich fortwährend in entsprechendem Maße vermehrt, bei den Zellteilungen, durch welche der Organismus wächst, in ebenso viele Partien, die den einzelnen Zellen zukommen, ... Jede Zelle des Organismus ist idioplasmatisch befähigt, zum Keim für ein neues Individuum zu werden. Ob diese Befähigung sich verwirklichen könne, hängt von der Beschaffenheit des Ernährungsplasmas ab. Das Vermögen hiezu kommt bei niederen Pflanzen jeder einzelnen Zelle zu; bei den höheren Pflanzen haben es manche Zellen verloren; im Tierreiche besitzen es im allgemeinen nur die zu ungeschlechtlichen oder geschlechtlichen Keimen normal bestimmten Zellen.« – Hugo de Vries: in seinem Buche: Intracellulare Pangenesis, Jena 1889, S. 55-60, 75 ff., 92 ff., 101 ff. und besonders S. 120. Oskar Hertwig/, Die Zelle und die Gewebe, Grundzüge der allgemeinen Anatomie und Physiologie. (Diesem Buche verdanke ich in biologischer Hinsicht ganz allgemein neben Darwins »Variieren« die reichste Belehrung.) Hertwig begründet die Theorie im ersten Bande (Jena 1893), S.

277 ff.: »Wenn man das Moospflänzchen Funaria hygrometrica zu einem feinen Brei zerhackt, so läßt sich auf feuchter Erde aus jedem kleinsten Fragment wieder ein ganzes Moospflänzchen züchten. Die Süßwasserhydra läßt sich in kleine Stückchen zerschneiden, von denen sich jedes wieder zu einer ganzen Hydra mit allen ihren Eigenschaften umbildet. Bei einem Baum können sich an den verschiedensten Stellen durch Wucherung vegetativer Zellen Knospen bilden, die zu einem Sproß auswachsen, der, vom Ganzen abgetrennt und in Erde verpflanzt, sich bewurzelt und zu einem vollständigen Baum wird. Bei Zölenteraten, manchen Würmern und Tunikaten ist die ungeschlechtliche Vermehrung auf vegetativem Wege eine ähnliche, da fast an jeder Stelle des Körpers eine Knospe entstehen und zu einem neuen Individuum werden kann ... Ein abgeschnittener und ins Wasser gestellter Weidenzweig entwickelt wurzelbildende Zellen an seinem unteren Ende, und so wird hier von Zellen, die im Plane des ursprünglichen Ganzen eine sehr abweichende Funktion zu erfüllen hatten, eine den neuen Bedingungen entsprechende Aufgabe übernommen, ein Beweis, daß die Anlage dazu in ihnen gegeben war. Und so können sich umgekehrt auch aus abgeschnittenen Wurzeln Laubsprosse bilden, die dann zu ihrer Zeit selbst männliche und weibliche Geschlechtsprodukte hervorbringen. In diesem Falle stammen also direkt aus Zellbestandteilen einer Wurzel Geschlechtszellen ab, die als solche wieder zur Reproduktion des Ganzen dienen ... Die Botaniker hängen zum größten Teile der Lehre an, die kürzlich de Vries gegen Weismann verteidigt und in den Satz zusammengefaßt hat, daß alle oder doch weitaus die meisten Zellen des Pflanzenkörpers die sämtlichen erblichen Eigenschaften der Art im latenten Zustand enthalten. Dasselbe läßt sich auf Grund von Tatsachen von niedrigen tierischen Organismen sagen. Für höhere Tiere kann man den Beweis allerdings nicht führen; deswegen ist man aber nicht zu der Folgerung gezwungen, daß die Zellen der höheren und niederen Organismen insofern verschieden wären, als die letzteren alle Eigenschaften der Art im latenten Zustand, also die Gesamtheit der Erbmasse, die ersteren dagegen nur noch Teile von ihr enthielten.« – Als der heftigste Gegner der Idio-

plasmalehre ist August Weismann aufgetreten in seiner Schrift: Die Kontinuität des Keimplasmas als Grundlage einer Theorie der Vererbung, 1885 (Aufsätze über Vererbung und verwandte biologische Fragen, Jena 1892, S. 215 ff.). Weismanns Hauptargument (S. 237): »Ehe nicht erwiesen wird, daß ›somatisches‹ Idioplasma überhaupt rückverwandelt werden kann in Keimidioplasma, haben wir kein Recht, aus einer von ihnen [den somatischen Zellen] Keimzellen entstehen zu lassen«, dürfte vor den genauen Untersuchungen von Friedrich Miescher (Die histochemischen und physiologischen Arbeiten von F. M., Leipzig 1897, Bd. II, S. 116 ff.) über die Entwicklung der Keimdrüsen der Lachse auf Kosten ihres großen Seitenrumpfmuskels nicht mehr haltbar sein. Vgl. übrigens die vernichtende Kritik, welche an den überaus künstlichen Theorien Weismanns von Kassowitz, Allgemeine Biologie, Bd. II, Wien 1900, geübt worden ist, auf die Weismann, wohl ihres überscharfen Tones halber, nicht geantwortet hat.

Für die Idioplasmalehre zeugen vollends Untersuchungen wie die von Paul Jensen, Über individuelle physiologische Unterschiede zwischen Zellen der gleichen Art (Pflügers Archiv, LXII, 1896, 172 bis 200). Es heißt da z. B. (S. 191): »Wenn ein Foraminifer durch abgetrennte eigene Pseudopodien niemals, dagegen stets durch abgeschnittene Pseudopodien eines anderen Individuums kontrektatorisch erregt wird, so muß das Protoplasma des ersteren sich von dem der letzteren in bestimmter Weise unterscheiden, oder allgemein ausgedrückt: das Protoplasma verschiedener Individuen muß physiologisch verschieden sein. Welcher Art aber ist diese Verschiedenheit und welcher Art der Reiz, der ihr entspringt? Wir werden nicht umhin können, Unterschiede in der chemischen Zusammensetzung der Protoplasmen verschiedener Individuen anzunehmen.« – Über die Regenerationsfähigkeit (auch niederer Tiere) vgl. Hermann Vöchting, Über die Regeneration der Marchantieen, Jahrbücher für wissenschaftliche Botanik, Bd. XVI, 1885, S. 367-414. Über Organbildung im Pflanzenreich, Physiologische Untersuchungen über Wachstumsursachen und Lebenseinheiten, Teil I, Bonn 1878, S. 236-240, besonders S. 251-253. – Jacques Loeb, Untersuchungen zur physiologischen Morphologie der Tiere, II. Organbildung und Wachstum, Würzburg 1892, S. 34 ff. (über Regeneration bei Ciona intestinalis).

(S. 19, Z. 3 v. u. ff.) Wenn jede Zelle, also auch jede Nervenzelle männlich oder weiblich (in bestimmtem Grade) ist, so entfällt auch der letzte Anlaß zur Annahme eines »psychosexuellen Zentrums« für den Geschlechtstrieb im Gehirn, wie es besonders Krafft-Ebing (Psychopathia sexualis, 11. Aufl., S. 248, Anm. 1) und seine Schüler, ferner (nach ihm) Taruffi, Hermaphrodismus und Zeugungsunfähigkeit, übersetzt von R. Teuscher, Berlin 1903, S. 190, ungeachtet der in der Anmerkung zu S. 17, Z. 19 zitierten Experimente von Goltz, postuliert haben.

(S. 20, Z. 12 v. u.) Wilhelm Caspari, Einiges über Hermaphroditen bei Schmetterlingen, Jahrbücher des nassauischen Vereines für Naturkunde, 48. Jahrgang, S. 171-173 (Referat von P. Marchal, Année biologique, I. 288), berichtet, wie zuweilen die eine seitliche Hälfte eines Schmetterlings vollständig männlich und die andere vollständig weiblich ist. Bei Saturnia pavonia, einem Pfauenauge, ist der Unterschied zwischen männlicher und weiblicher Färbung sehr groß und daher bei Hermaphroditen in dieser Art der Kontrast zwischen rechter und linker Körperhälfte höchst auffallend. – Richard Hertwig, Lehrbuch der Zoologie5, 1900, S. 99 über diesen »Hermaphroditismus lateralis« und jene hermaphroditischen Formen bei Schmetterlingen wie Ocneria dispar (einem Spinner), dessen männliche Hälfte die besondere Gestalt der männlichen Fühler, Augen und Flügel trägt, und sich durch sie wesentlich von der weiblichen Hälfte unterscheidet.

(S. 21, Z. 15 v. u. ff.) Aristoteles sagt (Histor. Anim. 5, 14, 545, a 21): εἰς τὸ θῆλυ γὰρ μεταβάλλει τὰ ἐκτεμνόμενα. (9, 50, 632, a 4:) μεταβάλλει δὲ καὶ ἡ φωνὴ ἐπὶ τῶν ἐκτεμνομένων ἁπάντων εἰς τὸ θῆλυ Die falschen Angaben über regelmäßige Verweiblichung des entmannten Tieres rühren in der neuesten Zeit hauptsächlich von William Yarrell her (On the influence of the sexual organ in modifying external character, Journal of the Proceedings of the Linnean Society, Zool. Vol. I, 1857, p. 81), und sind ihm (mit oder ohne Berufung auf ihn) oft nachgesprochen worden, z. B. von Darwin, Das Variieren etc., II², 59: »Der Kapaun fängt an, sich auf Eier zu setzen und brütet Hühnchen aus«; von Weismann, Keimplasma, S. 469 f.: »Bei ausgebildeten Individuen des einen Geschlechtes können unter besonderen Umständen die sekundären Sexualcharaktere des anderen Geschlechtes zur nachträglichen Ausbildung gelangen. Dahin gehören vor allem die Folgen der Kastration bei beiden Geschlechtern.« Ebenso von Moll, Die konträre Sexualempfindung, 3. Aufl., Berlin 1899, S. 170, Anm. 1. Gegen diese Theorien hat sich namentlich Rieger gewendet (Die Kastration, S. 33 f.), ferner Hugo Sellheim (Zur Lehre von den sekundären Geschlechtscharakteren, Beiträge zur Geburtshilfe und Gynäkologie, herausgegeben von A. Hegar, Bd. I, 1898, S. 229-255): »In keiner Weise konnten wir [bei den Kapaunen] einen Umschlag, eine Entwicklung von Mutterliebe konstatieren, die sich in einer Fürsorge für die beigegebenen Küchlein ausgesprochen hätte« (S. 234). »Von einer aktiven Annäherung an das weibliche Tier, wie sie von mancher Seite bei den durch die Entfernung der Hoden bedingten Veränderungen angenommen wird, ist bei dem Kastratenkehlkopf nichts zu merken« (S. 241). Schließlich hat Arthur Foges (Zur Lehre von den sekundären Geschlechtscharakteren, Pflügers Archiv, Bd. XCIII, 1902, S. 39-58) Sellheims Befunde bestätigt und die ältere Ansicht nochmals zurückgewiesen (S. 53). Die letzten Autoren gehen aber wohl zu weit, indem sie die Verweiblichung für ausgeschlossen zu halten scheinen; sie ist zwar keine notwendige Folge der Kastration, da sie jedoch gänzlich ohne dieselbe eintreten kann (vgl. S. 24, Z. 1-8 und die Anmerkung zu dieser Stelle), so wird durch Kastration ihre Möglichkeit in vielen Fällen wohl noch erleichtert werden.

(S. 22, Z. 4 f.) Über die Annahme männlicher Charaktere durch die Frauen, respektive Weibchen, nach dem Aufhören der Geschlechtsreife, respektive der Menopause, vgl. vor allem die ausführliche Abhandlung von Alexander Brandt, Anatomisches und Allgemeines über die sogenannte Hahnenfedrigkeit und über anderweitige Geschlechtsanomalien bei Vögeln, Zeitschr. f. wiss. Zool. 48, 1889, S. 101-190. – Die erste Angabe über Hahnenfedrigkeit bei Aristoteles, Histor. Animal. 9, 49, 631 b, 7 ff. – Im XIX. Jahrhundert handeln von ihr vornehmlich William Yarrell, On the change in the plumage of some hen-pheasants, Philosophical Transactions of the Royal Society of London, 10. Mai 1827 (Part. II, p. 268-275); Darwin, Das Variieren, II2, 58 f.; Oskar Hertwig, Die Zelle und die Gewebe, Bd. II, Jena 1898, S. 162. – Hieher gehört vielleicht der interessante Fall von Hypertrichosis, den Chrobak und Rosthorn, Die Erkrankungen der weiblichen Geschlechtsorgane, Teil I, S. 388, nach Virchow erzählen, »in welchem es sich um eine junge Frau handelte, die während der Menstruation an akutem Magen- und Darmkatarrh erkrankte, später amenorrhoisch wurde, und bei welcher sich während der Dauer des Ausbleibens der Regel der ganze Körper mit schwarzen wachsenden Haaren bedeckte«.

(S. 22, Z. 10 f.) Ricken: nach Brehms Tierleben, 3. Aufl. von Pechuel-Loesche, Säugetiere, Bd. III, 1891, S. 495: »Auch sehr alte Ricken erhalten bisweilen einen kurzen Stirnzapfen und setzen schwache Gehörne auf ... Von einem derartigen Geweih teilt mir Block mit, daß es aus zwei gegen 5 cm langen Stangen bestand und selbst einen alten Weidmann täuschen konnte, welcher die Ricke als Bock ansprach und erlegte.«

(S. 22, Z. 14 ff.) Vgl. Paul Mayer, Karzinologische Mitteilungen, Mitteilungen a. d. zool. Station zu Neapel, I, 1879, VI: Über den Hermaphroditismus bei einigen Isopoden, S. 165-179. Von Vertretern der Gattungen Cymothoa, Anilocra und Nerocila ist durch Mayer sichergestellt, daß dieselben Individuen in ihrer Jugend als Männchen fungieren, bei denen nach einer späteren Häutung die ursprünglich zwar vorhandenen, aber nicht funktionsfähigen Eierstöcke die männlichen Keimdrüsen zurückdrängen, so daß die Tiere nun die Rolle von Weibchen ausfüllen. – Der Ausdruck »Protandrie« (nach dem Muster der Botanik; vgl. Nolls Physiologie in Strasburgers Lehrbuch der Botanik, 3. Aufl., 1898, S. 250) wird auch von Mayer, S. 177, für diese Erscheinung gebraucht. Vgl. Cesare Lombroso und Guglielmo Ferrero, Das Weib als Verbrecherin und Prostituierte, übersetzt von Hans Kurella, Hamburg 1894, S. 3. Übrigens hat L. Cuénot bei gewissen Seesternen ganz die gleiche Erscheinung nachweisen können: Notes sur les Echinodermes, III: »L'hermaphrodisme protandrique d'Asterina gibbosa Penn. et ses variations suivant les localités« (Zoologischer Anzeiger, XXI/1, 1898, S. 273-279). Er kommt zu dem Ergebnis (S. 275): »L'hermaphrodisme protandrique est donc ici indiscutable: les Asterina sont fonctionnellement mâles ... puis, elles deviennent exclusivement femelles pour le reste de leur existence.«

(S. 22, Z. 14 v. u. ff.) Über Fälle von sexueller Umwandlung wird auch sonst sporadisch berichtet. Z. B. von L. Janson, Über scheinbare Geschlechtsmetamorphose bei Hühnern, Mitteilungen d. deutsch. Gesellschaft für Natur- und Völkerkunde Ostasiens, Heft 60, S. 478-480. – Kob, De mutatione sexus, Berlin 1823. – Anekdotenhafte Fälle sind bei Taruffi, Hermaphrodismus und Zeugungsunfähigkeit, Berlin 1903, S. 296, 307 f., 364 f., aus einer Literatur von sehr ungleicher Zuverlässigkeit gesammelt. – »Man hat eine zehn Jahre alte Ente gekannt, welche sowohl das vollständige Winter- als Sommergefieder des Enterichs annahm.« Darwin, Das Variieren etc., II2, S. 58. Vgl. Moll, Untersuchungen über die Libido sexualis, I, S. 444. – R. v. Krafft-Ebing, Psychopathia sexualis mit besonderer Berücksichtigung der konträren Sexualempfindung, eine klinisch-forensische Studie, 8. Aufl., Stuttgart 1893, erwähnt S. 198 f. verschiedene höchst merkwürdige Fälle von Männern, die im Laufe ihres Lebens eine vollständige Umwandlung zum Weibe erfahren haben; besonders kommt in Betracht jene Autobiographie eines Arztes (S. 203 ff.) als Beispiel einer Umwandlung, die, wie Krafft-Ebing S. 215 selbst zugeben muß, durchaus ohne paranoischen Wahn ist, obwohl er auch jenen Fall auf S. 203 unter der Überschrift »Metamorphosis sexualis paranoica« einführt.

(S. 23, Z. 15.) Die hier erwähnten Versuche sind die von Emil Knauer (Die Ovarientransplantation, Experimentelle Studie, Archiv für Gynäkologie, Bd. LX, 1900, S. 322-376) ausgeführten. Nur in zwei von dreizehn Fällen mißlang die Transplantation nicht (ibid., S. 371). »Mit Rücksicht auf diese beiden letzten, positiven Erfolge glaube ich behaupten zu können, daß die Überpflanzung der Eierstöcke von einem auf ein zweites Tier ebenfalls möglich sei.« (S. 372.) Foges, der unter Kenntnis von Knauers Erfolgen denselben Versuch wiederholte, ist die Vertauschung nie gelungen (Pflügers Archiv, Bd. XCIII, 1902, S. 93), ebensowenig wie Knauers von ihm selbst, S. 373 f., zitierten Vorgängern. Als Grund ist wohl (neben etwaigen Schwankungen in der Vollkommenheit der technischen Ausführung) der im Text vermutete zu betrachten. – Über den guten Erfolg der Transplantation innerhalb des Tieres vgl. Knauer S. 339 ff.

(S. 23, Z. 9 v. u. ff.) Über die heute ihrer Gefahren wegen freilich fast außer Gebrauch gekommene Bluttransfusion vgl. L. Landois, Artikel »Transfusion« in Eulenburgs Realenzyklopädie der gesamten Heilkunde, 2. Aufl., Bd. XX, 1890, welcher für, und Ernst v. Bergmann, Die Schicksale der Transfusion im letzten Dezennium, Berlin 1883, sowie A. Landerer, Über Transfusion und Infusion, Virchows Archiv für pathologische Anatomie und Physiologie und klinische Medizin, Bd. CV, 1886, S. 351-372, die beide gegen die Transfusion sich einsetzen.

(S. 24, Z. 13 ff.) Über die »Organsafttherapie« unterrichtet am ausführlichsten der, ihrem Prinzipe freilich äußerst gewogene, gleichlautende Artikel von Georg Buschan in Eulenburgs Realenzyklopädie, 3. Aufl., Bd. XVIII (1898), S. 22-82.

(S. 25, Z. 14.) Nach Foges, Zur Lehre von den sekundären Geschlechtscharakteren, Pflügers Archiv, Bd. XCIII, 1902 (S. 57), wäre freilich die Quantität der ins Blut sezernierten Keimdrüsenstoffe von der größten Bedeutung; denn daß die vollständige Erhaltung des normalen Sexualcharakters durch Hodentransplantation bei seinen Versuchstieren nicht gelang, führt er darauf zurück, daß eine im Verhältnis zur Größe des normalen Hodens nur ganz kleine Menge Hodengewebes zur Anheilung kam.

(S. 25, Z. 16 ff.) Nach Buschan (a. a. O. S. 32) tut eine Reihe von Versuchen, die von Ferré und Bechasi (Note préliminaire sur l'étude de l'action du suc Ovarien sur le cobaye, Gazette hebdomadaire, XLIV, 1897, Nr. 50) in dem physiologischen Laboratorium der Universität Rom angestellt worden sind, deutlich dar, »daß die Wirkung dieser [der Organ-] Präparate auf das männliche Geschlecht eine ganz andere als auf das weibliche ist. Spritzten diese Beobachter von einem Ovarialextrakt ... 5 cm3 einem weiblichen Meerschweinchen ein, dann trat weder eine lokale noch eine allgemeine Reaktion auf, nur das Körpergewicht erfuhr eine Zunahme; wurde die gleiche Menge einem männlichen Tiere injiziert, dann stellten sich ebenfalls keine lokalen noch Allgemeinerscheinungen, wohl aber Abmagerung ein. Bei Injektion von 10 cm3 war beim weiblichen Tier die lokale Reaktion nur ganz gering, Allgemeinreaktion war nicht vorhanden und die Gewichtszunahme eine bedeutende; beim männlichen Tier dagegen die lokale Reizung schon ganz beträchtlich, ferner stellte sich eine vorübergehende Temperatursteigerung ein, und die Gewichtsabnahme war noch stärker ausgeprägt. Wenn endlich 15 cm3 injiziert wurden, dann blieb die lokale Reaktion beim Weibchen eine nur schwache, beim Männchen hingegen nahm sie eine noch bedeutendere Höhe an; bei ersterem trat gleichfalls eine Temperatursteigerung um einige Dezigrade während des Injektionstages, bei letzterem hingegen eine sehr deutliche Hypothermie mit nervösem Zittern und intensiver Depression ein; außerdem erfuhr das männliche Meerschweinchen eine sehr beträchtliche Abnahme seines Gewichtes und starb schließlich innerhalb vier bis sechs Tagen«.

(S. 25, Z. 14 v. u. ff.) Es dürfte dies für verschiedene Organismen verschieden sein. Z. B. bemerken gegenüber anderslautenden Aussagen von Born und Pflüger die Hertwigs auf S. 43 ihrer »Experimentellen Untersuchungen über die Bedingungen

der Bastardbefruchtung« (Oskar und Richard Hertwig, Unter-
suchungen zur Morphologie und Physiologie der Zelle, 4. Heft,
Jena 1885): »Selbst bei den stärksten Vergrößerungen ist es uns
nicht möglich gewesen, zwischen den reifen Samenfäden eines
Sphaerechinus oder Strongylocentrotus oder einer Arbacia Unterschiede in Form und Größe zu entdecken.« Dagegen setzt
L. Weill, Über die kinetische Korrelation zwischen den beiden
Generationszellen, Archiv für Entwicklungsmechanik der Organismen, Bd. XI, 1901, S. 222-224, die Existenz individueller
Unterschiede auch zwischen den Spermatozoiden und Eizellen
derselben Tiere voraus. – Daß übrigens die Dimensionen der
Eier sicherlich schwanken, ist aus den Maßzahlen zu ersehen,
die Karl Schulin, Zur Morphologie des Ovariums, Archiv für mikroskopische Anatomie, Bd. XIX, 1881, S. 472 f., und W. Nagel,
Das menschliche Ei, ibid., Bd. XXXI, 1888, S. 397, 399, angeben.

(S. 25, Z. 8 v. u. ff.) Über die Geschwindigkeit der Spermatozoiden vgl. Chrobak-Rosthorn, I/2, S. 441.

(S. 25, Z. 5 v. u. ff.) Purser, The British Medical Journal, 1885,
p. 1159 (nach Moll, Untersuchungen, I, S. 252), und besonders
Franz Friedmann, Rudimentäre Eier im Hoden von Rana viridis, Archiv für mikroskopische Anatomie und Entwicklungsgeschichte, Bd. LII, 1898, S. 248-261 (mit vielen Literaturangaben,
S. 261). Friedmanns Fall ist dadurch besonders interessant, daß
sich in beiden Hoden (im einen fünf, im anderen zehn) wohl entwickelte Eier mit einem Durchmesser von 225-500 ì fanden, die
sämtlich innerhalb der Samenkanälchen selbst und nicht erst
zwischen den Hodenschläuchen lagen. Auch Pflüger, Über die
das Geschlecht bestimmenden Ursachen und die Geschlechts-
verhältnisse der Frösche, Archiv für die gesamte Physiologie,
Bd. XXIX, 1882, S. 13-40, berichtet über die großen Graafschen
Follikel, die er gegen sein Erwarten in den Hoden brauner Gras-
frösche gefunden habe (S. 33). Seine Abhandlung spricht geradezu von Übergangsformen von Hode zu Eierstock. – Weitere
Literaturausgaben bei Frank J. Cole, A Case of Hermaphroditism

in Rana temporaria, Anatomischer Anzeiger, 21. September 1895, S. 104-112. G. Loisel, Grenouille femelle présentant les caractères sexuels secondaires du mâle, Comptes rendus hebdomadaires des Séances et Mémoires de la Société de Biologie, LIII, 1901, p. 204-206. La Valette St. George, Zwitterbildung beim kleinen Wassermolch, Archiv für mikroskopische Anatomie, Bd. XLV (1895), S. 1-14.

(S. 27, Z. 4.) Einen freilich nicht weit geführten Anfang zu einer Theorie der sexuellen Zwischenformen hat der bekannte Gynäkologe A. Hegar schon im Jahre 1877 gemacht (Über die Exstirpation normaler und nicht zu umfänglicher Tumoren degenerierter Eierstöcke, Zentralblatt für Gynäkologie, 10. November 1877, S. 297 bis 307; S. 305 heißt es): »Der Satz ›propter solum ovarium mulier est quod est‹ ist entschieden zu scharf gefaßt, wenn man denselben in dem Sinne auffaßt, daß von dem Eierstock ausschließlich der Anstoß zur Herstellung des eigentümlichen weiblichen Körpertypus und der speziellen weiblichen Geschlechtscharaktere gegeben werde. Schon Geoffroy-St.-Hilaire lehrte die Unabhängigkeit in der Entwicklung der einzelnen Abschnitte des Geschlechtsapparates, und Klebs hat in neuerer Zeit diese Lehre durch die Verhältnisse beim Hermaphroditismus motiviert. Jedenfalls ist es jedoch notwendig, auch selbst wenn man den Eierstock als wichtigstes Movens annimmt, noch weiter zurückzugehen und nach einem Moment zu suchen, welches bedingt, daß in dem einen Fall eine männliche, in dem anderen eine weibliche Keimdrüse zustande kommt. [Hier wurde als solches das Arrheno-, respektive Thelyplasma des ganzen Organismus angesehen.] ... Wir können hier für unsere Betrachtungen kurzweg von einem geschlechtsbedingenden Moment sprechen. Nehmen wir nun an, daß ursprünglich in jedem Individuum zwei geschlechtsbedingende Momente vorhanden sind, von denen das eine zum Manne, das andere zum Weibe führt, und nehmen wir ferner an, daß diese Momente nicht bloß die spezifische Keimdrüse, sondern gleichzeitig auch die anderen Geschlechtscharaktere herzustellen suchen, so erscheint uns eine genügende Erklärung für alle ... Tatsachen vorhanden zu sein. Die eine Bewegungsrichtung überwiegt für gewöhnlich so, daß nur ein spezifischer Typus geschaffen, während der andere verdrängt wird. Es kann dieses Übergewicht so bedeutend sein, daß, selbst bei Defekt oder rudimentärer Ausbildung der ihm zukommenden spezifischen Keimdrüse, doch die übrigen entsprechenden Geschlechtscharaktere hergestellt werden. [Disharmonie in der sexuellen Charakteristik der verschiedenen Teile eines Organismus.] In welcher Art jene Verdrängung stattfindet, ist freilich nicht leicht zu sagen. Wahrscheinlich spielen hier teilweise sehr einfache mechanische Vorgänge mit. [??] Das Bildungsmaterial wird aufgebraucht oder es bleibt einfach kein Platz, kein Raum mehr für die Entwicklung des andersartigen Organs. Einen analogen Vorgang finden wir ja bei Vögeln, bei denen der linke Eierstock durch sein kräftigeres Wachstum den rechten zur Atrophie bringt, gleichsam totdrückt ... Bei der zufälligen Schwäche der Bewegungsrichtung können leicht zufällige, selbst leichte Widerstände bedeutend einwirken. Es wird dann das andere geschlechtsbedingende Moment zur Geltung kommen, und wir sehen so ein Individuum entstehen, welches einen anderen Geschlechtstypus hat als denjenigen, welcher ihm seiner Keimdrüse nach zukommt. Meist sind freilich Gemische männlicher und weiblicher Eigenschaften in den mannigfachsten Kombinationen vorhanden bis zu jenen feinen Nuancen herab, bei denen wir von einem weibischen Manne und einem Mannweibe sprechen.«

(S. 28, Z. 15 f.) Maupas, Sur le déterminisme de la sexualité chez l'Hydatina senta, Comptes rendus hebdomadaires des Séances de l'Académie des Sciences, 14. September 1891, p. 388 f.: »Au début de l'ovogénèse, l'oeuf est encore neutre et, en agissant convenablement, on peut à ce moment lui faire prendre à volonté l'un ou l'autre caractère sexuel. L'agent modificateur est la température. L'abaisse-t-on, les jeunes oeufs qui vont se former rêvetent l'état de pondeuses d'oeufs femelles; l'élève-t-on, au contraire, c'est l'état de pondeuses d'oeufs mâles qui se développe.«

(S. 28, Z. 18 v. u. f.) Vgl. M. Nußbaum, Die Entstehung des Geschlechtes bei Hydatina senta, Archiv für mikroskopische Anatomie und Entwicklungsgeschichte, Bd. XLIX (1897), 227-308, der S. 235 sagt: »Schon aus den von Plate angegebenen Maßen für männliche und weibliche Sommereier der Hydatina senta ergibt sich mit Notwendigkeit, daß man das Geschlecht nicht in allen Fällen aus der Größe der Eier vorhersagen kann. Man nehme an, daß sich aus den größten Eiern stets Weibchen und aus den kleinsten Männchen entwickeln. Zwischen diesen weit abstehenden Grenzen gibt es aber stufenweise Übergänge, von denen man nicht sagen kann, was aus ihnen werden wird ... Ein und dasselbe Weibchen legt Eier der verschiedensten Größe.«

(S. 28, Z. 17 v. u. f.) Die Ausdrücke »arrhenoid« und »thelyid« nach der zitierten Abhandlung Brandts (Zeitschrift für wissenschaftliche Zoologie, Bd. XLVIII, S. 102).
Zu Teil I, Kapitel 3

(S. 30, Z. 3 ff.) Carmen, Opéra-Comique tiré de la nouvelle de Prosper Mérimée par Henry Meilhac & Ludovic Halévy, Paris, Acte I, Scéne V, p. 13.

(S. 30, Z. 1 v. u.) Der Philosoph ist Arthur Schopenhauer in seiner »Metaphysik der Geschlechtsliebe« (Die Welt als Wille und Vorstellung, ed. Frauenstädt, Bd. II, Kapitel 44, S. 623 f.): »Alle Geschlechtlichkeit ist Einseitigkeit. Diese Einseitigkeit ist in einem Individuo entschiedener ausgesprochen und in höherem Grade vorhanden als im anderen: daher kann sie in jedem Individuo besser durch Eines als das Andere vom anderen Geschlecht ergänzt und neutralisiert werden, indem es einer der seinigen individuell entgegengesetzten Einseitigkeit bedarf, zur Ergänzung des Typus der Menschheit im neu zu erzeugenden Individuo, als auf dessen Beschaffenheit immer alles hinausläuft. Die Physiologen wissen, daß Mannheit und Weiblichkeit unzählige Grade zulassen, durch welche jene bis zum widerlichen Gynander und Hypospadiaeus sinkt, diese bis zur anmutigen

Androgyne steigt: von beiden Seiten aus kann der vollkommene Hermaphroditismus erreicht werden, auf welchem Individuen stehen, welche, die gerade Mitte zwischen beiden Geschlechtern haltend, keinem beizuzählen, folglich zur Fortpflanzung untauglich sind. Zur in Rede stehenden Neutralisation zweier Individualitäten durch einander ist demzufolge erfordert, daß der bestimmte Grad seiner Mannheit dem bestimmten Grade ihrer Weiblichkeit genau entspreche; damit beide Einseitigkeiten einander gerade aufheben. Demnach wird der männlichste Mann das weiblichste Weib suchen und vice versa, und ebenso jedes Individuum das ihm im Grade der Geschlechtlichkeit entsprechende. Inwiefern nun hierin zwischen zweien das erforderliche Verhältnis statthabe, wird instinktmäßig von ihnen gefühlt, und liegt, nebst den anderen relativen Rücksichten, den höheren Graden der Verliebtheit zum Grunde.« Dieser Passus zeigt eine weit vollere Einsicht als die einzige noch zu erwähnende Stelle, wo ich Ähnliches entdecken konnte; diese findet sich bei Albert Moll, Untersuchungen über die Libido sexualis, Berlin 1897, Bd. I, S. 193. Da heißt es: »Wir können überhaupt sagen, daß wir zwischen dem typischen weiblichen Geschlechtstrieb, der auf vollständig erwachsene männliche Personen gerichtet ist, und dem typischen männlichen Geschlechtstrieb, der auf vollständig entwickelte weibliche Personen gerichtet ist, alle möglichen Übergänge finden.«

Beide Stellen waren mir unbekannt, als ich (Anfang 1901) dieses Gesetz als erster gefunden zu haben glaubte, so eng sich meine Darstellung speziell mit der Schopenhauers sachlich, ja manchmal wörtlich berührt.

(S. 31, Z. 3 ff.) Der Ausspruch Blaise Pascals (Pensées I, 10, 24): »Il y a un modèle d'agrément et de beauté, qui consiste en un certain rapport entre notre nature faible ou forte, telle qu'elle est, et la chose qui nous plaît. Tout ce qui est formé sur ce modèle nous agrée: maison, chanson, discours, vers, prose, femme, oiseaux, rivières, arbres, chambres, habits,« mag hier Platz finden, obwohl seine weite Berechtigung erst allmählich im Laufe des Folgenden (vgl. Teil I, Kap. 5, und Teil II, Kap. 1) ganz klar werden kann.

(S. 31, Z. 17 v. u.) Charles Darwin, Die Abstammung des Menschen und die Zuchtwahl in geschlechtlicher Beziehung, übersetzt von David Haek (Universalbibliothek), Bd. II, Kap. 14, S. 120-132, Kap. 17, S. 285-290; die Fälle sprechen keineswegs allein von einer »Wahl« seitens des Weibchens, sondern ebensosehr von Bevorzugung und Verschmähung der Weibchen durch die Männchen. Vgl. auch: Das Variieren der Tiere und Pflanzen im Zustande der Domestikation, übersetzt von J. V. Carus, Kap. 18 (Stuttgart 1873, II2, 186): »Es ist durchaus nicht selten, gewisse männliche und weibliche Tiere zu finden, welche sich nicht zusammen fortpflanzen, trotzdem man von beiden weiß, daß sie mit anderen Männchen und Weibchen vollkommen fruchtbar sind ... Die Ursache liegt, wie es scheint, in einer eingebornen sexuellen Unverträglichkeit des Paares, welches gepaart werden soll. Mehrere Beispiele dieser Art sind mir mitgeteilt worden ... In diesen Fällen pflanzten sich Weibchen, welche sich entweder früher oder später als fruchtbar erwiesen, mit gewissen Männchen nicht fort, mit denen man ganz besonders wünschte sie zu paaren« usw.

(S. 31, Z. 10-13 v. u.) »Fast ausnahmslos ...« » Beinahe immer ...« wegen Oskar und Richard Hertwig, Untersuchungen zur Morphologie und Physiologie der Zelle, Heft 4: Experimentelle Untersuchungen über die Bedingungen der Bastardbefruchtung, Jena 1885, S. 33: » In der Kreuzbefruchtung zweier Arten besteht sehr häufig keine Reziprozität. Alle möglichen Abstufungen finden sich hier. Während Eier von Echinus microtuberculatus sich durch Samen von Strongylocentrotus lividus fast ohne Ausnahme befruchten lassen, wird bei Kreuzung in entgegengesetzter Richtung nur in wenigen Fällen eine Entwicklung hervorgerufen. Die Befruchtung von Strongylocentrotus lividus durch Samen von Arbacia pustulosa bleibt erfolglos, dagegen entwickeln sich von Arbacia pustulosa immerhin einige Eier, wenn ihnen Samen von Strongylocentrotus lividus hinzugefügt wird. Und so ähnlich noch in anderen Fällen. Es ist zur Zeit gar nicht möglich, gesetzmäßige Beziehungen zwischen Bastardierungen in entgegengesetzter Richtung nachzuweisen.«

(S. 33, Z. 5 v. u.) Den Ausdruck »geschlechtliche Affinität«, in Analogie mit der chemischen Verwandtschaft, haben O. und R. Hertwig zuerst eingeführt (Experimentelle Untersuchungen über die Bedingungen der Bastardbefruchtung, Jena 1885, S. 44), und der erstere in seinem Buche »Die Zelle und die Gewebe«, Bd. I, S. 240 f., enger, als dies hier geschehen ist, auf die Wechselwirkungen zwischen Einzelzellen beschränkt.

(S. 34, Z. 17 v. u.) Mit den von Darwin (A Monograph on the Sub-Class Cirripedia: The Lepadidae or Pedunculated Cirripedes, London 1851, p. 55, S. 182, 213 ff., 281 f., 291 ff.; The Balanidae or sessile Cirripedes, The Verrucidae etc., London 1854, p. 29) bei Rankenfüßern entdeckten » komplementären Männchen«, welche mit Hermaphroditen sich paaren, hat die hier vorgetragene Anschauung von einer sexuellen Ergänzung trotz dem Ausdruck »Komplement« nichts zu schaffen.

(S. 35, Z. 17 v. u.) Wilhelm Ostwald, Die Überwindung des wissenschaftlichen Materialismus (Vortrag auf der Naturforscherversammlung zu Lübeck), Leipzig 1895, S. 11 und 27. – Richard Avenarius, Kritik der reinen Erfahrung, Leipzig 1888-1890, an vielen Orten, z. B. Bd. II, S. 299.

(S. 37, Z. 18.) P. Volkmann, Einführung in das Studium der theoretischen Physik, insbesondere in das der analytischen Mechanik mit einer Einleitung in die Theorie der physikalischen Erkenntnis, Leipzig 1900, S. 4: »Die Physik ist ... ein Begriffssystem mit rückwirkender Verfestigung.«

(S. 37, Z. 15 v. u.) » Persoon gab in Usteris Annalen 1794, 11. Stück, S. 10, die erste Beschreibung der langgriffeligen und kurzgriffeligen Formen von Primula« sagt Hugo v. Mohl, Einige

Beobachtungen über dimorphe Blüten, Botanische Zeitung, 23. Oktober 1863, S. 326.

(S. 37, Z. 14 v. u.) Charles Darwin, The different forms of flowers on plants of the same species, London 1877, 2. ed., 1884, p. 1-277. (Deutsch: Die verschiedenen Blütenformen bei Pflanzen der nämlichen Art, Werke übersetzt von J. V. Carus, IX/3, Stuttgart 1877, S. 1-240.) In seinen ersten, den Gegenstand betreffenden Publikationen aus dem Jahre 1862 und den folgenden hatte Darwin bloß der mehrdeutigen Ausdrücke Dimorphismus und Trimorphismus sich bedient. Hiefür hat den Namen Heterostylie Friedrich Hildebrand zuerst vorgeschlagen in seiner Abhandlung »Über den Trimorphismus in der Gattung Oxalis« (S. 369) in den »Monatsberichten der kgl. preußischen Akademie der Wissenschaften zu Berlin«, 1866, S. 352-374. Vgl. auch dessen größere Werke: Die Geschlechtsverteilung bei den Pflanzen und das Gesetz der vermiedenen und unvorteilhaften Selbstbefruchtung, Leipzig 1867, und Die Lebensverhältnisse der Oxalisarten, Jena 1884, S. 127 f.

(S. 37, Z. 12 v. u.) Über die Heterostylie vgl. außer Darwins schönem Buch, dem Hauptwerk über den Gegenstand und der reichen, darin auf Schritt und Tritt zitierten Literatur: Oskar Kirchner und H. Potonié, Die Geheimnisse der Blumen, eine populäre Jubiläumsschrift zum Andenken an Christian Konrad Sprengel, Berlin 1893, S. 21 f.; Julius Sachs, Vorlesungen über Pflanzenphysiologie, 2. Aufl., Leipzig 1887, S. 850; Noll in Strasburgers Lehrbuch der Botanik für Hochschulen, 3. Auflage, Jena 1898, S. 250 f.; Julius Wiesner, Elemente der wissenschaftlichen Botanik, Bd. III: Biologie der Pflanzen, Wien 1902, S. 152 bis 154. Anton Kerner v. Marilaun, Das Pflanzenleben, Bd. II, Wien 1891, S. 300 ff.; 389 ff.; Darwin selbst noch in der »Entstehung der Arten«, Kap. 9 (S. 399 f., übersetzt von Haek), und »Das Variieren etc.«, Kap. 19 (II2, S. 207 ff.).

(S. 37, Z. 11 v. u.) Die einzigen Monokotyledonen, die hete-rostyle Blüten besitzen, sind die von Fritz Müller (Jenaische Zeitschrift für Naturwissenschaft, VI, 1871, S. 74 f.) in Brasilien entdeckten Pontederien.

(S. 38, Z. 1.) Auch Darwin nähert sich ein- oder zweimal die-ser Auffassung, um sie sofort wieder aus den Augen zu verlieren, weil bei ihm stets der Gedanke an eine fortschreitende Tendenz der Pflanzen, diözisch zu werden, an die Stelle des allgemein-gültigen Prinzips der sexuellen Zwischenformen sich schiebt (vgl. p. 257 der englischen Ausgabe). Doch sagt er an einer Stel-le (p. 296) über Rhamnus lanceolatus: »The short-styled form is said by Asa Gray to be the more fruitful of the two, as might have been expected from its appearing to produce less pollen, and from the grains being of smaller size; it is therefore the more highly feminine of the two. The long styled form produces a gre-ater number of flowers ... they yield some fruit, but as just stated are less fruitful than the other form, so that this form appears to be the more masculine of the two.«

(S. 38, Z. 11 f.) Es heißt im englischen Texte auf S. 137 (in der deutschen Übersetzung S. 1181) von Lythrum salicaria wört-lich: »If smaller differences are considered, there are five dis-tinct sets of males.«

(S. 38, Z. 10 v. u.) William Bateson, Materials for the study of Variation treated with especial regard to discontinuity in the origin of species, London 1894, p. 38 f. Er sagt von Xylotrupes geradezu: »The form is dimorphic, and has two male normals.« Die Stelle ist zu ausgedehnt, als daß ich sie ganz hiehersetzen könnte.

(S. 40, Z. 3.) Darwin, p. 148: »It must not however be suppo-sed that the bees do not get more or less dusted all over with the several kinds of pollen.«

510

(S. 40, Z. 15 v. u. ff.) Hildebrand, Monatsberichte der königlich preußischen Akademie der Wissenschaften, 1866, S. 370, spricht sich, gegen Lindley und Zuccarini, dahin aus, daß die kurzgriffeligen Blüten deshalb nicht männlich, die langgriffeligen deshalb nicht weiblich sein könnten, weil in der kurzgriffeligen Form die Narbe keineswegs verkümmert, in der langgriffeligen der Pollen keineswegs schlecht und wirkungslos sei. Aber es ist durchaus charakteristisch für die Pflanzen, daß bei ihnen in viel weiterem Umfange Juxtapositionen möglich sind als bei den Tieren.

(S. 40, Z. 7-11 v. u.) Darwin spricht p. 186 von dieser Erscheinung als von »the usual rule of the grains from the longer stamens, the tubes of which have to penetrate the longer pistils, being larger than those from the stamens of less length.« Vgl. auch p. 38, 140 und besonders 286 ff. – F. Hildebrand, Experimente über den Dimorphismus von Linum perenne und Primula sinensis, Botanische Zeitung, 1. Jänner 1864, S. 2: »Meine Beobachtungen ... zeigten, daß ... die Pollenkörner der kurzgriffeligen Form bedeutend größer sind als die der langgriffeligen.«

(S. 41, Z. 13.) L. Weill, Über die kinetische Korrelation zwischen den beiden Generationszellen, Archiv für Entwicklungsmechanik der Organismen, Bd. XI, 1901, S. 222-224.

(S. 43, Z. 11.) Der Faktor t spielt hier, nicht nur unter den Menschen, oder den anderen Organismen, sondern selbst noch im Verkehre der Keimzellen eine wichtige und überaus merkwürdige Rolle. So schildern O. und R. Hertwig, Untersuchungen zur Morphologie und Physiologie der Zelle, 4. Heft, Experimentelle Untersuchungen über die Bedingungen der Bastardbefruchtung, Jena 1885, S. 37, ihre Beobachtungen an Echinodermen: »Wir haben nun gefunden, daß Eier, welche gleich nach ihrer Entleerung aus dem strotzend gefüllten Eierstock bastardiert wurden, das fremde Spermatozoon zurückwiesen, es aber nach 10, 20 oder 30 Stunden bei der zweiten oder dritten oder vier-

511

ten Nachbefruchtung in sich aufnahmen und dann sich normal weiter entwickelten.« S. 38: »Je später [nach der Entleerung aus den Ovarien] die Befruchtung geschah, sei es nach 50 der 10 oder 20 oder 30 Stunden, um so mehr wuchs der Perzentsatz der bastardierten Eier, bis schließlich ein Bastardierungsoptimum erreicht wurde. Als solches bezeichnen wir das Stadium, in welchem sich fast das gesamte Eiquantum, mit Ausnahme einer geringen Zahl, in normaler Weise entwickelt.«

(S. 43, Z. 14 v. u.) »Phantasien eines Realisten« von Lynkeus, Dresden und Leipzig 1900, II. Teil, S. 155-162.

(S. 44, Z. 1 f.) »... im allgemeinen ...«; k wird nicht immer einfach in Proportion mit der systematischen Nähe größer. Siehe O. und R. Hertwig, a. a. O. S. 32 f.: »Das Gelingen oder Nichtgelingen der Bastardierung hängt nicht ausschließlich von dem Grade der systematischen Verwandtschaft der gekreuzten Arten ab. Wir können beobachten, daß Arten, die in äußeren Merkmalen sich kaum voneinander unterscheiden, sich nicht kreuzen lassen, während es zwischen relativ entfernt stehenden, verschiedenen Familien und Ordnungen angehörenden Arten möglich ist. Die Amphibien liefern uns hier besonders treffende Beispiele. Rana arvalis und Rana fusca stimmen in ihrem Aussehen fast vollständig überein, trotzdem lassen sich die Eier der letzteren nicht befruchten, während in einzelnen Fällen Befruchtung mit Samen von Bufo communis und sogar von Triton möglich war. Dieselbe Erscheinung ließ sich, wenn auch weniger deutlich, bei den Echinodermen konstatieren. Immerhin muß aber im Auge behalten werden, daß die systematische Verwandtschaft für die Möglichkeit der Bastardierung ein wichtiger Faktor ist. Denn zwischen Tieren, die so weit auseinanderstehen wie Amphibien und Säugetiere, Seeigel und Seesterne, ist noch niemals eine Kreuzbefruchtung erzielt worden.« Vgl. hiemit Julius Sachs, Lehrbuch der Pflanzenphysiologie, 2. Aufl., Leipzig 1887, S. 838: »Die sexuelle Affinität geht mit der äußeren Ähnlichkeit der Pflanzen nicht immer parallel; so ist es z. B. noch nicht gelungen, Bastarde von Apfel- und Birnbaum, von Anagallis arvensis und

caerulea, von Primula officinalis und elatior, von Nigella dama-
scena und sativa und anderen systematisch sehr ähnlichen Spezies derselben Gattung zu erzielen, während in anderen Fällen
sehr unähnliche Formen sich vereinigen, so z. B. Aegilops ovata
mit Triticum vulgare, Lychnis diurna mit Lychnis ilos cuculi, Ce-
reus speciosissimus und Phyllocactus Phyllanthus, Pfirsich und
Mandel. In noch auffallenderer Weise wird die Verschiedenheit
der sexuellen Affinität und systematischen Verwandtschaft dadurch bewiesen, daß zuweilen die Varietäten derselben Spezies
unter sich ganz oder teilweise unfruchtbar sind, z. B. Silene in-
flata var. alpina mit var. angustifolia, var. latifolia mit var. litora-
lis u. a.« Vgl. auch Oskar Hertwig, Die Zelle und die Gewebe, Bd.
I, S. 249.

(S. 44, Z. 11 v. u. f.) Wilhelm Pfeffer, Lokomotorische Rich-
tungsbewegungen durch chemische Reize, Untersuchungen aus
dem botanischen Institut zu Tübingen, Bd. I, 1885, S. 363-482.

(S. 45, Z. 1.) Über die Wirkung der Maleinsäure (»welche, soweit bekannt, im Pflanzenreiche nicht vorkommt«), Pfeffer a. a.
O. S. 412.

(S. 45, Z. 5.) Der Terminus wird bei Pfeffer eingeführt a. a. O.
S. 474, Anm. 2.

(S. 45, Z. 14.) Hiefür spricht vor allem der Bericht L. Seelig-
manns, Weitere Mitteilungen zur Behandlung der Sterilitas ma-
trimonii, Vortrag in der gynäkologischen Gesellschaft zu Hamburg, Referat im Zentralblatt für Gynäkologie, 18. April 1896, S.
429: »Eine Anordnung des mikroskopischen Präparates in der
Weise, daß auf der einen Seite des Deckglases normales Zer-
vikalsekret an und etwas unter das Deckglas gebracht wurde,
ergab das Resultat, daß auf der einen Seite des Vaginalsekre-
tes nach einiger Zeit nur ganz wenige Spermatozoen, die sich
nicht mehr bewegten, vorhanden waren, während auf der anderen Seite des Zervikalsekretes sich die Samentierchen dicht

gedrängt in lebhafter Bewegung befanden. Hier könne offenbar von einer chemotaktischen Wirkung des Zervikalsekretes auf die Samenzellen gesprochen werden.«

(S. 45, Z. 16 ff.) M. Hofmeier, Zur Kenntnis der normalen Uterusschleimhaut, Zentralblatt für Gynäkologie, Bd. XVII, 1893, S. 764-766: »Nach den positiven Beobachtungen kann ein Zweifel nicht mehr bestehen, daß tatsächlich der Wimperstrom im Uterus von oben nach unten zu geht.«

(S. 45, Z. 15 v. u. f.) Über die Wanderungen der Lachse, ihr Fasten und ihre Abmagerung vgl. vor allem Friedrich Miescher, Die histochemischen und physiologischen Arbeiten von F. M., gesammelt und herausgegeben von seinen Freunden, Bd. II, Leipzig 1897, S. 116-191, 192-218, 304-324, 325-327, 359-414, 415-420.

(S. 45, Z. 11 v. u. ff.) P. Falkenberg, Die Befruchtung und der Generationswechsel von Cutleria, Mitteilungen aus der zoologischen Station zu Neapel, Bd. I, 1879, S. 420-447. Es heißt dort, S. 425 f.: »Vollständig negative Resultate ergab der Versuch einer Wechselbefruchtung zwischen den nahe verwandten Cutleria-Spezies C. adspersa und C. multifida, die – abgesehen von der Verschiedenheit ihrer Standorte – sich äußerlich nur durch geringe habituelle Differenzen unterscheiden. Empfängnisfähigen, zur Ruhe gekommenen Eiern der einen Spezies wurden lebhaft schwärmende Spermatozoidien der anderen Art zugesetzt. In solchen Fällen sah man die Spermatozoidien unter dem Mikroskop zahllos umherirren und endlich absterben, ohne an den Eiern der verwandten Algen-Spezies den Befruchtungsakt vollzogen zu haben. Freilich blieben einzelne Spermatozoidien, welche zufällig auf die ruhenden Eier stießen, momentan an diesen hängen, aber nur um sich ebenso schnell wieder von ihnen loszureißen. Ganz anders wurde das Bild unter dem Mikroskop, sobald man auf derartigen Präparaten den Spermatozoidien auch nur ein einziges befruchtungsfälliges Ei der gleichen Spezies hinzusetzte. Wenige Augenblicke genügten, um sämtliche Spermatozoidien von allen Seiten her um dieses eine Ei zu versammeln, selbst wenn dasselbe mehrere Zentimeter von der Hauptmasse der Spermatozoidien entfernt lag. Es entsprach nunmehr das Bild ganz den von Thuret (Recherches sur la fécondation des Fucacées, Ann. des Sc. natur., Sér. 4, Tome II, p. 203, pl. 12, Fig. 4) für Fucus gegebenen Abbildungen, und ebenso wurde auch das an sich längst bewegungslos gewordene Ei nunmehr durch vereinte Kräfte der zahlreichen Spermatozoidien hin- und hergedreht ... Aus diesen Versuchen geht einmal hervor, daß die Anziehungskraft zwischen den Eiern von Cutleria und den Spermatozoidien sich auf verhältnismäßig bedeutende Distanzen geltend macht, daß auf der anderen Seite diese Anziehungskraft nur zwischen den Geschlechtszellen der gleichen Spezies existiert. Außerdem zeigen die mitgeteilten Erscheinungen, daß die Bewegungen der Spermatozoidien von Cutleria ... unter dem Einfluß der Anziehungskraft der Eier energisch genug sind, um jene Kraft, welche sie sonst dem einfallenden Lichte entgegenführt, zu überwinden und sie dazu befähigten, die entgegengesetzte Richtung einzuschlagen. Mag die Kraft, welche die Vereinigung der männlichen und weiblichen Geschlechtszellen von Cutleria anstrebt und die Bewegungsrichtung der männlichen Schwärmer reguliert, in der männlichen oder in der weiblichen Zelle oder in beiden ihren Sitz haben – so viel ist sicher, daß die Kraft, welche bei Cutleria die Spermatozoidien den Eiern zuführt, ihren Sitz in dem Organismus selbst haben muß und unabhängig vom Zufall und von Strömungen wirkt, welche etwa im Wasser stattfinden können.«

(S. 46, Z. 12 v. u.) Vgl. Gespräche mit Goethe in den letzten Jahren seines Lebens von Joh. Peter Eckermann (30. März 1824).

(S. 46, Z. 4 v. u.) Die Analogien zwischen Mensch und Haustier betreffs des Nichtgebundenseins des sexuellen Verkehrs an bestimmte Zeitpunkte werden oft übertrieben; vgl. hierüber Chrobak-Rosthorn, Die Erkrankungen der weiblichen Geschlechtsorgane, Wien 1900, Teil I/2, S. 379 f.

(S. 48, Z. 16 v. u.) Ich meine die außerordentlich wahre Stelle: »Nach wie vor übten sie eine unbeschreibliche, fast magische Anziehungskraft gegeneinander aus. Sie wohnten unter einem Dache; aber selbst ohne gerade aneinander zu denken, mit anderen Dingen beschäftigt, von der Gesellschaft hin- und hergezogen, näherten sie sich einander. Fanden sie sich in einem Saale, so dauerte es nicht lange, und sie standen, sie saßen nebeneinander. Nur die nächste Nähe konnte sie beruhigen, aber auch völlig beruhigen, und diese Nähe war genug; nicht eines Blickes, nicht eines Wortes, keiner Gebärde, keiner Berührung bedurfte es, nur des reinen Zusammenseins. Dann waren es nicht zwei Menschen, es war nur ein Mensch im bewußtlosen vollkommenen Behagen, mit sich selbst zufrieden und mit der Welt. Ja, hätte man eins von beiden am letzten Ende der Wohnung festgehalten, das andere hätte sich nach und nach von selbst ohne Vorsatz zu ihm hinbewegt.« (Goethe, Die Wahlverwandtschaften, II. Teil, 17. Kapitel.)

(S. 49, Z. 8 ff.) Hiemit vergleiche man die Aussprüche der Dichter.

Theognis sagt zu dem Knaben Kyrnos (V. 183 f.):

»Κριοὺς μὲν καὶ ὄνους διζήμεθα, Κύρνε, καὶ ἵππους
εὐγενέας, καί τις βούλεται ἐξ ἀγαθῶν
βήσεσθαι γῆμαι δὲ κακὴν κακοῦ οὐ μελεδαίνει
ἐσθλὸς ἀνήρ, ἤν οἱ χρήματα πολλὰ διδῷ
οὐδὲ γυνὴ κακοῦ ἀνδρὸς ἀναίνεται εἶναι ἄκοιτις
πλουσίου, ἀλλ‘ ἀφνεὸν βούλεται ἀντ‘ ἀγαθοῦ
χρήματα γὰρ τιμῶσι καί ἐκ κακοῦ ἐσθλὸς ἔγημεν,
καὶ κακὸς ἐξ ἀγαθοῦ πλοῦτος ἔμιξε γένος.«

Shakespeare legt dem Bastarden Edmund die bekannten Verse in den Mund (König Lear, I. Aufzug, 2. Szene):

»... Warum
Mit unecht uns brandmarken? Bastard? Unecht?
Uns, die im heißen Diebstahl der Natur
Mehr Stoff empfah'n und kräft'gern Feuergeist,
Als in verdumpftem, trägem, schalem Bett
Verwandt wird auf ein ganzes Heer von Tröpfen,
Halb zwischen Schlaf gezeugt und Wachen? ...«

(S. 49, Z. 5 v. u. ff.) Darwin: Das Variieren der Tiere und Pflanzen, Bd. II, Kap. 17-19 (z. B. S. 17» der 2. Aufl., Stuttgart 1873);
besonders aber: Die Wirkungen der Kreuz- und Selbstbefruchtung im Pflanzenreich, Stuttgart 1877 (Werke Bd. X), S. 24: »Der
bedeutungsvollste Schluß, zu dem ich gelangt bin, ist der, daß
der bloße Akt der Kreuzung an und für sich nicht guttut. Das
Gute hängt davon ab, daß die Individuen, welche gekreuzt werden, unbedeutend in ihrer Konstitution voneinander verschieden sind, und zwar infolge davon, daß ihre Vorfahren mehrere
Generationen hindurch unbedeutend verschiedenen Bedingungen, oder dem, was wir in unserer Unwissenheit ›spontane Abänderung‹ nennen, ausgesetzt sind.«
Zu Teil I, Kapitel 4

(S. 51, Z. 1 ff.) Von der Literatur will ich nur die wenigen wichtigsten Bücher nennen, in denen man alle weiteren Angaben
findet: Richard v. Krafft-Ebing, Psychopathia sexualis, mit besonderer Berücksichtigung der konträren Sexualempfindung,
9. Aufl., Stuttgart 1894. Albert Moll, Die konträre Sexualempfindung, 3. Aufl., Berlin 1899. Untersuchungen über die Libido
sexualis, Bd. I, Berlin 1897/98. Havelock Ellis und J. A. Symonds,
Das konträre Geschlechtsgefühl, Leipzig 1896.

(S. 51, Z. 2 v. u.) v. Schrenck-Notzing, Die Suggestionstherapie
bei krankhaften Erscheinungen des Geschlechtslebens, mit besonderer Berücksichtigung der konträren Sexualempfindung;
Stuttgart 1892 (z. B. S. 193: »Der Anteil der okkasionellen Momente ist vielfach in der Ätiologie des Gewohnheitstriebes zu

perversen sexuellen Entäußerungen ein größerer als derjenige erblicher Belastung«). Ein Beitrag zur Ätiologie der konträren Sexualempfindung, Wien 1895, S. 1 ff. Kriminalpsychologische und psycho-pathologische Studien, Leipzig 1902, S. 2 f., S. 17 f. – Emil Kraepelin, Psychiatrie, 4. Aufl., Leipzig 1893, S. 689 f. – Ch. Féré, La descendance d'un inverti, Revue générale de clinique et de thérapeutique, 1896, zitiert nach Moll, Untersuchungen, Bd. I, S. 651, Anm. 3. In seinem Buche L'Instinct Sexuel, Evolution et Dissolution, Paris 1899, p. 266 f., legt Féré jedoch das Schwergewicht auf die kongenitale Veranlagung.

(S. 52, Z. 2 v. u. f.) »Komplementärbedingung« nach Avenarius, Kritik der reinen Erfahrung, Bd. I, Leipzig 1888, S. 29; »Teilursache« nach Alois Höfler, Logik unter Mitwirkung von Dr. Alexius Meinong, Wien 1890, S. 63.

(S. 54, Z. 16 f.) Daß in der Mitte zwischen M und W stehende Personen sich untereinander sexuell anziehen, wird auch sehr wahrscheinlich aus den Beobachtungen von Fr. Neugebauer (Fifty false marriages between Individuals of the same gender with some divorces for »Erreur de Sexe«), Referat im British Gynaecological Journal, 15, 1899, S. 315, vgl. 16, 1900, S. 104 des »Summary of Gynaecology, including Obstetrics«.
(S. 54, Z. 16 v. u.) Vgl. Emil Kraepelin, Psychiatrie, 4. Aufl., Leipzig 1893, S. 690: »Verhältnismäßig selten sind jene Personen, bei welchem niemals eine Spur von heterosexuellen Regungen vorhanden gewesen ist.«

(S. 54, Z. 6 v. u. f.) Der Amerikaner Jas. G. Kiernan soll zuerst den Grund der Homosexualität in der geschlechtlichen Undifferenziertheit des Embryos gesucht haben (American Lancet, 1884, und im Medical Standard [Nov.-Dez. 1888]), nach ihm Frank Lydston (Philadelphia Medical and Surgical Recorder, September 1888, Addresses and Essays, 1892, p. 46 und 246), beide in Abhandlungen, die mir nicht zugänglich geworden sind. Die gleiche Theorie bringt ein Patient von Krafft-Ebing vor, in dessen Psychopathia sexualis, 8. Aufl., Stuttgart 1893, S. 227.

Dieser selbst hat sie akzeptiert in einer Abhandlung »Zur Erklärung der konträren Sexualempfindung«, Jahrbücher für Psychiatrie und Nervenheilkunde, Bd. XIII, Heft 2, ferner haben sich
ihr angeschlossen Albert Moll, Untersuchungen über die Libido
sexualis, Bd. I, S. 327 ff., Magnus Hirschfeld, Die objektive Diagnose der Homosexualität, Jahrbuch für sexuelle Zwischenstufen,
Bd. I (1899), S. 4 ff., Havelock Ellis, Studies in the Psychology of
Sex, Vol. I, Sexual Inversion, 1900, p. 132 f., Norbert Grabowski,
Die mannweibliche Natur des Menschen, Leipzig 1896 etc.

(S. 56, Z. 7.) Die Anerkennung einer das Tierreich beherrschenden Gesetzlichkeit in der sexuellen Anziehung ist folgen-
schwer insofern, als sie die Hypothese einer »sexuellen Zuchtwahl« fast völlig unmöglich macht.

(S. 56, Z. 17.) Homosexualität bei Tieren: vgl. Ch. Féré, Les
perversions sexuelles chez les animaux in L'instinct sexuel, Paris 1899, p. 59-87. F. Karsch, Päderastie und Tribadie bei den
Tieren, auf Grund der Literatur zusammengestellt, Jahrbuch für
sexuelle Zwischenstufen, Bd. II (1900), S. 126-154. Albert Moll,
Untersuchungen über die Libido sexualis, Bd. I, 1898, S. 368 ff.

(S. 56, Z. 3 v. u.) Es beruht also auf einer Täuschung, wenn
so viele glauben (wie schon Platon, Gesetze, VIII, 836 c), die
»gleichgeschlechtliche Liebe« sei ein bloß dem Menschen eigentümliches, »widernatürliches« Laster. Doch dürfte für die
Päderastie Plato da recht behalten; indes Homosexualität nicht
auf den Menschen beschränkt ist

(S. 57, Z. 19 v. u. ff.) Vgl. Krafft-Ebing bei Alfred Fuchs, Die
Therapie der anomalen Vita sexualis, Stuttgart 1899, S. 4.

(S. 58, Z. 5 v. u.) Der einzige wahrhaft große Mann, der die Homosexualität strenge verurteilt zu haben scheint, ist der Apostel Paulus (Römer, 1, 26-27); aber er hat selbst bekannt, wenig

sexuell veranlagt gewesen zu sein, woraus allein auch der etwas naive Optimismus begreiflich wird, mit dem er von der Ehe spricht.

(S. 59, Z. 21 v. u.) Moll, Untersuchungen über die Libido sexualis, Bd. I, Berlin 1898, S. 484.

(S. 59, Z. 3 v. u.) Männer wie Michelangelo oder Winckelmann, jener sicherlich einer der männlichsten Künstler, sind also nach dieser Nomenklatur nicht als Homosexuelle, sondern als Päderasten zu bezeichnen.
Zu Teil I, Kapitel 5

(S. 60, Z. 15 f.) Wenn Theodor Gomperz, Griechische Denker, Leipzig 1896, Bd. I, S. 149, mit der Interpretation recht hätte, welche er einigen in lateinischer Übersetzung erhaltenen Versen des Parmenides gibt (vgl. Parmenides' Lehrgedicht, griechisch und deutsch von Hermann Diels, Berlin 1897, Fragment 18, und Diels' Bemerkungen hiezu, S. 113 ff.), so hätte ich den großen Denker hier als meinen Vorgänger zu nennen. Gomperz sagt: »In ... dieser Theorie tritt auch die den pythagoreisch und somit mathematisch Gebildeten kennzeichnende Tendenz hervor, qualitative Verschiedenheiten aus quantitativen Unterschieden abzuleiten. Das Größenverhältnis nämlich, in welchem der von ihm (ebenso wie schon von Alkmäon) vorausgesetzte weibliche Bildungsstoff zu dem männlichen steht, wurde zur Erklärung der Charaktereigentümlichkeiten und insbesondere der Art der Geschlechtsneigung des Erzeugten verwendet. Und dieselbe Richtung offenbart sich in dem Bestreben, die individuelle Verschiedenheit der Individuen gleichwie ihrer jedesmaligen Geisteszustände auf den größeren oder geringeren Anteil zurückzufuhren, den ihr Körper an den beiden Grundstoffen hat.« Wenn Gomperz kein anderes Fragment meinen sollte als das oben bezeichnete, so gäbe diese Auslegung dem Parmenides etwas, das Gomperz gebührt. Vgl. auch Zeller, Die Philosophie der Griechen, I/1, 5. Aufl., Leipzig 1892, S. 578 f., Anm. 4.

(S. 61, Z. 8.) Hier ist angespielt auf die programmatische Schrift von L. William Stern, Psychologie der individuellen Differenzen (Ideen zu einer »differentiellen Psychologie«), Schriften der Gesellschaft für psychologische Forschung, Heft 12, Leipzig 1900.

(S. 62, Z. 8 f.) Über die Periodizität im menschlichen, und zwar gerade auch im männlichen Leben, sowie in allen biologischen Dingen, findet sich das Interessanteste und Anregendste in einem Buche, dessen auch sonst ungeschickt gewählter Titel über diesen Inhalt nichts vermuten läßt, nämlich bei Wilhelm Fließ, Die Beziehungen zwischen Nase und weiblichen Geschlechtsorganen, in ihrer biologischen Bedeutung dargestellt, Leipzig und Wien 1897, einer ungemein originellen Schrift, der eine historische Berühmtheit gerade dann sicher sein dürfte, wenn die Forschung einmal weit über sie hinausgelangen sollte. Einstweilen sind die höchst merkwürdigen Dinge, die Fließ entdeckt hat, noch bezeichnend wenig beachtet worden (vgl. Fließ, S. 117 ff., 174, 237).

(S. 67, Z. 20 v. u. f.) Über diese angebliche »Monotonie« der Frauen sind Äußerungen verschiedener Autoren zu finden in dem großen Sammelwerk von C. Lombroso und G. Ferrero, Das Weib als Verbrecherin und Prostituierte, Anthropologische Studien, gegründet auf eine Darstellung der Biologie und Psychologie des normalen Weibes, übersetzt von H. Kurella, Hamburg 1894, S. 172 f.

(S. 67, Z. 13 v. u. f.) Größere Variabilität der Männchen: Darwin, Die Abstammung des Menschen etc., übersetzt von Haek, Kap. 8, S. 334 ff.; Kap. 14, S. 132 ff., besonders 136; Kap. 19, S. 338 ff. – C. B. Davenport und C. Bullard, Studies in Morphogenesis, VI: A Contribution to the quantitative Study of correlated Variation and the comparative Variability of the Sexes, Proceedings of the Amer. Phil. Soc. 32, 85-97. Referat Année Biologique, 1895, p. 273 f.

(S. 68, Z. 9 f.) Die »Aktualitätstheorie« des Psychischen ist die Theorie Wilhelm Wundts (Grundriß der Psychologie, 4. Aufl., Leipzig 1901, S. 387); sie lehnt alles substantielle und zeitlose Sein in der Psychologie ab und erblickt hierin ihren wesentlichen Unterschied gegenüber der Naturwissenschaft, welche über den Begriff der Materie nie hinauskommen könne (vgl. auch Wundts Logik, Bd. II, Methodenlehre, 2. Aufl., Leipzig 1895).

(S. 68, Z. 3 v. u. ff.) Die im folgenden dargetane prinzipielle Berechtigung der Physiognomik, die trotz Lichtenbergs übler Prophezeiung nicht »im eigenen Fett erstickt«, vielmehr an der Auszehrung gestorben ist, ist eigentlich bereits in dem Gedankengange des Aristoteles enthalten (περὶ φυχῆς A3, 407 b, 13 f.): »Ἐκεῖνο δέ ἄτοπον συμβαίνει καὶ τούψ τψ λόγψ καὶ τοῖς πλείστοις τῶν περὶ φυχῆς συνάπτουσι γὰρ καὶ τιθέασιν εἰς σῶμα τὴν φυχήν, ούθὲν προςδιορίσαντες διὰ τίν' αἰτίαν καὶ πῶς ἔχοντος τοῦ σώματος. Καίτοι δόξειεν ἂν τοῦτ' ἀναγκαῖον εἶναι διὰ γὰρ τὴν κοινωνίαν τὸ μὲν ποιεῖ τὸ δὲ πάσχει καὶ τὸ δὲν κινεῖται τὸ δὲ κινεῖ, τούτων δ' ούδὸν ὑπάρχει πρὸς ἄλληλα τοῖς τοχοῦσιν. Οἱ δὲ μόνον επιχειροῦσι λέγειν ποῖόν τι ἡ φυχή, περὶ δὲ τοῦ δεξομένου σώματος ούθὲν ἔτι προσδιορίζουσιν, ὥσπερ ἐνδεχομένου κατὰ τούς Πυθαγορικοὺς μύθους τὴν τυχοῦσαν φυχὴν εἰς τὸ τυχὸν ἐνδύεσθαι σῶμα δοκεῖ γὰρ ἕκαστον ἴδιον ἔχειν εἶδος καὶ μορφήν. Παραπλήσιον δὲ λέγουσι ὥσπερ εἴ τις φαίη τὴν τεκτονικὴν εἰς αὐλούς ἐνδύεσθαι δεῖ γὰρ τὴν μὲν τέχνην χρῆσθαι τοῖς ὀργάνοις, τὴν δὲ ψυχὴν τῷ αώματι.«

(S. 69, Z. 12.) P. J. Moebius, Über die Anlage zur Mathematik, Leipzig 1900.

(S. 71, Z. 8.) Hume schweigt über den Unterschied, Mach leugnet ihn (vgl. Die Prinzipien der Wärmelehre, historisch-kritisch entwickelt, 2. Aufl., Leipzig 1900, S. 432 ff.).

(S. 71, Z. 21 v. u. f.) Die hier zurückgewiesene Ansicht über das Zeitproblem ist die von Ernst Mach, Die Mechanik in ihrer Entwicklung historisch-kritisch dargestellt, 4. Aufl., Leipzig 1901, S. 233. Unendlich flach ist, was J. B. Stallo zu dieser Frage bemerkt, The Concepts and Theories of modern physics, 3. ed., London 1890, p. 204.

(S. 72, Z. 7.) Über Aristoteles als Begründer der Korrelationslehre vgl. Jürgen Bona Meyer, Aristoteles' Tierkunde, Berlin 1855, S. 468.

(S. 72, Z. 10 ff.) Über die merkwürdige Korrelation bei Katzen sowie über »Correlated Variability« überhaupt vgl. Darwin, Das Variieren der Tiere und Pflanzen, Stuttgart 1873, Kap. 25 (Bd. II2, S. 375). Vgl. Entstehung der Arten, S. 36 f., 194 f. der Haekschen Übersetzung (Universal-Bibliothek).

(S. 73, Z. 19 v. u.) Ernst Mach, Die Mechanik usw., 4. Aufl., S. 235.

(S. 74, Z. 1 f.) Hier berührt sich die Darstellung mit Wilhelm Dilthey, Beiträge zum Studium der Individualität, Sitzungsberichte der kgl. preußischen Akademie der Wissenschaften zu Berlin, 1896 (S. 295-335), S. 303: »In einem ... Typus sind mehrere Merkmale, Teile oder Funktionen regelmäßig miteinander verbunden. Diese Züge, deren Verbindung den Typus ausmacht, stehen in einer solchen gegenseitigen Relation zueinander, daß die Anwesenheit des einen Zuges auf die des anderen schließen läßt, die Variationen im einen auf die im anderen. Und zwar nimmt diese typische Verbindung von Merkmalen im Universum in einer aufsteigenden Reihe von Lebensformen zu und erreicht im organischen und dann im psychischen Leben ihren Höhepunkt. Dieses Prinzip des Typus kann als das zweite, welches die Individuen beherrscht, angesehen werden. Dieses Gesetz ermöglichte es dem großen Cuvier, aus versteinerten Resten eines tierischen Körpers diesen zu rekonstruieren, und dasselbe Gesetz in der geistig-geschichtlichen Welt hat Fr. A. Wolf und Niebuhr ihre Schlüsse ermöglicht.«

(S. 74, Z. 21 v.u.) Gemeint sind die künstlich des Oberschlundganglions beraubten Nereiden. »Hat man mehrere so operierte Würmer in einem Gefäß zusammen, so ... geraten sie in eine Ecke und suchen hier durch die Wand zu rennen. Die Würmer blieben viele Stunden so und gingen schließlich infolge ihres unsinnigen Bestrebens, vorwärts zu kommen, zugrunde.« Jacques Loeb, Einleitung in die vergleichende Gehirnphysiologie und vergleichende Psychologie mit besonderer Berücksichtigung der wirbellosen Tiere, Leipzig 1899, S. 63 (wo nach S. S. Maxwell, Pflügers Archiv für die gesamte Physiologie, 67, 1897, eine Zeichnung von diesem Vorgange gegeben ist).

(S. 74, Z. 11 v. u.) Der Ausdruck »Aufpasser usw.« bei Schopenhauer, Parerga II, § 350 bis.

(S. 75, Z. 1 v. u.) Konrad Rieger sagt (Die Kastration, Jena 1900, Vorwort, S. XXV): »Auch ich teile vollkommen mit Gall, Comte, Moebius die Überzeugung: daß es der größte Fortschritt wäre, sowohl in der reinen Wissenschaft als in praktisch sozialer und politischer Hinsicht, wenn eine Methode gefunden würde, mittels deren es möglich wäre, Moral, Intelligenz, Charakter, Wille eines Menschen [physiognomisch] exakt zu bestimmen.« Ich kann mich dieser Auffassung nicht anschließen und halte sie für ein wenig übertrieben; doch ich führe sie an, weil sie immerhin die Wichtigkeit der Sache ins Licht setzen hilft.
Zu Teil I, Kapitel 6

(S. 76, Z. 6.) Am nächsten kommt der in diesem Kapitel entwickelten Auffassung der Frauenfrage Arduin, Die Frauenfrage und die sexuellen Zwischenstufen, Jahrbuch für sexuelle Zwischenstufen, Bd. II, 1900, S. 211-223. Jedoch bin ich von diesem Autor gänzlich unabhängig.

(S. 78, Z. 10 v. u.) Vgl. Welcker, Sappho von einem herrschenden Vorurteil befreit, Göttingen 1816, wieder abgedruckt in seinen »Kleinen Schriften«, II. Teil, Bonn 1845, S. 80-144. Auch Q. Horatius Flaccus, erklärt von Hermann Schütz, III. Teil, Episteln

(Berlin 1883), Kommentar zu Epistel 1, 19, 28, und dazu Welcker, Kleine Schriften, Bd. V, S. 239 f.

(S. 79, Z. 4 v. u.) Mérimée: nach Adele Gerhardt und Helene Simon, Mutterschaft und geistige Arbeit, eine psychologische und soziologische Studie auf Grundlage einer internationalen Erhebung mit Berücksichtigung der geschichtlichen Entwicklung, Berlin 1901, S. 162. Die Erzählung über George Sand und Chopin ebenda S. 166. Dieser fleißigen Arbeit verdanke ich auch sonst eine Anzahl von Belegen und den Hinweis auf einige Quellen.

(S. 79, Z. 9 v. u.) Die Angabe über Laura Bridgman rührt von Albert Moll her, Untersuchungen über die Libido sexualis, Berlin 1897/93, Bd. I, S. 144. Die Stellen bei Wilhelm Jerusalem, Laura Bridgman, Erziehung einer Taubstumm-Blinden, eine psychologische Studie, Wien 1890, S. 60, sprechen freilich eher für das Gegenteil. Über die George Sand: Moll, ibid., S. 698 f., Anm. 4; über Katharina II.: Moll, Die konträre Sexualempfindung, 3. Aufl., Berlin 1899, S. 516; über Christine: Adele Gerhardt und Helene Simon, Mutterschaft und geistige Arbeit, Berlin 1901, S. 209 (»jedenfalls eine durch sexuell-pathologische Erscheinungen gefährdete Persönlichkeit«).

(S. 80, Z. 3.) Man vergleiche »Briefe Ludwigs II. von Bayern an Richard Wagner«, veröffentlicht in der Wage, Wiener Wochenschrift, 1. Jänner bis 5. Februar 1899.

(S. 80, Z. 18 v. u. ff.) Über die George Eliot: Gerhardt und Simon, a. a. O. S. 155. Über Lavinia Fontana ibid., S. 98. Über die Droste-Hülshoff, S. 137. Über die Rachel Ruysch: Ernst Guhl, Die Frauen in der Kunstgeschichte, Berlin 1858, S. 122.

(S. 80, Z. 1 v. u. f.) Über Rosa Bonheur vgl. Gerhardt-Simon, S. 107 f. Dort ist nach dem Biographen der Malerin René Peyrol (Rosa Bonheur, Her Life and Work, London) zitiert: »The masculine vigour of her character, as also her hair, which she was in the habit of wearing short, contributed to perfect her disguise.« Wenn R. B. in Männerkleidern ging, schöpfte niemand den geringsten Verdacht.

(S. 81, Z. 6 v. u.) Da Frauen weniger produzieren als Männer, haben ihre Werke von vornherein einen Seltenheitswert und gelten eher als Kuriosität. Vgl. Guhl, Die Frauen in der Kunstgeschichte, S. 260 f.: »Es genügte, daß ein Werk von weiblicher Hand herrührte, um schon um deswillen gepriesen zu werden.«

(S. 83, Z. 2 f.) Vgl. P. J. Moebius, Über die Vererbung künstlerischer Talente, in der »Umschau«, IV, Nr. 38, S. 742-745 (15. September 1900). Jürgen Bona Meyer, Zeitschrift für Völkerpsychologie und Sprachwissenschaft, 1880, S. 295-298. Karl Joel, Die Frauen in der Philosophie. Sammlung gemeinverständlicher Vorträge, herausgegeben von Virchow und Holtzendorff, Heft 246, Hamburg 1896, S. 32 und 63.

(S. 83, Z. 7 f.) Guhl, a. a. O. S. 8.

(S. 83, Z. 14.) Ich hätte hier noch als sehr männlich Dorothea Mendelssohn erwähnen sollen; über sie wie über ihren so weiblichen Gatten Friedrich Schlegel vgl. Joh. Schubert, Frauengestalten aus der Zeit der deutschen Romantik, Hamburg 1898 (Sammlung gemeinverständlicher wissenschaftlicher Vorträge, herausgegeben von Virchow, Heft 285), S. 8 f. Auch die hochbegabte homosexuelle Gräfin Sarolta V. aus Krafft-Ebings Psychopathia sexualis (8. Aufl., 1893, S. 311-317) wäre anzuführen gewesen.

(S. 83, Z. 22 v. u.) Guhl, a. a. O. S. 5.

(S. 83, Z. 5 v. u.) Wer eifriger sammelt, als ich dies getan habe, mit größeren Kenntnissen in der Literatur-, Kunst-, Wissenschafts- und politischen Geschichte, und reichlichere Quellen besser aufzufinden weiß, als ich dies hier vermochte, der wird gewiß zu diesem Punkte noch viele merkwürdige Bestätigungen entdecken.

(S. 85, Z. 6 f.) Die Stelle über die berühmten Frauen, Darwin, Abstammung des Menschen, übersetzt von Haek, Bd. II, S. 344 f.

(S. 85, Z. 6 v. u.) Mit dieser Angabe über Burns, die ich Carlyle, On Heroes etc., London, Chapman & Hall, p. 175, entnommen habe, steht im Widerspruch, was das »Memoir of Robert Burns«, welches der Ausgabe der Poetical Works, London, Warne, 1896, vorgedruckt ist, p. 16 f. über des Dichters Bildungsgang erzählt.

(S. 86, Z. 19 v. u.) Das Zitat aus Burckhardt, Die Kultur der Renaissance in Italien, 4. Aufl., besorgt von Ludwig Geiger, Leipzig 1885, Bd. II, S. 125.

(S. 86, Z. 12 v. u.) Gerhardt und Simon, a. a. O. S. 46 f.

(S. 86, Z. 2 v. u. ff.) Hier bin ich durch Ottokar Lorenz angeregt. Dieser sagt (Lehrbuch der gesamten wissenschaftlichen Genealogie, Stammbaum und Ahnentafel in ihrer geschichtlichen, soziologischen und naturwissenschaftlichen Bedeutung, Berlin 1898, S. 54 f.): »Die Erscheinungen, die man heute mit dem Namen der Frauenemanzipation nicht eben sehr treffend bezeichnet, vermöchte wohl kein Kenner vergangener Kulturzustände als eine in allen einzelnen Teilen neue Sache zu betrachten. Namentlich ist der Antrieb der Frauen, sich der gelehrten Bildung ihrer Zeit zu bemächtigen, im XVI. und im X. Jahrhundert ganz ebenso groß gewesen wie im XIX. Auch der heutige soziale Gedanke, den Frauen eine auf sich gestellte Wirksamkeit zu sichern, hat im kirchlichen und Klosterleben vergangener Zeiten seine vollen Analogien. Wenn man nun die Ursachen dieser im Wechsel der Zeiten sich ganz regelmäßig wiederholenden Erscheinungen erforscht, so ist doch unzweifelhaft, daß mindestens einen mächtigen Anteil daran jene Antriebe, jene Bewegungen haben müssen, die in den persönlichen Eigenschaften eben der nach der sogenannten Emanzipation in ihren verschiedenen Formen und Zeiten strebenden Frauen selbst begründet waren. Indem also die Frauenfrage im Wechsel der Zeiten bald mehr, bald weniger hervortritt, beweist sie für die aufeinanderfolgenden Geschlechter eine gewisse Wiederkehr frauenhafter Eigenschaften, die in gewissen Epochen unzweifelhaft weit mehr von männischer Art sind als in anderen, wo in denselben Zügen etwas geradezu Häßliches erblickt worden ist.«

(S. 87, Z. 12.) Darwin, Das Variieren etc., II2, 58: »Es ist bekannt, daß eine große Anzahl weiblicher Vögel ..., wenn sie alt oder krank sind, ... zum Teil die sekundären männlichen Charaktere ihrer Spezies annehmen. In bezug auf die Fasanenhennen hat man beobachtet, daß dies während gewisser Jahre viel häufiger eintritt als während anderer.« Darwin beruft sich hiefür auf William Yarell, On the change in the plumage of some Hen-Pheasants, Philosophical Transactions of the Royal Society of London, 1827 (p. 270).

(S. 88, Z. 13.) Werner Sombart (Die Frauenfrage, in der Wiener Wochenschrift »Die Zeit«, 1. März 1902, S. 134) spricht über die Ansicht, daß die Maschinenarbeit an der Frauenarbeit die Schuld trage, weil sie Muskelkraft entbehrlich gemacht habe, und sagt: »Gewiß gilt das für zahlreiche Gewerbe, z. B. für die wichtige Weberei. Aber schon nicht für die Spinnerei, die vor Erfindung der mechanischen Spinnstühle viel ausschließlicher Frauenarbeit war als heute. Hier hat die Maschinentechnik die Möglichkeit gerade der Männerarbeit erst geschaffen, wie denn bekanntlich in den mechanischen Spinnereien zahlreiche männliche Spinner beschäftigt sind. Es gilt aber auch für die meisten anderen Gewerbe mit starker Arbeit nicht; man denke an Putzmacherei, Stickerei, Strickerei, Tabakindustrie und andere, in denen die Maschinen die Frauen eher verdrängt als sie herangezogen haben. Es gilt auch für das Hauptgebiet moderner Frauenarbeit, für die Konfektionsindustrie, nicht. Denn die Handnäherei ist doch der Frau nicht weniger zugänglich als die Maschinennäherei. Was vielmehr entscheidend für die Entwicklung der Frauenarbeit gewesen ist, was auf der Seite der Produktionsvorgänge die Differenzierung der ursprünglich-komplexen (und darum immer gelernten) Arbeitsverrichtung bedingte, war aber gar nicht einmal in erster Linie dieser Vorgang in der Produktionssphäre, sondern sind vielmehr bestimmte Gestaltungen der Bevölkerungsverhältnisse gewesen: die Entstehung von weiblicher Überschußbevölkerung auf dem Lande und in den Stadien, die auf tiefer liegende, hier nicht näher zu erörternde Ursachen zurückzuführen ist. Beliebt man ein Schlagwort, so kann man sagen: die moderne Frauenarbeit in der Industrie und den übrigen nicht zur Landwirtschaft gehörigen Sphären des Wirtschaftslebens verdankt ihre Entstehung nicht unmittelbar den Veränderungen in der Technik, sondern Umgestaltungen der Siedelungsverhältnisse.«

(S. 88, Z. 8 v. u. f.) Krafft-Ebing, Psychopathia sexualis, S. 220: »Die Tendenz der Natur auf heutiger Entwicklungsstufe ist die Hervorbringung von monosexualen Individuen.«

(S. 89, Z. 1.) Über die Gephyreen; Weismann, Keimplasma, S. 477 f.: »Es gibt in verschiedenen Gruppen des Tierreiches Arten, deren Männchen sich beinahe in allen Charakteren von den Weibchen unterscheiden. Schon bei vielen Rädertieren sind die Männchen winzig klein gegenüber den Weibchen, haben eine in allen Teilen verschiedene Körpergestalt und entbehren des gesamten Nahrungskanals; und bei Bonellia viridis, einem Meereswurm aus der Gruppe der Gephyreen, weicht das Männchen so sehr vom Weibchen ab, daß man versucht sein könnte, es einer ganz anderen Klasse von Würmern, den Strudelwürmern, zuzuteilen. Zugleich ist hier der Unterschied in der Körpergröße zwischen beiden Geschlechtern noch weit bedeutender; das Männchen hat eine Länge von 1-2 mm, das Weibchen von 150 mm, und das erstere schmarotzt im Innern des letzteren« etc. Vgl. Claus, Lehrbuch der Zoologie, 6. Aufl., Marburg 1897, S. 403.

Auch manche Asseln (Bopyriden) sind sexuell weiter differenziert als der Mensch, vgl. Claus, a. a. O. S. 482.

Zu Teil II, Kapitel 1

(S. 93, Z. 3.) Thomas Carlyle, On Heroes, Hero-Worship and the Heroic in History, London, Chapman & Hall, p. 99.

(S. 93, Z. 8 v. u. f.) Vgl. Franz L. Neugebauer, 37 Fälle von Verdoppelungen der äußeren Geschlechtsteile, Monatsschrift für Geburtshilfe und Gynäkologie, VII, 1898, S. 550-564, 645-659, besonders S. 554 f., wo ein Fall von »Juxtapositio organorum sexualium externorum utriusque sexus« beschrieben ist. Von dem bloß auf Entwicklungshemmungen beruhenden Scheinzwittertum sehe ich hier ab.

(S. 95, Z. 16 v. u.) Aristoteles, Metaphysik, A 5, 986 a, 31: Ἀλκμαίων δ Κροτωνιάτης φησὶ εἶναι δύο τὰ πολλὰ τῶν ἀνθρωπίνων.

(S. 95, Z. 15 v. u.) Vgl. Schelling, Von der Weltseele, Werke, Stuttgart und Augsburg 1857, Abt. I, Bd. II, S. 489: »So ist wohl das Gesetz der Polarität ein allgemeines Weltgesetz.«

(S. 96, Z. 5 v. u. ff.) Gemeint sind hier die mit großem Recht sehr bekannt gewordenen hervorragenden Aufsätze von Wilhelm Dilthey, Ideen über eine beschreibende und zergliedernde Psychologie, Sitzungsberichte der kgl. preußischen Akademie der Wissenschaften, 1894, S. 1309-1407. Beiträge zum Studium der Individualität, ibid. 1896, S. 295-335. Im ersten Aufsatz heißt es z. B. (S. 1322): »In den Werken der Dichter, in den Reflexionen über das Leben, wie große Schriftsteller sie ausgesprochen haben, ist ein Verständnis des Menschen enthalten, hinter welchem alle erklärende Psychologie weit zurückbleibt.« Im zweiten Aufsatz (S. 299, Anm.): »Ich erwarte eine ... überzeugende Zergliederung ... auch der heroischen Willenshandlung, welche sich zu opfern und das sinnliche Dasein wegzuwerfen vermag.«

(S. 100, Z. 9.) Vgl. Heinrich Rickert, Die Grenzen der naturwissenschaftlichen Begriffsbildung, Freiburg im Breisgau 1902, S. 545: »Die atomisierende Individual-Psychologie sieht alle Individuen als gleich an und muß es als allgemeinste Theorie vom Seelenleben tun, die individualistische Geschichtschreibung richtet ihr Interesse auf individuelle Differenzen.«

(S. 100, Z. 13.) Man vergleiche die Kontroversen zwischen G. v. Below und Karl Lamprecht über die historische Methode und das Verhältnis der soziologischen Geschichtschreibung zur Individualität aus den Jahren 1898 und 1899.

(S. 100, Z. 21 v. u.) »Kein wissenschaftlicher Kopf kann je erschöpfen, kein Fortschritt der Wissenschaft kann erreichen, was der Künstler über den Inhalt des Lebens zu sagen hat. Die Kunst ist das Organ des Lebensverständnisses.« Dilthey, Beiträge zum Studium der Individualität, Berliner Sitzungsberichte, 1896, p. 306.
Zu Teil II, Kapitel 2

(S. 101, Z. 3 f.) Die Motti aus Kant, Anthropologie in pragmatischer Hinsicht, Zweiter Teil B. (S. 229 ed. Kirchmann); Nietzsche, Jenseits von Gut und Böse, Aphorismus 232.

(S. 101, Z. 19.) Kant, a. a. O. (S. 228).

(S. 101, Z. 19 v. u.) »... die beachtenswerte Erscheinung, daß während jedes Weib, wenn beim Generationsakte überrascht, vor Scham vergehen möchte, sie hingegen ihre Schwangerschaft, ohne eine Spur von Scham, ja mit einer Art Stolz, zur Schau trägt; da doch überall ein unfehlbar sicheres Zeichen als gleichbedeutend mit der bezeichneten Sache selbst genommen wird, daher denn auch jedes andere Zeichen des vollzogenen Koitus das Weib im höchsten Grade beschämt; nur allein die Schwangerschaft nicht.« Schopenhauer, Parerga, II, § 166.

(S. 102, Z. 7.) Ich glaube es rechtfertigen zu können, daß ich zwei Psychologinnen, die mir durch Arbeiten bekannt waren, im Texte übergangen habe; denn die eine ist eine amerikanische Experimentatorin, die andere die russische Verfasserin einer schlechten Geschichte des Apperzeptionsbegriffes.

(S. 102, Z. 8 v. u.) Das Beste über das schwangere Weib und das, was in ihm vorgeht, ist in dem Gedichte: »Geheimnisvolle Kräfte schlingen« (Emil Lucka, Sternennächte, Verlag Wigand, Leipzig 1903) gesagt.

(S. 103, Z. 13 v. u. f.) So unter anderen Guglielmo Ferrero, Womans Sphere in Art, New Review, November 1893 (zitiert nach Havelock Ellis).

(S. 103, Z. 10 v. u. f.) Die Forscher scheinen eher der Meinung von der geringeren Intensität des »Geschlechtstriebes« beim Weibe zu huldigen (z. B. Hegar, Der Geschlechtstrieb, 1894, S. 9), die praktischen »Frauenkenner« sind fast alle in großer Entschiedenheit der entgegengesetzten Ansicht.

(S. 104, Z. 11 v. u.) Daß beim Weibe die Wollust nicht wie beim Manne durch irgend eine Ejakulation vermittelt sein kann, führt Moll aus (Untersuchungen, I, S. 8 ff.). Vgl. auch Chrobak-Rosthorn, Die Erkrankungen der weiblichen Geschlechtsorgane, Wien 1900 (aus Nothnagels Spezieller Pathologie und Therapie), Bd. I, S. 423 f.: »Wir müssen mit Moll einen (Detumeszenz- (Entleerungs-), vielleicht richtiger Depletionstrieb, und einen Kontrektations- (Berührungs-) Trieb ... annehmen. Viel schwieriger steht die Frage dem Weibe gegenüber, bei welchem wir ... insofern keine Analogie mit dem Vorgang beim Manne finden können, als eine Ejakulation von Keimzellen nicht stattfindet ... Es kommt allerdings auch bei Frauen unter der Kohabitation häufig ein Flüssigkeitserguß aus den Bartholinschen Drüsen unter Bewegungen der Musculi ischio- et bulbo-cavernosi zustande, es findet auch eine Abschwellung der ebenfalls durch Muskelbewegungen strotzend gefüllten und dadurch vielleicht ein Unlustgefühl erzeugenden Gefäße (an den Schwellkörpern der Klitoris) statt, doch betrifft diese Entleerung einesteils nicht die keimbereitenden Organe, anderscits scheint sich diese sogenannte Ejakulation oft genug nicht einzustellen, ohne daß hiedurch das Gefühl der sexuellen Befriedigung verhindert würde.«

(S. 104, Z. 18 v. u.) Die Moll sehe Unterscheidung in dessen Büchern: Die konträre Sexualempfindung, 3. Aufl., Berlin 1899, S. 2. Untersuchungen über die Libido sexualis, 1897, Bd. I, S. 10.

(S. 106, Z. 4 v. u.) Daraus, daß W selbst durchaus und überall Sexualität ist, wird leicht erklärlich, daß man beim Weibchen in der ganzen Zoologie gar nicht eigentlich von »sekundären Geschlechtscharakteren« im selben Sinne reden kann wie beim Manne. Weibchen »bieten selten merkwürdige sexuelle Charaktere« (Darwin, Entstehung der Arten, S. 201, ed. Haek).

(S. 110, Z. 9 f.) Auch unter den Tieren bildet bei den Männchen die Brunstzeit einen viel stärkeren Gegensatz zu ihrem sonstigen Leben als bei den Weibchen. Man vergleiche, um ein Beispiel statt vieler anzuführen, wie Friedrich Miescher den Rheinlachs vor und während der Laichzeit schildert (Die histochemischen und physiologischen Arbeiten von F. M., Leipzig 1897, Bd. II, S. 123): »Wenn man etwa im Dezember einen männlichen Salm, sogenannten Wintersalm, sieht, mit klarem, bläulich schimmerndem Schuppenkleid, der schönen Rundung des Leibes, mit der kurzen Schnauze ... ohne jede Spur von Hakenbildung ... und man daneben den bekannten Hakenlachs erblickt, mit einer Nase von doppelter Länge, einer überhaupt ganz veränderten Physiognomie des Vorderkopfes, mit der tigerartig rot und schwarz gefleckten, von Epithelwucherung trüben, dicken Hautschwarte, dem abgeplatteten Körper und den dünnen schlotternden Bauchwänden, so hat man immer wieder Mühe, sich zu überreden, daß dies Exemplare einer und derselben Spezies seien. Etwas geringer ist der Gegensatz beim weiblichen Exemplar. Die Länge und Form der Schnauze ist nicht wesentlich verschieden; die roten Flecken an Kopf und Leib, beim Winterlachs gänzlich fehlend, sind beim weiblichen Laichlachs schwächer entwickelt als beim Männchen; die Haut ist getrübt und wie unrein, doch nicht so stark verdickt.«

(S. 110, Z. 13.) Ein sehr hervorragender, aber merkwürdig wenig beachteter Aufsatz von Oskar Friedländer (»Eine für Viele«, eine psychologische Studie, »Die Gesellschaft«, Münchener Halbmonatsschrift, XVIII. Jahrgang, 1902, Heft 15/16, S. 166) nähert sich in diesem Punkte meiner Auffassung so weit, daß ich ihn hier, wie noch mehrfach, zitieren muß: »Sicherlich, der Geschlechtstrieb tritt beim Manne heftiger und ungestümer auf als beim Weibe. Es liegt dies wohl weniger an dem verschiedenen Grade der Intensität als daran, daß im männlichen Geiste die heterogensten Elemente aus allen psychischen Gebieten zusammenkommen, die um die Vorherrschaft kämpfen und die sexuellen Instinkte zu verdrängen suchen, und diese durch die Kontrastwirkung desto stärker empfunden werden, während ihre gleichmäßige Verteilung über die ganze Seele des Weibes ... sie nicht mit besonderer Schärfe zur Abhebung kommen läßt.«
Zu Teil II, Kapitel 3

(S. 112, Z. 8 v. u.) »Begierde und Gefühl sind nur Arten, wie unsere Vorstellungen sich im Bewußtsein befinden.« Joh. Friedr. Herbart, Psychologie als Wissenschaft, neu gegründet auf Erfahrung, Metaphysik und Mathematik, II. (analytischer) Teil, § 104 (Werke VI, S. 60, ed. Kehrbach, Langensalza 1887).

(S. 112, Z. 7 v. u.) A. Horwicz, Psychologische Analysen auf physiologischer Grundlage, Ein Versuch zur Neubegründung der Seelenlehre, H/1, Die Analyse des Denkens, Halle 1875, S. 177 f.: »Das Gefühl ist unserer Auffassung gemäß das früheste, elementarste Gebilde des Seelenlebens, es ist der früheste und einzige Inhalt des Bewußtseins, die Triebfeder der ganzen seelischen Entwicklung. Wie verhält sich nun hiezu das Denken? ... Das Denken ist eine Folgeerscheinung des Gefühls, wie es auch die Bewegung ist, es ist die ureigenste Dialektik der Triebe ... der stärker geübte, von anderen unterschiedene Trieb gibt durchdachte, geordnete, aus einer Anzahl von geläufigen Bewegungen ausgewählte Bewegungen, das ist durchdachtes Denken.« II/2, Die Analyse der qualitativen Gefühle, Magdeburg 1878, S. 59: »Es [das Gefühl] ist die allgemeinste elementarste Form des Bewußtseins, in dieser allereinfachsten Gestalt [bei Tieren und Pflanzen] freilich nur ein ganz schwaches, dunkles Bewußtsein, mehr ein brütendes Ahnen als ein Erkennen und Wissen. Aber es bedarf, um deutliches und klares Bewußtsein zu werden, keiner weiteren fraglichen Zutaten, sondern nur der Vervielfachung und intensiven Gradsteigerung.« Vgl. Wilhelm Wundt, Über das Verhältnis der Gefühle zu den Vorstellungen, Vierteljahrsschrift für wissenschaftliche Philosophie, III, 1879, S. 129-151, und Horwicz' Antwort: »Über das Verhältnis der Gefühle zu den Vorstellungen und die Frage nach dem psychischen Grundprozesse«, a. a. O. S. 308-341.

(S. 113, Z. 15.) Über solche »Feelings of tendency« vgl. William James, The Principles of Psychology, New York 1890, Vol. I, p. 254.

(S. 113, Z. 21 v. u.) Vgl. besonders Leibnitii Meditationes de cognitione, veritate ed ideis Acta eruditorum, Lips., November 1684, p. 537 f. (p. 79 f. ed. Erdmann).

(S. 113, Z. 17 v. u.) Wilhelm Wundt, Grundzüge der physiologischen Psychologie, 5. Aufl., Leipzig 1902, Bd. II, S. 286 ff.

(S. 113, Z. 9 v. u.) Richard Avenarius, Kritik der reinen Erfahrung, Bd. I, Leipzig 1888, S. 16. Der menschliche Weltbegriff, Leipzig 1891, S. 1 f. Vgl. Joseph Petzoldt, Einführung in die Philosophie der reinen Erfahrung, Bd. I, Die Bestimmtheit der Seele, Leipzig 1900, S. 112 ff.

(S. 113, Z. 8 v. u.) Über die verschiedenen Bedeutungen des Wortes »Charakter« (welches auch in dieser Schrift in dreifach verschiedener Anwendung, doch unter Vermeidung aller Äquivokationen gebraucht werden mußte) vgl. Rudolf Eucken, Die Grundbegriffe der Gegenwart, historisch und kritisch entwickelt, 1893, S. 273 ff.

(S. 114, Z. 10.) Die Avenariussche Zusammenstellung von Wahrnehmungs- und Gedächtnisbild hat unter den späteren Psychologen bloß Oswald Külpe akzeptiert, welcher in seinem »Grundriß der Psychologie, auf experimenteller Grundlage dargestellt« (Leipzig 1893), S. 174 ff., in terminologisch freilich durchaus nicht einwandfreier Weise die Lehre vom Gedächtnis als die Lehre von den »zentral erregten Empfindungen« abhandelt.

(S. 115, Z. 10 v. u.) Petzoldt, a. a. O. S. 138 ff.

(S. 116, Z. 11 v. u. f.) Vgl. A. Kunkel, Über die Abhängigkeit der Farbenempfindung von der Zeit, Archiv für die gesamte Physiologie der Menschen und der Tiere, IX, 1874, S. 21. Hiezu weiter Fechner, Elemente der Psychophysik, 1. Aufl., Leipzig 1860, Bd. I, S. 249 f.; Oswald Külpe, Grundriß der Psychologie, S. 131, 210: Hermann Ebbinghaus, Grundzüge der Psychologie, Leipzig 1902, S. 230.

(S. 117, Z. 8 v. u.) Johann Gottlieb Fichte, Über den Begriff der Wissenschaftslehre (Werke 1/1, Berlin 1845, S. 73): »Der menschliche Geist macht mancherlei Versuche: er kommt durch blindes Herumtappen zur Dämmerung, und geht erst aus dieser zum hellen Tag über. Er wird anfangs durch dunkle Gefühle ... geleitet ...« Schopenhauer, Parerga, I, § 14 (Werke IV, S. 159 f., ed. Grisebach): »Im allgemeinen ... ist über diesen Punkt zu sagen, daß von jeder großen Wahrheit sich, ehe sie gefunden wird, ein Vorgefühl kundgibt, eine Ahndung, ein undeutliches Bild, wie im Nebel, und ein vergebliches Haschen, sie zu ergreifen; weil eben die Fortschritte der Zeit sie vorbereitet haben. Demgemäß präludieren dann vereinzelte Aussprüche. Allein, nur wer eine Wahrheit aus ihren Gründen erkannt und in ihren Folgen durchdacht, ihren ganzen Inhalt entwickelt, den Umfang ihres Bereiches übersehen und sie sonach mit vollem Bewußtsein ihres Wertes und ihrer Wichtigkeit, deutlich und zusammenhängend, dargelegt hat, der ist ihr Urheber. Daß sie hingegen, in alter und neuer Zeit, irgend einmal mit halbem Bewußtsein und fast wie ein Reden im Schlaf ausgesprochen worden und demnach sich daselbst finden läßt, wenn man hinterher danach sucht, bedeutet, wenn sie auch totidem verbis dasteht, nicht viel mehr, als wäre es totidem litteris; gleichwie der Finder einer Sache nur der ist, welcher sie, ihren Wert erkennend, aufhob und bewahrte; nicht aber der, welcher sie zufällig einmal in die Hand nahm und wieder fallen ließ; oder wie Kolumbus der Entdecker Amerikas ist, nicht aber der erste Schiffbrüchige, den die Wellen dort einmal abwarfen. Dies eben ist der Sinn des Donatischen pereant qui ante nos nostra dixerunt.« Noch treffender sagt Kant: »Dergleichen allgemeine und dennoch bestimmte Prinzipien lernt man nicht leicht von anderen, denen sie nur dunkel vorgeschwebt haben. Man muß durch eigenes Nachdenken zuvor selbst darauf gekommen sein, danach findet man sie auch anderwärts, wo man sie gewiß nicht zuerst würde angetroffen haben, weil die Verfasser selbst nicht einmal wußten, daß ihren Bemerkungen eine solche Idee zum Grunde liege. Die so niemals selbst denken, besitzen dennoch die Scharfsichtigkeit, alles, nachdem es ihnen gezeigt worden, in demjenigen, was sonst schon gesagt worden, aufzufinden, wo es doch vorher niemand entdecken konnte.« (Prolegomena zu jeder künftigen Metaphysik, § 3, gegen Ende.)

(S. 117, Z. 4 f.) Das Zitat aus Nietzsche, Also sprach Zarathustra, III. Buch, Kap.: Der Genesende.

(S. 119, Z. 16 v. u.) S. Exner, Entwurf zu einer physiologischen Erklärung der psychischen Erscheinungen, I. Teil, Leipzig und Wien 1894, S. 76 ff. Vgl. H. Höffding, Vierteljahrsschr. f. wiss. Philos. 13, 1889, S. 431.
(S. 119, Z. 5 v. u.) Avenarius, Kritik der reinen Erfahrung, Bd. I, Leipzig 1888, S. 77; Bd. II, Leipzig 1890, S. 57. Übrigens schlägt

den gleichen Ausdruck in ähnlichem Falle Wilhelm Dilthey vor, Ideen über eine beschreibende und zergliedernde Psychologie, Berliner Sitzungsberichte, 1894, S. 1387.

(S. 121, Z. 7.) Wahrscheinlicher jedoch als die Exnersche Theorie dünkt mich jetzt folgende Vermutung. Der Parallelismus zwischen Phylo- und Ontogenese, das »biogenetische Grundgesetz« wird gewöhnlich konstatiert, ohne daß man weiter darüber nachdenkt, warum die Entwicklung des Individuums immer die Geschichte der Gattung wiederhole; so eilig hat man es eben, die Tatsache für die Deszendenzlehre und besonders für ihre ungeteilte Anwendung auf den Menschen auszubeuten. Vielleicht liegt aber in der Entwicklung von der Henide zum differenzierten Inhalt ein Parallelprozeß zu jener Erscheinung vor, der ihre bisherige Isoliertheit und Rätselhaftigkeit aufheben könnte.

(S. 123, Z. 7 f.) Über die falsche populäre Annahme einer allgemeinen größeren Sinnesempfindlichkeit beim Weibe, eine Annahme, die Sensibilität mit Emotivität und Irritabilität verwechselt, vgl. Havelock Ellis, Mann und Weib, S. 153 f. Über das feinere Tastgefühl des Mannes. Lombroso-Ferrero, Das Weib als Verbrecherin und Prostituierte, S. 48 f.

(S. 123, Z. 2 v. u.) Vgl. Ernst Mach, Die Mechanik in ihrer Entwicklung, historisch-kritisch dargestellt, 4. Aufl., Leipzig 1901, S. 1 f., 28 f. Die Prinzipien der Wärmelehre, historisch-kritisch entwickelt, 2. Aufl., Leipzig 1900, S. 151.
Zu Teil II, Kapitel 4

(S. 126, Z. 1 f.) Die Bestimmungen, zu welchen dieses Kapitel über das Wesen der Genialität gelangt, sind ganz provisorisch und können erst nach der Lektüre des achten Kapitels verstanden werden, das sie wieder aufnimmt, aber in einem weit größeren Ganzen zeigt und darum erst eigentlich begründet.

(S. 129, Z. 14 v. u.) Über das Verstehen der Menschen und menschlicher Äußerungen ist in der wissenschaftlich-psychologischen Literatur bezeichnend wenig zu finden. Nur Wilhelm Dilthey bemerkt (Beiträge zum Studium der Individualität, Berliner Sitzungsberichte, 1896, S. 309 ff.): »Wir können zunächst das Verstehen eines fremden Zustandes als einen Analogieschluß auffassen, der von einem äußeren physischen Vorgang vermittels seiner Ähnlichkeit mit solchen Vorgängen, die wir mit bestimmten inneren Zuständen verbunden finden, auf einen diesen ähnlichen inneren Zustand hingeht ... Die Glieder des Nachbildungsvorganges sind gar nicht bloß durch logische Operationen, etwa durch einen Analogieschluß, miteinander verbunden. Nachbilden ist eben ein Nacherleben. Ein rätselhafter Tatbestand! Wir können dies etwa, wie ein Urphänomen, darauf zurückführen, daß wir fremde Zustände in einem gewissen Grade wie die eigenen fühlen, uns mitfreuen und mittrauern können, zunächst je nach dem Grade der Sympathie, Liebe oder Verwandtschaft mit anderen Personen. Die Verwandtschaft dieser Tatsache mit dem nachbildenden Verstehen ergibt sich aus mehreren Umständen. Auch das Verstehen ist von dem Maße der Sympathie abhängig, und ganz unsympathische Menschen verstehen wir überhaupt nicht mehr. Ferner offenbart sich die Verwandtschaft des Mitgefühls mit dem nachbildenden Verstehen sehr deutlich, wenn wir vor der Bühne sitzen!« ... »Gemäß diesen Verhältnissen hat auch die wissenschaftliche Auslegung oder Interpretation als das kunstmäßig nachbildende Verstehen immer etwas Genialisches, das heißt, sie erlangt erst durch innere Verwandtschaft und Sympathie einen hohen Grad von Vollendung. So wurden die Werke der Alten erst im Zeitalter der Renaissance ganz wiederverstanden, als ähnliche Verhältnisse eine Verwandtschaft der Menschen zur Folge hatten ... Es gibt keinen wissenschaftlichen Prozeß, welcher dieses lebendige Nachbilden als untergeordnetes Moment hinter sich zu lassen vermöchte. Hier ist der mütterliche Boden, aus dem auch die abstraktesten Operationen der Geisteswissenschaften immer wieder ihre Kraft ziehen müssen. Nie kann hier Verstehen in rationales Begreifen aufgehoben werden. Es ist umsonst, aus

Umständen aller Art den Helden oder den Genius begreiflich machen zu wollen. Der eigenste Zugang zu ihm ist der subjektive.« ... (S. 314 f.:) »Die älteren Maler strebten, die bleibenden Züge der Physiognomie in einem idealen Moment, der für dieselben am meisten prägnant und bezeichnend ist, zu sammeln. Möchte nun eine neue Schule den momentanen Eindruck festhalten, um so den Eindruck des Lebens zu steigern: so gibt sie die Personen an die Zufälligkeit des Momentes hin. Und auch in diesem findet ja eine Auffassung des Inbegriffs von Eindrücken eines gegebenen Momentes unter der Einwirkung des erworbenen seelischen Zusammenbanges statt; eben in dieser Apperzeption entspringt die Verbindung der Züge von einem gefühlten Eindruckspunkt aus, welche Auslassungen und Betonungen bedingt: so entsteht ein Momentbild ebenso der Apperzeptionsweise des Malers als des Gegenstandes, und jede Bemühung, zu sehen, ohne zu apperzipieren, so gleichsam das sinnliche Bild in Farben auf einer Platte aufzulösen, muß mißlingen. Was noch tiefer führt, der Eindruckspunkt ist schließlich durch das Verhältnis irgend einer Lebendigkeit zu der meinigen bedingt, ich finde mich in meinem Lebenszusammenhang von etwas Wirkendem in einer Natur innerlich berührt; ich verstehe von diesem Lebenspunkt aus die dorthin konvergierenden Züge. So entsteht ein Typus. Ein Individuum war das Original: ein Typus ist jedes echte Porträt, geschweige denn in einem Figurengemälde. Auch die Poesie kann nicht abschreiben, was vor sich geht usw.« Sonst ist nur die Arbeit von Hermann Swoboda, Verstehen und Begreifen, Vierteljahrsschrift für wissenschaftliche Philosophie, XXVII, 1903, Heft 2 und 3, zu nennen. Swoboda hält wie Dilthey die Gleichheit, respektive Verwandtschaft für das einzige Erfordernis des Verständnisses; hierin weiche ich von beiden ab.

(S. 134, Z. 12.) Richard Wagner, Gesammelte Schriften und Dichtungen, 3. Aufl., Leipzig 1898, Bd. VI, S. 128.

(S. 136, Z. 16 v. u.) So wird etwa der Begabtere schon die Wirkung kleinster Kaffee- und Tee- und Nikotindosen auf sein psychisches Befinden intensiver fühlen als der Unbegabte.

(S. 136, Z. 1 v. u.) Es gibt nur Universalgenies: »ὃν γὰρ ἀπστειλε ὁ θεός, τὰ ῥήματα τοῦ λαλεῖ οὐ γὰρ ἐχ μέτρον δίδωσι τὸ πνεῦμα.«(Evang. Joh. 3, 34.)

(S. 137, Z. 16.) Die hier gerügte Verwechslung kommt besonders deutlich zum Vorschein bei Franz Brentano, Das Genie, ein Vortrag, Leipzig 1892, S. 11: »Jedes Genie hat sein eigentümliches Gebiet; nicht bloß gibt es kein Universalgenie im vollen Sinne des Wortes, sondern meist hat die Genialität auch in der einzelnen Kunstgattung engere Grenzen. So war z. B. Pindar ein genialer Lyriker und nichts weiter.« Wäre diese populäre Ansicht haltbar, so müßte man den Dichter und Maler Rossetti über den »bloßen« Dichter Dante stellen, Novalis höher halten als Kant und Lionardo da Vinci für den größten Menschen ansehen.

(S. 138, Z. 17 v. u.) Hiemit stimmt Schopenhauers Überzeugung überein (Welt als Wille und Vorstellung, Bd. II, Kap. 31, S. 447, ed. Frauenstädt): »Weiber können bedeutendes Talent, aber kein Genie haben.«

(S. 139, Z. 4 v. o.) Über das Verhältnis der anderen Menschen zum Helden Thomas Carlyle, On Heroes, Hero-Worship and the Heroic in History, London, Chapman and Hall, p. 10 ff.
Zu Teil II, Kapitel 5

(S. 140, Z. 7 v. u.) Anderthalb Jahre nach Niederschrift dieser Partien fand ich in Schopenhauers Nachlaß (Neue Paralipomena, § 143) eine Stelle, die einzige mir aus der gesamten Literatur bekannt gewordene, in der eine Ahnung des Zusammenhanges zwischen Genialität und Gedächtnis sich äußert. Sie lautet: »Ob nicht alles Genie seine Wurzel hat in der Vollkommenheit und Lebhaftigkeit der Rückerinnerung des eigenen Lebenslaufes? Denn nur vermöge dieser, die eigentlich unser Leben zu einem großen Ganzen verbindet, erlangen wir ein umfassenderes und tieferes Verständnis desselben, als die übrigen haben.«

(S. 141, Z. 4 f.) David Hume fragt einmal (A Treatise of Human Nature, 1. Ausgabe, London 1738, Vol. I, p. 455): »Who can tell me, for instance, what were his thoughts and actions on the first of January 1715, the 11. of March 1719 and the 3. of August 1733?« Das vollkommene Genie müßte dies von allen Tagen seines Lebens mit Sicherheit wissen.

(S. 144, Z. 4 v. u. ff.) Vgl. Goethe, Dichtung und Wahrheit, III. Teil, XIV. Buch (Bd. XXIV, S. 141 der Hesseschen Ausgabe): »Ein Gefühl aber, das bei mir gewaltig überhandnahm und sich nicht wundersam genug äußern konnte, war die Empfindung der Vergangenheit und Gegenwart in eins: eine Anschauung, die etwas Gespenstermäßiges in die Gegenwart brachte. Sie ist in vielen meiner größeren und kleineren Arbeiten ausgedrückt und wirkt im Gedicht immer wohltätig, ob sie gleich im Augenblicke, wo sie sich unmittelbar am Leben und im Leben selbst ausdrückte, jedermann seltsam, unerklärlich, vielleicht unerfreulich scheinen mußte.«

(S. 147, Z. 16 v. u. f.) »Der Erfolg der Sängerinnen hatte im Laufe des XVII. Jahrhunderts der Frau jede Gelegenheit auch der theoretisch-musikalischen Ausbildung eröffnet. Unzulängliche Vorbildung kann also in der Komposition als Grund für die minderwertige weibliche Leistung nicht gelten.« So Adele Gerhardt und Helene Simon, Mutterschaft und geistige Arbeit, S. 74; ich zitiere diese Stelle auch, um Mills geistreichen Syllogismus anzuführen: »Man unterrichtet die Frauen in der Musik, aber nicht damit sie komponieren, sondern nur damit sie ausüben können, und folglich sind in der Musik die Männer den Frauen als Komponisten überlegen « (Die Hörigkeit der Frau, übersetzt von Jenny Hirsch, Berlin 1869, S. 126.)

(S. 147, Z. 14 v. u. f.) Die Angabe über die Malerinnen etc. nach Guhl, Die Frauen in der Kunstgeschichte, Berlin 1858, S. 150.

(S. 148, Z. 15.) »A mesure qu'on a plus d'esprit, on trouve qu'il y a plus d'hommes originaux. Les gens du commun ne trouvent pas de différence entre les hommes.« (Pascal, Pensées, I, 10, 1.)

(S. 149, Z. 21 v. u.) Hiemit stimmt überein, was Helvetius (nach J. B. Meyer, Genie und Talent, Eine prinzipielle Betrachtung, Zeitschrift für Völkerpsychologie, Bd. XI, 1880, S. 298) und Schopenhauer (Parerga und Paralipomena, II, § 53) über den nur dem Grade nach bestehenden Unterschied zwischen dem Genie und den Normalköpfen lehren. Vgl. auch Jean Paul, Vorschule der Ästhetik, § 8: »Wie könnte denn ein Genie nur einen Monat, geschweige Jahrtausende lang von der ungleichartigen Menge erduldet oder gar erhoben werden ohne irgend eine ausgemachte Familienähnlichkeit mit ihr?«

(S. 149, Z. 13 v. u. ff.) Man vergleiche die Autobiographie der bedeutenden Menschen mit denen minder hervorragender Männer, jene reichen stets weiter zurück (Goethe, Hebbel, Grillparzer, Richard Wagner, Jean Paul usw.). Rousseau, Confessions, Nouvelle édition, Paris 1875, p. 4: »J'ignore ce que je fis jusqu'à cinq ou six ans. Je ne sais comment j'appris à lire; je ne me souviens que de mes premières lectures et de leur effet sur moi: c'est le temps d'où je date sans interruption la conscience de moi-même.« – Natürlich ist nicht jeder Biograph seines eigenen Lebens ein großer Genius (J. St. Mill, Darwin, Benvenuto Cellini).

(S. 151, Z. 1 v. u.) Richard Wagner, »Die Meistersinger von Nürnberg«, III. Akt (Gesammelte Schriften und Dichtungen, Bd. VII, Leipzig 1898, S. 246).

(S. 152, Z. 6.) So bemerkt bereits Aristoteles (während Platon bis auf Timaeus 37 D ff. die Zeit im engeren Sinne nicht Problem geworden zu sein scheint), Physika VI, 9, 239 b, 8: Οὐ γὰρ σύγχειται ὃ χρόνος ἐχ τῶν ἀδιαιρέτων.

(S. 153, Z. 14.) Wie wenig tief im Wesen der Frau das Gedächtnis gegründet ist, geht daraus hervor, daß man in einer Frau das Erinnerungsvermögen für bestimmte Dinge töten kann, indem man ihr in der Hypnose verbietet, je wieder derselben zu gedenken. Einen solchen Fall entnehme ich einer Erzählung Freuds in seinen mit Breuer gemeinsam herausgegebenen »Studien über Hysterie«, Leipzig und Wien 1895 (S. 49): »Ich unterbreche sie hier ... und nehme ihr die Möglichkeit, alle diese traurigen Dinge wieder zu sehen, indem ich nicht nur die plastische Erinnerung verlösche, sondern die ganze Reminiszenz aus ihrem Gedächtnisse löse, als ob sie nie darin gewesen wäre.« Und in einer Anmerkung zu dieser Stelle fügt Freud hinzu: »Ich bin diesmal in meiner Energie wohl zu weit gegangen. Noch 1½ Jahre später, als ich Frau Emmy in relativ hohem Wohlbefinden wiedersah, klagte sie mir, es sei merkwürdig, daß sie sich an gewisse, sehr wichtige Momente ihres Lebens nur höchst ungenau erinnern könne. Sie sah darin einen Beweis für die Abnahme ihres Gedächtnisses, während ich mich hüten mußte, ihr die Erklärung für diese spezielle Amnesie zu geben« (um einen Rückfall in die Krankheit zu verhindern).

(S. 154, Z. 5.) Lotze: im »Mikrokosmus«, I. Aufl., 1858, Bd. II, S. 369.

(S. 156, Z. 11 v. u. f.) Diese Ableitung aus dem Schein der Bekanntheit neuer Situationen bei Rhys Davids, Der Buddhismus, Leipzig, Universalbibliothek, S. 107.

(S. 156, Z. 5 v. u.) Edward B. Tylor, Die Anfänge der Kultur, Untersuchungen über die Entwicklung der Mythologie, Philosophie, Religion, Kunst und Sitte, übersetzt von J. W. Spengel und Fr. Poske, Leipzig 1873, Bd. II, S. 1: Es »kann ... nicht nachdrücklich genug hervorgehoben werden, daß die Lehre von einem zukünftigen Leben, wie wir sie selbst bei den niedrigsten Rassen vorfinden, eine durchaus notwendige Folge des rohen Animismus ist«. – Herbert Spencer, Die Prinzipien der Soziologie, Bd. I, Stuttgart 1877, § 100 (S. 225). – Richard Avenarius, Der menschliche Weltbegriff, Leipzig 1891, S. 35 ff.

(S. 157, Z. 17 v. u. f.) Über dieses plötzliche Auftauchen aller Erinnerungen vor dem Tode oder in Todesgefahr und Todesnähe vgl. Fechner, Zend-Avesta, 2. Aufl., Bd. II, S. 203 ff.

(S. 158, Z. 15 f.) Über die »Euthanasie der Atheisten« vergleiche man, was F. A. Lange erzählt (Geschichte des Materialismus, 5. Aufl., 1896, Bd. I, S. 358).

(S. 161, Z. 6 f.) Aus den angeführten Gründen sind mir die indischen Lehren vom Leben nach dem Tode, die griechische Anschauung vom Lethe-Trunk und die Verkündung von Wagners Tristan: »... im weiten Reich der Welten-Nacht. Nur ein Wissen dort uns eigen: göttlich ew'ges Ur-Vergessen«, ungleich weniger verständlich als die Anschauung Gustav Theodor Fechners, dem das zukünftige Leben ein volles und ganzes Erinnerungsleben ist (Zend-Avesta oder über die Dinge des Himmels und des Jenseits vom Standpunkte der Naturbetrachtung, 2. Aufl., besorgt von Kurd Laßwitz, Hamburg und Leipzig 1901, Bd. II, S. 190 ff., z. B. S. 196): »Ein volles Erinnern an das alte Leben wird beginnen, wenn das ganze alte Leben hinten liegt, und alles Erinnern innerhalb des alten Lebens selber ist bloß ein kleiner Vorbegriff davon.« Die Annahme ist unethisch, welche die Erinnerungen aus dem Erdenleben mit dem Tode völlig ausgelöscht sein läßt: sie entwertet Wertvolles; da Wertloses ohnehin vergessen wird. Und dann: in der Erinnerung ist der Mensch bereits aktiv, das Gedächtnis ist eine Willenserscheinung; von einem Leben in voller Aktivität ist zu denken, daß es alle Elemente der Aktivität in sich aufgenommen habe; es ist ewig, weil es zeitlos ist und also Vergangenes und Zukünftiges nebeneinander sieht. Sehr schön sagt Fechner (ibid. S. 197 f.): »So denke dir also, daß nach dem letzten Augenschluß, der gänzlichen Abtötung aller diesseitigen Anschauung und Sinnesempfindung überhaupt, die der höhere Geist bisher durch dich gewonnen, nicht bloß die Erinnerungen an den letzten Tag erwachen, sondern teils die Erinnerungen, teils die Fähigkeit zu Erinnerungen an dein ganzes Leben, lebendiger, zusammenhängender, umfassender, heller, klarer, überschaulicher, als je Erinnerungen erwachten, da du immer noch halb in Sinnesbanden gefangen lagst; denn so sehr dein eigener Leib das Mittel war, diesseitige Sinnesanschauungen zu schöpfen und irdisch zu verarbeiten, so sehr war er das Mittel, dich an dies Geschäft zu binden. Nun ist aus das Schöpfen, Sammeln, Umbilden im Sinne des Diesseits; der heimgetragene Eimer öffnet sich, du gewinnst, und in dir tut's der höhere Geist, auf einmal allen Reichtum, den du nach und nach hineingetan. Ein geistiger Zusammenhang und Abklang alles dessen, was du je getan, gesehen, gedacht, errungen in deinem ganzen irdischen Leben, wird nun in dir wach und helle; wohl dir, wenn du dich dessen freuen kannst. Mit solchem Lichtwerden deines ganzen Geistesbaues wirst du geboren ins neue Leben, um mit hellerem Bewußtsein fortan zu arbeiten an dem höheren Geistesleben ...«

»Manche sind, die glauben wohl an ein künftig Leben, nur gerade, daß die Erinnerung des jetzigen hinüberreichen werde, wollen sie nicht glauben. Der Mensch werde neu gemacht und finde sich ein anderer im neuen Leben, der wisse nichts mehr von dem früheren Menschen. Sie brechen damit selbst die Brücke ab, die zwischen Diesseits und Jenseits überleitet, und werfen eine dunkle Wolke zwischen. Statt daß nach uns der Mensch mit dem Tode sich ganz und vollständig wiedergewinnen soll, ja so vollständig, als er sich niemals im Leben hatte, lassen sie ihn sich ganz verlieren; der Hauch, der aus dem Wasser steigt, statt den künftigen Zustand des ganzen Wassers vorzubedeuten, verschwindet ihnen mit dem Wasser zugleich. Nun soll es plötzlich als neues Wasser in einer neuen Welt da sein. Allein, wie ward es so? Wie kam's dahin? Die Antwort bleiben sie uns schuldig. So bleibt man auch gar leicht den Glauben daran schuldig.

Was ist der Grund von solcher Ansicht? Weil keine Erinnerungen aus einem früheren Leben ins jetzige hinüberreichen, sei auch nicht zu erwarten, daß solche aus dem jetzigen ins folgende hinüberreichen. Aber hören wir doch auf, Gleiches aus Ungleichem zu folgern. Das Leben vor der Geburt hatte noch keine Erinnerungen, ja kein Erinnerungsvermögen in sich, wie sollten Erinnerungen davon in das jetzige Leben reichen; das jetzige hat Erinnerungen und ein Erinnerungsvermögen in sich entwickelt, wie sollten Erinnerungen nicht in das künftige Leben reichen, ja sich nicht steigern, wenn wir doch im künftigen Leben eine Steigerung dessen zu erwarten haben, was sich im Übergange vom vorigen zum jetzigen Leben gesteigert hat. Wohl wird der Tod als zweite Geburt in ein neues Leben zu fassen sein; ... aber kann darum alles gleich sein zwischen Geburt und Tod? Nichts ist doch sonst ganz gleich zwischen zwei Dingen. Der Tod ist eine zweite Geburt, indes die Geburt eine erste. Und soll uns die zweite zurückwerfen auf den Punkt der ersten, nicht vielmehr von neuem Anlauf auf uns weiter führen? Und muß der Abschnitt zwischen zwei Leben notwendig ein Schnitt sein? Kann er nicht auch darin bestehen, daß das Enge sich plötzlich ausdehnt in das Weite?« (S. 199 f.)

(S. 163, Z. 14.) In den werttheoretischen Büchern von Döring, Meinong, Ehrenfels, Kreibig habe ich vergebens nach irgend einer Bestimmung des Verhältnisses von Wert und Zeit gesucht. Was bei Alexius v. Meinong, Psychologisch-ethische Untersuchungen zur Werttheorie, Graz 1894, S. 46 und 58 ff., bei Josef Clemens Kreibig, Psychologische Grundlegung eines Systems der Werttheorie, Wien 1902, S. 53 ff., zu finden ist, steht in keiner Beziehung zu dem hier in Betracht kommenden prinzipiellen Zwecke. Gerade was Kreibig ausführt, S. 54: »Das stets gleichbleibende lang andauernde Tönen einer Dampfpfeife oder eines Nebelhornes, das Einerlei eines gleichförmig grauen Himmels, das endlose Plappern eines witzelnden Gesellschafters wirkt auf die Dauer unlusterregend, auch wenn diese Inhalte ursprünglich angenehm empfunden wurden. Goethe sagt treffend, nichts sei schwerer zu ertragen als eine Reihe von schönen (!) Tagen. Auf allen höheren Gebieten finden wir ähnliche Tatbestände; der immer süße Mendelssohn, der leiernde Hexameter Vossens, das Lob der Speichellecker wird schließlich peinvoll. Der Sozialist Fourier beweist Beobachtungsgabe, indem er in seinem Phalansterium der ›Schmetterlingsleidenschaft‹ der Menschen durch entsprechenden Wechsel der pflichtmäßigen Beschäftigung jedes einzelnen Rechnung trägt. Daß anderseits eine zu rasche Abfolge differenter Inhalte ermüdend und damit negativ wertbeeinflussend wirkt, braucht nicht ausführlich belegt zu werden« – gerade diese Auseinandersetzung zeigt, wie heillos die Brentanosche Schule »Wertgefühl« und Lust konfundiert hat. Die Lust mag durch Dauer geschwächt werden; ein Wertvolles kann durch sie nie an Wert verlieren.

Nur an zwei Orten finde ich Meinungen, die an die Darlegungen des Textes erinnern könnten. Harald Höffding erblickt in seiner »Religionsphilosophie« (übersetzt von F. Bendixen, Leipzig 1901, S. 105, 193 ff.) das Wesen der Religion in der »Erhaltung des Wertes« in der Welt, wodurch man sich entfernt an den Satz von der Zeitlosigkeit des Wertes gemahnt fühlen könnte. Viel näher und deutlicher erkennbar ist meine Übereinstimmung mit Rudolf Eucken, Der Wahrheitsgehalt der Religion, Leipzig 1901, S. 219 f.: »... Wohl heißt es, daß der Mensch der bloßen Zeit angehört, aber er tut das nur für eine gewisse Fläche seines Daseins; alles geistige Leben ist eine Erhebung über die Zeit, eine Überwindung der Zeit. Was immer an geistigen Inhalten entfaltet wird, das trägt in sich den Anspruch, ohne alle Beziehung zur Zeit und unberührt von ihrem Wandel, d. h. also in einer ewigen Ordnung der Dinge zu gelten; nicht nur die Wissenschaft gibt ihre Wahrheit ›unter der Form der Ewigkeit‹, was immer wertvoll und wesenhaft sein will, das verschmäht ein Dahinschwimmen mit dem Flusse der Zeit, eine Unterwerfung unter den Wandel ihrer Mode und Laune, das will umgekehrt von sich aus die Zeiten messen und ihren Wert bestimmen.

Dieses Verlangen nach Ewigkeit begnügt sich nicht damit, eine Zuflucht aus den Wirren der Zeit zu suchen, es nimmt auf dem eigenen Boden der Zeit den Kampf mit ihr auf; dieser Zusammenstoß von Zeit und Ewigkeit ist es vornehmlich, woraus Geschichte im menschlichen Sinne entsteht und besteht. In der

Zeit selbst erwächst ein Streben über alles Zeitliche hinaus zu etwas Unwandelbarem: so fixiert das Kulturleben von den Leistungen der Vergangenheit gewisse als klassisch und möchte sie nicht nur dauernd im Bewußtsein erhalten, sondern in ihnen ein untrügliches Maß des Strebens finden ... nicht dadurch entsteht Geschichte im menschlichen und geistigen Sinne, daß Erscheinungen einander folgen und sich anhäufen, sondern dadurch, daß diese Folge irgend gedacht und erlebt wird. Nun aber wäre nicht einmal ein Überschauen und die Vereinigung der Mannigfaltigkeit in einen Gesamtanblick möglich ohne ein Heraustreten des Beobachters aus dem rastlosen Strom der Zeit. Und die Betrachtung allein vermag keineswegs eine historische Gestaltung der Kultur hervorzubringen, diese kommt nur zustande, indem in der Geschichte Wesentliches und Nebensächliches, Bleibendes und Vergängliches auseinandertritt; sie ist nicht möglich ohne ein energisches Sondern und Sichten der chaotischen Fülle, die uns zuströmt. Der echte Bestand, der allein für die eigene Lebensführung Wert hat, ist aus der Erscheinung immer erst herauszuarbeiten. Wer anders aber sollte jenes Sondern und Sichten vollziehen als ein der Zeit überlegener, nach inneren Notwendigkeiten messender Lebensprozeß, und wie anders sollte er es tun, als indem er das echt Befundene aus allem Wandel der Zeit heraushebt und ihr gegenüber festlegt? ...« S. 221 f.: »... ein anderes ist es, die anthropomorphe Unsterblichkeit abzulehnen, ein anderes, dem Geisteswesen des Menschen alle Teilnahme an der Ewigkeit zu versagen. Denn dies heißt nicht sowohl Aussichten in die Zukunft abschneiden als alles Geistesleben der bloßen Zeit überantworten, damit aber es herabdrücken, zerstreuen, innerlich vernichten. Auch das zeitliche Leben wird zu bloßem Schatten und Schein, wenn ihm kein Streben zur Ewigkeit innewohnt; müßte doch bei voller Gebundenheit an die Zeit alles menschliche Erlebnis, alle menschliche Wirklichkeit nach dem Aufleuchten des bloßen Augenblicks sofort in den Abgrund des Nichts zurücksinken.«

Wollte ich noch weiteres anführen, so könnte ich nur auf den schönen Traum verweisen, den Knut Hamsun in seinem Roman

»Neue Erde« (übersetzt von M. v. Borch, München 1894, S. 169 ff.) schildert, oder müßte schon hier auf die ewigen Ideen Platons zurückgreifen, die unberührt von der Zeit an einem Orte »jenseits des Himmels« thronen. Die Ideen Platons in ihrer späteren restringierten Fassung sind die Werte der modernen, von Kant begründeten Philosophie. Aber in der rein psychologischen Auseinandersetzung dieses Kapitels kommt das noch nicht in Betracht.

(S. 168, Z. 14 v. u. f.) Carlyle, On Heroes etc., p. 11 f. »He was the ›creature of the Time‹, they say; the Time called him forth, the Time did everything, he nothing ... The Time call forth? Alas, we have known Times call loudly enough for their great man; but not find him when they called! He was not there; Providence has not sent him; the Time, calling its loudest, had to go down to confusion and wreck because he would not come when called.

For if we will think of it, no time need have gone to ruin, could it have found a man great enough, a man wise and good enough: wisdom to discern truly what the Time wanted, valour to lead it on the right road thither; these are the salvation of any Time. But I liken common languid Times, with their unbelief, distress, perplexity, with their languid doubting characters and embarrassed circumstances, impotently crumbling-down into ever worse distress towards final ruin; – all this I liken to dry dead fuel, waiting for the lightning out of Heaven that shall kindle it. The great man, with his free force direct out of God's own hand, is the lightning. His word is the wise healing word which all can believe in. All blazes round him now, when he has once struck on it, into fire like his own. The dry mouldering sticks are thought to have called him forth. They did want him greatly; but as to calling him forth –! – Those are critics of small vision, I think, who cry: ›See, is it not the stick that made the fire?‹ No sadder proof can be given by a man of his own littleness than disbelief in great men.«

(S. 171, Z. 2.) Baco als Sprachkritiker: Novum Organum I, 43. – Fritz Mauthner, Beiträge zu einer Kritik der Sprache, Bd. I, Sprache und Psychologie, Stuttgart 1901.

(S. 171, Z. 17 v. u.) Hermann Türck, Der geniale Mensch, 5. Aufl., Berlin 1901, S. 275 f. – Cesare Lombroso, Der geniale Mensch, übersetzt von M. O. Fränkel, Hamburg 1890, passim. – Zur Erheiterung sei hier noch Francis Galton (Hereditary Genius, Inquiry into its Laws and Consequences, London 1892, p. 9, vgl. Preface, p. XII) folgende Auffassung entnommen: »When I speak of an eminent man, I mean one who has achieved a position that is attained by only 250 persons in each million of men, or by one person in each 4000.«

(S. 171, Z. 14 v. u.) Kant über das Genie: Kritik der Urteilskraft, § 46-50. Vgl. Otto Schlapp, Kants Lehre vom Genie, Göttingen 1902, besonders S. 305 ff. Schelling, System des transzendentalen Idealismus, Werke I/3, S. 622-624. S. 623 heißt es: »Nur das, was die Kunst hervorbringt, ist allein und nur durch Genie möglich.« – Gegen Kantens Ausschluß der Philosophen von der Genialität wenden sich Jean Paul, Das Kampanertal oder über die Unsterblichkeit der Seele, 503. Stazion und Johann Gottlieb Fichte, Über den Begriff der Wissenschaftslehre, 1794, § 7. (Sämtliche Werke herausgegeben von J. H. Fichte, Bd. I/1, S. 73, Anmerkung.)

Zu Teil II, Kapitel 6

(S. 176, Z. 4 v. u.) Für den Psychologismus: Karl Stumpf, Psychologie und Erkenntnistheorie, Abhandlungen der philos.-philol. Klasse der königlich bayrischen Akad. der Wissensch., Bd. 19, 1892, S. 465-516. Alois Höfler, Logik, Wien 1890, S. 17: »Da die Psychologie sämtliche psychischen Erscheinungen, die Logik nur die Erscheinungen des Denkens, und zwar die des richtigen Denkens zum unmittelbaren Gegenstande hat, so bildet die theoretische Bearbeitung des letzteren nur einen speziellen Teil der Psychologie.« Theodor Lipps, Grundzüge der Logik, Hamburg 1893, S. 1 f., S. 149.

Gegen den Psychologismus: Edmund Husserl, Logische Untersuchungen, I. Teil: Prolegomena zur reinen Logik, Halle 1900. Hermann Cohen, Kants Theorie der Erfahrung, 2. Aufl., Berlin 1885, S. 69 f., 81 f., und Logik der reinen Erkenntnis, Berlin 1902 (System der Philosophie, I. Teil), S. 509 f. Wilhelm Windelband, Kritische oder genetische Methode (Präludien, 1. Aufl., 1884, S. 247 ff.). Ferdinand Jakob Schmidt, Grundzüge der konstitutiven Erfahrungsphilosophie als Theorie des immanenten Erfahrungsmonismus, Berlin 1901, S. 16 f., 59 f., 69 f. Emil Lucka, Erkenntnistheorie, Logik und Psychologie, in der Wiener Halbmonatsschrift »Die Gnosis« vom 25. März 1903.

(S. 177, Z. 16.) Wenn Kant bei der Aufstellung seines Sittengesetzes für »alle möglichen vernünftigen Wesen« an einen besonderen Träger außer dem Menschen gedacht hat und nicht bloß das streng formale Prinzip reinhalten wollte von dem Zufälligen der empirischen Menschheit, so dürften ihm eher jene Bewohner anderer Gestirne vorgeschwebt haben, von welchen der dritte Teil der »Allgemeinen Naturgeschichte und Theorie des Himmels« handelte, als das, was Schopenhauer ihm unterschiebt (Preisschrift über die Grundlage der Moral, § 6): »Man kann sich des Verdachtes nicht erwehren, daß Kant dabei ein wenig an die lieben Engelein gedacht oder doch auf deren Beistand in der Überzeugung des Lesers gezählt habe.« Für die Engel nämlich gälte die Kantische Ethik gar nicht, da bei ihnen Sollen und Sein zusammenfiele.

(S. 177, Z. 9 v. u.) Auch der Aufsatz von A. Meinong, Zur erkenntnistheoretischen Würdigung des Gedächtnisses, Vierteljahrsschrift für wissenschaftliche Philosophie, X, 1886, S. 7-33, liegt gänzlich abseits von den hier behandelten Problemen.

(S. 177, Z. 3 v. u. f.) Charles Bonnet, Essai analytique sur les facultés de l'âme, Copenhague 1760, p. 61: »La souplesse ou la mobilité des fibres augmente par le retour des mêmes ébranlements. Le sentiment attaché à cette augmentation de souplesse ou de mobilité constitue la réminiscence.« (Zitiert nach Harald

Höffding.) Vgl. übrigens noch Max Offner, Die Psychologie Charles Bonnets, Eine Studie zur Geschichte der Psychologie, Schriften der Gesellschaft für psychologische Forschung, Heft 5, Leipzig 1893, S. 34 ff. – Ewald Hering, Über das Gedächtnis als eine allgemeine Funktion der organisierten Materie, Vortrag, 2. Ausgabe, Wien 1876. – Vgl. E. Mach, Die Analyse der Empfindungen und das Verhältnis des Physischen zum Psychischen, 3. Aufl., Jena 1902, S. 177 ff.

(S. 178, Z. 1 v. u. ff.) Über Erinnerung unter dem Einflusse der Suggestion vgl. Friedrich Jodl, Lehrbuch der Psychologie, 2. Aufl., Stuttgart und Berlin 1903, Bd. II, S. 159: »Als eine Zwischenstufe zwischen dem, was ... als passives und aktives Moment der repräsentativen Aufmerksamkeit unterschieden wird, kann man den Fall ansehen, wo in die Leitung des Reproduktionsprozesses und die Fixierung der Aufmerksamkeit nicht der eigene Wille des Subjektes, sondern ein fremder Wille eingreift, um mit jenem bestimmte Zwecke zu erreichen oder bestimmte Bewußtseinsphänomene hervorzurufen ... Hier geschieht durch Einwirkung von außen, was bei der willkürlichen Reproduktion aus dem Willen des Subjektes heraus erfolgt.«

(S. 179, Z. 16.) Richard Avenarius, Kritik der reinen Erfahrung, Bd. II, Leipzig 1890, S. 32, 42 ff. – H. Höffding, Über Wiedererkennen, Assoziation und psychische Aktivität, Vierteljahrsschrift für wissenschaftliche Philosophie, XIII, 1889, S. 420 f., und XIV, 1890, S. 27 ff. Psychologie in Umrissen, übersetzt von Bendixen, 2. Aufl., 1893, S. 163 f., Philosophische Studien, VIII, S. 86 f.

Im ersten Aufsatze sagt Höffding (S. 426 f.): »Was in solchen Bewußtseinszuständen ... gegeben ist, das ist die unmittelbare Auffassung des Unterschiedes zwischen Bekanntem und Vertrautem und etwas Neuem und Fremdem. Dieser Unterschied ist so einfach und klar, daß er sich ebensowenig näher beschreiben läßt als z. B. der Unterschied zwischen Lust und Unlust, oder der Unterschied zwischen Gelb und Blau. Wir stehen hier einem unmittelbaren Qualitätsunterschiede gegenüber. Die eigentümliche Qualität, mit welcher das Bekannte im Gegensatz zum Neuen im Bewußtsein auftritt, werde ich im folgenden die Bekanntheitsqualität nennen.« [Es] »ist noch hervorzuheben, daß die Selbstbeobachtung in den angeführten Fällen nicht die geringste Spur von anderen Vorstellungen zeigt, die durch die erkannte Erscheinung erweckt würden, und von denen man annehmen könnte, sie spielten eine Rolle beim Wiedererkennen selbst. Insofern also jemand annehmen wollte, alles Wiedererkennen setze derartige Vorstellungen voraus, so liegt ihm die Beweispflicht ob; und läßt sich das unmittelbare Wiedererkennen, so wie es in den angeführten Fällen auftritt, ohne eine solche Annahme erklären, so wird diese Erklärung die einzige wissenschaftliche sein«.

Gegen diese Lehre Höffdings haben sich mit durchaus unzureichenden Gründen Wilhelm Wundt, Grundzüge der physiologischen Psychologie, 4. Aufl., Leipzig 1893, Bd. II, S. 442, Anmerkung I, und William James, The Principles of Psychology, 1890, Vol. I, p. 674, Anmerkung 1, ausgesprochen. Höffding selbst bemerkt klar genug S. 431: »Diese Reproduktion braucht nicht dahin zu führen, daß das, was reproduziert wird, als selbständiges Glied im Bewußtsein auftrete. Und in den vorliegenden Fällen geschieht dies auch nicht. Deren Eigentümlichkeit bestand unter anderem gerade in ihrem nicht zusammengesetzten Charakter. Außer dem erkannten Zug oder den erkannten Zügen findet sich im Bewußtsein nicht das Mindeste, was mit dem Wiedererkennen zu schaffen hat. Das Wort » Les Plans« klingt bekannt, und diese Bekanntheitsqualität ist die ganze Erscheinung ...« Es ist dagegen unzutreffend, wenn Wundt behauptet (a. a. O. Seite 445): »Es geht immer der simultane deutlich in einen sukzessiven Assoziationsvorgang über, in welchem der zuerst vorhandene Eindruck, die dann hinzutretende Mittelvorstellung und endlich das Wiedererkennungsgefühl als die Glieder der Assoziationsreihe auftreten.«

(S. 180, Z. 6 v. u.) Nur dieselbe Verwechslung des Wiedererkennens mit dem Gedächtnis liegt den Beispielen zugrunde, auf Grund deren G. John Romanes, Die geistige Entwicklung im Tierreich, Leipzig 1885, S. 127 f., den Tieren ein Gedächtnis zuschreibt.

(S. 184, Z. 6.) Der Ausdruck konnotativ (mitbezeichnend) stammt von John Stuart Mill, System der deduktiven und induktiven Logik, übersetzt von Gomperz, I2, Leipzig 1884, S. 30 f. – Den Ausdruck »typische Vorstellung« gebraucht Harald Höffding, der Terminus »Repräsentativ-Vorstellung« ist der englischen und französischen Psychologie geläufig.

(S. 185, Z. 16 v. u.) Wunderbar gibt Fouqué dem Alogischen im Weibe zusammen mit seinem völligen Mangel an Kontinuität Ausdruck in der »Undine« (fünftes Kapitel): »Einen Teil des Tages über strich er mit einer alten Armbrust, die er in einem Winkel der Hütte gefunden und sich ausgebessert hatte, umher, nach den vorüberfliegenden Vögeln lauernd und, was er von ihnen treffen konnte, als guten Braten in die Hütte liefernd. Brachte er nun seine Beute zurück, so unterließ Undine fast niemals, ihn auszuschelten, daß er den lieben, lustigen Tierchen oben im blauen Luftmeer so feindlich ihr fröhliches Leben stehle; ja sie weinte oftmals bitterlich bei dem Anblick des toten Geflügels. Kam er aber dann ein andermal wieder heim und hatte nichts geschossen, so schalt sie ihn nicht minder ernstlich darüber aus, daß man nun um seines Ungeschickes und seiner Nachlässigkeit willen mit Fischen und Krebsen vorliebnehmen müsse.«

(S. 185, Z. 13 v. u.) G. Simmel, Zur Psychologie der Frauen, Zeitschrift für Völkerpsychologie und Sprachwissenschaft, XX, 1890, S. 6-46: »Hier ist der Ort, der vielkritisierten Logik der Frauen zu gedenken. Zunächst ist die Meinung, die ihnen dieselbe ganz oder fast ganz absprechen will, einfach abzuweisen; das ist eine von den trivialen Paradoxen, der gegenüber man sicher behaupten kann, daß jeder, der nur irgend eingehender mit Frauen zu tun hatte, oft genug von der Schärfe und Unbarmherzigkeit ihrer Folgerungen überrascht worden ist.« (S. 9 f.)

(S. 189, Z. 11 v. u.) Kant, Kritik der praktischen Vernunft, S. 105 (Universalbibliothek).
Zu Teil II, Kapitel 7

(S. 190, Z. 9 v. u. f.) Die Stelle über Spinoza bei Kant ist ungemein charakteristisch (vgl. Kap. 13); man findet sie in der Kritik der praktischen Vernunft, S. 123, ed. Kehrbach. – Was Kant an Hume mit Recht sympathisch ansprechen durfte, war die Sonderstellung, welche dieser klügste Empirist immerhin der Mathematik einräumte. Das große Lob Humes aus dem Munde Kantens, welchem Hume sein hohes Ansehen bei den nachkantischen Philosophen und Historikern der Philosophie vornehmlich dankt, ist wohl so zu erklären, daß Kant selbst, schon bevor er Hume kennengelernt hatte, die Notwendigkeit der Ersetzung des metaphysischen durch den transzendentalen Standpunkt unklar gefühlt hatte. Den Angriff Humes empfand er als solchen, den er selbst längst hätte führen sollen, und machte sich den eigenen Mangel an Rüstigkeit in der Abrechnung mit allem Unbewiesenen in der Spekulation heftig zum Vorwurf. So kam es, daß er Humes Skeptizismus dem Dogmatismus gegenüber, den er in den eigenen Gliedern noch immer spürte, hochstellen konnte, und an der Flachheit dieses Empirismus, bei dem er freilich nie bleiben konnte, relativ wenig Anstoß nahm. – Wie unglaublich seicht Hume übrigens auch als Geschichtschreiber in seinen Urteilen über historische Bewegungen und historische Persönlichkeiten ist, darüber vergleiche man das Büchlein von Julius Goldstein, Die empiristische Geschichtsauffassung David Humes mit Berücksichtigung moderner methodischer und erkenntnistheoretischer Probleme, eine philosophische Studie, Leipzig 1903, z. B. die dort S. 19 f. aus Humes »History of England«, zitierten Äußerungen über die Religion und religiöse Menschen, besonders über Luther. Jene Stellen verraten geradezu Borniertheit.

(S. 190, Z. 3 ff.) David Hume, A Treatise of Human Nature, being an Attempt to introduce the experimental Method of Reasoning into Moral Subjects, Book I. Of the Understanding, Part

IV. Of the sceptical and other Systems of philosophy, Sect. VI. Of personal identity, Vol. I, p. 438 f. (der ersten englischen Ausgabe, London 1739):

»For my part, when I enter most intimately into what I call myself, I always stumble on some particular perception or other, of heat or cold, light or shade, love or hatred, pain or pleasure. I never can catch myself at any time without a perception, and never can observe anything but the perception. When my perceptions are remov'd for any time, as by sound sleep; so long am I insensible of myself, and may truly be said not to exist. And were all my perceptions remov'd by death, and cou'd I neither think, nor feel, nor see, nor love, nor hate after the dissolution of my body, I thou'd be entirely annihilated, nor do I conceive what is farther requisite to make me a perfect non-entity. If any one, upon serious and unprejudiced reflection thinks he has a different notion [439] of himself, I must confess I can reason no longer with him. All I can allow him is, that he may be in the right as well as I, and that we are essentially different in this particular. He may, perhaps, perceive something simple and continu'd, which he calls himself; tho' I am certain there is no such principle in me.

But setting aside some metaphysicians of this kind, I may venture to affirm of the rest of mankind that they are nothing but a bundle or collection of different perceptions, which succeed each other with an inconceivable rapidity, and are in a perpetual flux and movement.«

(S. 191, Z. 1 f.) Georg Christoph Lichtenberg, Ausgewählte Schriften, herausgegeben von Eugen Reichel, Leipzig, Universalbibliothek, S. 74 f.: »Wir werden uns gewisser Vorstellungen bewußt, die nicht von uns abhängen; andere, glauben wir wenigstens, hingen von uns ab; wo ist die Grenze? Wir kennen nur allein die Existenz unserer Empfindungen, Vorstellungen und Gedanken. Es denkt, sollte man sagen, so wie man sagt: es blitzt.

Zu sagen cogito, ist schon zu viel, sobald man es durch Ich denke übersetzt. Das Ich anzunehmen, zu postulieren, ist praktisches Bedürfnis.«

(S. 191, Z. 6 f.) Hume, a. a. O. 455 f.: »All the nice and subtile questions concerning personal identity can never possibly be decided, and are to be regarded rather as grammatical than as philosophical difficulties ... All the disputes concerning the identity of connected objects are merely verbal.«

(S. 191, Z. 10 f.) E. Mach, Die Analyse der Empfindungen und das Verhältnis des Physischen zum Psychischen, 3. Aufl., Jena 1902, S. 2 ff., 6 f., 10 f., 18 ff., 29 f.

(S. 192, Z. 9 f.) Das Idioplasma ist also wohl das von Alois Höfler, Psychologie, Wien und Prag 1897, S. 382, vermißte physiologische Äquivalent des empirischen Ich.

(S. 193, Z. 8 v. u.) Die beiden Stellen aus Sigwart in dessen Logik, I2 Freiburg 1889, S. 182, 190.

(S. 193, Z. 9.) Hegel, Enzyklopädie der philosophischen Wissenschaften im Grundrisse, § 115 (Werke, vollständige Ausgabe, Bd. VI, S. 230 f., Berlin 1840): »Dieser Satz, statt ein wahres Denkgesetz zu sein, ist nichts als das Gesetz des abstrakten Verstandes. Die Form des Satzes widerspricht ihm schon selbst, da ein Satz auch einen Unterschied zwischen Subjekt und Prädikat verspricht, dieser aber das nicht leistet, was seine Form fordert ... Wenn man behauptet, dieser Satz könne nicht bewiesen werden, aber jedes Bewußtsein verfahre danach, und stimmt ihm nach der Erfahrung sogleich zu, wie es ihn vernehme, so ist dieser angeblichen Erfahrung der Schule die allgemeine Erfahrung entgegenzusetzen, daß kein Bewußtseyn nach diesem Gesetze denkt, noch Vorstellungen hat usf., noch spricht, daß keine Existenz, welcher Art sie sey, nach demselben existiert. Das Sprechen nach diesem seynsollenden Gesetze der Wahrheit (ein Planet ist – ein Planet, der Magnetismus ist – der Magnetismus, der Geist ist – ein Geist) gilt mit vollem Recht für albern; dies ist wohl allgemeine Erfahrung.«

(S. 193, Z. 14 f.) Vgl. hiezu Hermann Cohen, System der Philosophie, I. Teil, Logik der reinen Erkenntnis, Berlin 1902, S. 79: »Man sagt, diese Identität bedeute nichts als Tautologie. Das Wort, durch welches der Vorwurf bezeichnet wird, verrät die Unterschlagung des Prinzipes. Freilich bedeutet die Identität Tautologie: nämlich dadurch, daß durch Dasselbe (ταύτό) das Denken zum Logos wird. Und so erklärt es sich, daß vorzugsweise, ja ausschließlich die Identität als Denkgesetz stabiliert wurde.«

(S. 194, Z. 13 f.) Mit Heinrich Gomperz, Zur Psychologie der logischen Grundtatsachen, Leipzig und Wien 1897, S. 21 f., ist meine Darstellung an diesem Punkte vollkommen einer Ansicht. Er sagt: »... die wissenschaftlichen Begriffe bilden überall keinen Gegenstand der Psychologie, d. h. der psychologischen Erfahrung ... Wir gelangen zu solchen Begriffen durch eine eigene Methode, nämlich durch Synthese, wie wir zu den Naturgesetzen durch die Methode der Induktion vorschreiten, und verwerten diese Begriffe durch Analyse wie jene Gesetze durch Deduktion. Und deshalb gibt es eine Psychologie des wissenschaftlichen Säugetierbegriffes ebensowenig wie eine Psychologie des wissenschaftlichen Gravitationsgesetzes. Daß wir diese Gesetzmäßigkeiten durch eigene Worte – Säugetier und Gravitation – bezeichnen, kann hieran nichts ändern. Denn diese Worte bezeichnen lediglich äußere, wenn auch ideelle Dinge. Diese sind Gegenstände, nicht Elemente oder überhaupt Bestandteile des Denkens.«

(S. 195, Z. 16.) Die Stelle aus Kant: Kritik der reinen Vernunft, S. 145, Kehrbach. – Zur Lösung des von Kant bezeichneten Rätsels glaube ich hier und auf S. 237-244 ein Weniges beigetragen zu haben.

(S. 195, Z. 14 v. u.) Was ich unter Essenz meine, deckt sich also ziemlich mit dem aristotelischen τò τί ἦν εἶναι. Der Begriff ist auch für Aristoteles an einer Stelle λόγος τί ἦν εἶναι λέγων (Eth. Nicom. II, 6, 1107 a 6).

(S. 196, Z. 9 v. u.) Vgl. Schelling, System des transzendentalen Idealismus, Werke I/3, S. 362: »In dem Urteil A = A wird ganz von dem Inhalte des Subjektes A abstrahiert. Ob A Realität hat oder nicht, ist für dieses Wissen ganz gleichgültig.« »Der Satz ist evident und gewiß, ganz abgesehen davon, ob A etwas wirklich Existierendes oder bloß Eingebildetes oder selbst unmöglich ist.«

(S. 197, Z. 1 v. o.) John Stuart Mill, System der deduktiven und induktiven Logik, Eine Darlegung der Grundsätze der Beweislehre und der Methoden wissenschaftlicher Forschung. Buch II, Kapitel 7, § 5, 2. Aufl., übersetzt von Theodor Gomperz, Leipzig 1884, Bd. I (Gesammelte Werke, Bd. II), S. 326: »Ich erkenne im principium contradictionis, wie in anderen Axiomen eine unserer frühesten und naheliegendsten Verallgemeinerungen aus der Erfahrung. Ihre ursprüngliche Grundlage finde ich darin, daß Glaube und Unglaube zwei verschiedene Geisteszustände sind, die einander ausschließen. Dies erkennen wir aus der einfachsten Beobachtung unseres eigenen Geistes. Und richten wir unsere Beobachtung nach außen, so finden wir auch hier, daß Licht und Dunkel, Schall und Stille, Bewegung und Ruhe, Gleichheit und Ungleichheit, Vorangehen und Nachfolgen, Aufeinanderfolge und Gleichzeitigkeit, kurz jedes positive Phänomen und seine Verneinung unterschiedene Phänomene sind, im Verhältnis eines zugespitzten Gegensatzes, und die eine immer dort abwesend, wo die andere anwesend ist. Ich betrachte das fragliche Axiom als eine Verallgemeinerung aus all diesen Tatsachen.«

Von der Flachheit dieser Auseinandersetzung will ich schweigen; denn daß John St. Mill unter den berühmten Flachköpfen des XIX. Jahrhunderts der flachste ist, das kann wie eine identische Gleichung ausgesprochen werden. Aber man vermag auch nicht leicht falscher und leichtsinniger zu argumentieren, als es hier von Mill geschehen ist. Für diesen Mann ist Kant vergebens auf der Welt erschienen; er hat sich nicht einmal dies klar gemacht, daß dem Satze A = A nie eine Erfahrung widersprechen kann, und daß wir dies mit absoluter Sicherheit von Rechts wegen behaupten dürfen, während alle Induktion nie imstande ist, Sätze von solchem Gewißheitsgrade zu liefern. – Außerdem verwechselt Mill hier den konträren mit dem kontradiktorischen Gegensatz. – Die vielen verständnislosen Beschimpfungen des Identitätsprinzipes seien übergangen.

(S. 198, Z. 17 v. u.) Johann Gottlieb Fichte, Grundlage der gesamten Wissenschaftslehre, Leipzig 1794, S. 5 ff. (sämtliche Werke herausgegeben von J. H. Fichte, Erste Abteilung, Bd. I, Berlin 1845, S. 92 ff.):
»1. Den Satz A ist A (soviel als A = A, denn das ist die Bedeutung der logischen Kopula) gibt jeder zu; und zwar ohne sich im geringsten darüber zu bedenken: man erkennt ihn für völlig gewiß und ausgemacht an.

Wenn aber jemand einen Beweis desselben fordern sollte, so würde: man sich auf einen solchen Beweis gar nicht einlassen, sondern behaupten, jener Satz sey schlechthin, d. i. ohne allen weiteren Grund, gewiß: und indem man dieses, ohne Zweifel mit allgemeiner Bestimmung, tut, schreibt man sich das Vermögen zu, etwas schlechthin zu setzen.

2. Man setzt durch die Behauptung, daß obiger Satz an sich gewiß sey,

nicht, daß A sey. Der Satz: A ist A ist gar nicht gleichbedeutend dem: A ist, oder: es ist ein A. (Seyn, ohne Prädikat gesetzt, drückt etwas ganz anderes aus, als seyn mit einem Prädikate ...) Man nehme an, A bedeute einen in zwei gerade Linien eingeschlossenen Raum, so bleibt jener Satz immer richtig; obgleich der Satz: A ist, offenbar falsch wäre. Sondern

man setzt: wenn A sey, so sey A. Mithin ist davon, ob überhaupt A sey oder nicht, gar nicht die Frage. Es ist nicht die Frage
vom Gehalte des Satzes, sondern bloß von seiner Form; nicht
von dem, wovon man etwas weiß, sondern von dem, was man
weiß, von irgend einem Gegenstande, welcher es auch seyn
möge.

Mithin wird durch die Behauptung, daß der obige Satz
schlechthin gewiß sey, das festgesetzt, daß zwischen jenem
Wenn und diesem So ein nothwendiger Zusammenhang sey;
und der nothwendige Zusammenhang zwischen beiden ist es,
der schlechthin und ohne allen Grund gesetzt wird. Ich nenne
diesen nothwendigen Zusammenhang vorläufig = X.

3. In Rücksicht auf A selbst aber, ob es sey oder nicht, ist dadurch noch nichts gesetzt. Es entsteht also die Frage: unter welcher Bedingung ist denn A?
a) X wenigstens ist im Ich und durch das Ich gesetzt – denn
das Ich ist es, welches im obigen Satze urtheilt, und zwar nach
X als einem Gesetze urtheilt, welches mithin dem Ich gegeben,
und da es schlechthin und ohne allen weiteren Grund aufgestellt
wird, dem Ich durch das Ich selbst gegeben seyn muß.

b) Ob und wie A überhaupt gesetzt sey, wissen wir nicht;
aber da X einen Zusammenhang zwischen einem unbekannten
Setzen des A und einem unter der Bedingung jenes Setzens absoluten Setzen desselben A bezeichnen soll, so ist, wenigstens
insofern jener Zusammenhang gesetzt wird, A in dem Ich und
durch, das Ich gesetzt, so wie X; X ist nur in Beziehung auf ein A
möglich; nun ist X im Ich wirklich gesetzt; mithin muß auch A
im Ich gesetzt sein, insofern X darauf bezogen wird.

c) X bezieht sich auf dasjenige A, welches im obigen Satze die
logische Stelle des Subjektes einnimmt, ebenso wie auf dasjenige, welches für das des Prädikats steht; denn beide werden
durch X vereinigt. Beide also sind, insofern sie gesetzt sind, im

Ich gesetzt: und der obige Satz läßt sich demnach auch so ausdrücken: Wenn A im Ich gesetzt ist, so ist es gesetzt; oder – so
ist es.

4. Es wird demnach durch das X vermittelst X gesetzt: A sey
für das urteilende Ich schlechthin und lediglich kraft seines Ge-
setztseyns im Ich überhaupt; das heißt: es wird gesetzt, daß im
Ich – es sey nun insbesondere setzend oder urtheilend oder was
es auch sey – etwas sey, das sich stets gleich, stets Ein und ebendasselbe sey; und das schlechthin gesetzte Ich läßt sich auch so
ausdrücken: Ich = Ich; Ich bin Ich.

5. Durch diese Operation sind wir schon unvermerkt zu dem
Satze: Ich bin (zwar nicht als Ausdruck einer Thathandlung,
aber doch einer Thatsache) angekommen. Denn

X ist schlechthin gesetzt; das ist Thatsache des empirischen
Bewußtseyns. Nun ist X gleich dem Satze: Ich bin Ich; mithin ist
auch dieser schlechthin gesetzt.
Aber der Satz: Ich bin Ich, hat eine ganz andere Bedeutung als
der Satz A = A. – Nämlich der letztere hat nur unter einer gewissen Bedingung einen Gehalt. Wenn A gesetzt ist, so ist es freilich
als A, mit dem Prädicate A gesetzt. Es ist aber durch jenen Satz
noch gar nicht ausgemacht, ob es überhaupt gesetzt, mithin, ob
es mit irgend einem Prädicate gesetzt sey. Der Satz: Ich bin Ich,
aber gilt unbedingt und schlechthin, denn er ist gleich dem Satze
X: er gilt nicht nur der Form, er gilt auch seinem Gehalte nach. In
ihm ist das Ich, nicht unter Bedingung, sondern schlechthin, mit
dem Prädicate der Gleichheit mit sich selbst gesetzt; es ist also
gesetzt; und der Satz läßt sich auch ausdrücken: Ich bin.«

Dieser Fichtesche Beweis ist verfehlt; denn er findet, obwohl
er es anfänglich in Abrede stellt, im Satze selbst das Sein desselben A, von dem A = A behauptet wird, schon enthalten. Der
Beweis, den ich selbst im Texte versucht habe, ist auch ungenügend und beruht auf einer unzulässigen Äquivokation, die in der
Anmerkung S. 197 berichtigt ist. Meine Anschauungen hierüber

haben sich während der Drucklegung des Buches geändert. Ich glaube jetzt, daß es aussichtslos ist, mit Fichte und Schelling aus dem Satze das Ich herauszulesen; was aber sehr wohl in ihm zum Ausdruck kommt, ist das Sein, das absolute, hyperempirische, gar nicht im geringsten mehr zufällige, sondern das an sich seiende Sein. Der Beweis gestaltet sich dann kurz so: es ist etwas (nämlich das Gleichheitszeichen, das X Fichtes), gleichgültig ob sonst etwas ist oder nicht. Es besteht und gilt mindestens das Sein A = A, unabhängig von jedem besonderen A, und ob ein solches A selbst nun sei oder nicht. Und weil die Frau zu diesem Satze gar keine Beziehung hat, darum ist sie nicht. Auch in dieser Form bleibt der Satz von der größten Tragweite für das zwölfte Kapitel, wo die Seelenlosigkeit der Frau in einen weiteren Zusammenhang aufgenommen wird (S. 378 ff.).

(S. 199, Z. 15.) Über die Reue vgl. Kant, Kritik der praktischen Vernunft, S. 218 ff. (ed. Kehrbach).

(S. 200, Z. 19.) Kritik der praktischen Vernunft, S. 105, Kehrbach.

(S. 201, Z. 15.) Ibsens Brand antwortet den Fragenden (fünfter Aufzug):

» Wie lang das Streiten währen wird?
Es währt bis an des Lebens Ende,
Bis alle Opfer ihr gebracht,
Bis ihr vom Pakt euch frei gemacht,
Bis ihr es wollt, wollt unbeirrt;
Bis jeder Zweifel schwindet, nichts
Euch trennt vom: alles oder nichts.
Und eure Opfer? – Alle Götzen,
Die euch den ew'gen Gott ersetzen;
Die blanken gold'nen Sklavenketten,
Samt eurer schlaffen Trägheit Betten. –
Der Siegespreis? – Des Willens Einheit,
Des Glaubens Schwung, der Seelen Reinheit;

564

Die Freudigkeit, die euch durchschauen,
Die alles opfert, überdauert;
Um eure Stirn die Dornenkrone:
Seht, das erhaltet ihr zum Lohne.«

(S. 201, Z. 17 f.) Friedrich Hebbels sämtliche Werke, herausgegeben von Hermann Krumm, Bd. I, S. 214.

(S. 202, Z. 11 f.) Kant, Anthropologie in pragmatischer Hinsicht, § 87 (S. 216, ed. Kirchmann): »Der Mensch, der sich eines Charakters in seiner Denkungsart bewußt ist, hat ihn nicht von der Natur, sondern muß ihn jederzeit erworben haben. Man kann auch annehmen, daß die Gründung desselben gleich einer Art Wiedergeburt, eine gewisse Feierlichkeit der Angelobung, die er sich selbst tut, sie und den Zeitpunkt, da diese Umwandlung in ihm vorging, gleich einer neuen Epoche ihm unvergeßlich mache.«

(S. 202, Z. 19ff.) Kant, Kritik der praktischen Vernunft, S. 193 f., Kehrbach.

(S. 203, Z. 16 v. u. ff.) Vgl. Kant, Grundlegung zur Metaphysik der Sitten, dritter Abschnitt, wo die so einfachen und doch so tiefen Worte stehen (S. 75, ed. Kirchmann): »Die Naturnotwendigkeit war eine Heteronomie der wirkenden Ursachen; denn jede Wirkung war nur nach dem Gesetze möglich, daß etwas anderes die wirkende Ursache zur Kausalität bestimmte; was kann denn wohl die Freiheit des Willens sonst sein als Autonomie, d. i. die Eigenschaft des Willens, sich selbst ein Gesetz zu sein? Der Satz aber: der Wille ist in allen Handlungen sich selbst ein Gesetz, bezeichnet nur das Prinzip, nach keiner anderen Maxime zu handeln, als die sich selbst auch als ein allgemeines Gesetz zum Gegenstande haben kann. Dies ist aber gerade die Formel des kategorischen Imperativs und das Prinzip der Sittlichkeit; also ist ein freier Wille und ein Wille unter sittlichen Gesetzen einerlei.«

Zu Teil II, Kapitel 8

(S. 205, Z. 3 ff.) Die Stelle aus der »Großen Wald-Upanishad«
(1, 4, 1) nach Paul Deussens Übersetzung (Sechzig Upanishads
des Veda, Leipzig 1897, S. 392 f.).

(S. 207, Z. 18 ff.) Die folgenden Zitate aus Jean Pauls Werken,
Hempelsche Ausgabe, XLVIII. Teil, S. 328. – Novalis Schriften,
von Schlegel und Tieck, II. Teil, Wien 1820, S. 143 f. – Schellings
Werke, 1/1, S. 318 f.

(S. 211, Z. 3.) Friedrich Nietzsche, Götzen-Dämmerung oder
wie man mit dem Hammer philosophiert (Werke, Erste Abteilung, Bd. VIII, S. 165.)

(S. 212, Z. 18 v. u. ff.) Durch diese Bemerkung hoffe ich zur
Verdeutlichung dessen beizutragen, was Wilhelm Dilthey, ohne
recht verstanden worden zu sein, als den Grundunterschied
zwischen psychischem und physischem Geschehen aufgedeckt
hat (z. B. Beiträge zum Studium der Individualität, Berliner Sitzungsberichte, 1896, S. 296): »Darin, daß der Zusammenhang
im Seelenleben primär gegeben ist, besteht der Grundunterschied der psychologischen Erkenntnis vom Naturerkennen,
und da liegt also auch die erste und fundamentale Eigentümlichkeit der Geisteswissenschaften. Da im Gebiete der äußeren
Erscheinungen nur Neben- und Nacheinander in die Erfahrung
fällt, könnte der Gedanke von Zusammenhang nicht entstehen,
wäre er nicht in der eigenen zusammenhängenden Einheitlichkeit gegeben.«

(S. 215, Z. 16.) Der bewußte Zusammenhang mit dem All, die
Bewußtheit des Mikrokosmus, die den genialen Menschen konstituiert, reicht vielleicht auch zur Erklärung der Tatsache aus, daß
wenn nicht alle, so doch gewiß die meisten Genies telepathische
Erlebnisse und Visionen kennen und erfahren. Die geniale Individualität hat etwas vom Hellseher. Im Text wollte ich diese Dinge

hier nicht berühren, weil heute, wer die Telepathie für möglich hält, einem Obskuranten gleich geachtet wird. Auch die Offenbarungen Sterbender reihen sich diesem Zusammenhange wohl ein: der Sterbende gewinnt eine tiefere Vereinigung mit dem All, als es dem Lebenden möglich war, und kann deshalb den Fernstehenden in der Todesstunde erscheinen, auf ihr Denken und Träumen einen Einfluß gewinnen.

(S. 215, Z. 17 ff.) Der Gedanke des Mikrokosmus liegt natürlich auch der Schöpfungsgeschichte der Genesis zugrunde, als welche den Menschen das Ebenbild Gottes sein läßt.

Naturgemäß findet sich dieselbe Konzeption auch bei den Indern. Brihadâranyaka-Upanishad 4, 4, 5 (Deussen, Sechzig Upanishads des Veda, Leipzig 1897, S. 476): »Wahrlich, dieses Selbst ist das Brahman, bestehend aus Erkenntnis, aus Leben, aus Auge, aus Ohr, bestehend aus Erde, aus Wasser, aus Wind, aus Äther; bestehend aus Feuer und nicht aus Feuer, aus Lust und nicht aus Lust, aus Zorn und nicht aus Zorn, aus Gerechtigkeit und nicht aus Gerechtigkeit, bestehend aus allem.« Chândogya-Upanishad 3, 14, 2 f. (a. a. O. S. 109): »Geist ist sein [des Menschen] Stoff, Leben sein Leib, Licht seine Gestalt; sein Ratschluß ist Wahrheit, sein Selbst die Unendlichkeit. Allwirkend ist er, allwünschend, allriechend, allschmeckend, das All umfassend, schweigend, unbekümmert; –dieser ist meine Seele im inneren Herzen, kleiner als ein Reiskorn oder Gerstenkorn oder Senfkorn oder Hirsekorn oder eines Hirsekornes Kern; –dieser ist meine Seele im inneren Herzen, größer als die Erde, größer als der Luftraum, größer als der Himmel, größer als diese Welten.

Der Allwirkende, Allwünschende, Allriechende, Allschmeckende, das All Umfassende, Schweigende, Unbekümmerte, dieser ist meine Seele im inneren Herzen, dieser ist das Brahman, zu ihm werde ich, von hier abscheidend, eingehen. – Wem dieses ward, fürwahr, der zweifelt nicht!«

Plato lehrt zuerst im Menon (81c): »ἄτε οὖν ἡ ψυχὴ ἀθάνατός τε οὖσα καὶ πολλάκις γεγονυῖα καὶ ἑωρακυῖα καὶ τὰ ἐνθάδε καὶ πάντα χρήματα, οὐκ ἔστιν ὅ τι οὐ μεμάθηκεν ... ἄτε γὰρ τῆς φύσεως ἀπάσης συγγενοῦς οὔσης καὶ μεμαθηκυίας τῆς ψυχῆς ἅπανα οὐθέν κωλύει ... κάντα ... ἀνευρεῖν.« Anklänge finden sich auch im Philebos (29 a ff.), z. B.: »Τρέφεται καὶ γίγνεται καὶ ἄρχεται τὸ τοῦ πντὸς πῦρ ὑπὸ τοῦ παρ' ἡμῖν πυρός, ἢ τοὐαντίον ὑπ' ἐκείνου τό τ' ἐμὸν καὶ τὸ σὸν καὶ τὸ τῶν ἄλλων ζῴων ἅπαντ ἴσχει ταῦτα.« Deutlicher Aristoteles, De anima, III, 8, 431 b, 21: »ἡ ψυχὴ τά ὄντα πώς ἐστι πάντα« Vgl. Ludwig Stein, Die Psychologie der Stoa, Bd. I: Metaphysisch-anthropologischer Teil (Berliner Studien für klassische Philologie und Archäologie, Bd. III, 1. Heft, Berlin 1886), S. 206: »Bei Aristoteles hat man es bereits mit einem deutlichen Hinweis auf den Mikrokosmus zu tun. Ja man wird nicht fehlgehen, wenn man selbst diesen Terminus auf den Stagiriten zurückführt (Aristot. Physika, VIII, 2, 252 b, 24: »εἰ δ'ἐν ζῴψ τοῦτο δυνατὸν γενέσθαι, τι κωλύει τὸ αὐτὸ συμβῆνα καί κατὰ τὸ πᾶν; εἰ γὰρ ἐν μικρῳ κόσμῳ γψνεται, καὶ ἐν μεγάλψ ...), wenn auch der Begriff älter sein mag.« S. 214: »In der Stoa tritt uns zum ersten Male ein klar ausgesprochener, scharf gezeichneter und kühn ausgebauter Mikrokosmos entgegen.« Weiteres über die Geschichte des Mikrokosmusgedankens (z. B. bei Philo) bei Stein a. a. O. Auch bei Augustinus findet er sich nach Überweg-Heinze, Grundriß der Geschichte der Philosophie, II8, 128. Pico de Mirandolas Anschauung ist von mir ausführlich wiedergegeben S. 230 f. Vgl. auch Rudolf Eisler, Wörterbuch der philosophischen Begriffe und Ausdrücke, Berlin 1901, sub verbo, und Rudolf Eucken, Die Grundbegriffe der Gegenwart, historisch und kritisch entwickelt. 2. Aufl., Leipzig 1893, S. 188 f.

(S. 216, Z. 18 v. u. ff.) Empedokles bei Aristoteles Metaphysik, 1000 b, 6. – Plotinus Enneades I, 6, 9. – Übrigens steht auch bei Plato Rep. 508b: »ἀλλ' [ὄμμα] ἡλιοειδέστατόν γε, οἶμαι, τῶν περὶ τὰς αἰσθήσεως ὀργάνων.«

(S. 216, Z. 13.) In Kantens Ethik wird wohl nichts so wenig verstanden wie die Forderung, nach einer allgemeinsten Maxime zu handeln. Man glaubt noch immer, hierin etwas Soziales erblicken zu müssen, die Büchnersche Ethik (»Was Du nicht willst, daß man Dir tu« usw.), eine Anleitung für ein Strafgesetzbuch. Die Allgemeinheit des kategorischen Imperativs drückt nur die Metaphysik transzendental aus, welche nach Cicero (De natura deorum, II, 14, 37) der große Stoiker Chrysippos gelehrt hat: »... Cetera omnia aliorum caussa esse generata, ut eos fruges atque fruetus quos terra gignat, animantium caussa, animantes autem hominum, ut equum vehendi caussa, arandi bovem, venandi et custodiendi canem. Ipse autem homo ortus est ad mundum contemplandum et imitandum ...«

(S. 217, Z. 17 v. u.) Vielleicht sind die drei Probleme, an denen am schnellsten offenbar wird, wie weit die Tiefe eines Menschen reicht, das Problem der Religion, das Problem der Kunst und das Problem der Freiheit – alle drei im Grunde doch das eine Problem des Seins. Die Form aber, in welcher dieses eine Problem von den wenigsten verstanden wird, ist das Problem der Freiheit. Den niedrigsten Menschen ist der »Indeterminismus«, den mittelmäßigen der »Determinismus« selbstverständlich; daß hier der Dualismus am intensivsten sich offenbart, wie selten wird das begriffen!

Die tiefsten Denker der Menschheit haben sicherlich alle indeterministisch gedacht. Goethe, Dichtung und Wahrheit, IV. Teil, 16. Buch (Bd. XXIV, S. 177, ed. Hesse): »Wo sich in den Thieren etwas Vernunftähnliches hervorthut, so können wir uns von unserer Verwunderung nicht erholen, denn ob sie uns gleich so nahestehen, so scheinen sie doch durch eine unendliche Kluft von uns getrennt und in das Reich der Nothwendigkeit verwiesen.« Durch dieselbe Kluft aber scheidet sich Goethe von der »modernen Weltanschauung« und der »Entwicklungslehre«.

So auch Dante, Paradiso, Canto V, Vers 19-24:

»Lo maggior don, che Dio per sua larghezza
Fesse creando, ed alla sua bontate
Più conformato, e quel ch'ei più apprezza
Fu della volontà la libertate,
Di che le creature intelligenti
E tutte e sole fûro e son dotate.«

So läßt schon Platon, die Schelling-Schopenhauersche Freiheitslehre antizipierend (wie es überhaupt keinen philosophischen Gedanken gibt, der sich bei ihm nicht fände), in seinem »Staat« (X, 617, D E) die Parze Lachesis sagen: »Ψυχαὶ ἐφήμεροι ... οὐχ ὑμᾶς δαίμων λήξεται, ἀλλ' ὑμεῖς δαίμονα αἱρήσεσθε ... αἰτία ἑλομένου θεὸς ἀναίτιος.« Und so alle Größten, Kant, Augustinus, Richard Wagner (»Siegfried«, III. Akt: Wotan und Erda).

(S. 219, Z. 5 v. u.) Carlyle: On Heroes etc., an mehreren Orten, besonders S. 116 (ed. Chapman and Hall, London). Ganze und lautere Wahrheit ist, was er sagt: » The merit of originality is not novelty; it is sincerity.«

(S. 224, Z. 6 v. u. f.) Pensées de Blaise Pascal, Paris 1841, S. 184 (Partie I, Article X, 1).

(S. 227, Z. 16 v. u.) Ich vermöchte für das, was ich über das eigenartige Verhalten begabterer Menschen in Gesellschaft anderer bemerkt habe, kein besseres Zeugnis anzuführen als das hochinteressante Bekenntnis des auf dem Kontinent verhältnismäßig wenig gewürdigten englischen Dichters John Keats. Obwohl es mit besonderer Rücksicht auf den Dichter ausgesprochen ist, gilt es mit einigen leicht wahrzunehmenden Modifikationen vom Künstler, ja vom Genius überhaupt. Keats schreibt an seinen Freund Richard Woodhouse am 27. Oktober 1818 (The poetical works and other writings of John Keats, edited by Harry Buxton Forman, Vol. III, London 1883, p. 233 f.):

»As to the poetical character itself (I mean that sort, of which, if I am anything, I am a member; that sort distinguished from the Wordsworthian or egotistical sublime, which is a thing per se, and Stands alone), it is not itself – it has no self – it is everything and nothing – it has no character – it enjoys light and shade – it lives in gusto, be it foul or fair, high or low, rich or poor, mean or elevated – it has as much delight in conceiving a Jago or an Imogen. What shocks the virtuous philosopher delighfs the cameleon poet. It does no harm fiom its relish of the dark side of things, any more than from its taste for the bright one, because they both end in speculation. A poet is the most unpoetical of anything in existence, because he has no identity: he is continually in for, and filling, some other body. The sun, the moon, the sea and men and women, who are creatures of impulse, are poetical and have about them an unchangeable attribute; the poet has none. He is certainly the most unpoetical of all God's creatures. If then, he has no self,[119] and if I am a poet, where is the wonder that I should say I would write no more? Might I not that very instant have been cogitating on the character of Saturn and Ops? It is a wretched thing to confess, but it is a very fact, that not one word I ever utter can be taken for granted as an opinion growing out of my identical nature. How can it, when I have no nature? When I am in a room with people, if I ever am free from speculating on creations of my brain, then not myself goes home to myself, but the identity of everyone in the room begins to press upon me, so that I am in a very little time annihilated – not only among men; it would be the same in a nursery of children ...«

(S. 228, Z. 10 v. u. f.) Mach, Die Analyse der Empfindungen usw., 3. Aufl. 1902, S. 19.

(S. 228, Z. 9 v. u.) Gesammelte Schriften und Dichtungen von Richard Wagner, Leipzig 1898, Bd. VI, S. 249.

---

119 Man würde sich einer sehr zweischneidigen Waffe bedienen, wenn man diese Worte so auffassen wollte, als hätte Keats wie Hume erklärt, keine Seele zu besitzen, da in Wirklichkeit vielmehr die Existenz der Seele hierin ausgesprochen ist.

(S. 228, Z. 6 v. u. ff.) So sagt J. B. Meyer, Genie und Talent, Eine psychologische Betrachtung, Zeitschrift für Völkerpsychologie und Sprachwissenschaft, XI, 1880, S. 289: »Cesare Borgia, Ludwig XI. von Frankreich, Richard III. waren geniale Bösewichter, und in der Reihe der Schwindler findet sich manches Genie« – und gibt damit durchaus der populären Meinung Ausdruck.

(S. 230, Z. 11.) Sophokles Aias Vers 553.

(S. 230, Z. 17 ff.) Joannis Pici Mirandulae Concordiaeque Comitis ... Opera quae extant omnia Basileae, Per Sebastianum Henricepetri, 1601, Vol. I, p. 207-219: »De hominis dignitate oratio.« Die zitierte Stelle p. 208. – Mirandola Giovanni Pico, Graf von Mirandola (einem Städtchen der südlichen Po-Ebene, welches zwischen Guastalla und Ferrara, nordöstlich von Modena liegt, und sonst noch von Schillers »Don Carlos« her bekannt ist) lebte nur von 1463-1494. – »Supremi spiritus« sind die Engel und die Teufel, die (»paulo mox«) gefallenen Engel. – Als denjenigen Menschen, der mit dem Lose keines Einzelgeschöpfes sich begnügt, hat man eben den Genius anzusehen; wenn das Genie das Göttliche im Menschen ist, so wird der Mensch, der ganz Genius wird, Gott.
Zu Teil II, Kapitel 9

(S. 233, Z. 7 f.) Theodor Waitz, Anthropologie der Naturvölker, Erster Teil. Leipzig 1859, S. 380: »Haben ältere christliche Autoritäten an der Ehe nur die sinnliche Seite gesehen und ernstlich bezweifelt, ob auch die Weiber eine Seele besitzen, so können wir uns nicht darüber wundern, daß ihnen von Chinesen, Indern, Muhammedanern eine solche geradezu abgesprochen wird. Wird der Chinese nach seinen Kindern gefragt, so zählt er nur die Knaben als solche; hat er nur Mädchen, so sagt er, er habe keine Kinder (Duhaut-Cilly, Voyage autour du monde, 1834, II, 369).«

(S. 233, Z. 16.) Aristoteles: De gener. animalium, I, 2, 716 a 4: τῆς γενέσεως ἀρχὰς ἄν τις ουγ ἥκιστα θεψη τὸ τῆλυ καὶ τὸ ἄρρεν. τὸ μέν ἄρρεν ὡς τῆς κινήσεως καὶ τῆς γενέσεως ἔχον τῆυ ἀρχϑν τὸ ὄέ ϑῆλυ ὡς ὕλης. I, 20, 729 a 9: τὸ μέν ἄρρεν παρέχεσται τὸ τε εἶδος καὶ τὴν ἀρχϑν τῆς κινήσεως καὶ τῆς τὸ ὄέ ϑῆλυ τὸ σῶμα καὶ τὴν ὕλην. II, 1, 732 a 3: βέλτιον γὰρ καὶ ϑειότερον ἡ ἀρχὴ τῆς κινήσεως, ἢ ἄρρεν ὑπάρχει τοῖς γινομένοις. ὕλη ὄέ τὸ ϑϑλυ. II, 4, 738 b 25: ἀεὶ ὄέ πάρέχει τὸ μέν ϑῆλυ τῆν ὕλην, τὸ ὄέ ἄρρεν τὸ ὄημιουργοῦν ἔστι τὸ μέν σῶμα ἐκ τοῦ ϑῆλεος, ἡ ὄέ ψυχὴ ἐκ τοῦ ἄρρενος. Vgl. noch I, 21, 729 b 1 und 730 a 25. II, 3, 737 a 29. 740 b 12-25. Metaphysik, V, 28, 1024 a 34. IX, 1057 a 31 f. I, 6, 988 a 2 f. erläutert er nach demselben Prinzipe, warum der Mann mehr Kinder zeugen könne als die Frau: οἱ μέν γὰρ ἐκ ὕλης πολλὰ ποιοῦσιν, τὸ ὄ' εἴδος ἄπαξγεννᾷ μόνον, ψαίνεται ὄ' ἐκ μιᾶς ὕλης μία τράπζα, ὁ δέ τὸ εἴδος ἐπιψέρων εἰς ὧνπολλὰ ποτεῖ. ὁμοίως δ' ἔχει καὶ τὸ ἄρρεν πρὸς τὸ ϑῆλυ τὸ μέν γὰρ ὑπὸ μίαςπληροῦται ὑχεψας, τὸ ὄ' ἄρρεν πολλὰ πλεροῖ καίτοι ταῦτα μιμϑματα τῶν ἀρχῶνέκείνων ἐστὶν.

Vergleiche über diese Lehre des Aristoteles: J. B. Meyer, Aristoteles' Tierkunde, Berlin 1855, S. 454 f.; Hermann Siebeck, Aristoteles, Stuttgart 1899 (Frommanns Klassiker der Philosophie, Bd. VIII), S. 69; Eduard Zeller, Die Philosophie der Griechen in ihrer geschichtlichen Entwicklung, II/2, Leipzig 1879, 3. Aufl., S. 325 und 525 f.; Überweg-Heinze, Grundriß der Geschichte der Philosophie, I9, Berlin 1903, S. 259; J. J. Bachofen, Das Mutterrecht, Eine Untersuchung der Gynaikokratie der Alten Welt, Stuttgart 1861, S. 164-168. – Speziell über die aristotelische Zeugungstheorie, ihr Verhältnis zu den früheren und den modernen Ansichten handelt Wilhelm His, Die Theorien der geschlechtlichen Zeugung, Archiv für Anthropologie, Bd. IV, 1870, S. 202-208.

(S. 233, Z. 4 v. u. f.) Jean Wier, Opera omnia, Amstelodami 1660, Liber IV, Caput 24. Aus der späteren Literatur wüßte ich nur noch Oken zu nennen (Lehrbuch der Naturphilosophie, 3. Aufl., Zürich 1843, S. 387, Nr. 2958): »In der Paarung sind die männlichen Theile das Sinnesorgan, das weibliche nur der empfangende Mund. Eigentlich sind beide Sinnesorgane, aber jene das handelnde, diese das leidende.« (Ibid Nr. 2962:) »Wenn auch männlicher Same wirklich zur Frucht miterstarrt, so ist es doch nicht seine Masse, die in der Frucht zur Betrachtung kommt, sondern nur seine polarisierende Kraft.«

Die Absicht der Auseinandersetzungen des Textes geht nicht auf eine naturphilosophische Theorie der Zeugung, wie die von Aristoteles und Oken. Aber die Spekulation dieser Männer ging gedanklich ohne Zweifel von den geistigen Unterschieden der Geschlechter aus, und dehnte diese auch auf das Verhältnis der beiden Keime in der Befruchtung aus; deshalb darf ich sie hier wohl anführen.

(S. 234, Z. 9 f.) Vgl. Ausgewählte Werke von Friedrich Baron de la Motte-Fouqué, Ausgabe letzter Hand, Bd. XII, Halle 1841, S. 136 ff.

(S. 236, Z. 11 f.) Kantianer, die von dem Philosophen nur den Buchstaben fassen, werden das sicherlich in Abrede stellen; und es würde ihnen die Kantische Terminologie hiezu eine gewisse Handhabe bieten, nach welcher das transzendentale Subjekt das Subjekt des Verstandes, und der intelligible Charakter das Subjekt der Vernunft, die letztere aber, als das praktische Vermögen im Menschen, dem ersteren, als einem bloß theoretischen, übergeordnet ist. Doch kann ich mich auf Stellen berufen, wie in der Vorrede zur »Grundlegung zur Metaphysik der Sitten« (S. 8, ed. Kirchmann): »Teils erfordere ich zur Kritik einer reinen praktischen Vernunft, daß, wenn sie vollendet sein soll, ihre Einheit mit der spekulativen in einem gemeinschaftlichen Prinzip zugleich müsse dargestellt werden können, weil es doch am Ende nur eine und dieselbe Vernunft sein kann, die bloß in der Anwendung unterschieden sein muß.« Ähnlich in der »Kritik der praktischen Vernunft«, S. 110, 118, 145 (ed. Kehrbach). Übrigens war es eben diese »Einheit des ganzen reinen Vernunftvermögens (des theoretischen sowohl als praktischen)«, welche Kantens geplantes und nicht zustande gekommenes Hauptwerk »Der Transzendentalphilosophie höchster Standpunkt im System der Ideen: Gott, die Welt und der Mensch, oder

System der reinen Philosophie in ihrem Zusammenhange« (vgl. Hans Vaihinger, Archiv für Geschichte der Philosophie, IV, S. 734 f.) darzustellen bestimmt war.

An diesem Orte möchte ich noch folgendes bemerken:

In der großen Literatur, welche sich mit dem Verhältnisse Goethes zu Kant beschäftigt, finde ich merkwürdigerweise die allerkantischeste Stelle im ganzen Goethe nicht erwähnt. Sie ist allerdings geschrieben, bevor Goethe noch irgend etwas von Kant gelesen hat, und ist auch weniger für sein Verhältnis zu dem konkreten Menschen Kant und dessen Büchern, als für Goethes Beziehung zur Kantischen Gedankenwelt charakteristisch. Sie findet sich in den noch in Frankfurt abgefaßten »Physiognomischen Fragmenten« (Erster Versuch, Drittes Fragment: Bd. XIV, S. 242 der Hesseschen Ausgabe) und lautet: »Die gütige Vorsehung hat jedem einen gewissen Trieb gegeben, so oder anders zu handeln, der denn auch einem jeden durch die Welt hilft. Eben dieser innere Trieb kombiniert auch mehr oder weniger die Erfahrungen, die der Mensch macht, ohne daß er sich dessen selbst bewußt ist.« Hierin ist deutlich die Identität des intelligiblen Wesens ausgesprochen, von dem einerseits die synthetische Einheit der Apperzeption ausgeht, und das anderseits das frei wollende Noumenon ist.

(S. 238, Z. 2 v. u.) Eine der einfachsten und klarsten Auseinandersetzungen über diesen Sachverhalt rührt von Franz Staudinger her, Identität und Apriori, Vierteljahrsschrift für wissenschaftliche Philosophie, XIII, 1889, S. 66 f.: »... nicht bloß die heutige Wahrnehmung von der Sonne ist eine andere als die gestrige, die heutige Sonne selbst ist nicht mehr die, welche gestern leuchtete. Dennoch aber sage ich: die gestrige Sonne ist mit der heutigen eins. Das heißt aber nichts anderes, als daß ich einen fortlaufenden Zusammenhang des Gegenstandes selbst, auf den meine zeitlich durchaus getrennten Vorstellungen gehen, voraussetzen muß. Es ist eine objektive Existenz des Gegenstandes selber gedacht, die ganz unabhängig von der Zerstücktheit unseres Wahrnehmens bestehen soll. Diese Feststellung der Dauer des Gegenstandes selbst ist das wesentliche Moment, welches unsere Substanzvorstellung konstituiert. Das Rätsel, welches hierin liegt, daß wir von ganz getrennten Vorstellungen, die doch jedesmal, streng genommen, nur gegenwärtige Gegenstände bezeichnen, zu der Vorstellung des Zusammenhanges eines einzigen dauernden Gegenstandes übergehen wird, obwohl es von Kant klar erkannt worden ist, noch allzuwenig der Aufmerksamkeit gewürdigt. Ob es Kant gelöst hat, und wie es zu lösen sein mag, ist freilich eine Frage, welche den Ursprungsort der Erkenntniselemente betrifft ... Wir müssen uns hier mit der Tatsache begnügen, daß wir gezwungen sind, solche Vorstellungen, die wir Wahrnehmungen nennen, auf einheitliche, mindestens von der ersten Wahrnehmung bis zur jetzigen dauernde Gegenstände zu beziehen.«

Auch diese Schwierigkeit scheint vor der im Texte dargelegten Auffassung zu verschwinden oder wenigstens ihre Identität mit einer anderen, allerdings nicht minder großen, zu erweisen. A = A, das Prinzip der Begrifflichkeit und Gegenständlichkeit, ist psychologisch eine Negation der Zeit (wenn auch im rein logischen Sinne des Satzes diese Beziehung auf die Zeit nicht liegt) und vermittelt insofern die Kontinuität des Objektes. Soweit aber in ihm das Sein des Subjektes zum Ausdrucke kommt, setzt er die gleiche Kontinuität für das innere Leben, trotz der Vereinzelung der psychischen Erlebnisse, trotz der Bewußtseinsenge. Es ist also nur ein Rätsel, die Frage nach der Kontinuität des Objektes dieselbe wie nach der Kontinuität des Subjektes.

(S. 239, Z. 17 v. u.) Kant, Kritik der reinen Vernunft, 1. Aufl., Von der Synthesis der Rekognition im Begriffe (S. 119, Kehrbach).

(S. 240, Z. 19 v. u.) Vgl. besonders Huxley, Hume (English Men or Letters, edited by John Morley, No. 5, London 1881), p. 94 f.:

»When several complex impressions which are more or less different from one another – let us say that out of ten impressions in each, six are the same in all, and four are different from all the rest – are successively presented to the mind, it is easy to see what must be the nature of the result. The repetition of the six similar impressions will strengthen the six corresponding Clements of the complex idea, which will therefore acquire greater vividness: while the four differing impressions of each will not only acquire no greater strength than they had at first, but, in accordance with the law of association, they will all tend to appear at once, and will thus neutralise one another.

This mental Operation may be rendered comprehensible by considering what takes place in the formation of Compound photographs – when the images of the faces of six sitters, for example, are each received on the same Photographie plate, for a sixth of the time requisite to take one portrait. The final result is that ah those points in which the six faces agree are brought out strongly, while all those in which they differ are left vague; and thus what may be termed a generic portrait of the six, in contradistinetion to a specific portrait of any one, is produced.« – Eine ähnliche Anschauung von der Entstehung des Begriffes durch Übereinanderlagerung, wobei Verstärkung des Gleichartigen, Auslöschen des Ungleichartigen stattfindet, kennt auch schon Herbart (Psychologie als Wissenschaft, II, § 122), der freilich den Unterschied zwischen logischem und psychologischem Begriff ausgezeichnet verstanden und klargelegt hat (a. a. O. § 119). – Avenarius: Kritik der reinen Erfahrung, Bd. II, Leipzig 1890, S. 298 ff. – Mach, Die ökonomische Natur der physikalischen Forschung, Populär-wissenschaftliche Vorlesungen, Leipzig 1896, S. 217 ff. Tiefer gräbt Mach in den »Prinzipien der Wärmelehre, historisch-kritisch entwickelt«, 2. Aufl., Leipzig 1900, S. 415 f., 419 f.

(S. 242, Z. 3.) Das Urteil existiert; als Voraussetzung dessen, daß es existiert, immaniert ihm die Annahme eines Zusammenhanges zwischen dem Menschen und dem All, erkenntniskritisch ausgedrückt, einer Beziehung des Denkens zum Sein. Diesen Zusammenhang, diese Beziehung zu ergründen ist das

Hauptproblem aller theoretischen Philosophie, wie es das Hauptproblem aller praktischen Philosophie ist, das Verhältnis des Sollens zum Sein festzustellen. Das Sein soll durch das Denken geschaut, durch das Handeln verwirklicht werden; und so fallen an ihrem Ende die Forderung der Erkenntnis und die Forderung der Sittlichkeit wieder zusammen: der Dualismus von Empfindung und Denken, von sinnlichem Widerstand und Sittengesetz hat am Ende zu verschwinden. – Insofern also das Urteil ist, ist der Mensch der Mikrokosmus.

(S. 242, Z. 4 v. u.) Der Ausdruck » innere Urteilsform« bei Wilhelm Jerusalem, Die Urteilsfunktion, eine psychologische und erkenntniskritische Untersuchung, Wien und Leipzig 1895, S. 80.

(S. 243, Z. 15 v. u.) Dies hat bereits Lotze hervorgehoben (vgl. zu S. 154, Z. 5).

(S. 244, Z. 12 v. u.) Leibniz: Monadologie No. 31 (Opera philosophica, ed. Erdmann, p. 707): »Nos raisonnements sont fondés sur deux grands principes, celui de la contradiction, en vertu duquel nous jugeons faux ce qui en enveloppe, et vrai ce qui est opposé ou contradictoire au faux; [no 32] et celui de la raison-suffisante, en vertu duquel nous considérons, qu'aucun fait ne serait se trouver vrai ou existant, aucune énontiation véritable, sans qu'il y ait une raison suffisante, pourquoi il en soit ainsi et non pas autrement, quoique ces raisons le plus souvent ne puissent point nous êtres connues.«

(S. 246, Z. 8.) Über die geringere Kriminalität der Frauen vergleiche z. B. den Artikel des Dr. G. Morache, Die Verantwortlichkeit des Weibes vor Gericht in der »Wage« vom 14. März 1903, S. 372-376. Es heißt dort: »Die Zahl der Frauen übersteigt die der Männer ganz erheblich; in Frankreich weniger als anderswo, aber auch hier ist der Unterschied ein merklicher; wäre nun die weibliche Kriminalität der des Mannes gleich, so müßten die Zahlen, die sie zum Ausdruck bringen, ebenfalls ziemlich gleich sein.

Greifen wir nun drei beliebige Zahlen heraus; wenn man will, 1889, 1890, 1891. Während dieser Zeit sind 2970 Männer wegen schwerer Verbrechen (Mord, Kindesmord, Verbrechen gegen die Sittlichkeit) vor Gericht gestellt worden, während man 745 Frauen in dem nämlichen Zeitraum derselben Verbrechen anklagte. Die Kriminalität des Weibes wird also durch eine Zahl ausgedrückt, die ein Viertel der männlichen beträgt, oder mit anderen Worten, es werden von vier Verbrechen drei von Männern begangen und eines von Frauen. Selbst wenn wir das Verbrechen des Kindesmordes beiseite lassen, für das eigentlich nur der Mann verantwortlich ist, denn er ist ja der Autor, so findet man, daß bei den wegen gemeiner Verbrechen Angeklagten nur 211 Frauen auf 2954 Männer, kommen; das Weib ist also 14mal weniger verbrecherisch als der Mann.

An Auslegungen dieser unleugbaren Tatsachen – denn sie zu bestreiten wäre unmöglich – fehlt es nicht. Man sagt, die Körperkonstitution des Weibes eigne sich nicht zur Gewalttat, die die Mehrzahl der verbrecherischen Handlungen aufzuweisen habe; sie sei für die Verbrechen mit bewaffneter Hand, für den Einbruch nicht geschaffen. Man behauptet, wenn sie das Verbrechen auch nicht materiell begeht, so suggeriere sie es doch und habe ihren Nutzen davon; moralisch sei sie der Urheber und um so schuldiger, weil sie im Dunkeln handelt und mit der Hand eines anderen schlägt. So kommt man auf das alte Wort zurück: Cherchez la femme ... Die italienische Schule hat recht wohl erkannt, daß das Weib vom materiellen Standpunkt weniger verbrecherisch ist als der Mann, doch sie gibt für diese Tatsache eine interessante Erklärung; der Verbrecher stiehlt und mordet, um sich ohne Arbeit das Geld zu verschaffen, das Müßiggang und Vergnügen gewährt. Das Weib besitzt, um zu demselben Zweck zu gelangen, ein weit einfacheres Mittel. Sie treibt Handel mit ihrem Körper, sie verkauft sich. Addiert man die Zahl der Verbrecherinnen zu der der käuflichen Frauen, so kommt man zur Zahl der männlichen Kriminalität.

Die Theorie scheint befriedigend, ist aber paradox. Außerdem ist sie grundfalsch: denn wenn man auch die Zahl der unter Anklage gestellten Verbrecherinnen kennt, so kann man doch nicht einmal annähernd die Zahl der Frauen abschätzen, die unter irgend einer Maske und unter ganz verschiedenen Modalitäten aus ihren Reizen Nutzen ziehen.«

Soweit Morache. Abgesehen von der Oberflächlichkeit der Meinung, die das Verbrechen des Gewinnes halber geschehen läßt, wäre noch zu bemerken, daß es genug Frauen vom Prostituiertentypus gibt, die sich gar nicht des Geldes oder Schmuckes wegen prostituieren, sich jedem Kutscher, der ihre Begierde erregt, hingeben, nicht also um noch höheren Luxus treiben zu können, Frauen aus den höchsten und reichsten Kreisen. – Vergleiche ferner Ellis, Mann und Weib, S. 364 ff., und die dort zitierte reiche Literatur. Lombroso-Ferrero, Das Weib als Verbrecherin und Prostituierte, Hamburg 1894, zweiter Teil: Kriminologie des Weibes, S. 193 ff., und besonders Paul Näcke, Verbrechen und Wahnsinn beim Weibe, mit Ausblicken auf die Kriminal-Anthropologie überhaupt, Wien und Leipzig 1894, mit sehr vollständigem Literaturverzeichnis auf S. 240-255.

(S. 247, Z. 17 v. u.) Darum ist die Frau auch nicht häßlich, während der Verbrecher häßlich ist.

(S. 248, Z. 17.) Von diesem Gesichtspunkt aus behandeln die Krankenpflege des Weibes E. Leyden, Weibliche Krankenpflege und weibliche Heilkunst, Deutsche Rundschau, XIX, 1879, S. 126 bis 148, Franz König, Die Schwesternpflege der Kranken, Ein Stück moderner Kulturarbeit der Frau, a. a. O. LXXI, 1892, S. 141-146, Julius Duboc, Fünfzig Jahre Frauenfrage in Deutschland, Geschichte und Kritik, Leipzig 1896, S. 18 f. – Über den hysterischen Charakter mancher Krankenpflege (der nach Kapitel XII wohl begreiflich wird) vgl. Freuds Bemerkungen in Breuer und Freuds Studien über Hysterie, Leipzig und Wien 1895, S. 141.

(S. 252, Z. 3 f.) Mach, Die Analyse der Empfindungen, 3. Aufl., 1902, S. 14.

(S. 252, Z. 12.) Sie ist z. B. abgedruckt bei Karl Pearson, The Grammar of Science, London 1892, p. 78.

(S. 252, Z. 14.) Kant: in der »Grundlegung zur Metaphysik der Sitten«, S. 60, ed. Kirchmann.

(S. 253, Z. 15.) Das Wort »Eigenwert« stammt nicht von mir, sondern ist, wie ich glaube, zuerst gebraucht von August Döring, Philosophische Güterlehre, 1888, S. 56, 319 ff.

(S. 254, Z. 9 v. u. f.) Kant, Anthropologie, S. 234, ed. Kirchmann:

»Der Mann ist eifersüchtig, wenn er liebt; die Frau auch, ohne daß sie liebt; weil so viele Liebhaber, als von anderen Frauen gewonnen wurden, doch ihrem Kreise der Anbeter verloren sind.«

(S. 254, Z. 5 v. u.) Beweis: es gibt wohl Kameradschaft zu mehreren, Freundschaft aber nur zu zweien.

(S. 256, Z. 14.) Das Phänomen der Galanterie hoffe ich anderswo zu analysieren. Auch Kant spricht (Fragmente aus dem Nachlaß, ed. Kirchmann, Bd. VIII, S. 307) von der »Beleidigung der Weiber, in der Gewohnheit, ihnen zu schmeicheln«.

(S. 257, Z. 11.) Vgl. Auguste Comte, Cours de Philosophie positive, 2ième ed., par E. Littré, Vol. III, Paris 1864, p. 538 f. Er spricht vom »vain principe fondamental de l'observation intérieure« und der »profonde absurdité que présente la seule supposition, si évidemment contradictoire, de l'homme se regardant penser«. – Es stünde schlimm um die Ethik, wenn die Selbstbeobachtung nicht möglich wäre. Die Selbstbeobachtung ist ja Bedingung der Möglichkeit einer Ethik, und »Erkenne dich selbst« ist sittliches Gebot und folglich Möglichkeit: »Du kannst, denn du sollst.« Die Resultate der Selbstbeobachtung haben unmittelbare Evidenz, und den Charakter der stärksten Reellität, hier erlebe ich alle Kausalzusammenhänge, intellektuell nach dem Satze vom Grunde, emotional nach dem Gesetze der Motivation, und bin nicht auf Induktion, Experiment und Konstruktion verwiesen.

(S. 257, Z. 17.) Friedrich Jodl, Lehrbuch der Psychologie, 2. Aufl., Bd. IL Stuttgart und Berlin 1903, S. 103.

(S. 257, Z. 10 v. u.) Mill: in seinem Buche gegen Hamilton (nach Pierre Janet, L'Automatisme psychologique, 3ième éd., Paris 1899, p. 39 f., wo zum Ich-Problem manches in Deutschland weniger Bekannte angeführt wird). Mach: Die Analyse der Empfindungen, 3. Aufl., 1902, S. 3, 18 f. – Übrigens sagt bereits Hume (Treatise I, 4, 6, p. 454 der ersten Ausgabe, Vol. I, London 1739): »Memory is to be considered as the source of personal identity.«

(S. 258, Z. 12 v. u.) Heinrich Schurtz, Altersklassen und Männerbünde, Eine Darstellung der Grundformen der Gesellschaft, Berlin 1902.

(S. 258, Z. 8 v. u.) Pascal: Pensées I, 7, 1, »Misère de l'homme«.

(S. 259, Z. 2.) Über die Kleptomanie der Weiber vgl. Albert Moll, Das nervöse Weib, Berlin 1898, S. 167 f. Paul Dubuisson, Les voleuses des grands magasins, Archives d'Anthropologie criminelle, XVI, 1901, p. 1-20, 341-370.

(S. 259, Z. 16.) Eduard von Hartmann, Phänomenologie des sittlichen Bewußtseins, Prolegomena zu jeder künftigen Ethik, Berlin 1879, S. 522 f., macht die zutreffende Bemerkung:

»Fast alle Weiber sind geborne Defraudantinnen aus Passion. Wenige nur werden sich entschließen, zu viel erhaltene Ware oder zu viel herausbekommenes Geld zurückzuliefern; sie trösten sich damit, der Kaufmann habe ja doch genug an ihnen verdient, und es könne ihnen ja nicht bewiesen werden, daß sie sich ihrer Unterschlagung bewußt gewesen seien.«

(S. 259, Z. 14 v. u.) In einem einzigen Falle scheint das Umgekehrte vor sich gegangen zu sein. Der Mann der Isabella Parasole, einer berühmten Formenstecherin, soll den Namen seiner Frau angenommen haben. (Nach Ernst Guhl, Die Frauen in der Kunstgeschichte, Berlin 1858, S. 97.)

(S. 260, Z. 3.) Über die Buschmänner, Klemm, Allgemeine Kulturgeschichte der Menschheit, Leipzig 1844, Bd. I, S. 336.

(S. 261, Z. 18.) Hier darf ich Kant selbst für meine Anschauung von der Seelenlosigkeit des Weibes in Anspruch nehmen. Er sagt (Anthropologie, S. 234, ed. Kirchmann): » ›Was die Welt sagt, ist wahr, und was sie thut, gut‹ ist ein weiblicher Grundsatz, der sich schwer mit einem Charakter, in der engen Bedeutung des Wortes, vereinigen läßt.« Er fügt allerdings hinzu: »Es gab aber doch wackere Weiber, die, in Beziehung auf ihr Hauswesen, einen dieser ihrer Bestimmung angemessenen Charakter mit Ruhm behaupteten.« Keinesfalls wird jemand mit Ruhm behaupten, daß diese Einschränkung den »intelligiblen Charakter« des Weibes retten könne, der nach der Kantischen Hauptlehre Zweck an sich selbst ist. – Wenn übrigens ein Kantianer, der nur am Wortlaut des Meisters kleben würde, der ganzen Darlegung entgegenhielte, daß nach Kant der intelligible Charakter allen vernünftigen Wesen zukomme, so ist zu erwidern, daß das Weib eben keine Vernunft im Kantischen Sinne hat. Da das Weib nämlich keine Beziehung zu den Werten hat, so ist der Schluß auf das Fehlen des wertenden Gesetzgebers gerechtfertigt.

(S. 261, Z. 3 v. u.) Der abgrundtiefe Unterschied zwischen dem psychischen Leben des Mannes und der Frau wird noch immer, vielleicht selbst in diesem Buche, seiner Bedeutung und Tragweite nach unterschätzt. Nur selten finden sich hievon Ahnungen, wie bei Heinrich Spitta, Die Schlaf- und Traumzustände der menschlichen Seele mit besonderer Berücksichtigung ihres Verhältnisses zu den psychischen Alienationen, 2. Aufl., Tübingen 1882, S. 301: »Ein entscheidender, durchgreifender Einfluß auf das gesamte seelische Leben liegt zunächst in dem Geschlechtsunterschied begründet; dieser Teilungsstrich, den die Natur hiemit durch die ganze Menschenwelt gezogen hat, dokumentiert sich auf allen Gebieten des psychischen Lebens. Alles Fühlen, Wollen, Begehren, mit einem Worte die ganze Vorstellungsweise, alles Dienten und Trachten erhält durch den Unterschied der beiden Geschlechter einen eigenartigen Typus, welcher im Verlauf der einzelnen Lebensalter sich immer mehr ausprägt und damit gleichsam die Form bildet, unter welcher und in welcher ein jeder das Ganze seiner eigenen Geisteswelt in der ihm eigentümlichen Weise erfaßt. Der Unterschied im Seelenleben zwischen Mann und Weib ist ein ungeheurer, ein bis in die kleinsten Details hinein sich erstreckender ...« – Friedrich Nietzsche, Also sprach Zarathustra, III. Teil (Kapitel von den drei Bösen): »Und wer begriff es ganz, wie fremd sich Mann und Weib sind!«

(S. 262, Z. 11.) Friedrich Albert Lange, Geschichte des Materialismus und Kritik seiner Bedeutung in der Gegenwart, Buch II, 5. Aufl., Leipzig 1896, S. 381.

(S. 265, Z. 16 v. u. ff.) Vgl. hiemit Theodor Lipps, Suggestion und Hypnose, Sitzungsberichte der philosophisch-historischen Klasse der königlichen Akademie der Wissenschaften zu München, 1897/11, S. 520: »Psychologisch ist das Ganze jederzeit mehr und in gewissem Sinne jederzeit eher als der Teil.« Und besonders Wilhelm Diltheys mehrfach erwähnte charakterologische Abhandlungen.

(S. 266, Z. 19 v. u. ff.) Vgl. Kant, Kritik der reinen Vernunft, S. 289, ed. Kehrbach.

(S. 267, Z. 3.) Eine mit meiner Darstellung in gewissen Punkten sich berührende, sehr interessante Abhandlung ist die von Oskar Ewald, Die sogenannte empirische Psychologie und der Transzendentalismus Kants, Die Gnosis, Halbmonatschrift, Wien, 5. März 1903, S. 87-91. Ewalds Absicht läuft auf eine psychologische Kategorienlehre hinaus, als auf eine Tafel jener Verstandesbegriffe (»Wille, Kraft und psychische Aktivität«), die psychologische Erfahrung erst möglich machen sollen. Kant habe nur die eine Hälfte der Arbeit, den naturwissenschaftlichen Teil, geleistet, den anderen noch zu tun gelassen. Ich kann mich dieser Auffassung nicht anschließen, weil es nach ihr zweierlei Erfahrung, eine äußere und eine ihr beigeordnete innere, geben müßte, und weil der Zusammenhang des psychischen Lebens ein unmittelbar erlebter ist, und aus seiner Beobachtung Erfahrungssätze von höherer als komparativer Allgemeinheit geschöpft werden können (vgl. S. 212 f.). Aber mit diesen Einwendungen möchte ich das von Ewald angeregte Problem keineswegs erledigt haben. Es ist dieses Problem, weit genug verfolgt, vielleicht das tiefste philosophische Problem überhaupt, oder identisch mit diesem; denn das Verhältnis von Begriff und Anschauung, von Freiheit und Notwendigkeit spielt hier herein. Und schließlich hängt diese ganze Frage aufs innigste mit dem Postulate der Unabhängigkeit der Erkenntnistheorie von der Psychologie zusammen. Ich kann hierauf nicht näher eingehen, und möchte auf jenen bedeutungsvollen, bloß an etwas okkultem Orte publizierten Gedanken hier nur hingewiesen haben.

(S. 267, Z. 19 v. u.) E. Mach, Die Analyse der Empfindungen und das Verhältnis des Physischen zum Psychischen, 3. Aufl., Jena 1902, S. 60 f.

(S. 268, Z. 14 ff.) Die französischen Verse aus Edmond Rostand, Cyrano de Bergerac, Acte I, Scène IV (Paris 1898, p. 43).

(S. 268, Z. 15 v. u. ff.) Die hier bekämpften Anschauungen sind die von Mach, Die Mechanik, 4. Aufl., Leipzig 1901, S. 478 ff.

(S. 269, Z. 12.) Wilhelm Windelband, Geschichte und Naturwissenschaft, Rektoratsrede, Straßburg 1894.

(S. 269, Z. 16 v. u.) v. Schrenck-Notzing, Über Spaltung der Persönlichkeit (sogenanntes Doppel-Ich), Wien 1896, erwähnt auf S. 6 nach Proust einen Fall (den einzigen mir aus der Literatur bekanntgewordenen) eines männlichen Hysterikers mit »condition prime« und »condition seconde«. Es sind gewiß noch einige Fälle mehr beobachtet worden; aber jedenfalls verschwinden sie an Zahl vor der Menge der Frauen mit derartigem psychischen Zustandswechsel. Daß es Männer mit »mehrfachem Ich« gibt, beweist nichts gegen die Thesen des Textes; denn der Mann kann eben auch jene eine Möglichkeit von den unzähligen in ihm verwirklichen, er kann auch Weib werden (vgl. S. 234, 350, 388 f.).

(S. 269, Z. 1 v. u.) So sagt Heinrich Heine in einem sehr schlechten Gedichte (Letzte Gedichte, zum »Lazarus« 12):

Die Gestalt der wahren Sphinx
Weicht nicht ab von der des Weibes.
Faselei ist jener Zusatz
Des betatzten Löwenleibes.

Todesdunkel ist das Rätsel
Dieser wahren Sphinx. Es hatte
Kein so schweres zu erraten
Frau Jokastens Sohn und Gatte.
Zu Teil II, Kapitel 10

(S. 276, Z. 4-6.) Nur 34% der eigentlichen Prostituierten bringen Kinder zur Welt (nach C. Lombroso und C. Ferrero, Das Weib als Verbrecherin und Prostituierte, übersetzt von H. Kurella, Hamburg 1894, S. 450).

(S. 276, Z. 15 v. u. f.) Die hier abgewiesene Meinung ist vor allem eine bekannte Lehre sozialdemokratischer Theoretiker, insbesondere August Bebels (Die Frau in der Vergangenheit, Gegenwart und Zukunft, 9. Aufl., Stuttgart 1891, S. 140 ff.): »Die Prostitution eine notwendige soziale Institution der bürgerlichen Welt.« »So wird die Prostitution zu einer nothwendigen sozialen Institution für die bürgerliche Gesellschaft, ganz wie Polizei, stehendes Heer, Kirche, Unternehmerschaft usw.«

(S. 277, Z. 21 v. u. f.) Vgl. über diese der Prostitution gezollten Ehrungen Heinrich Schurtz, Altersklassen und Männerbünde, Eine Darstellung der Grundformen der Gesellschaft, Berlin 1902, S. 198 f. Auch Lombroso-Ferrero, Das Weib als Verbrecherin und Prostituierte, Hamburg 1894, S. 228 ff.; über die Phönizier S. 230.

(S. 278, Z. 10.) Der hier berichtigte Gedanke Schopenhauers ist ausgesprochen in der »Welt als Wille und Vorstellung«. Bd. II, S. 630, Grisebach.

(S. 278, Z. 18 v. u.) Johannes Müller, Handbuch der Physiologie des Menschen für Vorlesungen, II. Bd., 2. Abt., Koblenz 1838, S. 574 f.: »Beim Versehen ... soll etwas Positives gebildet werden, und die Form des Gebildes soll der Form in der Vorstellung entsprechen. Diese Wirkung ist schon deswegen unwahrscheinlich, weil sie sich von einem Organismus auf den anderen erstrecken soll; die Verbindung von Mutter und Kind ist aber nichts anderes als eine möglichst innige Juxtaposition zweier an und für sich ganz selbständiger Wesen, welche sich mit ihren Oberflächen anziehen und wovon das eine die Nahrung und Wärme abgibt, die sich das andere aneignet. [Dies eben, die Ansicht von der bloßen Juxtaposition, ist falsch. Vgl. im Texte 288 f.] Aber abgesehen davon läßt sich diese alte und höchst populäre Superstition vom Versehen durch viele andere Gründe entkräften. Ich habe Gelegenheit, die meisten Monstra zu sehen, welche in der preußischen Monarchie geboren wurden. Gleichwohl kann ich behaupten, daß mir trotz dieser großen Gelegenheit in der Regel nichts Neues in dieser Weise vorkommt, und daß sich hiebei nur gewisse Formen wiederholen, welche den großen Reihen der Hemmungsbildungen, Spaltbildungen, Defekte, Verschmelzungen seitlicher Teile mit Defekt der mittleren usw. angehören ... Bedenkt man ferner, daß sich jede Schwangere während der Zeit ihrer Schwangerschaft gewiß oft erschreckt, und daß sehr viele sich gewiß wenigstens einmal, wenn nicht mehrere Male versehen, ohne daß dies irgend eine Folge hat, so wird es, falls eine Monstrosität irgendwo geboren wird, gewiß nicht an Gelegenheit fehlen, diese auf eine dem populären Glauben entsprechende Weise zu erklären. Die vernünftige Lehre vom Versehen reduziert sich daher darauf, daß jeder heftige, leidenschaftliche Zustand der Mutter auf die organische Wechselwirkung zwischen Mutter und Kind einen ebenso plötzlichen Einfluß haben, und demzufolge auch eine Hemmung der Bildungen oder ein Stehenbleiben der Formationen auf gewissen Stufen der Metamorphose herbeiführen kann, ohne daß jedoch die Vorstellung der Mutter auf die Stelle, wo sich dergleichen Retentionen erzeugen, Einfluß haben könne, usw.«

Th. Bischoff, Artikel: »Entwicklungsgeschichte mit besonderer Berücksichtigung der Mißbildungen« in Rudolf Wagners Handwörterbuch der Physiologie, Bd. I, Braunschweig 1842, S. 885 bis 889. Zunächst S. 886: » Meckel hat mit Recht zuerst darauf aufmerksam gemacht, daß in der Frage nach dem Versehen, wie sie gewöhnlich aufgestellt wird, meistens zwei wesentlich verschiedene eingeschlossen sind, nämlich erstens die: können Affekte der Mutter auf die Entwicklung des neuen Organismus einen Einfluß haben? Und zweitens die: können Affekte der Mutter, die durch einen bestimmten Gegenstand veranlaßt werden, die Bildung des neuen Organismus dergestalt verändern, daß derselbe jenem Gegenstande gleich oder ähnlich wird? Wenn nun gleich die Erfahrung oft zeigt, daß sich der Fötus sehr selbständig, sowohl von den körperlichen als psychischen Zuständen der Mutter entwickeln kann, und demnach durchaus keine notwendige Beziehung zwischen beiden sich vorfindet, so haben doch anderseits Tausende von Fällen die Abhängigkeit der Entwicklung der Frucht von den körperlichen und psychischen Zuständen der Mutter so entschieden nachgewiesen, daß die erste Frage nur ganz unbedingt bejahend beantwortet werden kann ... Es ist in vielen Fällen wirklich wahr gewesen und ereignet sich noch, daß ein heftiger Schrecken oder Gemütsbewegung der Mutter eine Mißbildung veranlaßt hat, ohne daß indessen die Form derselben dem Gegenstande jenes Schreckens entspräche. Wir sehen aber, wie sich hieraus unter Beihilfe der Phantasie, die Ähnlichkeiten schafft, wo keine sind, viele Angaben erklären lassen. Allein auch noch für diese Ähnlichkeiten sind wir imstande, nähere Erklärungen und Aufschlüsse zu geben ...« »So ist es erklärlich, wie Furcht und Schrecken; deprimierende und schwächende Einflüsse Störungen und Hemmungen in der Ausbildung der Frucht hervorbringen können, welche zufällig und einzelne Male selbst eine gewisse: Ähnlichkeit mit den Objekten des Affektes haben können.« Er macht im weiteren achterlei Gründe namhaft, »welche man gegen die Erklärung der Entstehung gewisser Mißbildungen durch Affekte der Mutter, veranlaßt durch, diesen Mißbildungen ähnliche, Gegenstände, aufwerfen muß«, bekannte Argumente, die ich hier nicht alle wiederholen kann, und kommt zu dem Schlüsse: »Nehmen wir zu diesem allem noch hinzu, daß wir die meisten Mißbildungen aus den Entwicklungsgesetzen und anderen naturwissenschaftlich zu analysierenden Ursachen erklären können, so wird wohl jedermann zugestehen müssen, daß das Versehen zum wenigsten nur als eine sehr seltene und beschränkte Ursache der Mißbildungen angenommen werden kann.« S. 885: »Schon Hippokrates verteidigte eine Prinzessin, welche in den Verdacht des Ehebruches gekommen war, weil sie ein schwarzes Kind gebar, dadurch, daß zu den Füßen ihres Bettes das Bild eines Negers gehangen habe ... Später scheint es, daß vorzüglich der unglückliche und verderbliche Wahn, die Mißbildungen seien Wirkungen des göttlichen Zornes oder dämonischer und sodomitischer Abstammung, den Glauben an das Versehen vorzüglich bestärkt habe. Die unglücklichen Mütter solcher Mißbildungen waren natürlich gern bereit, den auf sie fallenden schrecklichen Verdacht und die ihm so oft folgenden grausamen Strafen dadurch von sich abzuwenden, daß sie die Annahme des Versehens so sehr als möglich unterstützten. So wurde sie denn die allgemein verbreitetste, und der Phantasie wurde es nicht schwer, für die Formen der Mißbildungen äußere Objekte als Ursachen aufzufinden.«

Charles Darwin: Das Variieren der Tiere und Pflanzen im Zustande der Domestikation, übersetzt von J. Viktor Carus, II. Bd., 2. Aufl., Stuttgart 1873, S. 301 (Kapitel 22).

Ablehnendes Verhalten der Züchtungstheoretiker: Hermann Settegast, Die Tierzucht, 4. Aufl., I. Bd.; Die Züchtungslehre, Breslau 1878. S. 100-102, 219-222. S. 219: »Der Glaube an die Möglichkeit des Versehens ist uralt. Schon die Bibel erzählt uns (1. Buch Mose, Kap. 30, Vers 37-39), daß der Erzvater Jakob es verstand, ein ›Versehen‹ der Mutterschafe künstlich hervorzurufen und auf diese Weise scheckige Lämmer zu erzeugen. Er tat nämlich Holzstäbe, die durch stellenweises Abschälen der Rinde ein scheckiges Aussehen gewonnen hatten, in Tränkrinnen. Es mag dahingestellt bleiben, ob Jakob der Meinung war, daß das Versehen an diesen bunten Holzstäben während des Bespringens der Mutterschafe, das an den Tränktrögen bewerkstelligt worden zu sein scheint, vor sich gehen werde, oder daß die schon tragenden Mutterschafe im Anblick der auffallenden Gegenstände, die ihnen beim Trinken vor die Augen gerückt wurden, und den bunten Stäben entsprechend scheckige Lämmer bringen müßten. Seinen gewinnsüchtigen Zweck hat aber Jakob erreicht und dadurch den Grund zu seiner Wohlhabenheit gelegt. Bis auf den heutigen Tag finden Schilderungen ähnlicher Art Gläubige.« In einer Anmerkung hiezu: »Äußert sich doch noch im Jahre 1874 Dr. J. in einer der gelesensten und geachtetsten Zeitungen Deutschlands unter anderem wie folgt: ›Es ist eine eigentümliche Erfahrung, welche der Züchter macht, daß durch die Imagination des Muttertieres, zumal wenn es tragend ist, sich die Farbe der es umgebenden Gegenstände und besonders die Farbe der Tiere von seiner nächsten Umgebung auf die Nachkommenschaft häufig überträgt. So ist es sehr oft

beobachtet worden, daß der wiederholte und reichliche Ver-
brauch von Kalkanstrich den Ställen und Verschlagen, worin
sich eine Rinderzuchtherde befindet, erheblich das Verhältnis
der weißen oder weißscheckigen Kälber vermehrt, die geboren werden.‹ Solche und ähnliche Erzählungen legen Zeugnis
von der Leichtfertigkeit ab, womit kritiklos und aus Sucht, dem
Leser Pikanterien zu bieten, unbegründete Behauptungen mit
dem Gewande sogenannter Erfahrungen umkleidet werden.«
»... Der Umstände und Tatsachen, welche gegen die Möglichkeit
des Versehens sprechen, gibt es so viele, daß es uns fast wie
ein Rest von Aberglauben vorkommen will, wenn man an dieser
haltlosen Theorie, durch die auffallende Formen erklärt werden
sollen, ferner festhält.«

Endlich sei als ein Gynäkologe angeführt Max Runge, Lehrbuch der Geburtshilfe, 6. Aufl., Berlin 1901, S. 82 f.: »Die Frage,
ob starke psychische Eindrücke, welche eine Schwangere treffen, Einfluß auf die Entstehung körperlicher Verbildungen oder
geistiger Defekte der Frucht haben können, spielt bei vielen
Laien eine große Rolle (Versehen der Schwangeren). Von der
neueren wissenschaftlichen Medizin ist bis auf die jüngste Zeit
die Frage abgelehnt worden, und insbesondere die Möglichkeit eines Kausalzusammenhanges zwischen psychischem Eindruck und einer vorliegenden Mißbildung des Kindes auf das
bestimmteste geleugnet worden. In neuester Zeit hat man die
genannte Frage aber doch einer Diskussion wert erachtet. Mag
die Frage also wissenschaftlich noch diskutabel sein, für die
Praxis gilt auch heute noch der Rat, bei Schwangeren und ihrer
Umgebung den Glauben an das sogenannte Versehen ernstlich
zu bekämpfen.«

Runge spielt hier an auf die Abhandlungen von J. Preuß, Vom
Versehen der Schwangeren, Berliner Klinik, Heft 51 (1892),
Ballantyne, Edinburgh Medical Journal, Vol. XXXVI, 1891, und
die Arbeit Gerhard, von Welsenburgs, Das Versehen der Frau-
en in Vergangenheit und Gegenwart und die Anschauungen der

Ärzte, Naturforscher und Philosophen darüber, Leipzig 1899. v. Welsenburgs ausführliche Zusammenstellung läßt am Schlüsse die Frage unentschieden.

Über das Versehen und die sicher übertriebene Sucht, alle Mißbildungen hierauf als einzige Ursache zurückzuführen, vgl. noch Ploß-Bartels, Das Weib in der Natur- und Völkerkunde, 7. Aufl., 1902, Bd. I, S. 809-811. Benjamin Bablot, Dissertation sur le pouvoir de l'imagination des femmes enceintes. E. v. Feuchtersleben, Die Frage über das Versehen der Schwangeren, zergliedert in den Verhandlungen der k. k. Gesellschaft der Ärzte zu Wien, 1842, S. 430 f., und andere, worüber bei von Welsenburg nachgelesen werden kann. Dieser führt auch zahlreiche Fürsprecher des Versehens an (als solche Budge, Schönlein, Carus, Bechstein, Prosper Lucas, G. H. Bergmann, A. von Solbrig, Theodor Roth, Karl Hennig [die zwei letzteren in Virchows Archiv, 1883, 1886], Bichat u. a.). Ich möchte nur noch zitieren, was ein so hervorragender, so klarer und nüchterner Naturforscher wie Karl Ernst von Baer zu dieser Frage bemerkt hat (bei dem ebenfalls zu den Anhängern des Versehens zählenden ausgezeichneten Karl Friedrich Burdach, in dessen Physiologie als Erfahrungswissenschaft, 2. Aufl., Bd. II, Leipzig 1837, S. 127):

»Eine schwangere Frau wurde durch eine in der Ferne sichtbare Flamme sehr erschreckt und beunruhigt, weil sie dieselbe in der Gegend ihrer Heimat erblickte. Der Erfolg lehrte, daß sie sich nicht geirrt hatte; da der Ort aber sieben Meilen entfernt war, so dauerte es lange, bis man sich hierüber Gewißheit verschaffte, und diese lange Ungewißheit mag besonders auf die Frau eingewirkt haben, so daß sie lange nachher versicherte, stets die Flamme vor Augen zu haben. Zwei oder drei Monate nach dem Brande wurde sie von einer Tochter entbunden, welche einen roten Fleck auf der Stirn hatte, der nach oben spitz zulief in Form einer auflodernden Flamme; er wurde erst im siebenten Jahre unkenntlich. Ich erzähle diesen Fall, weil ich ihn zu genau kenne, da er meine eigene Schwester betrifft, und weil die Klage über die Flamme vor den Augen während der Schwangerschaft geführt und nicht, wie gewöhnlich, nach der Entbindung die Ursache der Abweichung in der Vergangenheit aufgesucht wurde.«

(S. 279, Z. 2 ff.) Henrik Ibsen, Die Frau vom Meer, Zweiter Aufzug, Siebenter Auftritt. – Goethe, Die Wahlverwandtschaften, Zweiter Teil, Dreizehntes Kapitel. – v. Welsenburg weist auch auf Immermanns infolge eines bösen Traumes seiner Mutter mit einem hirschfängerartigen Male unter dem Herzen gebornen Jäger aus dem »Münchhausen« hin (Buch II, Kap. 7, S. 168-175, ed. Hempel).

Es ist von Interesse, zu hören, wie zwei Männer der Wissenschaft über die bekannte Begebenheit aus den »Wahlverwandtschaften« sich äußern. H. Settegast, Die Tierzucht, 4. Aufl., Bd. I: Die Züchtungslehre, Breslau 1878, spricht S. 101 f. zuerst über die fragliche Beeinflussung des Embryo durch Eindrücke der Mutter während der Gestation und fährt dann fort: »Es wird erzählt, es sei einst ein weißköpfiges Fohlen geboren worden infolge des Umstandes, daß während des Beschälaktes im Gesichtskreise der Zeugenden sich ein Knabe befand, der sich den Kopf mit einem weißen Tuche verhüllt hatte. Ein scheckiges Fohlen ward geboren, nachdem die zur Beschälstation geführte rossige Stute den Weg wiederholt in Gesellschaft eines scheckigen Pferdes zurückgelegt hatte. In einem anderen Falle soll das Scheckenkleid des Fohlens durch das plötzliche Erscheinen eines scheckigen Jagdhundes während des Beschälaktes veranlaßt worden sein ... Wollte man einwenden, daß es zweifelhaft sei, ob das, was der Mensch für eine genug auffällige Erscheinung halte, die Einbildungskraft des zeugenden Tieres zu beschäftigen, auch von dem Tiere so angesehen werde, so könnten aus der Erfahrung zahlreiche Fälle beigebracht werden, in denen nachweisbar während der Begattung die Einbildungskraft eines der Zeugenden mit einem sinnlichen Gegenstande beschäftigt sein mußte. So gehört es z. B. in der Tierzucht zu den nicht ungewöhnlichen Mitteln, ein männliches Tier zur Begattung mit einem von ihm nicht begehrten dadurch zu vermögen, daß man eine seiner Favoritinnen in die Nähe der Verschmähten bringt. Nun wird der Sprung nicht versagt, die durch die Neigung des männlichen Individuums Begünstigte wird schnell zurück- und die Verschmähte zur Kopulation untergeschoben. Noch niemals hat man beobachtet, daß das Kind des so Betrogenen dem Gegenstande seiner Neigung, mit dem seine Phantasie während des Begattungsaktes beschäftigt sein mußte, gleiche, und daß sich ein Prozeß vollziehe, den Goethe in seinen Wahlverwandtschaften mit dichterischer Meisterschaft geschildert hat. In das von ihm beherrschte Gebiet der Phantasie und Dichtung wird man die Ansicht von dem Einfluß seelischer Eindrücke auf das Zeugungsprodukt zu verweisen haben.«

Viel bescheidener absprechend sagt Rudolf Wagner, Nachtrag zu Rud. Leuckarts Artikel »Zeugung« in Wagners Handwörterbuch der Physiologie, Bd. IV, Braunschweig 1853, S. 1013: »Infolge heftigen Schreckens kann Abortus entstehen. Anhaltender Gram kann ein Gesamtleiden der Mutter zur Folge haben, welches Zerrüttung ihrer Konstitution, schlechte Ernährung, Krankheiten des Fötus veranlassen kann. Aber ein spezifischer Einfluß durch Eindrücke äußerer Gegenstände auf die Schwangeren darf nicht zugegeben werden, und niemals kann die Entstehung von Mißbildungen, von Muttermälern etc. damit in Zusammenhang gebracht werden. Wer im Sinne von Goethes Wahlverwandtschaften – wo diese Ansicht mit der für den Menschenkenner eigentümlichen Tiefe durchgeführt ist – einen Einfluß innerer Gedankenbildung im Momente des Beischlafes auf die physische und psychische Bildung der Frucht annehmen will, der wird vom physiologischen Standpunkte weder zu widerlegen sein, noch wird ihm seine Ansicht bestätigt werden können. Bis zu solcher Tiefe ist die Physiologie noch nicht vorgeschritten, und es steht zu bezweifeln, daß sie je dahin gelangen werde. Wenn ich mein subjektives Urteil aussprechen soll, so muß ich jedoch gestehen, daß ich einen solchen Einfluß der bloßen Vorstellung im Momente des Zeugungsaktes viel eher zu bezweifeln als anzunehmen geneigt bin.«

Schließlich sei noch erwähnt, daß auch Kant das Versehen bestritten hat in der Abhandlung: Über die Bestimmung des Begriffs einer Menschenrasse (Berliner Monatsschrift, November 1785, Bd. VIII, S. 131-132, ed. Kirchmann): »Es ist klar, daß, wenn der Zauberkraft der Einbildung oder der Künstelei der Menschen an tierischen Körpern ein Vermögen zugestanden würde, die Zeugungskraft selbst abzuändern, das uranfängliche Modell der Natur umzuformen oder durch Zusätze zu verunstalten, die gleichwohl nachher beharrlich in den folgenden Zeugungen aufbehalten würden, man gar nicht mehr wissen würde, von welchem Originale die Natur ausgegangen sei, oder wie weit es mit der Abänderung desselben gehen könne, und, da der Menschen Einbildung keine Grenzen erkennt, in welche Fratzengestalt die Gattungen und Arten zuletzt noch verwildern, dürften. Dieser Erwägung gemäß nehme ich es mir zum Grundsatze, gar keinen in das Zeugungsgeschäft der Natur pfuschenden Einfluß der Einbildungskraft gelten zu lassen und kein Vermögen der Menschen, durch äußere Künstelei Abänderungen in dem alten Original der Gattungen oder Arten zu bewirken, solche in die Zeugungskraft zu bringen und erblich zu machen. Denn lasse ich auch nur einen Fall dieser Art zu, so ist es, als ob ich auch nur eine einzige Gespenstergeschichte oder Zauberei einräumte usw.«

(S. 280, Z. 17 v. u.) Daß den Prostituierten alle mütterlichen Gefühle abgehen, darüber vgl. Lombroso-Ferrero, S. 539 f. der deutschen Ausgabe (Das Weib als Verbrecherin und Prostituierte, Hamburg 1894).

(S. 283, Z. 8.) Die Argumente, welche als moralische Begründungen der Ehe angeführt werden, sind bare Sophisterei. Sogar vom Standpunkte der Kantischen Ethik – und es gibt keine andere Ethik – hat man sie auf folgende Weise aufrechtzuhalten gesucht, wie Theodor G. v. Hippel (Über die Ehe, 3. Aufl., Berlin 1792, S. 150): »Nie ist der Mensch Mittel, allemal ist er Zweck: nie Instrument, sondern Spielmann; nie kann er genossen werden, sondern er ist Genießer! In der Ehe verbinden sich zwei

Personen, einander gegenseitig zu genießen: das Weib will eine Sache für den Mann seyn, und auch der Ehemann macht sich dagegen in bester Form Rechtens verbindlich, sich dahin zu geben. Da beide sich zu Instrumenten herabsetzen, auf denen wechselweise gespielt wird, so geht Null mit Null auf: und dieser einzige Menschengenußkontrakt ist erlaubt, nöthig, göttlich weise.« Ja Kant selbst führt eine gleiche arithmetische Operation in seinen »Metaphysischen Anfangsgründen der Rechtslehre« aus (§ 25, S. 88 f., ed. Kirchmann): »Der natürliche Gebrauch, den ein Geschlecht von den Geschlechtsorganen des anderen macht, ist ein Genuß, zu dem sich ein Teil dem anderen hingibt. In diesem Akt macht sich der Mensch selbst zur Sache, welches dem Rechte der Menschheit an seiner eigenen Person widerstreitet. Nur unter der einzigen Bedingung ist dieses möglich, daß, indem die eine Person von der anderen gleich als Sache erworben wird, diese gegenseitig wiederum jene erwerbe, denn so gewinnt sie wiederum sich selbst und stellt ihre Persönlichkeit wieder her. Es ist aber der Erwerb eines Gliedmaßes am Menschen zugleich Erwerbung der ganzen Person – weil diese eine absolute Einheit ist –, folglich ist die Hingebung und Annehmung eines Geschlechtes zum Genuß des anderen nicht allein unter der Bedingung der Ehe zulässig, sondern auch allein unter derselben möglich.«

Diese Rechtfertigung berührt sehr eigentümlich. Es hebt sich moralisch nicht auf, wenn zwei Menschen einander gleich viel stehlen. Zu erklären ist diese Äußerung wohl nur aus der geringen Rolle, welche die Frauen in Kantens psychischem Leben spielten, und der geringen Heftigkeit der erotischen Neigungen, die er zu bekämpfen hatte.

(S. 284, Z. 8.) Vgl. Joseph Hyrtl, Topographische Anatomie, 5. Aufl., Wien 1865, S. 559 f.: »Der Zusammendrückung der Ausführungsgänge der einzelnen Drüsenlappen wird durch das Hartwerden der Warze vorgebeugt, welche sich um so mehr steift, je größer der mechanische Reiz ist, welchen die kindlichen Kiefer auf die Warze ausüben. Die zahlreichen Tastwärzchen an der Oberfläche der Papille werden die Erfüllung der Mutterpflicht mit einem wohltuenden Kitzel lohnen, der jedoch zu wenig wollüstig ist, um jede Mutter für die Leistung der heiligsten Pflicht zu gewinnen.« [Wohl aber jede Mutter nach dem im Texte entwickelten Begriffe einer eigentlichen Mutterschaft im Gegensatze zur Dirnenhaftigkeit.] – Über die Erektion der Warze selbst vgl. L. Landois, Lehrbuch der Physiologie des Menschen, 9. Aufl., Wien und Leipzig 1896, S. 441: »Bei der Entleerung der Milch wirkt nicht allein rein mechanisch das Saugen, sondern es kommt eine aktive Tätigkeit der Brustdrüse hinzu. Diese besteht zunächst in der Erektion der Warze, wobei die glatten Muskeln derselben zur Entleerung der Milch auf die Sinus der Gänge drücken, so daß dieselbe sogar im Strahle hervorspritzen kann.« – Über die Uteruskontraktionen Max Runge, Lehrbuch der Geburtshilfe, 4. Aufl., Berlin 1898, S. 180: »Der Reiz der Warzen durch das Saugen löst Uteruskontraktionen aus.«

(S. 284, Z. 8 v. u.) Man vergleiche hiemit die folgenden Betrachtungen J. J. Bachofens, die vielleicht tief genannt zu werden verdienen (Das Mutterrecht, Stuttgart 1861, S. 165 f.): »Der Mann erscheint als das bewegende Prinzip. Mit der Einwirkung der männlichen Kraft auf den weiblichen Stoff beginnt die Bewegung des Lebens, der Kreislauf des ὁρατος κόσμος. War zuvor alles in Ruhe, so hebt jetzt mit der ersten männlichen Tat jener ewige Fluß der Dinge an, der durch die erste κίνησις hervorgerufen wird, und, nach Heraklits bekanntem Bilde, in keinem Augenblicke völlig derselbe ist. Durch Peleus' Tat wird aus Thetis' unsterblichem Mutterschoße das Geschlecht der Sterblichen geboren. Der Mann bringt den Tod in die Welt. Während die Mutter für sich der Unsterblichkeit genießt, geht nun, durch den Phallus erweckt, aus ihrem Leibe ein Geschlecht hervor, das gleich einem Strome immer dem Tode entgegeneilt, gleich Meleagers Feuerbrand stets sich selbst verzehrt.« Auch S. 34 f. ist von Bachofen manches Schöne über die im »demetrisch-tellurischen Prinzipe« gelegene Art der Unsterblichkeit gesagt.

(S. 285, Z. 8 v. u. f.) Schopenhauer, Die Welt als Wille und Vorstellung, Bd. II, Buch 4, Kapitel 41.

(S. 287, Z. 14.) Schopenhauer, Die Welt als Wille und Vorstellung, Bd. II, Buch 4, Kapitel 44: »Der Endzweck aller Liebeshändel, sie mögen auf dem Sokkus oder dem Kothurn gespielt werden, ist ... wichtiger als alle anderen Zwecke im Menschenleben, und daher des tiefen Ernstes, womit jeder ihn verfolgt, völlig wert. Das nämlich, was dadurch entschieden wird, ist nichts Geringeres als die Zusammensetzung der nächsten Generation usw.«

(S. 288, Z. 19 v. u.) Z. B. sagt der freilich auch sonst überaus flache und unoriginelle Eduard von Hartmann, der jetzt von manchen, wie es scheint, bloß weil er kein Universitätsprofessor ist, schon für einen großen Denker gehalten wird, in seiner »Phänomenologie des sittlichen Bewußtseins, Prolegomena zu jeder künftigen Ethik« (Berlin 1879), S. 268 f.: »Man denke ... an ein vom naivsten, aber rücksichtslosesten und schamlosesten Egoismus beseeltes Weib, das von dem Tage an, wo es Mutter wird, mit der ganzen Naivität des weiblichen Gefühls ihr Selbst auf die Personen ihrer Kinder mit ausdehnt, kein Opfer für das Wohl dieser scheut, aber auch die so erweiterte Mutterselbstsucht ebenso rücksichtslos und schamlos nach außen übt wie vorher ihren Egoismus, ja noch ungenierter, weil sie in ihren Mutterpflichten eine ethische Rechtfertigung ihres Verhaltens zu besitzen glaubt ... Ist auch eine solche einseitige Liebe, die rücksichtslos zu allem außerhalb dieses Liebesverhältnisses Liegenden sich verhält, eine sittlich unvollkommene, so ist sie doch im Prinzip ein unermeßlicher Fortschritt über den starren Eigennutz und die kahle Eigenliebe hinaus, und zeigt den grundsätzlichen Bruch mit der Beschränkung des Willens auf das alleinige Wohl der Individualität. Man kann sagen, daß in einer solchen Mutter, bei aller Einseitigkeit ihrer Moralität, doch unendlich viel mehr ethische Tiefe verwirklicht ist als bei dem Virtuosen der Klugheitsmoral, dem willenlosen Sklaven kirchlicher Moralformeln und dem Künstler der ästhetischen Moral zusammengenommen, da jene die Wurzel alles Bösen wenigstens in einem Punkte radikal und von Grund aus zerstört hat, während von diesen die beiden ersten sich durch außerhalb der Sache liegende Rücksichten, der letztere doch nur durch oberflächliche und äußerliche Seiten der Sache bestimmen läßt. Darum wird solche Liebe sittliche Achtung und in ihren höheren Graden selbst Ehrfurcht und Bewunderung erwecken, selbst da, wo ihre Einseitigkeit zu unsittlichem Verhalten nach anderen Richtungen führt.« Alle diese Irrtümer entstehen aus dem trotz Kant überall verbreiteten, aber ganz unhaltbaren Glauben an eine triebhafte, naive, unbewußte und auf diese Art vollkommene Sittlichkeit. Man wird es ewig zu wiederholen haben, daß Moralität und Bewußtheit, Unbewußtheit und Immoralität einerlei sind. (So spricht von »unbewußter Sittlichkeit« Hartmann, a. a. O. S. 311; es muß hiegegen anerkannt werden, daß er an anderen Stellen einsichtiger über die Frauen urteilt; z. B. S. 526: »Der Mangel an Rechtlichkeit und Gerechtigkeit macht das weibliche Geschlecht als Ganzes zu einem moralischen Parasiten des männlichen.«)

(S. 289, Z. 6 v. u.) Johann Fischart, Das philosophische Ehzuchtbüchlein. – Jean Richepins bekannte Ballade »La Glu« nach dem Bretonischen (in »La Chanson des Gueux«). Auch H. Heine hätte mehrerer Gedichte wegen hier angeführt werden dürfen.

(S. 290, Z. 4.) J. J. Bachofen, Das Mutterrecht, Eine Untersuchung über die Gynaikokratie der Alten Welt nach ihrer religiösen und rechtlichen Natur, Stuttgart 1861, S. 10, sagt: »Auf den tiefsten, düstersten Stufen des menschlichen Daseins bildet die Liebe, welche die Mutter mit den Geburten ihres Leibes verbindet, den Lichtpunkt des Lebens, die einzige Erhellung der moralischen Finsternis, die einzige Wonne inmitten des tiefen Elends.« »Dasjenige Verhältnis, an welchem die Menschheit zuerst zur Gesittung emporwächst, das der Entwicklung jeder Tugend, der Ausbildung jeder edleren Seite des Daseins zum Ausgangspunkte dient, ist der Zauber des Muttertums, der inmitten eines gewalterfüllten Lebens als das göttliche Prinzip der Liebe, der Einigung, des Friedens wirksam wird.« Bachofen ist ein viel tieferer und weiter blickender Mann, von einer universelleren, echteren philosophischen Bildung als irgend ein Soziolog seit Hegel; und doch übersieht er hier etwas so Naheliegendes, wie den völligen Mangel an Unterschieden zwischen der Mutterliebe bei den Tieren (Henne, Katze) und beim Menschen.

Robert Hamerling, sonst mehr Rhetor als wahrer Künstler, macht über die Mutterliebe eine gute Bemerkung, die, ohne daß er dies zu wollen scheint, klar zeigt, wie von Sittlichkeit hier gar nicht gesprochen werden kann (Ahasver in Rom, II. Gesang, Werke, Volksausgabe, Bd. I, S. 59):

>*Die Mutterliebe, sieh, das ist der Pflichtteil*
Von Liebesglück, den jeder Kreatur
Auswirft die kargende Natur – der Rest
Ist Schein und Trug. – Wahrhaftig mich ergötzt es,
Daß es ein Wesen gibt, für das es ewig
Naturnotwendigkeit ist, mich zu lieben.«

(S. 290, Z. 19.) Über die berühmte Karoline vgl. Minna Cauer, Die Frau im XIX. Jahrhundert, Berlin 1898 (aus: Am Ende des Jahrhunderts, Rückschau auf hundert Jahre geistiger Entwicklung, herausgegeben von Dr. Paul Bernstein), S. 32-37.

(S. 292, Z. 19.) An Annäherungen an jenes größere Hetärentum (Aspasia, Kleopatra) hat es in der Renaissance nicht gefehlt. Vgl. Burckhardt, Die Kultur der Renaissance in Italien, 4. Aufl., bes. von L. Geiger, Bd. I, S. 127.

(S. 295, Z. 16.) Die Erzählung über Napoleon nach Emerson, Repräsentanten des Menschengeschlechtes, übersetzt von Oskar Dähnert, Leipzig, Universalbibliothek, S. 199.

(S. 299, Z. 15.) Dieser Auffassung der Mutterschaft kommt am nächsten die des Aischylos (Eumeniden, Vers 658 f.):

»Οὐκ ἔστι μήτηρ ἡ κεκλημένου
τοκεύς, τροφὸς δὲ κύματος νεοπόρου
τίκτει δ᾽ὁ θρῴσκων, ἡ δ᾽ἅπερ ξένῳ ξένη
ἔσωσεν ἔρνος, οἷσι μὴ βλάψῃ θεός.«

(S. 300, Z. 18.) Die Illusion der Vaterschaft hat der mächtigen Tragödie August Strindbergs »Der Vater« den Namen gegeben. (Man vgl. in dieser außerordentlichen Dichtung [übersetzt von E. Brausewetter, Universalbibliothek] als speziell auf diesen Punkt sich beziehend S. 34.)

(S. 300, Z. 22 ff.) Bachofen, Das Mutterrecht, S. 9: »... der Name matrimonium selbst ruht auf der Grundidee des Mutterrechtes. Man sagte matrimonium, nicht Patrimonium, wie man zunächst auch nur von einer materfamilias sprach. Paterfamilias ist ohne Zweifel ein späteres Wort. Plautus hat materfamilias öfter, Paterfamilias nicht ein einziges Mal ... Nach dem Mutterrecht gibt es wohl einen Pater, aber keinen Paterfamilias. Familia ist ein rein physischer Begriff, und darum zunächst nur der Mutter geltend. Die Übertragung auf den Vater ist ein improprie dictum, das daher zwar im Recht angenommen, aber in den gewöhnlichen nicht juristischen Sprachgebrauch später erst übertragen wurde. Der Vater ist stets eine juristische Fiktion, die Mutter dagegen eine physische Tatsache. Paulus ad Edictum in Fr. 5 D, de in ius vocando (2, 4) ›mater semper certa est, etiamsi vulgo conceperit, pater vero is tantum, quem nuptiae demonstrant‹. Tantum deutet an, daß hier eine juristische Fiktion an die Stelle der stets fehlenden natürlichen Sicherheit treten muß. Das Mutterrecht ist natura verum, der Vater bloß iure civili, wie Paulus sich ausdrückt.«

(S. 300, Z. 15 v. u.) Herbert Spencer, Die Unzulänglichkeit der natürlichen Zuchtwahl, Biologisches Zentralblatt, XIV, 1894, S. 262 f., bemerkt: »Ich bin einem ausgezeichneten Korrespondenten zu großem Dank verpflichtet, der meine Aufmerksamkeit auf beglaubigte Tatsachen gelenkt hat, die über die Nachkommen von Weißen und Negern in den Vereinigten Staaten berichtet werden. Indem er sich auf einen Bericht, der ihm mehrere Jahre zuvor gemacht worden war, bezieht, sagt er: ›Es ging darauf hinaus, daß die Kinder weißer Frauen von weißen Vätern mehrere Male Spuren von Negerblut zeigten, wenn die Frau früher ein Kind von einem Neger gehabt hatte.‹ Zu der Zeit, als ich diesen Bericht erhielt, besuchte mich ein Amerikaner, und darüber befragt, antwortete er, daß in den Vereinigten Staaten diese Meinung allgemein anerkannt werde. Um jedoch nicht nach Hörensagen zu urteilen, schrieb ich sogleich nach Amerika, Umfrage zu halten ... Prof. Marsh, der ausgezeichnete Paläontologe aus Yale, New Haven, der auch Beweise sammelt, sendet mir einen vorläufigen Bericht, in welchem er sagt: ›Ich selbst kenne keinen solchen Fall, aber ich habe viele Aussagen gehört, die mir ihre Existenz wahrscheinlich machen. Ein Beispiel in Connecticut wurde mir von einem Bekannten so zuverlässig beteuert, daß ich allen Grund habe, es für authentisch zu halten.‹

Daß Fälle dieser Art nicht häufig im Norden gesehen werden, ist natürlich zu erwarten. Das erste der oben erwähnten Beispiele bezieht sich auf Vorgänge, die im Süden während der Sklavenzeit beobachtet wurden; und selbst damals waren die bezüglichen Bedingungen natürlicherweise sehr selten. Dr. W. J. Youmans in New York hat in meinem Interesse mehrere Medizinprofessoren befragt, die, obgleich sie nicht selbst solche Beispiele gesehen haben, sagen, daß das behauptete, oben beschriebene Resultat ›allgemein als eine Tatsache anerkannt wird‹. Aber er sendet mir etwas, das nach meiner Meinung als ein autoritatives Zeugnis gelten kann. Es ist ein Zitat aus dem klassischen Werk von Prof. Austin Flint, das hier folgt:

›Eine eigentümliche und, wie es scheint, unerklärliche Tatsache ist es, daß frühere Schwangerschaften einen Einfluß auf die Nachkommenschaft haben. Das ist den Tierzüchtern wohl bekannt. Wenn Vollblutstuten oder Hündinnen einmal mit Männchen von weniger reinem Blut belegt worden waren, so werden bei späteren Befruchtungen die Jungen geneigt sein, die Art des ersten Männchens anzunehmen, selbst wenn sie von Männchen mit unzweifelhaftem Stammbaum erzeugt wurden. Wie man diesen Einfluß der ersten Empfängnis erklären kann, ist unmöglich zu sagen, aber die Tatsache ist unbestritten. Der gleiche Einfluß ist beim Menschen beobachtet worden. Eine Frau kann vom zweiten Mann Kinder haben, die dem ersten ähnlich sind, und diese Beobachtung ist besonders in bezug auf Haar und Augen gemacht worden. Eine weiße Frau, die zuerst Kinder von einem Neger hat, kann später Kinder von einem weißen Vater gebären, und doch werden diese Kinder unfragliche Eigentümlichkeiten der Negerrasse an sich tragen.‹ (A Text Book of Human Physiology. By Austin Flint, MD. LL. D. Fourth edition, New York, D. Appleton & Co., 1888, p. 797.)

Dr. Youmans besuchte Prof. Flint, der ihm erzählte, daß er ›den Gegenstand näher untersucht habe, als er sein größeres Werk schrieb (das obige Zitat ist aus einem Auszug), und er fügte hinzu, daß er nie gehört habe, daß der Bericht in Frage gestellt sei‹.« (Vgl. über dieselbe Frage Spencer, Biolog. Zentralblatt, XIII, 1893, S. 743-748.)

(S. 300, Z. 14 v. u.) Vgl. Charles Darwin, Über die direkte oder unmittelbare Einwirkung des männlichen Elementes auf die Mutterform (Das Variieren der Tiere und Pflanzen im Zustande der Domestikation, 11. Kapitel, Bd. I, 2. Aufl., Stuttgart 1873, S. 445 f.): »Eine andere merkwürdige Klasse von Tatsachen muß hier noch betrachtet werden, weil man angenommen hat, daß sie einige Fälle von Knospenvariation erklären. Ich meine die direkte Einwirkung des männlichen Elementes, nicht in der gewöhnlichen Weise auf die Ovula, sondern auf gewisse Teile der weiblichen Pflanzen, oder, wie es der Fall bei Tieren ist, auf die späteren Nachkommen des Weibchens von einem zweiten Männchen. Ich will vorausschicken, daß bei Pflanzen das Ovarium und die Eihülle offenbar Teile des Weibchens sind, und es hätte sich nicht voraussehen lassen, daß diese von dem Pollen einer fremden Varietät oder Spezies affiziert werden würden, obgleich die Entwicklung des Embryo innerhalb des Embryosackes, innerhalb des Ovulums, innerhalb des Ovariums natürlich vom männlichen Element abhängt.

Schon im Jahre 1729 wurde beobachtet (Philosophical Transactions, Vol. XLIII, 1744/45, p. 525), daß sich weiße und blaue Varietäten der Erbsen, wenn sie nahe aneinander gepflanzt werden, gegenseitig kreuzten, ohne Zweifel durch die Tätigkeit der Bienen, und im Herbste wurden blaue und weiße Erbsen innerhalb derselben Schoten gefunden. Wiegmann machte eine genau ähnliche Beobachtung im jetzigen Jahrhundert. Dasselbe Resultat erfolgte mehrere Male, wenn eine Varietät Erbsen von der einen Färbung künstlich mit einer verschieden gefärbten Varietät gebaut wurde (Mr. Swayne in: Transact. Horticult. Soc, Vol. V, p. 234, und Gärtner, Bastarderzeugung, 1849, S. 81 und 499). Diese Angaben veranlaßten Gärtner, der äußerst skeptisch über diesen Gegenstand war, eine lange Reihe von Experimenten sorgfältig anzustellen. Er wählte die konstantesten Varietäten sorgfältig heraus, und das Resultat zeigte ganz überzeugend, daß die Farbe der Haut der Erbse modifiziert wird, wenn Pollen einer verschieden gefärbten Varietät gebraucht wird. Diese Folgerung ist seitdem durch Experimente, welche J. M. Berkeley angestellt hat, bestätigt worden (Gardeners Chronicle, 1854, p. 404) ...«

(S. 447:) »Wenden wir uns nun zur Gattung Matthiola. Der Pollen der einen Sorte von Levkoj affiziert zuweilen die Farbe der Samen einer anderen Sorte, die als Mutterpflanze benutzt wird. Ich führe den folgenden Fall um so lieber an, als Gärtner ähnliche Angaben, die in bezug auf den Levkoj von anderen Beobachtern früher gemacht worden waren, bezweifelte. Ein sehr bekannter Gartenzüchter, Major Trevor Clarke (siehe auch einen Aufsatz, welchen dieser Beobachter vor dem Internationalen Hortikultur- und botanischen Kongreß in London 1866 gelesen hat), teilt mir mit, daß die Samen des großen rotblütigen, zweijährigen Levkojs (M. annua; »Cocardeau« der Franzosen) hellbraun sind, und die des purpurnen verzweigten Levkojs »Queen« (M. incana) violettschwarz sind. Nun fand er, daß, wenn Blüten des roten Levkojs mit Pollen des purpurnen befruchtet wurden, sie ungefähr 50% schwarzen Samen ergaben. Er schickte mir vier Schoten von einer rotblühenden Pflanze, von denen zwei mit ihren eigenen Pollen befruchtet worden waren, und diese enthielten blaßbraune Samen, und zwei, welche mit Pollen von der purpurnen Sorte gekreuzt worden waren, und diese enthielten Samen, die alle tief mit Schwarz gefärbt waren. Diese letzteren Samen ergaben purpurblühende Pflanzen wie ihr Vater, während die blaßbraunen Samen normale rotblühende Pflanzen ergaben. Major Clarke hat beim Aussäen ähnlicher Samen in einem größeren Maßstabe dasselbe Resultat erhalten. Die Beweise für die direkte Einwirkung des Pollens einer Spezies auf die Färbung der Samen einer anderen Spezies scheinen mir in diesem Falle ganz entscheidend zu sein.«

Darwin legt hier besonderen Nachdruck auf die radikale Veränderung in der Mutterpflanze durch den männlichen Pollen. So im englischen Texte (2. ed., London 1875, Vol. II, p. 430 f.): »Professor Hildebrand (Botanische Zeitung, Mai 1868, S. 326) ... has fertilised ... a kind [of maize] bearing yellow grains with the precaution that the mother-plant was true. A kind bearing yellow grains was fertilised with pollen of a kind having brown grains, and two ears produced yellow grains, but one side of the spindle was tinted with a reddish brown; so that here we have the important fact of the influence of the foreign pollen extending to the axis.« S. 449 (der deutschen Ausgabe): »Mr. Sabine (Transact. Horticult., Soc, Vol. V, p. 69) gibt an, daß er gesehen hat, wie die Form der nahezu kugeligen Samenkapseln von Amaryllis vittata durch die Anwendung des Pollens einer anderen Spezies, deren Kapseln höckerige Kanten haben, verändert wurde.«

(S. 450:) »Ich habe nun nach der Autorität mehrerer ausgezeichneter Beobachter der Pflanzen, welche zu sehr verschiedenen Ordnungen gehören, gezeigt, daß der Pollen einer Spezies oder Varietät, wenn er auf eine distinkte Form gebracht wird, gelegentlich die Modifikation der Samenhüllen und des Fruchtknotens oder der Frucht verursacht, was sich in einem Falle bis auf den Kelch und den oberen Teil des Fruchtstiels der Mutterpflanze erstreckt. Es geschieht zuweilen, daß das ganze Ovarium oder alle Samen auf diese Weise modifiziert werden; zuweilen wird nur eine gewisse Anzahl Samen, wie in dem Falle bei der Erbse, oder nur ein Teil des Ovariums, wie bei der gestreiften Orange, den gefleckten Trauben und dem gefleckten Mais, so affiziert. Man darf nicht annehmen, daß irgend eine direkte oder unmittelbare Wirkung der Anwendung fremden Pollens unabänderlich folgt; dies ist durchaus nicht der Fall; auch weiß man nicht, von welchen Bedingungen das Resultat abhängt.«

(S. 451:) »Die Beweise für die Wirkung fremden Pollens auf die Mutterpflanze sind mit beträchtlichem Detail gegeben worden, weil diese Wirkung ... von der höchsten theoretischen Bedeutung ist und weil sie an und für sich ein merkwürdiger und scheinbar anormaler Umstand ist. Daß sie vom physiologischen Standpunkte aus merkwürdig ist, ist klar; denn das männliche Element affiziert nicht bloß, im Einklang mit seiner eigentlichen Funktion, den Keim, sondern auch die umgebenden Gewebe der Mutterpflanze.« (Hier fährt die englische Ausgabe I2, p. 430, fort:) »... We thus see, that an ovule is not indispensable for the reception of the influence of the male dement.«

(S. 300, Z. 10 v. u.) Ich setze den berühmten Bericht im Original her (Philosophical Transactions of the Royal Society of London, 1821, Part I, p. 20 f.):

A communication of a Singular fact in Natural History. By the Right Honourable the Earl of Morton , F. R. S., in a Letter addressed to the President.

Read November 23, 1820.

My Dear Sir,

I yesterday had an opportunity of observing a singular fact in Natural History, which you may perhaps deem not unworthy of being communicated to the Royal Society.

Some years ago, I was desirous of trying the experiment of domesticating the Quagga, and endeavoured to procure some individuals of that species. I obtained a male; but being disappointed of a female, I tried to breed from the male quagga and a young chesnut mare of seven-eights Arabian blood and which had never been breed from: the result was the production of a female hybrid, now five years old, and bearing, both in her form and in her colour, very decided indications of her mixed origin. I subsequently parted with the seven-eight Arabian mare to Sir Gore Ouseley, who has breed from her by a very fine black Arabian horse. I yesterday morning examined the produce, namely, a two years old filly, and a year old colt. They have the character of the Arabian breed as decidedly as can be expected, where fifteen-sexteenths of the blood are Arabian; and they are fine specimens of that breed; but both in their colour, and in the hair of their manes, they have a striking resemblance to the quagga. Their colour is bay, marked more or less like the quagga in a darker tint. Both are distinguished by the dark line along the ridge of the back, the dark stripes across the fore-hand, and the dark bars across the back-part of the legs. The stripes across the fore-hand of the colt are confined to the withers, and to the part of the neck next to them; those on the filly cover nearly the whole of the neck and the back, as far as the flanks. The colour of her coat on the neck adjoining to the mane is pale and approaching to dun, rendering the stripes there more conspicuous than those on the colt. The same pale tint appears in a less degree on the rump: and in this circumstance of the dun tint also she resembles the quagga – –

[p. 22] These circumstances may appear Singular; but I think you will agree with me that they are trifles compared whit the extraordinary fact of so many striking features, which do not belong to the dam, being in two successive instances communicated through her to the progeny, not only of another sire, who also has them not, but of a sire belonging probably to another species; for such we have very strong reason for supposing the quagga to be.

I am, my dear Sir
Your faithful humble servant
Morton

(S. 300, Z. 5 v. u.) Besonders ausführlich H. Settegast, Die Tierzucht, 4. Aufl., Bd. I: Die Züchtungslehre, Breslau 1878, S. 223-
234: Infektion (Superfötation). Er verweist alles in das Gebiet
des Aberglaubens und der Phantastik. »So kommen wir denn
zu dem Schluß, daß die vermeintliche Infektion der Mutter auf
einer Täuschung beruht, und daß es unzulässig ist, durch sie die
Fälle erklären zu wollen, in welchen das Kind in Farbe und Ab-
zeichen, in Form und Eigenschaften der Übereinstimmung mit
den Eltern ermangelt. Aus unseren bisherigen Untersuchungen
über Abweichungen von elterlicher Verwandtschaft ist zu ersehen, daß die vereinzelten Fälle, welche die Infektionstheorie
zu ihren Gunsten auslegt, und die zugleich als verbürgt angesehen werden dürfen, auf Rechnung der Neubildung der Natur zu
schreiben sind.

Durch unsere Ausführungen glauben wir die Infektionstheorie widerlegt zu haben: daß es uns gelungen sein sollte, sie für
immer zu bannen, dürfen wir kaum hoffen. Die Infektionstheorie ist die Seeschlange der Vererbungslehre.«

(S. 300, Z. 3 v. u.) F. C. Mahnke, Die Infektionstheorie, Stet-
tin 1864. Vgl. zu der Frage auch Rudolf Wagner, Nachtrag zu R.
Leuckarts Artikel »Zeugung« in Wagners Handwörterbuch der
Physiologie, Bd. IV, 1853, S. 1011 f. Oskar Hertwig, Die Zelle und
die Gewebe, Bd. II, Jena 1898, S. 137 f.

(S. 300, Z. 2 v. u.) August Weismann, Das Keimplasma, Eine Theorie
der Vererbung, Jena 1892, S. 503 f. Die Allmacht der Naturzüchtung,
Jena 1893, S. 81-84, 87-91. Weismann verhält sich, wie er (seiner
Überzeugung von der völligen Unbeeinflußbarkeit des Keimplasmas gemäß) es wohl muß, ablehnend, und beruft sich hiebei vor allem auf die eingehenden Erörterungen Settegasts. Ähnlich Hugo de
Vries, Intracellulare Pangenesis, Jena 1889, S. 206-207.

Dagegen ist Darwin von der »direkten Wirkung des männlichen Elementes auf das Weibchen« (nicht bloß auf eine einzige Keimzelle desselben) überzeugt, Das Variieren der Tiere und Pflanzen im Zustande der Domestikation, Kap. 27 (Bd. II2, S. 414, Stuttgart 1873); wie es wohl ein jeder sein muß, der sich die ungeheure Veränderung, welche in den Frauen sofort mit Beginn der Ehe eintritt, und ihre außerordentliche Anähnlichung an den Mann während derselben vor Augen hält. Vgl. im Texte S. 366 f., 386.

Darwin sagt a. a. O. S. 414: »Wir sehen hier, daß das männliche Element nicht den Teil affiziert und hybridisiert, welchen zu affizieren es eigentlich bestimmt ist, nämlich das Eichen, sondern die besonders entwickelten Gewebe eines distinkten Individuums.«

Ausführlicher spricht Darwin über die Telegonie im II. Kapitel dieses selben Werkes, wo er aus der Literatur eine große Zahl von Fällen anführt, welche für ihr Vorkommen beweisend sind (Bd. I2, S. 453-455):

»In bezug auf die Varietäten unserer domestizierten Tiere sind viele ähnliche und sicher beglaubigte Tatsachen veröffentlicht worden, andere sind mir noch mitgeteilt worden; alle beweisen den Einfluß des ersten Männchens auf die später von derselben Mutter mit anderen Männchen erzeugten Nachkommen. Es wird hinreichen, noch einen einzigen Fall mitzuteilen, der in einem auf den des Lord Morton folgenden Aufsatz in den »Philosophical Transactions« enthalten ist: Mr. Giles brachte eine Sau von Lord Westerns schwarzer und weißer Essexrasse zu einem wilden Eber von einer tief kastanienbraunen Färbung; die produzierten Schweine trugen in ihrer äußeren Erscheinung Merkmale sowohl des Ebers als der Sau, bei einigen herrschte aber die braune Färbung des Ebers bedeutend vor. Nachdem der Eber schon längere Zeit tot war, ward die Sau zu einem Eber ihrer eigenen schwarzen und weißen Rasse getan (einer Rasse, von welcher man sehr wohl weiß, daß sie sehr rein züchtet und niemals irgend eine braune Färbung zeigt); und doch produzierte die Sau nach dieser Verbindung einige junge Schweine, welche deutlich dieselbe kastanienbraune Färbung besaßen wie die aus dem ersten Wurfe. Ähnliche Fälle sind so oft vorgekommen, daß sorgfältige Züchter es vermeiden, ein geringeres Männchen zu einem ausgezeichneten Weibchen zu lassen wegen der Beeinträchtigung der späteren Nachkommen, welche sich hienach erwarten läßt.

Einige Physiologen haben diese merkwürdigen Folgen einer ersten Befruchtung aus der innigen Verbindung und der freien Kommunikation zwischen den Blutgefäßen des modifizierten Embryos und der Mutter zu erklären versucht. Es ist indes eine äußerst unwahrscheinliche Hypothese, daß das bloße Blut des einen Individuums die Reproduktionsorgane eines anderen Individuums in einer solchen Weise affizieren könne, daß die späteren Nachkommen dadurch modifiziert würden. Die Analogie mit der direkten Einwirkung fremden Pollens auf den Fruchtknoten und die Samenhüllen der Mutterpflanze bietet der Annahme eine kräftige Unterstützung, daß das männliche Element, so wunderbar diese Wirkung auch ist, direkt auf die Reproduktionsorgane des Weibchens wirkt, und nicht erst durch die Intervention des gekreuzten Embryos.«

Wilhelm Olbers Focke, Die Pflanzenmischlinge, Ein Beitrag zur Biologie der Gewächse, Berlin 1881, S. 510-518: »Ich schlage ... vor, solche Abweichungen von der normalen Gestalt oder Färbung, welche in irgend welchen Teilen einer Pflanze durch die Einwirkung vom fremden Blütenstäube hervorgebracht werden, als Xenien zu bezeichnen, gleichsam als Gastgeschenke der Pollen spendenden Pflanze an die Pollen empfangende.« (S. 511.)

(S. 301, Z. 17.) Zum »Versehen« vgl. die Anmerkungen zu S. 278 f.

(S. 301, Z. 15 v. u.) Wie für das Versehen auf Goethe und auf Ibsen, so hätte ich, wenn ich nicht erst nach Abschluß dieses Kapitels hierauf wäre aufmerksam gemacht worden, auch für die Realität der Telegonie auf das Werk eines großen Künstlers mich berufen können: ich meine Madeleine Férat, den wenig gelesenen, aber wohl sehr großartigen Roman des jugendlichen Zola. Was Zola über die Frauen gedacht hat, muß, nach diesem wie nach anderen Werken, meinen Anschauungen sehr nahegestanden sein. Vgl. Madeleine Férat, Nouvelle édition, Paris, Bibliothèque-Charpentier 1898, S. 173 f., besonders S. 181 ff. und 251 f., Stellen, die ich ihrer großen Länge wegen nicht hiehersetzen kann.

(S. 303, Z. 8.) Über die Zuhälter vgl. Lombroso-Ferrero, Das Weib als Verbrecherin und Prostituierte, Hamburg 1894, S. 560 ff. der deutschen Ausgabe, über ihre Identität mit den eigentlichen Verbrechern«, ibid. S. 563-564.
Zu Teil II, Kapitel 11

(S. 307, Z. 11 f.) Schopenhauer, Parerga und Paralipomena, Bd. II, Kapitel XXVII. – Die Erzählung in betreff des Lord Byron ist nach R. von Hornstein wiedergegeben von Eduard Grisebach im Anhange zu Schopenhauers sämtlichen Werken, Bd. VI, S. 191 f.

(S. 309, Z. 1.) Kant, Beobachtungen über das Gefühl des Schönen und Erhabenen, Königsberg 1764, III. Abschnitt (Bd. VIII, S. 36 der Kirchmannschen Ausgabe): »Diese ganze Bezauberung ist im Grunde über den Geschlechtstrieb verbreitet. Die Natur verfolgt ihre große Absicht, und alle Feinigkeiten, die sich hinzugesellen, sie mögen nun so weit davon abzustehen scheinen, wie sie wollen, sind nur Verbrämungen und entlehnen ihren Reiz doch am Ende aus derselben Quelle.« – Schopenhauer in seiner wiederholt zitierten »Metaphysik der Geschlechtsliebe« (Die Welt als Wille und Vorstellung, Bd. II, Kap. 44).

(S. 310, Z. 13 v. u.) Schopenhauer, Parerga und Paralipomena, Bd. II, § 369.

(S. 311, Z. 4.) Kant, Kritik der reinen Vernunft, Transzendentale Dialektik, I, 3. System der transzendentalen Ideen (S. 287 ff., Kehrbach).

(S. 312, Z. 10-17.) Das Lied ist das des Wolfram aus Wagners Tannhäuser, 2. Aufzug, 4. Szene.

(S. 318, Z. 3.) Platon, Phaedrus, p. 251 A. B.: ὅταν θεοειδὲς πρόσωπον ἴδη κάλλος εὖ μεμιμημένον, ἤ τινα σώματος ἰδέαν, πρῶτον μέν ἔψιάε ... εἶτα προσορῶν ὡς θεόν σέβεται, καὶ εἰ μὴ ὀεὀιείη τὴν τῆς σψόὀρα μανίας δόξαν, θύοι ἂν ὡς ἀγάλματι καὶ θεψ τοῖς παι θερμότα δὲ αὐτόν, οἶον ἐκ τῆς φρίκης, μεταβολή τε καὶ ιδρὼς καὶ θερμότης ἀήθης λαμβάνει. ὀεάάμενος γὰρ τοῦ κάλλους τὴν ἀπόρροὴν ὀιὰ τῶν ὀμμάτων, ἐθερμάνθη ἡ τοῦ πτεροῦ ψύσις ἄρὀεται. θερμανθέντος ὀέ ἐτάκη τὰ περὶ τὴν ἔκψυσιν, ἃ πάλαι ὑπὸ σκληρότητος συμμεμυκότα εἶργε μὴ βλαστάνειν. ἐπιρρυεψσης ὀέ τῆς τροψῆς ψὀησέ τε καὶ ὥρμησε ψύεσθαι ἀπὸ τῆς ῥίζης ὁ τοῦ πτεροῦ καυλὸς ὑπὸ πᾶν τὸ τῆς ψυχῆς εἶὀος. πᾶσα γὰρ ἠν τὸ πάλαι πτερωτὴ.«

(S. 319, Z. 6-12.) Vgl. Dante, Paradiso, Canto VII, v. 64-66:

»*La divina bontà, che da sè sperne*
Ogni livore, ardendo in sè sfavilla
Si che dispiega le bellezze interne.«

(S. 319, Z. 7 v. u.) Kant, Kritik der Urteilskraft. – Schelling, System des transzendentalen Idealismus, Sämtliche Werke, I. Abteilung, Bd. III. – Schiller, Über die ästhetische Erziehung des Menschen.

(S. 320, Z. 3.) Shaftesbury: nach W. Windelband, Geschichte der neueren Philosophie in ihrem Zusammenhange mit der allgemeinen Kultur und den besonderen Wissenschaften, 2. Aufl., Leipzig 1899, Bd. I, S. 272. – Herbart, Analytische Beleuchtung des Naturrechts und der Moral, Göttingen 1836, Sämtliche Werke, ed. Hartenstein, Bd. VIII, S. 213 ff.

(S. 323, Z. 9 v. u.) Platons Gastmahl, 206 E.

(S. 323, Z. 1 v. u.) Platons, a. a. O. Kap. 27, S. 209 C–E (Übersetzung nach Schleiermacher).

(S. 324, Z. 7 v. u.) Novalis: »Es ist wunderbar genug, daß nicht längst die Assoziation von Wollust, Religion und Grausamkeit die Menschen aufmerksam auf ihre innige Verwandtschaft und ihre gemeinschaftliche Tendenz gemacht hat.« (Novalis' Schriften, herausgegeben von Ludwig Tieck und Fr. Schlegel, Zweiter Teil, Wien 1820, S. 288.)

(S. 324, Z. 6 v. u.) Bachofen, Das Mutterrecht, Stuttgart 1861, S. 52: »Das stoffliche, das tellurische Sein umschließt beides, Leben und Tod. Alle Personifikationen der chthonischen Erdkraft vereinigen in sich diese beiden Seiten, das Entstehen und das Vergehen, die beiden Endpunkte, zwischen welchen sich, um mit Plato zu reden, der Kreislauf aller Dinge bewegt. So ist Venus, die Herrin der stofflichen Zeugung, als Libitina die Göttin des Todes. So steht zu Delphi eine Bildsäule mit dem Zunamen Epitymbia, bei welcher man die Abgeschiedenen zu den Totenopfern heraufruft (Plut. quaest. rom. 29). So heißt Priapus in jener römischen Sepulkralinschrift, die in der Nähe des Campanaschen Kolumbariums gefunden wurde, mortis et vitai locus. So ist auch in den Gräbern nichts häufiger als Priapische Darstellungen, Symbole der stofflichen Zeugung. Ja, es findet sich auch in Südetrurien ein Grab, an dessen Eingang, auf dem rechten Türpfosten, ein weibliches Sporium abgebildet ist.« – Der Kreislauf von Tod und Leben war auch ein Lieblingsthema der Reden Buddhas. Ihn hat aber auch der tiefste unter den voreleatischen Griechen, Anaximandros, gelehrt (bei Simplicius in Aristot. Physika 24, 18): »ἐξ ὧν ἡ γένεσίς ἐστι τοῖς οὖσι, καὶ τὴν φθορὰν εἰς ταῦτὰ γίνεσθαι κατὰ χρεών. διδόναι γὰρ αὐτὰ τίσιν καὶ δίκην τῆς ἀδικίας κατὰ τὴν τοῦ χρόνου τάξιν.«

(S. 325, Z. 21 v. u.) Giordano Bruno, Gli eroici furori, Dialogo secundo 13 (Opere di G. B. Nolano ed. Adolfo Wagner, Vol. II,

Leipzig 1830, p. 332): »Tutti gli amori, se sono eroici, e non son puri animali, che chiamano naturali e cattivi a la generazione come instrumenti de la natura, in certo modo hanno per oggetto la divinità, tendono a la divina bellezza, la quale prima si comunica a l'anime e risplende in quelle, e da quelle poi, o per dir meglio, per quelle poi si comunica a li corpi.«

(S. 325, Z. 18 v. u.) Ed. v. Hartmann, Phänomenologie des sittlichen Bewußtseins, 1879, S. 699, spricht es nur der allgemeinen Meinung nach: »... es ist an der Zeit, den heranwachsenden Mädchen klarzumachen, daß ihr Beruf, wie er durch ihr Geschlecht vorgezeichnet ist, nur in der Stellung als Gattin und Mutter sich erfüllen läßt, daß er in nichts anderem besteht, als in dem Gebären und Erziehen von Kindern, daß die tüchtigste und am höchsten zu ehrende Frau diejenige ist, welche der Menschheit die größte Zahl besterzogener Kinder geschenkt hat, und daß alle sogenannte Berufsbildung der Mädchen nur einen traurigen Notbehelf für diejenigen bildet, welche das Unglück gehabt haben, ihren wahren Beruf zu verfehlen.«

(S. 326, Z. 3.) Besonders im Judentum werden zum Teil noch heute unfruchtbare Frauen als zwecklos betrachtet (vgl. Kapitel XIII, S. 407). Aber auch nach deutschem Recht »durfte der Mann wegen Unfruchtbarkeit seiner Frau ... geschieden zu werden verlangen«. Jakob Grimm, Deutsche Rechtsaltertümer, 4. Ausgabe, Leipzig 1899, S. 626.

(S. 326, Z. 16 v. u.) Das französische Zitat stammt aus dem Zyklus »Sagesse« (Paul Verlaine, Choix de Poésies, Edition augmentée d'une Préface de François Coppée, Paris 1902, p. 179).

(S. 329, Z. 16 v. u.) Vgl. Liebeslieder moderner Frauen, eine Sammlung von Paul Grabein, Berlin 1902.

(S. 330, Z. 18 v. u.) Poros und Penia als Eltern des Eros: nach der so tiefen Fabel des platonischen Gastmahls (p. 203, B–D). Vgl. S. 331 und 387.

(S. 331, Z. 7 v. u. ff.) Zu der Wirkung des männlichen Geschlechtsteiles auf das weibliche Geschlecht vgl. eine Erzählung Freuds (Breuer und Freud, Studien über Hysterie, Leipzig und Wien 1895, S. 113); vor allem aber die großartige Szene in Zolas Roman »Germinal« (Quinzième Partie, Fin, p. 416), wo die Frauen das Zeugungsglied des gemordeten und nach dem Tode kastrierten Maigrat erblicken.

(S. 332, Z. 9.) Erst lange, nachdem ich diese Stelle niedergeschrieben hatte, wurde ich darauf aufmerksam, daß fascinum, von dem fascinare sich herleitet, im Lateinischen (z. B. Horaz, Epod. 8, 18); nichts anderes als das männliche Glied bedeutet.

(S. 333, Z. 15 f.) Plato, Symposion, 202, D–E: φημὶ γὰρ, ὦ Πῶλε᾽ ἐγὼ τοὺς ῥήτορας καὶ τοὺς τυράννους δύνασθαι μὲν ἐν ταῖ πόλεσι σμικρότατον, ὥσπερ νῦν δὴ ἔλεον οὐδὲν γὰρ ποιεῖν ὧν βούλονται, ὡς ἔπος εἰπεῖν μέντοι ὅτι ἂν αὐτοῖς δόξῃ βέλτιστον εἶναι. Und das »οὐδεὶς ἑκὼν ἁμαρτάνει.«

(S. 333, Z. 20 v. u. f.) Der neueste Darsteller der platonischen Gedankenwelt ist in philosophischen Dingen Anhänger Mills: Theodor Gomperz, Griechische Denker, eine Geschichte der antiken Philosophie, Bd. II, Leipzig 1902, S. 201 ff. In manchen Regionen scheint dieser vielfach hochverdiente Autor selbst gefühlt zu haben, wie ferne er einem Verständnis der inneren Denkmotive des Philosophen ist. Interessanter sind jene Stellen des Buches, wo der Verfasser Plato zu begreifen meint und beloben zu müssen glaubt. Vor dem Geiste der Modernität, welcher die höchsten Synthesen, deren er fähig war, im Lawn-tennis-Spiele vollzogen hat, vermögen nur zwei Stellen des »Staates« vollste Gnade zu finden. (» Wir dürfen es Plato hoch anrechnen, daß er die ›hinkende‹ Einseitigkeit des bloßen Sport- und Jagdliebhabers nicht stärker mißbilligt als jene, die sich nur um die Pflege des Geistes und gar nicht um jene des Körpers kümmert ... Nicht minder bezeichnend ist es, daß er auch bei der Auswahl der Herrscher neben den Charaktereigenschaften nach Möglichkeit die Wohlgestalt berücksichtigt wissen will ... Hier ist der asketische Verfasser des Phaedon wieder ganz und gar Hellene geworden.« S. 583.) Dem Dialog über den Staatsmann wird wie als höchste Anerkennung diese, daß »ein Hauch von baconischem, modern induktivem Geiste ihn gestreift« habe (S. 465). Gleichsam als das Ruhmwürdigste im »Phaedon« erscheint die Antizipation der Assoziationsgesetze (S. 356), und allen Ernstes wird als eine »wunderbare Äußerung Platons« eine Stelle des Sophisten (247, D E) gepriesen, die als eine Vorwegnahme der »modernen Energetik« vielleicht aus purem Wohlwollen gegen den Denker mißverstanden wird, der mit John Stuart Mill so gar keine Ähnlichkeit hatte (S. 455). Wie es unter solchen Umständen dem Timaeus ergeht, das kann man sich leicht ausmalen. Man sollte übrigens – und diese Bemerkung richtet sich nicht bloß gegen eine unzulängliche Darstellung Platos – es durchaus unterlassen, einen Philosophen oder Künstler deswegen zu loben, weil die Nur-Wissenschaftler nach tausend Jahren einen Gedanken von ihm zu begreifen anfangen. Goethe, Plato und Kant sind zu größeren Dingen auf der Erde erschienen, als empirische Wissenschaft aus ihrer Erfahrung allein je einsehen oder begründen könnte.

(S. 333, Z. 7 v. u.) O. Friedländer bemerkt in seinem Aufsatz »Eine für viele« (vgl. zu S. 110, Z. 13) S. 180 f. sehr scharf, aber wahr: »Nichts kann den Frauen ferner gelegen sein als der Kampf gegen die voreheliche Unkeuschheit des Mannes. Was sie im Gegenteil von dem letzteren verlangen, ist die subtilste Kenntnis aller Details des Geschlechtslebens und der Entschluß, diese theoretische Superiorität auch praktisch zur Geltung zu bringen ... Die Jungfrau vertraut ihre unberührten Reize meist lieber den bewährten Händen des ausgekneipten Wüstlings an, der lange das Reifeexamen der ars amandi abgelegt hat, als den zitternden Fingern des erotischen Analphabeten, der das Abc der Liebe kaum zu stammeln vermag.«
Zu Teil II, Kapitel 12

(S. 335, Z. 6.) Das Motto aus Kant habe ich irgendwo zitiert gefunden, kann mich aber nicht entsinnen, wo, noch war es mir möglich, in Kantens Schriften selbst es zu entdecken. In den »Fragmenten aus dem Nachlaß« (Bd. VIII, S. 330, ed. Kirchmann) heißt es: »Wenn man bedenkt, daß Mann und Frau ein moralisches Ganzes ausmachen, so muß man ihnen nicht einerlei Eigenschaften beilegen, sondern der einen solche Eigenschaften, die dem anderen fehlen« – übrigens eine Ansicht, durch die leicht die Wahrheit umgekehrt erscheinen könnte: der Mann hat alle Eigenschaften der Frau in sich, zumindest als Möglichkeiten; dagegen ist die Frau ärmer als der Mann, weil nur ein Teil desselben. (Vgl. den Schluß dieses Kapitels.)

(S. 336, Z. 16.) Paul Julius Moebius, Über den physiologischen Schwachsinn des Weibes, 5. Aufl., Halle 1903. Über einige Unterschiede der Geschlechter, in: Stachyologie, Weitere vermischte Aufsätze, Leipzig 1901, S. 125-138.

(S. 343, Z. 16.) Man übertreibt oft die Stärke des Verlangens nach dem Kinde bei der Frau. Ed. v. Hartmann (Phänomenologie des sittlichen Bewußtseins, 1879, S. 693) bemerkt zum Teil mit Recht: »Der Instinkt nach dem Besitz von Kindern ist bei jungen Frauen und Mädchen keineswegs so allgemein und entschieden ausgeprägt, als man gemeinhin annimmt, und als die Mädchen selbst dies erheucheln, um dadurch die Männer anzuziehen; erst in reiferen Jahren pflegen kinderlose Frauen ihren Zustand als schmerzliche Entbehrung im Vergleich zu ihren kinderbesitzenden Altersgenossinnen zu fühlen ... Meist geschieht es mehr, um den Mann zufriedenzustellen, als um ihrer selbst willen, wenn junge Frauen sich Kinder wünschen; der Mutterinstinkt erwacht erst, wenn der hilfefordernde junge Weltbürger wirklich da ist.« Man sieht übrigens, wie notwendig sowohl in dieser Frage als den ewig wiederholten Behauptungen der Gynäkologen gegenüber (für welche das Weib theoretisch immer nur eine Brutanstalt ist) die im 10. Kapitel durchgeführte Zweiteilung ist.

(S. 346, Z. 8.)

»Das Weib ist's, das ein Herz sucht, nicht Genuß.
Das Weib ist keusch in seinem tiefsten Wesen,
Und was die Scham ist, weiß doch nur ein Weib.«

Hamerling, Ahasver in Rom, II. Gesang: Werke, Volksausgabe Hamburg, Bd. I, p. 58.

(S. 348, Z. 12.) Herbert Spencer, Die Prinzipien der Ethik, Bd. I, Stuttgart 1894, S. 341 f.

(S. 348, Z. 13 v. u.) Ellis, Mann und Weib, S. 288, äußert die interessante Vermutung, daß auch die Erscheinung der Mimikry mit der Suggestibilität in einem Zusammenhange stehe. Mit der Darstellung im Texte würde das vielleicht sich besser reimen als irgend eine andere Deutung jenes Phänomens.

(S. 349, Z. 1 v. u.) Wolfram von Eschenbach, Parzival, übersetzt von Karl Pannier (Leipzig, Universalbibliothek), Buch IV, Vers 698 ff.

(S. 350, Z. 15 v. u.) Sehr vereinzelt ist unter den Psychiatern eine Stimme, wie die Konrad Riegers, Professors in Würzburg: »Was ich erstrebe, ist die Autonomie der Psychiatrie und Psychologie. Sie sollen beide frei sein von einer Anatomie, die sie nichts angeht; von einer Chemie, die sie nichts angeht. Eine psychologische Erscheinung ist etwas ebenso Originales wie eine chemische und anatomische. Sie hat keine Stützen nötig, an die sie angelehnt werden müßte.« (Die Kastration in rechtlicher, sozialer und vitaler Hinsicht, Jena 1900, S. 31.)

(S. 351, Z. 4.) Pierre Janet, L'Etat mental des Hystériques, Paris 1894; L'Automatisme psychologique, Essai de Psychologie expérimentale sur les formes inférieures de l'activité humaine, 3. éd., Paris 1898; F. Raymond et Pierre Janet, Névroses et Idées fixes, Paris 1898. – Oskar Vogt: in den zu Seite 363, Zeile 12 zitierten Aufsätzen. – Jos. Breuer und Sigm. Freud, Studien über Hysterie, Leipzig und Wien 1895.

(S. 351, Z. 13.) Sigmund Freud, Zur Ätiologie der Hysterie, Wiener klinische Rundschau, X, S. 379 ff. (1896, Nr. 22-26). Die Sexualität in der Ätiologie der Neurosen, ibid. XII, 1898, Nr. 2-7.

(S. 351, Z. 9 v. u.) »Fremdkörper« nach Breuer und Freud, Studien über Hysterie, S. 4.

(S. 351, Z. 3 v. u.) Hier gedenkt man vielleicht der vollendetsten Frauengestalt Zolas, der Françoise aus seinem gewaltigsten Romane »La Terre«, und ihres Verhaltens gegen den von ihr bis zum Schlüsse ganz unbewußt begehrten und stets zurückgewiesenen Buteau.

(S. 352, Z. 6.) Unter den hysterischen Männern sind wohl viele sexuelle Zwischenformen. Eine Bemerkung Charcots weist darauf hin (Neue Vorlesungen über die Krankheiten des Nervensystems, insbesondere über Hysterie, übersetzt von Sigmund Freud, Leipzig und Wien 1886, S. 70): »Beim Manne sieht man nicht selten einen Hoden, besonders wenn er Sitz einer Lage- oder Entwicklungsanomalie ist, in eine hysterogene Zone einbezogen.« Vgl. S. 74 über einen hysterischen Knaben von weibischer Erscheinung. Eine Stelle, die ich in demselben Buche gelesen zu haben mich bestimmt entsinne, aber später nicht mehr aufzufinden vermochte, gibt an, daß der Hode besonders dann eine hysterogene Zone darstelle, wenn er im Leistenkanal zurückgeblieben sei. Beim Weibe aber sind die hysterogenen Punkte auch lauter sexuell besonders stark hervorgehobene (der Ilial-, Mammar-, Inguinalpunkt, die »Ovarie«, vgl. Ziehens Artikel »Hysterie« in Eulenburgs Realenzyklopädie). Der Hode, welcher den Deszensus nicht vollzogen hat, ist eine Keimdrüse von stark weiblicher Sexualcharakteristik (nach Teil I, Kap. 2); er steht einem Ovarium nahe und kann auch dessen Eigenschaften übernehmen, also hysterogen werden. – Ich habe einmal in einer Vorlesung einen Psychiater die Unrichtigkeit der Lehre von der Weiblichkeit der Hysterie an einem Knaben demonstrieren sehen, dessen Testikel ihrer besonderen Kleinheit wegen (»von Erbsengröße«) ihm selbst aufgefallen waren.

Nach Briquet (zitiert bei Charcot, a. a. O. S. 78) kommen 20 hysterische Frauen auf einen hysterischen Mann.

Im übrigen hat auch der männlichste Mann, vielleicht gerade er am stärksten, die Möglichkeit des Weibes in sich. Hebbel, Ibsen, Zola – die drei größten Kenner des Weibes im 19. Jahrhundert – sind extrem männliche Künstler, der letztere so sehr, daß seine Romane trotz ihrem oft so sexuellen Gehalte bei den Frauen auffallend wenig in Gunst stehen ... Je mehr Mann einer ist, desto mehr vom Weibe hat er in sich überwunden, und es ist vielleicht der männlichste Mann insofern zugleich der weiblichste. Hiemit ist die Seite 103 aufgeworfene Frage wohl am richtigsten beantwortet.

(S. 353, Z. 17 v. u.) Pierre Janet kommt meiner Auffassung von der passiven Übernahme der Anschauungsweise des Mannes einmal ziemlich nahe. Névroses et Idées fixes, I, 475 f.: »... On a vu que le travail du directeur pendant les séances ... a été un travail de synthèse; il a organisé des résolutions, des croyances, des émotions, il a aidé le sujet à rattacher à sa personnalité des images et des sensations. Bien plus il a échafaudé tout ce système de pensées autour d'un centre spécial qui est le souvenir et l'image de sa personne. Le sujet a emporté dans son esprit et dans son cerveau une synthèse nouvelle, passablement artificielle et très fragile, sur laquelle l'émotion a facilement exercé sa puissance désorganisatrice,« p. 477: les phénomènes »consistent toujours dans une affirmation et une volonté c'est-à-dire une direction imposée aux gens qui ne peuvent pas vouloir, qui ne peuvent pas s'adapter, qui vivent d'une manière insuffisante«.

(S. 352, Z. 7 v. u.) Abulie: Vgl. die Beschreibung Janets (Un cas d'aboulie et d'idées fixes, Névroses et Idées fixes, Vol. I, p. 1 ff.).

(S. 353, Z. 11.) Von der außerordentlichen Leichtgläubigkeit der Hysterikerinnen spricht Pierre Janet, L'Automatisme Psychologique, Essai de psychologie expérimentale sur les formes inférieures de l'activité humaine, 3. éd., Paris 1899, p. 207 f. Ferner pag. 210: »Ces personnes, en apparence spontanées et entreprenantcs, sont de la plus etrange docilité quand on sait de quelle manière il faut les diriger. De même que l'on peut changer un rêve par quelques mots adressés au dormeur, de même on peut modifier les actes et toutes la conduite d'un individu faible par un mot, une allusion, un signe léger auquel il obéit aveuglément tandis qu'il résisterait avec fureur si on avait l'air de lui commander.« Briquet, Traité clinique et thérapeutique de l'hystérie, Paris 1859, p. 98: »Toutes les hystériques que j'ai observées étaient extrêmement impressionables. Toutes, dès leur enfance, étaient très craintives; elles avaient une peur extrême d'être grondées, et quand il leur arriva de l'être, elles étouffaient, sanglotaient, fuyaient au loin ou se trouvaient mal.« (Vgl. im Texte weiter unten über die hysterische Konstitution.) Wie hiegegen der Eigensinn der Hysterischen alles eher denn einen Einwand bildet, das geht hervor aus der glänzenden Bemerkung von Lipps (Suggestion und Hypnose, S. 483, Sitzungsberichte der philosophisch-philologischen und der historischen Klasse der Akademie der Wissenschaften zu München, 1897, Bd. II): »... blinder Eigensinn ist im Prinzip dasselbe wie blinder Gehorsam ..., es kann nicht verwundern, wenn ... beim suggestibeln ... beides angetroffen wird. Der größte Grad der Suggestibilität ... bedingt die Willensautomatie. Hier wirkt ausschließlich oder übermächtig der im Befehl eingeschlossene Willensantrieb. Ein geringerer Grad der Suggestibilität dagegen kann neben der Willensautomatie das blinde Zuwiderhandeln gegen den Befehl erzeugen.«

(S. 353, Z. 20-16 v. u.) Auch Freuds »Deckerinnerungen« (Monatsschrift für Psychiatrie und Neurologie, VI, 1899) gehören hieher. Es sind das die Reaktionen des Schein-Ich auf diejenigen Ereignisse, auf welche es anders antwortet als die eigentliche Natur.

(S. 353, Z. 10 v. u. f.) Z. B. Th. Gomperz, Griechische Denker, Leipzig 1902, II, 353: »Erst unsere Zeit hat ... der vermeintlichen Einfachheit der Seele Tatsachen des ›doppelten Bewußtseins‹ und verwandte Vorgänge gegenübergestellt.«

(S. 353, Z. 1 v. u.) Vgl. auch S. 269, Z. 13 ff., und die Anmerkung hiezu.

(S. 354, Z. 17.) »Anorexie«, Mangel an Streben, hat man das zeitweilige Fehlen aller Emotivität, den völligen Indifferentismus der Hysterischen genannt; dieser resultiert aus der Unterdrückung der weiblichen Triebe, indem eben die einzige Wertung hier aus dem Bewußtsein verdrängt ist, deren die Frauen fähig sind und die sonst ihr Handeln bestimmt.

(S. 354, Z. 19 v. u.) über den »Shock nerveux« vgl. Oeuvres complètes de J. M. Charcot, Leçons sur les maladies du système nerveux, Tome III, Paris 1887, p. 453 ff.
(S. 354, Z. 14 v. u.) »Gegenwille«: Breuer und Freud, Studien über Hysterie, S. 2.

(S. 354, Z. 11 v. u.) Über die »Abwehr«: Freud, Neurologisches Zentralblatt, 15. Mai 1894, S. 364.

(S. 354, Z. 1 v. u.) Das »schlimme Ich«: Ausdruck einer Patientin Breuers (Breuer und Freud, Studien über Hysterie, S. 36).

(S.355, Z. 10.) Der Ausdruck » Konversion«, »konvertieren« ist eingeführt worden von Freud, Die Abwehr-Neuropsychosen, Versuch einer psychologischen Theorie der akquirierten Hysterie, vieler Phobien und Zwangsvorstellungen und gewisser halluzinatorischer Psychosen, Neurologisches Zentralblatt, Bd. XIII, 1. Juni 1894, S. 402 ff. Vgl. auch Breuer und Freud, Studien über Hysterie, S. 73, 105, 127, 177 ff., 190, 261. Er bedeutet: Umsetzung gewaltsam unterdrückter psychischer Erregung in körperliche Dauersymptome.

(S. 355, Z. 14.) Vgl. P. J. Moebius, Über den Begriff der Hysterie, Zentralblatt für Nervenheilkunde, Psychiatrie und gerichtliche Psychopathologie, XI, 66-71 (1. II. 1888).

(S. 356, Z. 12.) Breuer und Freud, Studien über Hysterie, S. 6.

(S. 357, Z. 10 v. u.) Breuer und Freud, Studien über Hysterie, S. 10, 203.

(S. 357, Z. 6.) Zur hysterischen Heteronomie vergleiche man z. B. Pierre Janet, Névroses et Idées fixes, I, 458: »D ..., atteinte de folie de scrupule, me demande si réellement elle est très méchante, si tout ce qu'elle fait est mal; je lui certifie qu'il n'en est rien et elle s'en va contente.«

(S. 357, Z. 19 v. u.) O. Binswanger, Artikel »Hypnotismus« in Eulenburgs Realenzyklopädie der gesamten Heilkunde, 3. Aufl., Bd. XI, S. 242: »Hysterische Individuen geben die reichste Ausbeute an hypnotischen Erscheinungen.«

(S. 358, Z. 2 ff.) Daß das Verhältnis zwischen Hypnotiseur und Medium ein sehr sexuelles ist, wird durch die merkwürdigen, besonders von Albert Moll (Der Rapport in der Hypnose, Untersuchungen über den tierischen Magnetismus, Schriften für psychologische Forschung, Heft III-IV, Leipzig 1892) studierten Tatsachen des »Isolier-Rapportes« bewiesen. Literatur bei Janet, Névroses et idées fixes, Vol. I, Paris 1898, p. 424, vgl. auch p. 425: »Si le sujet n'a été endormi qu'un très petit nombre de fois à des intervalles éloignés ... il se réveillera de l'hypnose dans un état presque normal et ne conservera de son hypnotiseur aucune préoccupation particulière ... Au contraire, si, pour un motif quelconque ... les séances de somnambulisme sont rapprochées, il est facile de remarquer que l'attitude du sujet vis-à-vis de l'hypnotiseur ne tarde pas à se modifier. Deux faits sont surtout apparents: le sujet, qui d'abord avait quelque crainte ou quelque répugnance pour le somnambulisme, recherche maintenant les séances avec un désir passioné; en outre, surtout à un certain moment, il parle beaucoup de son hypnotiseur et s'en préoccupe d'une façon évidemment excessive.« Also wirkt die Hypnose ganz wie der Koitus auf das Weib, es findet um so mehr Geschmack daran, je öfter sie wiederholt wird. Vgl. p. 427 f. über die »passion somnambulique«: »Les malades ... se souviennent du bien-être que leur a causé le somnambulisme précédent et ils n'ont plus qu'une seule pensée, c'est d'être endormis de nouveau. Quelques malades voudraient être hypnotisés par n'importe qui, mais le plus souvent il n'en est pas ainsi, c'est leur hypnotiseur, celui qui les a déjà endormis fréquemment, qu'ils réclament avec une impatience croissante.« p. 447 über die Eifersucht der Medien: »... beaucoup de magnétiseurs ont bien décrit la souffrance qu'éprouve une somnambule quand elle apprend que son directeur endort de la même manière une autre personne.« Ferner p. 451: »Si Qe., même seule, laisse sa main griffonner sur le papier, elle voit avec étonnement qu'elle a sans cesse écrit mon nom ou quelque recommandation que je lui ai faite.« »Si je la laisse regarder [une boule de verre] en évitant de lui rien suggérer, elle ne tarde pas à voir ma figure dans cette boule.« Janet selbst bespricht die Frage, ob die hypnotischen Phänomene sexuelle seien, S. 456 f., verneint sie aber aus ganz unstichhaltigen Gründen, z. B. weil die Hypnotisierte oft vor dem Magnetiseur Angst habe, oder ihm mütterliche Gefühle entgegenbringe; aber es ist klar, daß die Angst der Frauen vor dem Manne nur die Verschleierung eines erwartungsvollen Begehrens und das mütterliche Verhältnis eben auch ein geschlechtliches ist. Moll selbst sagt S. 131: »Eine gewisse Verwandtschaft der geschlechtlichen Liebe mit dem suggestiven Rapport kann übrigens für einzelne Fälle nicht geleugnet werden.« Freud bei Breuer und Freud, Studien über Hysterie, S. 44: »So macht sich jedesmal schon während der Massage mein Einfluß geltend, sie wird ruhiger und klarer und findet auch ohne hypnotisches Befragen die Gründe ihrer jedesmaligen Verstimmung usf.« So wie die sexuellen Bande, welche eine Frau an einen Mann knüpfen, gelockert werden durch jede Schwäche, jede Lüge des letzteren, so vermag auch der Einfluß einer Suggestion gebrochen zu werden, sobald der Wille des Suggestors sich als gegensätzlich zu dem herausgestellt hat, was speziell von ihm erwartet wurde. Einen solchen Fall teilt Freud mit (Breuer und Freud, Studien über Hysterie, S. 64 f.): »Die Mutter ... gelangte auf einem Gedankenwege, dem ich nicht nachgespürt habe, zum Schluß, daß wir beide, Dr. N ... und ich, Schuld an der Erkrankung des Kindes trügen, weil wir ihr das schwere Leiden der Kleinen als leicht dargestellt, hob gewissermaßen durch einen Willensakt die Wirkung meiner Behandlung auf und verfiel alsbald wieder in dieselben Zustände, von denen ich sie befreit hatte.« Das Verhältnis zwischen Medium und Hypnotiseur ist eben stets und unabänderlich, zumindest auf der Seite des ersteren, ein sexuelles oder einem sexuellen ganz analog.

(S. 358, Z. 9.) Breuer bei Breuer und Freud, Studien über Hysterie, S. 6-7.

(S. 359, Z. 1.) Umwandlung des hysterischen Anfalles in Somnambulismus: Pierre Janet, Névroses et Idées fixes, Vol. I, Paris 1898, p. 160 f.

(S. 359, Z. 11-13.) Es ist wohl überaus gewagt und sagt mir, als zu grob, selbst wenig zu, auch die etwaigen Heilerfolge der Ovariotomie hysterischer Erkrankung gegenüber, von denen so häufig berichtet wird, im Sinne meiner Theorie zu interpretieren. Dennoch fügen sich die zahlreichen bezüglichen Angaben, wenn auf sie nur Verlaß ist, leicht in die Gesamtanschauung. Die Geschlechtlichkeit nämlich, welche der Imprägnation mit dem gegengeschlechtlichen Willen entgegensteht, wird durch jene Operation radikal aufgehoben oder ungemein vermindert (vgl. Teil I, Kap. 2), und so entfällt der Anlaß zum Konflikte.

(S. 360, Z. 2 ff.) F. Raymond et Pierre Janet, Névroses et Idées fixes. Vol. II, Paris 1898, p. 313: »La malade entre à l'hôpital ... nouvelle émotion en voyant une femme qui tombe par terre: cette émotion bouleverse l'équilibre nerveux, lui rend tout à coup la parole et transforme l'hémiplégie gauche en paraplégie complète. Ces transformations, ces équivalences sont bien connues dans l'hystérie; ce n'est pas une raison pour que nous ne déclarions pas qu'elles sont à notre avis très étonnantes et probablement très instructives sur le mécanisme du système nerveux central.«

(S. 360, Z. 2 v. u.) Hiemit stimmen alle Angaben über den Charakter der Hysterischen gut überein. Z. B. bemerkt Sollier, Genèse et Nature de l'Hystérie, Paris 1897, Vol. I, p. 460: »Elles [les hystériques] sentent instinctivement qu'elles ont besoin d'être dirigées, commandées, et c'est pour cette raison qu'elles s'attachent de préférence à ceux qui leur imposent, chez qui elles sentent une volonté très-forte.« Er zitiert die Äußerung einer seiner Patientinnen: »Il faut que je sois en sous-ordre; ... je sais bien faire ce qu'on me commande, mais je ne serais pas capable de faire les choses toute seule, et encore moins de commander à d'autres.«

(S. 361, Z. 11.) Man könnte vielleicht glauben, daß die Mutter das hysterische Weib sei: dies war eine Zeitlang meine Anschauung, da ich die Mutter für weniger sinnlich hielt und die Hysterie aus einem Konflikt zwischen dem bloß nach dem Kinde gehenden Wunsche des Einzelwesens und dem Widerstreben gegen das, diesen Zweck zu erreichen, erforderliche Mittel, also aus einem im Unbewußten erfolgenden Zusammenstoß von Individual- und Gattungswillen in einem einzigen Individuum mir zu erklären suchte. Nach Briquet sind aber Prostituierte sehr häufig hysterisch. Es besteht hierin kein Unterschied zwischen Mutter und Dirne. Denn ebenso können Hysterikerinnen auch Mütter sein: die Léonie, an der Pierre Janet so viele Erfahrungen gesammelt hat, betrachtete ihn, der ihr Magnetiseur war, als ihren Sohn (Névroses et Idées fixes, Vol. I, p. 447). Ich habe seither reichlich Gelegenheit gefunden, selbst wahrzunehmen, daß Mütter und Prostituierte unterschiedslos hysterisch sind.

(S. 363, Z. 12.) Paul Sollier, Genèse et Nature de l'Hystérie, Recherches cliniques et expérimentales de Psycho-Physiologie, Paris 1897, Vol. I, p. 211: »... L'anesthésie est bien plus fréquente chez les hystériques que l'hyperesthésie, et par suite la frigidité est l'etat le plus habituel ... Il est aussi une conséquence de l'anesthésie des organes sexuels chez l'hystérique qu'il est bon de signaler et que j'ai été à même de constater: c'est l'absence de sensation des mouvements du foetus pendant la grossesse. Quoique ceux-ci soient faciles à démontrer par la palpation, ce phénomène peut cependant donner dans certains cas des craintes non justifiées sur la santé du foetus; ou pousser certaines femmes à réclamer une intervention en niant énergiquement qu'elles sont enceintes.« Zum zehnten Kapitel (S. 284) würde das wohl stimmen: die Verleugnung der Sexualität muß auch eine Verleugnung des Kindes mit sich führen. Vgl. ferner bei Sollier noch Vol. I, pag. 458: »Chez celles-ci [les grandes hystériques] il y a de l'anesthésie génitale comme de tous les organes, et elles sont ordinairement complètement frigides ... Certaines hystériques prennent l'horreur des rapports conjugaux qui leur sont ou absolument indifférents quand elles sont anesthésiques, ou désagréables quand elles ne le sont pas tout-à-fait.«

(S. 363, Z. 15.) Oskar Vogt, Normalpsychologische Einleitung in die Psychopathologie der Hysterie, Zeitschrift für Hypnotismus, Bd. VIII, 1899, S. 215: »Ich gebe A. einerseits die Suggestion, daß bei jeder Berührung des rechten Armes in ihm die Vorstellung einer roten Farbe auftauchen solle, und anderseits mache ich den rechten Arm anästhetisch. Berühre ich jetzt den Arm, so empfindet A. nicht die Berührung trotz darauf eingestellter Aufmerksamkeit, aber bei jeder meiner nicht von A. empfundenen Berührungen tritt doch die Vorstellung der roten Farbe in A. auf.«

(S. 365, Z. 9 v. u.) Guy de Maupassant, Bel-Ami, Paris, S. 389 f.

(S. 365, Z. 9-5 v. u.) Von einem solchen sehr lehrreichen Fall von Imprägnation durch gänzlich von außen gekommene Vorstellungen erzählt Freud bei Breuer und Freud, Studien über Hysterie, 1895, S. 242 f. Eine Dame phantasiert da in den Symbolen der Theosophen, in deren Gesellschaft sie eingetreten ist. Auf Freuds Frage, seit wann sie sich Vorwürfe mache und mit sich unzufrieden sei, antwortet sie, seitdem sie Mitglied des Vereines geworden sei und die von ihm herausgegebenen Schriften lese. Suggestibel sind Frauen wie Kinder eben auch durch Bücher.

(S. 366, Z. 1.) Der Ausdruck »Schutzheilige etc.« stammt von Breuer (Breuer und Freud, Studien über Hysterie, S. 204). Einiges Interessante in einem freilich tendenziös antireligiösen Schriftchen des Dr. Rouby, L'Hystérie de Sainte Thérèse (Bibliothèque diabolique), Paris, Alcan, 1902, p. 11 f., 16 f., 20 f., 39 f. Gilles de la Tourette, Traité clinique et thérapeutique de l'Hystérie d'après l'enseignement de la Salpétrière, Paris 1891, Vol. I, p. 223, bemerkt: »Il n'est pas douteux que sainte Thérèse ... fût atteinte de cardialgie hystérique, ou mieux d'angine de poitrine de même nature, complexus qui s'accompagne souvent de troubles hyperesthésiques de la région précordiale.« Hahn, Les phénomènes hystériques et les révélations de Sainte-Thérèse, Revue des Questions Scientifiques, Vol. XIV et XV, Bruxelles 1882. Charles Binet-Sanglé, Physio-Psychologie des Religieuses, Archives d'Anthropologie criminelle, XVII, 1902, p. 453-477, 517-545, 607-623.

(S. 366, Z. 15 f.) Oskar Vogt, Die direkte psychologische Experimentalmethode in hypnotischen Bewußtseinszuständen, Zeitschrift für Hypnotismus, V, 1897, S. 7-30, 180-218. (Vgl. besonders S. 195 ff.: »Die Erfahrung lehrt, daß die Exaktheit der Selbstbeobachtung noch durch Suggestionen gesteigert werden kann.« S. 199: »Die Selbstbeobachtung kann gehoben weiden: einmal durch spezialisierte Intensitätsverstärkungen oder Hemmungen und dann durch Einengung des Wachseins und damit der Aufmerksamkeit auf die am Experiment beteiligten Bewußtseinselemente.« S. 218: »Es kann sich im einzelnen Menschen hohe Suggestibilität mit der Fähigkeit einer kritischen Selbstbeobachtung verbinden [nämlich im Zustande des vom Hypnotiseur erzeugten ›partiellen systematischen Wachseins‹].«) Zur Methodik der ätiologischen Erforschung der Hysterie, ibid. VIII, 1899, S. 65 ff., besonders S. 70. Zur Kritik der hypnogenetischen Erforschung der Hysterie, ibid. 342-355. Freud als Vorgänger: Breuer und Freud, Studien über Hysterie, S. 133 ff.

(S. 372, Z. 13 v. u. f.) Vgl. A. P. Sinnett, Die esoterische Lehre oder Geheimbuddhismus, 2. Aufl., Leipzig 1899, S. 153-172.

(S. 374, Z. 10.) Die Bemerkung über Schopenhauer bedarf einer Erläuterung. Die Verwechslung von Trieb und Wille ist vielleicht der folgenschwerste Fehler des Schopenhauerschen Systems. So viel sie zur Popularisierung seiner Philosophie beigetragen hat, um ebensoviel hat sie die Tatsachen unzulässig vereinfacht. Aus ihr erklärt sich, wie Schopenhauer, für den das intelligible Wesen des Menschen mit Recht Wille ist, dasselbe überall in der belebten Natur und schließlich auch in der unbelebten als Bewegung wiederfinden kann. Dadurch aber kommt notwendig Konfusion in Schopenhauers System. Er ist im tiefsten Grunde dualistisch veranlagt, und hat eine monistische Metaphysik; er weiß, daß gerade das intelligible Wesen des Menschen Wille ist und muß doch durch eine unglückliche Psychologie, welche Willen und Intellekt in einer sehr verfehlten Weise sondert, und nur den letzteren allein dem Menschen zuteilt, diesen von Tier und Pflanze unterscheiden; er ist, was man auch sagen mag, zuletzt Optimist, als Bejaher einer anderen Seinsform, über die er nur aller positiven Bestimmungen sich enthält, also eines anderen Lebens: und, so paradox dies dem heutigen Ohr klinge, nur sein Monismus gibt dem System die pessimistische Wertung: indem er den gleichen Willen hier wie dort sieht, ewiges und irdisches Leben nicht scheidet, und die einzige Unsterblichkeit danach nur die des Gattungswillens sein kann. So offenbart sich die Identifikation des höheren mit dem niederen Willensbegriff – welchen letzteren man stets als Trieb bezeichnen sollte – als das Verhängnis seiner ganzen Philosophie. Hätte er die Kantische Moralphilosophie verstanden, so hätte er auch eingesehen, was der Unterschied zwischen Wille und Trieb ist: der Wille ist stets frei, und nur der Trieb unfrei. Es gibt gar keine Frage nach der Freiheit, sondern nur eine nach der Existenz des Willens . Alle Phänomene sind kausal bedingt; einen Willen kann darum die empirische Psychologie, die nur psychische Phänomene anerkennt, nicht brauchen und nicht zulassen. Denn aller Wille ist seinem Begriffe nach frei und von absoluter Spontaneität. Kant sagt (Grundlegung zur Metaphysik der Sitten, S. 77, Kirchmann): »Die Idee der Freiheit müssen wir voraussetzen, wenn wir uns ein Wesen als vernünftig und mit Bewußtsein seiner Kausalität in Ansehung der Handlungen, das ist mit einem Willen begabt uns denken wollen, und so finden wir, daß wir aus ebendemselben Grunde jedem mit Vernunft und Willen begabten Wesen diese Eigenschaft, sich unter der Idee seiner Freiheit zum Flandeln zu bestimmen, beilegen müssen.« Unfreiheit des Willens gibt es, wie man sieht, auch für Kant gar nicht: der Wille kann gar nicht determiniert werden. Der Mensch, der will, wirklich will, will immer frei. Der Mensch hat aber freilich nicht nur einen Willen, sondern auch Triebe. Kant (ibid. S. 78): »Dieses [das moralische] Sollen ist eigentlich ein Wollen, das unter der Bedingung für jedes vernünftige Wesen gilt, wenn die Vernunft bei ihm ohne Hindernisse praktisch wäre; für Wesen, die, wie wir, noch durch Sinnlichkeit, als Triebfedern anderer Art, affiziert werden, bei denen es nicht immer geschieht, was die Vernunft für sich allein tun würde, heißt jene Notwendigkeit der Handlung nur ein Sollen, und die subjektive Notwendigkeit wird von der objektiven unterschieden.«

Aller Wille ist Wille zum Wert , und aller Trieb Trieb nach der Lust ; es gibt keinen Willen zur Lust und auch keinen Willen zur Macht, sondern nur Gier und zähen Hunger nach der Herrschaft. Platon hat dies im »Gorgias« wohl erkannt, er ist aber nicht verstanden worden. 466 DE: φημὶ γὰρ, ὦ Πῶλε‘ ἐγὼ τοὺς ῥήτορας καὶ τοὺς τυράννους δύνασθαι μὲν ἐν ταῖ πόλεσι σμικρότατον, ὥσπερ νῦν δὴ ἔλεον οὐδὲν γὰρ ποιεῖν ὧν βούλονται, ὡς ἔπος εἰπεῖν μέντοι ὅτι ἂν αὐτοῖς δόξῃ βέλτιστον εἶναι. Und das »οὐδεὶς ἑκὼν ἁμαρτάνει« des Sokrates – noch oft wird es wohl verlorengehen, immer wieder werden all die seichten und verständnislosen Einwände gegen diese gewisseste Erkenntnis sich vernehmen lassen und die noch traurigeren Versuche, Sokrates wegen dieses Ausspruches gewissermaßen zu entschuldigen (so z. B. Th. Gomperz, Griechische Denker, Eine Geschichte der antiken Philosophie, Band II, Leipzig 1902, S. 51 ff.), unternommen werden. Um so öfter muß er denn wiederholt werden.

Die Idee eines ganz freien Wesens ist die Idee Gottes; die Idee eines aus Freiheit und Unfreiheit gemischten Wesens ist die Idee des Menschen. Soweit der Mensch frei ist, das heißt frei will, soweit ist er Gott. Und so ist die Kantische Ethik im tiefsten Grunde mystisch und sagt nichts anderes als Fechners Glaubenssatz:

»In Gott ruht meine Seele,
Gott wirkt sie in sich aus;
Sein Wollen ist mein Sollen.«

(Die drei Motive und Gründe des Glaubens, Leipzig 1863, S. 256.)

(S. 376, Z. 10.) Es ist eines der schönsten Worte Goethes (Maximen und Reflexionen, III): » Die Idee ist ewig und einzig; daß wir auch den Plural brauchen, ist nicht wohlgetan.«

(S. 376, Z. 9 v. u.) Ich finde nur in der kleinen, aber interessanten Schrift Karl Joels, Die Frauen in der Philosophie, Hamburg 1896 (Sammlung gemeinverständlicher wissenschaftlicher Vorträge, Heft 246), S. 59, eine entfernt ähnlich lautende Bemerkung: »Das Weib ist intellektuell glücklicher, aber unphilosophischer nach dem alten Worte, daß die Philosophie aus dem Ringen und Zweifel der Seele geboren wird. Schopenhauers Mutter war eine Romanschriftstellerin und seine Schwester eine Blumenmalerin.«

(S. 378, Z. 13.) Vgl. Taguet, Du suicide dans l'hystérie, Annales Médico-Psychologiques, V. Série, Vol. 17, 1877, p. 346: »L'hystérique ment dans la mort comme eile ment dans toutes les circonstances de sa vie.«

(S. 379, Z. 8 v. u.) Lazar B. Hellenbach, Die Vorurteile der Menschheit, Bd. III: Die Vorurteile des gemeinen Verstandes, Wien 1880, S. 99.

(S. 383, Z. 7-12.) Wie innig Geschlechtlichkeit und Grenzaufhebung Hand in Hand gehen, darüber macht Bachofen, Das Mutterrecht, S. XXIII, eine Andeutung. »Der dionysische Kult ... hat alle Fesseln gelöst, alle Unterschiede aufgehoben, und dadurch, daß er den Geist der Völker vorzugsweise auf die Materie und die Verschönerung des leiblichen Daseins richtete, das Leben selbst wieder zu den Gesetzen des Stoffes zurückgeführt. Dieser Fortschritt der Versinnlichung des Daseins fällt überall mit der Auflösung der politischen Organisation und dem Verfall des staatlichen Lebens zusammen. An der Stelle reicher Gliederung macht sich das Gesetz der Demokratie, der ununterschiedenen Masse, und jene Freiheit und Gleichheit geltend, welche das natürliche Leben vor dem zivilgeordneten auszeichnet und das der leiblich-stofflichen Seite der menschlichen Natur angehört. Die Alten sind sich über diese Verbindung völlig klar, heben sie in den entscheidendsten Aussprüchen hervor ... Die dionysische Religion ist zu gleicher Zeit die Apotheose des aphroditischen Genusses und die der allgemeinen Brüderlichkeit, daher den dienenden Ständen besonders lieb und von Tyrannen, den Pisistratiden, Ptolemäern, Cäsar im Interesse ihrer auf die demokratische Entwicklung gegründeten Herrschaft [vgl. Kapitel X, S. 294] besonders begünstigt.« »Ausfluß einer wesentlich weiblichen Gesinnung«, so nennt Bachofen a. a. O. diese Erscheinungen; doch ist ihm keineswegs eine wirkliche Einsicht in die tieferen Gründe des Phänomens vergönnt gewesen; neben Aussprüchen wie diesem finden sich begeisterte Hymnen auf die keusche Natur des Weibes auch bei ihm.

(S. 384, Z. 6.) »Klein-Eyolf«, 3. Akt (Henrik Ibsens sämtliche Werke, herausgegeben von Brandes, Elias, Schienther. Berlin, Bd. IX, S. 72).

(S. 384, Z. 15.) Über die schwierige Frage des Verhältnisses des Âtman zum Brahman vgl. Paul Deussen, Das System des Vedânta etc., Leipzig 1883, S. 50 f.

(S. 386, Z. 6.) Milne-Edwards, Introduction à la Zoologie générale, Iére partie, Paris 1851, p. 157. Ebenso Rudolf Leuckart, Artikel »Zeugung« in Wagners Handwörterbuch der Physiologie, Bd. IV, Braunschweig 1853, S. 742 f.: »... In physiologischer Beziehung erscheint diese Verteilung der weiblichen und männlichen Organe als eine Arbeitsteilung.«

Wenig Verständnis für das Verhältnis des Männlichen zum Weiblichen verraten Leuckarts abweisende Worte (a. a. O.): »Man hört nicht selten die Behauptung, daß männliche und weibliche Individuen einer Tierform nach Ausstattung und Tätigkeiten nicht bloß unter sich verschieden, sondern entgegengesetzt seien. Eine solche Auffassung müssen wir jedoch auf das entschiedenste zurückweisen. Die Lehre von dem Gegensatze der Geschlechter, die zunächst aus gewissen unklaren und mystischen Vorstellungen von der Begattung und Befruchtung hervorgegangen ist, stammt aus einer Zeit der naturhistorischen Forschung, in der man meinte, mit den Begriffen von Polarität, polarem Verhalten usw. das Leben in allen seinen Erscheinungen erklären zu können. Männliche und weibliche Produkte, Organe, Individuen sollten sich hienach verhalten wie + und -, als ob die Natur mit Geschlecht und Geschlechtsstoffen hantierte wie ein Physiker mit Elektrizität und Leydener Flaschen!

Eine unbefangene und vorurteilsfreie Naturbetrachtung zeigt uns zwischen männlichen und weiblichen Geschlechtsteilen keinen anderen Gegensatz als überhaupt zwischen Organen und Organgruppen, die sich in ihren Leistungen gegenseitig unterstützen und ergänzen. ... Die physiologischen Motive einer solchen Arbeitsteilung sind im allgemeinen nicht schwer zu bezeichnen. Es sind im Grunde dieselben, die eine jede Arbeitsteilung, auch auf dem Gebiete des praktischen Lebens, in unseren Augen rechtfertigen. Es sind die Vorteile, welche damit verbunden sind, vor allem Ersparnis an Kraft und Zeit für andere neue Leistungen. In dem Dualismus des Geschlechtes sehen wir nichts anderes als eine mechanische Veranstaltung, aus der gewisse Vorteile hervorgehen.«

Diese Auffassung des Geschlechtsunterschiedes ist die am weitesten verbreitete. Daneben kommen noch die Anschauungen von K. W. Brooks (The law of Heredity, a study of the cause of Variation and the origin of living organisms, Baltimore 1883) und August Weismann (Die Bedeutung der sexuellen Fortpflanzung für die Selektionstheorie, Jena 1886) in Betracht, welche die geschlechtliche Fortpflanzung als das Mittel ansehen, »dessen sich die Natur bedient, um Variationen hervorzubringen« (so Weismann, Aufsätze über Vererbung, Jena 1892, S. 390); schließlich noch die Auffassungen von Edouard van Beneden (Recherches sur la maturation de l'oeuf, la fécondation et la division cellulaire, Gand 1883, p. 404 f.), Viktor Hensen (Physiologie der Zeugung, in Hermanns Handbuch der Physiologie, Bd. VI/2, S. 236 f.), Maupas (Le rajeunissement karyogamique chez les Ciliés, Archives de Zoologie expérimentale, 2. série, Vol. VII, 1890) und Bütschli (Über die ersten Entwicklungsvorgänge der Eizelle, Zellteilung und Konjugation der Infusorien, Abhandlungen der Senckenbergischen naturforsch. Gesellschaft, X, 1876), welche allerdings mehr auf das Wesen des Befruchtungsprozesses sich beziehen, in welchem diese Forscher nämlich die Absicht einer Verjüngung der Individuen erblicken. – Was Wilhelm Wundt, System der Philosophie, 2. Aufl., Leipzig 1897, S. 521 ff,, über geschlechtliche und ungeschlechtliche Zeugung sagt, geht über eine Rezeption der herrschenden naturwissenschaftlichen Anschauungen nicht hinaus.

(S. 386, Z. 18 v. u.) Die diesbezügliche Widerlegung der Deszendenzlehre bei Fechner, Einige Ideen zur Schöpfungs- und Entwicklungsgeschichte der Organismen, Leipzig 1873, S. 59 ff.

(S. 387, Z. 2.) Es ist also in diesem Zusammenhange, wie man wohl sieht, die Feststellung der Passivität der Frau mehr als die

Wiederholung einer alten Trivialität, als welche sie z. B. bei Joh. Scherr, Geschichte der deutschen Frauenwelt, II4, 1879, S. 262, erscheint.

(S. 387, Z. 10 v. u.) <g>Plato</g> im <g>Timaeus</g>, p. 50 BC: »δέχεται γὰρ ἀεὶ τὰ πάντα, καὶ μορφὴν οὐδεμίαν ποτὲ οὐδενὶ τῶν εἰσιόντων ὁμοίαν εἴληφεν οὐδαμῆ οὐδαμῶς· ἐκμαγεῖον γὰρ φύσει παντὶ κεῖται, κινούμενόν τε καὶ διασχηματιζόμενον ὑπὸ τῶν εἰσιόντων. φαίνεται δὲ δι' ἐκεῖνα ἄλλοτε ἀλλοῖον· τὰ δὲ εἰσιόντα καὶ ἐξιόντα τῶν ὄντων ἀεὶ μιμήματα, τυπωθέντα ἀπ' αὐτῶν τρόπον τινὰ δύσφραστον καὶ θαυμαστόν, ὃν εἰσαῦθις μέτιμεν. ἐν δ' οὖν τῷ παρόντι χρὴ γένη διανοηθῆναι τριττά, τὸ μέν γιγνόμενον, τὸ δέ ἐν ᾧ γίγνεται, τὸ ὅθεν ἀφομοιούμενον φύεται τὸ γιγνόμενον.« 52 A B: »τρίτον δέ αὖ γένος τὸ τῆς χώρας ἀεί, φθορὰν οὐ προσδεχόμενον, ἕδραν δὲ παρέχον ὅσα ἔχει γένεσιν πᾶσιν, αὐτὸ δέ μετ' ἀναισθησίας ἁπτὸν λογισμῷ τινὶ νόθῳ, μόγις πιστόν, πρὸς ὃ δὴ καὶ ὀνειροπολοῦμεν βλέποντες καὶ φαμεν ἀναγκαῖον εἶναι που τὸ ὂν ἅπαν ἔν τινι τόπῳ καὶ κατέχον χώραν τινά, τὸ δέ μήτε ἐν γῇ μήτε που κατ' οὐρανὸν οὐδέν εἶναι« usw. Vgl. J. J. Bachofen, Das Mutterrecht, Stuttgart 1861, S. 164-168.

(S. 387, Z. 6 v. u. f.) Diese Interpretation der χώρα als des Raumes hat am ausführlichsten Hermann Siebeck zu begründen gesucht (Platos Lehre von der Materie, Untersuchungen zur Philosophie der Griechen, 2. Aufl., Freiburg 1888, S. 49-106).

(S. 388, Z. 8.) Plato, Timaeus, 50 D: Καὶ δὴ καὶ προς- εικάσαι πρέπει τὸ μεν δεχόμενον μητρί, τὸ ὅθεν πατρί, τὴν δε μεταξύ τούτων φύσιν εκγόνω.« 49 A: »τίνα οὖν ἔχον δύναμιν κατὰ φύσιν αὐτὸ ὑποληπτέον; τοιάνδε μάλιστα, πάσης εἶναι γενέσεως ὑποδοχὴν αὐτό, οἷον τιθήνην.« Vgl. Plutarch de Is. et Osir., 56 (Moralia 373 E F).

(S. 388, Z. 10.) Aristoteles: vgl. zu S. 233, Z. 16.

(S. 388, Z. 4 v. u.) Kant, Metaphysische Anfangsgründe der Naturwissenschaft, Zweites Hauptstück, Erklärung 1-4.

(S. 389, Z. 9.) Die Ahnung dieser tieferen Bedeutung des Gegensatzes von Mann und Weib ist sehr alt (vgl. S. 12 u.). Die Pythagoreer haben nach Aristoteles (Metaphysik, A 5, 986 a, 22-26) eine »Tafel der Gegensätze« aufgestellt, in welcher sie »... τὰς αρχὰς ὀέκα λέγουσιν εῖναι τὰς κατὰ συστοιχίαν λεγομένας, πέρας καὶ ἄπειρον, περιττὸν καὶ ἄρτιον, ἕν καὶ πλῆθος, ὀεάιὸν καὶ αριστερόν, ἄρρεν καὶ θῆλυ, ἠρεμοῦν καὶ κινούμενον, εὐθύ καὶ κάμπυλον, ψῶς καὶ σκότος, ἀγαθὸν καὶ κακόν, τετράγωνον καὶ ἕτερόμηκες.«

(S. 389, Z. 16 v. u. f.) Gemeint sind die Untersuchungen von Jastrow (A Statistical Study of Memory and Association, Educational Review, New York, December 1891; zitiert nach Ellis, Mann und Weib, S. 173).

(S. 394, Z. 18.) Hier möchte ich nicht unterlassen, Giordano Brunos Worte anzuführen (De gli eroici furori, im einleitenden Schreiben an Sir Philip Eidney, Opere di Giordano Bruno Nolano ed. Adolfo Wagner, Vol. II, Leipzig 1830, p. 299 f.):

»È cosa veramente ... da basso, bruto e sporco ingegno d' essersi fatto constantemente studioso, et aver affisso un curioso pensiero circa o sopra la bellezza d' un corpo feminile. Che spettacolo, o dio buono, più vile e ignobile può presentarsi ad un occhio di terso sentimento, che un uomo cogitabundo, afflitto, tormentato, triste, maninconioso, per divenir or freddo, or caldo, or fervente, or tremante, or pallido, or rosso, or in mina di perplesso, or in atto di risoluto, un, che spende il miglior intervallo di tempo e li più scelti frutti di sua vita corrente destillando l'elixir del cervello con mettere in concetto, scritto e sigillar in publici monumenti quelle continue torture, que' gravi tormenti, que' razionali discorsi, que' faticosi pensieri, e quelli amarissimi studj, destinati sotto la tirannide d' una indegna, imbecilla, stolta e sozza sporcaria? ... Ecco vergato in carte, rinchiuso in libri, messo avanti gli occhi, e intonato a gli orecchi un rumore, un strepito, un fracasso d' insegne, d' imprese, di motti, d' epistole, di sonetti, d' epigrammi, di libri, di prolissi scarfazzi, di sudori estremi, di vite consumate, con strida, ch' assordiscon gli astri, lamenti, che fanno ribombar gli antri infernati, doglie, che fanno stupefar l' anime viventi, suspiri da far esmanire e compatir li dei, per quegli occhi, per quelle guance, per quel busto, per quel bianco, per quel vermiglio, per quella lingua, per quel labro, quel crine, quella veste, quel manto, quel guanto, quella scarpetta, quella pianella, quella parsimonia, quel risetto, quel sdegnosetto, quella vedova finestra, quell' eclissato sole, quel martello, quel schifo, quel puzzo, quel sepolcro, quel cesso, quel mestruo, quella carogna, quella febre quartana, quella estrema ingiuria e torto di natura, che con una superficie, un' ombra, un fantasma, un sogno, un circeo incantesimo ordinato al servigio de la generazione, ne inganna in specie di bellezza; la quale insieme viene e passa, nasce e muore, fiorisce e marcisce: et è bella un pochettino a l' esterno, che nel suo intrinseco, vera- e stabilmente è contenuto un navilio, una bottega, una dogana, un mercato di quante sporcarie, tossichi e veneni abbia possuti produrre la nostra madrigna natura: la quale, dopo aver riscosso quel seme, di cui la si serva, ne viene sovente a pagar d' un lezzo, d' un pentimento, d' una tristizia, d' una fiacchezza, d' un dolor di capo, d' una lassituldine, d' altri e d' altri malanni, che sono manifesti a tutto il mondo, a fin che amaramente dolga, clove soavemente proriva ... Voglio che le donne siano cosi onorate et amate, come denno essere amate et onorate le donne: per tal causa dico, e per tanto, per quanto si deve a quel poco, a quel tempo e quella occasione, se non hanno altra virtù che naturale, cioè di quella bellezza, di quel splendore, di quel servigio, senza il quale denno esser stimate più vanamente nate al mondo, che un morboso fungo, quel con pregiudizio di miglior piante occupa la terra, e più noiosamente, che qual si voglia napello, o vipera, che caccia il capo fuor di quella? ...« usw.

(S. 395, Z. 9 v. u.) Das Weib also ist der Ausdruck des Sündenfalles des Menschen, es ist die objektivierte Sexualität des Mannes und nichts anderes als diese. Eva war nie im Paradiese. Dagegen glaube ich mit dem Mythus der Genesis (I, 2, 22) und mit dem Apostel Paulus (I. Timoth. 2, 13, und besonders I. Korinth. 11, 8: (οὐ γὰρ ἐστιν ἀνὴρ ἐκ γυναικός, ἀλλὰ γυνὴ ἑά ἀνὸρός) an die Priorität des Mannes, an die Schöpfung des Weibes durch den Mann, an seine Mittelbarkeit, durch die seine Seelenlosigkeit ermöglicht ist. Gegen diese metaphysische Posteriorität des Weibes, die eine Posteriorität dem Seins-Range nach ist und keine bestimmte zeitliche Stelle hat, sondern eine in jedem Augenblick vollzogene Schöpfung des Weibes durch den noch immer sexuellen Mann, sozusagen ein fortwährendes Ereignis bedeutet, bildet es keinen Einwand, daß bei wenig differenzierten Lebewesen das männliche Geschlecht noch fehlt, und die Funktionen, die es auf höherer Stufe ausübt, entbehrlich scheinen. Daß übrigens hierin eine schroffe Absage an alle deszendenz-theoretischen Spekulationen liegt, soweit diese auf die Philosophie einer Einflußnahme sich vermessen, dessen bin ich mir wohl bewußt, vermag aber die Verantwortung für diesen Schritt verhältnismäßig leicht zu tragen. Philosophie ist nicht Historie, vielmehr ihr striktes Gegenteil: es gibt keine Philosophie, die nicht die Zeit negierte, keinen Philosophen, dem die Zeit eine Realität wäre wie die anderen Dinge.

Dagegen ist es sehr wohl begreiflich, wie die Anschauung von der Ewigkeit der Frau und der Vergänglichkeit des Mannes hat entstehen können. Das absolut Formenlose scheint ebenso dauerhaft zu sein wie die reine geistige Form, diese dem Dutzendmenschen ganz unvollziehbare Vorstellung. Und über die Ewigkeit der Mutter ist im 10. Kapitel das Nötigste bemerkt. Man vgl. auch Bachofen, Das Mutterrecht, S. 35. »Das Weib ist das Gegebene, der Mann wird. Von Anfang an ist die Erde der mütterliche Grundstoff. Aus ihrem Mutterschoße geht alsdann die sichtbare Schöpfung hervor, und erst in dieser zeigt sich ein doppeltes getrenntes Geschlecht; erst in ihr tritt die männliche Bildung ans Tageslicht, Weib und Mann erscheinen also nicht gleichzeitig, sind nicht gleich geordnet. Das Weib geht voran, der Mann folgt; das Weib ist früher, der Mann steht zu ihr im Sohnesverhältnis; das Weib ist das Gegebene, der Mann das aus ihr erst Gewordene. Er gehört der sichtbaren, aber stets wechselnden Schöpfung; er kommt nur in sterblicher Gestalt zum Dasein. Von Anfang an vorhanden, gegeben, unwandelbar ist nur das Weib; geworden, und darum stetem Untergang verfallen, der Mann. Auf dem Gebiete des physischen Lebens steht also das männliche Prinzip an zweiter Stelle, es ist dem weiblichen untergeordnet.« S. 36: »In der Pflanze, die aus dem Boden hervorbricht, wird der Erde Muttereigenschaft anschaulich. Noch ist keine Darstellung der Männlichkeit vorhanden; diese wird erst später an dem ersten männlich gebildeten Kinde erkannt. Der Mann ist also nicht nur später als das Weib, sondern dieses erscheint auch als die Offenbarerin des großen Mysteriums der Lebenszeugung. Denn aller Beobachtung entzieht sich der Akt, der im Dunkel des Erdschoßes das Leben weckt und dessen Keim entfaltet; was zuerst sichtbar wird, ist das Ereignis der Geburt; an diesem hat aber nur die Mutter teil. Existenz und Bildung der männlichen Kraft wird erst durch die Gestaltung des männlichen Kindes geoffenbart; durch eine solche Geburt reveliert die Mutter den Menschen das, was vor der Geburt unbekannt war, und dessen Tätigkeit in Finsternis begraben lag. In unzähligen Darstellungen der alten Mythologie erscheint die männliche Kraft als das geoffenbarte Mysterium; das Weib dagegen als das von Anfang an Gegebene, als der stoffliche Urgrund, als das Materielle, sinnlich Wahrnehmbare, das selbst keiner Offenbarung bedarf, vielmehr seinerseits durch die erste Geburt Existenz und Gestalt der Männlichkeit zur Gewißheit bringt.«

Das μὴ ὄν nämlich, welches vom Weibe vertreten wird, ist das völlig Ungeformte, Strukturlose, das Amorphe, die Materie, die keinen letzten Teil mehr hat an der Idee des Lebens, aber ebenso ewig und unsterblich zu sein scheint, wie reine Form, schuldfreies höheres Leben, unverkörperter Geist ewig ist. Das eine, weil nichts an ihm geändert, vom Formlosen keine Form zerstört werden kann; das zweite, weil es sich nicht inkarniert, weil es nicht endlich, und darum nicht vernichtbar wird.

Der Begriff des ewigen Lebens der Religionen ist der Begriff des absoluten, metaphysischen Seins (der Aseität) der Philosophien.

(S. 395, Z. 2 v. u.) Dante, Inferno, XXXIV, Vers 76 f.

(S. 396, Z. 16 f.) Es hat Anspruch auf das ernsteste Nachdenken, und verdient die tiefste Ehrfurcht des Hörers, und nicht Gelächter (womit ihm heute wohl allenthalben geantwortet würde), wenn Tertullian das Weib so apostrophiert (De habitu muliebri liber, Opera rec. J. J. Semler, Halae 1770, Vol. III, p. 35 f.): »Tu es diaboli ianua, tu es arboris illius resignatrix, tu es divinae legis prima desertrix, tu es, quae eum suasisti, quem diabolus aggredi non valuit. Tu imaginem dei, hominem, tam facile elisisti; propter tuum meritum, id est mortem, etiam filius dei mori debuit; et adornari tibi in mente est, propter pelliceas tuas tunicas?« Diese Worte sind an die Weiblichkeit als Idee gerichtet; die empirischen Frauen würden durch die Zumessung einer solchen Bedeutung sich stets nur angenehm gekitzelt fühlen; die Frauen sind sehr zufrieden mit dem antisexuellen Manne, und ratlos nur dem asexuellen gegenüber.

(S. 396, Z. 11.) Wie sich durch seine Sexualität der Mann dem Weibe annähert, geht aus der Tatsache hervor, daß die Erektion dem Willen entzogen ist und durch ihn nicht aufgehoben werden kann, gleichwie eine Muskelkontraktion vom gesunden Menschen auf Befehl des Willens rückgängig gemacht wird. Der Zustand der wollüstigen Erregtheit beherrscht das Weib ganz, beim Manne doch nur einen Teil. Aber die Wollust dürfte die einzige Empfindung sein, welche im allgemeinen nicht durchaus verschieden ist bei den beiden Geschlechtern; die Empfindung des Koitus hat für Mann und Frau eine gleiche Qualität. Der Koitus wäre sonst unmöglich. Er ist der Akt, der zwei Menschen am stärksten einander angleicht. Nichts kann demnach irriger sein als die populäre Ansicht, daß Mann und Weib vor allem oder gar ausschließlich in ihrer Sexualität differieren, wie ihr z. B. Rousseau Ausdruck gibt (Emile, Livre V, Anfang): »En tout ce qui ne tient pas au sexe la femme est homme.« Gerade die Sexualität ist das Band zwischen Mann und Frau und wirkt auch stets ausgleichend zwischen beiden.

(S. 397, Z. 7 v. u.) Auch das spezifische Mitleid des Mannes mit der Frau – ihrer inneren Leere und Unselbständigkeit, Haltlosigkeit und Gehaltlosigkeit wegen – weist, wie alles Mitleid, auf eine Schuld zurück.

(S. 398, Z. 8 v. u.) Es sind hiemit scheinbar drei verschiedene Erklärungen der Kuppelei (und somit Herleitungen der Weiblichkeit) gegeben; aber sie drücken, wie man wohl sieht, alle ein und dasselbe aus. Die sich ewig vergrößernde Schuld des höheren Lebens ist die dem Menschen ewig unerklärliche, für ihn wahrhaft letzte Tatsache des Abfalls jenes Lebens zum niederen Leben; der plötzliche Absturz des völlig Schuldlosen in die Schuld. Das niedere Leben aber kulminiert in jenem Akte, durch das es neu erzeugt wird; alle Begünstigung des niederen Lebens schließt darum notwendig Kuppelei ein. Dieses selbe Streben, das irdische Leben Realität gewinnen zu lassen, ist dadurch bezeichnet, daß alle Materie sich verführerisch der Formung entgegendrängt; oder wie dies Plato tiefsinnig angedeutet hat: durch die betrügerische Zudringlichkeit der Penia (der Armut, des Leeren, des Nichts) an den trunkenen, träumenden Gott Poros (den Reichen).

Zu Teil II, Kapitel 13

(S. 399, Z. 3 f.) Das Motto stammt aus dem »Judentum in der Musik« (Gesammelte Schriften und Dichtungen von Richard Wagner, 3. Aufl., V. Band, Leipzig 1898, S. 66).

(S. 399, Z. 11 v. u.) Über den mangelhaften Bartwuchs der Chinesen, Darwin, Abstammung des Menschen, übersetzt von Haek, Bd. II, S. 339. Auch die Stimme des Mannes soll sich bei den verschiedenen Menschenrassen nicht gleich sehr von der des Weibes unterscheiden, z. B. gerade bei Chinesen und Tataren »die Stimme des Mannes nicht so sehr von der des Weibes abweichen wie bei anderen Rassen«. (Darwin, Die Abstammung des Menschen, übersetzt von Haek, Leipzig, Universalbibliothek, Bd. II, S. 348, nach Sir Duncan Gibb, Journal of the Anthropological Society, April 1869, p. LVII und LVIII.)

(S. 401, Z. 13 v. u.) Houston Stewart Chamberlain, Die Grundlagen des neunzehnten Jahrhunderts, 4. Aufl., München 1903, S. 345 ff.

(S. 403, Z. 8.) Als hervorragendere »Philosemiten« könnten nur der sehr überschätzte G. E. Lessing und Friedr. Nietzsche in Betracht kommen, der letztere aber wohl bloß infolge eines Oppositionsbedürfnisses gegen Schopenhauer und Wagner; und der erstere hat den eigenen Rang viel klarer erkannt und offener eingestanden als die Geschichtschreiber der deutschen Literatur (vgl. Flamburgische Dramaturgie, Stück 101 f.). Der schärfste Antisemit unter allen ist wohl Kant gewesen (nach der Anmerkung zum § 44 seiner »Anthropologie in pragmatischer Hinsicht«). Vgl. über den »Consensus ingeniorum« Chamberlain, Die Grundlagen des 19. Jahrhunderts, S. 335.

(S. 409, Z. 1 v. u.) I. Buch Mosis, Kap. 25, 24-34; 27, 1-45; 30, 31-43.

(S. 410, Z. 11-15.) Nach M. Friedländer, Der Antichrist in den vorchristlichen jüdischen Quellen, Göttingen 1901, S. 118 ff., hat der Antichrist schon im vorchristlichen Judentum (z. B. dem freilich sehr spät entstandenen Buche Deuteronomium) eine Rolle als »Beliar« gespielt. Friedländers Auffassung gipfelt, wie ich glaube (von dem historischen Materiale muß ich absehen), darin, daß der Antichrist erst da sein mußte, damit der Christ komme, ihn zu vernichten (S. 131). Damit wird jedoch dem Bösen eine selbständige Existenz vor dem Guten und also unabhängig von diesem zugesprochen; das Böse indes ist nur »Privation« des Guten (Augustinus, Goethe). Der Teufel wird vom guten Menschen erdacht, der gegen ihn ankämpft. Nur der gute, nicht der böse Mensch fürchtet das Böse, dem der Verbrecher selbst dient. Das Böse ist nur ein Abfall vom Guten, und hat nur einen Sinn in bezug auf dieses; indes das Gute an sich ist und keiner Relation bedarf.

Die wenigen Elemente des vorchristlichen jüdischen Teufels-glaubens stammen nach den Resultaten der Forschung aus dem Parsismus. Vgl. W. Bousset, Die jüdische Apokalyptik, ihre reli-gionsgeschichtliche Herkunft und ihre Bedeutung für das Neue Testament, Berlin 1903, S. 38-51. S. 45: »Der Schluß drängt sich mit zwingender Gewalt auf: die jüdische Apokalyptik ist in dem Neuen, was sie in den Hoffnungsglauben des Judentums hineinbringt, von Seiten der eranischen Religion bedingt und angeregt.« Und S. 48: »Nun läßt sich doch behaupten, daß der Dualismus spezifisch unisraelitisch ist. Die Religion der Pro-pheten und des Alten Testamentes kennt den Teufel nicht. Die Gestalt des Satans, wie sie im Erzählungsstück des Hiobbuches, in der Chronik, bei Sacharja auftritt, hat mit der späteren des Teufels, wie sie im neutestamentlichen Zeitalter herrscht, äu-ßerst wenig, nicht viel mehr als den Namen gemeinsam. Und überdies sind sämtliche hier genannten Stücke – auch das Er-zählungsstück des Hiobbuches – recht spät. Der Teufelsglaube, die Annahme eines organisierten dämonischen Reiches wider-spricht direkt dem Geiste der Frömmigkeit der Propheten und Psalmen, ihrem starken und starren Monotheismus. Hingegen ist in keiner anderen Religion der Dualismus so heimisch und wurzelt so tief wie in der eranischen Religion. Auch von hier aus drängt sich der Schluß der Abhängigkeit der jüdischen Apoka-lyptik unmittelbar auf.«

(S. 411, Z. 14.) So nicht nur die Argumente des Tages, sondern selbst Schopenhauer (Parerga und Paralipomena, Bd. II, § 132): »[Das jüdische Volk] lebt parasitisch auf den anderen Völkern und ihrem Boden, ist aber dabei nichtsdestoweniger von leb-haftestem Patriotismus für die eigene Nation beseelt, den es an den Tag legt durch das festeste Zusammenhalten, wonach alle für einen und einer für alle stehen; so daß dieser Patriotismus sine patria begeisterter wirkt als irgend ein anderer. Das Vaterland des Juden sind die übrigen Juden: daher kämpft er für sie, wie pro ara et focis, und keine Gemeinschaft auf Erden hält so fest zusammen wie diese.«

(S. 414, Z. 17 v. u.) Houston Stewart Chamberlain, Die Grundlagen des neunzehnten Jahrhunderts, 4. Aufl., München 1903, S. 143, Anm. 1. – Über die jüdische Diaspora der letzten vorchristlichen Jahrhunderte vgl. ferner M. Friedländer, Der Antichrist in den vorchristlichen jüdischen Quellen, Göttingen 1901, S. 90 f.

(S. 416, Z. 12.) Über den Mangel an Unsterblichkeitsglauben im Alten Testamente hat Schopenhauer das Treffendste und Kräftigste gesagt (Parerga und Paralipomena, Bd. I, S. 151 f., ed. Grisebach).

(S. 416, Z. 14.) Schopenhauer, Neue Paralipomena, § 396 (Handschriftlicher Nachlaß, Bd. IV, herausgegeben von Eduard Grisebach, S. 244).

(S. 416, Z. 19 v. u.) Gustav Theodor Fechner, Die drei Motive und Gründe des Glaubens, Leipzig 1863, S. 254-256. Auch in der »Tagesansicht gegenüber der Nachtansicht«, Leipzig 1879, S. 65-68.

(S. 416, Z. 6 v. u.) Tertulliani Apologeticus adversus gentes pro christianis, cap. 17 (Opera, Vol. V, p. 47, rec. Semler, Halae 1773).

(S. 416, Z. 4 v. u.) Chamberlain, a. a. O. S. 391-400.

(S. 417, Z. 13.) Schopenhauer hat das Wesen des Jüdischen an einer Stelle sehr sicher herausgefühlt; denn von ihm rührt das Wort her von den »dem Nationalcharakter der Juden anhangenden, bekannten Fehlern, worunter eine wundersame Abwesenheit alles dessen, was das Wort verecundia ausdrückt, der hervorstechendste, wenngleich ein Mangel ist, der in der Welt besser weiterhilft als vielleicht irgend eine positive Eigenschaft ...« (Parerga und Paralipomena, Bd. II, § 132).

Diesen Mangel an verecundia will ich erst weiterhin berühren und in einen Zusammenhang mit allem übrigen jüdischen
Wesen zu bringen versuchen (S. 591).

(S. 418, Z. 14 v. u.) Aus Versen Keplers zitiert nach Johann
Karl Friedrich Zöllner, Über die Natur der Kometen, Beiträge
zur Geschichte und Theorie der Erkenntnis, 2. Aufl., Leipzig
1872, S. 164.

(S. 418, Z. 4 v. u.) Gustav Theodor Fechner, Ideen zur Schöp-
fungs- und Entwicklungsgeschichte der Organismen, Leipzig
1873. Wilhelm Preyer, Naturwissenschaftliche Tatsachen und
Probleme, Populäre Vorträge, Berlin 1880, II. Vortrag: Die Hypothesen über den Ursprung des Lebens (»Kosmozoen-Theo-
rie«).

(S. 421, Z. 2.) Was Schopenhauer (Über den Willen in der
Natur, Werke, ed. Grisebach, III, 337) und Chamberlain (Grundlagen des 19. Jahrhunderts, 4. Aufl., S. 170 f.) Spinoza hauptsächlich zum Vorwurf machen, seine merkwürdigen sittlichen
Lehren, das bildet in weit geringerem Grade einen Einwand
gegen ihn und gegen das Judentum, und am wenigsten deutet
es auf irgend eine Immoralität in Spinoza selbst hin. Spinozas
ethische Lehre ist gerade darum so besonders flach geworden,
weil er persönlich recht wenig Verbrecherisches in sich zu überwinden hatte. Aus demselben Grunde treffen auch Aristoteles',
Fechners oder Lotzes ethische Theorien so wenig das eigentliche Problem, obwohl sie, als Arier, von vornherein tiefer sind
als der Jude.

(S. 421, Z. 10.) Ich glaube, daß auf einem Mißverständnis, auf
einer Verwechslung von Wille und Willkür beruht, was Chamberlain sagt (a. a. O. S. 243 f.): »Das liberum arbitrium ist entschieden eine semitische und in seiner vollen Ausbildung speziell eine jüdische Vorstellung.«

(S. 421, Z. 15.) Wie ganz anders auch Fechner, den eine ober-flächliche Betrachtung in sehr große Nähe zu Spinoza zu rücken versucht hat, als welcher jenem an Bedeutung und Tiefe weit nachsteht! Vgl. z. B. Zend-Avesta, II^2, 197: »Der Mensch, aus dem der jenseitige Geist kommt [beim Tode] ..., bleibt unter allen Einwirkungen, die ihm begegnen mögen, ein Individuelles.«

(S. 423, Z. 15.) Schopenhauer, Die Welt als Wille und Vorstel-lung, Zweiter Band, erstes Buch, Kapitel 8: Zur Theorie des Lä-cherlichen. – Jean Paul, Vorschule der Ästhetik, § 26-55.

(S. 425, Z. 12.) Im »Fliegenden Holländer«, im »Lohengrin«, im »Parsifal« ist das Problem des Judentums offen formuliert; aber Siegfried, der »dumme Knab'«, ist nicht minder als Parsi-fal, der »reine Tor«, von Wagner in einem Gegensatze zu allem Jüdischen gedacht worden.

(S. 427, Z. 15.) Wie all dies aber untereinander zusammen-hängt, wird man am besten verstehen, wenn man die folgenden Verse aus der Chândogya-Upanishad vernimmt (7, 19-21; S. 184 der Deussenschen Übersetzung, Leipzig 1897):

»»Man denkt, wenn man glaubt. Ohne Glauben ist kein Den-ken; nur wer Glauben hat, hat Denken. Den Glauben also muß man suchen zu erkennen!‹

›Den Glauben, o Herr, möchte ich erkennen!‹«

»Man glaubt, wenn man in etwas gewurzelt ist; ohne Gewur-zeltsein ist kein Glaube; wer in etwas gewurzelt ist, der glaubt daran. Das Wurzeln also muß man suchen zu erkennen.

›Das Wurzeln, o Herr, möchte ich erkennen.‹

›Man ist in etwas gewurzelt, wenn man schafft; ohne Schaffen ist kein Gewurzeltsein; nur wer etwas schafft, ist gewurzelt. Das Schaffen also muß man suchen zu erkennen.‹

›Das Schaffen, o Herr, möchte ich erkennen.‹«

(S. 430, Z. 13-11 v. u.) Die Selbstsetzung des Ich bleibt der tiefste Gedanke der Fichteschen Philosophie. Vgl. Grundlage der gesamten Wissenschaftslehre, Sämtliche Werke herausgegeben von J. H. Fichte, I/1, Berlin 1845, S. 95 f: (vgl. zu S. 198, Z. 17 v. u.):

»a) Durch den Satz A = A wird geurtheilt. Alles Urtheilen aber ist laut des empirischen Bewußtseyns ein Handeln des menschlichen Geistes; denn es hat alle Bedingungen der Handlung im empirischen Selbstbewußtseyn, welche zum Behuf der Reflexion, als bekannt und ausgemacht, vorausgesetzt werden müssen.

b) Diesem Handeln nun liegt etwas auf nichts höheres gegründetes, nemlich X = Ich bin, zum Grunde.

c) Demnach ist das schlechthin gesetzte und auf sich selbst gegründete – Grund eines gewissen (durch die ganze Wissenschaftslehre wird sich ergeben, alles) Handelns des menschlichen Geistes, mithin sein reiner Charakter; der reine Charakter der Thätigkeit an sich; abgesehen von den besonderen empirischen Bedingungen derselben.

Also das Setzen des Ich durch sich selbst ist die reine Thätigkeit desselben. – Das Ich setzt sich selbst, und es ist, vermöge dieses bloßen Setzens durch sich selbst; und umgekehrt, das Ich ist, und es setzt sein Seyn, vermöge seines bloßen Seyns. – Es ist zugleich das Handelnde und das Produkt der Handlung; das Thätige, und das, was durch die Thätigkeit hervorgebracht wird; Handlung und That sind Eins und ebendasselbe; und daher ist das: Ich bin, Ausdruck einer Thathandlung ...

8. Ist das Ich nur, insofern es sich setzt, so ist es auch nur für das setzende und setzt nur für das seyende. – Das Ich ist für das Ich, – setzt es aber sich selbst, schlechthin so wie es ist, so setzt

es sich nothwendig und ist nothwendig für das Ich. Ich bin nur für Mich; aber für mich bin ich nothwendig (indem ich sage für Mich, setze ich schon mein Seyn).

9. Sich selbst setzen und Seyn sind, vom Ich gebraucht, völlig gleich. Der Satz: Ich bin, weil ich mich selbst gesetzt habe, kann demnach auch so ausgedrückt werden: Ich bin schlechthin, weil ich bin.

Ferner, das sich setzende Ich und das seyende Ich sind völlig gleich, Ein und ebendasselbe. Das Ich ist dasjenige, als was es sich setzt; und es setzt sich als dasjenige, was es ist. Also: Ich bin schlechthin, was ich bin.

10. Der unmittelbare Ausdruck der jetzt entwickelten Thathandlung wäre folgende Formel: Ich bin schlechthin, das ist ich bin schlechthin, weil ich bin, und bin schlechthin, was ich bin; beides für das Ich.

Denkt man sich die Erzählung von dieser Thathandlung an die Spitze einer Wissenschaftslehre, so müßte sie etwa folgendermaßen ausgedrückt werden: Das Ich setzt ursprünglich sein eigenes Seyn.«

(S. 431, Z. 1.) Vgl. H. S. Chamberlain, a. a. O. S. 397 f. – Die Dualität von Religion und Glaube, die Chamberlain S. 405 f. behauptet, dürfte kaum haltbar sein.

(S. 432, Z. 14.) Vgl. H. S. Chamberlain, Die Grundlagen des 19. Jahrhunderts, 4. Aufl., München 1903, S. 244, 401.

(S. 434, Z. 15 v. u.) Man sieht, wie schwierig es ist, das Judentum zu definieren. Dem Juden fehlt die Härte, aber auch die Sanftmut – eher ist er zähe und weich; er ist weder roh noch fein, weder grob noch höflich. Er ist nicht König, nicht Führer, aber auch nicht Lehnsmann, nicht Vasall. Was er nicht kennt, ist

Erschütterung; doch es mangelt ihm ebensosehr der Gleichmut. Ihm ist nie etwas selbstverständlich, aber gleich fremd ist ihm alles wahre Staunen. Er hat nichts vom Lohengrin, aber beinahe noch weniger vom Telramund (der mit seiner Ehre steht und fällt). Er ist lächerlich als Korpsstudent; und gibt doch keinen guten Philister ab. Er ist nie schwerblütig, aber auch nie von Herzen leichtsinnig. Weil er nichts glaubt, flüchtet er ins Materielle; nur daher stammt seine Geldgier: er sucht hier eine Realität und will durchs »Geschäft« von einem Seienden überzeugt werden – der einzige Wert, den er als tatsächlich anerkennt, wird so das »verdiente« Geld. Aber dennoch ist er nicht einmal eigentlich Geschäftsmann: denn das »Unreelle«, »Unsolide« im Gebaren des jüdischen Händlers ist nur die konkrete Erscheinung des der inneren Identität baren jüdischen Wesens auch auf diesem Gebiete. » Jüdisch « ist also eine Kategorie und psychologisch nicht weiter zurückzuführen und zu bestimmen; metaphysisch mag man es als Zustand vor dem Sein fassen; introspektiv kommt man nicht weiter als bis zur inneren Vieldeutigkeit, dem Mangel an irgend welcher Überzeugtheit, der Unfähigkeit zu irgend welcher Liebe, das ist ungeteilten Hingabe, and zum Opfer.

Die Erotik des Juden ist sentimental, sein Humor Satire, jeder Satiriker aber ist sentimental, wie jeder Humorist nur ein umgekehrter Erotiker. In der Satire und in der Sentimentalität ist jene Duplizität, die das Jüdische eigentlich ausmacht (denn die Satire verschweigt zu wenig und fälscht darum den Humor); und jenes Lächeln ist beiden gemeinsam, welches das jüdische Gesicht kennzeichnet: kein seliges, kein schmerzvolles, kein stolzes, kein verzerrtes Lächeln, sondern jener unbestimmte Gesichtsausdruck (das physiognomische Korrelat innerer Vieldeutigkeit), welcher Bereitschaft verrät, auf alles einzugehen, und alle Ehrfurcht des Menschen vor sich selbst vermissen läßt; jene Ehrfurcht, die allein alle andere » verecundia« erst begründet.

(S. 434, Z. 8 v. u.) Chamberlain, a. a. O. S. 329 f.

(S. 435, Z. 17.) Über das »epileptische Genie« vgl. besonders Lombroso, Der geniale Mensch, Hamburg 1890, an vielen Orten. Über Napoleons Epilepsie orientiert Louis Proal, Napoleon I. était-il épileptique? Archives d'Anthropologie criminelle, 1902, p. 261-266 (mit den Zeugnissen von Constant und Talleyrand).

(S. 435, Z. 6 v. u.) Kant, Die Religion innerhalb der Grenzen der bloßen Vernunft, S. 46-47, ed. Kehrbach. Vgl. S. 49 f.: »Wenn der Mensch aber im Grunde seiner Maximen verderbt ist, wie ist es möglich, daß er durch eigene Kräfte diese Revolution [einen Übergang zur Maxime der Heiligkeit der Gesinnung] zustande bringe und von selbst ein guter Mensch werde? Und doch gebietet die Pflicht, es zu sein, sie gebietet uns aber nichts, als was uns tunlich ist. Dieses ist nicht anders zu vereinigen, als daß die Revolution für die Denkungsart, die allmähliche Reform aber für die Sinnesart (weiche jener Hindernisse entgegenstellt), notwendig und daher auch dem Menschen möglich sein muß. Das ist: wenn er den obersten Grund seiner Maximen, wodurch er ein böser Mensch war, durch eine einzige unwandelbare Entschließung umkehrt (und hiemit einen neuen Menschen anzieht); so ist er sofern dem Prinzip und der Denkungsart nach ein fürs Gute empfängliches Subjekt usw.« –

Das andere Genie erfährt die Gnade noch vor der Geburt; der Religionsstifter im Laufe seines Lebens. In ihm stirbt ein älteres Wesen am vollständigsten und tritt vor einem gänzlich neuen zurück. Je größer ein Mensch werden will, desto mehr ist in ihm, dessen Tod er beschließen muß. Ich glaube, daß auch Sokrates hier den Religionsstiftern (als der einzige unter allen Griechen)[120] sich nähert; vielleicht hat er den entscheidenden Kampf mit dem Bösen an jenem Tage gekämpft, da er bei Potidaea vierundzwanzig Stunden allein an einem und demselben Orte aufrechtstand.

---

120 Nietzsche hatte auch wohl recht, als er in ihm keinen echten Hellenen erblickte; indes Plato wieder ganz und gar Grieche ist.

Kant (Religionsphilosophie; vgl. ferner im Texte S. 202 und im Anhang S. 531 f.), Goethe (Zitat auf S. 437), Jakob Böhme (De regeneratione) und Richard Wagner (Wotan bei Erda, Siegfried, III. Akt) sind ebenfalls diesem Ereignis einer buchstäblichen Neugeburt des ganzen Menschen weniger fern gewesen als die meisten anderen großen Männer. Aber bei ihnen beschränkt sich die Neugeburt auf einen Akt, vermöge dessen sie auch bereits die ganze Zukunft gewissermaßen in die Gegenwart resorbieren: sie empfinden auch allen künftigen Rückfall ins Unmoralische bereits als ihre Schuld voraus, und wachsen so über beides, über Vergangenheit und Zukunft, hinaus: durch eine zeitlose Setzung des Charakters, durch ein Gelöbnis für alle Ewigkeit. Aber dieser Vorgang erfolgt bei ihnen nicht in einem so völligen Gegensatze zu ihrem früheren Leben wie beim Religionsstifter. Dieser steigt aus der Nacht zum Lichte empor, und sein fürchterlichstes Entsetzen ist das über die Nacht, in der er bislang blind gelebt und sich wohl gefühlt hat, und in der die anderen Menschen noch blind leben und sich wohl fühlen .

Zu Teil II, Kapitel 14

(S. 443, Z. 11 v. u.) »Alle höhere Kultur ist nicht auf das Prinzip der Sexualität, sondern im Gegenteil auf das Prinzip der Askese gegründet«, das ist (wenn man Askese nicht zu eng, nicht im Sinne einer Jesuitenschulung faßt) das wahrste Wort aus dem trefflichen Aufsatze von O. Friedländer (vgl. zu S. 435, Z. 6 v. u.).

(S. 443, Z. 12-17.) Auf das Überwiegen des dirnenhaften Elementes im heutigen Weibe dürfte die zunehmende Unlust und Unfähigkeit der Mütter, ihre Kinder zu stillen, viel eher zurückweisen als auf den seit Jahrhunderten unverändert großen Alkoholgenuß (vgl. S. 284, Z. 8 f.).

(S. 444, Z. 11.) Sogar in die Wissenschaft ist diese Wertung des Mannes nach seiner geschlechtlichen Fähigkeit eingedrungen. »Il ne peut être douteux que les testicules donnent à l'homme ses plus nobles et ses plus utiles qualités.« (Brown-Séquard, Archives de Physiologie normale et pathologie, 1889, p. 652.)

Es ist sehr verdienstlich von Rieger, diesen so populären Anschauungen derart kräftig entgegengetreten zu sein, wie er es in seinem Buche über »Die Kastration« (Jena 1900) getan hat.

(S. 446, Z. 6 v. u.) Auf einem anderen Wege und weniger durch eine Analyse der Weiblichkeit als der Männlichkeit kommt Oskar Friedländer (»Eine für Viele«, eine Studie, Die Gesellschaft, Münchener Halbmonatsschrift, 1902, Heft 15/16) zu demselben Ergebnis (S. 181 f.): »Die Geschlechter bilden und beeinflussen einander in der Richtung nach dem physischen und moralischen Ideale, das sie als Maßstab ihrer wechselseitigen Wertschätzung zugrunde legen und von dessen mehr oder minder vollkommener Erfüllung die Bevorzugung der einen vor den anderen bei der Liebeswahl abhängig zu denken ist. Wenn echte Weiblichkeit mit dem Attribute der Keuschheit unzertrennlich verbunden ist, so ist demnach der Grund dafür nicht in der Natur des Weibes, sondern in der moralischen Disposition des Mannes zu suchen. Ihm ist die Keuschheit, im weiteren Sinne: die Fähigkeit, die Schranken des sinnlichen Einzeldaseins zu übersteigen, der höchste sittliche Wert und wird es trotz aller beklagenswerten Aberrationen, an denen unser, einem durchaus unberechtigten Optimismus huldigendes Zeitalter so reich ist, immer bleiben; darum überträgt er ihn in der Form eines moralischen Imperativs auf das andere Geschlecht. Der Frau ist, weniger im ethischen als im sexuellen Interesse, alles an der Erfüllung dieser Forderung gelegen. Deshalb hält sie so unerbittlich zähe daran fest, zähe besonders am Scheine der Keuschheit, an den Regeln der Konvenienz.

Die Anwendung auf den entgegengesetzten Fall wird man mir erlassen. Es heißt dem Scharfsinn meiner Leser nicht allzuviel zumuten, wenn ich ihnen die Entscheidung anheimstelle, wo das Ideal der männlichen Unkeuschheit seinen Ursprung genommen haben mag.«

(S. 446, Z. 5 v. u.) Doch ist auch der Wert, der auf Jungfräulichkeit gelegt wird, wie bekannt, ein sehr verschiedener bei den verschiedenen Menschenrassen. Vgl. Heinrich Schurtz, Altersklassen und Männerbünde, Berlin 1902, S. 93.

(S. 447, Z. 6 v. u.) Der Mensch, der sich straft durch Fleischeskreuzigung und Abtötung des Leibes, will den Sieg ohne Kampf; er räumt den Leib aus dem Wege, weil er zu schwach ist, dessen Triebe zu überwinden. Er ist ebenso feig wie der Selbstmörder, der sich erschösse, weil er am Siege über sich verzweifelte. Und die Buße ist der Reue geradezu entgegengesetzt; denn sie beweist, daß der Mensch gar nicht über seiner Missetat steht, sondern noch in ihr befangen ist, sonst würde er sich nicht züchtigen; er würde trotz der Zurechnung einen Unterschied machen zwischen dem Moment der Tat und dem Moment der Reue, wofern Reue da wäre. Denn Bedingung der Reue ist nunmehrige Unfähigkeit zur Tat, und diese Unfähigkeit zum Bösen kann kein Mensch in sich strafen wollen. Auch Kant hat die Askese durchschaut (Metaphysische Anfangsgründe der Tugendlehre, § 53).

(S. 448, Z. 9 v. u.) Richard Wagner, Parsifal, ein Bühnenweihfestspiel. Zweiter Aufzug. (Gesammelte Schriften und Dichtungen, 3. Aufl., Leipzig 1898, Bd. X, S. 360 f.)

(S. 451, Z. 15 v. u.) Schopenhauer: »Die Mormonen haben recht.« (Parerga und Paralipomena, Bd. II, § 370 Ende.) Demosthenes 59, 122 (Κατὰ Νεαίρας): Τὰς μὲν γὰρ ἑταίρας ἡδονῆς ἕνεκ' ἔχομεν, τὰς δὲ παλλακὰς τῆς καθ' ἡμέραν θεραπείας τοῦ σώματος τὰς δὲ γυναῖκας τοῦ παιδοποιεῖσθαι γνησίως καὶ τῶν ἔνδον φύλακα πιστὴν ἔχειν.«

(S. 451, Z. 14 v. u. f.) Goethe, Zweite Epistel. – Molière, Les Femmes Savantes, Acte II, Scene VII. – Selbst Kant dürfte, wäre er nach einer Schrift aus dem Jahre 1764 zu beurteilen, keineswegs von diesem Vorwurfe ausgenommen werden. Denn in den »Beobachtungen über das Gefühl des Schönen und Erhabenen« (III. Abschnitt, Bd. VIII, S. 32, ed. Kirchmann) steht: »[Die Frauenzimmer] tun etwas nur darum, weil es ihnen so beliebt, und die Kunst besteht darin, zu machen, daß ihnen nur dasjenige beliebt, was gut ist. Ich glaube schwerlich, daß das schöne Geschlecht der Grundsätze fähig sei, und ich hoffe dadurch nicht zu beleidigen, denn diese sind auch äußerst selten beim männlichen.«

(S. 452, Z. 11.) Kant, Die Religion innerhalb der Grenzen der bloßen Vernunft, ed. Kehrbach, S. 47.

(S. 452, Z. 11 v. u.) W. H. Riehl, Die Familie, Stuttgart 1861, S. 7, sagt: »Man muß ... den tollen Mut der Sozialisten bewundern, welche den beiden Geschlechtern trotz aller leiblichen und seelischen Ungleichartigkeit doch die gleiche politische und soziale Berufung zusprechen und ganz resolut ein Gesetz der Natur entthronen wollen, um ein Gesetz der Schule und des Systems an seine Stelle zu setzen. Périsse la nature plutôt que les principes!«

Dieser Standpunkt, den Riehl toll nennt, ist der meinige. Ich kann nicht einsehen, wie ein anderer gewählt werden könnte, wofern man nicht utilitaristisch, sondern ethisch zu denken gewillt ist. Sicherlich wird der alte Mißbrauch, der mit den Worten der Natur, des Natürliche und Naturgemäßen getrieben wird, sich erneuern, sobald es diese Forderung zu bekämpfen gelten wird. Das Verhältnis des Menschen zur Natur wird aber, um es ganz unzweideutig zu sagen, nicht zerstört, sondern erst geschaffen dadurch, daß der Mensch sich über sie erhebt, mehr wird als ein bloßes Glied, ein bloßer Teil von ihr. Denn Natur ist immer das Ganze der sinnlichen Welt, und dieses kann nicht von einem seiner Teile aus übersehen werden.

(S. 453, Z. 12 f.) Je tiefer das Weib steht, desto notwendiger muß es emanzipiert werden. Gewöhnlich schließt man umgekehrt.

(S. 453, Z. 18-20.) Ich meine hier die »Vera«-Literatur, welche im Jahre 1902 ziemlich viel Staub aufgewirbelt hat. Das einzige Gute, was über die ganze Streitfrage geschrieben worden ist,

findet man in dem mehrfach zitierten Aufsatze von Oskar Friedländer, Eine für Viele, eine Studie (vgl. besonders zu S. 435, Z. 6
v. u.).

(S. 453, Z. 3 v. u. f.) Friedrich Nietzsche, Jenseits von Gut und
Böse, Aphorismus 238.

(S. 455, Z. 1.) » Pythagoras erscheint als der Vertreter des
Frauengeschlechtes, als der Verteidiger seiner Rechte, seiner
Unverletzlichkeit, seines hohen Berufes in der Familie und im
Staate. Den Männern stellt er die Unterdrückung des Weibes als
Sünde dar. Nicht unterworfen, sondern mit voller Gleichberech-
tigung dem Gatten beigeordnet soll das Weib sein.« (J. J. Bach-
ofen, Das Mutterrecht, Eine Untersuchung über die Gynaikokra-
tie der Alten Welt nach ihrer religiösen und rechtlichen Natur,
Stuttgart 1861, S. 381.)

(S. 456, Z. 6.) Über die »Parsifal«-Dichtung Wagners ist mir
eine einzige verständnisvolle Abhandlung bekannt geworden:
Zur Symbolik in Wagners Parsifal, von Emil Lucka, Wiener
Rundschau, V, 16, S. 313 f. (15. August 1901). Leider ist in diesem sehr vorzüglichen Aufsatz das Thema allzu knapp behandelt. Eine Auffassung der Dichtung, welche von jenem Autor in
vielen Punkten beträchtlich abweicht, ausführlich darzulegen,
hoffe ich selbst Gelegenheit zu finden.

(S. 457, Z. 12.) Clemens Alexandrinus, Stromata, HI 6, vol. I, p.
532, ed. Potter (Oxford 1715) = p. 1149 ed. Migne Patrologiae Grae-
cae, Tomus VIII, Paris 1857): Τῇ Σαλώμῃ ὁ Κύριος πυνθανομένῃ
μέχρι πότε θάνατος ἰσχύσει οὐχ ὡς κακοῦ τοῦ βίου ὄντος καὶ
τῆς κτίσεως »Μέχρις ἄν, εἶπεν, ὑμεῖς αἱ γυναῖκεςτ τίκτετε« ἀλλ‘
ὡς τὴν ἀκολουθίαν τὴν φυσικὴν διδάσκων γεννήσει γὰρ πάντως
ἔπεται καὶ φθορά – Ibid. III, 13 (I, 553 Potter, p. 1192 Migne)
wird aus dem »Evangelium der Ägypter« nach dem Zeugnis des
Cassianus (dessen Werk Περὶ ἐγκρατείας oder περὶ εὐνουχίας)
folgendes Wort Jesu berichtet: Πυνθανομένης τῆς Σαλώμης

πότε γνωσθήσεται τὰ περὶ ὧν ἤρετο, ἔφη ὁ Κύριος, »Οταν τὸ τῆς αἰσχύνης ἔνδυμα πατήσητε, καὶ ὅταν γένηται τὰ δύο ἕν, καὶ τὸ ἄρρεν μετὰ τῆς θηλείας οὔτε ἄρρεν οὔτε θῆλν.« – Schließlich ibid. III, 9 (I, 540 Potter, p. 1165 Migne): »ἤλθον καταλῦσαι τὰ ἔργα τῆς θηλείας« θηλείας μὲν, τῆς ἐπιθυμίας ἔργα δέ γέννησιν καὶ φθοράν.

Es ist dieser Ausspruch so ohne alle Vorgänger im Griechentum, daß wohl seine Echtheit angenommen und es ein hohes Glück genannt werden darf, daß er nicht verlorenging, wie die herrlichsten Aussprüche Christi sicherlich verlorengegangen sind, weil die synoptischen Evangelisten sie nicht verstehen und also nicht behalten konnten.

Daß das Begehren nach dem Weibe von allem Anfang an unsittlich ist, liegt übrigens bereits im Worte: πᾶς ὑ βλέπων γυναῖκα πρὸς τὸ ἐπιθυμῆσαι ἤδ ἐμοί χευσεν αὐτὴν τῇ καρδία αὕτοῦ.« (Evang. Matth. 5, 28).

(S. 457, Z. 8 v. u.) Augustinus, De bono viduitatis, Cap. XXIII (Patrologiae Latinae, Tom. XL, p. 449 f., ed. Migne, Paris 1845): »Non vos ... frangat querela vanorum, qui dicunt: Quomodo subsistet genus humanum, si omnes fuerint continentes? Quasi propter aliud retardetur hoc saeculum, nisi ut impleatur praedestinatus numerus ille sanctorum, quo citius impleto, profecto nec terminus saeculi differetur.« De bono conjugali, Cap. X (ibid. p. 381): »Sed novi qui murmurent. Quid si, inquiunt, omnes homines velint ab omni coneubitu continere: unde subsistet genus humanum? Utinam omnes hoc vellent, dumtaxat in charitate de corde puro et conscientia bona et fide non ficta (1. Tim. 1, 5): multo citius Dei civitas compleretur, et acceleraretur terminus saeculi.« Ich verdanke diese Nachweise Schopenhauers »Welt als Wille und Vorstellung«, Bd. , Kap. 48.

(S. 458, Z. 6.) Hier liegt also das eigentliche Motiv jener Furcht, nach welchem Leo Tolstoi (Über die sexuelle Frage, Leipzig 1901, S. 16 ff., 87 f.) gesucht hat, ohne es zu finden.

(S. 458, Z. 18 v. u.) Man mag es krankhaft nennen, daß der Mann die schwangere Frau abstoßend häßlich findet (wenn sie auch manches Mal ihn sinnlich erregt), aber es ist dies eben das, was ihn vor dem Tiere auszeichnet, und wer es ihm ausreden will, der will ihn der Menschheit entkleiden. Das Phänomen liegt tief; es zeigt wieder, wie alle Ästhetik nur ein Ausdruck der Ethik ist. – »Toutes les hideurs de la fécondité« sagt einmal Charles Baudelaire (Les fleurs du mal, Paris 1857, 5. Gedicht, p. 21).

(S. 459, Z. 12 v. u.) Die Idee der Menschheit im Kantischen Sinne ist auch von Platon an einer berühmten Stelle der Politeia ausgesprochen (IX, 589 A B), in der zugleich die Anschauung vom Menschen als dem mit allen Möglichkeiten ausgestatteten Wesen liegt: »... ὁ τὰ δίκαια λέγων λυσ ιτελεῖν φαίη ἂν δεῖν ταῦτα πράττιν καὶ ταῦτα λέγειν, ὅθεν τοῦ ἀνθρώπου ὁ ἐντὸς ἄνθρωπος ἔσται ἐγκρατέστατς ...«

(S. 460, Z. 3-6.) Die ganze Entwicklung, welche Herbert Spencer, Die Prinzipien der Ethik, Stuttgart 1892, Band II, S. 181 f., beschreibt, die Entwicklung vom »Fidschi-Insulaner, der sein Weib töten und aufessen konnte«, von den alten Germanen, bei denen der Mann das Weib »wieder verkaufen und sogar töten durfte«, von den ältesten englischen Zeiten, wo die Braut gekauft wurde und ihr eigener Wille beim Handel nicht in Frage kam, bis auf den heutigen Tag, da die Frau wenigstens von Rechts wegen selbständiges Eigentum besitzen darf – diese ganze Entwicklung ist keineswegs durch irgend welche Bewegungen von seiten der Frauen hervorgerufen, sondern allmählich durch Vervollkommnung der gesetzlichen Institutionen vom Manne herbeigeführt worden.

Ich möchte hier noch Oskar Friedländer anführen, welcher a. a. O. S. 182 f. (Die Gesellschaft, 1902, Heft 15/16) sagt: »Die spärlichen moralischen Elemente, die in der Emanzipationsbewegung enthalten sind, haben übrigens, und das kennzeichnet am besten die innere Bedeutung des ganzen Rummels, ebensowenig als das Keuschheitsideal ihren Ursprung im erhitzten Hirne der für die Emanzipation des Fleisches besonders begeisterten Vorkämpferinnen genommen. Es waren Männer, die jene Elemente zur Geltung brachten, um der unwürdigen ›Hörigkeit der Frau‹ Ende zu bereiten, und die Frauen erschienen erst auf dem Kampfplatze, als der Frontangriff zu ihren Gunsten entschieden war und sie nicht länger mit Ehren fernbleiben konnten. Es spricht wohl deutlich genug, daß gerade in ihren Reihen die erbittertsten Gegner der neuen Richtung erstanden. Die scheinbare Bereitwilligkeit, den veränderten Verhältnissen Rechnung zu tragen, die aggressive Haltung mancher Frauen darf einen nicht über die wahre Sachlage hinwegtäuschen. Das Hochschulstudium nimmt in diesen Kreisen keinen höheren Rang ein als der Radfahrsport oder das Lawn-Tennis-Spiel: das erforderliche Minimalquantum wissenschaftlicher Bildung zählt heute mit zu den sekundären Geschlechtscharakteren. Den ethischen Kern der Emanzipationstendenz, die Erhebung auf das moralische Niveau des Mannes, haben die Frauen immer als einen lästigen Zwang empfunden, dessen sie sich auch sicherlich entledigen werden, wenn es nur mit Anstand, ohne die gute Meinung ihrer Anwälte allzu offenkundig zu desavouieren, geschehen kann.«

www.ingramcontent.com/pod-product-compliance
Lightning Source LLC
Chambersburg PA
CBHW022122020426
42334CB00015B/725